KB048791

히틀러와
미학의 힘

HITLER AND THE POWER OF AESTHETICS
Copyright ⓒ 2018 Frederic Spotts
All rights reserved.
Korean translation copyright ⓒ 2024 by Sangsang Academy
Korean translation rights arranged with Curtis Brown Group Limited
through EYA Co.,Ltd

이 책의 한국어판 저작권은 EYA Co.,Ltd를 통해 Curtis Brown Group Limited와 독점 계약한 ㈜상상아카데미에 있습니다.
저작권법에 의하여 한국 내에서 보호를 받는 저작물이므로 무단전재 및 복제를 금합니다.

히틀러와 미학의 힘

대중을 현혹한 / 파괴의 예술가

프레더릭 스팟츠 지음
윤채영 옮김

생각의힘

그 친구는 분명 하나의 재앙이네.

하지만 그렇다고 하나의 캐릭터나 사건으로서

그가 흥미롭지 않을 이유는 없지.

—

토마스 만, 「브라더 히틀러」

차례

일러두기

1. 이 책의 원제는『Hitler and the Power of Aesthetics』이다.
2. 단행본은『』, 이외의 잡지, 작품, 연설, 신문 기사 등은「」로 표기했다.
3. 본문의 각주는 모두 저자의 주이다.
4. 본문의 대괄호 [ ]는 옮긴이가 이해를 돕고자 설명을 덧붙인 것이다.
5. 본문 중 인용문 안의 대괄호 [ ]는 저자가 설명을 덧붙인 것이다.
6. 옮긴이 주는 괄호 마지막에 '-옮긴이'라고 밝혔다.

이 책을 둘러싼 이야기들

당신은 스탈린이나 마오쩌둥이나 폴 포트에 관해 이성적으로 토론할 수 있다. 하지만 히틀러를 입에 올리는 순간, 이성을 잃고 감정적이고 방어적인 자세로 편협한 생각을 고집하게 된다. 「타임」지가 '세기의 인물'로 누구를 선정할지 고민하던 2000년, 히틀러가 물망에 오르고 있다는 소문이 떠돌면서 작은 소동이 일었다. 이러한 선정이 일종의 인기투표라고 생각한 많은 이들은 역사적 의의에 대해 사실적인 판단을 내리기보다 도덕적 분노를 표출했다. 그 결과 [대중의 반응을 두려워한] 「타임」지는 아인슈타인을 선정했다. 아이러니하게도 아인슈타인은 자신의 과학 연구가 천재적이라는 찬사를 일축했다. 그는 자신의 이론은 자연에 늘 존재해 왔으며, 어떤 물리학자에게서든 발견되기만을 기다려 왔다고 지적했다. 그렇지만 베토벤 같은 사람은 고유한 현상임이 틀림없다고 말했다.

히틀러의 성취는, 그가 가져온 파괴와 불행에도 역시 하나의 현상이라 할 만하다. 말 그대로 개천에서 나와 유럽의 지배자가 된 그의 고

유함은 부정하기 어렵다. 하지만 누군가 콧수염 뒤에 숨은 이 남자에 관해 알아보려 하면, 사람들은 불편한 감정을 드러내고 방어적인 자세를 취하며 분노를 터트리곤 한다. CBS가 히틀러의 젊은 시절에 관한 영화 제작 계획을 발표했을 때, 한 저명한 유대인 지도자는 이렇게 항의했다. "우리는 그가 어떤 사람이고, 어떤 짓을 저질렀는지 안다. 뭘 더 알아야 하나?" 아돌프 히틀러라는 괴물에게 인격을 부여하거나 그의 끔찍한 계획의 동기를 알아보려는 행위는 분명 도덕적 반발을 부르는 일이 될 것이다. 아무도 "어쩌면 우리 안에는 작은 히틀러가 들어있을 수 있다."라는 토마스 만Tomas Mann의 말을 진지하게 생각하려 하지 않는다. 이 책의 목적은 히틀러의 인간성에 관해 어떤 주장을 펼치는 게 아니다. 히틀러는 증오와 폭력, 파괴의 인간이기도 하지만, 예술을 그 무엇보다 존중했고 다른 사람들도 그러기를 바랐던 사람이기도 하다. 이 점을 탐색하는 것이 이 책의 목적이다. 그는 전쟁과 인종 학살로 유럽을 청소하고 난 뒤에 예술이 최고의 위치에서 군림하는 문화국가를 창조하려 했다.

역사상 그 누구보다 히틀러를 주제로 한 책이 많음에도 그의 캐릭터화된 모습 아래 숨은 또 다른 히틀러—예술가로서 히틀러—에 관해 파고든 사람은 별로 없었다. 요아힘 페스트Joachim Fest와 알베르트 슈페어Albert Speer가 예외적인 작가들이다. 학계에 몸을 담고 있는 역사학자들도 편견 없는 설명을 내놓지 못했다. 젊은 시절 히틀러가 그린 그림들을 형편없는 엉터리라고 조롱했고, 바그너에 대한 그의 열정이 광적이라 여겼으며, 기념비적인 건물을 선호하는 성향이 편집광적이라 결론지었다. 히틀러의 지휘하에 국가사회주의가 실로 예술적인 성격을 발전시켰다는 지적은 이미 발터 베냐민Walter Benjamin 때부터 널리 인정받았다. 하지만 그가 자신의 예술적 재능을 활용하여 독일과 유럽의 여러 나라를 최면에 빠트리면서 보여준 예술적 수완이나 능력에 관해서는 그 뒤로 반세기 동안 검토되거나 다뤄진 적이 없다.

따라서 이 책은 히틀러에게서 그동안 간과되었던 모습을 발견하는 데 집중한 첫 번째 책이 될 것이다. 실제로 이 책은 출간 뒤 '철저하게 새로운 해석', '근본적인 재평가', '지금까지 정치나 인물 전기 분야에서 찾아보기 어려웠던 참신한 시각'이라는 평가를 받았다. 여러 사람의 의견을 대표해 「컨템퍼러리 리뷰Contemporary Review」가 "이제부터 우리는 히틀러에 관해 새롭게 이해해야 한다."라는 논평을 내놓았다.

이 책은 참신하고 이단적이기는 하지만 논쟁을 일으킬 의도는 없었다. 결과적으로도 그랬다. 서평가와 독자들의 반응은 다양했다. 히틀러에 대해 놀랍다, 호기심을 자극한다, 빠져들게 한다, 불편하다, 대단하다는 반응이었다. 책에 대해서는 모르던 것을 알게 해준다, 재치 있다, 소름 끼칠 정도로 매혹적이다, 마음을 동요시킨다, 매우 유용하다, 놀라움과 아이러니로 가득하다, 새로운 시각을 보여준다, 도발적일 정도로 신선하고 흥미롭다는 평이 있었다. 어떤 독자는 익살스럽다고도 했다. 가장 주목할 것은 한결 복잡해진 히틀러의 모습을 독자들이 "불편하다"라고 느낀다는 점이다. 그렇지만 이 책이 내세운 요점들은 전반적으로 설득력이 있다는 평가를 받았다. 그리고 완전히 서로 다른 이유이기는 했지만 유대인 저널과 무려 백인 민족주의 커뮤니티 스톰프런트storm-front에서 좋은 평가를 받았다는 점도 고무적이다. 기독교인들은 도덕적 문제에 흥미를 보였다. 이 책에 관한 한층 더 지적인 토론 중 하나가 「크리스천 투데이Christianity Today」에 실렸다.

「인디펜던트Independent」에서 어떤 이는 이 책을 2002년 최고의 책 중 하나로 꼽았다. 유대인 학생 잡지에 기고한 어떤 이는 이 책에 실린 히틀러의 수채화 중 하나에 깊은 인상을 받아서 한 가지 실험을 해보았다고 했다. 그는 그 그림에 대한 다른 이들의 반응과 자신의 반응을 비교했다. "그 그림을 맨해튼 워싱턴하이츠 근방의 185번가 암스테르담 애비뉴에 있는 예시바 대학교 학생들에게 보여주었습니다. 그들은 그림의 화창함, 행복한 분위기 그리고 '예쁜 색상'을 칭찬했지요. 그때 작가 이름을 보여주었습니다. 바로 아돌프 히틀러였죠. [학생들의] 즐거움은 순식간에 충격, 공포와 당혹스러움으로 바뀌었습니다."

놀랍게도 부정적인 평가는 찾아볼 수 없었다. 「뉴욕타임스」의 평론가는 대체로 호의적이기는 하지만 무뚝뚝한 어조로 이 책을 "읽고 나면 울적한 기분이 든다."라고 하면서도 이 책은 "나치즘에 관한 주요 연구들 가운데 한 자리를 차지하게 될 것"이며 "아득할 정도로 수많은 디테일"을 동원해 "혼을 빼앗을 정도로 크게 한 방을 먹인다"라고 했다. 이 책은 출처만 확실하다면 히틀러와 예술이라는 주제에 대한 모든 이야기를 다루려고 했다. 지나치게 방대한 내용을 꼼꼼하게 다뤘기에 때로 지루하게 느껴질 수도 있다.

「아키텍처럴 리뷰Architectural Review」는 슈페어가 제3제국 건축에서 자신이 주장했던 역할을 맡지 않았다는 점과 그를 유명하게 만든 구조물 대부분이 히틀러의 디자인을 구현했을 뿐이라는 점에 주목했다.

이 책은 여러 나라의 대학과 여름 세미나 독서 목록에 포함되었다. 체코, 스페인, 브라질에 번역, 출간이 고려되고 있다. 흥미롭게도 이 책에 관심을 보이는 독일 출판사는 전혀 없다. 이 책의 주제는 모순되는 여러 이유로 금기시되고 있는데, 이미 너무나 많은 책이 다룬 주제이기도 하다.

이 책은 이후에 나온 많은 책의 토론 주제가 되기도 했다. 그중 하나가 존 캐리의 논쟁적인 책 『예술이 뭐가 좋은가What Good are the Arts?』이다. 캐리는 문화의 도덕적, 사회적 가치에 의문을 제기하면서 예술을 사랑하는 마음과 인간성에 관한 감각 사이에 직접적인 관련이 없으며, 고급문화가 그것을 향유하는 이들을 반드시 고결하게 만드는 것은 아님을 증명하는 근거로서 이 책을 인용했다. 영국과 미국이 문화적인 백치들의 지배를 받는다고 더 나빠질 것 같지는 않다. 불행하게도 연극 관람이 취미였던 링컨을 제외한다면 우리의 대통령이나 총리들은 예술을 멀리했다.

무엇보다 이 책은 독자들에게 히틀러에 관한 좀 더 새롭고 완전한 이해를 도와주며 논란의 여지 없이 역사상 가장 많은 경멸을 받은 자의 내면 깊숙한 지점을 처음으로 들여다보게 해준다. 독자들은 논픽션 서적이 도달할 수 있는 가장 높은 수준의 열망을 보여주었다며 이 책에 관심과 찬사를 보냈다.

머리말

이 책은 아돌프 히틀러의 삶을 다룬 책이다. 정치적 노력의 궁극적 목표는 예술적 성취여야 한다는 신념과 예술가적 기질에 관한 책이며, 고대 이후로 또는 역사상 유례가 없는 위대한 문화국가를 만들어내겠다는 꿈에 관한 책이다. 이 책에서 히틀러의 삶은 다음 장면으로 요약된다.

> 고향 린츠의 건축 모형을 꼼꼼하게 살펴보며 생각에 잠긴 그가 의자에 앉아있다. 이 모형은 린츠가 유럽의 문화 중심으로 탈바꿈하게 될 예정임을 보여준다. 전날 배달된 이 건축 모형에는 [도시가] 낮이나 밤에 어떻게 보일지 상상할 수 있도록 조명등이 설치되었다. 날짜는 1945년 2월 13일, 장소는 베를린의 제국총리공관 지하 벙커였다. 소련군은 150킬로미터 정도 떨어진 오데르강까지 밀려와 있었다. 영국군과 미군은 서쪽으로 500킬로미터 떨어진 라인강 근방에 있었다. 이 상황에서 그는 린츠 중심지에 세울 종탑이 너무 높지 않은지 걱정

하고 있었다. 다뉴브강 상류의 울름 성당 첨탑보다 높아서는 안 되었다. 울름 주민들의 자존심을 꺾게 될 것이기 때문이었다. 하지만 첫 아침 햇빛과 마지막 저녁 햇빛을 받아낼 정도로는 높아야 했다. 그는 자신의 건축가에게 "종탑에는 카리용carillon을 달았으면 좋겠소. 매일은 아니고 특별한 날에만 울리는 카리용 말이오. 그것으로 브루크너 교향곡 4번 「로맨틱Romantic」 테마를 연주하면 좋겠소."라고 말했다. 몇 달 동안 그는 이 모형으로 위안을 삼았다. 그동안 그의 제국—그것은 그의 제국이었다—은 사방에서 무너져 내리고 있었다.

"나는 내 의지와 달리 정치인이 되었다."라고 그는 여러 번 이야기했다. "만일 나를 대신할 사람을 찾을 수 있었다면 나는 정치에 발을 들이지 않았을 것이다. 나는 예술가나 철학자가 되었을 것이다." 1933년 총리 임명 후에 그가 처음으로 세운 건물은 자신의 승리를 기념하는 건물이 아니라 거대한 미술관이었다. 무솔리니가 무솔리니 광장을 만들고 프랑코가 전몰자의 계곡을 만든 것과 대조적이다. 1940년 처칠이 전쟁에서 손을 떼게 만드는 데 실패한 그는 야전사령관들에게 이렇게 투덜댔다. "그 주정뱅이 탓에 평화의 과업에 봉사하지 못하고 전쟁이나 벌여야 하는 것이 안타깝군." 조금 지나서는 이렇게 말했다. "전투란 결국 잊히기 마련이지. 하지만 우리의 건물들은 건재할 거야." 최종 승리 후에 창조하려는 경이로운 문화적 업적에 관해 말하면서 그는 참모들에게 이렇게 확언했다. "이것들에만 쏟아부을 자금이 이번 전쟁에 들어간 지출을 훨씬 뛰어넘게 될 걸세."

그는 진심이었을까? 그가 일으킨 형언할 수 없는 죽음과 파괴에 비추어 볼 때 그의 말을 과연 믿을 수 있을까? 1939년 전쟁 개시 직후, 알베르트 슈페어의 비서는 그가 "우리는 이 전쟁을 빨리 끝내야만 하네.

우리는 전쟁을 원하지 않아. 건설하기를 원하지."라고 말하는 걸 엿들었다. 몇 년 후 비서는 자신에게 이렇게 물었다. "그 말이 거짓이었다고 생각해야 할까?" 앞으로 이 책에서 살펴보겠지만, 그 말은 거짓이 아니다. 하지만 그 말은 절반의 진실만을 담고 있다. 그는 전쟁과 예술을 **동시에** 원했다. 전쟁에서 이기고 아리안 국가를 세워 세계적인 강대국으로 만들고 나면 그는 독일의 모습을 바꾸고 자신을 불멸케 할 문화적 기념물 제작에 전념할 생각이었다. 파괴는 건설로 가는 길이었다.

이 책에 묘사된 히틀러는 문화를 권력이 추구하는 목적이자 권력을 획득하고 유지하게 만드는 수단이라고 보는 사람이다. 에른스트 곰브리치Ernst Gombrich의 『서양미술사The Story of Art』는 표현주의의 출현 배경이 '철저한 고독'에 대한 두려움이라고 했다. "그 고독은 예술이 실패하고 각자가 자신의 내부에 갇히게 될 때 기승을 부리게 된다." 개인적으로는 히틀러도 이런 두려움을 가슴 깊이 느끼고 있었다. 비록 그는 표현주의를 치료가 필요한 질병으로 보았지만 말이다. 20세기 삶의 아노미를 눈치챈 것을 보면 그가 시대를 내다보는 직관 같은 것을 가지고 있었는지도 모른다. 독일인들의 패배감과 고립감을 자신감과 긍지로 바꾸는 것은 그가 직접 설정한 목표이자 그가 지닌 정치적 매력의 핵심이었다. 문화는 역사적으로 모호한 국경과 분열 앞에서 독일인들의 정체성을 규정하는 데 결정적인 역할을 했다.

예술적 재능은 독일인들을 장악한 히틀러의 수수께끼 같은 힘을 설명하는 데 도움이 된다. 스탈린이 테러를 통해 성취한 것을 히틀러는 유혹을 통해 성취했다. 그는 상징, 신화, 의례, 스펙터클, 사적인 드라마를 매개로 한 새로운 스타일의 정치를 활용하여 대중에게 다가갔다. 당대의 어떤 다른 지도자도 하지 못한 방식이었다. 그는 독일인에게서 민주 정부를 앗아갔지만, 그가 선사한 정치 참여 감각이란 확실히 더욱 의미 있는 것이었다. 그는 독일인들을 단순한 구경꾼이 아닌 국가사회주의 극장의 참여자로 변모시켰다.

하지만 지난 50년간 히틀러에 관한 책들은 그의 삶과 경력에서 예술이 중심을 차지하고 있음을 무시해 왔다. 지난 50년간 제3제국에서 있었던 문화적 삶의 다양한 측면을 다룬 연구들은 있었지만, 히틀러를 다루지는 않았다. 왜일까? 최근의 몇몇 주목할 만한 예외를 제외한다면 대부분의 예술사가는 [히틀러의 삶과 예술의] 당황스러운 연관성에 관해 모르거나 알려고 하지 않는다. 전기 작가들이란 북과 나팔이 있는 전쟁사를 선호하기 마련이다. 페르낭 브로델Fernand Braudel의 말에 따르면 지난 백 년 동안 쓰인 역사는 항상 '대사건'의 드라마에 초점을 맞춘 정치사였다. 이런 맥락에서는 히틀러가 그래서 또 무슨 짓을 했는가가 관심의 초점이 된다. 진보 좌파를 대표해서 조지 모스George Mossee가 이렇게 말했다. "우리는 파시스트 미학이 현대 사회의 요구와 희망을 반영한다는 사실을 깨닫지 못했다. 우리가 이른바 상부구조라며 무시했던 것들이 사람들에게 파시스트 메시지를 이해시키는 수단이었으며, 정치를 시민 종교로 만들었다는 사실을 알지 못했다." 오직 슈페어의 회고록이 히틀러가 자신의 예술적 재능을 어떻게 공적인 삶에 적용했는지 보여준다. 그리고 요아힘 페스트가 쓴 히틀러 전기가 이 점을 다루었다.

하지만 페스트도, 최근에는 이안 커쇼Ian Kershaw도 기본적으로는 히틀러를 '과거의 인물'로 취급했다. 이안 커쇼는 '공적인 삶 바깥에서도 대단한 인물이었던' 나폴레옹, 비스마르크, 처칠 그리고 케네디에 비하면 "정치 바깥에서 히틀러의 삶은 대체로 공허하다."라고 했다. 이는 나폴레옹, 비스마르크, 처칠 그리고 특히 케네디에 관해서도 오해를 불러일으킬 수 있는 말이다. 히틀러에 관해서도 마찬가지다. 히틀러는 인종주의만큼이나 예술에 관해서도 진지한 관심을 보였다. 후자를 무시하는 일은 전자를 간과하는 것만큼 심각한 왜곡을 낳는다. 이러한 히틀러의 낯선 모습을 어떻게 그의 익숙한 모습과 조화시킬 수 있을까? 1939년 전쟁 개시 전날 밤에 히틀러를 두 번 만났던, 단치히의 국제연맹 위원 카를 부르크하르트Carl Burkhardt가 답을 내놓았다. 그는 히틀러가 이중인격자라 결론지었다. 점잖은 예술가이기도 하지만 동시에 살인광이기도 하다는 것이었다. 지난 반세기 동안, 분명한 이유에서 작가들은 살인광 히틀러에 관한 글들을 써 왔다. 이 책은 그러한 히틀러를 절대 무시하지 않으면서 또 다른 히틀러를 알아보려 한다.

이 책은 전기도 아니고, 제3제국 예술사도 아니다. 다만 히틀러의 예술적 성향을 이해하는 데 직접 도움이 되는 한에서 전기적인 자료나 문화적인 사건들을 다룰 것이다. 그리고 그런 성향이 히틀러의 사적인 삶과 정치적인 삶에 어떻게 작용했는지 알아볼 것이다. 히틀러는 영화를 즐겨 봤지만 예술로서 영화에 관심이 없었기 때문에, 영화를 괴벨스의 손에 맡겨 프로파간다 목적으로 활용하게 했다. 상대적으로 연극을 좋아하기는 했지만, 총리가 된 후로는 별로 관심을 보이지 않았다. 젊은 시절에 그는 카를 마이Karl May의 와일드 웨스트 판타지나 『로빈슨 크루소』, 『걸리버 여행기』, 『톰 아저씨의 오두막』 그리고 특히 『돈키호테』와 같은 모험 소설을 탐독했지만, 진지한 문학에 관해서는 관심을 보이지 않았다. 그러므로 이런 주제들에 관해서는 다루지 않았다.

참고문헌에 관하여

세상의 절반은 다른 절반이 지어낸 것을 믿는다. 전기 작가와 역사가들도 히틀러에 관한 2차 자료를 다룰 때 반드시 뛰어난 모습을 보여주지만은 않는다. 그의 사생활, 특히 젊은 시절의 사생활에 관한 기록이 거의 없기에 작가들은 증언자들의 실제 경험인지 의심스러운 사건들에 관해, 그것도 사건 발생 이후 여러 해가 지나 쓰인 책들에 기대왔다. 그런 책들의 일부는 1983년의 '히틀러 일기'만큼이나 사기성이 농후하다. 하지만 이런 환상소설류가 사실로 취급되어 유포되었고, 그 결과 가짜 정보와 꾸며낸 말들이 넘쳐나게 되었다.

가장 악명 높은 사례가 아우구스트 쿠비체크August Kubizek의 『나의 어릴 적 친구, 아돌프 히틀러Adolf Hitler, Mein Jugendfreund』이다. 이 책은 여러 작가가 젊은 시절 히틀러에 관한 가장 중요한 1차 자료로 활용했다. 1905년과 1908년 사이에 쿠비체크는 린츠와 빈에서 히틀러와 알고 지냈다. 1938년이 되어서야 둘은 다시 만나게 되었는데, 그때는 오스트리아 합병 이후였다. 히틀러는 린츠에 돌아와 당시 에퍼딩의 마을 서기이던 쿠비체크를 초청해 환담을 나누었다. 그 직후에 당 관계자는 쿠비체크에게 그의 친구인 히틀러와의 추억을 담은 회고록을 작성하라고 요청했다. 이것이 일종의 성인전이 될 것임은 불 보듯 뻔했다. 어떤 당 관계자는 히틀러의 정신을 꿰뚫어 본 쿠비체크의 통찰이 놀랍다고 본부에 보고했다. "우리 모두 놀랍다고 여겼던 총통의 위대함은 젊은 시절에 이미 뚜렷이 나타났다." 그럴 필요가 없었음에도 쿠비체크는 연극에 가담했다.

1938년 또는 1939년에 원고를 작성했다는 주장과 달리, 쿠비체크는 몇 년 동안 아무것도 쓰지 못하고 있었다. 사실 그는 책의 서문과 본문에 털어놓았듯이, 마르틴 보어만Martin Bormann 같은 당 관계자들로부터 작업에 착수하라는 독촉을 여러 번 받았다. 1943년 7월이 되면 히틀러조차 그가 글을 쓰게 하려면 일시불 지급과 함께 매월 수당 지급이 필요하다고 생각하게 되었다. 에퍼딩 시장도 압력을 가하면서 그에게 비서를 붙여주었다. 쿠비체크는 꾸역꾸역 글을 쓰기 시작했고, 마침내 소책자 두 권짜리 초고를 완성했다. 제목은 『1904년에서 1908년, 린츠와 빈에서 총통과 함께 보낸 젊은 시절의 회고』였다. 쿠비체크는 이 책을 전쟁이 끝날 무렵 완성했지만, 당에는 제출하지 않고 자기 집 벽 속에 감추었다. 미군이 압수하지 못하도록 하기 위해서였다.

히틀러와의 친분 때문에 구금되었던 쿠비체크는 린츠의 지역 기록물보관소 사서인 프란츠 예칭어Franz Jetzinger와 연락이 닿았다. 1948년 당시 예칭어는 히틀러의 젊은 시절에 관한 글을 쓰고 있었기 때문에 직접적인 정보를 제공해 줄 사람을 찾아다니고 있었다. 쿠비체크는 흔쾌히 협력했다. 그는 아직도 자신의 옛 친구인 히틀러를 숭배하고 있었고 자신의 '회고'를 예칭어에게 들려주면서 그것을 전기나 드라마로 만들어달라고 부탁했다. 그는 그런 전기나 드라마가 악의적인 작가들이 그린 히틀러의 '희화화된 모습을 무너트리게' 될 것이라고 했다. 거의 1

년 동안 이 둘은 서로 만나거나 서신을 교환했다. 꼬치꼬치 캐묻는 예칭어의 질문에 쿠비체크는 긴 답변을 써서 보냈다. 일부는 그럴듯했지만 조잡했고, 일부는 예칭어에게 상당한 의심을 샀다. 쿠비체크는 이런 의심에 마음이 상해 "내가 당신에게 거짓말할 이유가 뭡니까?"라고 했다. 하지만 그는 예칭어의 학자적인 사실 추구 접근과 달리 자신의 불분명한 언급들이 '꾸민 이야기나 소설'처럼 들릴 수밖에 없다는 점을 인정했다. 1930년대에 반나치 사회민주주의자였던 예칭어는 쿠비체크의 그칠 줄 모르는 히틀러 숭배에 점점 짜증이 나기 시작했다. 쿠비체크가 히틀러를 '가장 위대한 이상주의자', '우리 시대의 가장 밝게 빛나는 신성 중 하나', '독일 역사에서 벌어진 독특한 현상'이라는 식으로 묘사했기 때문이다. 결국 둘의 관계는 깨지고 말았다.

1953년에 출간된 『나의 어릴 적 친구, 아돌프 히틀러Adolf Hitler, Mein Jugendfreund』는 히틀러의 젊은 시절에 관한 유일한 직접적인 증언으로 알려졌다. 영국에서는 『젊은 히틀러: 우리들의 우정 이야기Young Hitler: The Story of Our Friendship』, 미국에서는 『내가 본 젊은 히틀러The young Hitler I knew』라는 제목으로도 번역되어 출간되었다. 이 책은 거의 반세기 전의 일을 서술했다는 사실만으로도 주의해야 할 이유가 충분했다. 그러나 히틀러의 생애 초기를 설명하려고 필사적이었던 역사가들에게는 달리 믿을 만한 정보가 없었고, 그들에게 이 책은 마치 금광처럼 여겨졌다. 휴 트레버-로퍼Hugh Trevor-Roper는 쿠비체크 책의 영국판에 지나치게 감상적인, 하지만 오류가 많은 서문을 썼다. 그는 훗날 '히틀러 일기'도 순진하게 진짜로 받아들였다.

이에 예칭어는 1956년 자신의 책 『히틀러 유겐트Hitlers jugend』*

---

* 책 제목을 그대로 영어로 옮긴 『히틀러의 젊은 시절(Hitler's Youth)』은 번역이 형편없고, 원본을 엄청나게 생략한 개정판이다. 하지만 번역가 앨런 블록(Alan Bullock)은 이

로 응답했다. 이 책에서 그는 쿠비체크의 책이 "적어도 90퍼센트는 거짓이며 히틀러를 찬양하는 터무니없는 동화일 뿐"이라고 비난했다. 그런 비난은 상당히 진실성이 있다. 하지만 더 큰 진실은 쿠비체크가 전혀 책을 쓰지 않았을 수도 있다는 데 있다. 예칭어에게 보낸 서한에 그가 썼듯이, 그리고 1938년 이후 나치 당국자들과 그가 만났다는 사실에서 확인되듯이, 그는 꿈에서도 압박감에 시달렸다. "글쓰기가 끔찍할 정도로 부담스럽다. 글쓰기는 내가 할 수 있는 일이 아니다." 그는 글 막힘을 겪고 있었을 뿐 아니라, 그의 조잡한 편지글에서 확인되듯이 최소한의 글쓰기 능력도 갖추지 못하고 있었다. 사실 그는 예칭어에게 "글을 좀 더 돋보이게 하기 위해서는 진짜 작가에게 맡겨서 구체화할 필요가 있다."라고 말했다. 게다가 출판된 책은 쿠비체크의 '회고'와 상당히 대조적이다. '회고'는 분명 히틀러와 나치당의 환심을 사려는 목적을 가졌던 데 반해, 책은 고인이 된 독재자에 대한 애도를 전후 대중들로부터 감추려는 의도를 가졌다. '회고'는 히틀러의 사악한 반유대주의가 1907년부터 등장한 것으로 묘사하지만, 출판된 책은 반유대주의를 거의 언급하지 않았다. 전자는 히틀러를 두 번 정도 짧게 인용했으나, 후자는 히틀러를 쉴 새 없이 잘난 척하며 떠드는 모습으로 묘사했다. 그리고 모든 장에서 스테파니라는 소녀에 대한 히틀러의 열정을 집중적으로 묘사했는데, 아마도 그가 성적으로 정상이었음을 보여주기 위한 것으로 보인다. 하지만 회고는 스테파니의 이름을 언급하지 않았다. 이 밖에도 쿠비체크의 회고와 출간된 책 사이의 불일치는 다수 발견된다.

따라서 일 년 동안 제대로 된 글을 쓸 수 없었고 소책자 두 권을 쓰

런 생략과 개정이 있었음을 인정하지 않았다. 앨런 블록은 책 서문에서 쿠비체크의 '회고'가 '등장'한 것이 1938년이라고 주장했다.

는 데에도 6년이나 걸렸던 사람이 인쇄된 페이지를 기준으로 350장이나 되는, 그것도 현란하고 문학적인 문장으로 가득한 유려한 글을 쓸 수 있었다고 믿기란 불가능하다. 오스트리아 작가 브리지트 하만Brigitte Hamann은 출판사 슈토커로 넘어간 그의 초기 원고를 상상력이 풍부한 한 편집자가 수정, 발췌했다고 주장했으나, 출판사는 그런 주장을 부인했다. 출판사의 책임자는 '쿠비체크가 제공한 완성된 원고'를 "기록물로서의 가치 유지를 위해 (현재까지) **전혀 수정하지 않았다.**"라고 주장했다. 어쨌든 쿠비체크는 대필작가든 편집자든 자기 대신 글을 써줄 진짜 작가를 찾아냈다. 불안정한 기억과 꾸며낸 이야기들로 고인이 된 총통을 이상화하는 글을 날조하게 했다. 그리고 악화가 양화를 구축한다는 그레셤의 법칙에 따라, 이 날조된 글은 다양한 언어로 번역되고 믿을 만한 출처로 꾸준히 인용되었다. 독일어 서점에서 여전히 쉽게 구할 수 있는 이 책은 [2018년 현재] 6쇄 개정판이 나온 상태다.

그렇다면 쿠비체크의 증언은 아무 쓸모가 없을까? 가능한 진실과 가능한 거짓, 그리고 대필작가의 공상이 뒤섞인 이 책은 역사 소설로서는 더할 나위가 없다. 그리고 이 책에 인용된 말들은 꾸며낸 것임이 분명하다. 그런데 쿠비체크의 회고는 경우가 다르다. 회의적인 태도를 보인 예칭어도 회고의 어떤 부분은 '그럴듯하다'고 생각했고, 이런 범주에 속한다고 여겨지는 그의 증언을 몇 차례 인용하기도 했다.

빈에서 보낸 히틀러의 생활을 밝히는 데에도 비슷한 문제가 발생한다. 이와 관련해서도 확실한 정보를 구할 수 없는 일부 역사가는 라인홀트 하니슈Reinhold Hanisch와 요제프 그라이너Josef Greiner라는 두 불한당이 몇십 년 후 출판한 이야기에 의지해야 했다. 그런데 그라이너는 히틀러를 만난 적이 없다. 하니슈의 이름으로 쓰인 글이 뉴욕에서 영어로 사후 출판되었지만 저자의 정체는 알려지지 않았다. 출판된 글과 실제 하니슈가 썼던 글이 일치하는지도 알려지지 않았다. 하니슈는 히틀러의 그림을 위조한 대표적인 인물이다. 그의 여러 주장—이를테면 히틀러의 친유대주의—들은 거의 사기에 가깝다. 그리고 이 글 역시 '히틀러 일기'의 소재가 되었다.

정치 입문 후의 히틀러에 관한 다양한 인물들—헤르만 라우쉬닝, 한스 프랑크, 에른스트 한프슈탱글, 요하네스 폰 뮐런-쇤하우젠, 헨리에테 폰 시라흐, 하인츠 하인츠, 아르노 브레커, 프리델린트 바그너—의 묘사는 사실이라면 흥미로운 이야기라고 할 수 있다. 이들의 묘사에서는 명백한 날조와 사실을 구분해 내기가 매우 어렵다. 이런 글들은 다른 출처의 글과 일치하는 경우를 제외하면 되도록 피했다. 이들의 증언을 인용할 때는 적절한 평가를 받을 수 있게 출처를 밝혔다. 알베르트 슈페어의 두 권짜리 회고록 『기억: 제3제국의 중심에서Inside the Third Reich』와 『슈판다우: 비밀일기Spandau: The Secret Diaries』도 나름의 문제가 있다. 이 책들은 저자 자신의 결백을 주장하려는 충동 그리고 다른 사람은 깔보는 대신 자기 자신을 부각하려는 충동에서 쓰였기 때문에 사실을 왜곡하기 일쑤였다. 그럼에도 문화 영역에서 히틀러가 했던 말이나 행동에 관한 이 책의 묘사는 기록된 히틀러의 독백이나 요제프 괴벨스의 일기 같은 1차 자료와 상당히 합치된다. 회고록을 남긴 히틀러의 주요 건축가 중 한 사람 헤르만 기슬러Hermann Giesler는 1945년 이후에도 히틀러에 대해 이전과 같은 존경심을 보였다. 그래도 건축 문제에 관한 그의 증언은 상당히 진실해 보인다. 마찬가지 경우가 예술에 관한 한스 제베루스 치글러Hans Severus Ziegler의 회고다. 그는 1924년부터 히틀러를 알았다.

하지만 전후 회고록이라는 또 다른 범주가 있다. 이는 히틀러의 수행원이나 정부 관료들이 썼다. 그들은 슈페어와 다르게 자기 자신이 아닌 히틀러에게 관심의 초점을 맞추었다. 그리고 기슬러나 치글러와 다르게 자신들의 주제에 관해 객관적인—어떤 경우에는 비판적인—태도를 취했다. 이 책에서 참고한 그들의 글은 왜곡의 동기가 없으며 보통 다른 글과도 일치한다. 괴벨스의 방대한 일기도 마찬가지다. 1992년 모스크바에서 발견된 부분까지 포함한 그의 일기는 예술 분야에서 히틀러의 관심사와 활동에 관해 많은 것을 알려준다.

문화와 예술에 관한 히틀러 자신의 전방위적인 발언은 『나의 투쟁 Mein Kampf』, 그의 연설, 당대회의 문화 세션에서 했던 장황한 말들 그리고 이른바 식탁에서의 잡담, 독백에서 발견된다. 이 책에서는 랄프 만하임Ralph Manheim이 번역한 표준 영어본 『나의 투쟁』을 이용했다. 원문에 가깝게 하려고 사소한 수정을 가하기는 했다. 히틀러의 식사 시간과 식후 연설에 관한 기록은 버전마다 차이가 있는데, 이 책은 주로 베르너 요흐만Werner Jochmann의 편집본을 참고했고 가끔씩 헨리 피커 Henry Picker의 1976년 판본을 참고했다. 슈페어가 했던 다음과 같은 말은 인용할 만한 가치가 있다. "피커가 인용한 히틀러의 말 대부분은 나도 똑같이 들었다." 독백 형태로 기록된 히틀러의 말과 측근들이 기록한 말들은 본질적으로 동일하며, 상호 신뢰성에 관한 확실한 증거를 제공한다.

이 글은 다음과 같은 기관에 보관된 기록물들을 참고했다. 린츠의 오버외스터라이히 국가기록보관소(아우구스트 쿠비체크의 '회고'와 그가 프란츠 예칭어와 서신 교환한 내용), 뮌헨의 현대사 연구소와 바이에른 중앙기록보관소, 베를린의 연방기록보관소, 워싱턴의 국립기록보관소(통합 심문 보고서 번호 4-「린츠: 히틀러 미술관 및 도서관」, 1945년 12월 15일 OSS 보고서, 정밀 심문 보고서 번호 12-「헤르만 보스」, 1945년 9월 12일 OSS 보고서, 통합 심문 보고서 번호 4에 관한 1946년 1월 15일 보충 자료-

「린츠」, 정밀 심문 보고서 번호 1-「하인리히 호프만」, 1945년 7월 OSS 보고서, 1946년 6월 5일 파울라 볼프 심문 보고서), 뉘른베르크의 독일 국립박물관(한스 포세의 일기), 워싱턴의 미군 군사박물관(히틀러 수채화 네 점) 그리고 가르미슈의 리하르트 슈트라우스 기록보관소(슈트라우스와 비니프레트 바그너 사이의 서신 교환 내용). 나치당 중앙기록보관소에서 수집한 기록물들은 1945년 미군에게 압수되어 1964년 후버 연구소에서 마이크로필름으로 기록된 뒤 베를린 도큐먼트 센터에 보관되었다가 현재는 베를린의 연방기록보관소에 보관되어 있다. 이 책은 마이크로필름을 참고했다.

이 책에서는 히틀러 자신이 가장 자주, 자세하게 인용된다. 히틀러의 말과 표현 방식이 그의 목소리와 생각을 상상하는 데 도움이 될 것이기 때문이다. 요약하거나 표현을 바꿔서는 그런 상상이 어렵다. 이러한 인용이나 참고문헌들의 출처는 책의 뒷부분에 페이지와 첫 문구로 기록해 두었다.

마지못한 독재자

나를 대신해 줄 사람을 찾을 수만 있었다면
난 절대 정치에 입문하지 않았을 것이네.
나는 예술가나 철학자가 되었을 거야.

—정치에 입문하고 몇 년 뒤 참모들에게

보헤미안 예술 애호가

작가 토마스 만Thomas Mann은 아돌프 히틀러가 본질적으로 예술가이며, 예술가적 본성으로 독일과 유럽을 꼼짝 못 하게 마법의 주문을 걸 수 있었다는 사실을 최초로 지적했다. 이 사실은 만이 예술가였다는 점을 고려한다면 자연스러운 일이다. 그는 1938년 에세이 「브라더 히틀러Brother Hitler」에서 "좋든 싫든 간에, 이러한 현상에서 예술가적 기교의 흔적이 있음을 어찌 알아볼 수 없단 말인가?"[1]라고 말했다. 그보다 15년 전 독일의 유명한 반유대주의 전도사인 휴스턴 스튜어트 체임벌린Houston Stewart Chamberlain은 바이로이트에서 히틀러를 만나자마자 그에게서 비슷한 느낌을 받았다. 체임벌린이 보기에 히틀러는 "광적인 사람이기는커녕 … 광적인 사람과 가장 거리가 먼 사람"[2]이었고, 정치인이라기보다는 오히려 "정치인과 가장 거리가 먼 사람"이었다. 그는 머리가 아닌 가슴에 호소하며, 사람들을 지배하는 그의 힘은 눈과 손 동작으로 표현된다고 했다. 사실 히틀러에 관하여 가장 예리한 통찰을 보여준 전기 작가 요아힘 페스트Joachim Fest는 히틀러가 예술가 아닌 다른 존재일 수 있는지 여러 번 물었다.[3] 과연 히틀러는 정치를 미사여구나 과장된 행렬, 가두행진과 정당 집회, 전쟁의 스펙터클보다 중요하게 여긴 적이 있을까? 알베르트 슈페어Albert Speer라면 강하게 부인했을 것이다. 그는 제3제국을 겪은 누구보다 히틀러에 관해 잘 알았다. 슈페어는 나치 전범 수용소인 슈판다우Spandau 감옥에서 이 문제에 관해 20년간 생각한 뒤 히틀러가 평생토록 진심 어린, 천생 예술가였다는 결론을 내렸다.

이러한 말들은 히틀러를 기쁘게 했을 것이다. 사실 체임벌린의 말을 들은 히틀러가 어떤 반응을 보였는지 목격한 사람과 기록이 있다. 진술에 따르면 히틀러는 마치 귀한 선물을 받은 아이처럼 기뻐했다.[4] 어떤 이들은 이를 본능적으로 알아차리기도 했는데 독일의 덕망 있는 대통령, '그러나 경직되고 둔감한 정신의 소유자인'[5] 파울 폰 힌덴부르크Paul von Hindenburg조차 히틀러를 가리켜 곧잘 '보헤미안 상등병'[6]이라 했다. 비록 이는 히틀러가 오스트리아가 아닌 보헤미아 출신이라는 오해에서 비롯된 말이었지만, 힌덴부르크가 히틀러에게서 낭만적인 예술가 기질을 감지했음을 보여준다. 히틀러를 고무시키고 그가 타인들로부터 떨어져나오게 만든 것은 바로 이 예술가적 충동이었다. 이 충동은 그를 학교 친구들과, 다음에는 독일의 모든 정치 계급과, 결국에는 다른 모든 유럽 국가 국민과 멀어지게 했다. 그는 몇 년 동안 몇 번이고 자기 친구와 지인들에게, 심지어 외국의 관료들에게도 자신을 정치인이 아닌 예술가로 생각한다고 주장했다.

이러한 예술적 취향이 어디에서 기원했는지는 미스터리다. 그 원인은 확실히 유전도, 환경도 아니었다. 그는 교양 있는 집안 출신이 아니었다. 아버지 알로이스 히틀러Alois Hitler는 세련되지 못한 세관원이고 어머니 클라라 히틀러Klara Hitler는 교육받지 못한 가정주부였다.

그가 스치듯 경험한 교양이라고는 노래와 피아노 레슨, 교회 성가대뿐이었다. 그조차 오래가지는 못했다. 린츠에서 그가 다녔던 학교는 훌륭했다. 동년배 학생으로 루트비히 비트겐슈타인Ludwig Wittgenstein이 있었다. 하지만 히틀러의 성적은 좋지 못했다. 아마도 반항적인 기질 때문이었을 것이다. 1903년 아버지의 급작스러운 사망 이후 어머니는 그를 다른 학교로 전학시켰지만 역시나 결과는 실망스러웠다. 예술가적 기질이라 여겨지는 어떤 것, 그러니까 그리기를 좋아하고 곧잘 공상에 빠지며 규율을 싫어하고 독립적인 정신을 추구하는 성향이 이미 그의 마음에 자리 잡고 있었다. 그의 누이 파울라 히틀러Paula Hitler에 따르면 그는 '건축과 회화, 음악'에 관한 '비상한 관심'을 키워 나갔다.[7] 히틀러는 12세가 되던 1901년에 처음으로 연극을 관람했다. 프리드리히 실러Friedrich Schiller의 「빌헬름 텔Wilhelm Tell」이었다. 그리고 얼마 지나지 않아 처음으로 오페라 「로엔그린Lohengrin」을 관람했다. 이 공연으로 초월적인 미적 경험을 한 그는 평생 리하르트 바그너Richard Wagner의 포로가 되었다. 이때부터 그는 예술가의 삶을 살겠다고 결심하고는 화가, 그것도 아주 유명한 화가가 되겠다고 가족과 학교 친구들에게 선언했다.

16세가 되던 해인 1905년 가을, 히틀러가 학교에서 낙제하자 어머니는 고민 끝에 그를 자퇴시켰다. 예술가의 자유로운 삶을 살고자 했던 그의 꿈은 현실이 되었다. 이제 그는 정기적으로 연극과 오페라를 관람하고 음악계에 합류했으며 그림을 그리고 책을 읽었다. 이듬해 봄에 어머니는 그가 빈을 방문해 위대한 합스부르크 소장 회화들을 관람하게 해주었다. 그는 20여 년이 지난 후 쓴 『나의 투쟁Mein Kampf』에서도 빈에 도착하던 순간의 감동에 관해 열변을 토했다. 유명한 회화보다 그를 압도했던 것은 바로 공공건축물들이었다. "오페라하우스 앞에 몇 시간이고 서 있었지. 몇 시간이고 국회의사당 건물을 바라봤어. 링슈트라세는 마치 『아라비안나이트』에 등장하는 마법 같았어."[8]라고 그는 회상했다. 그는 이렇게 넘쳐나는 열정을 린츠에서 사귄 친구 아우구스트 쿠비체크August Kubizek와 나누지 않을 수 없었다. 그의 필적이 남은 가장 오래된 기록물이기도 한 몇 장의 엽서에 그가 관람한 오페라와 오페라하우스의 음향시설에 관한 첫인상이 적혀 있다. 이 진지한 청년에게 프라터 공원의 오락거리나 맥주홀, 카페는 관심 대상이 아니었다.

그는 자신이 본 것들에 너무나 매혹된 나머지 집으로 돌아오는 길에 간단한 건축 스케치도 했다. 언젠가 쿠비체크를 위해 지어주겠다고 약속하며 빌라의 외관과 평면도를 그리기까지 했다.[9] 신축 빌라를 그린 드로잉 한 점과 푀스틀링베르크의 레스토랑을 그린 수채화 한 점, 린츠 오페라하우스 실내 스케치 두 점이 남아있다.[10] 그 뒤 몇 달 동안 그는 친구와 함께 시내를 배회하며 건축물들을 구경하고 개별 건물들과 지역 전체를 어떤 식으로 재건축하면 좋을지 상상하며 시간을 보냈다. 그래도 예술적 욕구가 채워지지 않은 그는 희곡을 쓰겠다고 결심했다. 그리고 피아노 레슨을 받았다. 나중에 작곡가가 되고 싶다고도 생각했다.

하지만 그가 결국 자신의 운명이라 느낀 것은 화가의 길이었다. 1907년 그는 마침내 집을 떠나 빈 미술 아카데미에 입학하겠다고 결심했다. 그러나 입학을 거절당해 심한 충격을 받았다. 그 뒤로 그가 무슨 일을 하고 지냈는지는 분명치 않다. 나중에 그가 한 말을 들어보면 그는 대부분의 시간을 교회나 거리, 공공건축물들을 스케치하며 보내거나 없는 돈을 털어 오페라 관람 티켓을 샀던 것 같다. 1년 후에 다시 아카데미에 지원했지만 역시나 낙방했고 엄청난 좌절감을 맛보아야 했다.

통설에 의하면 당시 히틀러는 '기생충 같은 존재', '무위도식'의 삶을 사는 무기력하고 게으른 자였다고 한다. 하지만 실상 그는 역사 속에서 예술적인 성향을 지녔던 수많은 젊은이와 그다지 다를 것이 없었다. 야망을 가진 예술가라면 자아실현을 위해 고통스런 나날을 보내기 마련이다. 그 가운데 성공한 이들은 그간의 인내를 칭찬받고, 실패한 이들은 게으른 낭인으로 간주된다. 히틀러의 문제는 자신의 예술적 욕망과 예술적 재능을 혼동했다는 사실이다. 이것은 그의 비극이기도 하다. 1908년이 되면 욕망과 재능 사이의 괴리를 그 역시 분명히 깨달았을테지만, 그럼에도 그는 최선을 다해 자신의 영감을 따르겠다고 결심했다.

그 후 몇 년 동안은 그의 삶에 관하여 알려진 바가 거의 없다. 그의 거주지 등록 서류에 근거한 빈 경찰의 기록이 조금 남아있을 뿐이다. 이 기록을 살펴보면 카페나 공원, 싸구려 숙소, 노숙자 보호소에서 잠을 자는, 사회 밑바닥까지 내려간 젊은이의 모습이 어른거린다. 그는 『나의 투쟁』에서 "이때가 나의 가장 슬픈 시절이었다."[11]라고 했다. 그의 증언에 따르면 이때는 그의 마음에 각인된 잔혹한 현실이 '연민의 감정을 죽인'[12] 시기이기도 하다. 그는 그 현실이 "낙오한 자들의 비참한 상황에 둔감하게 만든다."라고 했다.

예술적인 훈련을 받지 못했고 재능도 없는 그로서는 빈의 풍경화를 그려 파는 것으로 겨우 버티는 수밖에 없었다. 한 끼 식사에 작품 한 점을 교환해야 할 때도 있었다.[13] 하지만 점차 형편이 나아졌고 거래에도 능숙해졌다. 일주일에 대여섯 점 정도를 완성해서 괜찮은 수입을 올리기도 했다. 그보다 중요한 변화는 남는 시간에 독서를 할 수 있었다는 것이다. 그는 예술사, 문화사, 건축사에 관한 책들을 읽었다.[14] 이 시기에 그는 자신의 "유일한 즐거움이 독서였다."[15]라고 했다. 아주 오랜 뒤, 그의 비서인 크리스타 슈뢰더Christa Schroeder는 그가 젊은 시절 빈 도서관에서 500권의 책을 읽어치웠다고 말한 걸 들었다고 증언했다.[16] 그가 어떤 책을 읽었는지는 알려진 바가 없다. 역사가들은 그가 실제로 얼마나 많은 책을 읽었는지, 또 제대로 이해는 했는지 의문이라고 말한다. 하지만 히틀러는 이 시기에 '내 행동의 화강암 같은 반석'[17]을 형성할 수 있었다고 주장했다.

이후 히틀러는 빈을 증오하기 시작했다. 그의 표현에 따르면 '여러 인종이 섞인 바빌론과 같은 도시'[18]를 떠나게 되어 기뻤다. 하지만 [이 경우] '떠났다'라기보다 '도망쳤다'라고 하는 것이 맞다. 떠났다는 시기도 『나의 투쟁』에서 주장한 1912년이 아니라 1913년이었다. 조국인 독일과 하나 되고 싶은, 누를 수 없는 그리움을 해소하기 위해 떠났다는 주장은 어느 정도 진실이었을 수 있다. 하지만 다른 이유도 있었다. 병역 의무를 기피함으로써 감옥에 가게 될 수도 있다는 두려움이 무엇보다 컸다. 한 달 전에 아버지 재산의 일부를 자기 몫으로 받았기 때문에 여행에 필요한 돈도 마련돼 있었다. 독일에 가면 직업적인 전망이 나아질 거라고 기대했을 수도 있다. 어쨌거나 『나의 투쟁』을 쓰게 되었을 때, 그는 병역 의무를 기피했다는 의혹으로 생길 정치적인 위험을 피하고자 많은 변명을 해야 했다. 독일에 입국한 시기를 1년 앞당기는 식으로 조작함으로써, 오스트리아 경찰의 추적을 피하려고 무국적자로 등록했던 사실을 은폐했다. 그리고 오스트리아를 떠난 것은 순전히 정치적인 이유 때문이었다고 주장했다. '합스부르크 국가에 대한 혐오감'[19] 때문이었다는 것이다.

히틀러가 선택한 도피 장소가 뮌헨이라는 점은 흥미로운 사실을 시사한다. 뮌헨은 문화의 중심이라는 명성을 가진 도시이기 때문이다. 그는 그곳의 생활과 분위기를 무척 좋아했다. 그는 그림을 그리거나 슈바빙 예술인 구역의 카페와 레스토랑에서 시간을 보냈다. "전쟁이 일어나기 전이었던 이 시기야말로 가장 행복하고 만족스러운 시기였다."[20]라고 그는 말했다. 그 뒤로 뮌헨은 그가 가장 좋아하는 도시가 되었다.

"나는 지구상 어느 곳보다 이 도시에 매력을 느낀다."[21]라고 했다. 훗날 권력을 장악한 그는 뮌헨을 [국가사회주의] 운동의 수도Hauptstadt der Bewegung이자 독일의 문화적 중심으로 만들었다. 뮌헨에서 그는 계속 그림을 그렸다. 솜씨도 나아졌고 금전적인 보상도 따랐지만, 여전히 삶은 고난의 연속이었다. 꿈에 그리던 위대한 화가가 될 수 없음은 물론이고 제대로 된 수입조차 벌기 힘들 거란 사실이 그에게도 분명했을 것이었다. 그러니 1914년 발발한 전쟁은 그에게 밑바닥 인생에서 탈출할 기회를 제공한 셈이다. 그는 이 전쟁을 '해방'이라고 표현하며 이렇게 덧붙였다. "나는 무릎을 꿇고 하늘에 감사 기도를 올렸다. 이 시대를 살 수 있도록 허락해 준 하늘의 은혜에 감사의 마음이 넘쳐흘렀다."[22] 그 시대의 수많은 젊은이처럼 그도 열광적인 태도로 군에 입대했다. 비록 오스트리아 시민 신분이기는 했지만 바이에른 연대 지원 신청이 받아들여져 서부전선에서 연락병으로 복무할 수 있었다. 그는 두 번 부상당했고, 두 번 훈장을 받았다. 시간이 날 때면 전쟁 장면을 그렸다.

전쟁이 끝나고 1920년대 초반이 되어서도 히틀러는 계속 예술가임을 자임했다. 퀸스틀러(예술가)에서 말러(화가), 쿤스트말러(순수 화가), 아르키텍투어말러(건축가), 때로 슈리프츠텔러(작가)라며 자신을 가리키는 명칭이 계속 바뀌었지만 말이다. 사실 전쟁이 끝나갈 무렵 그는 완전히 방황하는 상태였다. 화가의 경력을 다시 시작할 만한 전망도 보이지 않았고, 다른 대안도 없었다. 『나의 투쟁』에서 그는 "당시 무명이었던 내게는 유의미한 활동에 필요한 아무런 기반도 없었다."[23]라고 인정했다. 결과적으로 그는 군에 남게 되었다가 준군사조직인 국가방위군Reichswehr의 '교육 간부'가 되었다. 장병들을 격려하고 선동하는 애국 연설을 함으로써 군의 사기를 고취하는 역할이었다. 그는 빈 시절 이후로 범독일 민족주의에 열광하는 태도를 취해 왔으나 정작 정치적 경력에는 별 관심을 보이지 않았다. 하지만 청중을 이해하고 조종하는 능력만큼은 매우 뛰어나서 자신의 대중 선동 연설이 큰 성공을 거둘 수 있다는 사실을 알게 됐다. 마침내 그는 자신의 진가를 발견했다. 정치가 히틀러를 찾아왔지, 히틀러가 정치를 찾아가지 않았다.

그가 정치가의 삶을 살게 된 것은 이데올로기적 임무를 띤 자였다거나 미래의 전망을 갖춘 지도자였기 때문이 아니었다. 어쩌다 보니 대중을 선동하는 연설가가 되었을 뿐이었다. 예술가 경력이 막다른 골목에 도달했음을 실감하는 그 순간, 정치가 경력이 그 앞에 문을 열어줌으로써 그를 개인적인 파국으로부터 구해준 셈이다. 하지만 그는 정치에 첫발을 디디게 된 그 순간, 즉 1920년 소수정당인 독일노동자당에 합류할 때까지도 여전히 '화가'임을 자임했다. 적어도 처음에는 구체적인 정치적 목표에 관심이 없었다. 히틀러는 훗날 체임벌린이 예리한 안목으로 알아보았던 것처럼 혼을 빼놓는 카리스마의 감정적 효과에만 관심이 있었다.

그는 곧 볼셰비키와 유대인 그리고 1919년 베르사유 강화조약을 비난할 때 보여준 연설 재능으로 주목받게 되었고, 높은 자리에도 오를 수 있었다. 별 볼 일 없는 선동가에서 출발한 그는 1920년 4월 제대할 무렵에 이르러 바이에른 정치의 극우파를 선동하는 맥주홀 정치선동가의 자리까지 올랐다. 그는 맥주나 마시던 반유대주의 바이에른 국수주의자 무리들을 순식간에 국가사회주의노동당으로 변모시켰다. 그리고 1921년 7월, 이 당의 지도자가 되었다. 그는 이성적인 토론이나 구체적인 강령보다는 심리적인 조작이, 블라디미르 레닌 같은 사람보다는 베니토 무솔리니 같은 사람이 더욱 강력한 힘을 발휘한다는 사실을 민주주의 정치가보다 50년이나 일찍 간파했다. 훗날 인구에 회자된 문구, 즉

매체가 바로 메시지라는 사실을 그가 제일 먼저 직관적으로 파악할 수 있었던 것은 바로 그의 예술가적 감수성 덕분이었다.

유럽을 뒤집어 놓고 거의 파괴 직전까지 몰아넣은 그이지만, 그의 정치 입문은 31세가 되어서야 이루어졌다. 갑작스럽게 정치에 뛰어든 히틀러는 훗날 자신의 갑작스러운 정치 투신을 두고 자신이 내린 '가장 힘든 결정'[24]이었다고 말했다. 몇 년 후에는 자신의 참모들에게 이렇게 말하기까지 했다.

> 내가 정치인이 된 것은 본래 나의 의지가 아니었네. 내게 정치란 그저 다른 목적을 위한 수단일 뿐이지. 내가 정치 활동을 그만두기 어려울 거라 믿는 자들이 있네만, 절대 그렇지 않아! 내가 정치를 떠나 모든 근심과 괴로움, 짜증 나는 일을 뒤로할 날이 온다면, 그야말로 가장 아름다운 순간이 될 걸세. … 나를 대신해 줄 사람을 찾을 수만 있었다면 난 절대 정치에 입문하지 않았을 것이네. 나는 예술가나 철학자가 되었을 거야.[25]

정치가의 삶을 사는 내내 히틀러는 예술적 관심을 포기하고 정치적 부담을 져야만 하는 자신의 신세를 여러 번 불평했다. 폴란드를 둘러싼 외교적 위기가 고조되던 1939년 8월 초, 히틀러는 단치히에 주재하던 국제연맹 위원 카를 부르크하르트Carl Burkhardt를 베르히테스가덴에서 가까운 오버잘츠베르크의 개인 별장 베르그호프Berghof로 불러들였다. 열띤 토론이 끝나고 히틀러는 그에게 멋진 풍광을 보여줄 요량으로 테라스에 데려가더니 이렇게 말했다. "내가 예술가로서 여기에 머물며 작업을 할 수 있다면 얼마나 좋겠소? 나는 천생 예술가요."[26] 2주 후에는 베를린 주재 영국 대사인 네빌 헨더슨Nevile Henderson 경을 만났다. 헨더슨 경은 영국 정부에 이렇게 보고했다. "히틀러 선생이 여러 가지 이야기를 하긴 했습니다만, 그중에는 자신이 천생 예술가지 정치인이 아니라는 말도 있었습니다."[27] 폴란드 공격에 관한 최종 결정을 내린 후 그는 소집된 지휘관들을 향해 이렇게 말했다. "여기 머무르면서 그림이나 그릴 수 있으면 참 좋겠는데 말이야."[28] 소련 침공을 개시한 지 이제 막 한 달 정도 지났을 무렵 그는 또다시 같은 충동을 느꼈다. 야전사령관들 가운데서도 가장 가까운 이들과 함께하고 있을 때 그는 느닷없이 문화를 주제로 한 이야기를 꺼내기 시작했다. 그러면서 1938년 이탈리아 방문 당시 자신이 얼마나 기뻤는지 그 시절을 떠올리면 로마와 피렌체, 나폴리의 멋진 풍경이 가장 기억난다고 추억담을 꺼냈다. "그때 나의 가장 큰 소망이라면, 이름 없는 화가가 되어 이탈리아 전국을 방랑하는 것이었지."[29]

일시적이고 도피적인 몽상이지만은 않았다. 이탈리아에 있는 동안 그는 실제로 자신을 초대한 이탈리아인들에게 똑같은 감상을 표현하기도 했다. 히틀러의 안내를 맡았던 저명한 예술사가 라누치오 비앙키 반디넬리Ranuccio Bianchi Bandinelli의 기억에 따르면 히틀러는 이 기간에 로마 근교의 빌라를 빌려서 아무도 모르게 미술관이나 방문하며 시간을 보내고 싶어 했다. 비앙키 반디넬리는 이런 말도 덧붙였다.

> 히틀러가 이런 이야기를 할 때면, 마치 어느 날 아침 일어나서 '아휴 지긋지긋해! 이제껏 난 나 자신을 속이고만 살아왔어. 이제부터 난 총통 안 할래.'라는 식의 말을 내뱉을 것만 같은 느낌을 받고는 했다. 무솔리니에게서라면 절대 그런 느낌을 받지 않았을 것이다. … 하지만 히틀러가 그런 식의 이야기를 할 때는 정말이지 진심이 느껴졌다.[30]

히틀러는 다른 사람들에게도 종종 그런 인상을 남겼다. 사람들은 그에게서 군복을 벗어던지고 예술에 전념할 날을 손꼽아 기다린다는 이야기를 자주 들었다.[31]

이런 말들을 우리는 어떻게 이해해야만 할까? 히틀러의 말은 그가 전쟁을 원하지 않는다거나 동부에서의 레벤스라움Lebensraum(범게르만주의적 영토 확장을 꾀하는 나치 독일의 이념 및 정책. -옮긴이)을 원하지 않는다는 의미가 아니었다. 독일이 유럽을 지배하게 만들고 싶지 않다는 의미도 아니었다. 그의 모든 군사적, 정치적 야망을 달성한 후에 그의 진짜 관심사이자, 가장 중요하다고 여기는 사업에 몰두하고 싶다는 의미였다. 그리고 그가 가장 중요하게 여기는 사업은 바로 예술이 가장 높은 위치에서 군림하는 게르만 문화국가를 창조하는 일이었다. 그러한 국가에서 그는 건축물을 짓고, 미술 전시회와 오페라 공연을 열고, 예술가들을 후원하고, 자신이 애호하는 음악과 회화, 조각을 부흥시킬 수 있으리라 생각했다. 총리로 임명되던 그 순간부터 예술에 대한 집념이 뚜렷하게 드러나는 걸 보면, 그의 의도만큼은 진지했다는 사실을 알 수 있다. 하지만 그가 카를 5세처럼 은퇴했을지는 알 수 없는 일이다. 물론 히틀러의 경우라면 수도원이 아닌 화가 작업실로 물러나야 했겠지만 말이다(카를 5세는 동생과 아들에게 신성로마제국과 스페인을 물려주고 퇴위한 뒤, 스페인 수도원에서 말년을 보냈다고 한다. -옮긴이). 슈페어는 만일 어떤 부유한 후원자가 히틀러를 건축가로 채용했더라면 히틀러가 어떤 삶을 살았을지 곰곰이 생각하곤 했다고 말했다.[32] 그는 정치적 임무에 관한 히틀러의 생각과 히틀러의 건축적 야망을 따로 분리해 생각할 수 없다는 결론을 내렸다. 히틀러의 예술적 야망은 오로지 정치적 성공을 통해서만 성취될 수 있었으리라는 것이었다.

히틀러 인생의 중심에 자리한 수수께끼란 바로 이런 것이다. 어떻게 그는 예술에 대한 헌신과 전체주의적인 통치 그리고 전쟁, 인종 학살을 하나로 묶을 수 있었을까? 슈페어조차 이 문제를 고민하게 된 건 꽤 오랜 시간이 흐르고 난 뒤였다. 슈판다우 감옥에 갇혀 18년의 세월을 보내고 난 1963년 어느 저녁, 슈페어는 마침내 자신에게 묻기 시작했다.[33] 어떻게 해서 아름다움에 매혹된 정권이—이는 누가 보더라도 분명했다—그토록 잔혹하고 비인간적인 행태를 보일 수 있었을까? 누군가는 이렇게 주장할 것이다. 이 정권은 단지 아름다움으로 자신을 위장했을 뿐이라고. 억눌린 대중의 시선을 다른 곳으로 돌리려는 계산된 술책이었을 따름이라고. 하지만 그에 따르면 그런 주장들은 틀렸으며, 진실하고 사심 없는 사회적 충동이 실제로 있었다. 그는 현대적 기술의 필연적인 추함과 우리에게 친숙한 미적 형식 그리고 아름다움을 조화시키고자 하는 욕구가 실제로 있었다고 주장했다. 아주 결정적인 순간에 독재자 히틀러를 관찰할 수 있었던 카를 부르크하르트는 미와 폭력으로 양분되는 그의 성격을 좀 더 단순하게 요약했다. 그는 히틀러가 이중인격자였다며 "점잖은 예술가이다가, 어느 순간 살인광이 되기도 한다."[34]라고 했다.

1920년대 초반 즈음이면, 체임벌린이나 힌덴부르크도 느꼈고 토마스 만은 분명하게 알아보았던 히틀러의 예술가-정치인의 모습이 드러나기 시작했다. 문화에 몰두하는 모습은 전체주의 지도자라면 항상 강조하고 과시하는 모습이기는 하다. 모든 전체주의 지도자는, 히틀러나 (마르크스의 가르침에서 이탈한) 이오시프 스탈린이 그랬듯, 문화적 지배가 경제적 지배만큼이나 중요하다는 믿음을 가지고 있다.[35] 그들은 문화가 그들을 향한 존경심을 이끌어내고, 국가 통합에 기여하며, 어려운 시기에 사기를 고취하고, 그들이 저지른 끔찍한 짓을 은폐할 수 있다는 사실을 알고 있다. 또 한편으로 그들은 예술에 체제 전복적인 잠재력이 있다는 사실도 알고 있다. 오시프 만델슈탐Osip Mandelstam의 말처럼, 시를 썼다는 이유로 사람들을 처형하는 나라는 예술의 힘을 인지하고 있는 나라다. 하지만 비록 그러한 사실을 알고 그에 근거해 행동했다고 하더라도 히틀러는 스탈린이나 레닌, 무솔리니, 마오쩌둥 같은 이들과 근본적으로 다르다. 그는 미술관이라고는 발을 들인 적조차 없는 레닌과 다르고, 소장한 작품이라고는 화보 잡지에서 오려낸 사진이 전부였던 스탈린과도 다르다. 예술을 경멸한 무솔리니와도 다른 그는 음악, 회화, 조각, 건축에 깊고도 진심 어린 관심을 지니고 있었다. 그는 예술을 정치라는 목적을 위한 수단으로 보지 않았다. 정치의 궁극적인 목적이 예술이라 생각했다. 비록 재능이 부족하나 예술가가 되고자 했던 남자, 정치를 혐오했던 남자가 정치 천재가 되어버리다니, 이 얼마나 기가 막힌 역설인가.

사실 그는 한 번도 전통적인 의미의 정치에 관심을 가진 적이 없다. 공공 정책 결정 과정에 여러 기관과 개인들이 관여하면서 상호 작용하는 그런 정치 말이다. 오히려 그는 그러한 정치가 수반하는 모든 것, 즉 자유, 토론, 타협, 정당, 의회 그리고 다원적인 사회 제도 모두를 거부함으로써 정치 경력을 다질 수 있었다. 그는 가능한 한 빠르게 이 모든 것들을 폐지했다. 그리고 지배에만 골몰했다. 그는 지배가 문화와 마찬가지로 진화의 원리를 따른다고 보았다. 1928년 1월의 연설에서 그는 이 점을 명시하며 문화가 어떻게 발생하는지 말했다.

> 하나의 국가가 형성되는 과정은 이렇습니다. 우선 항상 창조자인 개인이 존재하기 마련입니다. 평범한 대중들은 어떤 것도 창조하지 못합니다. … 우리가 문화라 부르는 것은 결코 다수의 목소리를 통해

생겨나지 않습니다. 문화는 개인의 산물일 따름입니다. 문화는 단독자들의 창조적 행위를 통해 생겨납니다. 이들은 평범한 군중들 위에 우뚝 서며, 위대한 정신의 지도를 따릅니다.[36]

이런 식으로 그는 자신의 지배 관념이 예술가적 창조성 개념과 직결된다고 생각했다.

이러한 [히틀러의 지배 관념과 예술가적 창조성 개념 사이의] 연관성은 매우 중요하다. 인종 학살이나 유럽의 군사적 지배와 같은 정책들이 히틀러의 미적 이념에 기원을 두고 있다는 이야기는 아니다. 통치자 히틀러와 예술가 히틀러가 만날 때도 있지만 늘 그렇지는 않다. 다만 그가 자신의 권력을 지탱하는 버팀목으로 예술을 활용했다는 사실만큼은 한결같았다. 동시에 그의 권력은 장대한 문화 프로젝트를 실현하는 길을 그에게 열어주었다. 그런 차원에서 권력과 예술이 한데 어우러졌다. 그는 자신의 역사적 임무를 예술의 관점에서 규정할 수 있었고, 실제로도 자주 그렇게 했다. 그는 자신의 문화적 관심을 그저 젊은 날의 추억으로 묻어두지 않았다. 그의 문화적 관심은 딜레탕트dilettante 예술가의 허세 수단이 아니었다. 전쟁 중에도 그는 다섯 권짜리 쇼펜하우어 선집을 배낭에 넣어 다녔다고 주장했는데[37], 쇼펜하우어를 만날 수 있었더라면 이런 말을 했을 법하다. 문화는 항상 그의 정신세계에서 중심을 차지하고 있다고 말이다.

이런 점에서 히틀러는 중부 유럽 낭만주의 전통의 후계자라 할 수 있다. 일반적으로 낭만주의자들은 예술가와 그의 성취를 한 시대가 열망할 수 있는 가장 고결한 형태로 여기고 숭배한다. 동시에 그들에게는 '사악한 예술가'[38]에 반해 버리는 경향도 있다. 아이제이아 벌린Isaiah Berlin은 '사악한 예술가'의 전형으로 나폴레옹을 꼽으며 이렇게 말했다. "사악한 예술가가 사용하는 재료는 바로 인간이다. 그는 오래된 사회를 파괴하고 새로운 사회를 창조한다. 이때 인간의 목숨이 얼마나 희생되는지는 전혀 관심이 없다. 초인은 새로운 기반을 건설하기 위해 고문과 파괴도 서슴지 않는다…." 어느 면으로 보나 히틀러는 딱 이러한 의미의 낭만주의자였다.

히틀러는 그가 벌인 군사 작전이 최악의 상황으로 치닫든 최고의 상황을 맞이하든 상관없었다. 아무리 위급한 상황에 놓였어도 언제나 문화적 관심에 시간을 할애할 준비가 되어있었다. 크리스타 슈뢰더에 따르면 군사 작전 브리핑 시간을 제외하면 히틀러는 예술을 주제로 하는 대화를 더 늘렸다.[39] 요제프 괴벨스Joseph Goebbels의 일기에도 이러한 사례들이 계속 등장한다. 일기는 흔히 이런 식의 문구로 시작된다. "우리는 수없이 많은 문화적 사안들을 논의했다."[40] 전쟁이 끝나갈 무렵까지도 둘이 만날 때면 항상 히틀러 쪽에서 예술에 관한 주제를 꺼내고는 했다. "음악, 연극, 문화 체험을 향한 총통의 갈망은 실로 엄청나다."[41] 1942년 1월 괴벨스는 동부전선에 있는 히틀러를 방문한 후 이렇게 적었다. "총통은 누구에게도 말한 적이 없는 이야기를 들려주겠다고 했다. 자신이 지금 살고 있는 삶은 문화적으로 공허하고 하찮다고 말이다. 자신은 종일 일만 해야 하는 처지라고 했다. 전쟁이 끝나면 삶의 아름다운 측면에 더욱더 몰두해서 이를 벌충하고 싶다고 했다." 넉 달 후에는 러시아에서의 가장 결정적인 군사 작전이 펼쳐질 것임에도, 바로 전날 밤에 만난 둘의 대화 주제는 역시 문화였다.[42] 이날 히틀러의 관심을 사로잡았던 사안은 바이에른 국왕 루트비히 1세에 관한 영화 제작 계획이었다. 시급하게 처리해야만 하는 다른 사안들이 있었지만 그는 영화 스크립트를 꼼꼼하게 살펴보더니 내용과 캐스팅이 마음에 안 든다며 완전히 바꾸기를 원했다. 그가 떠올린 또 다른 주제는 빈, 린츠, 뮌헨 간의 문화적 경쟁에 관한 것이었다. 그는 이 도시들의 문화적 역량이 균형을 유지하게 할 방안을 고민했다. 그는 새로 나온 테이프 레코딩 기술 덕분에 최신 음악에 관한 지식을 따라잡을 수 있게 되었다는 이야기까지 했다. 최신 교향곡이나 오페라 공연을 들을 수 있게 되었다는 것이다. 그는 이 음악들을 아주 관심 있게 들었음이 틀림없다. 베를린 필하모닉의 현악기 파트가 빈 필하모닉보다 더 나아졌다고, 그러니까 더 젊어졌다고 논평했기 때문이다. 레코드로 뮌헨 오페라 공연을 듣고는 아주 흥분할 수밖에 없었다는 말도 덧붙였다. 몇몇 유명 성악가들의 목소리가 나빠졌다면서 그들 대신 누구를 기용하면 좋을지도 고민했다. 리하르트 바그너와 그의 후손에 관한 소문도 언급하더니, 은퇴한 예술가에게 후한 봉급을 주어야 한다는 지침을 내리기도 했다. 외화 부족에도 이탈리아에서 나온 희귀한 현악기 컬렉션 구매를 지시하기도 했다. 이 모든 사안이 단 한 번의 회의에서 다뤄진 주제들이다.

여섯 달 뒤, 괴벨스가 동프러시아의 라스텐베르크에 있는 군사령부로 히틀러를 만나러 갔다. 스탈린그라드에서의 전투가 한창이던 때였지만 괴벨스가 남긴 기록 내용은 이랬다. "상황의 엄중함에도 총통은 변함없이 예술에 전념하고 있다. 예술에 전념하기에 더 좋은 때를 기다릴 수는 없다고 한다."[43] 이번 대화는 브루크너의 교향곡이 무척 마음에 들더라는 히틀러의 말로 시작해서, 칸트와 쇼펜하우어, 니체 철학을 비교하는 히틀러의 말로 끝났다. 같은 해 5월 초 적의 공습으로 독일의 도시들은 산산조각 났고, 러시아에서는 독일국방군Wehrmacht이 퇴각했으며 아프리카에서는 완전히 축출됐다. 그때 히틀러는 잠시 베를린으로 돌아와 나흘 연속으로 괴벨스를 만나 "다양한 문화적·예술적 사안들"[44]을 다루었다. 이때 히틀러는 어떤 생각을 했을까? 그는 미술관이 개인을 대신하여 미술품을 구매하도록 하는 관행을 버리고, 개인이 스스로

미술품을 구매하도록 만들 필요가 있다고 생각했다. 그는 제3제국이 아닌 커뮤니티가 미술관 운영의 주체가 되길 원했다. 그는 계속해서 건축가와 조각가들에 관해 논평했다. 베를린 극장 문제를 토의하고 난 다음에는 음악계의 문제로 이야기의 주제를 옮겼다. 함부르크 심포니, 게반트 하우스 오케스트라, 게르만 오페라하우스 베를린 오케스트라의 지위를 높이도록 지시했고, 새롭게 창설된 린츠의 브루크너 오케스트라를 제3제국의 최상급 오케스트라로 만들어야 한다고 강조했다. 그는 극장과 오페라의 입장권 가격 인상 시도를 중단시켰다. 그는 당 지도자들에게 문화적 감수성이 부족하다고 한탄했다. 그들이 정치적 능력은 있지만 "예술 분야에서라면 완전 낙제"[45]라고 불평했다. 그는 프리드리히 대왕의 관에 대해서도 조바심을 냈다. 전쟁이 끝나거든 관을 상수시나 베를린의 묘로 옮겨야 한다고 했다. 네 번째 만남에서는 칸트, 헤겔, 쇼펜하우어, 니체 철학에 관해 대화를 나누었다. "그는 어서 회색 자켓(군복)을 벗고 갈색 자켓(정당복)을 입게 되기만을 고대했다."[46] 괴벨스가 보기에 히틀러의 꿈은 하루 빨리 장군들과 함께하는 일을 그만두고 문화적 활동들을 재개하는 것이었다.

주목할 만한 대화가 또 이루어진 것은 1943년 9월이었다.[47] 이때 전황은 훨씬 나빠졌다. 영국군과 미군이 이탈리아 본토에 상륙했고, 이탈리아가 항복했다. 동부전선에서 독일국방군이 퇴각 중이었고 독일 도시들을 향해 가해지는 공습은 거의 재앙적 수준이었다. 강화조약을 끌어낼 수 있을지 토론하던 와중에도 히틀러는 기어코 예술적 사안들을 꺼내 자세히 언급하기 시작했다. 이번에는 베를린과 뮌헨의 오페라와 극장계 그리고 정치적으로 믿음이 가지 않는 예술가들이 걱정이었다. 예술에 관한 헤르만 괴링Hermann Göring의 이해 부족도 문제였고, 불미스럽게도 베를린 극장과 다수의 오페라 극단에 괴링 부인이 개입한 사건도 문제였다. 그러한 대화가 여러 차례의 만남 자리에서 이어졌다. 괴벨스의 일기는 또 이렇게 전형적인 문장들로 시작한다. 이번에는 1944년 1월 25일의 일기다. "우리는 문화생활과 예술에 관한 무수한 사안들에 관해 대화를 나누었다. 총통은 이런 주제에 흠뻑 빠져들었다. 수많은 세부 사항들을 총통은 어떻게 그렇게 정확하게 알고 있는지 정말 놀랍다."[48]

이런 대화 가운데 가장 특별한 건 1944년 6월 D-데이 전날 밤의 대화일 것이다. 베르그호프에 머무르고 있던 히틀러는 대낮부터 손님들에게 예술에 관한 장광설을 쏟아냈다. "우리는 극장과 오페라, 영화, 문학 그리고 그 외 여러 가지 사안들에 관해 이야기했다."라고 괴벨스가 적었다. 괴벨스가 최근에 글쓰기에 관한 쇼펜하우어의 글을 읽었다고 말하자, 히틀러 자신도 그 글을 자세히 읽었는데 꽤 유익하더라고 대답했다. 밤 10시쯤 되자 정보 장교들이 다음 날 아침 연합군의 침투 작전에 대한 라디오 교신을 도청했다고 보고하기 시작했다. 하지만 괴벨스가 남긴 기록은 다음과 같다. "그 후에도 우리는 최신 뉴스 영화를 시청했고 … 영화와 오페라, 연극에 관해 많은 이야기를 나누었다. … 새벽 2시까지 추억을 나누면서 벽난로 앞에 앉아있었다…."

여섯 달 후 제3제국이 붕괴 직전까지 몰렸을 때, 히틀러는 괴벨스를 한밤중에 대사관으로 불러들여 군사, 정치, 문화에 관한 자신의 계획에 관해 다섯 시간 반 동안 이야기했다. 괴벨스는 "문화생활은 여전히 총통의 최우선 관심사였다."[49]라고 했다. 영화와 관련하여 히틀러가 떠올린 주제 중에는 유명 배우들의 행실, 괴링 부인이 극장에 미치는 나쁜 영향, 오페라 무대 설계에 관한 전후 계획과 같은 것도 있었다. 1945년 1월 25일자 일기에는 히틀러가 자신의 정치 경력 내내 자주 언급했던 주제가 등장한다.

그는 예술에 헌신하고자 했던 한 남자가 제3제국을 위한 가장 힘든 전쟁을 이끄는 운명으로 선택된 비참한 아이러니를 한탄했다. 하지만 이는 프리드리히 대왕의 경우도 마찬가지였다. 대왕은 7년 전쟁이 아니라 좀 더 편안한 인생, 철학, 플루트 연주에 어울리는 사람이었다. 하지만 그럼에도 그는 자신의 역사적 임무를 수행할 수밖에 없었다.

이제 히틀러에게 예술은 다른 의미를 갖게 되었다. 소련 공격 개시 이후로도 히틀러는 회화나 건축에 관한 책을 보는 데 많은 시간을 보내고서야 잠에 들 수 있었다.[50] 군사적인 파국이 다가옴에 따라, 특히 암살 기도가 있었던 7월 이후로 그는 점점 더 자기 내면으로 침잠해 들어갔다. 그럴 때 예술은 그가 자신을 둘러싼 불길한 운명에서 벗어날 수 있는 유일한 탈출구가 되어주었다. 히틀러의 군사령부에서 언제나 환영받는 방문객이 있었다. 히틀러가 가장 좋아하는 무대 디자이너 벤노 폰 아렌트Benno von Arent다. 그는 예술계에 떠도는 최근의 소문으로 히틀러를 즐겁게 해주었다.

작별 인사를 고할 때 히틀러는 아렌트에게 따뜻한 악수를 청하며 이렇게 말했다. "내가 외로울 때마다 이렇게 종종 찾아주어 고맙네. 자네는 나를 아름다운 세계로 이어주는 다리와도 같은 사람이야."[51] 호시절에도 히틀러는 예술을 '세상 풍파 속에서 굳건하게 버티는 기둥', '혼란과 고통으로부터의 탈출구'[52], '혼란을 정복하고 신질서를 재건할 수 있는 신비스럽고 영원한 힘'[53]으로 묘사하곤 했다. 즉 예술은 언제나 힘든 현실에서 도피할 은신처를 그에게 마련해 준 셈이다. 히틀러는 예술가 하면 떠올릴 만한 특징들을 갖추지 않았다. 그러나 미적 충동만큼은 그의 성격적 본질에 해당한다고 할 수 있다. 그리고 이 충동이 그의 개인적 삶과 이력에 칠한 색깔을 지우기란 불가능한 일이다. 히틀러가 단순히 이데올로기적 프로파간다를 위해 예술을 활용했을 뿐, 예술 그 자체를 진심으로 대하지는 않았다고 보는 시각이 있다. 이런 시각은 그를 오로지 권력 쟁탈만을 향해 달려가는 허무주의적 혁명가로 보는 시각만큼이나 그를 이해하지 못한 것이다. 정치 경력 내내, 독재자로서 전체주의 독일을 지배할 때에도, 전 세계를 전쟁으로 몰아넣던 때에도, 대량 학살을 일삼을 때에도, 그는 자신을 최고 통치자이자 최고 군통수권자, 최고 문화 권위자로 생각했다.

1932년부터 제3제국이 멸망하던 순간까지 재무장관을 지냈던 루츠 슈베린 폰 크로지크Lutz Schwerin von Krosigk는 1952년에 지난 시절을 회고하면서, 히틀러의 최우선 관심사는 문화 분야에서 기념비적인 업적을 남기는 것이었다는 인상을 지울 수 없다고 썼다.[54] 아르노 브레커Arno Breker, 알베르트 슈페어, 헤르만 기슬러Hermann Giesler처럼 히틀러와 가까이에서 작업한 이들이나 요아힘 페스트, 베르너 메이저Werner Maser처럼 히틀러의 삶을 연구한 독일 전기 작가들 모두 같은 결론을 내리고 있다. 바로 히틀러에게 권력이란 결국 문화적 야망을 성취하기 위한 도구였다는 것이다.

문화 철학

역사상 히틀러만큼 문화에 중요성을 부여하고 문화에 관해 많이 언급한 지도자는 찾기 어렵다. 『나의 투쟁』, 당대회 등에서의 연설, 측근과의 대화, 식후에 나눈 수많은 잡담은 문화에 관한 이야기로 가득하다. 독재자들 그리고 말이 너무 많아 지겨운 사람들이 그렇듯 히틀러는 자신의 견해를 논리적이지 않고 논쟁의 여지도 허용하지 않는 독단적인 태도로 펼쳤다. 그는 온갖 것들에 관해 자기 견해를 가지고 있었다. 슈페어는 히틀러를 한마디로 표현하면 '딜레탕티즘의 천재'[1]라고 말한 적이 있다. 레너드 울프Leonard Woolf는 실론섬의 정글에서 대규모의 사냥 후 동물들을 도축할 때면 내장에서 반쯤 소화된 내용물이 쏟아지는 광경을 보곤 했다. 회고록에 따르면 그 광경은 항상 어떤 미친 동료의 정신 상태를 떠올리게 했다. 히틀러의 정신이 그랬다. 그는 문학, 예술, 역사, 음악, 연극, 정치, 철학 등 온갖 것들을 섭렵했으나 그것들을 제대로 소화한 적은 없었다. 그가 대화 중에 쏟아낸 덜 소화된 내용물 중에는 사실과 사실을 흉내 낸 것, 전혀 사실무근인 것이 뒤섞여 있었다. 하지만 그는 문화와 국가, 예술가와 사회, 예술과 정치 사이의 관계에 관한 중요 사안들을 제대로 간파하기도 했다. 그토록 넘쳐나는 말 중에는 문화 철학이라 할 만한 생각들이 떠오르기도 했다. 그 철학의 핵심은 인종이었는데, 이것이 바로 그의 문화적 견해와 정치적 견해를 잇는 보이지 않는 연결 고리였다.

인종과 정치, 문화에 관한 히틀러의 이론은 그가 정치 경력을 막 시작한 무렵이었던 1920년 뮌헨에서 「왜 우리는 반유대주의자인가?」라는 제목의 연설을 통해 분명하게 밝힌 바 있다.[2] 이 연설에서 그는 당시 유행을 따라 역사를 도전과 응전으로 보는 견해를 취했다. 그에 따르면 아주 이른 시기에 혹독한 북쪽의 기후를 견뎌야 했던 이들은 열심히 일했다. 그들은 결국 강인하고 창의적인 아리안족이 될 수 있었다. 반면에 편안한 삶을 살았던 남쪽 사람들은 타락했고 유약해져 버렸다.

> 따라서 우리가 아리안 인종으로 분류하는 이들은 후대의 모든 위대한 문명에 영감을 불어넣은 이들이다. … 우리는 이집트가 위대한 문명을 건설할 수 있었던 것이 바로 금발에 푸른 눈을 가진 아리안 이민자들 덕분이었다는 사실을 안다. 페르시아도 그렇고 그리스도 마찬가지였다. 그리고 우리는 이 나라들이 아니었다면, 어떤 문명화된 국가도 존재할 수 없었다는 사실을 안다….

하지만 문화는 단지 인종의 산물이지만은 않으며, 역동적인 정치 환경이 필요하다고 했다.

> … 예술은 무엇보다 위대한 정치 운동이 기회를 부여할 때 꽃피운다. 알다시피 그리스 예술이 정점에 도달할 수 있었던 건 그리스의 신생

국가가 페르시아 군대에 승리를 거둔 직후였다. … 로마는 카르타고와의 전쟁 이후에야 문화의 도시가 될 수 있었다. … 예를 들어 예술은 우리 독일 도시들의 아름다움을 통해 드러나기도 하지만, 언제나 이 도시들의 정치적 발전에 달려 있었다는 것을 우리는 안다….

그리고 히틀러는 물었다. 여기서 '유대인'은 무슨 역할을 했나? 유대인은 문화를 창조하는 아리안의 투쟁에 참여하지 않았다. "유대인들은 결코 그들 자신의 예술이란 걸 가져 본 적이 없다. 그들의 신전조차 외국인들의 손으로 지어졌다. 처음에는 아시리아인들에 의해, 다음에는 로마인들에 의해 지어졌다. 유대인은 어떤 예술도, 회화도 건축도 남기지 못했다." 그러기는커녕 유대인은 한 나라의 문화 파괴를 목표로 했다. 이는 모더니스트 음악, 회화, 조각, 문학을 보면 알 수 있다. 히틀러는 유대인들에게 예술이란 돈벌이 수단에 불과하다고 결론지었다. 히틀러의 인종 관념은 필연적으로 다음과 같은 확신으로 귀결되었다. 민족 정체성과 문화 정체성은 동전의 양면과도 같다. 1923년 1월 뉘른베르크 연설에서 그는 "모든 위대한 예술은 민족적이다."[3]라고 했다. "베토벤, 모차르트, 바흐와 같은 위대한 음악가들은 독일의 영혼과 독일의 정신에 깊이 뿌리내리고 있는 독일 음악을 창작했다. … 독일 조각가, 화가, 건축가의 경우도 마찬가지다." 이런 주장을 통해 그가 말하고자 하는 바는 결국 민족의 문화란 독립적으로 존재해야 한다는 것이다. 결국 '국제주의 예술'—히틀러는 이것의 예로 큐비즘과 미래주의를 콕 집어 말했다—이란 본질적으로 파괴적이며 '키치와 동의어'라 할 수 있다. 이것이 '유대인들의 정신 상태'에서 비롯한 것임은 한눈에 알 수 있다.

1년 후 『나의 투쟁』을 저술하면서 히틀러는 또 다른 문제를 제기했다. 그리고 그가 총리가 되었을 때 상당 부분 정책으로 이어진다. 그는 물었다. 왜 20세기 정치와 문화는 급락을 경험해야 했는가? 정치와 문화를 다시금 부흥시키기 위해서는 어떻게 해야 하는가? '몰락의 원인'이라는 장에서 그는 이렇게 답했다. 1918년 비스마르크의 독일이 몰락하게 된 원인은 경제적이거나 군사적인 요인이 아닌 사회적 요인에 있다. '도덕적 역병'[4]이 대도시를 휩쓸고 예술을 감염시켰다. 이른바 '예술의 볼셰비즘'인 큐비즘과 다다이즘이 등장해 사람들을 '광기'[5]로 몰아갔다. 범인은 과거의 위대한 작품들을 파괴하려는 '미치광이 또는 범죄자'[6]들이었다. 결과적으로 서구 문명의 기반이 썩어 들어갔다. 그리고 이러한 징후가 예술만큼 분명하게 드러나는 곳도 없었다. 히틀러는 페리클레스의 시대가 파르테논 신전에 구현되어 있다면, 볼셰비키의 현재는 큐비스트들이 만든 흉물에 구현되어 있다고 했다. "연극, 예술, 문학, 영화, 언론, 포스터 그리고 쇼윈도 전시에서 부패한 세계를 드러내는 징후들을 몰아내고, 이러한 것들이 도덕적, 정치적, 문화적 이상에 복무할 수 있도록 만들어야 한다."[7]

히틀러를 미친 듯이 절망하게 만든 문화적 퇴락의 징후는 도시의 변모된 모습에서 더 잘 드러난다.[8] 도시는 과거에 '문화적인 장소'였으나 이제는 사회적 유대도 위대한 건축도 갖지 못한 '단순 거주지'가 되고 말았다. 과거의 기념비적인 건축물들은 사적인 건물이 아니라 신전, 성당과 같은 공공건물이었다. 이런 건물들은 공동체의 기쁨과 자부심을 위해 지어졌고 도시에 독특한 성격을 부여했으며 시민들에게 자부심을 선사했다. 반면에 현대의 건물은 개인적인 과시를 위해 지어지고 있으며 아름다움과 문화가 아닌 돈을 표방한다. 그러한 예시는 베를린과 뮌헨을 비롯한 여러 도시에서 19세기 후반에 벌어진 건축적 참상에서 찾아볼 수 있다. 히틀러는 "만일 로마를 덮쳤던 운명이 베를린에도 닥치게 된다면, 미래 세대는 몇몇 유대인의 백화점을 우리 시대의 가장 웅장한 작품이라며 감탄하게 될 것이다. 그리고 몇몇 기업의 호텔을 이 시대 문화의 특징적 사례로서 간주하게 될 것이다."[9]라고 했다. 이전 세기에 많은 게르만 군주들은 모범적인 예술 후원자 역할을 했다. 반면에 그들의 후계자들은 한마디로 '가소로울' 따름이었다. 그는 혐오의 감정을 감추지 않으며 구 제국정부가 제국의 영광을 상징하는 새로운 제국의회 건물에 전함 한 척 건조의 절반도 안 되는 비용을 책정했다며, 이러한 지독한 물질주의가 이 나라의 '예술 정신'[10]을 파괴했다고 말했다.

또 다른 장 '민족과 인종'에서 히틀러는 예술의 인종적 기반이라는 관념을 정교화했다. 그는 동물의 왕국 전체가 우월한 종과 열등한 종으로 양분된다고 썼다. 만일 둘이 섞이게 된다면 우월한 종은 엉망이 되고 말 것이었다. "아리안 혈통이 열등한 민족의 혈통과 섞이게 된다면 문화적인 민족은 끝장나고 말 것이다."[11] 그는 계속해서 인류를 문화 창시자, 문화 담지자, 문화 파괴자 세 그룹으로 분류했다. 창시자는 아리아인이다. "우리가 볼 수 있는 모든 문화, 예술, 과학, 기술은 거의 다 아리아인의 산물이다."[12] 일본인은 문화 담지자의 예이다. 그들은 아리아인이 성취한 것을 자기네 방식대로 활용했다.

그는 "모든 동아시아 나라가 소유한 문화는 궁극적으로 그리스의 영혼과 독일의 기술에 기반을 두고 있다."[13]라고 했다. 그들의 전통적인 문화는 계속해서 그들의 '삶의 색깔을 결정'할 것이지만, 일상적인 활동은 아리아인들의 유럽과 미국이 일구어낸 거대한 과학 기술에 근거를 둔다는 주장이었다. 히틀러에 따르면 아리아인들의 영향이 고갈되어 버리면, 일본은 퇴보할 수밖에 없는데, 일본인에게는 독립적이고 창조적인 충동이 결여되어 있기 때문이다. 유대인들은 영토를 갖지 못한 지리멸렬한 부족이기 때문에 '문화를 발생시키는 데 필요한 기반'을 갖지 못한다. 결과적으로 "유대인은 겉으로는 지적으로 보이겠지만 어떤 진실한 문화도 갖지 못하며 자기만의 고유한 문화를 갖지 못한다."[14] 특히 "모든 예술 가운데 두 여왕이라 할 수 있는 건축과 음악 분야에서 유대인은 고유한 성취랄 게 전혀 없다." 유대인의 역할은 모방이지 창조가 아니다. 그나마 유대인이 두각을 나타내는 분야가 연기인 것도 다 이런 이유 때문이다.

이는 다시 유대인과 문화에 관한 이론의 두 번째 항목과 이어진다. 창조성과 고유성을 결여하고 있기에 "유대인들은 예술 분야에서 잡동사니를 늘어놓거나 지적인 도둑질을 일삼는 것밖에 할 줄 아는 게 없다."[15] "유대인들은 항상 타인의 몸에 기생하는 버러지 역할밖에 하지 못한다."[16] 하지만 히틀러가 최종적으로 강조하고 싶은 것은 다음이다. "유대인은 타인의 문화를 훔치기만 하지 않는다. 유대인은 예술, 문학, 연극을 오염시킨다. 자연스러운 감정을 조롱하고 아름답고 숭고한 모든 개념, 고귀하고 훌륭한 모든 개념을 전복하며 인류를 [유대인] 자신의 천한 본성의 위치까지 끌어내린다."[17] 그는 '모든 타락한 문학, 쓰레기 같은 예술, 바보 같은 연극의 90퍼센트'[18]는 유대인 책임이라는 사실을 빈 시절에 깨달았다고 주장했다. 유대인은 언론을 통제함으로써 독일의 예술이 아닌 국제주의 예술, 모더니즘 예술, 볼셰비키 예술, 코스모폴리탄 예술을 촉진한다고 했다.

그러한 관점에서 히틀러는 자신의 문화 철학을 제시했다. 1920년대 중반의 일이었다. 이후에 행한 연설은 그러한 견해를 단지 윤색하거나 구체화했을 뿐이다. 그러한 연설 중 하나가 1928년 1월 뮌헨에서 행한 「국가사회주의와 예술 정책」[19]이란 제목의 연설이다. 이 연설에서 그는 예술의 사회적 목적과 국가의 문화적 역할에 관해 말했다. 그는 자신이 권력을 잡고 정책을 펼쳤던 것이 바로 그런 국가의 문화적 역할임을 암시했다. 총리가 된 그는 뉘른베르크 당대회를 당과 국민을 상대로 한 연례 문화 강연회의 연단으로 사용했다. 이는 그에게 대단히 의미가 큰 행사였기에 이를 위한 특별 집회—쿨투어타궁Kulturtagung—를 열기까지 했다. 슈페어의 말에 따르면 히틀러는 '웅변의 나래'[20]를 펼치느라 엄청난 시간과 노력을 들였다. 그는 매년 8월이 되면 바이로이트에서 바그너 음악에 흠뻑 취한 다음, 산 정상의 베르그호프 별장으로 올라가 생각에 잠겼다.

히틀러가 가장 좋아했던 주제 중 하나는 서구 문명이 지중해 유역에서, 즉 이집트, 그리스, 로마 문명에서 가장 화려하게 꽃피웠다는 이야기였다. 특히 그의 그리스 숭배는 끝이 없었다. 그리고 여러 가지 면에서 그의 견해는 위대한 요한 요아힘 빙켈만Johann Joachim Winckelmann의 견해를 묘하게 닮았다. 남의 생각을 훔치기로 악명 높은 히틀러가 선구적인 예술사가로부터 그러한 견해를 실제로 가져왔는지는 알 수가 없다. 하지만 "우리가 위대해질 수 있는 유일한 길은 그리스인을 모방하는 데 있다."라는 빙켈만의 격언은 히틀러가 여러 곳에서 반복했던 말이기도 하다. 그는 그리스인들의 문화에서 비할 데 없는 미적 이상을 엿보았다.[21] "그리스인들의 미 관념이 모범이 되는 이유는 가장 훌륭한 육체미와 명석한 두뇌, 고귀한 영혼을 결합했기 때문이다."[22] 결과적으로 그리스인들은 여러 분야에서 완벽한 수준을 이루었다. 히틀러는 파르테논 신전이 최고의 건축물이라고 여겼고, 나중에 그가 승인한 건축물도 처음에는 네오도리아식 건축의 모방이었다. 그가 보기에 그리스 조각의 수준은 타의 추종을 불허했다. 그가 가장 자랑스럽게 여기는 소장품 중 하나도 미론의 「원반 던지는 사람」을 복제한 작품 가운데 현존하는 최고의 것이었다. 그는 이 작품을 1938년에 입수하고 전시하면서 이야말로 모든 시대의 미적 모범이라 칭찬했다. 그는 "그때 당시에 인간의 육체적 아름다움이 얼마나 영광스러웠는지 여러분 모두가 깨닫게 되

1938년 7월 뮌헨의 글립토테크 미술관에서 히틀러가 손님들에게 자신이 가장 좋아하는 조각인, 미론의 「원반 던지는 사람」을 보여주고 있다. 손님 중에 게르디 트루스트와 이탈리아 파시스트당의 부서기관인 아르투로 마르피카티의 모습이 보인다. 자신의 당 간부들은 문화적 소양이 부족하다 여겨 초대하지 않았다.

기를 바랍니다. 우리는 이러한 완벽함을 획득하거나 능가할 수 있을 때 비로소 진보를 논할 수 있습니다."[23]라고 청중들에게 말했다. 그는 그리스인들의 '사유의 탁월성'[24]에 관해서도 찬탄했다. "우리가 그리스인들보다 나은 점이라고는 오로지 기술뿐이다." 무신론자인 히틀러는 그리스의 종교마저 숭배했다. "오늘날 제우스에게 기도한다고 해서 해될 것은 없을 것이네."[25]라는 그의 말을 들었을 때 측근들은 분명 귀를 의심했을 것이다. 그는 그리스 종교의 성상이 지닌 힘과 평온함을 고통에 찬 기독교적 이미지와 대조했다. "제우스나 아테나의 두상을 중세의 십자가 처형 장면에서 등장하는 두상이나 어떤 성인의 두상과 비교해 보면 알지."[26] 그는 건축에서도 뚜렷한 차이를 발견했다. 그는 "어둡기만 한 성당과 밝고 개방된 고대의 신전 사이에 얼마나 큰 차이가 있는지."라고 했다. 결국 그리스 문명은 '오늘날 볼 수 있는 그 어떤 것도 능가하는 아름다움'을 보여준다고 했다.

그는 이러한 열광적 태도를 결코 철회한 적이 없다. 독일국방군이 발칸 지역을 통과하면서 유고슬라비아를 초토화하고 그리스 국경을 넘던 1941년, 그는 괴벨스에게 그리스군의 용맹함에 크게 감탄했다고 말했다. "아마도 그들에게는 여전히 고대 그리스인들의 기질이 남아있는 듯하네."[27] 괴벨스가 남긴 기록은 이렇게 계속된다. "총통은 아테네 폭격을 금지했다. 아테네나 로마는 총통에게 메카나 다름없다. 총통은 그리스인들과 싸워야 한다는 사실에 깊은 유감을 표했다. 영국인들이 개입하지만 않았더라도 이탈리아인들을 원조하러 그렇게 서두르지는 않았을 것이다." 몇 주가 지난 후 괴벨스는 이렇게 썼다. "그리스 땅에서 전쟁을 벌여야 한다는 사실에 우울해하는 총통의 모습을 보았다. 총통이 생각하기에 그리스인들이 전쟁의 고통을 겪어야 할 이유는 없었다. 총통은 가능한 한 그리스인들을 인도적으로 대우할 생각이었다. 우리는 아테네로 입성하는 우리 군의 모습을 담은 뉴스릴을 보았다. 총통은 조금도 기뻐하지 않았다. 오히려 그리스의 운명을 슬퍼했다."[28]

로마인들에 대한 존경은 조금 성격이 달랐다. 그는 로마인들의 '웅대함', 그들의 '세계 제국', '제국의 힘'을 존경했다.[29] 아우구스투스 시대에 서구 문명의 정점을 찍었다고 보았다.[30] "고대 로마는 엄청나게 진지한 국가였다. 로마인은 위대한 사상의 영감을 받았다."[31] 무엇보다 그가 존경한 것은 바로 그들의 건축과 그것이 이탈리아에 미치는 지속적인 영향력이었다. 이탈리아 방문 이후에도 그는 이탈리아의 매혹에서 헤어나지 못했다. "로마는 나를 감동케 했다. 그리고 나폴리에서 본 왕궁의 안뜰은 얼마나 화려하던지."[32] 로마에서 그는 장대한 유적, 특히 콜로세움과 카라칼라 욕장의 규모에 경외감을 느꼈다. 판테온과 하드리아누스의 무덤에서는 더욱 깊은 감명을 받았다. 시간이 지남에 따라 그리스보다는 로마의 건축, 즉 돔과 아치형 천장, 아치, 아케이드에서 더 많은 영감을 얻었다.

히틀러는 로마제국의 멸망을 개탄했고 종종 로마제국이 그렇게 된 이유를 고민해 보고는 "로마제국이 붕괴한 원인은 튜턴족이나 훈족이 아닌 기독교에 있다."[33]라는 결론을 내렸다. 심지어 그는 예수 그리스도의 십자가형을 정당화하는 모습을 보이기도 했다. 1930년과 1934년에 참석한 오버라머가우Oberammergau 수난극에 관해 이렇게 언급했다. "유대인에게 위협받는 고대 로마의 모습을, 이 연극에 등장하는 폰티우스 필라테Pontius Pilate라는 인물처럼 선명하게 보여주는 예는 없다. 그는 쓰레기 같은 유대인 폭도들 가운데 우뚝 버티고 서 있는, 인종적으로나 지적으로나 우월한 로마인의 전형으로 나온다."[34] 그는 또 다른 자리에서 만일 기독교가 아니었더라면 로마는 전 유럽을 지배했을 테고, 로마 군대는 훈족을 물리칠 수 있었을 것이며, 유럽의 역사는 완전히 다른 길을 걸었을 것이라고 했다. 그는 "콘스탄티누스는 대제가 아니라 반역자라고 불러야 맞고, 율리아누스는 배교자가 아니라 강직한 왕이라 부르는 것이 맞다."라고 했다.

훈족에 대한 언급은 그가 자주 조롱했던 하인리히 힘러Heinrich Himmler 앞에서 한 것이었다. 이 말에는 분명 가시가 있었다. 히틀러보다 더 심한 인종주의자였던 힘러는 고대 게르만 부족을 찬양하는 인물이었다. 그러다 그들의 선사 유적지 발굴을 후원하기도 했는데, 이런 행동이 히틀러의 경멸을 산 것이다. 슈페어의 기록에 따르면 히틀러는 이런 말을 했다고 한다.

> 우리에게 그럴듯한 과거가 없다는 사실에 굳이 전 세계의 이목을 집중시킬 이유가 있나? 로마인들이 위대한 건축물들을 올리고 있었을 때 우리 선조들은 여전히 진흙 오두막에 살고 있었다는 사실을 알리는 걸로 부족한 모양이야. 이제 힘러는 이 진흙 오두막 마을들을 파헤치겠다네. 자기가 발견한 질그릇 조각과 돌도끼에 넋을 잃겠지. 이로써 우리는 그리스와 로마가 문화의 정점에 도달했을 때에도 여전히 돌도끼나 던지고 한데서 자고 있었다는 사실이나 증명하고 말테지. 우리는 이런 과거를 숨기기 위해 최선을 다해야 해. 그런데 힘러는 큰 소란을 피워가며 떠벌리고 있군. 지금의 로마인들은 이런 발견을 틀림없이 비웃고 있을 거야.[35]

그런데도 히틀러는 지중해 사람들의 문화적 우월성과 그가 믿는 모든 것의 기반인 아리안 우월주의를 어떻게 조화시킬 수 있었을까? 그는 북부 민족이 남부 민족을 지배한다는 해묵은 자기 이론의 연장선상에서 그럴싸한 견해를 펼쳤다. 도리아인들은 본래 북부 바이에른 사람들인데 미노아 문명 이후에 벌어진 민족 이동 시기에 그리스를 침략했다고 말이다. 따라서 그는 게르만 부족을 두 그룹으로 나눌 수 있다고 주장했다. 한 그룹은 남쪽으로 이주하여 '하나의 영원한 예술—그리스 노르딕 예술'[36]을 낳은 항해 그룹이고, 또 다른 그룹은 여전히 진흙 오두막에 머물렀던 그룹이다. "튜턴족은 능력을 발전시키기 위해 기후가 화창한 곳으로 가야만 했다. 튜턴의 정신이 실로 처음 만개한 곳이 바로 그리스와 로마다. … 홀슈타인에 머무른 튜턴족은 2000년이 지나서도 여전히 촌스러운 반면, 그리스로 이주해 간 그들의 형제들은 문화를 일구었다."[37]

그런데 그러한 위대한 클래식 모델과 대조를 이루는 것이 바로 히틀러 시대의 문화였다. 바바리안, 즉 모더니스트들이 이미 국경을 넘어 침투해 들어왔다고 말하는 사람은 히틀러만이 아니었다. 1920년대의 세계적인 베스트셀러 오스발트 슈펭글러Oswald Spengler의 『서구의 몰락The Decline of the West』은 가치들의 충돌, 경제적 위기 그리고 정치적 혼란의 시대에 만연한 파멸의 예감을 잘 포착했다. 그리고 모더니스트들은 이 시대 사람들이 공유한 냉소주의와 불안감을 반영하고 강화하고 있었다. 이때 히틀러는 질서와 안전을 약속함으로써 그리고 불만스러운 근대적 삶으로부터의 보호를 약속함으로써 인기를 얻었다. 거듭되는 연설에서 그는 당대의 문화적 타락에 저항할 것을 촉구했다. "그는 천박하고 거친 방식으로 근대적인 세상에 불만을 느끼는 사람들의 두려움과 증오를 표현했다. 그들은 퇴폐와 몰락이라는 관념에 사로잡혀 있었고, 의지의 행위를 통해 방황하는 유럽의 역사를 바로잡을 수 있다고 믿는 사람들이었다."[38]라는 말이 잘 알려져 있다.

히틀러는 자신의 가슴에서 나오는 말을 하고 있었기에, 다른 이들의 가슴에도 호소할 수 있었다. 모더니즘은 뉴욕, 런던, 부다페스트 그리고 상트페테르부르크에 이르는 세계 곳곳에서 반감을 사고 있었다. 모더니즘을 무정부주의적 일탈자들의 사악한 지하 세계에 의해 선동된 광기의 형식이라고 간주하는 사람들이 도처에 있었다. 하지만 미적 취향의 문제를 이데올로기적 논쟁으로, 노골적인 정치적 투쟁으로 바꾸어 버린 것은 오로지 독일에서만 벌어진 현상이다. 이는 그야말로 문화 투쟁으로, 1871년 독일 통일 이후 벌어진 보수주의자들과 근대화론자들 사이에 벌어진 거대한 투쟁의 일부였다. 문화 분야에서 공개적인 논쟁이 벌어진 건 선구자 격인 시오니스트 막스 노르다우Max Nordau의 책 『퇴행Degeneration』이 출간되면서부터였다. 널리 알려진 이 책은 생물학적인 퇴행의 개념을 문화적인 퇴락에 적용했다. 이에 따르면 사회는 살아있는 유기체와 같아서, 출생, 성장, 노쇠, 죽음이라는 평범한 인간적 삶의 과정을 겪는다. 같은 이유로 퇴폐적인 회화는 생물학적 퇴행을 겪는 화가의 산물이다. 특히 뇌질환과 눈질환을 겪는 화가의 산물이다. 예를 들어 인상주의자들은 신경계와 망막의 장애를 겪고 있는 자들이다. 그런 자들은 사회의 적이다. '무자비하게 박멸'되어야 할 '반사회적 해충'[39]이다. 노르다우는 그들을 범죄자로서 재판받게 하거나 정신병원에 보낼 것을 제안했다. 그런 생각을 이어받은 인기 작가 줄리어스 랭벤Julius Langbehn은 예술이 사회의 건강을 반영한다고 주장했다. 또 최근 예술에서의 양식 변화는 반예술적일 뿐 아니라 반사회적이기도 하다고 주장했다. 노르다우와 랭벤이 환생한 모습이 건축가이자 예술사가인 파울 슐체나움부르크Paul Schultze-Naumburg다. 그는 바이마르 공화국 시절에 그 둘의 견해를 종합하여 문화-정치적 신조로 만들었다. 그는 『예술을 둘러싼 투쟁Kampf um die Kunst』이라는 그럴싸한 제목의 책에서 "삶과 죽음의 투쟁은 정치만이 아니라 예술에서도 벌어진다."[40]라고 썼다. 1928년에 그는 『예술과 인종Kunst Und Rasse』이란 책을 출간했는데, 여기서 그는 예술적 퇴행이라는 노르다우의 개념을 확장했다. 예를 들어 표현주의는 하나의 병적인 징후, 질병이다. 1930년대에 그는 자신의 주장을 전파하기 위해 전국 순회에 나섰고, 신체적 기형을 담은 사진과 에른스트 바를라흐Ernst Barlach, 에른스트 루트비히 키르히너Ernst Ludwig Kirchner 그리고 에밀 놀데Emil Nolde의 작품들을 나란히 놓은 슬라이드를 보여주었다.

노르다우, 랭벤, 슐체나움부르크의 개념과 어휘를 히틀러의 연설이나 사적인 대화에서도 발견할 수 있다. 인도주의적이고 계몽된 독일과 또 다른 모습의 독일이 병존했다. 또 다른 모습의 독일은 바로 무력을 숭상하고, 비합리성과 직관을 높이 사며, 계몽주의 사상을 거부하고,

국수주의와 반유대주의 냄새를 풍겼다. 히틀러는 이런 정서를 활용했고, 이를 일상의 정치로 가져갔으며, 또다시 오페라하우스, 콘서트홀, 미술관으로 가져갔다. 모더니즘 예술은 '문화적 볼셰비즘', '예술 볼셰비즘' 그리고 '음악 볼셰비즘'과 같은 정치적인 언어로 비방의 대상이 되었다. 이렇게 널리 사용된 표현이 시사하는 바가 무엇인지는 1931년 4월 「벨트뷔네Weltbühne」의 편집장 카를 폰 오시에츠키Carl von Ossietzky가 가장 잘 표현했다.

> 한 지휘자가 그의 동료 푸르트벵글러와는 다른 템포를 취할 때, 한 화가가 대낮의 로어 포메라니아에서 보이는 것과는 다른 색으로 일몰을 묘사할 때, 누군가 산아제한을 선호하거나 평평한 지붕의 집을 지을 때, 이 모든 일이 문화적 볼셰비즘으로 간주된다. 영화에서 제왕절개 수술을 묘사하는 것도 마찬가지다. 배우 채플린도 문화적 볼셰비즘을 선전하는 자로 간주 된다. 물리학자 아인슈타인이 일정한 빛의 속도 원리는 중력이 없는 경우에만 적용된다고 주장하면 스탈린의 구미에 맞는 말이 되니 이 역시 문화적 볼셰비즘이다. 문화적 볼셰비즘이란 만 형제(토마스 만과 하인리히 만)의 민주주의다. 문화적 볼셰비즘이란 힌데미트와 바일의 곡이다. 문화적 볼셰비즘은 자기 할머니와의 결혼을 허용하는 법을 지지하는 미친 사람의 혁명적 요구와 같은 범주에 들어간다. 이 모든 것이 소련 정부를 위한 유상 또는 무상의 복무다.[41]

오시에츠키의 말은 서구 문화가 모더니스트, 자유주의자, 국제주의자, 볼셰비키 그리고 유대인—히틀러에게는 다 같은 뜻으로 이해된다—에 의해 파괴되고 있다고 믿는 히틀러를 비롯한 수많은 독일인들의 정신 상태를 폭로한다. 이들은 정치적 퇴행이 문화적 쇠퇴와 함께 간다고 믿었다.

히틀러는 1935년 당대회의 문화 세션에서 감정적인 언사로 이에 관해 공개적인 주장을 했다.[42] 매우 거친 표현을 사용한 머리말에서 그는 근대의 정치적·문화적 삶을 향해 참아왔던 분노를 터트렸다. 나치 이전 시대의 제도들은 '분쇄', '해체', '박살', '추적', '말살', '절멸'의 대상이 되었다고 자랑하면서 그는 예술계에서도 똑같은 일이 벌어질 것이라고 경고했다. 모더니즘이라는 범행을 저지른 자들은 '세계화의 범죄자', '우리 예술의 파괴자', '생각 없는 환쟁이', '바보이거나 악한', '퇴폐적인 얼간이'로 감옥이나 정신병원에 보내져야 할 자들이자 일반 국민 앞에 풀어놓아서는 안 되는 '무능력자, 사기꾼, 미친놈'이었다. '시각 장애를 앓고 있음이 틀림없는 가련한 자들'이었고, 경찰이나 형사 법원에 넘겨져야만 하는 자들이었다. 그들의 작품은 '범죄', '병든 상상력의 산물', '예술을 향한 유대인-볼셰비키의 조롱', '볼셰비키의 광기'였다. 그는 모더니스트 문화가 변태라며 으르렁거렸다. 그것은 자연과 진리를 왜곡하며, 그것이 보여주는 풍경과 소리는 추하고, 앞뒤가 안 맞고, 이해 불가하며, 충격적이고, 우울하며, 괴이하다고 했다. 그는 훌륭한 예술의 양식과 내용은 '역사적 실체'에 뿌리내리고 있으며 '영원불변한 원리'를 따른다고 했다. 그러나 모더니즘은 의식적으로 과거와 결별하고 새로운 영토에 발을 들이며 세계를 새롭게 해석하는 방식을 발견하려 노력함으로써 경박하면서도 혁명적인 성격을 띤다고 했다. 그리고 무엇보다 위대한 예술은 사람들을 하나로 모아야 한다고 했다. 모더니즘은 '병약한 유미주의자들의 대화 주제'에 불과하니 사람들이 '다다이스트들의 활동'을 거부하거나 무시하는 것도 당연하다고 했다. 결국 [모더니즘으로 인해] 문화와 사회가 서로 멀어지게 되었다고 했다.

그런 식으로 화를 낸 히틀러는 진정을 되찾은 다음 당시 가장 골몰했던 문화와 돈이라는 문제를 말하는 데 연설의 대부분을 할애했다. 주장의 설득력을 높이기 위해 그는 모든 정부 심지어 독재정권조차 피할 수 없었던 질문, 즉 고급문화를 위한 정부의 공공기금 사용을 정당화하는 근거가 무엇인지에 대해 말했다. 히틀러는 전쟁의 참화, 재앙과도 같은 인플레이션, 세계적인 경제 위기로부터 독일이 이제 막 회복하기 시작한 때에 예술과 거대 공공건축 프로젝트에 엄청난 돈을 쏟아부어야만 하는 이유를 설명할 필요가 있다고 느꼈다. 그래서 이렇게 물었다.

> 실용적이고 필수적인 것에 전념하지 않고 기술과 건축의 기념비적 사업을 추진하는 것이 과연 옳습니까? … 가난, 불행, 비참, 불만이 만연한 이런 시기에 예술을 위한 희생을 허용해도 괜찮습니까? 결국 예술은 소수의 사치가 아닙니까? 대중들에게 빵을 공급하는 것과 예술이 무슨 상관이 있습니까?

이에 대한 답으로 그는 네 가지 사항을 제시했다. 하나는 예술 활동이란 잠시라도 중단되어서는 안 된다는 것이었다. 지금이 어려운 시기라면 예술가만이 아니라 수학자, 물리학자들에게도 장려금을 지급할 수 없고, 만일 예술 활동을 중단한다면 이는 사회의 일부 영역이 아니라 나라 전체를 위험하게 만들 것이었다.

> 예를 들어보겠습니다. 오페라는 신고전주의 연극의 가장 특징적인 산물 가운데 하나라고 할 수 있습니다. 오페라 제작과 관련된 활동들이 아무리 잠깐이라도 중단된다면 무슨 일이 벌어지겠습니까? 오페라 제작에 필요한 배우 양성이나 그 밖의 사항 역시 중단됩니다. 이

> 것만이 아닙니다. 일반 대중들도 그 영향을 받게 됩니다. 대중들은 발전된 형태의 오페라, 훈련받은 배우가 공연하는 오페라를 감상할 수 있어야 하며, 언제든 오페라를 가까이할 수 있어야 합니다.

히틀러는 예술이, 사실 모든 창조적인 노력들이 서로 연관되어 있다고 했다. 예술가는 대중들에게 영감을 준다. 그리고 대중들은 창조적인 힘들이 전개될 수 있는 환경을 만든다.

이는 두 번째 사항으로 이어진다. 예술의 상황과 사회의 상황은 직접 연결되어 있다. 따라서 사람들이 '근심과 고통에 눌려 있을' 때야말로 그들에게 국가적인 위대함을 다시 확인시켜 줄 숭고한 문화적 영감이 필요하다. "사람들에게 예술은 커다란 버팀목이다. 예술은 사람들을 그 순간의 사소한 걱정거리로부터 멀어지게 해 그들의 개인적 불행이 그렇게 중요하지 않다는 사실을 보여주기 때문이다." 이어서 그는 어느 정도의 빈곤은 늘 있기 마련이라며, 예술에 돈 좀 쓴다고 그 사실이 바뀌지는 않는다고 말했다. "그리스인들이 아크로폴리스를 만들지 않았더라면 아테네의 빈곤이 없었을 거라고 생각하는 사람이 있습니까? 성당을 짓겠다는 생각을 단념했더라면 중세인들의 고통도 없었겠습니까? 루트비히 1세가 대규모의 건축 사업을 진행하기 전까지 바이에른에 곤궁한 백성들이 없었겠습니까?" 그는 경제가 예술보다 우선해야 한다는 생각을 극도로 혐오했다.

끝으로 그는 예술이 엘리트 계층을 위한 사치라는 주장을 비난했다. 그런 주장은 다른 분야의 활동에도 쉽게 그리고 잘못 제기될 수 있다고 했다. 일반 대중이 화학이나 물리의 이론적 발전 혹은 또 다른 과학적이거나 지적인 탐구를 이해해야 한다고 말할 수는 없을 것이었다. 사실 예술은 과학보다 훨씬 광범위한 호소력을 지닌다고 그는 주장했다. "예술은 한 민족의 영적인 삶을 가장 분명하고도 직접적으로 보여준다. 예술은 대중들에게 가장 커다란 의식적, 무의식적 영향력을 행사한다. … 예술은 수없이 많은 방식과 영향을 통해 나라 전체를 이롭게 한다…."

이는 아주 강한 어조의 주장들이다. 비록 독재자의 입에서 나온 말이기 때문에 누군가를 설득할지 여부가 크게 중요하지는 않았지만 말이다. 그러나 독재자도 고급문화와 대중문화 사이에 놓인 커다란 격차를 어찌할 수는 없었다. 라디오, 전축, 사진, 잡지 그리고 영화는 이미 대규모의 다양한 청취자, 독자, 관람객을 가진 새로운 예술 형식들을 창조해 냈다. 지식인 문화와 교양을 갖추지 못한 이들의 문화, 엘리트 문화와 통속 문화는 각자의 방식대로 진화했다. 히틀러는 고급문화가 사실상 지배력을 행사했던 20세기 이전 시기를 부러운 시선으로 회고했다. 이 시기는 교양을 갖춘 후원자와 문화 엘리트가 취향에 관한 지침을 내릴 수 있었던 시기였다고 생각했기 때문이다. 1930년대에 그러한 시절은 이제 영영 지나간 과거가 되어버렸다. 결과적으로 히틀러의 문화 정책에는 엄청난 모순이 존재하게 되었다. 그는 예술가들에게 대중이 쉽게 접근할 수 있는 작품을 창작하도록 권고하는 한편, 대중들에게는 그 자신이 좋아하는 예술을 향유하도록 요구했기 때문이다. 남은 인생에서 그가 독일인들에게 강요하고자 했던 것은 바로 자신의 미적 이념과 취향—그들이 함께 공유하든 말든—이었다.

거대한 역설

모더니즘, 예술 볼셰비즘, 문화적 퇴행, 예술의 유대적 타락에 직면한 히틀러는 자신이 한스 작스Hans Sachs가 말한 신성한 독일 예술의 구원자인 동시에 서구 문명의 보호자 그리고 안내자라고 여겼다. 그는 "내게 정치란 단지 수단에 지나지 않는다."[1]라고 지인들에게 여러 번 이야기했다. 정치가 무엇의 수단인지는『나의 투쟁』에서 밝혔다. 그는 "위대한 정치가나 군사 지도자들의 직무는 항상 예술 분야에 놓여 있다."[2]라고 썼다. 한 사회나 한 시대가 지닌 궁극적인 가치는 그것의 문화적 성취에 있다고 믿었기 때문에, 자신의 임무도 분명하다고 생각했다. 그는 자신이 받게 될 역사적 평가란 예술 분야에서 이룬 업적을 통해 이루어질 것이라 믿었다.

그의 최우선 목표 중 하나는 문화가 최고의 위치에서 군림하는 독일을 만들고 독일 문화를 세계의 모범으로 만드는 일이었다. 히틀러가 그렇게까지 할 필요는 없었다고 생각할 수도 있다. 다른 나라—프랑스나 이탈리아에서조차—에서는 찾아보기 어려운, 예술에 대한 대중적 존중, 폭넓은 계층의 예술 참여가 독일에는 이미 있었다. 물론 히틀러의 생각은 달랐다. 그가 보기에 구 제국은 국내외 문제에 지나치게 몰두한 나머지 예술가나 그들의 작품을 완전히 무시했다.[3] 구 제국 지도자들의 수준은 한심했다. "빌헬름 1세는 전혀 취향이란 것을 갖고 있지 못했다. 비스마르크는 완전히 속물이었다. 빌헬름 2세의 취향은 다양했지만 끔찍할 뿐이었다."[4] 바이마르 공화국 지도자들의 경우, 예술에 대한 그들의 자유방임적 태도는 경멸할 가치조차 없었다. 그에게 정치적 힘은 위대한 문화를 생산하기 위한 묘약이었다. 친구 하인리히 호프만Heinrich Hoffmann이 그에게 왜 건축가가 아닌 정치가가 되었는지 물었을 때, 히틀러는 제3제국의 마스터 빌더master builder가 되고 싶었다고 답하여 통치자와 예술가의 역할을 결합하는 모습을 보여주었다.[5] 유럽의 문명화 임무는 이제 끝났으며 미국과 소련에 그 역할을 넘겨주게 되었다는 주장에 그는 맹렬하게 저항했다. 1938년에 행한 연설에서 그는 이렇게 말했다. "독일을 방문한 세계인들은 확신하게 될 것입니다. 독일이야말로 유럽 문화와 문명의 수호자가 되었다고. 다른 나라들, 특히 민주주의 국가들이 문화를 보호해야 한다는 이야기를 들으면, 나는 이렇게 말합니다. '그들에게 보호할 문화가 있었던가. 문화를 보호하려거든 먼저 보호할 문화부터 만들어라.'"[6]

이로부터 거대한 역설이 생겨난다. 현대의 그 어떤 누구보다 많은 죽음과 파괴를 야기한 자가 위대한 고대 문명에 필적할 만한 문화국가를 만들려 했다는 역설 말이다. 그리고 여기에는 또 다른 역설, 바로 나폴레옹 이후로 가장 강력한 육군을 만든 군사 지도자가 예술 대신 무기에 사용된 돈을 아까워했다는 역설이 있다. 독일이 재무장에 박차를 가하던 1937년, 그는 당대회에서 "한 나라의 무장은 보다 숭고한 임무를 위한 칼과 방패가 될 때 정당화된다."[7]라면서 당원들을 훈계했다. 같은 대회에서 그는 또 뉘른베르크의 거대한 스타디움 건설에 드는 막대한 예산을 우려하는 주장에 대해 "그것은 비스마르크급 선함 두 척만큼의 돈도 들지 않습니다. 전함이란 쉽게 파괴되거나 파괴되지 않는다고 해도 10년 내로 고철 덩어리가 될 테지만, 이 건축물은 수 세기를 버틸 수 있습니다."[8]라고 받아쳤다. 전황이 순조롭게 흘러갈 때, 그는 아주 세심하게 말을 골라 이렇게 논평했다. "평화를 위해서가 아니라 술주정뱅이[처칠] 때문에 돈을 썼어야 했다는 사실이 유감스럽다."[9]

러시아 침공 당시 독일국방군이 모스크바 바로 코앞까지 진격하고 전쟁에서 승리할 가능성이 엿보였을 때, 그는 전쟁이란 쉽게 잊히기 마련이라고 말했다. "스페인 왕위 계승 전쟁이 벌어질 때쯤에는 아무도 30년 전쟁에 관해 기억하지 못했다. 프리드리히 대왕의 전쟁이 끝나고 아무도 1700년경의 전투에 관해 기억하지 못했고, 스당 전투의 기억은 라이프치히 전투의 기억을 밀어냈다. 타넨베르크 전투(제1차 세계 대전 초, 폴란드 북부에서 독일국방군이 러시아군에 대해 압도적인 승리를 거두었던 전투. –옮긴이)나 우리가 치렀던 폴란드와 서부전선 전투의 기억도 이번에 치르고 있는 동부전선 전투가 끝나면 희미해질 것이다. 그리고 언젠가는 이 동부전선 전투의 기억도 똑같이 잊힐 것이다. 하지만 우리가 세운 건축물만큼은 굳건히 서 있을 것이다."[10] 그는 권력이란 '문화적 경이'를 만들어내는 데 써야 한다고도 말했다. 그리고 그는 전쟁에서 승리하고 나면 전쟁에 든 비용보다 훨씬 많은 돈을 문화사업에 쓰겠다고 약속했다. 이런 맥락에서 그는 전쟁을 문화국가 건립이라는 최종 목표로 나아가기 위한 중간 단계로 간주했다. 1941년 10월 그는 자신의 정치 경력을 회고하면서 이렇게 말했다. "내가 했던 일들을 자평한다면 나는 세상의 무지에 대항하여 인종 사상이 삶의 기초가 되도록 만드는 데 성공한 점을 가장 강조하고 싶네. 그리고 문화를 위대한 독일의 원동력으로 만들었다는 점을 두 번째로 강조하고 싶어."

인종 학살과 문화국가 건립이라는 그의 최우선 목표 둘을 이처럼 솔직하고 간명하게 요약한 적은 없었다. 그가 이런 언급을 했던 것은 바로 야전사령부에서 가진 장군들과의 사적인 모임 자리에서였다. 그것도 독일국방군이 영국해협과 모스크바, 카이로 외곽에 걸쳐 주둔하고 있던 시기, 즉 유럽과 북아프리카를 군사적으로 지배하고 있던 시기에 말이다. 이는 이 말이 어떤 효과를 기대하고 꾸며낸 게 아니라 승리한 지도자로서의 발언이었음을 드러낸다.

권력을 잡은 직후 히틀러는 아리안 문화국가 건설 작업에 착수했다. 첫 번째 단계로 그는 예술 분야에서 유대인과 모더니스트들의 흔적을 지우는 일에 돌입했다. 그 의도는 『나의 투쟁』에도 나와 있고,[11] 1933년 3월 22일 독일제국의회에서 행한 총리 취임 연설에서도 똑같이 드러났다. 이때 그는 앞으로 벌어질 일을 분명히 밝혔다.

> 제국정부는 우리의 공공 생활을 정치적으로 정화함과 동시에 국가 공동체를 도덕적으로 정화하는 사업에 착수할 것입니다. 이 목적을 위해 교육, 연극, 영화, 문학, 언론, 라디오 모두를 수단으로 활용할 것입니다. … 혈통과 인종은 다시금 예술적 직관의 원천이 될 것입니다.[12]

조이버룽Säuberung, 즉 숙청 또는 정화는 나치 국가의 정치적·문화적 특징이 되었다. 문화계에서는 괴벨스가 앞장섰는데, 3월 중순에 이미 전국의 주요 관료들을 숙청했다. 5월 중순에 그는 "모든 주요 직책들이 흠 없는 국가사회주의자들로 채워지고 있다."[13]라고 기록했다. 4월

7일에는 『나의 투쟁』에서 밝힌 목표에서 유래한 첫 번째 법이 제정되었다. '공무원 사회 회복을 위한 법령'이란 이름의 법으로 나치는 어떤 공무원도 해임할 수 있게 되었다. 이에 따라 해임된 이들 중에는 예술계 인사도 다수 포함되어 있었다. 오페라하우스, 극장, 미술관, 예술학교, 오케스트라, 예술 아카데미 등이 국가기관이었기 때문이다. 11월에는 제국문화회의소Reichskulturkammer 설치를 통해 그동안 조직에 속하지 않았던 예술가들에게까지 통제가 가해졌다. 이 단체에 속하지 않은 이들은 법적으로 예술 활동을 금지당했고, 단체의 회원이 되려면 엄격한 인종적·이데올로기적 기준을 통과해야만 했다.

그 결과는 한마디로 재앙이었다. 유대인, 공산주의자, 사회민주주의자, 자유주의자들이 여러 예술 분야에서 즉각 퇴출당했다. 같은 해 다른 이들도 스스로 망명길에 올랐다. 처음 몇 주 동안 약 250여 명의 유명 작가와 교수들이 예술계를 떠났다.[14] 리온 포이히트방거Lion Feuchtwanger, 알프레트 커Alfred Kerr, 하인리히 만Heinrich Mann과 토마스 만, 테오도어 플리비에Theodor Plievier, 아나 제거스Anna Seghers, 에리히 마리아 레마르크Erich Maria Remarque 그리고 알베르트 아인슈타인과 같은 유명 인사들이 시민권을 박탈당했다. 남아있던 자들 중 어떤 이들은 직업을 빼앗겼고 어떤 이들은 자살로 내몰리거나 강제수용소로 보내져 목숨을 잃었다. 1933년 말이 되면 숙청 작업이 이루어지지 않은 오페라하우스, 콘서트홀, 미술관, 아카데미가 없었다.[15] 85명의 오페라하우스 대표 중에서 49명이 파면되었다. 뮤지컬과 서적이 금지되고, 회화와 조각이 압수되고, 연극 레퍼토리는 제거됐다. 5월 10일에는 2만여 권의 서적이 베를린을 비롯한 여러 대학 도시의 광장에서 불태워 없어졌다. 1933년 12월까지 1,000여 권의 출판물이 금지되었고, 이듬해에 4,000여 개의 출판사가 문을 닫았다.[16]

히틀러는 자신이 예고했던 작업에 착수했다. 그리고 부하들이 실행에 참고하도록 지침을 마련했다. 괴벨스는 앞장서서 자신의 제국문화회의소를 도구로 활용했다. 그에게 유대인들을 추적해 축출하는 것처럼 기분 좋은 일은 없었다. 한동안은 곤란을 겪어야 했는데, 그건 1935년 뉘른베르크 인종법이 공포될 때까지 누구를 유대인으로 간주해야 할지가 분명하지 않았기 때문이었다. 그런데 이 법이 공포되고 나서도 여전히 애매한 문제가 남아있었다. 1936년 여름까지 괴벨스는 전력을 다했다. 하지만 1년이 지난 후에 그는 이 작업이 완전한 성공을 거두지는 못했음을 인정해야 했다. 특히 부분적으로만 유대인 혈통을 가진 예술가나 유대인과 결혼한 예술가들—문화계에는 이런 이들이 상당히 많았다—을 어떻게 처리할지 정하기란 어려운 문제였다. 괴벨스는 일기에 "제국문화회의소에서 유대인 제거 작업이 진행되고 있다. 유대인들이 완전히 숙청되기 전까지 나는 마음의 평안을 얻지 못할 것이다."[17]라고 적었다. 때로 그는 총통보다도 더 지독했다. 그가 히틀러에게 유대인 남성과 '인종적으로 불명예스러운 관계'를 유지하는 아리안 여성 예술가들을 어떻게 처리할지 물었을 때, 히틀러는 '아무것도 하지 말라.'[18]라고 명령했다. 결국 1938년 말에야 그는 목표 달성을 선언할 수 있었다. 대략 3,000명의 '유대인과 유대인 동지들'이 독일 예술계에서 쫓겨났다.[19] 국외로 망명한 이들을 세지 않은 숫자다.

독일은 또한 예술 비평도 금지했다. 이는 사실 상징적인 제스처에 불과했다. 이미 유명한 비평가들이 독일을 떠났거나, 스스로 자신의 입에 재갈을 물렸거나, 나치 편으로 넘어간 상황이었다. 이런 금지 조치는 실질적인 효과를 노리지 않은 상징적인 제스처였다. 히틀러는 비평의 '독재'가 문제라고 생각했고, 이 조치는 개인적인 증오를 정책으로 옮긴 결과였다. 모든 독재자는 문화적 논평을 아주 진지하게 받아들이는 경향이 있다. 히틀러의 경우, 비평을 골칫거리로 여기게 된 시점이 아주 오래전인 1920년대 초까지 거슬러 올라간다. 그에게 비평은 모더니즘에 대한 승인을 떠올리게 했고, 모더니즘은 예술계에 미치는 유대인들의 영향력을 떠올리게 했다. 초창기 연설에서나 생애 마지막에 이르러서나 그는 줄곧 모더니즘에 반대했다.[20] 그는 1942년 9월—이때 그는 러시아 전선의 야전사령부에 있었다—유대인들이 아방가르드는 추켜세우면서 정작 자신이 좋아하는 화가들은 무시한다며 분노를 터트렸다. "더러운 유대놈들은 건전한 모든 작품에 키치라는 딱지를 붙이더군…."[21] 1936년 가을이 되면 그는 비평의 전면적인 금지를 결정한다. 왜 시기를 앞당기게 되었는지는 알려지지 않았다. 괴벨스가 10월 일기에 비평이 조만간 금지될 거라는 언급을 남겼을 뿐이다. "정치에서처럼 예술에서도 오직 보도 형식만이 허가될 것이다. 멍청이들이 현명한 이들을 비판해서는 안 된다."[22] 다음 달 말인 11월 27일 괴벨스는 총통의 뜻에 따른 수정 명령의 초안을 작성해 제국문화회의소에서 낭독했다. 괴벨스는 비평가들에게는 신질서Neuordnung(나치 독일 정책의 궁극적인 목표. 즉 세계 정복의 계획. -옮긴이) 적응에 4년이 허락된다고 말했으나, 비평가들은 끝내 적응하지 못했다. 이제 문화 비평은 무미건조한 보도와 찬양 일색의 논평에 자리를 내주었다.

예술 정화 작업으로 인해 외국의 영향도 눈에 띄게 줄어들었다. 히틀러는 독일 화가와 조각가들의 국외 전시, 오케스트라와 오페라의 국외 공연을 장려했다. 독일 문화, 아리안 문화의 높은 수준을 국외에 선보일 기회로 여겼기 때문이었다. 하지만 국외 예술가들의 초청은 히틀러의 정치적 목적에 부합할 때만 허가되었다. 문화적인 국경이 닫혔고, 예술은 민족적인 사안이 되었다. 이런 식이었기에 독일의 문화적 르네상스를 열고 싶었던 히틀러의 소망을 그 자신의 정책이 망쳐버리는 결과가 빚어졌다. 그가 채택한 이데올로기, 인종주의, 숙청, 박해 그리고 문화적 고립[정책]은 창조적인 인물들이 역사상 가장 큰 규모로 이동하는 결과를 낳았다. 그리고 당대에 가장 흥미롭던 예술 작업의 중단을 초래했다.

하지만 조이버룽은 거대한 문화적 기획의 네가티브한 측면일 뿐이다. 히틀러의 보다 높은 야망은 포지티브한 방식으로 위대한 독일제국의 문화적 면모를 새롭게 하는 데 있었다. 그는 엄청난 공공건물, 오페라하우스, 극장 그리고 미술관들의 건설을 계획했고, 예술가와 예술기관들에 아낌없이 재정을 지원했으며, 음악, 그림, 조각, 건축 작품들을 의뢰했다. 그리고 문화자본을 재분배하고, 도시를 리모델링하거나 심지어 완전히 새로운 도시를 건설하고, 아우토반과 교량의 건설 계획을 세웠다. 제국 전체의 문화적 면모를 완전히 새롭게 할 계획이었다. 작은 마을조차 적어도 미술 갤러리 하나쯤은 갖도록 하고, 콘서트홀이나 오페라하우스가 없는 곳에는 순회 오케스트라나 오페라 극단이 방문하도록 할 계획이었다. 대도시들에는 충분한 재정 지원을 쏟아붓고 뮌헨을 '독일 예술의 수도'로 만들고자 했다.

1940년 서부전선에서의 큰 승리로 인해 의기양양해진 히틀러는 아이디어를 발전시켜서 지역문화센터 건립을 계획했다. 동쪽에는 쾨니히스베르크를 주요 거점 도시로 삼을 작정이었다. 여기에 근사한 신설 오페라하우스, 극장, 도서관, 미술관을 지어 동유럽과 소련에서 가져온 예술 전리품 모두를 소장하려 했다. 레닌그라드 외곽의 차르 궁전에서 약탈한 4만여 작품도 포함해서 말이다.[23] 서쪽의 스트라스부르는 프랑스적 색채를 완전히 제거할 생각이었다. 그곳의 성당은 이제 독일 문화의 기념비가 될 것이었다. 남쪽에는 오페라하우스 극장, 미술관을 추가로 지어 뮌헨의 문화적 기반을 더욱 공고하게 만들 계획이었다. 린츠에는 세계 최고의 미술관을 지으려 했다. 북쪽에는 노르웨이의 트론헤임 인근에 완진히 새로운 도시를 건설할 계획이었는데, 히틀러는 특히 이 프로젝트를 마음에 들어 했다. 원래 노르드슈테른Nordstern(북극성)이라 불리다가, 나중에 드론하임으로 바뀐 이 계획도시에는 당시 트론헤임 인구의 3배인 25만 명의 독일인이 거주하게 될 예정이었다. 이 도시에는 오페라하우스, 극장, 도서관, 커다란 미술관—독일의 거장들만을 위한—과 그 밖의 다른 문화 시설을 지을 예정이었다. 시의 부지는 히틀러가 직접 선정했다.[24] 1945년에는 프로젝트가 좀 더 발전된 단계로 진입했다.

어떤 한 도시는 완전히 쪼그라들게 될 운명에 처했다. 빈이 바로 그 도시인데, 히틀러가 젊었을 때 동경했다가 곧 증오하게 됐기 때문이다. 그는 1938년 3월 오스트리아를 합병하자마자 1913년 이래로 처음 빈에 돌아와 열광적인 환영 인파 앞에서 특별한 승리감을 맛보았다. 하지만 그는 [이 도시에서] 자신이 당한 굴욕감을 잊지 않았고 용서하지도 않았다. 그는 유럽에서의 역사적, 문화적 명성을 감안한다면, 빈이라는 도시가 대독일제국 내에서 급락한 지위를 쉽게 받아들이기 어렵겠다고 생각했다. 그래서 빈으로부터 정치적 영향력을 빼앗되 문화생활만큼은 허용하려 했다.[25] 이를 위해 히틀러는 1940년에 국가사회주의 계관시인을 자임하는 히틀러 청소년단 수장 출신 발두어 폰 시라흐Baldur von Schirach를 빈에 주지사로 보냈다. 그는 문화적인 허세가 심했지만 정치적 야망은 없는 사람이었다.

시라흐의 임무는 '적당히, 그러나 너무 잘하지는 말고' 지휘하라는 지침을 따르는 심포니 지휘자의 임무와 같았다. 히틀러는 그에게 이례적인 재량권을 주었다. 베를린 중앙 정부의 간섭을 받지 않는 행정 자치권과 거대한 예산을 부여했다. 한동안 일이 순조롭게 진행되었다. 하지만 내재한 문제들이 있었다. 하나는 개인적인 문제였다. 시라흐는 문화계의 공작새라고 할 정도로 자기 과시가 심한 사람이었다. '빈의 퐁파두르'라고 불리는 데는 그럴 만한 이유가 있었다. 시라흐 부부와 수년간 친분을 쌓아온 히틀러는 빈 사람들이 그를 망쳤다—히틀러는 독을 먹였다는 표현을 썼다—고 비난했다. 비난거리는 다양했다. 시라흐는 미국인 억양을 흉내 냈고[26] 'R' 발음을 배우처럼 굴렸다. 말투는 시인 후고 폰 호프만스탈Hugo von Hofmannsthal 같았고, 예술가들과 지나치게 많은 시간을 보냈다. 통치보다는 외교 업무에 적합한 인물이었다. 그는 훌륭한 나치조차 될 수 없었다. 시라흐에 대한 가시 돋친 말들은 히틀러의 의심을 부추기려 애썼던 그의 측근들을 기쁘게 했다.[27]

그런데 더욱 심각한 문제가 있었다. 시라흐의 활동들이 점차 히틀러의 의중을 벗어나기 시작한 것이다. 괴벨스의 일기에 따르면 빈을 향한 히틀러의 혐오 감정은 커져만 갔다.[28] "총통은 빈에 대해 보기 드문 혐오의 감정을 터트렸다.", "빈에 절대 아무것도 주어서는 안 된다. 빼앗아 올 수 있는 것이 있다면, 그게 무엇이든 빼앗아 와야 한다.", "총통은 빈과 아무 관련도 맺고 싶지 않아 한다.", "히틀러는 빈의 문화적 헤게모니를 파괴하기로 결정했다." 히틀러의 혐오는 점차 더욱 강박적인 형태를 띠게 되었다.[29] 괴벨스의 일기를 보면 이 도시를 벌하려는 히틀러의 계획이 진부한 기도 문구처럼 자주 등장한다. 1943년 베르그호프를 방문했을 때, 시라흐는 히틀러가 빈과 그곳 시민들을 향해 '끝없는 증오'를 쏟아붓자 간담이 서늘해져 그저 침묵할 수밖에 없었다.[30]

사실 시라흐의 성공은 히틀러를 짜증 나게 했다. 주지사에 취임하자마자 시라흐는 빈과 자신을 빛나게 만들고자 결심했다.[31] 그리고 빈은 더 이상 '문화의 무덤'이 아닌, 최고의 연극과 음악을 가진, 제국 최고의 예술 중심 도시라고 선언했다. 문화 고문인 발터 토마스Walter Thomas

의 도움을 얻어, 그는 베를린과 뮌헨에 있던 무대 감독, 배우, 가수, 그것도 오스트리아인 가수들을 빈으로 다시 불러들였고, 당대 최고의 지휘자들인 한스 크나퍼츠부슈Hans Knappertsbusch, 빌헬름 푸르트벵글러Wilhelm Furtwängler, 클레멘스 크라우스Clemens Krauss 그리고 카를 뵘Karl Böhm과 장기 계약을 맺었다.

빈이 지닌 매력의 상당 부분은 시라흐가 만들어낸 관용적이고 예술적인 분위기 덕분이었다.[32] 리하르트 슈트라우스Richard Strauss가 가족과 함께 가르미슈를 떠나 빈에 와서 시라흐에게 도움을 준 이유도 거기에 있었다.[33] 빈 사람들에게 시라흐의 문화 프로그램들은 '프로이센 식민주의'에 대한 저항으로서 환영받았다. 히틀러에게 그 프로그램들은 베를린에 대한 라이벌 의식을 키우는 것이기에 용납할 수 없었다. 괴벨스의 기록에 따르면 1942년 5월의 어떤 회의에서 히틀러는 또다시 빈의 문화적 지위를 박탈하겠다고 맹세했다.[34] "그는 두 도시가 서로 우열을 다투며 경쟁하는 것을 원하지 않았다. 빈이 오스트리아 내에서 헤게모니를 쥐는 일은 없어야 한다. 그저 함부르크와 같은 대도시 정도로 남으면 된다. 시라흐는 완전히 잘못된 길을 가고 있다."

빈을 예술가들에게 사랑받는 도시로 만든 예술 자유주의는 시라흐를 나락으로 떨어뜨렸다. 이데올로기적 역풍을 맞으면서도 그는 전쟁 발발 이후에 제국의 다른 모든 곳에서 금지된 「파르지팔Parsifal」 공연을 승인했다. 소련과 전쟁 중일 때에도 차이콥스키와 체호프의 작품 공연을 승인했다. 1941년 10월 그는 베를린 국립미술관에 소장되어 있던 프랑스 인상주의 회화전을 제안했는데, 이 소식을 듣자마자 히틀러가 전시회를 금지했다. 그리고 인상주의는 "우리[독일인]의 기질과 맞지 않는다."라며 비난했다.[35] 1년 뒤에 시라흐는 '게르하르트 하웁트만Gerhart Hauptmann 주간'을 열어 그의 80세 생일을 축하했다. 총통이 그를 탐탁지 않게 여기는데도 그렇게 했다. 베를린 중앙 정부의 질책에도 불구하고 그는 히틀러가 싫어하는 슈트라우스의 80세 생일을 보란 듯이 축하했다.[36] 마침내 그는 1943년 1월에 열린 제3제국 청년미술전 Junge Kunst im Dritten Reich를 후원함으로써 선을 넘고야 말았다. 이 전시회는 모더니즘으로 간주되는 작품을 포함하고 있었기 때문이다. 격노한 히틀러는 전시회를 폐쇄하고 이 이단자를 베르그호프로 불러들여 그의 예술 사보타주를 비난했다.[37] 그는 히틀러 청소년단 간행물 한 권을 펼치더니 전시회를 찍은 사진 하나를 가리키며 "이걸 보시오. 녹색 개라니! … 이런 건 청소년 교육이 아니오. 거꾸로 가는 교육이지."라고 했다. 이튿날 둘 사이의 분위기는 더욱 냉랭해졌다. 히틀러는 마침내 폭발하고야 말았다. 그는 분노로 일그러진 얼굴로 이렇게 말했다. "당신을 빈으로 보낸 내 잘못이지. 빈 사람들을 대독일제국로 데려온 내 잘못이야. 난 이 사람들을 알거든. 젊은 시절에 그들과 함께 지냈어. 그들은 독일의 적이야."

시라흐는 그 자리에서 즉시 사임하는 수밖에 없다고 느꼈다. 하지만 히틀러는 "그건 당신이 결정할 바가 아니오. 당신은 그대로 있으시오."라고 했다. 전후에 시라흐는 히틀러가 성질을 부린 이유가 독일국방군이 이제 막 스탈린그라드에서 패배했기 때문이라고 했다. 하지만 더욱 주목할 만한 점은 총사령관이었던 히틀러가 군사적 곤경에 처한 그 순간에도 사소한 미술 전시회를 걱정하고 있었다는 사실이다.

이런 에피소드가 있고 난 뒤에도 히틀러는 계속 빈을 두고 끙끙 앓았다. 모든 전황이 불리하게 돌아가고 있던 1943년 6월에도 히틀러는 부하들에게 장광설을 늘어놓았다. 빈에 대한 그의 감정이 어떠한지는 모두가 이미 아는 사실이었기 때문에 그는 다음과 같이 방어적으로 말할 수밖에 없었다.

> 내가 빈에 대해 편견을 가지고 있는 건 아니네. 그렇다고 생각한다면 아주 오산이지. 난 베를린에 대해서도 마음에 들지 않는 게 있으면 얼마든지 비판하거든. 빈이냐 베를린이냐 하는 문제가 아니야…. 난 내가 더 이상 이 자리에 있지 않을 경우도 생각해야 하네. 빈이 오스트리아 문화계를 지배하게 된다면 위험해질 거야. 또 다른 문화의 중심을 개발하려는 이유가 그거야. 그런 상황을 막아야 하니까. 빈이 가진 문화적인 매력은 이미 너무 과해. 문화적인 매력은 정치적인 매력으로 이어지기 마련이지. 그런 사태만큼은 막아야 하네….[38]

그러고는 당시 함께 자리에 있던 시라흐를 보며 이렇게 덧붙였다. "빈이 문화적인 퇴락의 길을 걷지 않도록 하는 것이 자네의 일이네. 내 일은 제국의 이익을 보호하는 것이지." 하지만 이런 말과 달리 히틀러는 빈 주지사의 문화 정책들을 결코 용납하지 않았다.[39] 괴벨스에게 말하기를, 대신할 다른 사람만 찾는다면 즉시 시라흐를 제거할 작정이라고 했다.

1944년 11월 엄청난 공습이 있고 난 다음, 시라흐가 히틀러에게 대공 부대의 증강을 여러 차례 요청하자 히틀러는 빈이 공습을 경험해 보는 것도 괜찮을 거라면서 거부했다.[40] 전쟁이 막바지에 이른 몇 주 동안, 빈에 피난민과 부상병들이 넘쳐나자 시라흐는 히틀러에게 빈을 개방 도시로 선포해달라고 탄원했다. 총통은 이에 답하는 대신, 자신이 수집한 골동품 갑옷들을 베르그호프의 안가로 옮기라고 명령했다. 사실상 '빈 사람들에게 보내는 마지막 메시지'[41]였다. 헨리에테 폰 시라흐Henriette von Schirach가 들은 바에 의하면, 히틀러에게 빈은 '인종적으로 완전히 쓸모없는'[42] 도시였다. 이 도시가 어떤 운명에 처하든지, 그에게는 관심 밖이었다.

빈 일화는 히틀러의 문화 정책에 내재한 모순을 분명히 보여준다. 나치 제국에서 예술은 번성했다. 하지만 엄격하게 규제된 정원에서만 꽃피울 수 있었다. 독재자가 된다는 건 자기주장만 말한다는 것을 의미한다. 그런 만큼 히틀러는 예술에 관한 자기 생각을 거들먹거리며 말할 때, 예술가들이 어떤 작품을 만들어야 하고 심지어는 대중이 어떤 작품을 즐겨야 하는지에 관한 법을 제정할 때 엄청난 희열을 느꼈다. 그는 예술로 인해 자신의 삶이 풍요로워진 만큼, 대중들의 삶도 풍요로워질 거라 생각했다. 예를 들어 '기쁨을 통한 힘Kraft durch Freude, KdF'(나치당의 충성도를 높이기 위해 노동자들에게 스포츠, 여행 등의 여가 활동을 제공하는 것을 목적으로 한 조직. -옮긴이)의 설립 목적은 대중적인 여가 활동을 조직하는 데에만 있는 것이 아니라 대중에게 문화를 공급—또는 문화에 대중을 공급—하는 데에도 있었다. 대중이 그 문화를 좋아하든지 말든지는 상관하지 않고 말이다. 이 조직은 대중을 그룹으로 나누어 음악 페스티벌에 데려가고, 순회 미술 전시를 관람하게 하고, 무료 콘서트를 즐기도록 했다. 알프레트 로젠베르크Alfred Rosenberg는 자신의 회고록에 "기쁨을 통한 힘 주간을 기억한다."라며 "이때가 되면 아침에 9번 교향곡이 연주되고, 오후에 미술관 방문이 이루어졌다. 그리고 밤에는 「트리스탄」이 연주되었다."[43]라고 썼다. 1934년 초반에 기쁨을 통한 힘 조직은 120개나 되는 전시회를 후원했다. 그리고 이 숫자는 3년이 안 되어 거의 6배로 증가한다. 대중 앞에서 예술가들이 대담, 공연, 회화 및 조각 작업을 하는 자리도 마련되었다.

예술 생산자들에게도 상황은 비슷했다. 건축가들은 명확하고 단순한 선을 사용해야만 했고, 화가들은 '서투름'이 아닌 '아름다움'을 표현해야 했으며, 음악가들은 무조음악이나 재즈가 아닌 조화로운 멜로디를 작곡해야 했다. 하지만 독립적인 창의성의 궁극적 형태인 예술은 제약

없는 표현의 자유를 요구하기 마련이다. 브레히트는 숲에 경찰들이 가득하다면, 결코 숲에 관해 시를 쓸 수 없다고 지적했다. 이 점을 히틀러는 이해하지 못했다. 1937년 7월 뮌헨의 독일미술관 개관식에서 그는 연설 중에 이런 말을 했다. "예술가는 자기 자신을 위해 작업해서는 안 됩니다. 국민을 위해 작업해야 합니다. 이제부터는 예술의 평가를 국민에게 맡기는 모습을 보게 될 것입니다."[44] 그는 또 다른 자리에서 말하기를, 급격한 변화의 시대에는 '간섭의 위험이 있다 하더라도' 예술이 위로부터 지도받을 필요가 있다고 했다.[45]

여기에서 히틀러는 많은 문제에 봉착하게 된다. 가장 분명한 문제는 모든 전체주의 지도자들도 직면하게 되는 문제로, 예술가들처럼 자유로운 영혼의 소유자들을 어떻게 규제하느냐이다. 노조나 정당을 분쇄하거나 심지어 교회를 억압하는 일과, 독립적으로 작업하는 창조적 개인들을 규제하는 일은 완전히 다른 문제다. 화가, 작곡가, 조각가, 작가, 건축가들을 어떻게, 어떤 목적으로 이끌 것인가? 히틀러는 이 문제를 조금도 해결하지 못했다. 사실 유대인, 자유주의자, 볼셰비키들을 예술 기관에서 추방하고 작업을 금지한 것 말고는 아무런 가시적 성과도 얻지 못했다. 히틀러가 가진 불확실성과 혼란은 곧장 예술가들과 지역의 당 지도부에게서도 똑같이 되풀이되었다. 이들은 어떤 양식의 회화, 음악, 건축, 조각, 문학이 국가사회주의 이데올로기를 표현하는지에 대해 자주 격렬한 논쟁을 벌였다. 하지만 해를 거듭해도 알아낼 수 없었다. 결국 총통의 판단 말고는 아무것도 중요하지 않았다. 그런데 총통의 판단을 구체적으로 알기 힘드니, 그것을 신성시하는 것 말고는 방법이 없었다. 당 지도부조차 알지 못하는 총통의 판단을 예술가, 박물관장, 오페라단장, 지휘자 혹은 그 밖의 예술관계자들이 알 리가 만무했다. 이 딜레마는 결코 해소되지 못했다.

히틀러는 문명화라는 자신의 사명에 관해 조금도 의심하거나 동요하지 않았다. 1939년 전쟁 개시 후에도 그는 이전과 같이 문화활동이 이루어지도록 명령하여 모두를 놀라게 했다. 모든 극장이 문을 닫은 영국—코번트 가든 오페라하우스는 댄스홀이 되었다—과 대조적으로 독일의 극장, 콘서트홀, 오페라하우스, 박물관들은 정상 운영했다. 문화 프로그램들을 중단하거나 극적으로 줄이지 않았다는 이야기다. 히틀러가 괴벨스에게 한 말에 따르면 이는 문화생활의 질이 심각하게 타격받게 될 것을 우려했기 때문이지만[46], 다른 한편으로는 제3제국이야말로 세계적으로 위대한 문화국가이며 문화야말로 히틀러 자신이 벌이는 투쟁의 핵심 목표임을 선전하기 위해서였다. 나아가 히틀러는 독일이 평소와 같은 사회적 삶을 전혀 희생하지 않고도 전면전을 수행할 수 있으며 승리를 목전에 두고 있음을 보여주고 싶었다.[47] 괴벨스도 이에 화답하며 "우리의 원칙은 되도록 국민이 전쟁에 관해 걱정하지 않도록 만드는 것이다."[48]라고 했다. 이 말을 인용한 독일 언론은 '독일의 영광스러운 무기가 보호해 준 덕분에' 독일의 문화생활이 방해받지 않고 지속될 수 있다고 떠벌였다. 파괴될 우려 때문에 소장품들을 옮겼던 루브르 박물관이나 내셔널 갤러리와 다르게 독일 박물관들은 계속 문을 열었다고 베를린 박물관장은 지적했다. "승리를 기다리며 국가에 봉사하는 것이 우리의 의무이지요." 이 명대사는 몇 년간 유효했다. 이 당시 한 미국 신문사의 베를린 통신원이었던 하워드 K. 스미스**Howard K. Smith**는 이렇게 썼다.

> 전쟁이 시작되고 처음 맞는 봄에 운터덴린덴 거리를 함께 거닐던 독일 관료가 내게 이런 말을 했다. 정말 가슴 아팠지만, 그의 말이 틀리지 않다고 느꼈다. "주위를 둘러보십시오, 스미스 선생. 어디에도 전

쟁의 흔적을 찾아볼 수가 없지 않소. 2년 전과 조금이라도 달라 보이는 점이 있습니까?" 이런 상황에서 과연 독일 국민이 전쟁의 공포를 절실하게 느낄 수나 있을까? 그들은 전쟁이 그렇게 나쁘지는 않다고 생각했다. [그들에게는 전쟁이] 생사를 가르는 투쟁이 아니었던 것이다.[49]

독일국방군이 소련군에게 최후의 일격을 가하는 데 실패한 1941년 말, 히틀러는 왕성한 문화생활이야말로 1918년에 벌어졌던 것과 같은 국민적 사기 저하를 막을 주요 수단이 될 수 있다고 생각했다. 11월 말에 히틀러를 만난 괴벨스는 일기에 이렇게 적었다. "문화생활은 고단한 투쟁을 지속하도록 격려하는 효과적 수단이다. 이 투쟁에서 우리는 살아남았고 또 살아남아야 한다."[50] 대체로 히틀러의 문화 정책을 관통하는 것은 바로 이 사기 문제라 할 수 있다. 이를 통해 독일 국민은 히틀러가 승리를 확신하고 있음을 보았고 전쟁의 공포로부터 도피할 수 있었다. 그들은 오페라하우스, 극장, 미술관 그리고 영화관에 전에 없이 떼를 지어 모여들었다. 전황이 악화될수록 그들은 더욱 문화적 배출구를 갈망했다.[51] 하지만 본토를 노린 지상 공격과 공중 폭격이 심해짐에 따라 괴벨스는 히틀러에게 모든 국가적 자원을 전쟁에 투여해야 한다고 주장했다. 그러나 히틀러는 괴벨스를 꾸짖으며 이렇게 대답했다. "어떤 상황에서도, 비록 전쟁 중이라 할지라도 문화활동은 유지되어야 하네."[52] 스탈린그라드에서의 패배 이후 괴벨스, 슈페어, 마르틴 보어만 Martin Bormann은 그에게 '총력전' 선언과 문화적 오락거리 중단을 탄원했다. 히틀러는 그들의 말을 들으려 하지 않았다. 1944년 여름 괴벨스가 다시 한번 용기를 내어 히틀러에게 문제를 제기했으나 성공하지는 못했다. 그는 자신의 일기에 이렇게 적었다. "나의 반대에도 총통은 대독일미술전을 평소대로 뮌헨에서 개최해야만 한다고 주장했다. 나는 이 결정이 잘못되었다고 생각한다."[53] 결국 전시회는 열리고 말았다.

1944년 8월이 되면 불리한 전황으로 인해, 그리고 한 달 전 자신을 노린 암살 사건의 충격으로 인해 히틀러도 기가 꺾이기 시작했다. "[보어만이] 문화생활의 전면 중단, 극장과 오페라, 카바레의 폐쇄를 요구했다."[54]라고 적은 다음, 괴벨스는 이날의 일기를 계속 이어나갔다.

> 처음에 총통은 오페라, 극장, 무대 쇼를 폐쇄하자는 제안에 맹렬히 저항했다. 그가 무엇보다 두려워한 것은 극장과 오페라하우스가 한번 문 닫게 되면, 전쟁이 끝나지 않는 한 영영 그것들을 재개할 수 없으리라는 점이었다. 사람들이 오페라와 극장이 없는 생활에 한번 익숙해지고 나면, 상황을 뒤집을 방법이 없다고 생각했다. 전쟁이 몇 년 지속되면 온 나라가 극장과 오페라에 관한 기억을 잊고 그저 라디오나 영화로 만족하게 될 것이라고 보았다. 이미 미국에서 그런 일들이 광범위하게 벌어졌듯이 말이다.

결국 괴벨스는 히틀러에게 그의 걱정이 지나치다면서 심포니 오케스트라들도 멀쩡하게 유지될 것이고 가끔은 라디오에서 연주를 들려줄 수도 있을 것이라 말함으로써 겨우 안심시킬 수 있었다. 미술 잡지의 폐간도 히틀러에게는 뼈아프게 다가왔다. 핀란드로부터의 제지 수입이 불가능해지고 나서야 폐간에 동의했다. 하지만 하인리히 호프만의 간청을 듣고 난 다음에는 자신의 폐간 동의 명령을 번복했다. 그는 베를린 필하모닉이나 뮌헨 오페라의 공연 수준 저하를 묵과할 수 없었다. 1944년 12월에도 그는 평소와 같이 다음 해 여름에 열릴 바이로이트 축제를 계획했다. 괴벨스는 히틀러와 문화사업에 관해 마지막으로 이야기를 나눈 뒤에 이렇게 기록했다. "전쟁이 끝나고 나면 그가 그러한 문제들에 관해 또다시 열정적으로 헌신할 거라는 사실을 어렵지 않게 예견할 수 있었다."[55]

예술적인 지도자

여러분 모두가 나를 볼 수 없고
나는 여러분 모두를 볼 수 없습니다.
하지만 나는 당신을 느끼고
당신도 나를 느낍니다.

—1936년 뉘른베르크 당대회 연설 중에서

정치가인 예술가

괴벨스는 "그는 어떤 분야에서든지 천재적인 예술가의 창조성을 보여준다."[1]라고 히틀러를 찬양했다. 사실 히틀러는 통치가 예술이라는 수단으로 무언가를 도모하는 행위라고 생각하지 않았다. 통치 자체가 예술이라고 생각했다. 그는 반역죄로 재판을 받던 1924년 당시에 정치적 리더십이란 정치학Staatswissenschaft이 아니라 정치술Staatskunst로 간주되어야 한다고 했다.[2] 그것은 일종의 직관적인 예술이며, 다른 모든 예술과 마찬가지로 천재의 산물이라 했다. 초기 연설을 위한 한 메모에 그는 이렇게 적었다. "정치를 학습할 수는 없다. 정치는 과학이 아니라 예술이다. '교육'으로 만 명의 민주주의자를 만들어낼 수는 있다. 그러나 단 한 명의 비스마르크는 타고 나는 존재다…."[3] 정치술에 통달하기 위해서는 타고난 재능이 있어야 하는 법이다. 타고 나지 않은 자가 정치술을 획득하게 되는 일이란 없다. 히틀러는 알프레트 로젠베르크에게 말하기를, 1920년 초반 에리히 루덴도르프Erich Ludendorff 장군이 정치적 기회를 놓친 이유가 이 핵심적인 재능을 가지고 있지 않았던 탓이라고 했다.[4] '예술적 감수성이 풍부한 자만이 사람들 영혼의 울림을 감지할 수 있고' 그들을 이끌어가는 법을 안다고 했다. 그는 비스마르크처럼 이런 재능을 가지고 있는 사람이었다. 그리고 이런 사실을 언제나 기꺼이 인정했다.

사실 히틀러는 예술로서의 정치를 철의 재상 비스마르크가 상상했던 것보다 훨씬 더 비상하게 실천했다. 비공식적인 자리에서조차 자기 자신을 '유럽의 가장 위대한 배우'[5]로서 연출할 정도였다. 그가 자신이 전간기 정치계의 가장 위대한 공연 단장, 가장 대담한 극작가, 가장 영리한 무대 감독이라고 했더라도 염치없다는 말은 듣지 않았을 것이다. 이러한 기량은 그의 재능 중 하나일 뿐이었다. 그는 자신의 이런 예술적 재능을 얼음처럼 차갑고 계산적인 현실주의와 결합했다. 그리고 이러한 두 특징을 결합함으로써 그는 독일을 지배하고 세계사의 방향을 정할 수 있었다.

철학자 데이비드 흄은 이성이 정념의 노예라고 말했다. 이 말이 히틀러 정치술의 전제다. 그는 역사적 변화는 사회 세력이나 철학 저술이 아니라 '선동정치가들의 웅장한 선동'[6]에서 비롯한다고 확신했다. 러시아 혁명을 점화시킨 이는 마르크스가 아니라 레닌이었다. 레닌은 대중의 정념을 휘저어 놓을 줄 아는 이였다. 조지 오웰이 지적했듯, "히틀러는 인간이란 단지 위안, 안전, 짧은 노동 시간만을 원하지는 않는다는 사실을 아주 강하게 느끼고 있었다. 자기 자신이 그러한 것들에서 기쁨을 얻지 못하고 있었기 때문이다. 대체로 인간은 적어도 가끔은 투쟁과 자기희생을 원하기도 한다. 드럼과 깃발, 열병식은 말할 것도 없다."[7] 히틀러는 그의 정치 경력 초기부터 정신이 아닌 감각에, 이성이 아닌 감정에 호소하려고 열을 올렸다. 그의 수법은 정치 논리가 아닌 심리 조작이 본질이었다. 사람들이 물질적 이해관계보다는 엉터리 이데올로기에 더 관심을 보이며 이성적인 선택보다는 비이성적인 힘의 영향을 받는다는 사실을 보여줌으로써, 그는 서구 민주주의의 근본적인 전제에 도전했다.

이 점과 관련하여 그는 자신의 독창성을 주장하지 않았다. 『나의 투쟁』에서 그는 주로 영국의 전시 프로파간다와 전후 공산주의자들의 선전 선동에서 영감을 얻었다고 주장했다. 그가 자신의 모델로 삼았던 이는 '대중 프로파간다 분야의 심리학 걸작'[8]을 쓴 사람이자 '사람들로 하여금 자신의 뜻에 복종하게 만든' 데이비드 로이드-조지David Lloyd-George였다. 히틀러가 영국 총리의 성공 원인이 '원초적인 언어와 표현 방식, 아주 단순하고 이해하기 쉬운 사례들의 활용'에 있다고 생각했다는 사실은 시사하는 바가 크다. 히틀러는 바로 이점이 '이 영국인이 대단한 정치적 능력의 소유자라는 증거'라고 주장했다. 그는 레닌의 성공 원인도 정치 팸플릿의 효과가 아니라 '혐오를 조장하는 웅변'[9]에 있다고 보았다. 따라서 그는 '역사상 산사태와 같은 모든 종교적·정치적 격변은 입말이 가진 신비한 힘' 또는 좀 더 생생한 비유를 써보자면, '대중들에게 던져진 입말의 횃불'로 촉발되었다는 결론을 내렸다.

히틀러의 연설—혹은 대중 앞에 펼쳐진 그의 연기—은 그의 예술적인 재능의 가장 강력한 표현이자 권력을 잡기 위해 활용한 핵심 수단이었다. 『나의 투쟁』에서 그는 1919년 뮌헨 호프브로이하우스Hofbräuhaus의 작은 별실에서 했던 첫 연설에 관해 서술했다. "나는 30분 동안 연설했다. 전에도 막연하게 느끼고는 있었지만 사실로서 확인하게 된 것은 처음이었다. 내가 연설할 수 있다는 사실 말이다!"[10] 그는 연설을 할 수 있었다! 그는 마치 전도사처럼 군중을 개종시킬 수 있었다. 그리고 개인들을 개종시킬 수 있었다. 로젠베르크는 처음에는 그의 연설에 별반 감흥을 느끼지 못했지만, 차츰 귀를 기울이게 되더라고 고백했다. "단 15분 만에 저는 아돌프 히틀러라는 사람에게 빠져들게 되었습니다."[11] 명문 집안의 우익 책략가 쿠르트 뤼데케Kurt Lüdecke도 같은 경험을 했다. "나의 비판적인 사고 능력이 씻은 듯이 날아가 버렸다. … 나 자신, 나의 지도자 그리고 나의 대의를 비로소 발견했다."[12] 1932년 베를린 슈포르트팔라스트Sportpalast 연설을 들은 레니 리펜슈탈Leni Riefenstahl은 거의 종말론적인 풍경을 접하고는 놀라 쓰러질 뻔했다. "마치 바로 내 눈 앞에서 지구 표면이 갈라지며 거대한 물줄기를 토해내는 것만 같았다. 물줄기가 너무 강력해 하늘에 닿고 지구를 흔들 것만 같았다. 나는 완전히 마비된 느낌이었다."[13] 그 밖의 많은 이들도 비슷한 경험을 했다. 돈도 없고 추종자도 없던 히틀러는 연설만이 권력에 다가가는 유일한 길임을 깨달았다. 그 후 몇 년 동안 연설은 단지 히틀러가 정치를 시작하게 만든 수단일 뿐 아니라 그를 다른 독일 정치인들과 뚜렷하게 구분 짓게 만드는 특징적 수단이 되었다. 그의 연설은 국제적인 관심을 불러일으켰고 그가 독일 국민을 장악하게 해주었다. 그렇다면 과연 독일인을 사로잡은 히틀러 연설의 비결은 무엇이었을까?

그것은 단지 뛰어난 웅변 실력만이 아니었다. 단지 몸동작이나 태도만도 아니었다. 목소리 그 자체이거나 목소리를 활용하는 방식만도 아니었다. 그 모두가 비결의 요소이었지만 좀 더 중요한 요소 하나를 지적해야 한다. 그것은 청중과 교감하고 청중을 매료시키는 능력이었다. 그러므로 히틀러의 연설은 단순한 연설이라기보다는 종합예술Gesamtkunstwerk에 가깝다고 할 수 있다. 히틀러는 청중들을 황홀경에 빠트렸다. 그는 청중들의 생각이 아니라 청중들의 감정, 즉 좌절, 분노, 망상, 외국인 혐오를 감지했다. 그는 청중들에게 무엇을 생각해야 할지 말했다. 히틀러의 비서로 15년 동안 근무한 크리스타 슈뢰더는 자신이 관찰한 바에 따르면 그가 '아주 드물게 발견되는, 사람들의 마음을 잡아끄는 자석 같은 힘', '핵심을 꿰뚫어 보는 직관력과 육감'을 지니고 있다고 했다.[14] 그는 "다소 신비로운 방식으로 대중들의 잠재적인 반응을 예견했고, 설명하기 어려운 방식으로 대화 상대방을 매료시킬 수 있었다."라고 했다. 그녀는 그가 '매체 감수성과 함께 최면을 거는 것 같은 매력'을 가지고 있다고 했다. 다른 많은 이들도 이 같은 증언을 했다. 여러 해 동안 그를 본 프랑스 대사 앙드레 프랑수아-퐁세André François-Poncet는 그에게는 어떤 심리적 안테나와 같은 것이 있어서 군중들이 무엇을 원하고 두려워하는지, 찬성하거나 혐오하는지, 믿거나 믿지 않는지를 정확히 알아보고 이러한 감정들을 완벽하게 이용하는 것 같다고 했다.[15]

이와 결합된 것이 바로 그의 독특한 [메시지] 전달 방식이다. 당신이 그에게 동의하든 안 하든, 그를 좋아하든 그렇지 않든 간에 상관없이 그가 배짱 있는 사람, 자신의 신념을 위해서라면 주저하지 않고 위험을 무릅쓸 사람이라는 인상을 받게 된다. 하지만 그의 연극적 페르소나 레퍼토리 중에서 실제 모습은 거의 없다. 그의 목표는 구체적인 문제를 다루는 것—그런 문제가 있더라도 자기 좋을 대로 꾸며내거나 왜곡한 문제들이다—이 아니라 자세, 동작, 태도, 표정을 통해 감정적 효과를 만들어내는 데 있었다. 모두가 다 사전에 면밀하게 계획되었다. 정치 경력 초기에 그는 거울 앞에 서서 제스처를 연습했다. 1926년 하인리히 호프만이 찍은 사진이 남아있는데, 여기서 그의 다양한 포즈를 엿볼 수 있다. 일찍부터 그의 주위를 맴돌았던 에른스트 한프슈탱글Ernst Hanfstaengl은 히틀러가 연설할 때 보여준 이런 제스처들을 보고 '펜싱 선수의 찌르기와 막기 기술', '줄타기 곡예사의 균형잡기 기술', '능숙한 바이올리니스트', '힘겹게 박자를 짚어나가는 것이 아니라 지휘봉을 가볍게 들어 올리는 것만으로도 숨겨진 리듬과 의미의 존재를 암시하는 정말 훌륭한 지휘자'와 같은 표현들을 떠올렸다.[16]

히틀러는 그 어떤 것도 우연에 맡기지 않았다. 괴벨스에 따르면 그는 마치 무대로 나아가는 배우처럼 모든 동선을 미리 연습했다.[17] 모든 제스처를 극도로 세밀하게 계산했다. 연단에 장비를 설치해서 조명을 조정하고 정확한 순간에 자신의 사진을 찍도록 신호를 주게 했다. 안경은 외모를 망가뜨릴 수 있으니, 메모나 텍스트는 크게 인쇄했다. 집회 장소도 규모, 형태, 음향, 위치, 외관 등을 고려하여 신중하게 선정했다. 홀은 항상 가득 채워지도록 특별히 신경 썼다. 연설이 주메뉴라면, 대중의 입맛을 돋우기 위해 축제 분위기를 제공하는 밴드, 행진, 플래카드, 노래는 전채요리였다. 요아힘 페스트는 "이 모든 극적 요소들이 긴장감을 조성했고, 연설을 마치 신적인 계시처럼 보이게 만들었다."[18]라고 썼다. 그리고 마침내 히틀러가 연단에 오른다. 그리고 아무 말도 하지 않는다. 한동안—어쩌면 영원히 그럴 것처럼—그는 응시하며 침묵을 지킨다. 그러다가 조용히, 주저하는 듯이 연설을 시작하고, 차츰 억수 같은 말들을 극적으로 쏟아내다가, 마침내 새된 소리로 비명을 지르며 엄청난 크레센도에 도달한다. 그의 퍼포먼스가 교향곡 작품에 비유되는 것도 이상한 일은 아니다. 히틀러의 기술은 언제나 틀에 박힌 듯이 선동적이고 히스테리컬하며 문법에도 맞지 않는 고함 지르기에 불과하다는 인상이 강하다. 전후에 만들어진 영상 클립들도 이러한 인상을 강화하기 위해 제작되었다. 그러나 이 모두는 철저히 계산된 결과다. "많은 이들(특히 그의 적대자들)이 믿는 바와 달리, 히틀러는 감정적인 연설가가 아니다."[19]라고 한때 함부르크의 주지사Gauleiter였던 이가 말했다. "그는 자신의 연설을 체계적으로 구축했고 항상 자신이 어떤 말을 하고 있는지, 자신의 말로 어떤 효과를 얻을 수 있는지를 정확하게 알고 있었다."

그는 연설 원고를 항상 직접 썼다. 총리 시절에도 정부 부서가 작성한 초안은 내다 버렸다. 기껏해야 그들이 작성한 통계 자료나 사용할 뿐이었다. 그는 고심 끝에 작성한 연설 원고를 몇 번이고 다시 고쳐 썼다. 괴벨스는 "그는 자신의 연설과 성명서를 세 번, 네 번, 다섯 번 수정했다는 사실을 자랑스럽게 말했다."[20]라고 적었다. "이런 점은 그가 독일어 최고의 문장가와 공유하는 점이다." 때로 그가 새된 소리를 내기는 했지만, 그를 가장 신랄하게 비판하는 사람들조차 그의 훌륭한 독일어 구사 능력만큼은 부인하지 않는다.[21] 히틀러는 자신의 연설을 대단히 자랑스럽게 여겼기 때문에, 출판을 이유로 연설문을 수정하는 일은 일절 없었다.

그렇다면 연설 내용 자체는 어땠을까? 베르사유 조약의 흉악함, 볼셰비즘의 위협, 유대인, 자유주의자 그리고 바이마르 공화국의 사악함 따위는 별로 중요하지 않았다. "어떤 연설도 하나의 주제문으로 시작하지 않았다."[22]라고 히틀러의 언론 대변인 오토 디트리히Otto Dietrich는 적었다. 당시에 그가 내린 결론에 따르면 히틀러는 "청중들을 압도해서 심각한 정치적 논란과 그 문제의 진정한 해명이 더 이상 필요 없어 보이게 만들었다." 그렇다고 메시지가 지나치게 공허해서는 안 되었다. 그리고 비옥한 토양이 없었더라면 그가 뿌린 씨앗이 번성하는 일도 없었을 것이다. 그 시대, 그 장소가 아니었더라면 그의 웅변이 통하는 일도 없었을 것이다. 1920년대에 많은 독일인은 구세주를 찾고 있었고, 히틀러는 추종자들을 찾고 있었다. 그리고 마침내 서로는 서로를 발견했다. 히틀러를 비판하는 이들은 그의 예술적 수완을 마법사에 비유한다. 마법과도 같은 웅변으로 청중들이 이유도 모른 채 빠져들게 만든다는 것이다. 그들은 히틀러가 논리적인 주장으로 설득하기보다는 취한 듯한 분위기에 빠져들게 만들어 원초적인 정념을 풀어놓게 했다는 데 주목한다. 어떤 이는 이런 능력의 유래를 유년 시절 그가 경험한 가톨릭교회에서 찾기도 한다. 기도문을 반복함으로써 무아지경에 빠지도록 하는 효과를 가톨릭교회에서 배웠다는 것이다. 연설에, 그리고 청중들의 반응에 성적인 기류가 있음을 발견할 수 있다는 말도 있다. 히틀러는 청중을 여성적 존재로 간주하기도 했다. 『나의 투쟁』에서 그는 "추상적인 이성의 근거보다는 저항할 수 없는 갈망으로 심리 상태가 결정되는 여성들처럼, 대중 역시 탄원하는 자보다는 명령하는 자를 사랑한다."[23]라고 적었다. 그에게 메시아적인 호소력이 있다는 증언들도 있다. 프리드리히 니체의 누이인 엘리자베스 니체Elisabeth Nietzsche는 1932년 바이마르에서 히틀러를 만난 후 많은 이들에게 그에게서 정치인이 아닌 종교인의 인상을 받았다고 말했다. 미국인 저널리스트 윌리엄 L. 샤이러William L. Shirer는 1934년 당대회 당시 히틀러가 뉘른베르크 호텔 발코니에 잠시 모습을 나타냈을 때 여성들의 얼굴에 나타난 표정을 보고 깜짝 놀랐다고 했다.

> 그들은 한때 순례길을 나선 루이지애나 시골의 오순절파 신도들 얼굴에서 보았던 미친 듯한 표정을 상기시켰습니다. 히틀러를 마치 메시아나 되는 것처럼 우러러보았죠. 확실히 인간의 표정은 아니었어요. 히틀러가 몇 분만 더 모습을 드러냈더라면 이 여인들은 흥분으로 기절하고 말았을 겁니다.[24]

어떤 이들은 히틀러와 그의 청중 간의 관계에서 사도마조히즘적인 저류가 흐르고 있음을 발견하기도 한다. 다른 이들은 그의 웅변에서 미적인 특징, 심지어 음악적인 특징을 감지하기도 한다. 많은 유명한 독일인 망명자들—하인리히 만, 토마스 만, 클라우스 만Klaus Mann, 에밀 루트비히Emil Ludwig, 루트비히 마르쿠제, 베르톨트 브레히트와 같은 이들—이 그의 웅변에 바그너적인 요소가 있다고 주장한다. 에밀 루트비히는 이렇게 썼다. "그는 그가 바그너로부터 배운 것을 자신의 연설에 집어넣었다. 으리으리함, 불명료함, 잔인함과 순진함 말이다. 바로 이러한 특징들이 독일인들에게 그의 연설이 반향을 일으킨 이유다."[25]

히틀러는 자신이 지닌 미적 감수성으로 인해 상징—깃발, 유니폼, 기치 등—이 가진 정서적인 힘을 직관적으로 이해할 수 있었고 이를 나치당의 도상 디자인에 적용했다. 이 중에 그가 독창적으로 생각해 낸 것은 없었다. 그의 천재성은 어떤 상징을 선택할지, 어떤 방식으로 하면 그것들이 눈에 띄게 할지를 아는 데 있었다. 핵심 상징인 스바스티카 Swastika는 한때 우익 정치와 반유대주의의 표상으로 오스트리아와 남부 독일 여기저기에 널려 있었다. 히틀러는 스바스티카 사용을 처음 제안한 이는 아니지만, 그것을 확실하게 채택하고 반유대주의의 두드러진 아이콘으로 만든 장본인이었다. 구부러진 방향을 결정한 사람도, 그것의 색깔을 정한 사람도 그였다. 미술비평가의 말에 따르면 컬러는 본능과 직결된다.[26] 선동 효과를 위해 히틀러는 선명한 검정, 하양, 빨강을 사용했다. 그는 선혈을 의미하는 빨강이 "노동자 대중에게 호소력을 갖는다."라고 말했다. 어떤 의미에서 이 표현은 좌파로부터 훔쳐 온 말이다. 나중에 『나의 투쟁』에서 썼듯이, "빨강에서 우리는 이 운동의 사회적 이념을 본다. 하양에서는 민족주의적 이념을 본다. 스바스티카에서는 아리아인의 승리를, 같은 맥락에서 창조적인 노동의 승리를 본다. 이 노동은 언제나 그래왔고 앞으로 그러겠지만, 반유대적이다."[27] 빨강을 배경으로 한 하얀 원, 그 원 속에 들어 있는 검은 스바스티카는 눈길을 사로잡을 뿐 아니라 잠재의식에도 영향을 미친다. 한 전기 작가는 "수수께끼 같은 기호에서 섬뜩한 힘이 흘러나왔다."[28]라고 썼다. 또 다른 작가는 그것이 '심리적인 마법의 기운'을 방출한다고 했다.

① 히틀러는 자신의 웅변 기술을 완벽하게 만드는 데 2년이 걸렸다고 주장했다. 이때 그는 자신을 바그너의 「지그프리트」에 나오는 파프너(Fafner)처럼 한심한 벌레에서 화염과 독을 뿜는 무서운 용으로 변모시키는 법을 배웠다. 배우들 연기처럼 과장된 그의 행동은, 미친 듯한 수사적 논리와 최면을 거는 듯한 극적 열광을 하나로 결합하여 연설가인 자신과 청중을 섬망 상태에 빠트렸다.

② "그의 기법은 펜싱 선수의 찌르기와 막기 기술, 혹은 줄타기 곡예사의 균형잡기 기술을 닮았다." (에른스트 한프슈탱글)

③ "우리의 천재 관념은 항상 몽롱한 미신의 안개에 휩싸여 있었다. 그런데 오늘날 이 안개가 더욱 짙어진 걸까? 이 남자를 천재라고 부르다니 말이다…. 위대한 사람이라는 현상은 결국 미적인 현상이지 윤리적 현상은 아니다." (토마스 만)

④ "위협했다가 애원했다가 작은 손으로 부탁하는 모습을 취했다가 불꽃처럼 타오르고 강철같이 푸른 눈을 빛내는 그는 마치 광신도 같아 보였다." (쿠르트 뤼데케)

⑤ "그는 마치 호메로스의 영웅처럼 분노에 가득 찬 독설을 퍼붓기 시작한다. 격렬하게 화를 낸다. 적의 숨통을 조르고 싶은 것을 간신히 참고 있음을 넌지시 알린다. 이름을 들먹이며 적에게 도전한다. 적을 조롱한다. 청중들은 연사의 승리감을 공유하고 그가 믿는 것을 믿으며 그에게 넋을 빼앗긴다." (베르톨트 브레히트)

이런 요소들로 히틀러는 당 깃발을 디자인했다. 1920년 여름, 처음으로 휘날린 깃발을 보면서 히틀러는 '타오르는 횃불'[29]과 같은 느낌을 받았다고 했다. 그는 또한 당 배지, 당 문구류, 당 신문 제호, 심지어 공식 고무 스탬프까지 디자인했다. 모두 독수리 문양과 스바스티카를 달고 있었다. 히틀러는 이런 상징들을 상당히 중요하게 생각했다.[30] 독수리 문양의 모델을 찾기 위해 오래된 미술 출판물들과 문장紋章의 도안집들을 들여다보며 몇 시간이나 보낼 정도였다. 마침내 그는 반유대 사전에서 원하던 것을 발견했다. 독수리가 동물계의 아리안처럼 묘사된 도안이었다. 그는 보석 세공사에게 모델을 디자인하도록 했는데 세공사가 만든 모델이 너무 힘이 없어 보이자 직접 다시 디자인했다.[31] 막 날아오르려는 모습의 위협적인 독수리 모양이었다. 이탈리아 파시스트들의 네오로마식 상징에 깊은 인상을 받은 히틀러는 대중 집회나 퍼레이드의 표지가 될 정교한 기치를 고안했다. 그의 최종 스케치가 남아있어서 그가 이 기치의 규격이나 세부 사항에 얼마나 공을 들였는지 보여준다.

그는 다른 상징들도 차용했다. 나치당 행동대원들이 입었던 갈색 셔츠는 이탈리아 파시스트들의 검은 셔츠를 모델로 했다. 팔을 들어 하는 경례 방식도 무솔리니의 로마식 인사를 변형한 것이었다. 히틀러는 중세 독일의 관습에서 가져온 방식이라고 주장하지만 말이다. 사회에서의 지위와 개성을 지워버리는 제복은 아주 중요했다. 제복은 당과 국가의 전방위적 권력을 나타내기도 했다. 제복들의 서열 가운데서도 친위대Schutzstaffel, SS의 제복—검은색으로 미끈하게 빠졌으며 게르만 룬 문자로 장식되었고 해골 배지가 달렸으며 검은색 가죽 부츠와 짝을 이룬다—이 가장 강한 미적 함의를 담고 있었다. 이 제복을 입은 남자는 극도로 폭력적인 동시에 극도로 아름다움을 암시했다.[32] 히틀러는 '지크 하일(Sieg Heil, 승리 만세라는 뜻. –옮긴이)' 같은 청각적인 상징 레퍼토

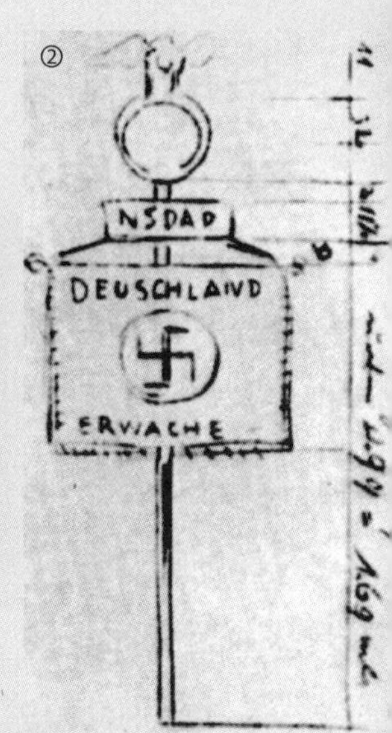

① 당 기치의 최초 공개 장면. 의식은 1923년 2월 28일 뮌헨의 마르스펠트에서 거행되었다.

② 히틀러가 스케치한 당 기치. 정확한 치수를 명시했다. 기치의 등장은 '무솔리니를 거쳐 부활한 카이사르'라고 일컬어졌다.

③ 당 깃발과 돌격대원 제복을 그린 히틀러의 스케치.

"철모 위에 새겨진 스바스티카
빨강 검정 하양의 완장을 차고
폭풍우에 초연한 히틀러 총통
나가자 진격하라 우리가 간다!"
(「돌격대원가」)

리도 개발했다. 이 말은 고대 게르만어에 뿌리를 두고 있는데, 변형태로 '하일 히틀러'도 있다. 최초의 나치 노래는 '독일이여 깨어나라!(Deutschland Erwache!)'라는 구절로 절정을 이루는 곡인데, 디트리히 에카르트 Dietrich Eckart의 시 「돌격, 돌격, 돌격Sturm, Sturm, Sturm」에 음을 붙여 만든 노래였다. 히틀러는 1923년 뮌헨 당대회에서 이 노래를 사용하도록 승인하기 전에 미리 직접 시연해 보았다.[33] 이 모든 점에서 그의 라이벌이라 할 수 있는 자는 없다. 하지만 대응하는 자는 한 명 있는데, 역시 예술가-정치인이자 파시스트인 가브리엘레 단눈치오Gabriele D'Annunzio가 그이다.

대중 정치에 미학을 적용한 히틀러의 시도가 정점을 찍은 것은 그의 화려한 대중 집회에서였다. 이런 점들이 히틀러 통치의 두드러진 특징을 이루니, 제3제국은 야코프 부르크하르트Jacob Burckhardt의 신조어인 '극장통치theatrocracy'라는 별칭으로 불릴 만도 했다. 전후 좌파들의 거리 시위에서 영감을 얻은 그는 청중들의 잠재의식을 자극하는 의식, 수사, 의례를 개발했다. 사실 그는 처음 정치를 시작했을 때부터 군중의 반응을 실험했고 환경적인 요소, 즉 시간과 장소가 핵심적 역할을 한다는 사실을 발견했다.

> 똑같은 강연, 똑같은 연사, 똑같은 주제라 할지라도 아침 10시, 오후 3시, 밤에 각기 다른 효과를 내기 마련이다. [비슷하게] 알 수 없는 이유로 사람들을 냉담하게 만드는 홀들이 있다. 이런 장소에서는 아무리 분위기를 조성하려 노력해도 사람들에게 먹혀들지 않는다.[34]

중요한 것은 의지들의 경합, 그의 표현대로 하면 연사와 청중 사이의 '씨름'이다. 낮 동안에는 사람들의 의지력이 강해서 새로운 생각들에 저항한다. "하지만 밤에는 더 강한 의지의 지배력에 쉽게 굴복한다." 히틀러는 토마스 만이 '전형적인 낭만주의적 밤의 찬미'[35]라고 부른 것에 대한 본능적인 감각을 가지고 있었다. 이 또한 히틀러와 낭만주의 사이의 관련성을 보여주는 한 측면이다. 밤은 이성보다는 감각, 논리보다는 직관의 시간이다. 독일 낭만주의자들이 빠져 있었던 이런 생각은 노발리스Novalis의 「밤의 찬가Hymnen an die Nacht」라는 작품에서 가장 잘 표현된다. 히틀러가 이 작품을 알고 있었다고 추정할 근거는 없다. 그러나 그는 어둠이 갖는 심리적 효과를 직관적으로 알고 있었다. 그래서 가장 중요한 시각적 이벤트는 항상 조명을 효과적으로 사용할 수 있을 때 무대에 올렸다. 명멸하는 횃불, 굴러가는 북소리, 트럼펫 팡파레로 집회 참여자들을 신비한 세계로 초대했다. 그리고 이 세계에서 개인들은 완전히 자신을 내맡겼다.

사람들을 그의 환상적인 세계로 끌어들이기 위해, 히틀러는 방대한 예술적 기법들을 고안했다. 조명, 색상, 음향 그리고 그가 모습을 드러낼 때까지 몇 시간 동안 기다리게 만들어 긴장을 고조시키는 수법 등을 아낌없이 그리고 창의적으로 활용했다. 프로듀서이자 감독, 무대 매니저로서 그는 거의 모든 감각에 호소했다. 도시를 거대한 플래카드로 장식할 때도, 검은색, 갈색, 적갈색의 제복을 입은 돌격대Sturmabteilung, SA와 당 조직원들을 배치할 때도 히틀러는 마치 자신이 아직 화가인 양 색상들을 섞거나 대비시켰다. 마치 작곡가인 양 밴드와 코러스로 분위기를 조성했다. 마치 건축가인 양 가지런히 정렬된 사람들을 기하학적 형태로 배치했다. 마치 안무가나 무대감독인 양 10만 명이 넘는 사람들을 미동도 없이 서 있게 만들었다가, 손가락을 튕겨 그들이 돌고, 행진하고, 노래하고, 외치고, 팔을 들어 나치식 경례를 하게 만들었다. 이런 방식으로 그는 국가 통합과 자신의 막강한 권력 그리고 기꺼이 그의 의지에 복종하려는 대중을 보여주었다. "주인과 노예의 관계가 이다지도 의식적으로 미화된 적은 없었다."[36]라는 말이 있을 정도였다.

일단 권력을 쥐게 되자 히틀러는 독일 전체를 그의 무대로 만들었다. 총리로 임명되자마자 베를린 중심가를 지나는 돌격대원들의 거대한 횃불 퍼레이드를 선보임으로써 자기 예술을 시작했다. 이어서 곧바로 유명한 '포츠담의 날'을 조직했다. 이날 그는 힌덴부르크 대통령 그리고 다른 구 제국 늙은이들과, 포츠담의 개리슨 교회에서 열린 의식에 참여했다. 새 정부 출범을 알리는 의식이었다. 장소와 날짜 모두 상징적이었다. 이곳은 프리드리히 대왕이 묻혀 있어서 프로이센 왕들과 군대에게 신성한 장소였다. 그리고 3월 21일이라는 날짜는 1871년에 비스마르크의 제1대 독일제국의회가 개회한 날을 기념하는 날이었다. 군의 최고급 간부 전원과 전 왕세자 그리고 호엔촐레른 가문 몇 명이 함께 참석한 이 행사는 히틀러가 나이 든 국가원수와 극적인 악수를 나누는 장면—많은 사진 촬영이 있었다—에서 절정에 달했다. 행사 마지막에 히틀러는 프리드리히 왕의 무덤에 경의를 표하기 위해 모닝코트와 탑햇 차림으로 교회 지하 납골당에 내려왔다. 히틀러와 그의 당이 '프리츠(프리드리히의 애칭) 왕'으로 거슬러 올라가는 영광스러운 프로이센 전통을 존경한다는 점을 보여주기 위해서, 또 독일의 운명이 이제 새로운 총리의 손에 안전하게 맡겨졌음을 보여주기 위해서 의식은 아주 화려하게 연출됐다. 히틀러는 포츠담의 날이 '옛 위대함의 상징과 새로운 힘 간의 결혼이 성사'[37]되었음을 의미한다고 했다. 이 행사는 히틀러가 정치기술statecraft을 무대기술stagecraft로 탈바꿈시킨 첫 번째 사례다.

사실 이날의 드라마는 시작에 불과했다. 후에 제국의회가 소집되었을 때 의원들은 히틀러가 10년 전에 디자인한 엄청난 크기의 나치 독수리와 스바스티카로 장식된 홀을 목격하게 되었다. 나치는 소수당이었음에도 시각적으로 의회를 장악했다. 이런 상황은 몇 달이나 지속됐다. 8월에 히틀러는 1914년 탄넨베르크에서 독일국방군이 러시아를 상대로 거둔 전적지 순례에 앞장섰고, 독일 전통의 아이콘인 힌덴부르크 대통령의 참여를 다시 한번 힘겹게 끌어냈다. 프로이센 전통에 바치는 이런 가짜 경배는 1년 후 대통령이 사망했을 때 다시 반복되었다. 베를린에서의 성대한 추모식이 있었고 뒤이어 탄넨베르크 기념탑 정원에서 더욱 성대한 장례식이 거행되었다. 히틀러는 상징적인 무대 소품이 없는 장례식은 상상조차 할 수 없었기 때문에 슈페어에게 서둘러 동프로이센으로 가서 현장을 꾸미도록 지시했다. 며칠간 이어진 장례식은 히틀러가 고인의 이름을 부르는 바그너식 고별사, "고인이 된 장군이여, 이제 발할라에 들라."[38]라는 말로 절정에 이르렀다.

포츠담 행사의 감독인 히틀러가 이 행사를 활용한 목적은 민족주의 감정을 불러일으키고 국가사회주의를 독일의 군사적 영광과 결부시키는 동시에 지극히 정치적인 목적에 그럴싸한 외관을 부여하기 위해서였다. 이때 정치적 목적이란 대통령직 폐지와 자신의 권력을 막는 모든 제도적 제한의 철폐였다. 힌덴부르크의 시신이 그의 무덤에서 채 식기도 전에, 히틀러는 국가의 수장직과 정부의 수장직을 합쳐 총통이라 할 것이며 자신이 바로 그 총통임을 발표했다. 자신의 지위를 좀 더 안전하게 확보하기 위해 그는 최고위 군사 지도자들로부터 공식적인 충성 맹세를 받아냄으로써 최고 군사령관이 되었다. 그리고 다음 날에는 독일 전역에서 모든 군대 구성원들의 맹세를 받는 의식을 똑같이 반복했다.

그 후 몇 년 동안 히틀러는 상당히 다른 형태의 연출, 즉 그 유명한 외교적 깜짝쇼를 통해 세계를 놀라게 했다. 이러한 깜짝쇼는 보통 토요일에 벌어졌다. 다른 나라 정부의 허를 찌르는 동시에 다뤄지는 언론 보도량을 두 배로 만들 수 있기 때문이었다. 우선 주말 신문에서 다뤄지고, 다음 주 월요일 정기 신문에서 다시 다뤄지게 할 수 있었다. 초기 사례가 독일 무장 제한에 관한 베르사유 조약 폐지 법령을 광적인 민족주의 행사로 바꾸어버린 일이었다. 성명서가 발표된 날짜는 1934년 3월 16일 토요일이었다. 발표가 전몰자 추모일 전날에 이루어진 것은 결코 우연이 아니었다. 다른 나라 같았으면 중대한 국제 의무 위반 사실을 해명하느라 쩔쩔맸을 일을 나치 독일은 뻔뻔하게도 자축한 것이다. 샤이러는 이러한 연출을 다음과 같이 묘사했다.

> 정오에 국립 오페라하우스에서 열린 행사에 갔다가 1914년 이래로 독일에서 볼 수 없었던 광경을 목격했다. 아래층 전체가 군복들의 바다였다. 색 바랜 회색 제복과 구 제국군의 뾰족한 헬멧들이 새로운 군대의 군복들과 어울렸다. 예전에는 거의 보기 힘들었던 루프트바페(독일 공군)의 하늘색 군복도 있었다. 히틀러 옆에는 카이저 군대 인사 중에서 마지막 생존 원수인 육군 원수 폰 마켄젠이 화려한 해골 후사르 제복 차림으로 앉아 있었다. 무대 위로 강한 조명이 켜지자, 군기를 치켜든 젊은 장교들의 대리석 조각 같은 모습들이 드러났다. 그들의 뒤에는 은색과 검은색의 커다란 철 십자가가 걸려 있었다.[39]

웅대한 규모로 펼쳐지는 장관이 제3제국 공공 생활의 지속적인 특징이었다. 데이비드 보위David Bowie는 믹 재거Mick Jagger와 함께 1934년 제15회 뉘른베르크 당대회를 찍은 레니 리펜슈탈의 「의지의 승리Triumph des Willens」를 보고 나서 "히틀러는 최초의 록스타 중 한 명이다."[40]라고 했다. "그는 정치인이 아니라 한 명의 위대한 미디어 아티스트였다. 그가 청중들을 어떻게 조종하는지 보라! 그는 여자들이 땀에 젖을 정도로 뜨겁게 달아오르도록 만들었다. 남자들은 모두 무대 위에 올라선 그가 되고 싶어 했다. 세상은 이와 같은 모습을 결코 본 적이 없다. 그는 나라 전체를 무대로 만들었다." 대중들을 조종하고 동원하는 데 있어서 히틀러는 시대를 앞선 인물이었다. 미디어 스타라는 개념이 아직 존재하지 않았던 때부터 그는 이미 미디어 스타였다. 전례가 없는 심리적 영향력을 행사했다. 그리고 이 때문에 탁월한 카리스마를 지닌 리더가 될 수 있었다. 그는 나치즘을 섹시하게 보이도록 만들었다.

그를 가장 경멸하는 자들, 망명한 유대인 예술가와 지식인들도 그가 감정을 촉발하는 데 있어서 천재적인 재능을 지니고 있다는 사실은 인정하지 않을 수 없었다.[41] 베르톨트 브레히트와 같은 극작가도 히틀러의 타고난 무대 감각에 대해서는 솔직히 경외심을 느낀다고 했다. 단지 조명과 음악 등의 능숙한 사용만이 아니다. 국제 정치에서 그가 보여준 '허세와 돌발행위를 활용한 정치(politik des Bluffs und Theatercoups)'[42]에서도 그러한 재능을 발견할 수 있다. 브레히트가 인정했듯 그것은 '매우 흥미로운 연극(sehr interessantes Theater)'이었다. 브레히트는 극장에만 국한된 자신과 달리 나라 전체를 무대로 삼은 히틀러를 부러워했다. 그는 히틀러의 유일한 성취는 연극적인 데에 있다는 취지의 시를 쓰기도 했다. 그 가운데 세 줄을 인용해 보겠다.

> …빛을 사용하는 그의 대가다운 솜씨는
> 곤봉 휘두르는 그의 대가다운 솜씨와
> 하나 다를 것이 없더라.[43]

공공 생활의 연극적 본질이 노골적으로 드러난 것은, 1936년 히틀러가 제국 무대 디자이너라는 직책을 신설해 연극 제작자 벤노 폰 아렌트에게 맡겼을 때의 일이다. 아렌트는 오페라 무대만이 아니라 모든 도시의 경관과 주요 국가 행사를 위한 무대를 만드는 일을 맡았다.

다른 이들은 히틀러의 재능이 근본적으로 바그너적이라 보기도 한다. 끝없이 이어지는 퍼레이드, 끊이지 않는 음악, 충성 맹세, 영웅 찬양, "이 모든 것들이 순종과 음악, 규율과 숭배에 대한 독일인들의 꿈을, 로엔그린과 경비 여단의 결합을 실현했다."[44] 이런 말을 한 역사학자 에밀 루트비히는—다른 망명 인사들도 같은 의견이었지만—바이마르 공화국에서는 전혀 찾아볼 수 없었던 흥분과 구경거리를 히틀러가 지극히 단순한 방식으로 제공했다는 점을 인정했다. 그리고 비합리적인 수단을 쓰기는 했지만, 민족적 자존심을 불러일으키는 목표 달성에는 성공했다는 점도 인정했다. 더 중요한 점은 토론과 선거에서 소외된 대중들에게 구경거리와 의례를 제공함으로써 그 어느 때보다 강한 정치적 참여 감각을 느끼게 해주었다는 점이다.

행사를 연출할 때 히틀러는 조명을 써서 분위기를 창출하는 데 특별한 재능을 보여주었는데, 이는 그의 풍부한 오페라 관람 경험에서 비롯했다고도 볼 수 있다. 슈페어는 당대회에서 보여준 환상적인 조명 효과를 자기 혼자서 창안했다고 주장하지만, 사실은 히틀러에게서 영감을 얻었을 것이다. 히틀러는 슈페어가 아직 어린아이였을 때부터 분위기를 창출하는 조명을 고민하고 있었다. 그는 빈에서 열린 알프레트 롤러 **Alfred Roller**의 유명한 1903년 작 「트리스탄과 이졸데」에서 본 연출과 조명에 깊은 감명을 받았다. 1925년의 스케치북에는 1906년에 공연을 관람한 그가 무대 장면 가운데 2막과 3막을 그린 그림이 있다. 1923년 바이로이트에서 관람한 「파르지팔」에서도 오페라하우스의 어두운 분위기가 만들어내는 '신비한 마법'[45]에 압도당했다. 이러한 경험으로부터 그는 빛이 밤의 검은 장막을 더욱 검게 만들고 어둠은 외부 세계를 사라지게 만들 수도 있다는 사실을 배웠다. 이렇게 해서 참여자들로 하여금

'빛의 성당'을 만들기 위해 슈페어는 130개의 대공 서치라이트(루프트바페 보유분 거의 모두)를 12미터 간격으로 배치하여 상공 8킬로미터까지 빛줄기를 쏘아 올렸다. 그는 "상상 이상의 효과를 얻을 수 있었다."라고 말했다.

신비스러운 일체감을 갖게 할 수 있었다.

히틀러가 선호하던 또 다른 장치는 불이었다. 불은 사람들과 플래카드 그리고 깃발들이 오싹한 느낌의 빛을 발하며 가물거리게 했다. 불은 또 그에게 큰 기쁨을 주는 기념 의식 풍경의 주요 요소였다. 횃불, 모닥불, 벵골 불꽃, 폭죽, 섬광, 장작더미, 거대한 화로에서 솟아오르는 화염이 모두 신비한 마법의 주문을 걸었다. 히틀러가 가장 좋아하는 의식을 밤 시간대에 배치한 이유는 이런 불꽃 효과와 야간 조명 효과를 위해서였다. 『나의 투쟁』에서 그는 청중들에게서 '의지의 자유'를 빼앗고 종교적 황홀에 비견되는 상태를 불러일으키는 것을 의도했다고 밝혔다.[46]

히틀러는 음향 효과도 계산했다. 음악뿐 아니라 사이렌, 예포, 소총 발사, 팡파르, 교회 종, 심지어 부츠에서 내는 발소리, 비행기 나는 소리까지 활용했다. 이런 수단들로 그는 다양한 분위기를 만들어냈다. 보통 엄숙한 분위기, 자주 영웅적이고 들뜬 분위기, 이따금 호전적 분위기, 가끔 환호하는 분위기를 만들었다. 그는 사전에 계획한 대로 자신이 작곡가인 양 보이도록 만드는 과정을 차곡차곡 밟아나갔다. 그의 발걸음과 보조를 맞추어 부푼 파도처럼 환호성이 밀려들고, 마침내 그가 도착하는 모습은 「로엔그린」의 백조 합창곡을 떠올리게 했다. 그의 웅변 역시 음악을 흉내 냈다. 번갈아 가며 피아노(여리게), 크레센도(점점 세게), 포르티시모(아주 세게)로, 아파시아나토(열정적으로)로, 자주 아지타토(흥분조로)로, 때로 스케르찬도(해학적으로)로 연설했다. 하지만 결코 돌체(부드럽게)나 아페투오소(애교스럽게)로는 하지 않았다.

때로 히틀러는 예술 그 자체에 심취해 보일 정도로 연출을 중요시했다. 이념적 내용보다는 화려한 쇼에 몰입하는 듯 보였다. 막스 라인하르트Max Reinhardt, 에드워드 고든 크레이그Edward Gordon Craig 그리고 세실 B. 드밀Cecil B. DeMille 역시 방식은 달랐지만 연출을 중시했다. 하지만 히틀러만큼 허세를 부리지는 않았다. 거대하고 입체적인 무대 효과가 히틀러의 특기였다. 여러 해 동안 그는 청중들—독일 대중—에게 퍼레이드, 페스티벌, 헌정식, 기념식, 경례, 횃불 행렬 같은 정교한 프로그램을 제공했다. 그는 제작자, 감독, 무대 디자이너 그리고 주연배우를 맡았다. 그만큼 오페라나 연극 공연에 세심한 주의를 기울여 준비한 사람은 없었다. 그는 공연의 세부 사항들을 직접 챙겼다. 압도적인 시청각 효과—수천 개의 깃발과 기치, 페넌트(길고 좁은 삼각기. -옮긴이), 장식 리본 그리고 플래카드, 이러한 것들이 보여주는 수천의 색상, 조명과 서치라이트, 횃불 행진이 자아내는 기대감, 군악대와 가수들에게서 느껴지는 전율, 팡파르, 사이렌, 축포 그리고 축하 비행이 주는 흥분—이 모든 것들로부터 연타 당한 군중은 거의 넋이 나가버렸다. 히틀러의 국가사회주의 극장에서 독일이란 나라 전체는 그저 엑스트라에 불과했다.

대중 집회를 계획할 때 히틀러는 자신의 건축적 솜씨를 발휘해 장소의 물리적 환경이 갖는 중요성을 교묘하게 활용할 수 있었다.[47] 그의 원칙은 엄격했다. 공간 자체는 직사각형으로 만드는 것이 이상적이었다. 그리고 외부 세계와 격리되어야 했다. 참가자들은 군대식 정확성으로 견고한 블록을 형성해야 했다. 항상 지도자에게 포커스가 맞춰져야 했다. 오직 지도자만이 시야에 들어와야 했다. 실질적인 세부 사항들은 또 있었다. 확실하게 눈에 띄고 주의가 집중되도록 만들어야 했기 때문에, 히틀러를 위한 연단은 나머지 장소보다 높이 세워져야 했고 좁은 공간의 한쪽 끝에 위치해야 했다. 연단의 배경에는 깃발과 플래카드가 숲을 이루도록 했다. 그러면 연단의 시각적 중요성을 더 강조할 수 있었다. 그 뒤로는 당의 상징인 거대한 독수리와 스바스티카가 걸리도록 만들었다. 입구에서 연단까지 이어지는 축에 복도를 두어서 오로지 히틀러와 그를 수행하는 이들만이 사용할 수 있게 했다. 건축물과 공간 장식 그리고 그 밖의 시청각적 효과들은 모두 히틀러의 동작과 목소리가 갖는 효과를 강화하기 위해 디자인되었다. 이는 피할 수 없는 하나의 메시지로 합쳐졌다. 총통은 전부이며, 개인은 오로지 군중으로만 존재한다는 메시지다.

극작가 히틀러, 건축가 히틀러에 더해 가톨릭 신자 히틀러도 있었다. 자신의 말에 따르면 청중들에게 마법을 건다는 아이디어는 유년 시절 종교적 경험에서 비롯되었다. 『나의 투쟁』에는 "새벽녘 가톨릭 성당을 채운 인위적이면서 신비한 분위기, 등불, 향냄새, 향로 등도 결국 같은 목적을 가지고 있다."[48]라고 적혀 있다. 그도 일련의 의식들을 고안했다. 각각의 의식에는 각각의 절차와 상징, 참고문헌, 전문용어가 있었

플래카드, 불꽃, 연기가 피어오르는 화로가 펠트헤른할레(용장기념관)에서 있었던 맥주홀 폭동 기념행사에 이교도적 분위기를 더하고 있다. 이 로지아는 원래 바이에른 전쟁 유적지였으나 히틀러에 의해 '운동의 제단'으로 개조되었다.

다. 행렬, 플래카드, 연기, 불, 성화, 성물, 교리문답 선서, 상징 의식은 국가사회주의에 가톨릭이나 그보다 오래된 종교의 성격을 부여했다. 이 점은 그의 지지자들이나 반대자 모두 동의하는 바다. 1934년 뉘른베르크 당대회를 두고 샤이러는 이렇게 논평했다.

> 나는 이제 히틀러가 거둔 놀라운 성공의 원인을 이해하기 시작했다고 생각한다. 로마 교회로부터 한 문장도 아니고 한 장을 통째로 빌려 온 그는 20세기 독일인들의 단조로운 삶에 필요한 흥미로운 구경거리와 색채, 신비주의를 복원하고 있다. 오늘 아침 뉘른베르크 외곽의 루이트폴트 홀에서 있었던 개회식은 화려한 쇼 이상이었다. 여기에는 고딕 성당에서 거행되는 부활절 미사나 성탄절 미사와 같은 신

> 비주의, 종교적 열정 같은 것이 있었다…. 히틀러가 어떻게 사람들을 장악할 수 있었는지 이해하려면 이런 집회를 직접 경험해 봐야 한다.[49]

히틀러의 기법에 깊은 인상을 받은 것은 내부자들도 마찬가지였다. 1937년 당대회에 감탄하면서 괴벨스는 이렇게 적었다. "끝없이 펼쳐지는 신비한 마법으로 인해 당대회는 거의 종교적 의식에 가깝게 느껴졌다."[50] 그러니 히틀러가 독실한 기독교 신자들 사이에서도 거의 종교적이라 할 만한 열정을 불러일으키는 데 성공한 것은 당연하다.

하지만 브레히트, 보위, 샤이러는 상당한 통찰력을 보여주기는 했어도 히틀러의 연출에 담긴 깊은 뜻을 파악하지 못했다. 이러한 스펙터클의 궁극적인 목적은 국가사회주의의 정중앙에 자리한 공허함을 메우는 데 있었다. 카를 디트리히 브래처Karl Dietrich Bracher의 말에 따르면 나치 이데올로기는 근본적으로 "다양한 사상과 사고방식, 개념과 희망, 감정들이 뒤죽박죽 섞인 덩어리일 뿐이다. 이러한 것들이 견고하게 뭉치기 위해서는 위기의 시기와 급진적인 정치 운동이라는 조건이 있어야 했다."[51] 즉 마르크스주의와 다르게 나치즘은 손에 와 닿는 구체적인 무언가를 거의 제공하지 않는다. 히틀러가 제공한 것은 믿음을 대신할 의례, 또는 믿음으로서의 의례였다. 의례는 복종하는 마음을 심어준다. 그것은 확신이 아니라 충성을, 합리적 이해가 아닌 맹목적인 신앙을 수반한다. 가톨릭의 관례를 각색한 의식에서, 의례는 믿음을 겉으로 표현하는 방식이라기보다는 믿음을 만들어내는 방식에 가깝다. 히틀러의 의례는, 선서 의식이 없는 경우에도, 헌신과 결속을 창출해 낸다. 의례가 확신을 부여할 수 있는 이유는 바로 그것이 이성과 의심을 초월하기 때문이다. 히틀러의 극장통치는 참여적인 이데올로기였다. 그의 의식은 토템, 금기, 의례가 부족의 결속을 강화했던 호메로스 이전의 원시적인, 심지어 야만적인 의식으로 되돌아간 것이었다.

여기에 히틀러 자신의 신격화가 연결되었다. 1936년 당대회 연설을 면밀하게 살펴본 J. P. 스턴J. P. Stern은 여러 구절에서 기독교 복음서를 모방한 표현들을 발견했다.[52] 예를 들어 "보지 않고도 믿는 자에게 복이 있나니"라는 표현은 "당신은 한 남자의 목소리를 들었고…. 그 목소리를 따랐습니다."라는 표현이 되었다. "조금만 있으면, 너희는 나를 볼 수 없을 것이며, 조금만 더 있으면, 너희는 나를 볼 수 있을 것이니라."라는 표현은 "여러분 모두가 나를 볼 수 없고 나는 여러분 모두를 볼 수 없습니다. 하지만 나는 당신을 느끼고 당신도 나를 느낍니다."라는 표현으로 모방되었다. 히틀러 스스로 "이 행사에 참여한 수십만 명이 정치 집회가 아니라 기도하는 자리에 모였다는 인상을 받고는 한다."[53]라고 말했다. 자신이 신성하다고 여기는 히틀러의 믿음—그가 여러 번 강조했듯이, 자신이 신의 섭리를 드러내는 도구라는 생각—은 정치적·외교적 성공이 거듭됨에 따라 더욱 강해졌다. 1938년 당대회 이후에 슈페어는 '이 모든 대형, 행진, 헌정'이 교묘한 선전극이라기보다는 "교회 설립 의식과 유사하다."[54]라는 충격적인 깨달음에 눈을 뜨게 되었다. 히틀러는 유명한 대중 영웅이라는 자신의 지위를 대수로이 여기지 않으며 종교의 창시자라는 훨씬 더 높은 지위를 갖기 위해, 일부러 자신의 수사적 능력을 억제했다고 말했다. 사실 이 시기에 히틀러는 수십 개의 독일 도시 중심부를 재건하여 거대한 집회 장소를 만들라고 명령하기 시작했다. 베를린의 경우 100만 명의 사람들을 수용할 장소를 계획했는데, 이런 장소들의 목적은 그의 등장을 축하하는 데, 즉 그를 숭배하는 데 있었다. 이런 식으로 그는 '예술가'에서 '신인神人'이 되는 경로를 걸었다.[55]

그의 예술가로서의 재능과 신인으로서의 지위가 함께 두드러지게 나타난 장소는 바로 당대회였다. 매년 9월에 열리는 당대회는 수없이 많은 사진 기록을 남겼다. 1934년에는 리펜슈탈의 영화 「의지의 승리」로 인해 불멸의 생명을 얻기도 했다. 1923년 뮌헨에서 히틀러가 처음 소집한 이래로 모두 10번의 당대회가 열렸다. 1926년에 열린, 다음 번 대회 장소는 바이마르가 되어야만 했다. 맥주홀 폭동 사건 이후로 히틀러가 바이에른에서 공개적인 연설을 금지당했기 때문이다. 그 뒤로 그는 대회를 항상 뉘른베르크에서 열도록 했다. 1927년, 1929년 그리고 1933년부터 1938년에 이르는 기간에 대회가 열렸다. 초기에는 4일간 열리다가 나중에는 두 배 정도로 대회 기간이 늘어났다. 참여 인원도 수천 명에서 정도였다가 1933년쯤이 되면 25만 명 정도로 늘어났다. 40만 명까지 늘릴 계획이었다. 모든 지역과 계층을 아우르는 대회의 성격을 강조하기 위해 히틀러는 모든 주요 사회 분야와 지역에서 참여 그룹들을 소집했다. 이들을 수송하기 위한 특별 기차역이 행사장에 지어졌고 약 500여 대의 기차가 동원되었다.[56] 아마도 역사상 가장 강력한 이데올로기적 '더르바르(인도의 군주가 주최한 대중 환영회. -옮긴이)'였을 것이다. 무대 공연은 더할 나위 없이 깐깐하게 준비되었다. 히틀러가 직접 행사 일정, 행진 루트, 연사, 의식에 쓰일 안무, 작품 선곡, 지휘자 그리고 심지어 공식 초청 인사들의 자리 배치까지 모든 사항을 챙겼다. 히틀러가 1935년 당대회의 조명이나 장식을 직접 그린 스케치를 보면 그가 디테일한 것들까지 얼마나 신경 썼는지 알 수 있다.[57]

독일 도시의 원형—나치당 출신이기도 한 이 도시 시장의 말에 따르면 '모든 독일 도시 가운데서도 가장 독일적인 도시'[58]—이라고도 할 수 있는 뉘른베르크를 선택한 것은 아주 상징적이었다. 히틀러는 제3제국이 중세의 제1제국까지 거슬러 올라가는 정통 독일 전통에 뿌리내리고 있다는 인상을 강조하고 싶었다. 이 도시는 히틀러가 그다지도 경멸하는 '영혼 없는 현대 도시'가 아니라 중세 유럽을 가장 잘 보존하고 있는 도시 가운데 하나다. 1929년 당대회에서 그는 자신에게 뉘른베르크란 독일의 위대한 고도Reichstadt이자 '독일 예술과 문화의 성지'라고 했다.[59] 1938년 오스트리아 합병 후, 그는 1806년 나폴레옹이 구 제국을 해체한 후 줄곧 빈에 보관해 두었던 신성로마제국의 고대 깃발과 대관식 물품—하나는 은색, 다른 하나는 금색인 14세기 홀笏 두 점 그리고 12세기 보주寶珠—을 옮겼다. 그는 세상을 향해 "신대륙 발견 500여 년 전부터 거대한 게르만-독일제국이 이 땅에 서 있었다."[60]라는 점을 보여주고자 했다. 그리고 이러한 상징물들을 통해 히틀러와 그의 운동이 제1제국의 영광과 이어지고 있음을 보여주려 했다. 제3제국은 중간에 존재했던 어떤 게르만 국가들보다 더 정통성을 지닌 게르만 국가로 보였다. 그것들의 상징적 의미는 이미 봉헌식에서 공개적으로 언급되었다. "이는 게르만족이 처음 등장했던 역사의 여명기부터 오늘에 이르는 역사의 흐름에 마침내 제3제국이 완전히 합류하게 되었음을 의미합니다. ⋯. 제1제국의 신화는 이 제국의 보물 속에 숨 쉬고 있습니다."[61]

절차들은 의례로 굳어져서 해가 지나도 변하지 않았다. 히틀러의 등장이 가장 큰 드라마였다. 1934년에 히틀러는 항공편으로 등장했다. 마치 하늘에서 강림한 신처럼. 이후에는 열차를 타고 등장해 엄숙한 의식 가운데 당 지도부 모두의 환영을 받았다. 오픈카를 타고서 군중들의 열렬한 환호성과 즐거운 교회 종소리로 가득 찬, 깃발로 장식된 거리를 지나 도착한 그는 종교적인 의식의 분위기를 내도록 '적당히 어둡게 해서 신비로운'[62] 커다란 시청 회의실에서 시장의 영접을 받았다. 이날을 기념하기 위해 히틀러는 오페라하우스에서 열리는 「뉘른베르크의 마이스터징어Die Meistersinger von Nürnberg」 갈라 공연의 개인적인 초대장을 당 관계자들과 귀빈들에게 보냈다.

다음 날은 히틀러 청소년단의 행진으로 시작했다. 총통은 이 행진을 그가 머무르는 호텔 발코니에서 사열했다. 참여 인원 5만여 명 중 약 2,000명은 수천 킬로미터를 걷는 '아돌프 히틀러 행진'을 통해 이 도시에 도착했다. 이후에는 루이폴트홀의 집회실에서 당의 공식 행사가 열렸다. 행사는 무대 연출과 종교적인 의식의 특징을 모두 갖추었다. 커다란 홀의 벽면에는 하얀 실크를 늘어뜨렸고, 손님들과 오케스트라, 코러스를 위한 자리는 진한 붉은 천을 씌웠다. 전체 공간은 검은색 배경에, 반짝이는 금색 화환을 두른 거대한 스바스티카가 뒤덮게 했다. 요란한 팡파르와 「바덴바일러 행진곡Badenweiler Marsch」의 인사를 받으며 홀에 입장한 히틀러는 광적인 환호성에 휩싸였다. 히틀러는 또한 음악에 대한 열정을 불태우면서 드라마틱한 효과를 극대화할 수 있었다. 첫 순서로 「니벨룽겐 행진곡Nibelungen Marsch」이 흘러나올 때는 당의 기치와 가장 신성시되는 피의 깃발Blutfahne이 함께 등장하도록 했다. 나치의 주장에 따르면 이 스바스티카 깃발에 1923년 맥주홀 폭동 사건 당시 총에 맞은 '순교자'의 피가 묻어있다고 한다. 다음 순서로는 바그너의 「리엔치Rienzi」 오페라 서곡의 주요 테마 둘이 연주되었다. 그리고 추가 선곡으로 「감사의 기도Dankgebet」 합창곡이 연주되었다. 총통의 부관인 루돌프 헤스Rudolf Heß가 주관하는 신성한 추모 의식Totenehrung으로 행사가 시작되었다. 이는 나치식의 '교리문답'이라 할 수 있는데, '심장의 피로써 총통과 국가에 대한 충성을 다짐한'[63] 순교자와 '영웅'을 호명하는 의식이었다. 그리고 마치 푸가를 연주하듯이 히틀러에 대한 무조건적 복종에 관한 헤스의 연설이 이어졌다. 헤스는 "독일인이라면 모두가 총통이 하는 모든 것이 옳다는 사실을 안다."[64]라고 주장했다. 그 다음으로 당 간부가 히틀러의 '설교'를 읽었다. 전년도에 당이 이룬 성과를 낭독하는 식이었다. 마무리는 베토벤 찬송가 합창으로 이루어졌다.

5만 명의 히틀러 청소년단과 독일소녀동맹 단원들이 당대회에 참여하고 있다. 소년들은 붉고 흰 기치를 들고 있고, 소녀들은 은색 독수리로 장식된 검은 기치를 들고 있다. 축제 의식을 마치면서 18세가 된 소년·소녀들은 당원 후보로서 맹세했다.

이날 저녁은 히틀러가 가장 소중하게 여기는 문화행사에 바쳐졌다. 여기서 히틀러는 자신을 위대한 지도자가 아닌 위대한 스승으로서 독일의 문화적·지적 삶을 이끄는 인물로 소개했다. 여기서 그는 다른 대중적인 집회에서의 광대 짓 대신 서양 문화의 상태에 대한 철학적 고찰에 몰두했다. 문화행사가 그에게 얼마나 중요했냐 하면 이 행사를 위해 특별히 문화홀을 짓도록 명령하고 직접 외관 장식과 평면도를 스케치할 정도였다.[65] 그전까지는 뉘른베르크 오페라하우스에서만 행사를 치렀다. 브루크너 교향곡 전곡 또는 일부 연주와 함께 행사가 시작되었다. 연주가 끝나면 히틀러가 예술의 현황에 관해 장광설을 늘어놓았다.

세 번째 날은 노조를 대체하게 된 조직인 국가노동봉사단에만 바쳐졌다. 히틀러에 따르면 5만 명의 국가노동봉사단 소속 노동자들이 마치 총을 든 병사들—실제로 이들은 '평화의 병사'라고 불렸다—처럼 어깨에 삽을 둘러메고 행진했다. 참석자들은 모두가 다 구릿빛을 띤, 강하고, 말끔하며, 건강하고, 전형적인 아리아인으로서 새로운 독일 노동자의 모범이 되는 이들이었다. 히틀러의 인사말이 끝난 뒤, 참석자들이 노동의 가치를 찬미하고 '죽을 각오로 총통에 충성'을 다지는 「국가노동봉사단가」를 부르기 시작했다. 그리고 소름 끼치는 구호와 응답이 이어졌다. 그중에는 이런 구절도 있었다. "우리의 의무 수행은 노예라서 하는 의무 수행이 아니다."[66] "총통은 세상에 평화를 주려 하신다."라는 구절을 외치면 "총통이 이끄시는 대로 우리는 따르리."라는 응답이 따라 나왔다. 더 많은 노래와 집단 체조, 당의 순교자에게 경의를 바치는 의식이 이어졌고 다시 히틀러의 연설, 몇몇 노래들이 이어졌다. 오후에는 국가노동봉사단 전원이 도시를 가로질러 행진했다.

그리고 '공동체의 날'이 이어졌다. 이날은 당의 여러 조직 수장들의 연설로 시작해서 스포츠 이벤트로 이어졌다가 도시를 가로지르는 횃불 퍼레이드로 막을 내렸다. 히틀러는 팔을 들어 올린 나치식 경례 자세를 취하면서 이 퍼레이드를 몇 시간이고 사열했다. 다섯 번째 날은 '정치 지도자들의 날'이었다. 1936년부터 치러진 이 행사는 당대회의 정점을 이루었다. 일몰 후에 11만 명이 연병장으로 행진했고, 10만 명이 관람석에 자리를 잡았다.[67] 어둠이 내리고 신호가 떨어지면 갑자기 이 공간은 빛의 고리와 그 불빛을 받아 빛나는 3만 개의 깃발과 기치들로 둘러싸이기 시작했다. 총통의 도착을 알리는 환호성이 멀리서부터 울려 퍼지는 동안, 스포트라이트는 오직 주 게이트만을 비추었다. 그가 등장하는 순간, 150개의 강력한 서치라이트가 하늘로 쏘아 올려져 말 그대로 거대하게 가물거리는 '빛의 성당'을 이루었다. 영국 대사가 한 유명한 말에 따르면 이는 "장엄하고도 아름다웠다. … 마치 얼음 성당 내부에 들어선 듯한 느낌을 주었다."[68] '성당'이란 말이 적절한 표현인 이유는 이 의식이 기본적으로 총통과 당에 대한 성스러운 봉헌식이었기 때문이다. 빛과 어둠의 원으로 둘러싸인 참석자들은 거대한 환상의 세계에 있었다. 열을 지어선 사람들의 숲을 가로질러—괴벨스의 표현에 따르면 살아있는 몸들의 '승리를 경유'하여—히틀러가 지정석에 도착하면, 이를 알리는 특정 깃발이 올라갔고 3만여 개 깃발들의 물결이 차례로 일어나기 시작해 연병장을 가득 채웠다. 깃발들의 은색 끄트머리와 술 장식이 서치라이트를 받아 빛날 때면, 「뉴욕 타임스」를 인용하자면 "견고한 갈색 블록 사이로 난 길을 타고 거대한 진홍빛 파도가 스며드는 것 같았다."[69] 그리고 낮은 서치라이트들이 당 깃발의 금빛 독수리를 비추면 붉은 물결 가운데 흩뿌려진 황금빛들이 점점이 반짝였다. 기자는 "형언할 수 없이 아름답다."라고 했고, 영국 대사는 "형언할 수 없는 그림 같았다."라고 했다. 대사는 또 자신의 회고록에 이렇게 적기도 했다. "나는 전쟁이 나기 전에 상트페테르부르크에서 6년간 전성기 시절의 러시아 발레를 보면서 지내기도 했지만, 숭고한 아름다움이라는 측면에서 이에 필적할 만한 발레를 본 적은 없다."[70] 총통이 짧은 연설을 마치면, 나치 찬가를 부르는 25만 명의 목소리가 퍼졌다.

여섯 번째 날은 대개 히틀러 청소년단에 할애되었다. 이는 독일 청년들에게 그들이 독일 국가나 나치당도 아닌 히틀러 개인의 것이라는 생각을 심어주는 계기가 되었다. 행사장에 도착한 히틀러가 "청년들이여, 만세."라고 외치면, 5만 명의 청년들이 "만세, 나의 총통이여."라고 화답했다. 히틀러, 헤스 그리고 발두어 폰 시라흐, 히틀러 청소년단 지도자가 연설할 때에는 음악과 노래가 곁들여졌다. 가장 영광스러운 순간은 참석자들이 엄숙하게 서약할 때였다. "나는 신의 이름으로 신성한 맹세를 합니다. 언제나 나의 총통, 아돌프 히틀러에게 충성과 복종을 맹

어두운 호숫가에 앉은 낚시꾼이 그렇듯 히틀러는 가장 중요한 의식이 밤에 열리도록 연출했다. 사진은 1936년 뉘른베르크 당대회 행사 모습이다. 지그문트 프로이트는 문명이 공격적이고 야만적인 본능의 억압을 요구한다고 했다. 당대회의 의도는 그러한 억압을 푸는 것이었다.

세합니다."[71]

일곱 번째 날인 '돌격대원의 날'은 가장 많은 것을 떠올리게 만드는 날 가운데 하나였다. 행사장에 도착한 히틀러가 스타디움에 산개한 10만 명의 대원들에게 "만세, 나의 대원들이여."라고 인사하면, 이들은 한목소리로 "만세, 나의 총통이여."라고 화답했다. 대원들이 북소리에 맞추어 '총통의 길' 양편에 분대를 지어 서는 동안, 히틀러는 모자도 쓰지 않은 채 미동도 없이 서 있었다. 경의를 표하기 위해 깃발들이 잠시 숙였다 올라가고, 경건한 음악이 부드럽게 연주되는 동안, 히틀러가 군중들의 대형 사이를 가로질러 기념탑까지 걸어갔고 이곳에서 신성한 피의 깃발을 바라보며 커다란 화환을 바쳤다. 그리고 잠시 고독한 명상에 잠겼다. 공식 보도에 따르면 "오른손을 들어 그는 고인이 된 영웅들에게 경의를 표했다. 이 영웅들은 히틀러에게 충성함으로써, 히틀러를 믿음으로써, 히틀러로 인해, 독일 국민 모두를 위해 자신의 생명을 희생할 수 있었다."[72] 그가 다시 완전한 침묵에 잠겨 뒤돌아 가면, 피의 깃발을 든 기수가 뒤따랐다. 24열의 친위대는 견고한 검정 블록을 형성하며 행사장을 가로질러 행진했다. 그들의 묵직한 부츠 소리가 화강암 포석 위에 울려 퍼졌다. 히틀러는 국가와 「호르스트 베셀의 노래Horst-Wessel-Lied」(1930년부터 1945년까지 나치당의 당가로 쓰인 노래. 나치당이 정권을 잡은 1933년부터 공동 국가로도 사용됨. -옮긴이) 소리에 맞추어 끝없이 늘어선 당의 기치들에 신성한 피의 깃발을 스치며 축성했다. 그때마다 소총 발사 경례가 이어졌다. 행사 마무리는 "독일이여 깨어나라."라는 말로 끝나는 나치당 찬가로 장식되었다. 이후에는 시 하나의 인구라도 해도 좋을, 12만 명의 돌격대원들이 축제 장식으로 뒤덮인 거리를 따라 끝없이 줄지어 5시간이나 행진했다.

마지막 날인 여덟 번째 날은 '무장 병력의 날'이었다. 군과 당을 결합하려는 것이 히틀러의 의도였지만, 나중에는 독일의 무기를 과시하려는 의도도 있었다. 사실 장교들은 이를 대단히 혐오했다고 한다.[73] 그들에게 이런 행사는 전쟁이 아니라 서커스처럼 보였다. 그리고 그들은 광대 짓을 끔찍이도 싫어했다.

대회가 끝날 무렵이면 히틀러는 항상 탈진 상태가 되었다.[74] 그는 참모들에게 이 행사 주간이 '일 년 중 가장 끔찍한 시기'라고 불평하면서 너무 힘드니 행사 기간을 늘려 잡을 생각도 해봤다고 말한 적이 있다. "그중에서도 가장 힘든 건 행진 대열을 사열하며 몇 시간이고 서 있어야 하는 일이지. 기절할 뻔한 적도 여러 번이야. 그렇게 오랫동안 꼼짝하지 못하고 서 있는 게 얼마나 힘든 일인지 자네들은 모를 걸세." 서 있는 것만 힘든 일이 아니었다. 그는 입장 의식과 퇴장 의식, 끝없는 의례와 행진 중에 청중들에게 끝없는 말의 폭포를 쏟아부어야 했다. 18~20회가량의 연설을 했는데, 모두가 세심하게 준비된 연설이었다. 비록 피곤하기는 했지만, 히틀러는 자기도취에 빠질 수 있었고 참석자들도 만취 상태에 빠졌다. 때로는 이런 만취가 단지 비유적인 표현만은 아니었던 것이, 공식 행사 후에 여기저기서 술잔치가 벌어졌다.

당대회에서 스펙터클을 통해 대중심리를 조작하는 히틀러의 천재적인 능력은 최고조에 달했다. 외부자들조차 외경심을 가질 정도였다. 프랑수아-퐁세는 완곡한 표현으로 뉘른베르크에서의 일이 마치 최면에 걸린 듯한 경험이었기에 "많은 이들이 홀린 듯이 압도되어 집에 돌아왔으며, 언제라도 협력할 자세를 가지게 되었고, 화려한 경관 뒤에 숨은 추악한 현실을 인지할 수 없게 되었다."[75]라고 했다. 젊은 시절의 필립 존슨Philip Johnson도 그러한 희생자 가운데 하나였다. 아직 건축가로서의 경력을 시작하기 전이었던 그는 1938년 당대회를 보고는 "마치 니벨룽겐의 반지 같다. 비록 처음에는 당신이 무관심했다 하더라도 곧 압도될 것이며, 처음부터 당신에게 믿음이 있었다면 그 효과는 더욱 엄청날 것이다. 친구 중에 나치라고는 한 명도 없는 미국인이라 해도 그 자리에 있었다면 결국 휩쓸리게 될 것이다."[76]라고 했다.

추악한 현실은 히틀러가 예술을 심리 조작과 마인드 컨트롤의 기술로 만들어버렸다는 사실이다. 개인들은 대중 속에 한 덩어리로 녹아듦에 따라 자기 정체성을 획득했다고 느꼈다. 당대회에서 독일인들은 그들의 의지를 히틀러가 자기 마음대로 사용해도 좋다고 재가한 셈이다. 발터 베냐민Walter Benjamin의 유명한 아포리즘에 따르면, 파시즘은 정치를 예술화한다. 당대회는 히틀러가 꿈꾸는 사회의 축소판이다. 그 사회는 인민이 죽을 때까지 국가도 당도 아닌 오로지 히틀러 개인의 통제를 받는, 생각 없는 로봇이 된 사회다. 노예화와 영웅적 죽음을 찬양하는 데 예술을 활용한, 이보다 더 분명한 사례는 없었다.

이러한 아이디어는 행사 현장의 건축에도 반영되어 있다. 히틀러의 쇼에 참석한 이들이 배우라면, 행사는 연극이며, 행사 장소는 무대와 관람석인 셈이다. 히틀러는 행사 디자인, 공간 배치, 건축 자재 모두를 감독했다.[77] 이 모두는 총통에 대한 절대복종과 죽음을 각오한 충성을 표현하기 위한 것들이었다. 따라서 히틀러는 항상 시각적 중심에 자리해야 했다. 1938년에 한 건축평론가는 이렇게 썼다. "총통과 인민이 가까이서 눈을 맞추도록 하는 것이 원칙이다. 총통을 높이 위치시키는 이유는 일거수일투족이 인민을 이끄는 이의 지위를 표현하기 위해서다."[78] 죽음 숭배도 여러 차례 눈에 띄었다. 행사장 부지에 기존의 대규모 공동묘지가 포함되어 있었다. 특히 신축된 체펠린필드Zeppelinfeld 연단은 페르가몬에 있던 고대 희생 제단을 기괴하게 키운 모양새로 음산한 분위기를 자아냈다. 그러한 분위기는 주요 자리에 배치한 거대한 화로와 같은, 장례식장을 연상시키는 모습으로 인해 증폭되었다. 히틀러가 순교자 기념비까지 걸어간 것은 자기 나름의 오퍼강Opfergang, 즉 희생의 걸음이었다. 깃발과 플래카드의 숲, 엄숙한 음악, 타오르는 화로 모두가 마술적인 분위기를 더했다. 이데올로기, 멜로드라마, 건축은 이런 식으로 국가를 위한 자기희생 속에서 서로를 보완했다.

대회 부지에서도 히틀러의 정치적-심리적 의도를 확인할 수 있다. 화강암 자갈이 깔린 넓은 도로는 전쟁 신 마르스의 광장이라고도 불리는 마치필드Märzfeld에서 뻗어 나와 17세기 뉘른베르크 성으로 이어진다. 이는 나치당과 독일의 과거 역사 사이의 연결 고리를 상징적으로 보여준다. 건축 자재를 고를 때조차 이데올로기적 효과를 고려했다. 전통, 강인함, 불멸성을 상징하기 위해 화강암, 석회암, 대리석을 사용했

1936년 당대회에 참석한 돌격대와 친위대. "나는 오랫동안 이 모든 대형과 행진, 봉헌식이 교묘한 선전선동극의 일부라고 생각했다. 하지만 이제는 안다. 히틀러에게 이 모든 것들은 마치 성전의 기초를 닦는 의식과도 같았다는 것을." (알베르트 슈페어)

다. 내부는 독일스러움을 상징하는 독일 오크 목재로 장식했다. 그리고 이 지역에 오크나무를 조림할 계획을 세워두었다. 전반적으로 장식을 자제함으로써 차갑고 비인간적인 인상을 강화했다. 무엇보다도 그 엄청난 규모에서 정신을 압도하고 정신을 실신시키려는 욕망을 분명하게 읽어낼 수 있다. 히틀러는 1936년 당대회에서 25제곱킬로미터 이상 넓이의 복합단지[79]가 "'오늘날 지구상에서 건설 중인 어떤 부지보다 훨씬 크다.'"[80]라고 자랑했다. 주요 구조물들은 하나같이 부풀려졌다.[81] 슈페어는 기존의 루이폴트 경기장을 개축하여 2만 명을 수용할 수 있도록 했다. 신축된 체펠린필드 스타디움은 25만 명이 행진하고 7만 명이 관람할 수 있는 규모였다. 게르만 스타디움은 40만 5,000명의 관람객을 수용하게 할 계획이었고, 마치필드는 50만 명의 병사들의 퍼레이드 장소로 만들 계획이었다. 문화홀에 이어서 의회홀에도 6만 명의 청중을 수용할 강당과 2,400명을 수용할 무대를 지을 예정이었다. 이런 식의 거대화는 선조들의 영광을 반영하는 동시에, 1935년 행사에서 히틀러의 언론 대변인이 표현한 바에 따르면 '영웅적 정신의 맥락에서 [국가사회주의] 운동의 힘과 위대함을'[82] 보여준다. 대변인은 계속해서 이렇게 말했다. "이 성스러운 장소가 지닌 독특한 건축적 개념과 공간 사용은 국가사회주의 삶과 문화의 최고 상징이 될 것이다. 국가사회주의의 고유 양식은 여기서 자신의 가장 강력한 표현을 발견하게 될 것이다."

히틀러는 그가 권력을 쥐기 전부터 이미 대회 부지에 관해 생각했었다.[83] 처음에는 그 지역 풍경과 자연스럽게 어울리는 무난한 부지를 생각했다. 의회홀을 커다랗게 지으려는 계획이 이미 있기도 했고, 1933년에는 건축설계가인 루트비히 러프Ludwig Ruff에게 계획대로 하라고 지시하기도 했다. 그런데 1934년에 히틀러는 훨씬 장대한 아이디어를 내고는 이를 실현하기 위해 알베르트 슈페어에게로 갔다. 이때부터 그와 길고도 긴밀한 협력을 시작했다. 『제3제국의 중심에서Inside the Third Reich』라는 책에서 슈페어는 자신이 다양한 디자인의 아버지임을 주장했지만, 그것들이 거대해진 것은 히틀러의 탓이라고 비난했다. 아예 하나의 장을 '건축적 과대망상Architectural Megalomania'이라는 주제에 할애했다. 그런데 실상은 반대였다. 히틀러가 대강 스케치한 주요 대회 부지 모습은 절제된 신고전주의 양식을 보였다.[84] 그런데 이것들이 슈페어의 손에서 돌에 새겨진 거대한 이데올로기적 메시지로 바뀌어 버렸다. 그는 대회 행사를 위한 '기념비적인 배경'[85]을 제공하는 것이 건축가인 자신의 임무라고 생각했다. 하지만 그는 곧 배경보다는 기념비주의Monumentalism 추구에 더 몰두하게 되었고, 결국에는 기념비주의 자체를 목적으로 삼았다. 열정에 사로잡힌 히틀러는 슈페어의 생각을 열렬히 지지했다. 거대해진 것은 건축만이 아니었다. 비용도 늘어났다.

황제(Caesar)이자 총통이고 신인(神人)인 히틀러가 루이폴트 경기장에서 피의 깃발을 향해 경례하고 있다. 돌격대와 친위대 수장들은 그에게 경의를 표하기 위해 몇 걸음 뒤로 물러나 있다. 이러한 이교적인 느낌의 의례 장면에서 동물 희생 제의는 다가올 전쟁에서 인간 희생 제의로 대체되었다.

히틀러는 독일 대중들에게서 이 사실을 감추고자 눈속임을 했다.[86] 재무장관에게조차 비밀로 했다. 그가 이 '영원할 기념비'의 비용을 덧없이 사라질 전투함 두 대에 쓸데없이 낭비한 돈과 비교한 데에는 이러한 맥락이 있었다.

'영원'이라는 말은 사실 기념비주의에 대응된다. 이 건축물들은 천년 제국을 위해 지어지고 있었다. 히틀러의 부관이었던 프리츠 비데만Fritz Wiedemann은 "나는 지금도 뉘른베르크의 새로운 의회홀 모형 앞에 선 히틀러의 모습이 생생하다."[87]라고 회고했다. "나 역시 그곳에 서 있었는데 … 모형을 골똘히 바라보며 여러 세부 사항들에 관해 고민하는 그의 모습을 볼 수 있었다. 음악가들과 기수들은 어디에 앉힐지, 어느 방향에서 어떤 방식으로 깃발들이 입장하게 할지 등을 고민하고 있었다. 그러다가 이런 말을 했다. '우리는 총통이 어디로 입장할지도 생각했어야 해. 지금의 총통만이 아니라 앞으로 800년 동안 있게 될 총통 말이야. 우리는 우리 시대만이 아니라 영원을 위한 건축을 하고 있다고.'"

예술가인 정치가

[히틀러가 벌인 행위들은] 예술 행위인가 통치 행위인가? 단순한 오락거리였나, [진지한] 작업이었나? 사적인 일이었나, 공적인 일이었나? 이를 구분하는 일이 항상 쉽지는 않다. 1926년 7월 히틀러와 저녁을 보내고 나서 괴벨스는 일기에 이렇게 적었다. "그가 국가의 미래 건축상에 관해 말할 때는 영락없는 건축가이다. 다시 그가 신新독일 헌법의 상을 그릴 때는 또 영락없는 정치 예술가다."[1] 5년 후 나치당이 권력의 문턱에 다가서던 무렵, 괴벨스는 히틀러 마음속에 오로지 뮌헨 당사 재건축만이 들어있다는 사실을 알게 되었다. 다음 해 대통령 선거에서 힌덴부르크에 맞설 때에도 그는 틈만 나면 베를린 재개발 사업에 골몰했다.[2] 총리로 임명된 바로 그날 저녁, 그가 지인들을 부른 자리에서 화제에 올린 것은 한심할 정도로 작고 추레한 제국총리실의 상태였다. 목격자의 증언에 따르면 "그는 매우 흥분했다. 많은 생각이 교차하는 듯했다. 특히 제국총리실은 그의 마음에 전혀 들지 않았다. 아마도 이것이 그의 첫 번째 개혁 과제가 될 것이다. 그것은 국가를 대표한다는 취지에

전혀 부합하지 않는, '담배 상자'에 지나지 않는 것이었다."[3]

이후 몇 달 동안—나치가 독일 지배를 강화하고 있던 바로 그 시기—히틀러는 자신의 사적인 문화적 즐거움을 절대 방해받지 않으려 했다. 틈만 나면 오페라, 연극, 전시회를 보러 가려 했다. 그는 3월 독일제국의회에서 취임사를 발표하면서 "예술은 언제나 한 시대의 갈망과 현실에 대한 표현이자 반영으로 남을 것이다."라고 했다. 얼핏 들으면 평범해 보이는 이 말은 유례없는 방식으로 국가 그 자체를 예술의 후원자로 만들겠다는 사실을 알리는 신호탄과도 같았다. 이 순간을 기념하기 위해 그는 나치 국가의 첫 번째 주요 건물인 뮌헨의 미술관 건축을 명령했다. 그는 이 건물을 독일미술관the House of German Art이라 이름 지었다. 1937년 이 건물이 완공되자 독일 예술을 위해 지은 이 건축물이 자신의 인생에서 가장 의미 있는 성취가 될 것이라고 했다.[4]

하지만 그는 예술을 위한 프로그램을 갖고 있지 않았고 일상적으로 예술을 감독하는 일에도 관심이 없었다. 이렇게 리더십이 부재한 상황에서, 당 조직조차 행정 경험이 전무한 이데올로그들에 의해 운영되었으므로 문화 정책은 혼란에 빠질 수밖에 없었다. 지역의 몇몇 당 지도자들은 점수를 따려는 행동으로 국가 지도자들을 아주 당황하게 만들기도 했다. 이들은 서로 몹시 혐오했고, 처음부터 끝까지 치열하게 권력 투쟁을 벌였다. 각 분파의 영주들은 각자 군대(관료)와 봉토(행정위원회)를 가졌다. 히틀러가 일부러 봉토 간 경계를 애매하고 불확실하게 남겨두었기 때문에 싸움은 그칠 날이 없었다. 이런 전쟁 같은 분위기도 있었지만, 농노에 해당하는 예술가들 역시 동료를 사랑하기는커녕 기꺼이 동료의 희생으로 이익을 얻으려는 경향이 강했다.

이 싸움에는 주요 영주 여섯 명이 끼어들었다. 그중 한 명인 문화교육과학 장관 베른하르트 루스트Bernhard Rust는 미술관, 미술 아카데미, 음악원 등에서 공식적인 권한을 가지고 있었다. 노동자당 당수인 로베르트 라이Robert Ley는 문화활동을 후원하는 '기쁨을 통한 힘' 조직과 예술가 연합을 지배했다. 프로이센 내각 총재였던 헤르만 괴링은 오페라하우스와 프로이센 국립극장 제도에 속한 극장들을 관장했다. 발두어 폰 시라흐는 그의 관할구인 빈에서 자율적인 권한을 행사했다. 루스트와 라이가 주로 자신들의 관료적인 권한 유지에 신경을 썼다면, 괴링과 시라흐는 당의 방침보다는 개인적인 영예와 예술적인 자질에 신경을 쓰는 프리마돈나 같은 존재였다.

여기에 강력한 도전자 알프레트 로젠베르크와 요제프 괴벨스가 있었다. 에스토니아에서 태어나 혁명 전 러시아에서 교육을 받은 로젠베르크는 광적인 독일 민족주의자이자 반유대주의자, 반공산주의자였다. 권력을 쥐기 전부터 히틀러는 로젠베르크가 바이마르 공화국 저격수로 유용하다는 점을 알아서 그를 당 기관지인 「푈키셔 베오바흐터Völkischer Beobachter(민족 관찰자라는 뜻. -옮긴이)」의 편집자로 만들었다. 또한 문화계의 독설가로서 그가 지닌 잠재력을 알아보고 1927년 이른바 독일문화투쟁연맹Kampfbund für deutsche Kultur의 수장으로 임명했다. 하지만 그 인물 자체는 히틀러에게 경멸의 대상일 뿐이었다. 히틀러는 로젠베르크의 주요 저작 『20세기의 신화The Myth of the 20th Century』가 '아무도 이해할 수 없는 졸작'[5]이라고 단언했다. 총리로 임명될 무렵 히틀러는 로젠베르크와 그의 추종자들인 우파 낭만주의 그리고 투쟁연맹을 귀찮은 존재로 여겼다. 히틀러가 구상한 신질서는 고대 튜턴인들의 이상을 실현한 국가라는 로젠베르크의 환상과 전혀 달랐다. 결국 그는 '편협한 발트인'[6]—자주 이렇게 지칭되었다—에게 정부 요직을 주지 않았다. 괴벨스는 1933년 7월에 "히틀러는 로젠베르크를 날카롭게 비판했다. 그는 대단히 많은 것들을 성취했지만 아무것도 성취하지 못한 것과 같았기 때문이다."[7]라고 했다. 로젠베르크는 자신의 회고록에 자기가 얼마나 마음의 상처를 받았는지 기술했다.[8] 총통은 때로 저녁 식사 후에 아끼는 이들을 불러다가 벽난로 옆에서 긴 환담을 나눴는데, 자신은 '초대받은 적이 없었기 때문에' 그 자리에서 어떤 대화가 오갔는지 알 수 없었다며 이때 느낀 슬픈 감정을 감추지 않았다. 비록 구체적인 이름을 거명하지는 않았지만 히틀러는 다음 해 열린 당대회에서 로젠베르크의 보수적인 이데올로기를 거칠게 비난했다. 그럼에도 당 기관지와 월간지 「제3제국 예술Die Kunst im Dritten」—나중에 「독일제국 예술」로 바뀐—의 편집자이자 투쟁 연맹의 수장이었던 로젠베르크는 극우세력을 이끄는 문화대변인으로 남았다. 그는 꽤 많은 논란을 일으켰고, 한동안 완전히 무시할 수 없는 존재였다.

요제프 괴벨스는 라인란트 가톨릭 집안 출신으로 히틀러와 비슷하게 실패한 작가다. 그는 나치 운동에서 자신의 진로를 찾게 되자 종교적인 도그마 대신 정치적 도그마를 받아들이게 되었다. 히틀러는 그의 정치적 명민함과 연설 능력에 매료되었다. 이데올로기적으로 당의 좌파에 위치하며 모더니즘에 완전히 마음을 닫지 않았던 그였기에 처음에는 히틀러를 미심쩍게 생각했다. 하지만 그에게는, 그의 전기 작가 중 하나도 지적했듯이, 신념 자체가 없었다.[9] 1930년 무렵에는 그저 총통의 마음에 들고자 하는 생각밖에 없었다. 다른 당 지도부들과 마찬가지로 그는 히틀러의 창조물일 뿐이었다. 교활하고 권력에 굶주렸으며 원칙이 없던 그는 유능한 관료였으며, 매번 그의 라이벌들보다 더 영리한 면모를 보였다. 편견이 전혀 없었다고는 못하겠지만, "괴벨스는 예술에 관하여 독창적이고 창의적인 언급을 한 번도 한 적이 없다."[10]라는 로젠베르크의 말은 전혀 과장이 아니었다. 이론가인 로젠베르크는 괴벨스의 전술적인 능력을 인정하지 않았다. 만사를 프로파간다적인 효과 측면에서 평가한 괴벨스는 국가의 문화적 영예에 도움만 된다면 특정 예술가나 특정 예술 작품과도 타협할 용의가 있었다. 그는 푸르트벵글러 같은 잠재적 배신자를 독일에 머무르게 하려고 최선을 다했으며 토마스 만과 마를레네 디트리히Marlene Dietrich 같은 인물들을 다시 불러들이려 노력했다.

괴벨스와 로젠베르크는 1920년대부터 서로를 싫어하기 시작했고, 나치당이 집권하자마자 공개적인 싸움을 벌였다. 항상 까치발을 하고 서 있던 괴벨스는 기민하게 움직인 결과, 제국문화회의소를 창설해 문화 정책 전반에 관한 지배력을 확보했다. 예술계에 몸담은 모든 이들이 이 기구에 소속되어야 했다. 히틀러는 이러한 움직임을 승인함으로써 괴벨스 편을 들었다. 이에 로젠베르크는 히틀러에게 사퇴의 뜻을 밝힘으로써 응수했다가 3일 후에 이조차 취소했다. 히틀러는 아무런 반응을 보이지 않았고 이후에는 로젠베르크의 제안서에 굳이 답변할 필요성조차 느끼지 않았다. 1945년 그는 "물론 히틀러는 내가 괴벨스보다 문화 예술에 관하여 훨씬 잘 이해하고 있다는 사실을 알았다. 괴벨스의 지식이란 그저 겉핥기에 불과했다."[11]라고 썼다. 하지만 그는 '자신이라면 하지 못했을' 방식으로 히틀러의 문화적 관심을 충족시켰다고 인정했다.

하지만 히틀러는 당의 우파를 무시해서 결코 좋을 일이 없다는 사실을 알고 있었다. 그래서 1934년 1월에 로젠베르크에게 '국가사회주의당의 철학적, 지적 훈련과 교육을 위한 총통 대리인'이라는 화려한 타이틀을 선사했다. 이는 전폭적인 권한을 부여하는 타이틀처럼 보이지만 사실은 정부가 아닌 당 조직의 직책명에 불과해서 실질적으로는 아무런 권한을 갖지 못했다. 1935년 히틀러는 문화 원로원이라는 제도를 스스로 제안하고 승인한 바 있으나 나중에 마음을 바꾸어 괴벨스가 그 역할을 대신하게 했다. 괴벨스는 "문화계의 리더십은 분명 내게 있다."[12]라면서 흡족해했다. 1934년 투쟁연맹이 좀 더 큰 규모의 국가사회주의 문화공동체Nationalsozialistischen Kulturgemeinde라는 이름으로 탈바꿈했을 때, 이는 로젠베르크에게 좀 더 중요한 역할을 제공하는 듯 보였다. 하지만 실제로 이 기구는 아무런 영향력을 갖지 못했고 1937년에 해체되고 말았다. 결국 로젠베르크는 자신의 예술잡지 「제3제국의 예술」에서나 작은 영향력을 행사하는 신세로 전락했다. 1939년에는 괴벨스조차 자기 라이벌의 몰락을 안타까워하는 지경이 되었다.[13]

그렇게 해서 괴벨스는 히틀러의 비호 아래 제3제국의 문화 감독이 되었다. 하지만 그렇다고 해서 그가 난공불락의 지위에 있지는 않았다. 그가 가진 권한은 선전부 장관과 제국문화회의소의 총재라는 지위에서 나왔을 뿐이었다. 당내 기반이 약했기 때문에—대부분의 사람이 그를 싫어했다—한마디로 그는 군사 없는 장군이었다. 결과적으로 그의 실질적 영향력은 전적으로 그가 총사령관인 히틀러와 어떤 관계인가에 달려 있었다. 그는 자신의 일기에 "나는 당에 친구가 거의 없다. 히틀러가 유일한 친구다."[14]라고 털어놓은 적이 있다. 괴벨스는 단지 권력의 수단에 불과했다. 그의 공식 직함인 '총통이자 제국 총리의 문화 예술 집행자'가 모든 걸 말해준다. 그가 남긴 일기를 보면 그는 절대로 히틀러가 모르는 중요한 결정을 내린 적이 없다. 그리고 1943년 전까지만 해도 독재자에게 완전한 신임을 얻고 있는지 확신할 수 없었다. 그의 연설문은 미리 히틀러에게 제출해 승인받거나 수정되어야 했다. 그의 연설은 총통의 말을 반복하는 데 그쳤다. 중요한 문화 기관들에 직접 지배력을 행사한 적도 없었다. 선도적인 위치에 있는 많은 오페라하우스와 극장은 괴링의 지배를 받았다. 바이로이트 축제는 작곡가의 아들 지크프리트 바그너Siegfried Wagner의 아내인 비니프레드 바그너Winifred Wagner의 소관이었다. 대독일미술전과 뮌헨 오페라는 히틀러에게 맡겨졌고, 함부르크와 드레스덴의 오페라는 지역의 당 간부들의 손에 맡겨졌다. 음악원과 미술관은 루스트의 수중에 떨어졌다. 그보다 근본적인 문제도 있었다. 히틀러가 로젠베르크의 보수적인 교조주의를 거부한 것이 사실이지만, 그렇다고 괴벨스가 모더니즘에 한눈파는 꼴을 인정한 것은 더욱 아니었다.

두 사람이 싸움을 벌이면, 세 번째 사람이 재미를 본다(Quando due litigano, gode il terzo). 제3제국의 상황에서는 이 오래된 이탈리아 속담이야말로 독재 권력을 유지하는 히틀러의 비법을 잘 요약해준다. 모두가 서로에게 대항해 싸우게 함으로써 독재 권력을 유지하는 것이다. 부하들을 꼼짝 못 하게 몰아넣음으로써 총통은 자기 지위를 유지할 수 있었다. 조직의 무정부상태, 예술 정책의 부재 상태가 너무나 확연했기에 1938년 비밀경찰은 보고서에 다음과 같은 증언을 할 수밖에 없었다.

> 수많은 문화 기관들이 있음에도 일관된 계획이라는 것을 찾아보기 어렵습니다. 교육부 장관, 내무부 장관, 선전부 장관, 로젠베르크 사무소, 지방의 문화행정기관, 당의 문화담당국, 제국문화회의소 및 산하기관, 기쁨을 통한 힘 조직, 교수연합, 학생연합, 군의 연구조직, 그와 유사한 산업조직 모두가 개별적으로 국가사회주의 문화 정책을 증진하고자 노력하고 있습니다만 이러한 세력들을 조직화하여 일관되고 상호협력적이며 미래지향적인 문화 정책을 만드는 데는 실패했습니다.[15]

결과적으로 정책은 사라지고 그때그때 우연히 내려진 자의적 결정들만이 그 자리를 대신했다. 히틀러가 이를 모를 리 없었다. 사실은 그가 원한 결과였다. 독재가 가장 힘을 발휘하는 순간은 바로 독재자 이외의 누구도 무엇이 허용되는지 잘 모를 때이다.

예술에 대한 공식적인 지배 수단은 제국문화회의소였다. 문학, 라디오, 극장, 음악, 영화, 시각예술과 언론을 담당하는 회의소들을 산하에 두었다. 모든 예술가의 가입을 강제했고, 가입하려는 지원자에게 인종적·정치적 배경 심사에 대답할 의무를 부과했다. 대답이 부적절한 지원자는 쫓겨났다. 이런 자들의 활동을 막기 위해 괴벨스는 공연과 전시, 출판 등을 감시하는 목적의 선전국 사무소 네트워크를 조직했다. 이런 식으로 제국문화회의소는 예술가들에게 혹독한 제약을 부과하면서, 다른 한편으로는 예술가들의 이익을 증진한다고 속였다.

국가와 문화가 이제는 불가분의 관계에 있다는 사실을 설득하기 위해, 히틀러는 제국문화회의소의 개소식에 심혈을 기울였다. 1933년 11월 15일 베를린 필하모닉 홀에서 열린 이 행사에 내각 전체와 지방 문화 공무원, 유명 예술가, 심지어 외교사절단까지 참석했다. 푸르트벵글러가 지휘하는 베를린 필하모닉이 베토벤의 「에그몬트 서곡Egmont Ouvertüre」으로 행사 시작을 알렸다. 하인리히 슐루스누스Heinrich Schlusnus가 슈베르트와 볼프 그리고 슈트라우스의 곡을 연주했다. 이어서 슈트라우스 본인이 자신의 「축전 전주곡Festival Prelude」을 직접 지휘했다. 그리고 괴벨스가 새로운 정부는 "독일 예술 문화 전반의 수호성인이 되고자 할 뿐"[16]이라며 예술가들을 안심시키는 연설을 했다. 하지만 이미 변화가 진행 중임은 명확히 했다. 행사의 마무리는 적절하게도 「뉘른베르크의 마이스터징어」의 코러스 「깨어나라Wach auf!」로 장식되었다. 가사 첫 행의 "깨어나라! 날이 곧 밝으리니."는 예술가들에게 어서 깨어나 새로운 날이 밝아오고 있음을 깨달으라는 시적 경고였다.

사실 대부분 사람에게는 이런 식의 암시조차 필요 없었다. 압도적인 다수의 예술가와 전문가들—비평가, 작가, 학자들—이 지체 없이 신질서에 합류했다. 페스트의 기록에 따르면, "아직 정권 쪽에서 아쉬운 시절이었던 초기 몇 달 동안에도 벌써 자발적이고도 충성스러운 추천사들이 비처럼 쏟아져 들어왔다."[17] 화가들은 자진해서 "이제부터 오직 하나의 지도 원리만이 허락될 것을 기대한다."라면서 그 원리는 "국가와 인민의 피와 역사에 닻을 내려야 할 것"이라고 선언했다.[18] 이어서 "그들은 유물론, 마르크스주의, 공산주의를 끝까지 추적해 금지하고 절멸시킴은 물론 이 문화투쟁을 나라 전체가 떠안아 볼셰비키들의 반예술과 반문화를 완전히 파괴할 것을 기대한다…."라고 선언했다. 저명한 문학계 인사들은 '인민의 총리, 아돌프 히틀러에 바치는 독일 작가들의 충성 서약'에 서명했다. 음악과 시각예술 분야의 저명인사들도 히틀러에게 보내는 공개서한을 발표했다. "프로이센 아카데미의 예술가, 음악가들은 뉘른베르크와 뮌헨에서 당신이 했던 잊지 못할 말들에 감사드리며 헌신을 약속하고자 합니다. 당신은 국가와 민족을 위한 예술의 중요성을 강조해 주었습니다."[19] 새 정부를 개인적으로 신뢰한다고 밝힌 권위 있는 또 다른 인사들 가운데는 노벨문학상 수상자인 게르하르트 하웁트만, 시인이자 에세이스트인 에른스트 버트램Ernst Bertram, 표현주의 시인인 고트프리트 벤Gottfried Benn이 있었다. 이름난 작곡가와 지휘자들도 기꺼이 공직을 맡았다. 고집 센 이들 역시 쉽게 무력화되었다. 어떤 이들은 사임을 종용당했고, 어떤 이들은 은퇴를 강요받았다. 이는 소수만의 비밀스러운 작업이었다. 끝내 신질서를 받아들일 수 없었던 망명자들은 가난하게 살아야 했다. 그들의 이탈이 곤혹스럽기는 했지만, 히틀러는 말썽이 생길 여지를 잘 없앴다고 생각했다. 그에게 예술가 커뮤니티 장악은 어렵지 않았다.

이후 몇 년 동안은 예술가들을 순종적으로 만들기에 감언이설만으로도 충분했다. 히틀러는 권력을 손에 쥐기 전에도 이렇게 말했다. "내가 그들을 위해 무엇을 해주려고 하는지 독일 예술가들이 안다면, 모두 내 편을 들 텐데."[20] 나중에 이 말은 괴벨스도 여러 번 즐겨 반복했다. 빈과 뮌헨에서 보냈던 힘든 시절이 히틀러의 머릿속에 각인되어 있었다. 누군가 그의 관대함을 의심하는 자가 있으면 그는 이렇게 대답했다. "나의 예술가들은 왕처럼 살게 될 것입니다. 낭만적인 예술가 관념에서 흔히 묘사되듯이 다락방에서 살지 않아도 된다는 말입니다."[21] 그가 좋아하는 예술가들은 실제로 왕처럼 살았다.[22]

그는 예술가들에게 수수료, 보조금, 상, 사례금, 연금, 세금 감면 혜택, 장학금, 선물, 직함, 교수직, 스튜디오 그리고 심지어 집을 주는 것을 큰 기쁨으로 여겼다. 이 집들 가운데 일부는 유대인에게서 빼앗은 집이었다. 푸르트벵글러, 클레멘스 크라우스와 같은 지휘자, 한스 알베르스Hans Albers, 에밀 야닝스Emil Jannings와 같은 배우, 벤노 폰 아렌트와 카스파르 네어Caspar Neher 같은 무대 디자이너, 하인리히 호프만과 레니 리펜슈탈 같은 사진작가, 아르노 브레커와 요제프 토락Josef Thorak과 같은 조각가, 슈페어와 기슬러와 같은 건축가들은 부자가 되었다.[23] 1938년 히틀러는 소득세를 40퍼센트나 감면해 줄, 여러 분야 예술가 773인 목록의 초안을 승인했다.[24] 음악계에서 이 명단은 루돌프 보켈만Rudolf Bockelmann, 요제프 폰 마노바르다Josef von Manowarda, 헬게 로스벵Helge Rosvaenge, 에르나 베르거Erna Berger, 마리아 뮐러Maria Müller 그리고 마르가레테 슬레자크Margarete Slezak과 같은 당대의 유명한 가수 대부분을 포함했다. 하지만 아마도 브레커와 토락만큼 잘나간 사람은 없었을 것이다. 토락은 엄청난 수수료와 거대한 작업실을 받았고, 브레커는 넓은 대지와 작업실이 딸린 시골집을 받았다. 히틀러는 당시 연간 수입 100만 마르크를 벌어들이는 브레커가 소득세로

왼쪽부터 내무장관 프리크, 괴링, 부총리 폰 파펜, 히틀러, 괴벨스, 한스 피츠너, 빌헬름 푸르트벵글러, 리하르트 슈트라우스 그리고 그 당시 선전부 차관이었던 발터 풍크가 제국문화회의소의 개소식 축하 행사에 참석하고 있다.

수입의 15퍼센트만 내도록 해주었다.[25] 그는 또한 슈페어에게 베를린 재건축 설계에 대한 사례금으로 700만 마르크를 주기도 했다. 화가인 세프 힐츠Sepp Hilz에게는 작업실을 짓기 위한 10만 마르크를 선물로 주었고, 히틀러가 가장 좋아하는 건축가 겸 실내장식가의 미망인 게르디 트루스트Gerdy Troost에게도 그와 똑같은 금액을 3년마다 주었다.[26] 히틀러는 은퇴한 예술가들에게도 신경을 썼다. 괴벨스의 기록에 따르면, "총통은 은퇴한 예술가들에게 아주 후하게 자금을 조달해서 그들이 말년을 편안하게 보낼 수 있도록 하라고 아주 명확하게 지시했다."[27] 1944년 말이 되어서도 히틀러는 자기 마음에 쏙 들었던 어느 보잘것없는 오스트리아 화가에게 주택과 작업실 개조를 위한 자금을 사적으로 지원했다.[28] "어느 왕실 후원자도 그만큼 관대하지는 않았다."[29]라는 괴벨스의 말은 과장이 아니었다. 이런 점에서 히틀러가 바이에른의 위대한 예술 후원자 루트비히 1세와 2세의 계승자임을 자임하는 것도 어느 정도 정당하다고 할 수 있다.

직함과 명예직을 수여하는 일도 히틀러에게는 큰 기쁨이었다.[30] 사실상 그렇게 할 수 있는 법적 권리를 그가 독점했다. 1937년 반나치주의자이자 나중에 강제수용소에서 고통을 겪은 카를 폰 오시에츠키에게 노벨평화상이 돌아간 후 그는 가장 영예로운 상인 국민예술과학상을 제정했다. 모욕적인 노벨상 수상 소식에 화가 난 히틀러는 앞으로 어떤 독일인도 노벨상을 받지 않을 것이라고 선언했으며 국민예술과학상을 자기 멋대로—하지만 오랜 숙고 끝에—성스러운 순간인 뉘른베르크 당대회에서 수여했다. 수상자 선별은 종종 객관적 성과가 아닌, 히틀러의 개인적 숭배나 의리의 감정에 의해 결정되었다. 1937년 수상자 가운데는 남편을 대신한 게르디 트루스트와 유명한 외과의 페르디난트 자우어부르흐Ferdinand Sauerbruch도 있었다. 1938년에는 독일 재무장에 중요한 역할을 한 에른스트 하인켈Ernst Heinkel, 빌리 메서슈미트Willy Messerschmitt, 페르디난트 포르셰Ferdinand Porsche, 프리츠 토트Fritz Todt가 수상했다. 히틀러는 인문학에서 탁월한 업적을 남긴 인물들에게 제3제국 이전의 영예인 괴테상을 계속 수여했다. 초창기 수상자 가운데에는 토마스 만, 앙드레 지드André Gide, 폴 발레리Paul Valéry와 같은 작가들이 포함되기도 했다. 1933년부터 이 메달은 나치 국가에 공헌한 것으로 알려진 화가, 작가, 출판인, 미술관 감독, 학자들에게 수여되었다. 1935년에는 얀 시벨리우스Jean Sibelius가 수상했다. 비록 그가 나치에 동조했는지 알려진 바는 없지만, 나치 이데올로기에 부합한다는 이유에서였다. 수상 후보들을 제안하고 조사하고 승인한 사람은 괴벨스였지만, 히틀러의 개인적인 견해가 모든 단계와 절차마다 영향력을 행사했다. 어떤 경우에는 중요한 직책에서 배제된 이들을 달래기 위한 용도로 수상 여부가 결정되기도 했다. 1937년 로젠베르크에게 국민예술과학상을 수여한 경우가 그 예다. 히틀러는 괴벨스에게 이것이 '야망의 좌절로 인해 생겨난 상처를 감아주는 붕대'[31]라고 솔직히 인정했다. 파울 슐체나움부르크도 비슷한 경우를 겪었는데, 그는 국가에 공헌한 이를 기리기 위해 1922년 제정된 독일문화상the Adlersschild(독수리 문양의 상패)을 수여했다.

히틀러의 또 다른 즐거움은 명예교수직을 남발하는 데 있었다. 그는 브레커, 토락, 슈페어, 기슬러, 빌리 크리겔Willy Kriegel, 세프 힐츠 말고도 게르디 트루스트, 하인리히 호프만, 벤노 폰 아렌트와 같은 사이비 예술가 111명에게도 명예교수직을 부여했다. 1935년에는 국가적 아첨의 인플레이션이 하늘을 찌를 듯 극에 달했는데, 이 해에 히틀러는 괴벨스로 하여금 문화 원로원을 설치하도록 했다. 빌헬름 푸르트벵글러와 클레멘스 크라우스, 작곡가 한스 피츠너Hans Pfitzner, 바이로이트 축제 감독 하인츠 티에첸Heinz Tietjen, 배우 구스타프 그뤼드겐스Gustaf Gründgens 그리고 벤노 폰 아렌트가 원로원 멤버였다. 하지만 실제로 문화 원로원의 유일한 특권이라고는 고작 오페라, 콘서트, 연극 공연 때마다 좋은 자리 둘을 차지하는 게 다였다.[32]

히틀러는 예술에 보조금도 지급했다. 문화 기관이나 개별 예술가의 호주머니에 그렇게 많은 돈이 흘러 들어간 적은 없었다. 괴벨스조차 '지나치게 무분별한 지출'[33]에 불평할 정도였다. 히틀러의 개인적 재량에 맡겨진 자금 액수도 어마어마했다. 비록 남아있는 자료가 부실해서 정확한 액수를 계산할 수는 없지만 말이다. 자금 출처는 합법적이거나 반半합법적이거나, 윤리적이거나 부도덕했지만 모두 면세 대상이었다는 공통점을 갖는다. 가장 투명한 자금 출처는『나의 투쟁』을 통해 벌어들인 인세였다. 모든 독일 가정이 이 책을 소유하고 있었으므로 제3제국 통치 기간에 벌어들인 인세는 대략 연간 150만 마르크에서 200만 마르크에 달했다.[34] 히틀러는 이 돈을 박물관, 재단, 자신이 선호하는 도시의 건설 프로젝트에 책정했다.[35] 또 다른 출처는 이른바 문화기금으로 1937년 히틀러가 설립했다. 이 기금은 히틀러의 초상이 인쇄된 우표가 판매될 때마다 히틀러에게 사용료를 지급한다는 계획에 기반을 두고 있는데, 하인리히 호프만과 우편부장관 빌헬름 오네조르게Wilhelm Ohnesorge가 계획했다. 이런 식의 꼼수로 7,500만 마르크나 벌어들일 수 있었다.[36] 괴벨스가 영화산업과 다른 여러 출처에서 얻어낸 상당한 액수의 자금도 문화기금에 흘러들었다. 히틀러가 예술가들에게 혜택을 주고, 예술 작품을 구매하고, 건축 프로젝트에 기부할 수 있었던 것은 바로 이러한 수입원을 통해서였다. 또 다른 쏠쏠한 출처는 아돌프 히틀러 자선재단이었는데, 때마다 독일산업가들로부터 기부를 받아 자금을 충당했다. 이렇게 이례적으로 풍부한 기금은 3억에서 10억 마르크에 달하는 것으로 산정된다.[37] 히틀러가 이 돈을 실제로 문화사업에 얼마나 지출했는지는 아무도 모르지만 말이다. 그는 몰수한 유대인 재산 판매 과정에서도 돈을 뜯어냈다. 대개는 이 돈을 작품 구매 비용으로 유용했다.[38]

히틀러의 예술가적인 기질은 그의 일상생활에서도 크고 작은 방식으로 드러났다. 그가 예술적인 환경에서 종종 즐거움을 얻었다는 사실은 가장 좋아하는 레스토랑인 오스테리아 바바리아Osteria Bavaria가 예술가들이 드나들던 곳이었다는 점에서도 확인할 수 있다. 그는 총리가 되고 나서도 기회가 될 때마다 이곳을 찾았다. 기분이 좋고 느긋해질 때면 호프만이 들려주는 슈바빙 화가들의 근황 이야기를 지칠 줄 모르고 들었다. 그래도 그가 가장 행복한 순간은 화가들과 함께 있을 때였다. 이 점에 관해서는 그의 지인들 모두의 기억이 일치한다.

아르노 브레커는 "오로지 이럴 때 그는 환한 표정을 지었다."[39]라고 했다. 크리스타 슈뢰더에 따르면 '그가 마음과 영혼을 다하여 가장 만족했던 때'[40]가 바로 그러한 순간이었다. 프리츠 비데만에 따르면, 그러한 순간들은 '그의 마음이 가장 가볍고 편안해지는 때'[41]였음이 틀림없다. 그리고 '히틀러가 철벽같은 자기 마음을 무장해제'하는 유일한 순간이었다. "자랑스러운 마음으로 가득한 아버지처럼 그는 영화계와 무용계 여성들에게 둘러싸여 소파에 앉아있고는 했다." 히틀러의 보헤미안적인 요란에 맞장구를 가장 잘 쳐주는 이는 괴벨스였다. 로젠베르크의 질투 어린 논평에 따르면 괴벨스는 "히틀러에게 아름답고 재능 있는 예술가들과 유명한 여배우들을 데려갔다."[42] "그는 히틀러에게 예술가들의 생활에 관한 이야기를 들려주었다. 가벼운 감상을 덕지덕지 처발라 히틀러의 연극 기질을 충족시켰다…." 히틀러는 해마다 총리실에서 예술가들을 위한 갈라 리셉션을 열었다. 연극이나 오페라 공연을 관람한 후에 거의 항상 배우나 가수들을 초청했는데, 이 행사는 거의 동트기 직전까지 진행되고는 했다. 그중에서도 압권은 바이로이트 축제에서 벌어지는 파티였다. 거기서 가수 하나를 만나 좋아하게 되었는데, 그가 바로 요제프 폰 마노바르다였다. 호평받았던 이 베이스 가수는 1942년 12월에 사망했는데, 이 사실이 신문 1면 헤드라인에 보도되지 않자 히틀러는 격노했고 한동안 화를 풀지 않았다.[43] 그날 하루는 말 그대로 일할 기분이 아니었다. 독일국방군이 스탈린그라드에서 교전 중이었음에도 불구하고 히틀러는 시간을 내 이 가수에게 국장을 치러주도록 하고 괴링과 괴벨스에게도 장례식에 참석하라고 지시했다.

심지어 소수의 유대인 예술가들은, 마지못한 것이기는 했지만 히틀러의 인정을 받기도 했다. 가장 주목할 만한 경우가 히틀러에게서 예술성을 인정받은 구스타프 말러와 막스 라인하르트였다. 말러는 비엔나 빈 오페라에서 지휘를 할 수 있었고, 막스 라인하르트는 베를린 극장의 감독을 맡았다. 괴벨스의 일기에 적힌 바로는 "그는 말러와 막스 라인하르트에 관해 호의적으로 말했다. 그들의 능력이나 성과를 부정하지 않았다."[44] 또한 "예술 창작과 관련해 유대인들이 종종 중요한 공헌을 할 때가 있지."라고 했다. 그는 완전히 또는 부분적으로 유대인인 예술가들을 대우할 때 철두철미한 교조적 이념을 항상 고수하지는 않았다. 오페라 가수인 마르가레테 슬레자크은 비록 유대인 조부모를 두었지만, 히틀러는 그를 매우 좋아해서 1933년부터 베를린 오페라하우스에서 활동할 수 있게 손을 썼다. 그리고 총리실에서 열리는 공식 리셉션에 자주 초대했다. 그의 미술상 중 하나인 마리아 알마스디트리히Maria Almas-Dietrich는 유대인 아버지를 두었고, 유대인 애인 사이에서 사생아를 낳았으며, 유대계 터키인과 몇 년간 결혼 생활도 했다. 히틀러는 게르디 트루스트의 부추김을 받아 유대인 작곡가 아르투어 피흘러Arthur Piechler를 아우구스부르크 음악원에 복귀시켰다. 그는 유대인 친척을 둔 예술가들에게 친절하게 대했다. 프란츠 레하르Franz Lehár, 테너 막스 로렌츠Max Lorenz, 소프라노 프리다 라이더Frida Leider 그리고 지휘자 프란츠 폰 회슬린Franz von Hoeßlin이 그들인데, 이들은 모두 유대인 배우자를 두었다. [이런 식의] 예외는 늘 있기 마련이다. 하지만 대다수의 많은 유대인 예술가는 전혀 자비를 기대할 수 없었다.

히틀러의 사고방식에서는 예술가가 저지른 것이라면 범죄도 용서받을 수 있었다. 그가 아는 어떤 화가가 은행에서 100만 마르크 이상을 사취했다는 보고를 받고는 "그는 예술가일세. 나도 예술가지. 예술가들은 금융에 대해 전혀 아는 게 없어. 그를 상대로 어떤 조처도 하지 않

1937년 독일미술관(House of German Art) 개관식 리셉션 자리에서 그를 경애하는 예술가들에게 둘러싸인 히틀러.

을 것을 명하네."[45]라고 답했다. 동성애 범죄에 관해서도 마찬가지 반응이었다. 그는 가톨릭 사제들 가운데서 동성애가 만연해 있다고 확신하고는 성직자들을 가차 없이 투옥한 적이 있다.[46] 이때도 예술가들에 관해서는 '아무것도 묻지 말고, 아무것도 말하지 말라.'라는 주의였다. 결과적으로 구스타프 그뤼드겐스와 같은 배우들은 계속 연기할 수 있었고 막스 로렌츠와 헤르베르트 얀센Herbert Janssen과 같은 가수들도 계속해서 노래할 수 있었다. 하지만 가장 흥미로운 경우는 헨리에테 폰 시라흐가 들려준 흥미로운—만약 사실이라면—이야기다. 그녀에 따르면 히틀러는 최종적인 승리를 거둔 후에 영국 수상만을 예외로 하고 모든 적국의 지도자들을 투옥할 계획이었다. 그는 영국 수상을 존경한다고 평소 말한 것으로 유명한데, 그 역시 젊었을 때의 자신과 마찬가지로 예술가였다는 이유에서였다. "처칠은 숲에서 편안한 여생을 보내게 될 거네. 그가 회고록을 쓰고 그림을 그릴 수 있게 해줄 생각이라네."[47]

예술이 중단될까 봐, 예술가들이 전장에서 죽을까 봐 걱정이 된 히틀러는 1939년 폴란드 공격 전날 밤에 여러 예술가의 군 복무 면제를 결정했다. 이는 다른 직업인들, 심지어 과학자들도 누리지 못한 특혜였다. 슈페어에 따르면 히틀러는 괴벨스가 그에게 건넨 여러 명의 이름이 적힌 징집명령서를 손수 찢어버렸다.[48] 이들은 히틀러의 지시에 따라 선전부 장관이 준비한 명단 가운데서도 히틀러가 특별히 개인적으로 선호하거나 국가적인 견지에서 필요하다고 여겨 최종 선택한 이들이었다. A 명단에 올라온 이들은 공식적으로 '대단히 중요한 자산'으로 간주되는 이들로 모든 전시 의무를 면제받았다.[49] '신적 존재', '불사신'이라는 별명을 가진 이들 21명 가운데는 (한스 카로사Hans Carossa, 게르하르트 하웁트만을 비롯한) 문학 분야 인사 6명, (아르노 브레커, 요제프 토락, 헤르만 기슬러를 비롯한) 미술계 인사 12명 그리고 (리하르트 슈트라우스, 한스 피츠너 그리고 빌헬름 푸르트벵글러를 비롯한) 음악계 인사 3명이 포함되어 있었다. 나중에 연극계 인사 4명이 추가되었다. 지위가 덜 높은 이들로 구성된 B 명단에는 73명의 화가, 34명의 조각가, 50명의 건축가, 23명의 산업디자이너, 15명의 지휘자, 18명의 작곡가, 17명의 피아니스트, 88명의 배우, 수많은 가수, 150명의 영화, 라디오 분야 종사자, 수없이 많은 악기 연주자 그리고 9개의 심포니 오케스트라 단원 모두가 포함되었다. 다 합치면 면제자가 적어도 2만 명은 되었다.[50] 그리고 전도유망한 예술가들의 이름이 여기에 계속 추가되었다.

전쟁 양상이 점점 피비린내 나는 방향으로 흐름에 따라 이러한 결정은 전방에서 지지받지 못하기 시작했다. 하지만 1942년 초에 장군들이 연말에라도 동부전선에서의 작전을 재개하기 위해서는 80만 명의 추가 병력이 필요하다면서 이를 충당하기 위해 예술가들의 징집 면제 숫자를 줄여야 한다고 압박했을 때, 히틀러는 들은 체도 하지 않았다.[51] "만일 우리가 문화활동을 점차 줄여나가면 전방은 체념의 분위기에 빠져들 것이고, 곧 비관주의에 빠지게 될 것이네."[52]라고 히틀러는 답했다.

① 1936년 반프리트 하우스에서 열린 리셉션 장면. (왼쪽부터) 프란츠 폰 회슬린, 히틀러, 베레나 바그너(리하르트 바그너의 막내 손녀. -옮긴이), 프리츠 다이스(축제 합창단원), 비니프레트 바그너(리하르트 바그너의 며느리. -옮긴이), 막스 로렌츠와 프리델린트 바그너.

② 다른 독재자들과 마찬가지로 히틀러도 좀처럼 웃는 일이 없었다. 하지만 예술가들과 함께 있을 때 그는 표정을 누그러뜨렸다. 사진 속에서 그는 영화배우 케테 도어쉬, 독일 오페라의 가수 겸 감독인 빌헬름 로데, 요제프 괴벨스 부부와 함께하고 있다.

유명한 무대 디자이너 알프레트 롤러의 아들 울리히 롤러Ulrich Roller가 1942년 러시아에서 쓰러졌을 때 그는 격노하여 소리 질렀다. "예술가를 전쟁에 보내서 뭘 어쩌자는 건가? 멍청한 러시아 놈들이 그런 사람을 그렇게 간단히 쏘아 죽이다니! 그는 누구도 대신할 수 없는 그런 사람이란 말일세."[53] 1년 후에 스탈린그라드에서 패배했을 때 슈페어가 총동원령 발표를 주장하자, 괴벨스는 3,500명까지 예술가 면제 규모를 축소하자고 제안했다. 이는 괴벨스가 히틀러의 뜻을 공개적으로 거스른 드문 경우였다. 그런데도 히틀러는 완고했다. 괴벨스는 이렇게 적었다.

> 그는 국가가 그토록 엄청난 노력과 희생을 요구받는 바로 이러한 시기에, 적어도 어떤 것은 그런 상황에도 아랑곳없이 건재하게끔 만들어야 하는 자리에 있다. 그래야만 국민이 모진 절망에 빠지지 않을 수 있기 때문이다. 따라서 총통은 내게 오페라, 연극, 콘서트 그리고 영화계는 건드리지 말라는 엄명을 다시 한번 내렸다. 아무리 해도 이들의 숫자는 연대 하나를 이룰 정도밖에 안 된다. 하지만 이 예술가 연대는 실제 전투에 나가기보다 후방에 있을 때 더 많은 일을 할 수 있다.[54]

석 달 후에 히틀러는 특정 베를린 예술가들이 군에 자원입대하는 것을 금지했다.[55] 슈페어와 괴벨스의 끊임없는 잔소리가 있고 난 뒤에야 최종적인 타협이 이루어졌다. 예술가들의 군 면제 숫자를 줄이기로 동의한 것이다. 괴벨스도 이른바 '신적 존재'라는 이들의 명단을 작성하는 데 동의했다.[56] "이들은 대략 300명에서 400명의 진짜 뛰어나고도 중요한 예술가들이었다. 이들은 군 복무나 공무로부터 면제되었다." 히틀러가 고집을 부린 결과, 주요 오케스트라와 오페라들은 뛰어난 공

히틀러의 가장 큰 기쁨 중 하나는 오페라가 끝난 후에 무대 뒤에 슬쩍 방문하는 일이었다. 1936년 바이로이트에서 「로엔그린」 공연 직후 히틀러가 (왼쪽부터) 하인츠 티에첸, 합창단원들, 에밀 프리토리우스, 빌헬름 푸르트벵글러, 요제프 폰 마노바르다 그리고 비니프레트 바그너와 환담을 나누고 있다.

연을 끝까지 계속 이어갈 수 있었고 이는 기록을 통해서도 확인할 수 있다. 베를린 필하모닉이 음악사에서 가장 그로테스크한 일화로 순위에 오를 만한 사건에 휘말린 것은 거의 끝 무렵에 이르렀을 때의 일이다.[57] 필하모닉의 프로그램에 브루크너의 4번 교향곡이 포함되면 이는 제3제국의 종말이 도래했음을 의미한다는 속설이 있었다. 그런데 4월 13일 콘서트에 그 작품이 포함된 것이다. 홀을 나가는 이들은 모두 출구에서 제복을 입은 히틀러 청소년단원들과 마주쳐야 했다. 이들은 청산가리 캡슐을 무료로 나누어주고 있었다.

히틀러는 '자신의' 예술가들에게 충실했기 때문에 이들이 조금이라도 배은망덕한 조짐을 보이면 개인적으로 대단히 배신감을 느꼈다. 전쟁 중에 지휘자와 가수들이 폭격의 위험 때문에 베를린을 비롯한 대도시에서의 공연을 피한 적이 있었는데, 이때 히틀러는 대단히 화를 냈다. 이와 비슷하게 제3제국 화가 가운데 다소 재능 있는 콘스탄틴 게르하르딩거Constantin Gerhardinger가 공습에 작품이 파괴될까 두려워 1943년 뮌헨의 대독일미술전에 출품을 거부했다는 사실을 알게 되었을 때에도 히틀러는 제정신이 아니었다.[58] 1933년 전까지만 해도 무명에 가까웠던 이 화가는 거의 굶어 죽기 일보 직전까지 갔었다. 히틀러는 그런 그의 삶과 작업을 좀 더 편안하게 해주기 위해, 다른 화가들과 마찬가지로 그도 비싼 값에 작품을 팔아 부자가 되게끔 조처했던 것이라고 고함쳤다. 복수를 위해 히틀러는 게르하르딩거가 누린 모든 특권을 폐지하고 명예교수직을 박탈했으며, 전시회 출품을 금지하고, 언론에서 그를 절대 언급하지 못하도록 명령했다.[59] 같은 맥락에서 그는 푸르트벵글러가 전쟁이 막바지에 이르렀을 때에도 베를린을 떠나지 않은 점을 감사하게 생각했다. 그래서 그를 보호하기 위한 목적으로 그와 그의 가족을 위한 특별 방공호를 건설하도록 슈페어에게 지시했다.

가장 아이러니한 것은 히틀러가 예술가들을 온화한 경멸의 시선으로 바라봤다는 점이다. 하인리히 호프만의 말에 따르면 히틀러는 예술가들이 '너무나 불안정하고, 너무나 독립적이며, 너무나 제멋대로'[60]라고 생각했다. 슈페어는 이를 좀 더 솔직하게 표현했다. "그는 예술가들이 모두 똑같다고 생각했다. 모두 정치적 백치라고 여겼다."[61] 하지만 그의 온정 어리고 자비로운 통치 아래 그들은 원하는 무엇이든 할 수 있고, 될 수 있는 바보들의 자유Narrenfreiheit를 누리게 될 것이었다. 히틀러는 사실 예술가들의 정치적 견해에 관심이 없었다. 그는 "어떤 예술가에게도 국가사회주의를 강요할 생각이 없다."[62]라고 했다. 당에 가입했거나 에밀 놀데처럼 열렬한 나치 추종자인 예술가도 있었지만, 그런 이들을 대하는 히틀러의 태도는 쌀쌀맞기만 했다. 나치당과는 아무런 관련이 없는 예술가들도 예술적 존경의 대상이 될 수 있었고 예술적 자유를 누릴 수 있었다. 슈페어는 1933년 1월 말에 요제프 토락이 공산당 선언에 서명했다는 소식을 들은 히틀러의 반응을 이렇게 전한다.

> 오, 자네도 알다시피 난 별로 그런 것을 대수로이 여기지 않네. 예술가들을 그들의 정치적 견해를 잣대로 판단해서는 안 되는 법이야. 그들은 예술 창작을 위한 상상력에만 집중한 나머지 현실적인 관점에서 생각하는 능력을 빼앗기고 말지. 토락은 내버려두게. 예술가들이란 참 단순한 영혼들이야. 오늘 여기에 서명하고는 내일은 또 다른 데에 서명하지. 그들은 그저 그럴싸하게 보이기만 한다면 자신이 무엇에 서명하는지 그 내용도 확인하려 하지 않아.[63]

가장 특기할 만한 경우는 제국문화회의소 시각예술분과의 대표이자 저명한 제3제국 화가인 아돌프 치글러Adolf Ziegler의 경우다. 1943년 여름, 전쟁에서 지겠다는 생각이 들었는지 치글러는 랜돌프 처칠Randolph Churchill이 중개자 역할을 맡게 될 평화 교섭 추진 논의에 참여함으로써—그렇게 한 이유에 관한 여러 설명 중에서도 가장 화려한 설명에 따르면—반역을 저지르게 된다.[64] 그는 체포되어 강제수용소에 보내졌고 재판을 앞두고 있었다. 그에게 사형 판결이 내려질 것임이 틀림없었다. '패배주의'를 다룰 때마다 항상 가차 없던 히틀러이지만 "치글러는 화가로서 형편없지만 정치가로서도 형편없는 인간이야."[65]라는 식으로 다소 부드럽게 논평했다. 그리고 덧붙여 말하기를 예술가들이란 정치에 관해서는 "어린아이 같다."[66]라고 했다. 그는 치글러를 석방하라고 명령하고는 단지 회의소 시각예술분과 대표에서 해임하는 데 그쳤다. 이렇게 예술가들에게는 관대한 히틀러였지만 다른 이들에게는 그렇지 않았다. 같은 해에 적힌 괴벨스 일기를 보면 분명히 알 수 있다.

- 9월 23일. 총통은 비록 전쟁에 대한 노골적인 반대와 반역 행위를 용서해서는 안 되는 일이지만 영화계 사람들의 정치적 견해에 관해 너무 걱정할 필요는 없다고 말했다. 그저 참는 것이 최선이다. 정치적 문제와 관련해서 예술가들을 너무 진지하게 취급해서는 안 된다.
- 9월 25일. 가톨릭 사제와 개신교 성직자들에게 일련의 사형 선고가 내려졌다. 이들은 가장 불온한 방식으로 독일의 군사력을 좀먹는다.

더욱 아이러니한 것은 히틀러가 당 관계자나 정부 관료들의 예술적 감수성에 관해 결코 무관심하지 않았다는 사실이다. 그에게 존중받기 위해서는 예술적 감수성의 소유 여부가 무엇보다 중요했다. 히틀러의 측근으로서 만일 이러한 자질을 발견하지 못한다면 쓰디쓴 좌절감을 맛보아야 했다. 확실히 히틀러의 이너서클 가운데 어떤 이들은 한때 예술가로서 경력을 꿈꾸었던 자들이다. 괴벨스는 청년 시절 희곡과 소설을 썼다. 알프레트 로젠베르크는 건축을 공부했으며 자신이 철학자이자 작가라고 생각했다. 헤르만 괴링은 시각예술에 관심이 있거나 적어도 작품 수집에 관심이 있었다. 어느 정도 교양을 갖추었던 발두어 폰 시라흐는 현란한 나치 찬양 시를 지었고 음악 후원가였다. 한스 프랑크Hans Frank는 포부가 있는 시인이었고 자신이 예술 후원자라고 생각했다. 베른하르트 루스트는 한때 학교 교사였다. 빌헬름 프리크Wilhelm Frick는 음악 애호가였다. 발터 풍크Walther Funk는 자신을 음악가로 여겼다. 로베르트 라이는 예술계와 혼맥을 형성했다. 하인리히 호프만은 사진가이자 미술 수집가였다. 하지만 히틀러는 이러한 실패한 가짜 예술가들의 문화적 수준에 대해 전혀 기대하지 않았다. 그는 괴링의 '회화 개념'[67]

이 엉터리라고 비난했고 대부분의 주지사들이 '예술 분야에서 완전히 낙제자'[68]라고 한탄했다.

한편 나치의 관료들은 히틀러에게 인정받기 위한 지름길이 어떤 분야든 예술에 관해 조금이라도 관심을 보이는 것이라는 사실을 재빠르게 간파했다. 그의 호감을 사는 것이 일종의 강박이 되었기 때문에, 문화적 허세는 직업적 필수 조건이 되었다. 총통과 독대하기 위해서라면 새로운 오페라나 오페레타의 무대 사진 몇 장을 그에게 보여주는 것만으로도 충분하다는 사실을 그들은 알았다.[69] 하지만 히틀러는 결코 가짜에 속는 일이 없었다. 그는 자신의 관심사를 공유하는 사람을 찾는 일을 체념했다. 그는 1943년 비서진에 합류한 게어트라우트 융에Gertraud Junge에게 "내 수행원들은 확실히 음악적이지 못해."[70]라고 투덜거렸다. "갈라 축제에 갈 때마다 나는 수행원들이 잠들지는 않았는지 감시해야만 하지." 독일 공군 장교이자 보좌관인 니콜라우스 폰 벨로우Nicolaus von Below가 1937년 독일 오페라하우스에서 열린 「라 보엠」 공연에서 그를 수행했을 때, 그는 그의 수행원들 중에서도 오페라를 좋아하고 게다가 푸치니의 작품을 아는 자가 있다는 사실을 알고 깜짝 놀랐다. 아주 기분이 좋았던 그는 벨로우와 그의 아내를 다음에 열린 바이로이트 축제에 초청했다. 벨로우가 남긴 기록에 따르면, "이때부터 우리는 그의 이너서클에 들어가게 되었다."[71]

이와는 대조적으로 예술적인 이해의 부족은 직업상의 치명적 결과를 낳았다. 슈페어의 말에 따르면, "한 사람의 미적 판단 능력에 문제가 있다고 여겨지면 그대로 그 사람의 경력이 끝장나는 경우도 더러 있었다."[72] 후계라는 가장 중요한 문제에 관해서라면, 최고위급 인사들의 경우도 예외가 아니었다. 지도적 위치에 있는 경쟁 후보들 중 어느 누구도 히틀러가 생각하는 바와 같은 예술적인 유형에 해당하지 않았다. 원래 서열 2위였던 루돌프 헤스는 스코틀랜드로 날아가기 전부터 이미 배제된 상태였다(그는 2차 대전 중에 독단적으로 영국에 비행기를 타고 가서 강화 협상을 벌이려고 했으나 억류되었다. -옮긴이). 뮌헨 외곽에 지은, 헤스가 새롭게 단장한 집을 보고 나서 역겨움을 느낀 히틀러는 언론 비서관인 오토 디트리히에게 헤스는 결코 자신의 후계자가 될 수 없을 것이라고 말했다.[73] 그런데도 이 가엾은 헤스는 총통이 그의 새 베를린 사령부에 방문했을 때 더욱 오명을 뒤집어쓰게 되었다. 이 건물의 꾸미지 않은 가구들과 타는 듯한 붉은색의 계단을 보고 히틀러는 기함했다. 그는 헤스가 "예술에 관해 완전히 몰취미하다."[74]라며 비난했다. 그리고 "절대 그에게 새로운 무언가를 짓도록 허락하지 않겠다…. 그는 그런 문제에 관해 완전히 무지하다."라고 했다. 그리고 얼마 지나지 않아 그는 적어도 예술품 수집가이기는 한 괴링을 자신의 후계자로 지명했다. 하지만 그는 괴링이 믿을 만하지 않고 부패했다고 생각했기 때문에 자신의 선택에 만족하지 못하고 계속해서 대안을 찾았다.[75] 친위대 수장인 하인리히 힘러와 그의 참모장인 마르틴 보어만이 멍청이라는 사실은 그도 알고 있었다. 그는 괴벨스를 속물이라 생각했다. 슈페어가 한때 적합한 후보로 간주된 적은 있다. 크리스타 슈뢰더의 회고에 따르면 히틀러는 "그는 예술가야. 우리는 쌍둥이처럼 닮은 영혼을 지니고 있지."[76]라고 말했다고 한다. "그와는 가장 인간적인 관계를 맺고 있다고 할 수 있네. 그를 잘 알기 때문이지. 그도 나처럼 건축가야. 지적이고 생각이 깊지. 멍청한 군인들과는 달라."

1945년이 되면 후계 문제는 하나의 강박이 되어버린다. 슈뢰더는 같은 해 3월의 어느 오후를 기억했는데, 이때 히틀러는 마치 「발퀴레Walküre」의 3막에 등장하는 보탄Wotan처럼 화가 나서 점심 식사 자리에 도착했다. "만약 내게 무슨 일이 생긴다면 독일은 망하고 말 거야."[77]

라며 호통을 쳤다. "나를 이을 후계자가 없기 때문이지. 헤스는 미쳤고, 괴링은 독일인들의 신임을 잃었어. 힘러는 당에서 쫓겨났고 말이야." 슈뢰더가 힘러에 관한 언급에 이의를 제기하자, 히틀러는 그의 궁극적인 저주의 말인, "힘러는 예술적으로 완전히 몰취미해."라는 말로 그녀의 반대를 일축했다. 그녀는 히틀러가 게슈타포Gestapo 수장 힘러와 문화적 수준이 같다고 오해받은 것을 너무나 불쾌하게 느꼈음을 확실히 알게 되었다.

히틀러는 은퇴 후 또는 죽음 이후의 문화적 삶에 관해서도 관심이 많았다. 그래서 그는 제국의 영토 재건 계획을 짤 때 이 문제를 고려했다. 1939년 11월에 괴벨스에게 그는 자신의 궁극적인 전쟁 목표가 1648년 베스트팔렌 조약을 청산함으로써 유럽의 지도를 새롭게 그리는 것이라고 말했다. 프로이센과 바이에른 모두 해체되어 하나의 독일로 다시 태어날 것이며, 독일은 다시 역사적인 주州들로 분할될 것이라고 했다. 요는 예술이 충분한 재정적, 정치적 지원을 받아 계속해서 번영하게 만들 제도적 장치를 마련해야 한다는 것이었다. 괴벨스는 "총통은 그가 죽고 난 뒤에도 후계자가 문화적 문제나 요구에 대해 자신과 같은 관심을 보일지, 자신과 같이 개방적이고 자유로운 태도를 갖게 될지 확신하지 못한다."[78]라고 적었다. 1942년 6월 히틀러는 바이에른을 그대로 두기로 결정했다.[79] 뮌헨이 더 이상 제국의 통일에 위협이 되지 못한다고 여겼기 때문이다. 그는 뮌헨이 제국에서 베를린이 가진 지도력에 도전할 만큼 '자만심'을 갖고 있지는 않다고 보았다. 또 다른 한편으로는 '뮌헨과 같은 예술의 도시'는 경제적인 배후지가 있다면 스스로를 유지할 수 있을 거라고 생각했다. 그리고 "제국에 재정적인 위기가 닥쳐서 재무장관이 뮌헨의 문화 프로그램에 보조금을 끊어야 하는 상황이 발생할 수도 있다."라는 생각도 했다. 이 도시의 문화적 지위 보전이 무엇보다 중요했다. 그는 "뮌헨의 주지사는 문화에 관해 관심을 가져야 하며 뮌헨을 독일의 피렌체로 만들겠다는 야망을 가져야 한다. 그렇게 해서 로마와 같은 도시가 될 베를린과 대조를 이루게 해야 한다."라고 주장했다.

여러 번 묘사된 바 있지만, 히틀러의 예술적 기질은 그의 혼란스러운 작업 습관과 우유부단함에서도 확인된다. 권력 투쟁에 몰두했던 결정적 시기 동안 그의 이러한 특성은 동료들을 화나게 했다. 1930년 1월에 괴벨스는 일기에 "히틀러는 너무 일을 안 한다. 계속해서 이럴 수는 없다. 그는 결정을 내릴 용기가 부족하다. 더 이상 일을 주도하려 하지 않는다."[80]라고 적었다. 1년 후 그는 당 운영보다는 뮌헨 당사 리모델링에 집착하는 히틀러를 보며 가슴에 불이 났다.[81] 총리로서 그는 때로 유능했고 열심히 일한 적도 있지만, 보통은 보고서를 읽거나 관료들을 만나거나 회의에 참석하는 일을 싫어했다. 처음에는 그도 최소한의 규칙적인 업무 일정에 충실하려 했다. 10시부터 오후 1시나 2시까지는 장관들을 만나고, 점심 식사 후에는 군사 고문이나 외교 정책 고문들을 만났다. 하지만 1년도 채 되지 않아 이런 규칙적 업무 패턴은 무너지기 시작했다. 1933년 말에 건강이 악화된 힌덴부르크 대통령이 은퇴해 동프로이센에 있는 노이덱 저택으로 갔고, 디트리히는 "이때부터 히틀러의 평범한 일정이 끝났다."[82]라고 했다. "그는 정오가 되어서야 일어나고 낮 동안에는 오직 중요한 접견이 있을 때만 사무실에 출근하는 습관으로 다시 돌아갔다. 모든 다른 사무는 자신의 아파트에서 처리했다. 자신의 방들을 성큼성큼 걸어 다니며 이 방에서 한마디, 저 방에서 한마디 흘리는 식이었다. 중요한 사안들을 격식도 차리지 않은 채 건성으로 결정했다." 아니면 틈날 때마다 그 악명 높은 독백을 중얼거렸는데, 수행원들에게 몇 시간씩 자기 생각—항상 똑같은—에 관해 장광설을 늘어놓고는 했다. 별별 이야기를 다 했지만, 자신의 유년 시절이나 예술에 관한 의견을 말할 때도 많았다. 밤에는 항상 영화 상영이 있었다. 미국 영화일 때가 많았다. 세월이 흐름에 따라 그의 시간 낭비벽은 심해져 갔다. 요아힘 페스트에 따르면, 그는 나일강 진흙에 잠긴 악어처럼 졸면서 거의 무아지경에 가까운 상태로 며칠을 보내고는 했다.[83] 그러다가 갑자기 몸을 일으켜 폭발적인 활동에 들어가기도 했다. 디트리히는 "문명국에 이러한 통치 방식이 존재할 수도 있다는 사실이 대단히 당황스러웠다."[84]라고 했다.

베르그호프 산장에서 그는 거의 일을 하지 않았다. 그는 두 시경에 나타나서 점심 식사를 하고 오랜 시간 산책을 했다. 저녁 시간이 되면 어김없이 영화를 보았고 또 어김없이 장광설을 늘어놓았다. 그의 참모진들은 종종 결재 서류나 시급한 서한에 그의 서명을 받아내는 데 어려움을 겪어야 했다.[85] 1938년부터는 더 이상 각료 회의를 열지 않았다. 장관들이 그를 만나려면 말 그대로 몇 년을 기다려야 하는 경우도 있었다. 괴링과 같은 고위 관료조차 그는 몇 날, 몇 주, 심지어는 몇 달 동안 이런저런 핑계로 만나주지 않았다. 하지만 전쟁 발발 이후, 특히 1941년 12월 야전사령관이 된 이후로는 매우 열심히 일했다. 그렇다고는 하지만 여전히 점심 식사와 저녁 식사를 하는 데 몇 시간을 허비했다. 저녁에는 수면을 방해받지 않기 위해서 어떤 귀찮은 업무도 보지 않겠다고 했다. 그래도 늘 자기가 좋아하는 예술가 중 한 명을 만날 시간은 있었다.[86] 슈페어, 기슬러 그리고 또 다른 건축가를 만나 자신의 장대한 건축 프로젝트에 관해 논의하거나, 클레멘스 크라우스나 또 다른 지휘자를 만나 음악에 관해 이야기하거나, 벤노 폰 아렌트를 만나 새로운 무대 디자인에 관해 듣거나, 하인리히 호프만을 만나 잡담을 하는 식이었다.

히틀러 주위에 있던 이들은 모두 그 이유를 알고 있었다. "보헤미안적인 예술가들이 그러듯이, 그는 규율을 경멸했다. 규칙적으로 일하도록 자신을 강제할 수 없었고 그렇게 하려고 하지 않았다."[87] 이는 슈페어의 말이지만, 히틀러의 참모라면 누구나 할 수 있는 말이기도 했다. 이러한 오스트리아식 대충주의Schlamperei는 그의 주변인들을 절망에 빠뜨렸다. 괴벨스의 일기가 또 이렇게 증언했다. "행동하라! 관망만 하지 말고. 그런데도 가엾은 히틀러는 카페에 앉아만 있구나!"[88] 하지만 선전부 장관 괴벨스는 그를 변호했다. 모두 다 그의 예술가적 기질 때문이라고 했다. "천재는 다른 이들과 다르게 존재하고 다르게 살아갈 권리가 있다."[89] '보헤미안적인', '직관적인', '예술적인'이라는 꼬리표가 붙은 성격의 측면 역시 그를 아는 이들에게는 분명했다. 오토 디트리히는 이렇게 표현했다. "히틀러는 천생 보헤미안이다. 그는 감정적인 고려만을 따른다. … 그는 평생 공들인 사무실 작업보다 한 번의 기발한 아이디어가 더 가치 있다고 자주 말하고는 했다."[90]

눈썰미가 없는 벨로우조차 총통의 뚜렷한 모순적인 모습에는 당황할 수밖에 없었다.[91] 그가 보기에 히틀러는 두 가지 충돌하는 충동의 희생자였다. 한편으로 그는 자유를 사랑하고 직관과 영감에 의존하는 예술가이지만, 또 한편으로 그는 리엔치(바그너 초기 오페라의 주인공. -옮긴이)처럼 조국을 구하기 위해 자신을 희생할 수밖에 없는 처지에 놓여 있다는 것이었다. 벨로우는 예술가적인 충동과 국가의 요구는 화해될 수 없는 법이라고 주장했다. 프리츠 비데만은 덜 시적으로 표현했다. 그는 히틀러가 "문제는 저절로 해결된다."[92]라고 믿어서 골치 아픈 문제들을 그냥 내버려 두는 경향이 있다고 했다. 시간이 지남에 따라 히틀러의 이러한 다양한 면모에 관한 증언은 늘어나기만 했다. 페스트에 따르면, "그의 오래된 보헤미안 기질이 전면에 드러나는 경우가 점점 많아졌다. 실수를 저지르면 움츠러들고 침울한 기분에 사로잡혔다."[93] 괴벨스도 자신의 일기에서 이 점을 자주 지적했다. 대중 앞에서 보여주던 굳세고 단호한 모습과 달리 히틀러는 꾸물거리고 주저하는 모습의 지도자일 때가 많았다.

하지만 히틀러는 결코 구름 위를 떠다니는 몽상가 유형의 심미주의자aesthete가 아니었다! 그는 상황 판단이 빨랐고 머리가 좋았다. 비상한 기억력을 가지고 있기도 했다. 재무장관의 증언에 따르면 그는 '아주 난해한 주제에 관한 통계 수치들을 놀랄 만큼 정확하게 기억'[94]할 수 있었다. 그리고 '문제의 핵심으로 곧장 들어가, 길었던 논의를 아주 간결하게 요약하거나 장황한 심의 대상이었던 문제를 새롭게 조명'할 수 있었다. 사적으로도 공적으로도 그를 아는 몇 안 되는 외국인 중 한 명인 프랑수아-퐁세는 히틀러가 '얼음처럼 차가운 현실주의자이며, 매우 계산에 밝은 사람'[95]이라는 사실을 알게 되었다. 프랑수아-퐁세 대사는 이어서 그가 게으르고, 규칙적인 업무 일정을 지키기 어려워하며 서류들을 읽기 싫어한다는 점을 인정했다. 하지만 진행 중인 사안에 관해 구두보고를 받으면 아주 작은 세부 사안까지도 일일이 챙기는 스타일이라고 했다. 제국에서 벌어지는 일 치고 그가 모르는 일은 없었다. 폭넓은 행정 자치권을 인정받은 관료들의 행동까지도 그는 다 파악하고 있었다. 국내 정치나 국제 정치에서 히틀러가 얻은 큰 성공의 밑바탕에는 바로 이런 견고한 현실주의가 있었다. 동시에 그의 또 다른 성격적 측면인 예술적 감수성은 그가 환상으로 가득 찬 내적 세계에 빠져들게 만들기도 했다. 린츠시 재건 모형에 아이처럼 몰두하게 만드는 환상 말이다. 이러한 순간에 그를 둘러싼 현실 세계는 말 그대로 무너져 내렸다.

히틀러는 예술에 헌신했기 때문에 대체로 과학에는 무관심했다. 디트리히에 따르면 그는 미래의 기술적 진보라는 생각을 불편하게 여겼

"그는 히틀러가 자신이 만나 본 사람 중에서 가장 여성적인 사람이며, 때로는 거의 유약해 보이기까지 한다고 말했다. 그는 히틀러의 하얗고 맥없는 손길을 흉내 냈다."(카를 부르크하르트와의 대화를 기록한 해롤드 니콜슨의 일기 중에서)

다. 때때로 그는 근대의 비행 기술 발달이 인간의 삶을 몰개성화한다고 했다. 영혼과 생명을 갖지 않은 힘들의 지배를 상징한다고 했다. 그러한 세계에서 삶은 더 이상 살 가치를 잃어버리게 된다고 했다.[96] 여기서 다시 낭만주의자로서의 히틀러가 등장한다. 이미 여러 차례 본 적이 있는 모습이다. 그는 나는 것을 싫어할 뿐 아니라 비행 전반에 관해 심리적인 반감을 가졌다. 이와는 대조적으로 군함에 관해서는 이상하리만치 흥미를 느꼈다. 1925년에 그린 그의 스케치북에는 군함을 그린 작품이 몇 점 포함되어 있다. 하지만 그가 전쟁 도구로서의 배에 관심을 둔 것은 아니었다. 그런 건 돈 낭비라고 생각했다. 물론 러시아 전선의 야전사령관으로서 그는 발전된 육군 무기들에 관해 강한 관심을 보였다. 하지만 이때에도, 슈페어의 목격담에 따르면, 히틀러는 신식 무기 체계를 검열할 때에 항상 그것의 미적인 특질에도 주목하고는 했다.

라인란트의 성공적인 수복이나 오스트리아와 체코슬로바키아 병합에 이르게 된 것은, 합리적인 추론에 근거한 장군들의 반대를 극복하고 히틀러 자신의 비약적이고 직관적인 상상에 따랐기 때문이었다. 1940년 서부전선에서 펼친 놀라운 전격전은 신선한 전략 덕분이기도 했는데, 역사가들에 따르면 이는 정통적인 군사 교리를 파악하되 이를 거슬러 사고할 수 있었던 히틀러가 있었기에 가능했다.[97] 이듬해에 소련 공격을 명령한 데에서도 유사한 성격을 발견할 수 있다. 한 작가는 이렇게 논평했다. "평범한 병사들의 감정을 가늠하고 그것을 고취하는 히틀러의 능력은 의심의 여지가 없다. 전쟁 초기에 그의 충동élan, 그의 모험 추구 성향, 그의 '직관'은 엄청난 성공을 거두었다."[98] 이러한 일련의 성공에서 우리는 경험보다는 충동이, 이성보다는 의지가, 정통성보다는 창의성이 지배력을 발휘하고 있었음을 본다. 비유하자면, 실패한 화가가 빈 미술 아카데미 교수님들을 상대로 승리를 거둔 셈이다.

파괴의 예술가

난 아무도 고통받거나 다치는 걸 원하지 않아.
하지만 인류가 처한 위험을 감지하면
얼음처럼 차가운 이성이 감정을 뒤덮지.
내가 아는 건, 오늘의 희생이 없다면
내일은 더 큰 희생이 뒤따른다는 사실뿐이네.

—1941년 9월 참모들에게

새로운 독일, 새로운 독일인

"히틀러는 누구이고, 그가 원하는 건 뭔가요?" 1940년 4월 「뉴요커the New Yorker」지에 실린 제임스 서버James Thurber의 풍자만화에서 한 부인은 어리둥절해하며 묻는다. 미국은 고립주의를 채택하고 있었고 실제로 고립되어 있기도 했지만, 이런 질문을 던지기에는 실로 늦은 감이 있었다. 이 부인이 「클라데라다취Kladderadatsch」(1848년 5월 7일 베를린에서 처음 발행된 독일어 잡지. -옮긴이)의 독자였더라면 굳이 그런 질문을 던질 필요도 없었을 것이다. 히틀러가 권력을 잡고 1년이 채 되지 않은 시기에 이 풍자적인 독일어 잡지는 네 칸짜리 만화에서 히틀러가 자신의 임무에 관해 어떤 생각을 하고 있는지 아주 정확하게 보여주었다. 첫 번째 칸에서는 새로운 총리가 서로 싸우고 있는 군중들을 형상화한 작은 조각을 마주하고 있다. 바이마르 공화국의 혼란스러운 정치 상황을 상징하는 조각이다. 두 번째 칸에서는 그가 단단한 주먹을 날려 이 엉망진창인 허섭스레기를 때려 부순다. 다음에는 이로부터 새로운 인간—강인하고, 힘센, 주먹을 꽉 쥔 아리아 인종의 독일인—을 빚어낸다. 그러는 동안 원래의 조각상을 만들었던 희화화된 유대인은 당황하며 자기 작품이 부서지는 꼴을 지켜보다가 결국에는 모습을 감춘다. 조각가 작업복 안에 당복을 입은 히틀러는 예술가-정치인으로서 당당하게 서 있다. 그런 점에서 이 만화에 '독일의 조각가'라는 제목을 붙인 것은 적절한 것이었다.

얼마 지나지 않아 이 비유는 현실이 되었다. 1936년 괴벨스는 나치당이 집권한 이후 많은 훌륭한 작품들이 제작되었지만, 그중에서도 히틀러의 작품이 가장 뛰어나다고 주장했다.[1] 그는 히틀러가 가장 원초적인 재료를 가지고 국가를 만들었다고 했다. 괴벨스는 "그의 예술적 환상으로부터 영감이 솟아난다."라고 떠벌였다. 히틀러가 심각한 정신적 우울 상태였던 나라를 변모시킨 건 사실이다. 본래 독일은 1918년의 패배와 베르사유의 영토 조약과 경제 조약 그리고 전범 조항, 프랑스의 루르 점령, 재앙적인 수준의 인플레이션, 혼란한 국내 정치, 대량 실업으로 인해 위기를 겪고 있었다. 이런 나라를 바꾸어 자존감을 되찾고 경제 회복을 꾀하며 유럽에서 중심적인 역할을 하게 만든 이가 그였다.

괴벨스가 칭송했던 '예술 작품'이란 바로 그런 것이었다. 그러한 작품 창작에 영감을 준 '예술적 환상'이란 바로 문화적 번영을 독일의 정체성과 평판의 핵심으로 삼겠다는 히틀러의 확신을 말한다. 히틀러는 자신의 임무가 정치적 성격을 갖지만, 예술적 성격도 갖는다고 보았다. 그래서 1935년 당대회에서 국가사회주의의 임무—이는 곧 아돌프 히틀러의 임무라는 뜻이다—란 다음과 같다고 연설했다.

> 국가사회주의는 최고의 문화 업적을 통해 자신에게 주어진 고결한 임무를 수행해야만 한다고 이 나라를 설득해야 합니다. 사람들에게 자부심을 갖도록 교육하는 이는 자부심을 가질 만한 분명한 이유를

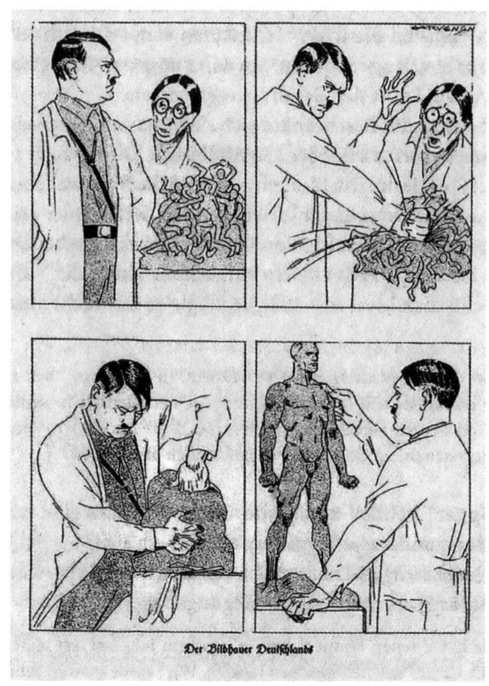

'독일의 조각가'
1933년 12월 3일, 「클라데라다취」, O. 가벤스 그림.

제시해야 합니다. 파르테논을 짓는 데 소요된 희생과 노동은 일회성으로 그쳤지만, 그러한 작품을 가진 그리스의 자부심은 끝없이 이어졌습니다. 나와 동지들이 건설한 근대 독일 국가는 새롭고 왕성한 예술의 부흥 조건을 마련했습니다.[2]

예술가-히틀러가 깨달았던 것은 역사를 통틀어 건축이야말로 모든 예술 가운데서도 국가의 위대함을 표현하기 위한 가장 원초적인 방식이라는 사실이었다.[3] 물론 편집광적인 측면이 있는 지도자라면 국가와 국민의 영광을 드높이고 영속화하기 위해 항상 기념비적인 건축을 활용한다. 현대의 민주주의 국가들조차도 도시의 자부심을 드러내기 위해 거대한 건물을 짓고는 한다. 하지만 히틀러의 경우는 조금 다르다. 그에게는 기념비적 건축이 강박이나 다름없었으며, 자신의 지배를 시각적으로 드러내는 수단이었다. 그는 총리에 임명되자마자 거대한 도시 건설 프로그램에 착수했다. 그는 이 건축물들이 독일 국민의 열등감을 해소하고, 독일이 마침내 제국의 지위를 획득했음을 보여주게 될 것이라고 거듭 선언했다. 이를 추진하면서 그가 가장 먼저 취한 조치는 뮌헨에 의식을 거행할 광장, 즉 쾨니히스플라츠Königsplatz를 마련하는 일이었다. 여기에 독일 각지에서 캐낸, 2,200제곱미터의 화강암 석판을 깔았다.[4] 동시에 그는 아우토반 건설에 착수했다. 이것들은 슈페어의 말에 따르면, "통일 제국이라는 개념을 강하게 표현하기 위해 모두 똑같이 디자인되었다."[5] 히틀러는 1937년 당대회에서 문화적 목표와 정치적 목표의 결합을 강조하며 이렇게 말했다.

> 이 건물들이야말로 우리 국민을 정치적으로 결집시켜 강하게 만들어 줄 것입니다. 독일 사회에 우리 모두 하나라는 자랑스러운 의식을 불러일으킬 것입니다. 우리 공동체가 함께 나누는 삶에 대한 이처럼 강력하고 거대한 증언 앞에 서면, 모든 세속적 차이들이 우리의 사회생활에서 얼마나 우스워지는지 증명해 줄 것입니다. 우리 모두 독일인이라는 사실을 기억할 때마다 무한한 자긍심으로 가득 차게 만들어 줄 것입니다. 동시에 독일 민족의 정치적 힘에 관한 가장 숭고한 증거를 제공할 것입니다.

이는 국가사회주의가 돌의 형상으로 자신을 표현하고 있다는 뜻이다. 이 건물들이 국가사회주의라는 하나의 덩어리로 뭉친, 당해낼 수 없고, 거대하며, 승리하는 존재라고 말하고 있다는 이야기다.

뮌헨의 쾨니히스플라츠. 1816년 루트비히 1세에 의해 지어졌으나 나중에 히틀러에 의해 나치의 성지, 아크로폴로 게르마니아로 바뀌었다. 왼쪽 끝에는 총통청사, 즉 히틀러의 사무실과 1938년 뮌헨 회담 장소가 있던 건물이 자리하고 있었고, 오른쪽 끝에는 나치당 본부가 자리하고 있었으며, 가운데는 명예의 전당, 뒤에는 브라운하우스가 자리하고 있었다.

히틀러는 또한 자신의 미적 상상력을 은밀하게 사용함으로써 국민 통합 감정과 나치 국가에 대한 집단적 복종을 끌어냈다. 거의 모든 이벤트—장례식, 국빈 방문, 창립 행사, 건물 봉헌식, 미술 전시회 오프닝 행사, 조약 서명 또는 조약 폐기—를 대중 스펙터클을 연출하기 위한 구실로 활용했다. 그리고 이 모든 스펙터클은 대중이 거대한 힘에 복종하려는 욕망에 휩싸이도록 디자인되었다. 가장 중요한 축하 의식—어느 정도는 그가 유년 시절 경험한 가톨릭에서 유래했다고도 보이는데—들은 일련의 이벤트가 되어 성스러운 전례력의 형태로까지 진화했다. 그는 이를 담당하는 정부 기관인 '축제, 여가 및 경축 사무국'을 설치하기까지 했다. 이 기관에서는 엄숙함을 체계화하고 또 이를 제도화해서 영원불변하게 만드는 업무를 했다. 그가 한번은 슈페어에게 이렇게 말했다. "아마 미래의 제국 지도자들은 내가 거둔 것과 같은 효과를 얻지 못할 것이네. 하지만 이러한 기틀이 그들을 지탱하고 그들에게 권위를 부여할 결세."[6]

히틀러는 권력을 잡자마자 3개의 전통적인 국가 기념일을 제외한 모든 기념일을 폐지했고 이 3개의 기념일도 자신의 목적에 맞게 변경했다. 예를 들면, 전몰자들을 추도하는 '국가 추모의 날'은 '영웅절'이 되었다. 시간이 흐름에 따라 이날은 독일 군사력을 축하하는 날로 바뀌어, 나라 곳곳에서 퍼레이드, 횃불 행진, 국수주의적 연설을 벌이는 날이 되었다. 그는 또한 이런 행사들을 중요한 정치적 결정을 발표하는 기회로 활용했다. 1934년 이날에 독일 재무장을 막는 베르사유 조약의 폐기를 발표했고, 1935년에는 군 복무 의무화 제도 도입을 발표했으며, 1936년에는 라인란트 수복을 발표했고, 1938년에는 오스트리아 합병을 발표했다. 시간이 흐름에 따라 이벤트는 점점 더 축제의 성격을 띠게 되었다. 종전이 가까워지고 있던 시기에도 전몰자를 추모하는 행사가 아닌 군사적 영웅을 찬양하는 행사로 연출되었다.

강력한 노조 운동을 독일노동전선**Deutsche Arbeitsfront**으로 흡수할 때에도 무대 연출 기법을 사용했다. 로젠베르크의 제안에 따라 전통적인 노동절을 폐기하지는 않았지만, 히틀러는 이를 '국가적 형제애의 날'로 만들었다. 독일 전역에서 대규모 시위는 순전한 나치 이벤트로 조직되었다. 몇 년 후 휴일의 본래 목적은 완전히 사라지고 없었다. 행사는 '독일국민대축전'이라고 새롭게 명명되어 5월의 독일 종족 축제가 되었다. 5월의 나무, 5월의 왕과 5월의 여왕, 화환 그리고 동화 속에 등장할 법한 소품들이 축제를 장식했다. 이 모든 것들의 목적은, 공인된 바와 같이, '피와 대지 그리고 역사에 기반을 둔 국민 통합'[7]을 축하하는 데 있었다. 그리고 목적 달성에 성공한 듯 보였다. 프랑수아-퐁세는 축제를 구경하고 연설을 듣고 있노라면 '독일인이든 외국인이든 제3제국에 화해와 통합의 바람이 불고 있다는 인상'[8]을 받게 된다고 했다.

국경일의 3분의 1은 전통적인 가을 추수 축제의 나치 버전이었다. 히틀러는 농업에 조금도 관심이 없었지만, '독일농민기념대회'가 당의 '피와 대지' 이데올로기를 진작시킬 좋은 기회라고 여겼다. 주요 행사는 니더작센의 뷔케부르크에서 열렸다.[9] 특별 열차 수백 대가 참가자들을 이 마을로 수송했다. 1933년에는 50만 명을 수송했는데, 1937년이 되면 그 숫자가 100만 명에 달하게 된다. 이날은 다른 기념일보다 축제의 성격이 더 강했다. 밴드가 연주하고, 합창단이 노래하고, 댄스팀은 춤을 추었다. 스바스티카 깃발이 모든 공간을 장식했다. 심지어는 하늘에도 스바스티카 깃발이 펼쳐졌다. 항공기와 비행선에 매달린 깃발이었다. 행사의 시각적 초점은 '추수 제단'에 맞추어졌다. 축제가 정점에 이르게 되면, 1킬로미터 정도의 길을 따라 히틀러가 제단에 다가왔다. 그리고 그 길가에는 지역의 화려한 의상을 입은 농부들이 도열해 있었다. 히틀러가 축하 인사를 하고 나면 불꽃놀이, 조명, 분열행진이 뒤따랐다.

이러한 국가 행사 말고도 14개의 나치당 행사가 있었다. 이 가운데 가장 중요한 행사는 4월 20일 히틀러의 생일 축하 행사였다. 행사 전날 밤에 엄숙한 의식이 거행되었는데, 이때 새로 임명된 모든 당직자는 공식적으로 그에게 복종을 서약했다. 또 다른 행사로, 열 살 아이들을 히틀러 청소년단에 집단 가입시키기 위한 소집 행사도 열렸다. 이 역시 같은 목적의 행사였다. 이러한 행사들이 독일 전역에서 벌어졌지만, 가장 주요한 서약 의식은 뮌헨의 쾨니히스플라츠에서 열렸다. 히틀러가 참석한 가운데, 당 간부들과 히틀러 청소년단 수련생들은 그들의 총통에게 무조건적 충성을 맹세했다. 밤에 열린 탓에 신비한 분위기를 더한 의식은 참석자들이 당의 순교자들 그리고 히틀러와 떼려야 뗄 수 없는 한 몸이 되어 필요하다면 죽음도 불사하는 사람이 된다는 걸 의미했다.

이날은 점점 흥청망청 술 마시는 날로 바뀌었다. 이날이 되면 수

무대 디자이너인 히틀러. 1936년 기념 행진에서 피의 깃발을 따라 그가 괴링을 비롯한 참가자들과 함께 행진하고 있다. 연례 드라마의 효과를 극대화하기 위해 그는 거리를 붉은 핏빛과 지옥처럼 검은색으로 칠갑했다. 분위기를 고조시키는 음악을 방송했고, 불꽃과 연기가 피어오르는 화로 같은 소품들을 활용했다.

백 명의 개인과 조직들이 경의를 표하고 선물을 했다. 오페라하우스도 동원되었다.[10] 1934년부터는 제국문화회의소의 명령에 따라 이날을 기념하는 바그너 오페라 한 작품이 공연되어야 했다. 축하 행사의 마무리는 늘 군사 퍼레이드로 장식되었다. 히틀러는 이 퍼레이드를 총리실 발코니에서 사열했다. 총사령관인 그의 지위를 강조하기 위해 히틀러는 장군들보다 세 걸음 앞에 섰고 몇 시간 동안 **자신의** 군대를 지켜보았다. 마지막에는 당원들의 횃불 행진과 무장 병력의 분열행진이 있었다.

복종 의식이 정점에 다다른 것은 1939년 히틀러의 50세 생일 때였다.[11] 이날의 축하 행사에는 베를린 역사상 가장 큰 규모의 군사 퍼레이드가 있었는데, 지나가는 데 4시간이나 걸렸다. 여기서 히틀러는 그동안 그 존재조차 비밀에 부쳐졌던 탱크와 대포들을 선보여 외국의 무관들을 깜짝 놀라게 했다고 한다. 그에게 쏟아진 선물들도 그에 못지않게 그의 위세를 드러냈다. 수많은 개인과 기관들이 보낸 선물들 가운데는 희귀본 서적, 카펫, 태피스트리, 조각상, 오래된 에칭과 판화, 회화(티치아노 베첼리오Tiziano Vecellio, 루카스 크라나흐Lucas Cranach, 프란츠 폰 데프레거Franz von Defregger, 카를 슈피츠베그Carl Spitzweg, 한스 토마Hans Thoma, 프란츠 폰 렌바흐Franz von Lenbach)와 역사적 문헌(프리드리히 대왕의 서한을 포함한), 원본 악보(바그너의 것을 포함한), 초판본(쇼펜하우어 전서를 포함한), 고대 독일의 유물, 오래된 무기들, 비스마르크의 야전 식당 식기류 세트, 보헤미안 절삭 글라스, 매시간 다른 민요를 연주하는 벽시계 그리고 각 지역의 특색이 담긴 예술품과 공예품들이 있었다. 슈페어는 이런 선물들이 '키치들의 모음'[12]이라며 경멸했다. 그가 보기에 유일하게 가치 있는 선물은 자신이 선사한 4미터 높이의 개선문 모형이었다. 실물 개선문은 베를린 중심에 세워질 계획이었다. 그는 이 선물이 히틀러를 크게 기쁘게 했다고 주장했다. 그는 자신을 내

세우지 않으려 조심하며 이렇게 주장했다. "그날 밤 그는 이 모형을 보려고 여러 번 되돌아왔다." 이 모형이나 다른 선물 대부분은 폭격이나 1945년 총리실 약탈로 유실되었다.[13] 최후의 날을 앞두고 개인 소유물을 태워버리라는 히틀러의 지시에 따라 유실되기도 했다.

당의 기념행사 중에서도 가장 중요한 세 행사는 국가사회주의 역사상 벌어진 주요 사건을 기념하는 행사들이었다. 그중 하나가 당의 창립기념행사다. 나치당은 1920년 2월 24일 뮌헨의 호프브로이하우스에서 창립했다. 한동안 이 행사는 초기 나치 운동가들인 알테르 켐퍼 Alter Kämpfer가 참석한 가운데 그곳에서 재연되었다. 주요 프로그램은 그 장소를 주제로 한 히틀러의 감상적인 연설이었다. 연설에서 그는 성공에 이르기까지 당이 걸어야 했던 험난한 여정을 이야기했다. 두 번째는 1933년 1월 30일 히틀러의 총리 임명을 기념하는 행사였다. 그날에 브란덴부르크 문을 통과했던 횃불 행진이 매년 재연되었다. 그러다가 1940년에 행진이 중단되었다. 영국 공군의 폭격이 두려웠기 때문이다. 기념행사는 실내 행사로만 치러져야 했다. 히틀러는 이러한 행사들을 정치적 목적에 활용했다. 1934년에는 주 정부를 폐지하기 위해서, 1935년에는 아예 주 자체를 폐지하기 위해서, 1937년에는 자신의 독재 권력을 4년 더 연장하기 위해서, 1939년에는 대독일제국—확장된 영토까지 포함한 독일의 공식 명칭—의 초대 제국의회를 출범시키기 위해서 행사를 활용했다.

세 번째이자 가장 중요한 행사는 이른바 맥주홀 폭동을 기념하는 행사였다. 히틀러는 1923년 바이에른에서 권력을 장악함으로써 혁명을 촉발하고, 그다음에는 전년도에 있었던 무솔리니의 로마 진군을 따라 베를린에서도 정권을 잡으려 시도했다. 하지만 이 계획은 불명예스럽게 무너지고 말았다. 경찰이 무리를 향해 발포했고, 그중 16명이 사망했기 때문이다. 사실상 대실패로 끝난 사건이었지만, 여기서 히틀러는 드라마틱한 가능성을 간파했다. 천생 무대감독이었던 그는 일종의 코미디와도 같았던 이 사건을 신성한 영웅 찬양 행사이자 나치 독일의 탄생 행사로 바꾸어놓았다. 이 기념행사는 1926년부터 열리기 시작했지만, 히틀러가 정권을 잡자 뮌헨의 거리에서 다시 엄숙하게 재연되었다. '11월 8일과 9일 행사 주관 사무국'[14]이 구성되어 행사를 조직했고, 알테르 켐퍼들에게는 1923년 사건 당시를 재연하기 위한 의상을 제공해 행진할 때 입게 했다. 참가자들은 전날 밤 맥주홀에 모였다가 다음날이 되면 당시의 반란 참가자들이 걸었던 길을 따라 행진했다. 유혈사태가 있었던 장소 부근의 용장기념관 펠트헤른할레Feldherrnhalle까지 이어지는 길이었다. 1935년 히틀러는 이 의식을 자신에게 충성을 서약하는 감상적인 연극으로 바꾸어 놓았다. 맥주홀 폭동으로부터 정확히 12년이 지난 후, 16명의 '순교자들'의 관이 완전한 침묵 속에 오직 횃불만이 밝히고 있는 어두운 거리를 따라 펠트헤른할레까지 운구되었다. 펠트헤른할레에는 거대한 화로에서 일렁이는 불꽃만이 빛나고 있었다. 한밤중에 히틀러가 도착했다. 오픈카에 선 채 기념 장소로 접근했다. 그가 이동해 온 긴 경로 역시 너울거리는 불빛의 조명을 받고 있었다. 어느 지점부터는 히틀러의 양옆에 6만 명의 돌격대원들이 횃불을 들고 행진하기 시작해 대로를 따라 긴 행렬을 이루었다. 괴벨스는 일기에 이렇게 적었다. '얼마나 멋진 순간이었나! 어떤 것도 이처럼 매끄럽고 효과적으로 이루어진 적은 없었다.'[15] 이듬해의 행사에 대해 그는 이렇게 평했다. '낯선 신비함의 압도적으로 강렬한 전시.'[16]

다음날 반란 참가자들의 행진이 재연되는 거리 양옆에는 영웅들의 이름이 새겨진 철탑들이 늘어섰다. 저마다 핏빛 플래카드를 달고, 꼭대기에 연기 나는 화로를 얹고 있었다. 거리의 확성기들이 「호르스트 베

배우인 히틀러. 그가 가장 좋아했던 배역 중 하나는 고독한 지도자 역할이었다. 1935년 행사에서 그는 침묵의 경의를 표하며 미동도 없이 서 있다. 그 앞에는 명예의 전당이 있고, 여기에 독일을 위해 '영원히 경계 감시' 중이라는 '순교자들'의 관이 안치되어 있다.

안무가인 히틀러. 6만 명의 돌격대원을 자신의 발레단으로 삼고, 쾨니히스플라츠를 무대로 삼아 히틀러는 모든 추모행렬 가운데서 가장 위압적인 장면을 연출했다.

셀의 노래」를 크게 틀어 내보냈고, 죽은 영웅들의 이름을 계속해서 반복했다. 행렬이 펠트헤른할레에 도착하면 16발의 예포가 울렸다. 완전한 침묵 속에서 히틀러가 거대한 화환을 바치면, 수천 개의 스바스티카 깃발이 예를 표하면서 고개를 숙였다. '영웅들'의 관은 쾨니히스플라츠로 운구되었다. 여기서 또다시 공들인 의식이 행해졌다. 16명의 이름이 호명되었다. 그럴 때마다 당원들은 크게 '여기에!'라고 외쳤다. 마침내 그 유해들은 석관에 안치되었다. 안치 장소는 쾨니히스플라츠에 이제 막 건립된 두 채의 네오그리스식 '명예의 전당' 내부였다. 이곳에서 순교자들의 유해는 '독일을 위한 영원한 경계 감시'에 들어갔다. 돌격대원 보초가 이곳을 영원히 지킬 것이고, 거대한 화로의 일렁이는 불꽃 또한 꺼지지 않을 것이었다. 의식은 매년 반복되었고 그때마다 히틀러는 한밤중에 등장해 성전 앞에 섰으며 친위대의 종신 서약식을 집행했다. 히틀러는 이 행사를 대단히 신성시했다. 전황이 어려운 국면에 놓여 그가 대중 앞에 모습을 드러내지 않거나 대중 연설을 하지 않을 때에도 이 행사에 참석하겠다는 약속은 꼭 지켰다. 그가 1942년 "나는 스탈린그라드에 있으며, 계속 스탈린그라드에 남아있을 겁니다."[17]라며 반항조로 선언했던 장소가 바로 이 행사 자리였다. 다음 해에 독일국방군이 퇴각하고 독일의 많은 도시들이 무너져 내리는 상황 속에서 결사항전의 의지를 발표했던 곳도 바로 이 행사 자리였다.

이 의식은 '순교자' 숭배로 진화해 「펠트헤른할레 행진곡」라는 찬송가와 유품들—특히 피의 깃발이 대표적이다—을 만들어내는 지경에 이르렀다. 여기에 유사 종교적 색채가 있음은 분명하다. 이것의 모델은 부활절 전례인 고난과 죽음과 부활을 기념하는 십자가의 길일 수도 있고, 성체 그리스도 행렬일 수도 있다. 16명의 영웅은 성인으로 여겨지는 존재가 되었다. 연설이나 언론에서 이 행사를 언급할 때 사용한 어휘인 '순교자', '부활', '희생', '순례 성지', '영웅', '죽음'도 종교적이다.[18] 이 모두는 당과 총통을 위해 자신을 희생하는 것은 신성한 의무라는 단순한 메시지로 요약된다. 필요하다면 피를 흘려 죽을 각오를 해야 한다는 이야기다. 이러한 의식의 목적은 단지 감각을 압도할 뿐만 아니라 참가자들의 정신을 개조하는 데 있었다. 그리고 가능하다면 라디오를 청취하거나 뉴스를 시청하는 이들의 정신도 개조하려 했다. 여러 종교적 면모들—개종, 희망, 헌신, 성찬, 위안, 구원 그리고 무엇보다 믿음의 통일—이 이 행사에 함축되어 있었다. 히틀러의 정치적 예술은 개인들에게서 개별성의 감각을 빼앗고, 그들이 히틀러에 속한 존재라는 확신을 심고자 했다. 그리고 이런 시도가 성공할 수 있었던 것은, 바로 총통에 대한 신앙 행위를 계속 새롭게 하는 끊임없는 군중대회 덕분이었다. 다음의 말들이 당시 상황을 전형적으로 보여준다. "사람들은 더 이상 개별자들의 덩어리가 아니다. 형식도 기교도 없이 서투르게 뭉친 덩어리가 아니다. 이제 그들은 의지와 공동체적 감정으로 일체화된 무엇을 형성하게 되었다. 마치 보이지 않는 손의 작용을 받기라도 하듯 대형으로 들어가 가만히 서 있는 법을 배웠다."[19]

로젠베르크, 힘러와 극우 나치당원들이 밀어붙였던 고대 게르만 종교의 부활에 히틀러가 점점 반대의 입장을 취하게 된 것은 별로 놀랄 일이 아니다. 보탄 숭배를 확립하고 기독교 의식을 북유럽 의식으로 대체하려는 이들의 노력은 국가사회주의를 제3제국의 종교로 만들고 자신을 유일 숭배 대상으로 만들려는 히틀러의 의도에 정면으로 위배되었기 때문이다. 이른바 씽 운동Thing movement(씽슈필Thingspiele은 1930년대 전쟁 전 나치 독일에서 잠시 인기를 얻었던 일종의 종합 야외극장 공연이었고, 씽플라츠Thingplatz는 이러한 공연을 위해 특별히 건축된 야외 원형 극장이었다. -옮긴이)도 마찬가지였다. 이 운동으로 게르만 양식의 야외 극장에서 종교극이 펼쳐졌는데, 제3제국 초기에 40개 이상의 씽플라츠가 세워졌다. 하지만 1938년 그런 튜턴식 광대짓이 지겨워진 히틀러는 당 대회에서 이를 비난했다. "그래서 우리는 종교적인 모임 장소가 아니라 인민회관을 가지고 있는 겁니다. 종교적인 부지가 아니라 집회 장소와 행진 장소를 가지고 있는 겁니다. 이제 국가사회주의 운동은 영생을 추구하는 미신을 더는 용납하지 않을 것입니다."[20] 이 선언으로 씽 운동과 보탄 숭배는 끝났다.

이런 식으로 히틀러는 의식과 전례를 자신의 이상 국가—인종적으로 순수하며 스파르타의 상무 정신, 아테나의 미적 이념, 로마제국의 힘을 가진 독일—를 건설하기 위해 사용했다. 대영제국에 대한 히틀러의 존중에는 로마제국에 대한 흠모가 깔려 있었다. 한동안 그는 앵글로

히틀러는 저부조 작품들을 대단히 높이 평가해서—이 또한 고대 그리스와 로마의 영향이다—베를린과 뮌헨을 장식할 작품 150점을 의뢰했다. 1925년에 그는 베를린 개선문의 부조 초안을 그렸고 1938년에 아르노 브레커에게 그것을 디자인하라고 지시했다. 여기에는 60명의 인물상과 15마리의 말이 있었다. 사진은 브레커의 디자인 가운데 3점을 찍은 것이다. 각각 「복수자」, 「수호자」와 「전사의 출정」을 표현하고 있다. 「복수자」는 1940년과 1941년 뮌헨 전시회에서 공개되었다.

필리아에 가까운 태도를 취하기도 했다. 하지만 그가 영국에 호감을 가진 이유는 또 다른 친영파 인사인 지그문트 프로이트의 이유와 달랐다. 프로이트는 영국인들의 근면함, 공공복지 의식, 정의에 대한 헌신, 경험주의적이고 합리주의적인 사고를 높이 평가했다. 이와 달리 히틀러의 경우에는 1차대전 당시 개인적으로 목격한 영국 군인들의 용감함을 높이 평가했다. 그리고 영국 정부가 제국을 건설하면서 보여준 '잔인성'과 제국을 방어할 때 보여준 '무자비함'을 높이 평가했다.[21] 세계 평화가 아닌 세계 지배를 추구하면서 보여준 영국 정치가들의 영리함과 성취도 높이 평가했다. 하지만 1940년 처칠이 그와의 협상을 거절했을 때, 그는 마치 실연당한 연인처럼 반응했고, 특히 문화 분야에서의 영국인들의 단점에 대해 신랄한 비난을 퍼부었다.

히틀러는 서둘러 덧붙이기를 "그럼에도 나는 영국인이 미국인보다 1,000배는 낫다고 생각한다. … 미국인에 관해서라면 그게 무엇이든 깊은 혐오만이 느껴질 뿐이다. 전체적으로 보았을 때 미국은 유대인과 흑인이 절반씩 섞인 사회라 할 수 있다."[22]라고 했다. 그는 '신흥 강자 미국'[23]의 정치적·경제적 힘을 두려워하면서도, 그들의 낮은 문화적 수준을 경멸했다. "독일제국은 270개의 오페라하우스를 가지고 있고, 알려진 것보다 더 풍요로운 문화적 삶을 누리고 있다. 기본적으로 미국인들은 그럴듯하게 타일을 깔기는 했다지만 그래 봐야 돼지우리에 사는 돼지들이다."[24]라고 했다. '마천루의 파도 너머를 보지' 못하기에 그들은 자연에 대해 독일인들이 갖는 감정을 가질 수 없으며 낭만주의적인 감각이 전혀 없다고 했다.[25] "인디언의 전승이 북미인들이 가진 낭만주의의 유일한 원천이다. 그런데 재미있는 건 이를 가장 잘 묘사한 이가 바로 독일인이라는 사실이다." 그는 소설가 카를 마이Karl May를 언급하면서 그와 같은 말을 했다. 그리고 사실을 말하자면 그는 동맹인 일본인도 좋아하지 않았다. 1941년 일본의 전쟁 개시에 그는 분노했다. 틀림없이 인종적인 이유 때문이었을 것이다. 일본이라는 나라는 결코 친근하게 느껴지지 않았다. "우리와 일본인들 사이에는 실질적인 연결 고리라 할 만한 것이 없지. 문화적으로나 생활방식의 측면에서나 그들은 우리에게 너무 낯설어."[26] 진주만 공격 이후 한 달이 지나고 그가 낸 논평이었다. 이후로도 그는 일본의 군사적 승리에 감탄하기도 했지만, 그 이상으로 그들이 '백인들을 궁지에 몰아넣는'[27] 상황을 걱정하기도 했다.

히틀러의 유토피아 비전이 가진 또 다른 측면을 보여주는 것이 그의 이상 국가에 거주할 '신인류'였다. 그는 국가사회주의가 "종교 이상이다. 신인류를 창조하겠다는 결단이다."[28]라고 버릇처럼 말했다. 신인류는 "날씬하고 유연하며, 그레이하운드처럼 빠르고, 가죽처럼 질기고, 크루프Krupp(철강 생산과 군수품, 병기 제조로 유명했던 크루프 가문이 19세기에 창업한 기업. -옮긴이) 강철처럼 단단할 것입니다."[29]라고 했다. 그는 히틀러 청소년단에게 신인류란 이런 존재라고 설명했다. 가장 훌륭한 육체적 모델은 미론의 「원반 던지는 사람」이었다. 이 조각상을 손에 넣으려고 결심한 이유도 바로 여기에 있었을 것이다. 그는 이 작품이 '고결한 아름다움'[30]을 요약해 보여주며, "인간 내부에 깃든 신성을 알아차리게 해준다."라고 했다. 작품 속 운동선수의 신체적 구조와 몸가짐은 그의 인종적 우월성을 증명하며, 그의 자세에서 드러나는 자제력과 그의 근육이 가진 활력은 국가사회주의의 핵심인 규율과 역동성 모두를 상징한다고 했다. 히틀러는 당 대회를 찍은 리펜슈탈의 영화 제목으로 「의지의 승리」를 골랐다. 1936년 올림픽을 담은 리펜슈탈의 영화 오프닝 장면에 「원반 던지는 사람」을 넣자고 제안한 사람이 히틀러였을 가능성도 아예 없지는 않다. 히틀러는 올림픽 직후 열린 당 대회에서 이렇게 주장했다. "우리는 우리 주변에서 진화 중인 새로운 유형의 인간을 봅니

아돌프 밤퍼는 정부 기관 또는 당사에 어울리는 이데올로기적 성격을 띤 조각을 제작했다. 그의 1940년 작, 「승리의 천재」는 제3제국이 선호하는 두 상징, 검과 독수리를 강조했다.

다."[31] 이듬해 열린 당 대회에서도 같은 이야기를 반복했다. "이러한 유형은 새로운 시대의 상징입니다." "우리는 지난해 올림픽에서 전 세계 앞에 새로운 유형의 인간이 출현했음을, 그가 가진 자랑스레 빛나는 신체적 아름다움과 힘 안에서 목격했습니다."

운동선수를 모델로 하는 이러한 이상이 지닌 이데올로기적·미적 매력에 히틀러는 푹 빠져들었다. 그에게 인종, 아름다움, 예술 그리고 운동선수는 불가분의 관계에 있었다. 그래서 미래의 올림픽도 아주 중요했다. 그는 전통적인 규칙에 따라 미래의 올림픽이 한번은 예정대로 1940년 도쿄에서 열리도록 허용할 참이었다. 하지만 그다음부터는 승리한 제국의 지도자로서 당연한 권리를 행사하여 미래의 올림픽은 영원히 뉘른베르크에서 열리도록 만들려 했다.[32] 이것이 뉘른베르크에 거대한 경기장을 짓는 데 공을 들였던 이유 가운데 하나다. 계획된 경기장 부지가 올림픽 규정을 초과한다는 지적이 있었을 때, 그는 미래에는 자신이 올림픽의 규칙이나 이모저모를 결정하게 될 것이라고 대답했다.[33]

활력 넘치는 벌거벗은 남성이 국가사회주의자의 주요 이미지였다. 1934년 당 대회의 공식적인 초청장에는 반나체의 남자들이 당의 기치를 들고 있는 모습이 그려져 있었다.[34] 제1회 대독일미술전의 공식 상징은 리하르트 클라인Richard Klein의 「각성Awakening」으로, 나체의 누운 남자를 묘사했다. 친위대조차 이상화된 반나체의 남성을 자신들의 상징적인 이미지로 삼았다. 이러한 원형적인 북유럽 아리아인의 이미지는 당대의 독일 조각에 투영되었다. 거의 항상 칼을 쥐고 있는 모습으로, 브레커의 「준비태세Readiness」, 게오르크 콜베Georg Kolbe의 기념 조각, 아돌프 밤퍼Adolf Wamper의 「승리의 천재Genius of Victory」에서 확인된다. 남근숭배적인 기조를 띠고 있다는 사실은 제쳐두고라도, 이 작품들은 그 새로운 남자가 국가와 총통을 위해 기꺼이 싸우다 죽을 사람이라는 것을 보여주었다.

어떤 작가는 제3제국의 미술에 대해 이렇게 논평했다. "동성애자들을 강제수용소로 보내는 청교도적 정권이 남성의 나체를 그렇게나 찬양한다는 사실이 놀랍기만 하다."[35] 그런데 사실 그렇게 놀랄 일은 아니다. 남성성과 활력, 동지애와 남성 유대, 아름다운 육체와 젊은 에너지는 나치의 핵심적인 자아상이기도 했지만, 동시에 동성애적 이상이기도 했기 때문이다. 하인리히 힘러에 관해 쓴 글 가운데서 조지 모스George Mosse는 이런 지적을 했다. "만일 누군가가 동성애와 남성성의 관계가 완전히 극과 극의 관계임을 강조한다면, 이는 이 둘 중 하나가 다른 하나로 쉽게 바뀔 수 있다는 사실을 두려워하기 때문이다."[36] 실제로 그런 일은 벌어졌다. 한동안 나치당이 동성애를 묵인한다는 소문이 떠돌았다. 심지어 고위 간부들 사이에서도 그런 일이 벌어지고 있다는 소문이었다. 반나치주의자들이 나치에 대항하기 위해 이런 소문을 이용하기도 했지만 당 구성원들도 당내의 적을 제거하기 위해 그런 소문을 이용했다. 수년간 히틀러는 이 문제에 무관심했다. 그런 건 사적인 문제라고 여겼기 때문이다. 돌격대 수장이자 1920년대에 이미 언론의 주요 타깃이 된 에른스트 룀Ernst Röhm을 두고 히틀러는 호프만에게 이렇게 말했다. "그가 분별 있게 처신하기만 한다면, 그의 사생활은 내 알 바가 아니네."[37] 1931년 초에 그는 또다시 돌격대를 변호했다. 그들의 성적인 놀이는 '완전히 사적 영역'[38]에 속하며 돌격대는 '도덕적인 목적을 위해 편제된 집단'이 아니라 '거친 싸움꾼들의 무리'라고 했다. 하지만 당내의 많은 이들은 동성애를 불명예스럽게 여겼다. 그 당시 괴벨스는 격앙된 어조로 일기에 이렇게 적었다. "히틀러는 그 문제에 너무 관심이 없다."[39] 마침내 1934년 히틀러가 룀과 대원들을 숙청했을 때도 표면적으로 내세웠던 것과는 달리 동성애는 숙청의 실제 동기가 아니었다. 이런 일이 있고 나서도 당의 행사에서 동성애적인 기조는 계속 이어졌다. 어떤 이들은 금세 알아차릴 정도였다. 동성애자인 프랑스 작가는 1935년 당 대회를 이렇게 논평했다. "사방에서 남성적인 관능미가 넘쳤다."[40] 2년 후에 친위대 잡지인 「흑군단Das Schwarze Korps」은 '북유럽 인종 유형'에 관한 일러스트가 저급한 감각을 자극하는 구실로 사용됨을 비판할 필요가 있다고 보았다.[41] 1942년 친위대 내의 동성애 행위는 히틀러마저도 그들을 사형으로 다스려야 한다고 선언하게 만들 정도에 이르렀다.[42]

죽음의 정화

새로운 독일을 만들기 위해서는, 우선 낡은 독일을 이데올로기적으로 정화할 필요가 있었다. 잇따른 숙청으로 수천의 공무원들이 해고되었고, 수백의 기관들이 문을 닫았으며, 유대인, 자유주의자, 사회민주주의자, 공산주의자 그리고 그 밖의 많은 이들이 배제되었다. 정화는 또한 불의 형태를 띠었다. 불은 마법과 종교에서 사용하는 정화의 주요 수단이었으며 악의 영향력을 제거하기 위한 신화적 수단이었다. 제3제국에서도 그랬다. '수정의 밤Kristallnacht'에 있었던 서적의 소각, 시나고그를 비롯한 유대인 소유 자산들의 소각, 전쟁 개시 전날 밤에 있었던 5,000점의 예술 작품 소각 그리고 결국에 벌어진 인간 소각이 그 예다. 프레이저가 『황금 가지』에서 지적했듯이, 불은 "정화를 뜻하며, 모든 해로운 영향력을 태워 없애려는 의도에서 사용된다…."[1]

불은 단순히 수단에만 그치지 않았다. 히틀러에게 그것은 성스러운 존재였다. 그는 그리스 신화에서 지상에 불을 가져다준 프로메테우스를 아리아 인종의 주요 상징으로 여겼다. 그는 불이 가진 심리적인 힘에 매료되었다. 한번은 어둡게 조명을 켠 그의 기차가 밤에 루르 지방을 서서히 통과한 적이 있었다.[2] 그는 거대한 제철소의 달궈진 불빛과 불꽃에 넋이 나가 1시간 동안 아무 말도 하지 못하고 그저 바라만 보았다고 한다. 몇 년 후 슈페어는 사람과 자연 요소의 연관성을 생각해봤고, 히틀러 하면 바로 불이 떠오른다고 말했다.[3] 슈페어가 보기에 히틀러에게 불이 매력적인 이유는 프로메테우스를 연상시키기 때문이 아니다. 그것이 지닌 파괴적 힘 때문이다. 그는 독일 공군의 공습으로 런던과 바르샤바가 화염에 휩싸이는 광경을 찍은 다큐멘터리 영화를 보며 황홀해했다. 괴벨스는 "무엇보다 그는 불타는 런던 사진에 깊은 감명을 받았다."[4]라고 썼다. 또 한번은 화염 폭풍에 휩싸인 뉴욕을 상상하며 "마천루들이 거대한 횃불이 되어 서로에게 쓰러진다. 작열하는 도시의 폭발이 어두운 하늘을 비춘다."[5]라면서 기쁨의 광란 상태에 빠져들었다고도 했다.

히틀러의 환상 가운데, 아포칼립스와 대화재로부터 멀리 떨어져 있지 않은 또 다른 요소가 있다. 바로 피다. 피는 물론 인종을 의미한다. 전쟁과 살육도 의미한다. 국가사회주의 당의 역사 자체가 피의 역사다. 1923년 맥주홀 폭동, 창당 초기 시가전, 룀 숙청 그리고 전쟁에서의 학살로 엄청난 피가 흘렀다. 이런 생각에 히틀러는 매료되었다. 그리고 『나의 투쟁』과 연설에서 수없이 반복하여 언급했다. '아리안의 피', '불순한 피로 인한 감염', '한 나라의 피와 같은 가치', '피의 소유권', '피와 대지', '피의 죄', '영웅의 피', '피의 증명', '피의 순교자'와 같은 표현들을 사용했다. 스바스티카 깃발에 핏빛을 넣었고, 행진 경로를 장식할 핏빛 플래카드를 주문했으며, 피의 메달(핏빛 끈을 달았다)을 제작하고 피의 깃발이라는 신화를 날조했다. 이 깃발은 나치당의 가장 성스러운 유물로 떠받들어졌다. 당의 폭력적인 기원을 언급하면서, 그는 1923년의 반란에서 흘렸던 피를 '제국을 위한 세례'[6]로 묘사했다. 오로라가 장관이었던 1939년 8월 말, 슈페어는 베르그호프에서 있었던 일을 회고했다. 그 오로라는 모든 것을 붉게 물들였는데, 이에 깊은 감명을 받은 히틀러가 이렇게 말했다고 한다. "엄청난 양의 피처럼 보이는군."[7] 그리고 잠시 후 임박한 폴란드 공격에 관해 생각하더니 이런 말을 덧붙였다고 한다. "이번에는 폭력 없이 성공하지 못할 거야."

누가 피를 흘린다는 것일까? 총통과 당을 위해 누구의 피가 흐르게 된다는 것일까? 답은 영웅의 피다. 당을 위해서라면 주저하지 않고 죽일 수 있으며 총통을 위해 자기 목숨을 기꺼이 내놓는 영웅 말이다. 히틀러는 1929년 뉘른베르크 당 대회에서 이렇게 선언했다. "영웅은 말합니다. 공동체를 구할 수만 있다면, 자기 한목숨이 아깝겠느냐고."[8] 고인이 된 영웅들에 대한 추모 의식은 주요 당 행사 가운데서도 핵심을 차지했다. 총통은 언제나 엄숙한 음악 소리에 맞추어, 수많은 제복 입은 병사들의 대열 사이로 유유히 걸으며 경의를 표하고는 했다. 히틀러의 격려에 힘입어, 1923년 반란과 같은 사건들은 파울 헤르만Paul Hermann의 회화, 시라흐의 형편없는 시 그리고 파울 루트비히 트루스트Paul Ludwig Troost의 건축과 같은 예술 작품을 통해 영원히 기념되도록 했다. 그러한 사건들의 기념은 단지 추모의 의미만 갖지 않는다. 죽음에 대해 느끼는 히틀러의 매혹의 감정을 단적으로 보여준다. 그가 이 사건들을 예술로 표현되도록 만든 이유는 작품을 통해 그러한 매혹의 감정을 한껏 즐기기 위해서였다. 하지만 히틀러 추종자들에게 죽음은 비극적 현실에서의 죽음을 의미하지 않았다. 그것은 의례화된, 감정이 배제된 채 예술화한, 공포가 제거된 죽음이었다. 황록색 시체들이 묘사된 한스 마카르트Hans Makart의 「피렌체의 페스트Die Pest in Florenz」처럼 히틀러를 흥분시키는 그림은 없었다. 그가 가장 좋아하는 오페라 장면도 세상의 종말을 그린 「신들의 황혼Götterdämmerung」의 피날레 장면이었다고 한다. 그가 궁극적으로 추구한 건축적 목표는 폐허가 된 위대한 건물들의 잔해였다. 죽음의 순간에 듣고 싶어 했다던 음악은 「트리스탄과 이졸데」의 「사랑의 죽음Liebestod」이었다.[9] 이 노래에서 이졸데는 죽음을 '물에 빠지듯 정신을 잃고 마침내 지극한 행복을 맛보는' 것으로 경험한다. 여기서 죽음은 영광과 기쁨으로 묘사된다. 지크프리트와 브륀힐트는 "웃음은 우리에게 죽음을 허락하네. 웃음은 우리에게 소멸을 허락하네. … 밤이 저물게 하라, 소멸의 밤은… 웃음은 죽음을… 웃음은 죽음을…."이라고 노래한다. 드라마와 오페라에서는 죽음이 넘쳐나기 마련이지만 통상 비극으로서 그렇다. 하지만 바그너 작품과 독일 낭만주의 전통에서 죽음은 승리와 구원을 약속한다. 그리고 때로는 아무것도 약속하지 않는다. 「발퀴레」의 2막에서 보탄은 울부짖는다. "오로지 내가 바라는 바는 종말, 종말이다." 아름다움을 통해 삶을 받아들인 절망이 그리스적 개념이라면, 아름다움을 통해 죽음을 받아들인 삶은 19세기 독일 낭만주의의 관념이다. 히틀러에게 복종하기 위한 영웅적 행위로서의 죽음은 제3제국의 에토스에서 핵심적인 자리를 차지한다. 오웰은 이것이 히틀러의 매력을 어느 정도 설명해 준다고 보았다.[10] "사회주의가—자본주의의 경우에는 다소 마지못한 어투로 말했겠지만—사람들에게 '좋은 날이 올 것을 약속하겠소.'라고 했다면, 히틀러는 '투쟁과 위험 그리고 죽음을 약속하겠소.'라고 말했다. 그러자 온 나라가 그의 발아래 넙죽 엎드렸다." 히틀러의 메시지를 요약하면, 끝나지 않는 공포[를 맞이하기]보다는 공포와 함께 끝장나는 편이 낫다는 것이다.

사랑과 죽음을 이상화하고 이 둘을 함께 연결 짓는 것은 낭만주의의 전형적인 사고방식이다. 히틀러의 정신세계 안에서도 이 둘은 어느 정도 관련성이 있다. 발터 베냐민의 말을 적용하자면, 히틀러의 자기소외는 자신이나 타인의 파멸을 미적 쾌pleasure로 경험하는 지경에 이르렀다.[11] 이 역시 어느 정도 낭만주의 전통을 상기시킨다. 낭만주의 전통에서는 대의 그 자체보다 대의를 위한 희생이 이상화된다. 사실상 희생이 대의를 정당화한다. 이러한 전통이 건축적으로 표현된 초기 형태가 레겐스부르크에 있는, 레오 폰 클렌체Leo von Klenze의 1841년 신고전주의 양식 발할라 신전이다. 히틀러는 권력을 잡자마자 망자에게 경의를 표하는 전통을 죽음 숭배 의식으로 바꾸는 작업에 착수했다. 먼저 그는 나치 순교자들을 위한 쾨니히스플라츠 묘역 조성을 의뢰했다. 그리고 죽은 영웅들을 기리기 위한 거대한 군인회관을 베를린 도심에 지을 계획을 세웠다. 이곳에는 하나의 마우솔레움mausoleum과 두 개의 '영예의 묘지'를 지을 예정이었다. 더욱 드라마틱한 것은 거대한 토텐부르겐Totenburgen, 즉 망자들의 성채였다. 그는 대서양에서 우랄산맥까지, 노르웨이에서 북아프리카까지 그의 제국을 둘러싸는 거대한 석조 건축물의 네트워크를 구상했다. 이것으로 전쟁을 찬미하고, 죽은 영웅들을 기리며, 게르만족의 넘볼 수 없는 힘을 상징할 계획이었다.

영웅주의, 피, 죽음, 불—말 그대로인 불 또는 신화적인 의미의 불—은 결국 히틀러 통치의 궁극적인 역설, 즉 정반대인 이상들을 의도적으로 추구하는 데서 생겨나는 역설을 낳는다. 히틀러 통치는 문화와 반달리즘을, 창조와 파괴를, 아름다움과 공포를, 삶과 죽음을 추구했다. 모든 사람, 모든 것이 히틀러의 원대한 꿈속으로 빨려 들어갔다. 예술, 창조, 아름다움, 삶은 그것과 정반대되는 것들과 떼려야 뗄 수 없는 관계로 연결되었다. 그렇게 되는 데는 당 간부나 정부 관료의 역할만 있었던 것이 아니다. 지휘자, 가수, 악기 연주자 그리고 배우들의 역할도 있었다. 이들은 정권 지지나 전쟁 지지를 위한 공연을 했다. 미술 전문가와 박물관 큐레이터들의 역할도 있었다. 이들은 예술 작품을 약탈하거나 파괴했다. 악단 감독들의 역할도 있었다. 이들은 피점령국의 오케스트라와 오페라단을 해산시켰다. 강제수용소 책임자들의 역할도 있었다. 이들은 유대인 수감자들이 처형되기 전에 연주하는 실내악을 즐겼다. 문화와 야만의 결합이야말로 히틀러 제국의 요체다. 히틀러는 자신이 한마디로 수수께끼 같은 인물이라고 했다.

독일의 소련 침공 직후, 히틀러는 자신의 군사령부에서 과거의 여행 경험을 열심히 회상한 적이 있었다. 이탈리아를 국빈 방문했을 때의 애틋한 기억들이 다시 밀려왔는데, 이때 그가 떠올린 것은 무솔리니와의 정치적 논의가 아니라 이탈리아 도시와 이탈리아 예술의 아름다움이었다. 문득 그는 전쟁에서 그것들이 파괴되지나 않았는지 걱정하며 이렇게 말했다. "피렌체와 로마의 팔라초는 윈저성보다 더 값진 유산들이네. 영국이 피렌체나 로마의 그 어떤 것이라도 파괴한다면, 심각한 범죄가 될 것이야. 베를린의 경우라면 … 뭐 그럴 수도 있는 일이지만."[12] 1943년 11월 독일국방군이 이탈리아에서 손을 떼야만 하는 상황이 되자, 그는 작전 변경에 동의하면서도 피렌체 방어를 지시했다. 그는 이탈리아 주재 독일 대사에게 "피렌체는 파괴되기에는 너무나 아름다운 도시일세."[13]라고 말하고는 "이 도시를 보호하기 위해, 나의 승인과 지지로 자네가 할 수 있는 일을 하게."

이탈리아의 국보는 끔찍이 아끼면서 자신이 벌인 전쟁으로 자국의 수도가 파괴되는 일에 대해서는 무심한 심리 기제를 어떻게 설명해야 할까? "나는 친절을 베풀기 위해 잔인해져야만 한다." 히틀러라면 햄릿의 대사를 인용해 그렇게 말했을 법도 하다. 사실 1941년 9월 독일국방군이 모스크바와 레닌그라드로 빠르게 진격하던 무렵 그가 참모들에게 한 말을 보면, 그 역시 이 주제에 관해 인지하고 있었음을 알 수 있다.

① 뮌헨의 명예의 전당에 있는 「영원한 수호자」. 1933년 파울 루트비히 트루스트가 디자인했으며, 1935년 봉헌되었고, 1947년 1월 독일관리이사회에 의해 '나치 건축물'로 규정됨에 따라 파괴되었다.

② 20개의 노란 석회암 기둥에 둘러싸인 각각의 전당에는 1923년 반란 당시 살해당한 '순교자' 8명의 석관이 안치되어 있었다. 전후에 석관은 파괴되었고 그 안에 들어있던 관은 원래 자리에 안치되었다.

히틀러는 전쟁으로 많은 병사들이 죽게 될 것을 예상하고는 빌헬름 크라이스에게 주요 전적지에 토텐부르크겐을 설계해 줄 것을 의뢰했다. 크라이스는 고대 무덤을 모방하여, 히틀러가 만족할 만한 모델 여러 개를 디자인했다. 1941년에 스케치된 이 모델은 드네프르강을 따라 들어서게 될 예정이었다.

어떤 이들은 놀라서 이렇게 말하겠지. "총통이 어찌 상트페테르부르크와 같은 도시를 파괴할 수 있단 말인가!" 확실히 난 자란 환경이 달라서 그런지 완전히 다른 사고방식을 갖고 있네. 난 아무도 고통받거나 다치는 걸 원하지 않아. 하지만 인류가 처한 위험을 감지하면 얼음처럼 차가운 이성이 감정을 뒤덮지. 내가 아는 건, 오늘의 희생이 없다면 내일은 더 큰 희생이 뒤따른다는 사실뿐이네.[14]

그 후 몇 주 뒤에는, 이런 논평을 했다.

오랜 문화의 도시를 구하기 위해, 우리는 파리 공습을 외곽에 있는 비행장만을 대상으로 제한적으로 실시했네…. 성당이 있는 랑 같은 도시를 공격해야 했다면 정말이지 성가신 일이 되었을 거야….[15]

그리고는 곧바로 이렇게 말했다.

…키예프, 모스크바, 페테르부르크를 쓸어버리는 일 따위는 전혀 아무렇지도 않아. 러시아에 비하면 폴란드조차 교양 있는 나라라고 할 수 있지.

이후에 그는 이런 생각을 말했다.

…인간에겐 아름다움을 발견하는 본능이 있네. 자신의 감각을 사용할 줄 아는 이에게 세상은 얼마나 풍요롭게 느껴지겠나. 자연은 인간에게 그들이 발견한 아름다운 모든 것을 타인과 함께 나누고 싶어 하는 마음을 심어주었지. 인간은 아름다움의 지배를 받아야 해. 아름다움은 자신의 권력을 유지하고 싶어 하거든.[16]

이는 다음의 말과 짝을 이룬다.

개인의 생명에 지나치게 가치를 부여해서는 안 돼. 파리 한 마리가 백만 개의 알을 낳지만, 그 알의 대부분은 죽고 말거든. 그래도 파리들은 살아남지.

히틀러가 인간에 대해—그가 광신도 나치당원이라 할지라도—감정을 느끼지 못한다는 사실은 이미 뉘른베르크 당 대회나 다른 행사에도 확연하게 드러난 바 있다. 여기서 그는 참가자들을 재료로 사용한 일종의 '건축술'을 선보였다. 참가자들을 기하학적 패턴으로 전개하는 그의 방식은 그들을 인간 이하의 존재로 만들어버렸다. 그는 자신의 전쟁과 죽음의 수용소에서 이런 소름 끼치는 방식이 과연 어디까지 갈 수 있는지 똑똑히 보여주었다. 그는 "진실로 뛰어난 천재들은 평범한 인간들에게 신경 쓸 겨를이 없다."[17]라고 믿었다. 천재들이 지닌 더 깊은 통찰력과 더 고결한 임무는 어떤 잔인함도 정당화할 수 있다고 믿었다. 그들에 비하면 평범한 개인들은 단지 '떠도는 박테리아'에 불과하니까.

새로운 독일은 불순한 피와 전복적 사고로 오염된 세상을 구원하는 임무를 띠었고 그 임무를 위해 국가사회주의에 기반을 둔 아리안 국가를 창조하고 고급문화에 헌신해야 했다. 『나의 투쟁』의 끝에서 두 번째 문장은 다음과 같다. "인종적 오염이 심각한 이러한 시대에 가장 뛰어난 인종을 보살피는 데 헌신하는 국가는 언젠가 반드시 세계를 호령하게 될 것이다." 1929년 당 대회 연설에서 그는 나아가 이렇게 선언했다. "독일에서 해마다 100만 명의 아이가 태어나고 그 가운데 몸이 약한 70만에서 80만 명의 아이가 제거된다면, 최종적인 결과로 힘이 증가할 수 있습니다."[18] 그는 계속해서 말하기를, 한 나라가 '영웅적인 공적'과 '높은 문화'를 이루도록 만드는 건 바로 그 사회의 건전한 이들이라고 했다. 그리하여 '우리의 역사는 세계의 역사가 될 것'이라고 했다.

칸트가 언급한 종교재판관처럼 히틀러는 자신이 도덕적 의무에 따라 행동하고 있다고 믿었다. 또한 종교재판관처럼 그는 자신에게 맡겨진 '임무'로 인해 사람들을 수단이 아닌 목적으로 대우하라는 칸트의 정언명령을 어겨도 된다고 믿었다. 한 사람의 죽음—히틀러의 경우에는 울리히 롤러의 죽음이 여기에 해당하겠다—은 비극이지만, 100만 명의 죽음은 단지 통계일 뿐이라고 한 스탈린의 말에 그 역시 동의했을 것이다. 그는 자신이 믿는 잔인한 사회진화론—인간이란 파리와 다를 것이 없으며, 둘 다 잔혹한 자연법칙의 희생자일 뿐이라고 믿는—으로 인해, 대량 학살과 문화적 아름다움의 공존이라는 기이한 역설에서 아무런 부자연스러움을 느끼지 못하게 되었다. 사실 그는 자신이 유럽에 풀어놓은 전쟁 공포에 대해 아무런 불편함을 느끼지 않았다. 여러 자리에서 그가 했던 말이 있다. "전쟁은 스쳐 지나가기 마련이다. 오로지 문화적 성취만이 살아남는다."[19] 인종 학살과 마찬가지로, 전쟁은 단지 더 높은 목적을 위한 수단일 따름이다. 그 목적이란 새로운 인간, 새로운 독일, 새로운 세상의 창조다.

그렇다면 히틀러는 누구이고, 그가 원한 것은 무엇인가? 히틀러가 누구인지는 여전히 답하기 어려운 문제이다. 히틀러의 비서였던 크리스타 슈뢰더는 전후에 히틀러의 이너서클이었던 이들을 변호하는 과정에서, 자신이 안다고 생각했던 그 남자를 이해하려고 부단히 노력했지만 결국 그 남자의 '바레 게지히트wahre Gesicht'[20], 즉 진짜 얼굴을 찾지는 못했다고 고백했다. 그녀는 그 남자가 여러 얼굴을 가지고 있다는 것을 깨달았다. 단일한 히틀러는 없었다. 그러나 그가 원한 것은 아주 분명하다. 그가 타락하고 부패했다고 여기는 모든 인간이 말끔하게 제거된 세상이다. 그리고 그가 제거 대상이라 여긴 이들의 목록은 끝없이 이어진다. 마침내 후고 폰 호프만스탈 작품에 등장하는 신화상의 공주, 아리아드네가 꿈꾸는 말끔하게 닦인 세상이 도래하게 될 때까지.

모든 게 순수한 나라가 있으니
그곳의 이름은
망자들의 나라.[21]

Es gibt ein Reich, wo alles rein ist:
Es hat auch einen Namen:
Totenreich.

실패한 화가

사실 저는 프리랜서 화가로서 벌어먹고 있습니다.
별다른 생계 수단이 없는 저로서는
이것이 제 수업료를 마련할 유일한 수단입니다.

—오스트리아 당국에 보내는 편지 중에서

악전고투하는 수채화가

12살의 나이에 히틀러는 자신의 진로를 정했다. "어쩌다 그렇게 되었는지 나는 잘 모른다. 하지만 어느 날 화가가, 예술가가 되어야겠다는 생각이 분명해졌다."[1] 당연히 자식이 자신을 따라 공무원이 될 거라고 생각했던 그의 아버지는 믿을 수 없다는 반응을 보였다. "화가라고?" 이런 반응이 별 효과를 내지 못하자 좀 더 거칠게 반대했다. "예술가라니, 내 생전에는 절대 안 된다." 하지만 빌어도 보고 협박도 해보았으나 소년의 결심을 흔들지는 못했다. "나는 화가가 되고 싶었다. 세상의 어떤 힘도 나를 공무원으로 만들 수는 없었다."[2] 어떤 역사가들은『나의 투쟁』에서 이야기된 바와 같은 오이디푸스적 투쟁이 실제로 벌어졌는지 의문을 제기하고 있다. 증언을 종합해 보면 알로이스 히틀러가 그의 아들을 폭군처럼 다루었다는 것은 확실한 사실인 듯하다. 그의 누이 파울라 히틀러에 따르면, 아버지는 어린 히틀러에게 '매일 소리 나게 회초리질'[3]을 했다고 한다. 그런데 결국 아버지와의 불화는 더 이상 문제가 되지 않았다. 몇 년 후 아버지 알로이스가 사망하고, 사람을 잘 달랠 줄 알았던 어머니 클라라 히틀러가 히틀러로 하여금 스스로 미래를 결정하도록 허락했기 때문이다.

소년 히틀러의 그림에 대한 열의는 깊고 진실했다. 학교에서 그는 스케치 과목을 좋아했고 여기서 좋은 성적을 거두었다. 나중에 그의 친척과 친구들은 그가 언젠가 그냥 화가도 아니고 반드시 유명한 화가가 될 것이라고 얼마나 고집을 피웠는지를 회상했다. "그는 매일 그림만 그렸지요."[4]라고 훗날 한 이웃은 말했다. 1905년 가을에 히틀러는 학교를 그만두었다. 초기 전기 작가 가운데 한 명에 따르면 그는 사설 미술 학교에서 드로잉을 공부하기 위해 뮌헨에 몇 달씩 머물렀다고 한다.[5] 그런데 이는 사실이 아닐 가능성이 크다. 그의 어머니는 그가 합스부르크 소장 회화 작품을 볼 수 있도록 이듬해 5월의 빈을 방문하게 해주었다. 이 경험으로 그는 화가로서의 진로 선택을 더욱 굳히게 되었다. 1907년 9월 초, 이제 17살이 된 그는 집을 떠나 빈으로 향했다. 미술 아카데미에 등록하기 위해서였다. 그는 예술가로서 경력을 쌓기 위해 아카데미 교육은 필수라고 생각했다. 『나의 투쟁』에 "나는 시험 합격은 식은 죽 먹기라고 확신하면서 그림 더미를 가지고 출발했다. 학교에서 발군의 드로잉 실력을 자랑했고 그 실력이 일취월장하고 있었기 때문이다."[6]라고 적혀있다.

시험장에 들어서기 위해서는 우선 작품 견본 하나를 제출해서 일정 기준을 만족시켜야 했다. 이를 준비하기 위해 그는 조각가 루돌프 판홀처Rudolf Panholzer의 유명 미술 작업실에서 레슨을 받았다.[7] 테스트는 10월 1일과 2일의 오전, 오후에 각각 3시간에 걸쳐 진행됐다. 수험생들은 '사냥', '가을', '기쁨', '선한 사마리아인', '밤'과 같은 특정 주제 목록에 맞게 여러 점의 자유 스케치를 그려야 했다.[8] 그리고 평가위원들은 히틀러의 드로잉에 낮은 점수를 주었다. 인물이 묘사되지 않았다는 이유에서였다.[9] 기록에 남은 문구를 그대로 옮기면 다음과 같다. "테스트 드로잉 만족스럽지 않음." "사람이 거의 없음."

이것이 그렇게 불명예스러운 일은 아니었다. 오직 28명만이 합격했기 때문이다. 그래도 히틀러는 대단히 당황했다. "나는 너무나 성공을 자신하고 있었기 때문에 불합격 통지가 청천벽력같이 들렸다."[10] 그는 차마 아무에게도 낙방 소식을 털어놓을 수 없었다. 그의 주장에 따르면, 그는 스케치가 건축가 지망생으로서의 재능은 보여주지만 회화 분야의 소질은 보여주지 않는다고 했다던 아카데미 총장을 찾아 나섰다.[11] 몇 년 후에 내뱉은 밤의 독백에서 그는 이 이야기를 더욱 정교화했다. "교수는 내게 물었지. 어느 건축학교를 다녔느냐고. 뭐라고요? 저는 건축학교에 전혀 다녀 본 적이 없습니다. 자네는 건축학교에 다닌 것이 틀림없네. 건축에 재능이 있어. 그 말이 내게는 충격적이었어. 한편으로는 회화 수업을 받고 싶었지만, 또 한편으로는 그 교수의 말이 맞다는 걸 알고 있었거든."[12]

히틀러가 생을 마감할 때까지 침묵 속에서 회피했던 사실은 아카데미에서 공부하는 데 그가 모든 희망을 걸었다는 것이다. 1907년 12월 어머니의 사망 이후, 그는 우체국 일자리를 제안받았지만 거부했다. 가족과 친구들은 히틀러에게 화가의 길을 가기에는 돈도 연줄도 없지 않느냐고 경고했지만, 그때마다 이런 말로 그들의 반대를 무시했다고 한다. "마카르트와 루벤스도 가난한 환경에서 자랐지만 결국 성공하고 말았지."[13] 1908년 9월 새로운 작품들을 챙겨 출발하면서 그는 두 번째 아카데미 입학 도전에 돌입했다. 그런데 이번에는 아예 심사장에 설 기회조차 얻지 못했다. 너무나 굴욕감을 느낀 나머지 그는 분노와 절망에 휩싸여 뛰쳐나갔다. 과거 그리고 세상과 깨끗이 인연을 끊고 우편 발송 주소도 없는 자기 하숙집에 틀어박혔다. 자신의 누이와도 그리고 친구이자 룸메이트인 쿠비체크와도 연락을 끊었다. 경찰에게 자신의 새로운 주소를 등록할 때에는 자신의 직업란에 '예술가'가 아니라 '학생'이라 적었다.[14]

두 번의 낙방은 생을 마감할 때까지 그를 괴롭혔다. 『나의 투쟁』에서 자신의 실패에 관한 언급 뒤에 이어지는 구절들은 대단히 비통하다. 그는 불충분한 학교 교육을 탓하는가 하면 또 '가난한 부모에게서 태어나 미천하고 비참한 삶'[15]에 발목 잡혀야 했던 운명을 탓하기도 했다. 나중에 크리스타 슈뢰더는 이렇게 회고했다. "쓰라린 낙방의 경험을 이야기할 때마다 그는 우울해졌다가 버럭 화를 내고는 했다. 그리고 부당한 운명을 불평했다." 이 경험은 그에게 잊을 수 없는 교훈을 주었고, 극복할 수 없는 원한을 심어주었다. 그 뒤로 그는 권위 있는 자들이나 전문가들을 영원히 경멸하게 되었다. 기존의 제도와 규칙들을 경멸했으며, 자신과 다른 조언이나 견해를 비웃고 무시하며 자기 안에 움츠러들었다. 젊은 바그너에게서 본 인정받지 못한 예술가의 사례로부터 위안을 얻었고, 바그너의 「신들의 황혼」에 나오는 하겐처럼 증오를 배웠다. "내가 독하게 성장했고 지금도 여전히 독해질 수 있는 것은 그 시절 덕분이다."[16] 이 '독하다'라는 말은 그가 권력을 잡고 나서도 항상 쓰던 말이다. 그는 이 말을 자신의 무정하고 잔인한 행동을 정당화할 때 썼다. 이제부터 중요한 것은 불굴의 '의지'뿐이었다. 다르게 표현하면 '도전' 또는 '저항의 결단'이었다. 모두 『나의 투쟁』에 자주 등장하는 표현들이다. 그는 "나의 저항 의지는 점점 자라났고 결국 승리했다."라고 썼다. 그는 화가가 되겠다는 결의를 포기하지 않았다. 여기서 훗날 그의 성공과 실패로 이어지게 될 기질이 모습을 드러내기 시작했다. 그에게는 의지, 운명, 꿈이 곧 현실이었다.

그가 손댄 다른 일들처럼 그림에 대해서도 히틀러는 독단적이었다. 그는 적어도 건물 스케치에는 약간의 재능이 있었지만, 어떤 그림 기술을 배울지는 자기가 직접 결정했다. 대부분 아마추어가 그렇듯이, 그 역시 간단한 풍경화부터 시작했다. 타고난 독창성도 없고 전문적인 훈련도 받지 않은 채, 그는 남부 독일의 수채화나 판화 그리고 엽서 그림을 모방했다. 당시에는 이런 일상적 도시 풍경이 인기가 있었다. 도시 풍경화는 건축에 대한 그의 관심과도 일치했다. 상상 속 젊은이의 단순하고 목가적인 삶에 대한 향수를 자아내는 주제들도 그랬다. 사실을 말하자면, 그런 그림을 그리는 데는 기술이 필요 없다. 낭만적이고 꿈같은 정경이나 초상화나 인물이 포함된 장르를 그려야 했다면 필요했겠지만 말이다. 더욱이 그는 무명의, 재능 없는 아마추어 화가가 판매 목적으로 그릴 법한 종류의 그림만 그려야 했다. 익숙한 장소를 재현했다는 데 의의가 있는 값싼 그림 말이다. 그도 지인에게 그런 식으로 말한 적이 있다. "난 사람들이 원하는 걸 그렸네."[17] 결국 그는 하루 벌어 하루 먹고사는 삶을 살고 있었다. 수채화를 택한 이유도 여기에 있었을 것이다. 수채화는 빠른 제작이 가능하고, 유화보다 돈이 덜 들었다.

청년 시절에 히틀러는 18세기 말 수채화가인 카를 쉬츠Carl Schütz의 작품, 19세기 중부 유럽의 뛰어난 수채화가 루돌프 폰 알트Rudolf von Alt의 작품에서 영감을 얻으려 했다. 빈의 구시가지 풍경을 향수 어린 시선으로 담아 대단히 완성도 높게, 사진처럼 묘사하는 것이 이들 작가의 특기였다. 이러한 꾸밈없는 사실주의, 건축을 주제로 한 점, 디테일에 꼼꼼하게 주의를 기울이는 태도, 전통적인 기법이 히틀러의 관심과 능력에 꼭 맞았다. 그는 장인적인 정확함으로 이들 작품의 장식적 특징까지 남김없이 모방하려 최선을 다했다. 어떤 것은 쉬츠나 알트의 원본 작품에 필적할 만해서, 히틀러의 복제 실력이 상당했음을 보여준다.[18] 다른 것들은 누구의 작품을 원본으로 한 것인지 알기 어려운데,

판화나 그림엽서, 명승지의 사진을 보고 그린 것으로 보인다. 주제는 도시 풍경—특히 교회나 빈의 주요 공공건물—에서부터 평화롭고 몽환적인 시골 풍경에 이르기까지 다양했다. 하지만 스타일은 늘 단순하고 사실주의적이었다. 특히 건축적인 세부 묘사에 매료되어 있었음을 여러 군데서 발견할 수 있다. 대부분 작품에 인물이 잘 등장하지 않는다는 점도 주목할 만하다. 평생 얼굴 캐리커처를 즐겨 그리기는 했지만, 많은 다른 풍경화가처럼—훌륭한 풍경화가의 경우에도 사정은 다르지 않은데—그는 인물화에 소질이 없었다. 그는 수채화에서 인물 그리기를 거의 시도하지 않았다.

히틀러는 이젤과 물감을 들고 야외로 나가는 일이 드물었다. 대신 그가 살던 숙소의 서재 구석에서 그림을 그렸다. 똑같이 노숙자 쉼터에서 머물던 카를 호니슈**Karl Honisch**가 자신의 회고록에 히틀러의 일과를 직접 보고 기록한 내용이 남아있다. 그는 1913년 히틀러와 잠깐 알고 지냈다.

> 그는 규칙적으로 하루에 한 점씩 그렸다. 아침에 스케치하고, 점심 후에 채색했다. 대략 35X45센티미터 크기로 항상 빈의 풍경만 그렸다. 가장 자주 그린 건 카를 교회, 빈의 구시가지와 오래된 시장이었다. 내가 기억하기로 그는 특히 잘 팔릴 만한 주제들을 자주 그렸다.
> 그것들을 예술 작품이라고 할 수 있는지 나는 잘 모르겠다. … 그림이 완성되고 나서 우리가 대단하다고 칭찬하면, 그는 항상 스스로를 폄하하며 자신은 그저 딜레탕트일 뿐이고 아직 배워야 할 게 많다고 했다. 하지만 그의 작품이 그렇게 나빴을 리는 없다. 만약 그림이 형편없었으면 미술상들이 자선사업가도 아닌데 작품을 그렇게 사주었을까.[19]

히틀러는 강박적이라 할 정도로 스케치나 낙서하기를 좋아했다. 비서진들은 항상 그의 책상에 종이가 떨어지지 않게 준비해야 했다. 여기에 드물게 인물을 그린 그의 스케치가 있다.

부지런히 일했을 때는—호니슈는 그가 '아주 열심히 일하는 사람'이었다고 했다—일주일에 수채화 6점에서 7점 정도를 완성했다. 나중에 히틀러는 빈 시절에 700점에서 800점 정도를 그렸다고 했다.[20] 후에 친구들에게 말하기를 그가 그렇게 많은 작품을 그릴 수 있었던 건 기억에 의존해 그렸기 때문이라고 했다.[21]

히틀러가 그린 그림의 주제나 양식은, 더 나은 그림을 구입할 형편이 못 되는 그리 까다롭지 않은 고객들의 취향에 맞았다. "우리가 팔았던 가장 값싼 그림이었지요."[22]라고 후에 한 미술상의 딸이 말했다. "그의 그림에 관심을 가진 사람들은 비싸지 않은 빈 기념품을 원하는 여행객뿐이었어요." 다른 구매자들도 있었다. 어떤 이들은 자기 집의 벽에 걸 만한 지역의 풍경화를 원하는 이웃 거주민들이었고, 또 어떤 이들은 액자 판매상들이었다. 이들은 단지 가게 진열장의 빈 액자를 채울 만한 무언가가 필요했다. 가끔 그는 의뢰를 받기도 했다. 가장 실속 있는 것은 액자 제조업자 자무엘 모르겐슈테른Samuel Morgenstern이 주문한 잘츠부르크 인근의 시골 풍경화 시리즈였다.[23] 한 점당 4크로네 이상 받지 못했기 때문에, 오랫동안 수입이 변변치 않았다.[24] 때로는 레스토랑의 한 끼 식사와 그림 한 점을 교환했다고도 한다.[25] 하지만 그가 구두약, 담배, 비누, 화장품, 구두, 여자 속옷, '테디Teddy'라 불리는 지한제 가루 등의 포스터나 광고 그래픽을 그리는 지경에 이르렀다는 주장은 아마도 틀린 것 같다.[26] 그런 주장을 뒷받침한다는 그림의 대부분은—전부는 아니라도—위작들이다. 요제프 그라이너Josef Greiner처럼 그를 중상하는 이들이 지어낸 위조 작품들이다. 빈의 미술상인 오토 칼리르Otto Kallir는 1936년 빈 경찰에 증언하기를 그의 주의를 끌었던 포스터들은 모두 위작이었다고 했다.[27]

자기 작품에 자신이 없었던 히틀러는 처음에는 자신의 그림을 직접 파는 일을 수줍어했다. "자신의 그림을 팔아야만 하는 것을 부끄러워 하는 것 같았습니다."[28]라고 미술상 야코프 알텐베르크Jakob Altenberg는 회상했다. 1910년 초에 그는 협력자를 만나게 되었다. 라인홀트 하니슈Reinhold Hanisch는 노숙자 쉼터의 또 다른 거주인으로 실루엣(윤곽의 안쪽을 검게 칠해 단순화한 그림으로 대개 사람 얼굴의 옆모습을 묘사함. -옮긴이)을 제작, 판매하는 사람이었는데, 히틀러가 그림에 관심 있다는 사실을 알고 거래를 제안했다. 히틀러가 그리면 자신은 팔아서 이익을 나누자는 제안이었다. 한동안은 이 계약대로 일이 진행되었다. 히틀러가 수채화를 그리면, 하니슈는 선술집을 돌아다니다가 액자를 만들기도 하고 아주 가끔 그림을 팔기도 했다. 그러다 몇 달이 지난 1910년 8월에 둘은 다투었다. 히틀러는 경찰에게 가서 그림 두 점의 수익을 사기당했다고 신고했다.[29] 하니슈는 체포당해 일주일 감옥형을 받았다. 히틀러가 신고해서는 아니었고 하니슈가 경찰에 가짜 이름으로 등록했기 때문이었다.

그 뒤로 히틀러는 숙소에서 두 사람을 더 만났다. 요제프 노이만Josef Neumann과 지크프리트 뢰프너Siegfried Löffner였는데, 히틀러가 점차 자신의 부끄러움을 이겨낼 수 있을 때까지 그의 작품 판매를 도왔다. 노이만과 뢰프너는 유대인이었다. 그의 그림을 가장 많이 취급한 미술상 알텐베르크와 모르겐슈테른도 유대인이었다. 그들은 그의 그림값을 가장 후하게 쳐주었을 뿐 아니라, 당장 사겠다는 고객이 없어도 기꺼이 그의 그림을 받아주었다. 가장 도움을 많이 준 이는 모르겐슈테른이었다. 후에 그는 1911년인가 1912년에 히틀러가 그의 매장에 나타나 폰 알트의 화풍으로 그린 그림 3점을 내놓더라고 했다. 후에 나치당을 위해 히틀러의 작품 추적 임무를 맡기도 했던 빈 미술상 페터 얀Peter Jahn에 따르면, 모르겐슈테른은 이때 처음으로 히틀러의 작품을 후하게 쳐주면서 거래를 시작한 사람이었다.[30] 얀은 "모르겐슈테른의 매장은 그 당시 히틀러의 주요 수입원이었습니다. 그는 히틀러를 아주 공정하게 대우해 주었지요. 히틀러 자신도 나중에 제게 모르겐슈테른은 자신의 '구세주'였으며 자신에게 중요한 주문 제작을 맡겼다고 말했습니다."[31]라고 했다. 이 미술상은 구매자 카드 파일을 정리해 가지고 있었는데, 이를 통해 히틀러의 수채화를 구매한 고객 대부분이 그 지역에 사는 유대인이었다는 사실을 알 수 있다. 요제프 파인골트Joseph Feingold라는 이름의 변호사는 히틀러의 작품을 대단히 좋아해서 모르겐슈테른이 표구한 작품 여러 점을 구매했다.*[32]

그러니 히틀러의 반유대주의가 그의 화가 경력과 모종의 관련이 있지 않겠느냐는 생각은 모순처럼 보인다. 하지만 객관적인 사실과 아무런 관련이 없다는 것이야말로 유대인을 향한 히틀러의 증오가 지닌 뚜렷한 특징이다. 전후에 그의 누이 파울라를 상대로 실시한 미국 장교들의 인터뷰에 따르면, 그녀는 '빈에서 보낸 힘들었던 청년 시절로 인해 히틀러가 반유대주의적 태도를 갖게'[33] 된 것으로 보인다고 했다. "그는 빈에서 심각하게 굶주려야 했다." 그녀는 "그는 자신의 그림이 팔리지 않는 이유가 작품 거래를 유대인들이 장악하고 있기 때문이라고 믿었다."라고 했다. 이는 쿠비체크의 '회고담'과도 일치하지만, 히틀러 자신의 반복된 주장과 일치한다는 점이 더 중요하다. 히틀러는 유대인들이 작품 거래를 지배했다고 주장했다. 『나의 투쟁』에서는 미술 시장을 왜곡한 유대인들의 부패가 자신이 반유대주의로 전향하게 된 중요 원인 중

---

* 오스트리아 합병 이후에 파인골트는 프랑스로 망명했다고 한다. 알텐베르크는 자신의 가게와 생계 수단을 잃었지만 아리아인 아내 덕분에 살아남았다. 모르겐슈테른은 히틀러에게 도움을 요청하는 편지를 썼다. 하지만 그 편지가 히틀러의 손에까지 도달하지는 못했다. 결국 그는 아내와 함께 추방당했다.

하나라고 주장했다.

두 번의 낙방에도 히틀러는 또다시 미술 아카데미 입학에 도전했다. 1910년 8월에 그는 궁정 박물관의 큐레이터인 헤르 리첼Herr Ritschel교수를 찾아 빈 구시가지 건물들을 그린 상당수의 드로잉과 수채화 포트폴리오를 보여주었다. 언제나 그랬듯이 건축적 세부 사항에 주의를 기울여 그린 작품들이었다. 리첼 교수의 조수 중 한 명은 후에 "히틀러의 작품은 건축적인 특징이 두드러졌고, 대단히 주의 깊게 묘사되어서 거의 사진 같은 느낌을 주었다."[34]라고 했다. 히틀러는 이 작품들로 아카데미 입학 허가가 재고될 것으로 기대한 것 같다. 어찌 됐든 히틀러의 시도는 결국 허사에 그치고 말았다. 이제 빈에서 전문적인 훈련을 받을 희망은 완전히 사라져 버렸다. 어쩌면 바로 그 이유 때문에 빈을 떠나겠다는 결심을 굳히게 된 것인지도 모른다. 나중에 카를 호니슈는 "히틀러도 우리처럼 장기적인 계획을 염두에 둔 사람이라고 믿었습니다. 그는 자신의 미래를 자주 이야기했지요. 뮌헨에 살면서 미술 아카데미에 입학해 예술적 재능을 향상시키고 싶다고 했습니다."[35]라고 했다. 그렇게 그는 1913년 5월에 오스트리아 빈을 떠나 바이에른의 수도 뮌헨으로 향했다. 40여 점의 수채화와 다른 그림들—생의 마지막을 맞이한 베를린의 벙커에서 발견된 작품들—이 포함된 스케치북을 챙겨 떠났다.

뮌헨에 도착하자 그는 경찰 당국에 자신의 직업을 쿤스트말러Kunstmaler, 즉 화가라고 신고했다. 그리고 예전과 같이, 똑같은 주제를 똑같이 사실주의적인 기법으로 그렸다. 처음에는 자리 잡기가 쉽지 않았다. 당시의 그를 기억하는 이들에 따르면, 카페, 맥주홀이나 작은 도박판이라도 드나들려면 며칠 동안 그림을 그려야 했다.[36] 초창기 고객

가운데 한 사람인 한스 쉬르머Hans Schirmer라는 의사가 자신이 직접 목격한 바를 들려줬다. 그는 1913년 여름 호프브로이하우스의 정원에 앉아있었는데, 그때 히틀러가 들어왔다고 한다.

> 8시경에 겸손해 보이지만 꽤 남루한 청년이 눈에 띄었습니다.[37] 가난한 학생이라고만 생각했는데, 내 테이블을 지나면서 작은 유화 한 점을 팔겠다고 하더군요. 10시쯤 되었는데도 아무것도 팔지 못한 눈치였습니다. … 마침내 난 그와 가격 흥정을 마칠 수 있었지요. 「저녁」[38]이라는 제목의 분위기 있는 작품이었습니다. 자리를 떠나자마자 뷔페로 가서 빵 한 조각과 비엔나 소시지 두 개를 사는 걸 보았는데, 그는 맥주도 없이 그냥 이것만 먹더군요.

쉬르머는 부자가 아니었지만, 이 젊은 화가의 형편이 안쓰럽게 느껴져 작은 유화 두 점을 더 사겠다고 했다.[39] 틀림없이 급하게 그린 작품들이었다. "나는 그에게 삶이 매우 힘겨운 싸움이란 걸 알 수 있었어요. 하지만 자존심 때문에 자선 행위에 기댈 수도 없다는 걸 알았지요."

빈 숙소에서 알게 된 후로 뮌헨까지 동행해 방을 같이 썼던 친구, 루돌프 호이슬러Rudolf Häusler가 그의 그림을 팔려고 애를 썼지만 별 소득은 없었다. 한번은 운 좋게도 바이에른 법원의 판사 한 명이 자기 집 다이닝룸을 장식할 유화 한 점을 주문한 적도 있었다.[40] 하지만 때로 둘은 적은 돈이나마 벌기 위해 잡일을 해야 했고, 그럴 때조차 자주 굶주려야 했다.[41] 상황은 더욱 나빠졌다. 오스트리아 당국은 히틀러를 찾아내 군 복무 회피 이유를 해명하라고 요구했다. 그는 자신의 무죄를 입증하기 위해 당시의 삶을 애처롭게 묘사하는 편지를 썼다.

사실 저는 프리랜서 화가로서 벌어먹고 있습니다. 별다른 생계 수단이 없는(제 아버지는 공무원이셨습니다) 저로서는 이것이 제 수업료를 마련할 유일한 수단입니다. … 제 수입은 정말이지 아주 보잘것없습니다. 겨우 먹고살 정도입니다.
증거물로 제 세금명세서를 동봉합니다. … 이걸 보면 제 수입이 더도 말고 덜도 말고 딱 1,200마르크임을 알 수 있습니다. 그렇다고 제가 한 달에 정확히 100마르크를 번다는 의미는 아닙니다. 결코 아니지요. 제 한 달 수입은 대단히 불규칙합니다. 아주 적을 때도 있습니다. 뮌헨에서 이 시기에는 그림 판매가 좀 이루어집니다만, 겨울이 되면 공치는 날이 허다합니다. 게다가 뮌헨에서는 생계를 이어야 하는 작가 3,000명이 경쟁해야 하는 판국입니다.[42]

결국 오스트리아 당국은 그를 불쌍히 여겨 군 복무 부적합 판결을 내려주었다.

이로부터 얼마 지나지 않아 화가로서의 형편이 좀 나아지기 시작했다. 그의 그림을 기다리는 고객들이 늘어났다. 몇몇은 그의 그림에 매료되어서, 몇몇은 이 이방인 청년이 안됐다고 생각해서, 또 몇몇은 그 두 가지 이유에서 그림을 구매했다.[43] 한 구매자는 "그림이 좋기도 하고 젊은 예술가가 안됐기도 하고 그래서 샀지."[44]라고 회상했다. 한 제빵사는 "난 그저 그 젊은이를 돕고 싶었을 뿐이야. 그는 늘 배고파 보였지."[45]라고 말했다. 어떤 이들에게는 그의 수채화가 상당히 매력적이었다. 한 점을 사고 나면 또 다른 작품을 주문했다. 보석상인 어떤 고객은 여섯 달 동안 21점이나 사들였다.[46] 작품의 판로가 점점 안정되어 갔다.[47]

히틀러는 계속해서 인기 있는 주제인 아삼하우스와 아삼교회, 호프브로이하우스, 오페라하우스와 같은 장소들만 그렸다. 한 고객은 "그의 그림 중 두 점을 보았는데, 하나는 마리엔플라츠Marienplatz가 보이는 구 시청을 그린 것이었고 또 하나는 구 왕궁을 그린 것이었지요. 둘 다 샀습니다. 뮌헨의 건축적 아름다움을 생생하게 묘사한 것이 정말 마음에 들었거든요."[48]라고 했다. 빈에서 가장 잘 팔렸던 그림이 카를 성당을 그린 그림이었다면, 뮌헨에서는 뮌헨 결혼 등기소를 그린 그림이 가장 잘 팔렸다. 그는 이 그림을 대량으로 제작했는데, 나중에 한 이야기로는 하도 익숙해져서 꿈에서도 그릴 수 있을 정도였다고 한다.[49] 그는 이 그림을 갓 결혼식을 올린 신혼부부들에게 팔았다. 히틀러가 개인적으로 가장 좋아했던 주제는 구 관저 중정中庭이었다. 이 그림도 상당히 많이 그렸다. 그중 하나는 1935년 50세 생일을 맞은 하인리히 호프만에게 선물하기도 했다. 호프만의 딸인 헨리에테 폰 시라흐에게 그는 관저 중정에 있는 분수대에서 곧잘 붓을 씻었다고 말한 적이 있다.[50] 기억에만 의존하지 않고 자연을 직접 보며 그리게 되었다는 의미였다.

그는 점점 돈을 많이 벌게 되었다. 처음에는 그림 한 점당 4마르크를 불렀지만 1914년쯤 되면 때때로 20마르크나 받을 수 있게 되었다. 한 달에 열 점만 팔아도 평균적인 노동자 월급 정도는 버는 셈이었다.[51] 그는 아껴 쓰며 살았고 방세로 한 달에 20마르크만 지불하면 되었기 때문에 크게 돈 걱정은 하지 않아도 되었다. 하지만 딱 거기까지였다. 더 이상의 발전은 기대하기 어려웠다. 그가 아카데미 입학을 위해 구체적으로 어떤 준비를 했는지는 알 수 없다. 그가 꿈꾸던 위대한 화가의 길은 요원해 보였다. 경찰에 거주 등록을 할 때 그는 자신의 직업을 '작가'라고 바꾸어 적기도 했다. 『나의 투쟁』에서 그는 이 시기에 그리기 위해 살기보다는 살기 위해 그렸다고 말했다.[52]

그러니 그가 1914년 전쟁 발발을 들뜬 기분으로 맞이한 것도 놀랄 일은 아니다. 그는 즉각 군에 자원입대했고 10월 29일 전선에 배치되었다. 벨기에 이프르에서 첫 전투를 치렀는데, 이 전투에서 그가 속한 연대는 괴멸적 타격을 입었다. 그래도 그는 몇 주 뒤에 플랑드르 지역의 한 마을인 위채트에서 그림을 그리기 시작했다. 그 전장을 묘사한 수채화가 남아있다.[53] 그 후 그의 연대는 메신 마을 근처의 겨울 막사로 이동했는데, 여기서 꽤 여러 점을 그렸다.[54] 적어도 12점의 수채화, 9점의 연필 스케치 그리고 4점의 펜 드로잉이 전쟁 중에 그린 것으로 알려져 있다.[55] 여기에는 1915년 여름에 자신의 부대원들을 그린 스케치도 포함된다. 그 부대원 중 한 명이었던 카를 리페르트Karl Lippert는 이렇게 회상했다. "프로멜이나 푸흔느 전선에 있을 때 평온한 날이면 히틀러는 그림을 그리거나 독서를 하며 시간을 보냈습니다. 부대원 거의 모두를 스케치했지요. 몇 명은 캐리커처로 그렸고요. 안타깝게도 지금은 그 재미난 그림들을 가지고 있지 않습니다. 배낭에 몇 년이나 넣어 다녔었는데 비바람에 해지고 말았네요."[56] 몇 달 뒤 히틀러가 중정 출입문과 폐허가 된 교회를 스케치하고 있었을 때, 아주 우연하게도, 전선 건너편에서 한 영국군 장교가 폐허가 된 농가와 적의 포격을 받고 있는 마을을 그리고 있었다. 그의 이름은 윈스턴 처칠이었다. 그는 당시 군 복무 중이었고 나중에 그의 가장 중요한 소일거리가 될 그림 그리기를 이제 막 시작한 참이었다.

전쟁 중의 그림 작업을 히틀러가 화가 경력의 연장선상에서 한 것인지 아니면 그저 기분 전환으로 한 것인지는 알 수 없다. 아마 그 자신도 몰랐을 것이다. 하지만 예술에서 얻는 그의 기쁨이 덜해지지 않은 것은 분명하다. 두 번의 휴가 때마다 곧장 베를린에 가서 미술관을 방문했기 때문이다.[57] 그는 군대 동료에게 보내는 엽서에 "드디어 미술관을 더 잘 꼼꼼히 들여다볼 기회가 생겼어."[58]라고 썼다. 그 동료는 에른스트 슈미트Ernst Schmidt였고 그 역시 화가였다. 1918년 정전협정 이후 히틀러는 뮌헨으로 돌아와 정식으로 회화를 공부해 보면 어떨지, 미술 아카데미 입학이라는 그의 오랜 꿈이 실현 가능할지 슈미트와 의논했다.[59] 많은 부대원이 그를 격려했다고 한다. 그는 자신의 최근작 두 점을 직업 화가인 막스 체퍼Max Zaeper와 페르디난트 슈테거Ferdinand Staeger에게 보여주었다. 이들은 히틀러의 작품에 꽤 좋은 인상을 받았다고 한다. 하지만 그는 모든 것을 그냥 될 대로 돼라고 내버려두었다. 그러다 보니 어느새 정치의 길에 들어서게 되었다.

히틀러는 조금씩 수채화가로서의 기량이 향상되고 있었다. 하지만 그것은 기술적인 능력으로 웬만큼 숙련된 미술 학교 학생이라면 충분히 배울 수 있는 수준일 뿐이었다. 놀라운 건 그가 누구의 도움이나 전문적인 훈련도 받지 않고 독학으로 그런 기술을 익혔다는 점이다. 그의 스타일은 독일의 사실주의 전통에 뿌리를 두고 있었다. 무엇을 주제로 한 그림인지 뚜렷이 알아볼 수 있고, 선을 깔끔하게 썼으며, 세부 사항에 주의를 기울인 점을 보면 알 수 있다. 상당히 공을 들여 그렸다. 하지만 여전히 서툴렀다. 가끔 기술적인 유능함과 시각적인 매력을 보여 줄 때도 있었지만 그의 레퍼토리는 단순했다. 초창기에 그는 대체로 단순한 풍경, 거의 원초적이라 할 만한 풍경을 그렸다. 그의 수채화 스케치북에서도 이런 경향이 뚜렷이 보인다.[60] 나중에는 거의 건물 외관만을 다루었다. 건물 내부 혹은 정물을 그린 경우는 극히 드물다. 그의 특기는 장인의 솜씨와도 같은 정밀 묘사였다. 그는 건축을 주제로 하게 되면서 이러한 특기를 익혔다. 빈과 뮌헨의 잘 알려진 건물들을 반복해서 그리다 보니 건축에 대해 거의 전문가나 다름없는 관찰력을 갖게 되었다. 하지만 그는 자기만의 고유한 해석을 찾지 못했다. 자신이 관찰한 대상을 윤색하거나 변경하지 못하고 그저 똑같이 모방하는 데 그쳤다.

그 결과 그의 그림에서는 생명력이나 감정을 찾아보기 힘들었다. 빛과 그림자의 처리법도 익히지 못했음이 분명했다. 풍부한 상상이나 과감한 시도를 찾아보기 힘들었고, 무엇보다 인물 묘사가 형편없었다. 그가 그려 넣은 인물들은 마네킹처럼 보여서 조잡하고도 부자연스러운 느낌을 더했다. 그의 수채화를 보고 있노라면 사진과 같은 정확성을 추구한 나머지 정적이면서 감정적으로 공허한 장면 묘사가 되어버렸다는 인상을 받게 된다.

하지만 이것이 전부가 아니다. 흥미롭게도 그의 그림—모두 정통파 성격을 띠는 그림들이다—을 보면 수채화 보조제를 다루는 솜씨가 상당히 뛰어나다는 점을 알 수 있다. 「바하우의 바이센키르헨(1910)」, 「성 울리히 교회 근방의 오래된 빈 중정(1911-12)」, 「마인강 수문(1913)」과 같은 작품이나 전쟁 시기에 그렸지만 완성하지는 못한 「오부르댕」, 「오부르댕의 신학교 교회」에서 기술상의 비약적인 발전을 엿볼 수 있다.[61] 모방하지 않는 대신 자연으로부터 직접 배워 작업하다 보니 잠재력이 발전한 것일 수 있다. 전후에 회고록을 통해 히틀러의 회화 취향이나 드로잉하는 태도를 공개적으로 비판했던 알프레트 로젠베르크도 전쟁 시기에 그린 그림에 대해서는 '천부적 재능, 본질을 포착하는 감수성, 뚜렷한 회화적 재능'이 보인다며 인정했다.[62]

하지만 훈련을 받았다 하더라도 히틀러가 일요화가 이상의 존재가 되었을 것 같지는 않다. 그는 예술가로서의 잠재력이 없었고 나중에 정치나 건축에서 보여준 바와 같은 재능을 갖추지 못했다. 단순한 모방을 넘어 새로운 세계를 창조하는 종류의 재능 말이다. 그의 그림은 대개 정형화된 작품이었기 때문에, 그림에서 히틀러의 성격을 추론할 만한 단서를 찾을 가능성은 거의 없다. 하지만 그것들이 모방작이라는 사실 또는 적어도 어떤 유형을 모방한 작품이라는 사실은 무언가를 말해

히틀러가 푸흔느의 참호를 묘사한 펜화(1915년 작품으로 추정). 나중에 여러 색의 파스텔로 칠했다.

히틀러가 플랑드르의 아르두이에 있는 교회를 스케치한 펜화(1917년 여름).

준다. 그것들은 전통적인 세계관, 질서 있는 세계에 대한 그리움, 편협한 미의식 그리고 사람보다는 건축에 관한 관심을 드러낸다. 그밖에 뚜렷한 이데올로기의 흔적은 보이지 않는다. 그 그림들이 흥미의 대상이 될 만한 이유는 오로지 그린 사람이 히틀러라는 사실밖에는 없다.

이는 또 다른 유명 정치인 화가인 윈스터 처칠의 경우에도 해당한다. 비록 양식이나 주제면에서 둘의 그림은 다소간 둘의 성격 차이를 보여주기는 하지만 말이다. 처칠의 그림은 선과 구성의 측면이 약하지만, 색채와 분위기 측면은 드라마틱하다. 히틀러의 수채화가 비정한 도시 풍경을 기계적으로 묘사했다면, 이와는 대조적으로 유화물감으로 그린 처칠의 풍경화나 정물화는 따뜻하고 밝은 특징을 갖는다. 사실에 충실한 전자의 사실주의는 후자의 몽환적인 인상주의와 완전히 다른 세계에 속한다. 히틀러와 다르게 처칠은 주로 넓게 펼쳐진 풍경을 그렸다. 물과 나무 위로 떨어지는 빛과 그늘의 효과를 표현하려 애쓴 결과, 지금은 테이트 미술관에 소장되어 있는 「루강」과 같이 즐거움 넘치는 작품을 그릴 수 있었다. 처칠의 그림은 P. G. 우드하우스P. G. Wodehouse의 작품 세계와도 같다. 그 세계는 햇살과 정원, 꽃, 물고기가 노니는 연못, 나무, 시냇물로 이루어진 세계로, 영국 귀족이 꿈꾸는 평화와 만족이 깃든 시골 같은 세계다.

남아있는 히틀러의 수채화와 스케치는 개인 소장이나 컬렉션의 형태로 세계 각지에 흩어져 있다. 전쟁이 끝날 무렵 뮌헨과 베르그호프에 있던 히틀러의 하인들이 그중 일부를 가지고 달아나서 팔거나 기증하거나 잃어버렸다. 청년 시절 히틀러의 수채화 스케치북과 몇몇 그림들은 총리실 지하 벙커에서 러시아군이 탈취한 군복이나 다른 물건들과 함께 현재 모스크바의 전리품보관소에 있다. 나치당 중앙기록보관소 Hauptarchiv가 수집한 그림들은 사라졌다. 관련 문서들은 많이 남아있

히틀러가 초기에 그린 건물 스케치 3점.

는데 미군이 압수했다. 현재는 베를린의 연방기록보관소에 보관되어 있다. 미군 병사들이 일일이 손으로 들고 날랐다. 전쟁이 막바지에 이르렀을 무렵에는 1930년대에 나치 당국에서 수집했던 그림 20점을 마르틴 보어만의 아내가 북부 이탈리아로 가지고 갔다.[63] 1946년 3월 사망하기 전에 게르다 보어만Gerda Bormann은 그것들을 예술품 반환 책임을 맡고 있던 이탈리아 공무원 로돌포 시비에로Rodolfo Siviero에게 주었다. 그리고 1984년 피렌체에서 작품 전시회가 열렸다. 이때 전시된 작품 중 적어도 18점은 진품이었다. 9년 후 이탈리아 정부가 이 그림들의 수출을 금지한 뒤로, 작품들은 이탈리아인 개인 수집가에게 팔렸다. 하인리히 호프만이 소유했던 수채화 4점은 미군이 압수했다. 그리고 워싱턴에 있는 군 역사박물관에 보관하고 있다. 히틀러가 베를린 주재 이란 대사인 하산 에스판디아리Hassan Esfandiari에게 주었던 빈 풍경화 두 점은 테헤란의 본야드 몬타자나 재단이 보관하고 있다. 어떤 수집가들은 작품 소장 여부를 확인해주지 않거나 작품 공개를 허락하지 않지만, 가장 중요한 컬렉션은 프리츠 슈티펠Fritz Stiefel, 볼프강 폰 메르친스키Wolfgang von Mertschinsky, 6대 바스 후작 그리고 빌리 F. 프라이스Billy F. Price가 가지고 있는 것으로 알려져 있다.

히틀러의 건축 스케치도 여기저기 넓게 흩어져 있다. 나치당 중앙기록보관소에는 건물 스케치 여러 점이 보관되어 있었다. 정확하지는 않지만 1920년대 작품으로 추정된다. 이 스케치에는 얼굴 캐리커처가 남겨져 있기도 하다. 1945년 4월 베르그호프에서 크리스타 슈뢰더는 그곳에 있던 250점의 드로잉 가운데 100점을 가지고 나왔다.[64] 히틀러의 개인 문서를 소각하는 와중에 함께 타버리지 않게 하기 위해서였다. 그녀가 억류되어 있는 동안 이 그림들은 독일에서 미군 심문관으로 근무 중이던 프랑스군 장교 알베르 졸러Albert Zoller가 가져갔다. 그중에서 50점만 돌려받은 슈뢰더는 그것들을 나중에 팔거나 기증했다.[65] 나머지 50점은 졸러 가문이 소유하고 있다고 한다. 헤르만 기슬러와 함께 건축 프로젝트를 계획하며 그린 53점의 건축 스케치는 뮌헨에 있는 바이에른 중앙기록보관소에 보관되어 있다.

위작 화가들과 수집가들

일반 대중들은 히틀러의 화가 경력에 관해 모른다. 기껏해야 그를 아마추어 화가나 광고판 그림쟁이로 묘사했던 전시 프로파간다 정도를 희미하게 떠올리는 것이 전부다. 1984년 피렌체 전시회나 2000년 모스크바 전시회에서 아주 드물게 그의 작품 몇 점이 공개된 적이 있을 뿐이다. 간혹 경매장에서 그의 작품 판매가 이루어졌다는 사실이 조명되거나 언론에서 다루어지기는 한다. 1983년에는 『화가이자 제도가인 히틀러**Adolf Hitler als Maler und Zeichner**』라는 제목의 권위 있는 카탈로그 레존네(특정 미술가의 모든 작품을 사진과 데이터로 수록하여 시대순, 주제별 등으로 분류 정리한 목록. -옮긴이)가 스위스에서 출판되었는데 히틀러가 그린 수채화, 유화, 스케치 750여 점을 담고 있었다. 아우구스트 프리자크**August Priesack**가 편집했고, 텍사스의 사업가이자 히틀러 작품 수집가인 빌리 F. 프라이스가 발행한 이 책은 독일에서 금서로 지정되었다. 불온하다 싶은 내용을 삭제한 후 번역해 뉴욕의 몇몇 출판사에 출판을 제안했으나, 히틀러를 인간적으로 보이게 만들 위험이 있다는 이유로 거절당했다. 1984년 『아돌프 히틀러: 무명의 예술가Adolf Hitler: The Unknown Artist』라는 제목으로 사비 출판되었으나 거의 주목받지 못했다.

히틀러의 그림에 관해 쓴 글은 거의 없다. 있더라도 조롱하기 위한 글이 아주 드물게 있을 뿐이고 그나마도 이미지를 함께 제공하지 않는 경우가 대부분이다. 히틀러는 '그림엽서 흉내쟁이'로 폄훼되어왔다. 그림엽서 모방은 유트릴로나 피카소 같은 작가들도 했던 것으로 유명하지만 말이다. 히틀러의 작품들은 그림엽서를 떠올리게 한다며 조롱당해 왔다. 실제 크기가 28.5X38센티미터는 되는데도 말이다. 이 문제를 언급할 때 사용되는 어휘에도 편견이 묻어있다. 히틀러가 그림을 '판매sell'하지 않고 행상처럼 '팔아 넘기거나peddled', '팔러 다녔다hawked'고 표현한다. 처음으로 그의 전기를 쓴 콘라트 하이덴Konrad Heiden에 따르면 히틀러 그림의 인물 묘사는 "아주 형편없었다."[1] "속을 채워 넣은 작은 자루 같아 보였다." 윌리엄 L. 샤이러는 그의 그림이 '잘난 척하고 생명력이 없으며', '조잡하고', '보잘것없다'고 했다.[2] 인물 묘사도 "서툴러서 만화 같아 보였다."라고 했다. 요아힘 페스트가 보기에 히틀러는 '평범한 그림엽서 흉내쟁이'[3]로 "지나치게 규칙에 매달리는 듯한 붓질을 보면 그가 완전성과 이상화된 아름다움을 몰래 갈망하고 있었음을 알 수 있다."라고 했다. 앨런 블록Alan Bullock은 그의 작품들을 '건물들을 베껴 그린 뻣뻣하고 맥 빠진 드로잉'[4]으로 치부했다.

조롱당한 것은 히틀러의 작품만이 아니다. 그것들이 뿌리를 두고 있는 예술 전통도 조롱당했다. 하이덴은 히틀러가 '이제는 자신의 나라에서조차 기억하는 이가 없는'[5] 마카르트나 렌바흐와 같은 화가가 되고자 열망했다는 사실을 조롱했다. 페스트는 19세기 독일 화파에 대한 히틀러의 애정은 '그의 정신 상태와 상상력이 일찍부터 딱딱하게 굳어있었음을 보여주는'[6] 또 하나의 증표라고 했다. 히틀러가 매력적이라고 느꼈던 것은 포이어바흐나 마카르트의 '과장된 데카당'이나 그뤼츠너의 '감상적인 장르화', 슈피츠베그의 '민속적 전원 풍경'이었다고 했다. 페터 아담Peter Adam은 그런 그림들의 '연극 투의 공허하고 과장됨'[7]이 히틀러의 취향에 맞았던 거라고 했다. 이 시기 독일 회화 가운데 상당히 훌륭한 작품들이 많이 있다는 사실은 차치하고라도, 무엇보다 히틀러의 모방 대상이 된 작품이 그렇게 형편없지는 않았다는 점에 주의할 필요가 있다. 프리드리히의 음울한 유화, 렌바흐의 초상화, 마카르트의 역사화, 슈피츠베그의 비더마이어 시대 풍속화는 비록 히틀러의 모방 대상이 되기는 했어도 히틀러가 도저히 도달할 수 없는 훨씬 수준 높은 예술 세계에 속한다. 동시에 히틀러는 빈과 뮌헨에서 그 당시 휘몰아쳤던 예술 혁명에 무지했다는 비난을 받아왔다. 하지만 그는 어쩌면 클림트나 실레, 클레, 칸딘스키와 같은 카페에 앉았던 적이 있을지도 모른다. 빈 분리파나 청기사파 운동이 그를 스쳐 지나갔다는 이야기가 있다. 그런데 사실 아방가르드 운동은 대부분의 화가 곁을 스쳐 지나갔다. 심지어 유명 화가조차도 그런 운동이 자기 곁을 스쳐 지나가고 있음을 눈치채지 못했다. 빈이나 뮌헨 같은 예술적으로 보수적인 도시에서는 더욱 그랬다. 게다가 모더니스트 회화는 훈련받지 못한 초심자가 흉내 낼 만한 성질의 그림이 아니다.

히틀러는 자신의 그림에 대해 애매한 태도를 취했지만, 나중에 그 그림들은 히틀러에게 대단히 깊은 감정적 울림을 주었다. 그 그림들은 그것을 그리고 있는 동안 히틀러의 머릿속에서 춤추었던 위대한 꿈을 물리적 실체로서 상기시켰다. 고난의 세월을 떠올리게 하는 귀중한 유물이었으며 그가 얼마나 먼 길을 걸어왔는지 구체적으로 추억하게 해주었다. 청년기의 수채화 스케치북을 평생 간직했다는 사실과[8] 1945년 초에 벙커로 영구히 피신하게 되었을 때도 1차 대전에서 받은 철십자가 훈장과 함께 그 스케치북을 챙겼다는 사실은 그의 그림이 그에게 얼마나 중요한지를 말해준다. 총리로 재직할 당시, 누군가에게 특별한 경의를 표하는 선물을 주고 싶을 때면 자기 작품 중 하나를 선물했다.[9] 하지만 그는 자신의 능력에 헛된 자부심을 품을 만큼 그림에 대해 모르지는 않았다. 『나의 투쟁』을 집필하던 1924년에 이미 그는 자신을 그저 '이류 화가kleiner Maler'[10]라고 불렀다. 정치가로서 승승장구하게 됨에 따라 그는 자신의 전기를 새로 쓰면서, 자신은 화가 지망생이 아니었을뿐더러 생계 수단으로서 그림을 그린 적도 없고 오로지 건축에만 관심을 가졌을 뿐이라는 인상을 남기려 했다. 미술 아카데미에 입학하려고 매달렸던 사람이 갑자기 한 번도 진지하게 그림을 그린 적이 없는 사람이 된 것이다.

총리가 된 후 히틀러는 자기 그림에 대한 대중의 관심을 가라앉히려 했다.[11] 1935년에 예외적으로 하인리히 호프만에게 전쟁 중에 그린 작품 7점의 포트폴리오를 한정판으로 발행하도록 허용한 적은 있다. 왜 그랬는지 이유는 모른다. 발행 시기가 독일에서의 군 복무 의무제도 도입 시기와 묘하게 겹치는데 자신의 군 복무 경험을 강조하기 위해 그랬는지도 모른다. 비슷한 포트폴리오가 나중에 히틀러 청소년단 그룹 사이에서 돌아다닌 적이 있다. 전쟁 중에 그린 작품 중 4점과 뮌헨의 구 관저 중정을 그린 작품 하나는 1936년 발행된 선전물 『아돌프 히틀러 : 그림으로 보는 총통의 생애 1931-1935』에 포함되었다. 2년 뒤 비슷한 취지의 기사가 미국 출판물인 「에스콰이어Esquire」지와 「콜리어스Collier's」지에 실렸다. 하지만 이것으로 끝이었다. 1937년에 그의 작품에 대한 논평을 싣는 것이 법으로 금지되었기 때문이다. 몇 달 후에는 작품 전시도 금지되었다. 마르틴 보어만은 많은 나치당 신문과 잡지들이 전쟁 중에 그린 그의 그림들의 컬러 화보를 출판할 계획이라고 히틀러에게 보고했다.[12] 또 1939년 4월에 맞이하는 그의 50세 생일에는 그의 다른 작품들을 실은 특별호를 발간할 계획이라고 했다. 하지만 히틀러가 강력히 금지했다. 1942년 1월 그의 그림들은 '귀중한 국가적 문화자산'으로 선언되었고, 따라서 당국에 등록되어야 하며 독일 바깥에 판매될 수 없게 되었다.

하지만 독재자라고 해서 모든 것을 자기 마음대로 할 수는 없었다. 히틀러가 권력을 잡자 그의 그림들은 바로 수집가들의 목표가 되었다. 빈의 어떤 사람들은 놀랍게도 새로운 독일 총리가 몇십 년 전에 수채화를 팔았던 바로 그 청년이라는 사실을 알게 되었다. 당연히 그림 가격이 치솟았다. 이런 상황을 재빨리 이용한 사람이 라인홀트 하니슈다. 히틀러의 그림에 대해 알고, 그것들을 누가 샀는지도 알기에 그것들을 사서 되팔면 큰돈을 벌 수 있다는 사실을 알고 있었다. 마침 알텐베르크가 작품 두 점을 아직 소유하고 있었다.[13] 하나는 성 루프레히트 성당을 그린 작품이었고 또 하나는 오베르 상크트 바이트에 있는 성당을 그린 작품이었다. 하지만 하니슈는 그가 부르는 가격에 맞출 수 없었다. 그런 그림들은 이미 높은 호가를 형성하고 있었다. 알텐베르크는 나중에 이 두 작품을 뮌헨의 미술상에게 1,100마르크에 팔았다. 그래서 하니슈는 작품을 직접 만들어내기로 했다.[14] 구매자 중에는 인스부르크 출신의 젊은 트램 차장인 프란츠 파일러Franz Feiler라는 사람도 있었는데, 작품의 진위가 의심스러운 나머지 그는 그것을 들고 히틀러에게 갔다.[15] 베르그호프에서 부활절을 보내고 있던 히틀러는 그 수채화가 자신의 것이 아니라면서 파일러에게 법적 소송을 걸라고 부추겼다. 하지만 경찰의 기록에 따르면 하니슈는 사소한 범죄로 다섯 차례 감옥형을 받았지만, 이 문제로 고소를 당한 적은 없다.[16]

하니슈는 다른 이유에서 히틀러에게 골칫덩어리였다. 빈 경찰에 따르면 하니슈는 "그(히틀러)에게 깊은 앙심을 품고 있었다."[17] 비록 그들이 서로 알고 지낸 기간은 몇 달에 불과하지만 하니슈는 그를 안다고 주장했다. 히틀러는 부랑자로서 추잡한 삶을 살아왔으며 일을 하려 들지 않았고 자기 사람에게 지독하게 굴었으며 조상이 유대인이라는 등 나쁜 소문을 퍼뜨렸다. 히틀러가 화가 경력을 유지하도록 만든 장본인이 바로 자신이라고 주장하면서 자신의 친구인 히틀러가 게을러서 작품을 제때 내놓지 못하는 바람에 관계가 파탄났다고 했다. 그는 이런 가십거리를 여러 언론에 돈을 받고 팔았다. 또 이런 가십거리는 히틀러에 대해 쓴 초기 전기 작가 루돌프 올덴Rudolf Olden과 콘라트 하이덴에게서 글감이 되었다가 다시 오늘날의 다른 작가들에게까지 전해졌다. 이는 또 1933년 브라티슬라바에서 출판된 『히틀러 그는 과연 누구인가Hitler, wie er wirklich ist』라는 소책자의 근간이 되었다.[18] 하지만 후속편이 될 『아돌프 히틀러의 빈 시절 동료가 말하다Adolf Hitlers Weggenosse in Wien erzählt』, 『아돌프 히틀러와의 만남Meine Begegnung mit Adolf Hitler』은 하니슈의 노력에도 출판사를 찾지 못했다. 결국 이 글은 3부로 나뉜 기사로 변경되었다. 그런데 영어 번역이 엉터리였다. 아마도 하이덴이 번역을 맡았을 것으로 추정된다. 기사는 1939년 「뉴 퍼블릭New Republic」지에 「나는 히틀러의 친구였다I Was Hitler's Buddy」라는 제목으로 사후에 게재되었다.[19] 몇몇 글은 사실 같아 보이기도 하지만, 화가로서 히틀러의 작품에 대한 언급들은 대체로 사실이 아닌 비방의 성격이 강했다. 이 글들은 두 가지 주요 주제를 되풀이해 강조했다. 하나는 그의 게으름이었다. 그는 "작업 속도가 매우 느렸다.", "결코 근면한 작가가 아니었다.", "그를 작업하게 만들기란 불가능한 일이었다.", "작업하기를 잊고는 했다.", "그림보다는 논쟁에 열중했다."와 같은 소리를 했다. 또 다른 하나는 작업의 하찮음이었다. "아주 형편없는 수준이었다.", "예술가가 아니라 환쟁이의 작업이었다.", "8일 이상 물감을 처바르기만 했다.", "작업에 대한 애정이 조금도 느껴지지 않는 조잡한 쓰레기다."라고 했다. 수채화들은 자연을 직접 보고 그린 것이 아니라 다른 엽서를 베낀 그림엽서에 불과하다고 치부되었다.

언론에 접근해 아무것도 얻지 못하자 하니슈는 그림 위조 작업을 계속 이어갔다. 히틀러의 그림만이 아니라 거장들의 그림도 위조했다. 자크 바이스Jacques Weiss라는 브로커의 도움을 받아 위조 작품들을 전 유럽에 팔았다.[20] 그러자 히틀러는 자신의 작품이나 그것을 위조한 작품들이 대중의 조롱을 사게 될까 봐 두려워졌다. 위대한 총통인 자신이 우스꽝스럽게 비쳐질 터였다. 크리스타 슈뢰더는 "히틀러는 바보처럼 보일 것이 두려워서 거의 앓아누울 지경이 되었다."[21]라고 했다. 그래서 그는 하니슈의 행동을 막도록 조치했다. 1936년 11월 빈 경찰에게 하니슈의 행위에 관해 "비밀리에 통지했다."[22] 경찰은 그를 구금한 다음, 즉각적인 심문에 들어갔다. 며칠 안에 그들은 빈 전역을 돌아다니면서 위작으로 의심되는 작품을 사거나 판 것으로 의심되는 사람들을 추적해 심문했다.

그중 한 명이 야코프 알텐베르크였다. 그는 히틀러로부터 작품 25점을 직접 구매한 적이 있는 사람이었다. 하니슈가 진품이라고 주장하는 작품 여러 점을 보고는 '확신에 차서'[23] 서명이나 크기, 스타일, 작품 주제를 보았을 때 그것들이 위작임이 틀림없다고 했다. "히틀러는 정물화(그것도 과일 정물화)를 결코 그린 적이 없다. 이 정물화들은 히틀러의 스타일도 아니다. 조잡하게 꾸며낸 것들일 따름이다. 이런 물감 범벅은 절대 팔리지 않을 것이다."라고 했다. 또 다른 미술상 오토 칼리르는 1935년에 히틀러 자료들을 한때 자기 매장의 점원이었던 하니슈로부터 또는 하니슈를 통해 사들이기 시작했다. 그는 하니슈가 지한제 광고를 포함한 두 점의 포스터를 자신에게 팔려고 했지만 위조품인 것이 드러났다고 증언했다.[24] 칼리르는 최근에도 수채화 여러 점을 구매했는데, 그중 3점을 나중에 히틀러에게 보여주었더니 그저 조악한 위조품일 뿐이라는 소리를 들었다고 진술했다.

심문을 받던 하니슈는 결코 위조품을 제작하거나 판 적이 없다면서 혐의를 부인했다. 하지만 범행 증거는 차고 넘쳤다. 그의 방에서 경찰은 수채화, 종이, 빈 구시가지 풍경을 묘사한 엽서 그리고 오래된 종이의 느낌을 내기 위한 재료를 발견했다. 경찰은 그가 판매한 그림들이 진품보다 크기가 크고, 진품처럼 단정하거나 깔끔하지도 않으며, 디테일한 묘사가 살아있지도 않다며, 한마디로 엉성하다는 결론을 내렸다. 또 히틀러는 결코 그린 적이 없는 정물화를 포함하고 있다고 했다. 서명 역시 완전히 가짜였다. 혐의를 입증할 가장 결정적인 단서는 경찰이 발견한, 자크 바이스로부터 온 편지였다. 그는 당시 위조와 뇌물 공여죄로 브뤼셀 감옥에서 형을 살았는데, 편지에 그와 하니슈가 공모한 사실이 자세히 적혀 있었다. 경찰 보고서에 따르면 이듬해 2월 3일, 재판을 기다리던 하니슈는 "감방에서 갑자기 죽었다."[25] 이 보고서의 존재를 몰랐던 페스트와 같은 초기 전기 작가들은 1938년 3월 오스트리아 합병 이후 히틀러가 "하니슈를 추적해 죽였다."[26]라고 주장함으로써 반칙을 범했다. 이는 명백히 거짓이지만, 심장마비 때문이라고 기록된 그의 죽음의 진짜 원인이 사실은 히틀러가 꾸민 음모라는 의심은 충분히 제기될 만하다. 하지만 하니슈의 유죄를 입증하는 논거가 워낙 탄탄해서 그는 유죄 판결을 받을 수밖에 없었던 처지이기는 했다.[27] 나치 당국이 오랫동안 그의 죽음에 관해 몰랐던 사실도 변명의 여지를 더해준다. 1944년 2월 마르틴 보어만이 "오스트리아 합병 이후 하니슈가 목매달아 자살했다."[28]라는 사실을 알게 되었다며 당 내부 문서로 보고할 때까지 당국은 그의 죽음에 관해 몰랐다.

그동안 히틀러는 가능한 한 많은 작품을 통제하기 위해 최선을 다했다. 나치당 중앙기록보관소가 이것들의 소재를 추적해야 했다. 이 기관은 1934년 히틀러의 부관이던 루돌프 헤스의 후원 아래 뮌헨에서 설립되었다. 히틀러의 과거에 관한 자료들을 수집하거나 더 자주는 압수함으로써 그것들이 대중에게 노출되어 생기는 문제를 사전에 방지하려는 목적이었다. 히틀러의 작품을 추적하는 과정에서 기관원들은 소유주들에게 작품을 나치당 중앙기록보관소에 팔도록 설득했다. 아니면 적어도 작품의 진위를 판정받고, 사진으로 찍어 카탈로그로 만드는 데 협조를 구했다. 자신의 임무를 수행하는 과정에서 기관원들은 히틀러의 젊은 시절을 아는 사람이라면 누구라도 만나 인터뷰했고, 이때 '위대한 화가'가 되려 했던 젊은 히틀러의 야망에 관한 증언들을 들었다. 이 작전은 에른스트 슐테-슈트라타우스Ernst Schulte-Strathaus가 지휘했다. 그는 수집과 진위 판정 그리고 카탈로그 작업과 같은 실무를 빌헬름 담만Wilhelm Dammann과 아우구스트 프리자크에게 맡겼다.

작품을 찾는 일은 결코 쉽지 않았다. 빈이 주 타깃이었다. 1938년 이전에는 찾아낸 작품들의 취득 임무가 빈 주재 독일 공사관의 고문이었던 오토 폰 슈타인Otto von Stein에게 맡겨졌다.[29] 오스트리아와의 합병 직후 독일과 오스트리아의 보안 담당자들은 도시를 샅샅이 뒤졌다.[30] 모르겐슈테른과 알텐베르크가 보관한 기록이 약간 남아있기는 했지만, 대부분 작품은 어디로 흩어졌는지 추적이 불가능했다. 추적에 성공했더라도 어떤 소유주들은 작품을 포기하지 않으려 했다. 한 보고서는 "당원인 그는 경애하는 총통이 그린 작품을 팔지 않으려 했다. 그리고 그 그림들 때문에 게슈타포와 이미 충분히 많은 문제를 겪었다고 불평했다."[31]라고 했다. 당 간부들도 히틀러 작품 한두 점을 자기 집이나 사무실에 걸고 싶어 했기 때문에 문제는 더 복잡해졌다. 결국 나치당 중앙기록보관소는 8,000마르크라는 상당한 비용을 지불해야만 했다.[32] 그나마 소재 파악이 가능했던 작품들에 지불된 비용이 그 정도였다. 하인리히 호프만이 방금 구매한 수채화 한 점을 히틀러에게 자랑스럽게 보여주었을 때—1944년의 일이다—히틀러는 "이런 건 요즘 시세로 150에서 200마르크 정도면 충분할 거야. 그 이상 주는 건 미친 짓이지."[33]라고 했다. 하지만 이런 미친 짓은 갈수록 심해졌다. 히틀러 자신이 원인이었다. 자기 작품 구입에 상당한 비용을 지불하도록 승인했기 때문이다. 결국 중앙기록보관소 직원들은 50점도 안 되는 작품만을 처리할 수 있었다.[34] 지금은 이 가운데 34점을 사진으로 찍은 복제판만이 남아 있다. 위작도 위작이지만 진품임에도 졸작인 작품 역시 발견되는 대로 파괴되었다. 사실 위작 여부를 식별하는 일도 쉽지는 않았다. 의심이 가는 작품을 히틀러에게 보여주었더니 그조차 자신의 작품인지 아닌지 확신하지 못했다. 전쟁 발발 이후 이 작전은 흐지부지되었고 계획한 카탈로그도 영원히 발간되지 못했다. 하지만 당과 정부 문서에 따르면 히틀러는 제3제국이 끝날 때까지 하니슈의 위작 문제로 안절부절못하면서 언젠가는 그것들을 추적하겠다는 결의를 버리지 않았다.[35] 1942년이 되어서도 그는 이제 막 발견한 하니슈의 위작 3점을 파괴하도록 힘러에게 지시했다.[36]

위작 이야기와 관련해 가장 이상하고도 불길한 측면이 현실화된 것은 1945년 이후의 일이다. 나치를 기념할 물건들에 높은 가격이 매겨짐에 따라 가짜 그림과 스케치들이 시장에 나오기 시작한 것이다. 히틀러 작품의 진위를 판정하는 전문가 중 한 사람인 페터 얀이 그러한 가짜를 거래했다는 혐의를 받게 되면서 혼란은 가중되었다. 하지만 주범은 바로 콘라트 쿠자우Konrad Kujau였다.[37] 1938년 동독에서 태어난 삽화가인 그는 1983년 '히틀러 다이어리'로 유명세를 떨치게 되었다. 항상 예술가보다는 위조범으로서의 능력이 뛰어났던 그는—젊은 시절에는 동독 지도자들의 서명을 위조했다—일명 '콘라트 피셔', '페터 피셔', '피셔 교수' 그리고 단순하게는 '코니'라고도 불렸는데, 1957년 서독으로 망명해 나치 기념품을 제조하거나 판매하는 사업을 벌였다. 네오나치 서클 그리고 살아남은 히틀러의 친구 몇 명과 접촉하면서 그는 히틀러를 복권시키려는 노력—누군가는 계략이라고 할—에 가담하게 되었다. 다양한 출처로부터 그는 300점이나 되는 그림과 스케치를 위조했다. 시와 서한, 친필, 주석, 계약, 명령, 포고, 메모는 말할 것도 없었다. 그리고 이런 것들에는 네오나치 프로파간다의 싹이 잠재되어 있었다.

마치 성인의 삶을 묘사한 이야기나 그림처럼 이것들은 히틀러가 마침내 총통으로서 신격화되기까지 있었던 결정적인 사건들을 기록으로 입증하고 있는 셈이다. 쿠자우가 만들어낸 히틀러는 대단히 인간적인 인물이었다. 진지하면서도 유머러스하고, 친절하면서도 단호하며, 자연과 예술을 사랑하고, 독일 토양에 뿌리 내린 소박한 사람이었다. 악전고투하는 예술가 히틀러라는 이미지를 만들기 위해 쿠자우는 초기 스케치와 빈 입시 드로잉을 위조했다.[38] 용감한 군인 히틀러라는 이미지를 만들기 위해 그의 영웅적 행위나 친절하고 유머러스한 면모를 보여주는 수십 개의 스케치를 위조했다. 준비된 당 지도자 히틀러를 표현하기 위해 나치 상징, 깃발, 제복과 민족주의적이거나 반유대적인 포스터를 고안했다. 란츠베르크 교도소 수감자 히틀러를 기념하기 위해 그가 갇혔던 감옥의 드로잉, 그를 감옥에 보낸 검사의 캐리커처, 함께 유죄 판결을 받은 다른 이들의 초상화를 그렸다. 이러한 각각의 스케치에는 히

「시골 풍경」

「히틀러의 조카인 겔리 라우발」

「1차대전에서 영국인 포로를 잡는 히틀러」

「창가에 꽃이 있는 풍경」

이 네 그림은 히틀러의 것을 위조한 콘라트 쿠자우의 작품이다.

틀러의 친필을 흉내 낸 선동적인 정치 구호가 첨부되었다. 개의 초상화와 여성의 누드화도 그려졌는데 아마도 이들에 대한 히틀러의 애정을 보여주기 위한 의도였을 것이다. 쿠자우는 심지어 히틀러가 누이인 파울라, 이복누이인 안젤라 그리고 여러 친구들에게 보내는 편지들을 꾸며냄으로써 히틀러가 예술가가 되어가는 과정의 시간 순서마저 날조했다. 이 프로파간다는 점점 더 노골적인 양상을 더해갔다. 1931년에 알프스 지대의 농장을 그렸다는 가짜 그림 뒷면에는 "나는 이곳에 자주 손님으로 방문했으며 고단한 일에도 대지를 고수하는 독일 농부들을 볼 수 있었다. 알프스의 농부들은 특히 척박한 대지에 매여 산다."[39]라는 히틀러의 자필 문구가 버젓이 적혀 있다. 그러한 메시지를 적은 이유는 이어지는 일기와의 연결 고리를 마련하기 위해서였다. 하지만 이런 그림들의 예술적 수준이 그 정치적 의도만큼이나 조악했음에도 기꺼이 이것들을 사려는 사람들이 있었다.

사실 콘라트는 위조범보다는 사기꾼으로서의 실력이 훨씬 뛰어났다. 사기라면 상상력이 풍부했던 그는 가짜 그림들을 제작하는 데 만족하지 못하고 이벤트를 고안해 냈다. 1936년 린츠에서 그는 전시회를 열어 그때까지 히틀러 경력과 관련된 물건이나 육필 원고, 그림을 전시했다. 전시를 좀 더 흥미롭게 만들기 위해 그는 힘러와 같은 관료들의 서한을 날조해 그림과 짝을 이루게 했다.[40] 마지막 마무리로 그는 각각의 작품을 위한 증명 서류를 만들어냈다. 서류에는 "1936년 전시를 위해 작품을 대여함."이라고 적혀 있었다. 세월이 흘러도 쿠자우는 그림 위조를 멈추지 않았다. 오히려 다양한 인증 수단들을 고안함으로써 그것들이 더욱 진품처럼 보이게 만들었다. 어떤 작품들은 총통의 사려 깊음을 보여주려고 일부러 서명까지 넣어서 히틀러가 직접 나치 지도자들에게 선물한 것들이라고 주장했다. 그는 꽃을 그린 그림의 액자에 히틀러가 "친애하는 괴벨스의 36번째 생일을 맞이하여 행운을 빕니다. 1933년 10월 23일"[41]이라 썼다고 주장했다. 좀 더 그럴듯한 분위기를 만들기 위해 쿠자우는 괴벨스가 그 작품을 린츠 전시회에서 공개하도록 허락했다는 문서까지 위조했다. 그는 괴링 역시 자신의 생일에 그런 그림을 선물 받았고 마찬가지로 관대하게도 린츠에서 공개를 허락했다고 했다. 그런데 사실 히틀러는 자신의 그림에 뭔가를 쓴 적이 없다. 그러니 그런 첨부된 위조 서명은 불필요한 텍스트였을 뿐이다. 쿠자우는 또 부주의하게도 자신의 위조 행각을 드러내고 말았다. 어떤 작품의 제작 일자를 1918년 이후로 꾸민 것이다. 그리고 거기에는 'Adolf Hitler'라고 서명했는데, 이는 알려진 바에 의하면 히틀러가 전쟁 이후에 그림을 그린 적이 없다는 사실과 통상적으로 작품에 'A. H.' 또는 'A. Hitler'라고 서명했다는 점을 간과한 것이다. 쿠자우를 도운 사람 가운데 한 명은 프라이스 책의 독일어판 원본 편집자이자 나치당 중앙기록보관소에 있던 아우구스트 프리자크였다. 그가 쿠자우의 공모자였는지 충직한 지지자였는지는 분명하지 않다.

쿠자우의 사기 행각이 기발했던 것도 사실이나 이것이 먹힐 수 있었던 이유는 수집가나 미술사가들이 그만큼 잘 속았기 때문이다. 히틀러의 초기 자필 원고와 문서의 최종판이라 추정되는 「기록 총서: 1905-1924**Sämtliche Aufzeichnungen: 1905-1924**」는 가짜 텍스트로 가득 차 있다. 로스엔젤레스 카운티 미술관과 데이비드 그루빈 프로덕션**David Grubin Productions**이 함께 제작한 1993년 영화 「퇴폐 예술**Degenerate Art**」에는 히틀러의 것으로 추정되는 그림 12점이 등장하는데, 이 가운데 2점을 제외한 나머지 모두는 쿠자우의 위작이었다. 프라이스의 책에 실린 그림과 스케치의 3분의 2가 위작이고, 대부분은 쿠자우의 것으로 추정된다. 쿠자우는 '히틀러 다이어리' 날조가 들통나고 나서야 이것들의 위조 사실을 인정했다. 그때조차 그는 자신이 판 어떤 그림들은 진품이었다고 주장해 혼란을 야기했다. 그가 더 깊은 사기를 꾸미고 있었던 것인지 아니면 자신보다 더 영리한 사기꾼에게 당한 것인지는 알 수 없다.

5

예술
독재자

자신을 화가라 생각하면서도
쓰레기 같은 작품을 제출하는 자는
사기꾼이거나, 어릿광대이거나,
정신 상태가 혼란스러운 자일 것이다.

—대독일미술전을 앞두고

모더니스트라는 적

제3제국의 역사에서 익숙한 장면 가운데 하나는 모더니스트 예술의 비극적인 파괴 장면이다. 히틀러는 개인적으로 모더니즘을 혐오했지만, 그것에 관해 4년간 아무 조치도 취하고 있지 않다가 대중에게 조롱거리로 던져주고 난 다음에야 말살했다는 사실도 잘 알려져 있다. 하지만 그가 모더니즘을 왜 증오했는지, 그것을 근절해야 한다고 여긴 이유가 무엇인지는 알려지지 않았다. 모더니즘이 그의 취향을 모욕한다고 생각했을까? 그의 이데올로기와 양립할 수 없다고 보았을까? 반유대주의와 어떤 관련이 있는 걸까? 모더니즘 작품을 충분히 보기는 했을까? 왜 4년이나 기다렸다가 탄압했을까?

히틀러의 미학적 출발점은 극히 단순했다. 19세기는 문화와 지적 성취 면에서 독일의 황금기였다. 히틀러도 여러 번 언급했듯이, 가장 위대한 작곡가와 가장 뛰어난 시인, 사상가, 건축가, 조각가 그리고 화가를 배출한 시기였다.[1] 그러다가 갑자기 광범위한 문화적 퇴락이 시작되었다. 예술가들은 과거의 성취 위에 새로운 문화를 쌓아가는 것이 아니라,

과거 성취와의 과격한 단절을 택했다. 히틀러는 정확히 언제부터 이런 상황이 펼쳐지기 시작했는지 확신할 수 없었지만, 20세기에 들어 처음 맞이하는 10년이 어땠는지는 말할 수 있었다. 그는 "불행하게도 모든 것이 점점 더 급격하게 내리막길을 걸었음에도 1910년까지 우리는 대단히 높은 수준의 예술적 성취를 보였다."[2]라고 했다.

1910년을 예술의 역사 구분의 기준으로 삼은 건 꽤 자의적이기는 하지만, 나름 괜찮은 선택이었다. 상당히 많은 예술가 역시 이 해를 옛것과 새것이 교체되는 분기점으로 지목했다. 버지니아 울프가 "1910년 12월 즈음에 인간성이 변화했다."[3]라고 쓴 사실은 유명하다. 시각예술 분야에서 이 해는 칸딘스키가 최초로 추상화를 그렸고 『예술에서의 정신적인 것에 대하여Über das Geistige in der Kunst』를 출간한 해였다. 샤갈이 파리에 입성한 해이며, '미래주의 선언'이 발표된 해이다. 로저 프라이Roger Fry의 후기 인상주의 전시가 런던에서 처음 열린 해이다. 하지만 히틀러가 이러한 사건들에 관해 알고 1910년을 언급한 건 아니다. 왜 하필 그해를 언급했는지 이유를 설명한 적도 없다. 하지만 예술과 과학 분야에서 세계가 혁명적인 변화를 목도하고 있으며 근본적으로 새로운 방향과 기술, 사상을 탐색하고 있다는 사실은 분명히 인지하고 있었다. 그는 이러한 혼란스러운 흐름을 되돌리고자 했다.

그는 자신이 언제 아방가르드에 관해 알게 되었는지는 발설하지 않았다. 뮌헨은 결코 모더니즘의 온상이었다고 할 수 없다. 청기사파는 아주 잠깐 존재했을 뿐이고 지역에 영향을 미치지도 못했다. 하지만 작품을 실제로 보았든지 아니면 화보를 통해 보았든지 간에 1920년쯤이면 히틀러도 모더니즘에 관한 막연한 인상을 가졌음에 틀림없다. 초기 연설에서부터 비난을 시작했기 때문이다. 처음에 그의 메시지는 단순했다. 모더니스트 미술이 사회를 타락시키고 있다는 것이었다. 모더니스트 미술의 배후에 유대인들이 있으며, 따라서 유대인들이 사회를 타락시키고 있다는 메시지였다. 1921년 1월 발표된 「우행 아니면 범죄Stupidity or Crime」라는 제목의 기사에서 그는 독일 국민이 지적으로 몹쓸 풍조에 물들어 가는 중이며, 그중에는 화가들도 있다고 주장했다. 그는 이들의 작품 가치는 "범죄자의 털 길이와 반비례 관계에 있다."[4]라고 농담했다. 거리의 평범한 사람들에게는 예술가들이 그런 것을 생산한다는 것도 이해되지 않지만, "그런 흉물을 만들어낸 이들이 정신병원이 아닌 예술 작업실에 거주한다."라는 사실도 이해되지 않는다고 했다. 1923년 그는 볼셰비키, 큐비즘, 미래주의 작가들을 범인으로 지목했다. 하지만 위험을 무릅쓰고 특정 작품에 대해 논평하려 하지는 않았다. 『나의 투쟁』에서도 그는 아방가르드 회화에 대해 '정신적 타락과 사기의 산물', '광인이나 범죄자의 환각'이라고만 언급했다.[5] 그는 모더니즘을 좋아하지 않는 사람은 '내적 경험'의 산물을 이해하지 못하는, '시대에 뒤떨어진 속물'이라는 인식에 관해 개인적으로 대단한 모욕을 느꼈다. 이런 반응은 그가 적어도 예술적 지각이라는 모더니즘 개념에 관해 알고 있었다는 사실을 드러내준다는 점에서 흥미롭다. 파울 클레는 예술적 지각이 '외부를 향한 시선과 내부를 향한 관조의 종합'이라고 표현했다. 몬드리안은 예술적 지각이 '영혼에 따라' 자연을 재창조하는 것이라 했다.

이런 히틀러의 즉흥적인 언급에서 심사숙고한 흔적은 거의 찾아보기 어렵다. 그러니 정책은 더 말할 것도 없다. 그가 조롱한 미술 양식, 즉 큐비즘, 다다이즘, 미래주의, 인상주의는 엄밀히 말해 독일 아방가르드의 양식도 아니었다. 독일 아방가르드라면 표현주의, 추상주의와 같은 말로 지칭하는 것이 적절했을 텐데 히틀러는 이런 단어를 사용한 적이 없다. '슈바빙 데카당Schwabing Decadent'—아마도 청기사파를 지칭하는 듯하다—이란 표현이 그나마 독일 아방가르드에 가장 근접한 단어였다. 그는 어떤 모더니스트 화가의 이름도 언급한 적이 없다. 그래서 1933년 1월 그가 권력을 잡았을 때, 모더니스트 회화에 관해 그가 어떤 조치를 하려는지 아는 사람은 아무도 없었다. 모더니즘이 곤경에 빠졌다는 사실은 분명해 보였다. 하지만 누가 모더니스트인가? 어떤 회화나 조각이 부적절하다고 판단할 수 있는 기준은 무엇인가? 어떤 작가의 작품 전체가 문제시되는 걸까? 아니면 일부 작품만이 문제시되는 걸까? 아무도 알지 못했다. 히틀러가 이에 관해 말한 적이 없고, 사실은 그 역시 알지 못했기 때문이다.

성질 급한 나치당원들의 경우에는 또 이야기가 달랐다. 그들은 이미 1920년대에 아방가르드에 반대하는 선동 활동을 전개했다. 그들은 정부—1930년 튀링겐 지방정부—에 들어가자마자 지체없이 바이마르에 있는 슐로스 미술관에서 클레, 놀데, 코코슈카, 파이닝어와 같은 화가들의 작품을 제거했다. 데사우에서 그들은 바우하우스의 계단통에 그려졌던 오스카르 슐레머Oskar Schlemmer의 프레스코화를 파괴한 것으로 악명이 높다. 그들은 국가사회주의 혁명은 정치적일 뿐 아니라 문화적이기도 하다고 주장했다. 사실 문화적인 목표가 가장 중요했다. 당이 정권을 장악하자, 이 문화적-정치적 혁명은 온 나라를 휩쓸었다. 지역의 당 간부들은 미술관장과 큐레이터들을—1933년에만 20명을—즉각 해임했다.[6] 미술과 교수들과 미술학자들도 해고했다. 쫓겨난 이들의 자리를 차지한 건 예술적인 자질을 갖춘 이들이 아닌 당에 충성하는 이들이었다. 좀 더 광적인 관리자들은 아방가르드 작품들을 즉각 전시장에서 퇴출시켰지만, 어떤 경우에는 대중의 비웃음을 사도록 일부러 전시회를 열기도 했다. '소름 끼치는 예술의 방', '혐오 미술 전시회', '문화적 볼셰비즘의 이미지'라는 제목의 광고문으로 선전된 전시회들이 슈투트가르트, 카를스루에, 켐니츠, 드레스덴, 뉘른베르크, 브레슬라우, 만하임 및 그 밖의 9개 도시에서 열렸다. 이후로는 많은 갤러리들이 모더니스트의 작품을 수장고에 보관하거나 국외에 판매했으며 아니면 아예 문을 닫아 버렸다. 하지만 몇몇 미술관들은 초기에 벌어졌던 혼란을 증명이라도 하듯이, 모더니스트 컬렉션을 어떻게든 유지했고 조심스럽게 전시하거나 심지어 소장 목록에 새 작품을 추가하기까지 했다.[7] 여러 도시의 유명한 미술상들도 계속해서 아방가르드 작품을 전시했다.[8] 1937년 말에 베를린에 있는 페르디난트 묄러 갤러리는 대담하게도 놀데의 70세 생일을 기념하는 대규모의 작품전을 열었다.

이러한 박물관계의 난맥상은 국가적 차원의 당 내부 갈등과 맞물려 있었다. 추상화, 비구상회화 그리고 추상적인 조각, 비사실주의적 조각들은 도처에서 비난을 받았다. 독일인이 아닌 작가들이 창작한 1850년 이후 작품 대부분도 마찬가지였다. 하지만 표현주의나 개별 작가의 작품들에 관해서는 의견의 불일치가 있었다. 당내 소수파 가운데는 표현주의를 자생적인 독일 미술운동으로 보아야 한다며 옹호하는 이들이 있었다. 그들은 표현주의가 독일 고딕미술을 계승했으며 국가적 자산의 일부로서, 국가사회주의 혁명의 예술적 파트너가 될 수 있다고 주장했다. 신질서의 초기 지지자인 유명 시인, 고트프리트 벤은 표현주의가 '유럽 최후의 위대한 예술적 르네상스'[9]를 대변한다고 주장했다. 이런 주장에 호응이라도 하듯 베를린 대학교의 국가사회주의 학생연합은 1933년 7월에 '30인의 독일 예술가'라는 제목으로 전시회를 개최하기까지 했다. 이 전시회는 바를라흐, 헤켈, 렘브루크, 마케, 마르크, 놀데, 롤프스 그리고 슈미트로틀루프와 덜 알려진 젊은 화가들의 작품을 포함했다. 하지만 이는 당대 다수파가 보기에 선을 넘는 행위였다. 전시회는 3일 후에 문을 닫았다. 1934년 3월 마리네티가 직접 이끄는 이탈리아 미래주의자들이 베를린에서 전시회를 열면서 혼란은 더욱 복잡한 양상을 띠게 되었다. 히틀러는 미래주의를 싫어했지만, 전시회 개최를 허용했다. 마리네티의 친구인 무솔리니와 관계를 구축 중이었기 때문이었다. 괴링, 괴벨스 그리고 루스트는 후원회 참여에는 동의했지만, 모습을 드러내지 않는 것이 현명하다고 판단했다. 몇몇 진성당원은 훌륭한 현대 미술도 훌륭한 파시스트 미술이 될 수 있다는 사실을 이 전시회가 보여준다고 주장했다. 하지만 로젠베르크는「푈키셔 베오바흐터」에서 이 전시회가 불쾌한 외국의 간섭이라 비난했다. 그럼에도 표현주의가 나치 미술로 받아들여지게 만들려는 논쟁은 1935년까지 지속되었다.

화가와 조각가들도 혼란스럽기는 마찬가지였다. 놀데는 자신이 나치에게 환영받으리라 기대했지만 그렇지 않다는 사실을 알고는 믿을 수 없다는 반응을 보였다. 바를라흐, 호퍼, 슐레머, 칸딘스키, 키르히너와 같이 나치가 아닌 작가들도 나치에게 인정받으려 했으며, 자신들이 인정받지 못하는 이유는 무언가 심각한 오해 때문이라고 믿었다. 베크만, 벨링, 캄펜동크, 에른스트, 파이닝어, 그로스, 클레, 칸딘스키, 키르히너, 코코슈카, 슈비터스 그리고 수십 명의 화가들은 달아났다. 이들은 내적 망명의 상태에 들어갔거나 사실상 공적인 자리에서 모습을 감추었다. 그리고 미술 아카데미에서 직위를 잃었다. 가르칠 수 없었고 전시회를 열거나 작품을 판매할 수도 없었다. 대부분 그리는 일조차 금지당했다. 그 결과 절망적인 궁핍 상태를 겪어야만 했다. 페히슈타인은 낚시로 식량을 마련해야 했다. 슐레머는 양치기와 농사일을 하다가 다른 화가들과 함께 부퍼탈에 있는 래커 공장에서 일했다. 놀데는 프리지아로 물러나 '칠하지 않은 그림'이라고 이름 붙인 작은 작품들을 남몰래 제작했다. 바를라흐는 자신이 지었던 집을 잃었다. 그가 제작한 조각과 기념비들은 파괴되었다. 그리고 그것들과 함께 그 역시 파괴되었다. 이들의 경력과 삶은 초토화되었다. 키르히너와 같은 몇몇은 자살했다. 적어도 한 명의 화가는 강제수용소에 보내졌다. 두 명의 유대인 화가, 오토 프로인드리히Otto Freundlich와 펠릭스 누스바움Felix Nussbaum은 달아났지만, 독일국방군이 서유럽을 휩쓸고 난 뒤 발각되어 강제수용소로 보내졌고 거기서 생을 마쳤다.

수년간 히틀러는 아무런 정책도 세우지 않았다. 하지만 자연이 진공 상태를 싫어하듯, 권력도 공백을 싫어한다. 괴링은 예외로 치고, 괴벨스도 약간은 예외에 가까웠지만, 나치 지도자들은 대개 개인적으로 시각예술에 대해 별다른 생각이 없었다. 로젠베르크를 제외한다면, 문화적 이데올로기에 대해서도 별로 관심이 없었다. 정치적 권력에만 골몰했다. 루스트는 미술관이나 미술 아카데미에 대한 공식적인 관할권만을 주장했다. 독일노동전선의 수장인 라이는 예술가협회를 통제했다. 로젠베르크는 거창한 직함과 여러 우익 문화 그룹의 지원을 받았다. 괴벨스는 선전부 장관과 제국문화회의소 소장이라는 두 직위에서 비롯한 권한을 누렸다. 개인 미술품 수집에 몰두했던 괴링은 보통 이러한 경쟁자들보다 우위에 있었다. 하지만 정작 히틀러에게서 예술적인 식견을 인정받으며 히틀러에게 직접 자기 생각을 말할 수 있었던 이들은 당이나 정부의 서열 바깥에 있는 자들이었다는 점이 혼란을 가중시켰다. 하인리히 호프만, 게르디 트루스트, 아르노 브레커, 벤노 폰 아렌트 그리고 이후에 히틀러의 예술 고문이 되는 한스 포세Hans Posse 같은 자들이 그런 사람이었다.

정치적 경쟁자에 대한 음해는 거의 사라졌다. 루스트가 가끔 자신이 경쟁자임을 주장하기는 했지만 주된 경쟁자는 역시 괴벨스와 로젠베르크였다. 로젠베르크는 모더니즘을 말소하려 했다. 괴벨스는 그것을 장려하고자 했다. 만약 히틀러가 괴벨스의 일기를 읽었더라면 아연실색했을 것이다. 1924년 8월 일기에서 괴벨스는 막스 슬레포크트Max

Slevogt와 반 고흐의 작품을 '기가 막힌 묘사'라며 칭찬했다.[10] 놀데의 작품을 두고는 '놀라운 색채'라고 했으며, 특히 바를라흐를 두고 '표현주의의 정수'라고 했다. 놀데와 바를라흐에 대한 그의 취향은 이후로도 사그라들지 않았다.[11] 1937년까지 자신의 사무실에 바를라흐의 조각상 중 하나를 놓아둘 정도였다. 사실 선전부 장관으로서 그는 헤켈, 슈미트로틀루프, 뭉크와 함께 놀데와 바를라흐를 아리안 미술, 북유럽 미술의 모델로서 후원한다면 제국의 영광을 더욱 빛낼 수 있다고 믿었다. 그는 1933년 12월 70세 생일을 맞이한 뭉크에게 축전을 보내 그의 작품에는 북유럽의 정신이 담겨 있다고 칭송하여 로젠베르크의 분노를 샀다. 그는 또한 놀데의 애제자인 한스 비데만을 제국문화회의소 시각예술분과 부대표로 임명할 계획까지 가지고 있었다.

그런데 이런 경쟁은 좀 이상한 면이 있다. 히틀러로부터 낮은 평가를 받았던 로젠베르크의 정치적 패배가 시작부터 분명해 보였기 때문이다. 하지만 괴벨스는 히틀러의 최측근이었으며 보다 교활한 인물이었음에도 이데올로기적인 측면에서 우위를 점할 수 없었다. 히틀러가 괴벨스의 베를린 새집에 방문한 1933년 여름에 그런 징후가 가벼운 형태로 나타났다. 집을 리모델링하고 나서 슈페어가 베를린 국립미술관에서 대여한 놀데의 수채화 몇 점을 걸어두어 괴벨스 부부를 기쁘게 했었는데, 히틀러가 방문해 그것들을 보고는 질색했던 것이다. "곧장 치워버려야 했습니다. 그 그림들은 절대 안 되겠어요."[12]라고 괴벨스는 슈페어에게 말했다. 이러저러한 화가들이 표현주의 화가이고 표현주의는 북유럽과 나치의 정수라고 한 모든 주장이 다 소용없었던 셈이다. 고트프리트 벤이나 로젠베르크 또는 괴벨스 혹은 그 누구의 말이나 생각도 소용없었다. 오로지 히틀러의 생각만이 중요했다. 히틀러가 놀데의 작품을 싫어한다. 그러면 그걸로 끝이다. 나아가 그는 괴벨스에게 비데만을 내치라는 지시를 내렸다.

그렇다고 이 일화가 정책 수립에까지 이르지는 않았다. 히틀러는 항상 막연한 지침만 줄 뿐 그 이상 나아가지 않았다. 1933년 9월 뉘른베르크 당대회에서 문화에 관해 연례 연설을 하면서 처음으로 어떤 식으로든 모더니즘은 허용할 수 없다는 입장을 분명히 밝혔다. "무능하면서도 잘난 척만 일삼던 자들이 마치 아무 일도 없었다는 듯 갑자기 편을 바꾸어 새 나라의 깃발 아래 서겠다고 하는 것을 우리는 결코 허용할 수 없습니다…."[13] 이제 나치 제국에서 인정받고자 했던 키르히너와 같은 이들에게 문은 완전히 닫혀버렸다. 의견 차이는 여전히 있었지만, 이듬해 히틀러는 더 나아갔다. 그는 당이 두 가지 위험에 직면하고 있다고 했다.[14] 하나의 위험은 '큐비스트, 미래주의자, 다다이스트과 같은 이들'이었다. 그들은 '예술 파괴자', '천치거나 영리한 사기꾼', '선정주의자', '환쟁이', '캔버스나 더럽히는 자'들이었다. 나치 운동은 그들을 '마치 존재한 적도 없었던 것처럼' 말끔히 제거해야 했다. 또 다른 위험은 '뒤만 돌아보는 이들'이었다. 그들은 '구식 독일'의 예술관을 가지고 있으며 '우스꽝스러운 독일 꿈나라'에 살고 있다고 했다. 그들은 나치 혁명이 무엇인지 전혀 이해하지 못하고 있다. "그래서 오늘날에도 그들은 정통 독일 르네상스 양식의 기차역을 제안한다. 오래된 고딕체의 거리 표지와 타자 글씨를 제안하고, 발터 폰 데어 포겔바이데식의 가사를, 그레첸과 파우스트가 입을 법한 의상을 … 방패와 석궁을 제안한다."[15]라고 했다. 그는 이런 이들이 아무짝에 쓸모가 없으며 자신들의 환상을 포기해야만 한다고 결론 내렸다. 이렇게 해서 히틀러는 괴벨스와 로젠베르크의 경쟁 구도를 유지하되, 양쪽의 힘을 모두 약화시킬 수 있었다.

집권 후 4년간, 히틀러가 시각예술과 관련해 구체적인 조치를 취한 것은 단 한 번뿐이었다. 1933년 6월 그는 파울 슐체나움부르크를 포함한 반모더니스트 그룹을 접견했다. 파울 슐체나움부르크가 히틀러에게 국립미술관의 분관인 베를린 왕세자궁Kronprinzen-Palais 소장품들을 보여주었는데, 사실 이곳은 500여 점의 모더니스트 작품을 소장한 세계적인 아방가르드 미술관이었다. 당연하게도 히틀러는 격노했고 미술관장인 루트비히 유스티Ludwig Justi에게 이 그림들을 치워버리라고 지시했다.[16] "하지만 파괴하지는 말고 독일 타락의 시대를 기억할 수 있도록 특별실에 보관하라."라고 했다. 너무 낙관적이어서 그랬는지 순진해서 그랬는지 미술관 관계자들은 자기네 미술관이 소장한 모더니스트 작품 중에서 가장 훌륭한 것들만 전시하면 괜찮을 줄 알았다. 이 전시를 위해 그들은 할레 시립미술관 관장인 알로이스 샤르트Alois Schardt를 초청했다. '북유럽 미술' 주창자인 그의 명성으로 나치 비평가들의 환심을 사겠다는 의도였다. 샤르트는 되도록 논란의 여지를 불러일으키지 않기 위해 이 그림들을 꼭대기 층에 처박아 두었다.[17] 그리고 카스파르 다비트 프리드리히의 작품이나 히틀러가 좋아하는 다른 낭만주의 화가 작품들을 아래층에 전시했다. 하지만 이런 잔꾀는 통하지 않았다. 루스트는 대중들의 전시 관람을 금지했다. 샤르트는 해고당한 후에 미국으로 망명했다. 하지만 여전히 모더니즘 전시 계획에 관한 열의를 잃지 않았던 미술관 관계자들은 독이 든 성배를 들고 이제 뮌헨의 시립미술 소장품 책임자인 에버하드 한프슈탱글Eberhard Hanfstaengl을 향했다.[18] 그는 보수적인 남부 독일 출신이고 모더니스트들과 친분이 전혀 없는 사람이니 그들의 전시를 보호해 줄 수 있을 거라 기대했다. 새로 관장에 취임한 그는 주요 작품 50점을 보관소에 맡기고 난 다음 한정 수량만을 가지고 미술관을 다시 열었다. 되도록 주의를 끌지 않기 위해 그것들을 위층에 전시했다. 이렇게 하고 나니 수년간 전시를 지속할 수 있었다. 심지어는 동시대 작품을 새로 취득할 수도 있었다.

그런데 이렇게 말하면 이상하지만 히틀러는 이 전시회에 방문한 적이 있다. 그리고 더 이상한 것은 아무 조치도 하지 않았다는 사실이다. 이 이상한 일은 1934년 초에 벌어졌다. 히틀러는 이때 루돌프 헤스가 후원하는 카를 라이폴트Karl Leipold의 특별전을 보러 미술관을 방문해 잠시 머무르더니 다른 곳도 둘러봐야겠다고 했다. 그러다 결국 아방가르드 작품들을 마주하게 된 것이다. 인상을 찌푸리기는 했지만 아무 말도 하지 않았다.[19] 사실 그의 방문 목적은 그림보다는 건축적인 관심에서 현장을 둘러보기 위한 것이었음이 나중에 드러났다. 그가 탄복하여 한마디 한 것은 바로 미술관 상층부 창문에서 내다보이는, 베를린 중심에 위치한 싱켈의 고전 건축물 풍경이었다. 그 뒤로 2년간 왕세자궁 소장품 전시회에 관해 아무 언급도 하지 않다가 어느 날 점심 식사 자리에서 "그 쓰레기들을 몽땅 치워버리게."[20]라고 말한 것이 전부였다. 그리고 다시는 그에 관해 언급하지 않았다.

히틀러는 1935년 8월 드레스덴 방문 당시 모더니스트의 작품들을 처음 제대로 본 듯하다. 이때 그는 2년 전에 마련된 '작품으로 본 드레스덴' 전시회를 둘러보았다. 이를 전형적인 모더니스트의 참상이라 여긴 그는 전국 순회 전시를 지시했다. 몇 주 후에 뉘른베르크에서 당대회 개최와 연계하여 전시회가 열렸다. 그는 독일미술관 개관에 맞추어 열린 이 전시회를 평소 자신이 '향수 냄새 풍기는 문화'라며 혐오하던 것을 저주하기 위한 연단으로 삼았다. 그는 전시 작품들의 특징을 한마디로 '추함'으로 규정했다. "순전히 더러움을 위해 더러움 속에 뒹구는 것이 예술의 할 일은 아닙니다. 인간을 부패 중인 모습으로 묘사하는 것은 더욱 아닙니다. 환자를 모성의 상징으로 묘사하는 것도, 꼽추를 남자다운 힘의 대표로 묘사하는 것도 아닙니다."[21] 그리고 '추함'은 자연의 왜곡과 관련이 있었다. "풀밭은 파랗고, 하늘은 초록이며, 구름은 유황색이라 느

1935년 8월 드레스덴에서 열린 '소름 끼치는 예술의 방'을 둘러보는 히틀러. 전시 작품 대부분은 드레스덴 시립미술관 소장품이었고, 전시 조직은 드레스덴 미술 아카데미 총장이 맡았다. 커다란 초상화는 에리히 헤켈의 작품이고, 작은 것은 레아 그룬디히의 작품이다.

끼는 사람들이 실제로 있습니다. 그들은 그런 식으로 '경험'한다고 말할 것입니다."[22] 원시주의도 역시 문제였다. "만 년 또는 2만 년 전의 석기시대인이나 그렸을 법한 그림들을 오늘날 공공연하게 전시하는 행위는 철면피와 같은 뻔뻔함 아니면 이해할 수 없는 어리석음에서 비롯한 것입니다. 그들은 원시주의를 말하지만, 예술의 할 일은 퇴행이 아니라는 사실을 잊고 하는 말입니다."[23] 양식도 천박하기 그지없었다. "그들의 예술은 천하기 그지없습니다. 형식이나 내용 면에서 모두 그렇습니다. 그러면서 과거의 거장이나 오늘날 경쟁자들의 작품을 참을 수 없다고 합니다."[24]

더욱 나쁜 것은 양식이 끊임없이 바뀐다는 점이다. "패션과 관련해서 아름답든 그렇지 않든 상관없이 '모던'한 옷만을 입어야만 하는 것처럼, 과거의 위대한 거장들을 줄곧 비난의 대상으로만 취급했습니다.

대충 물감으로 처바른 이런 그림들은 하루면 완성되는 것들입니다. 어제는 존재하지도 않았던 것이 오늘날 모던이라 칭송받고 내일이면 낡았다며 폐기됩니다."[25] 게다가 모더니즘에는 민족성이 결여되었다. "…예술이란 '국제적인 경험'이라고 이들은 주장합니다. 그 결과 민족을 떠올리게 할 만한 것들을 억압하고 말았습니다. 민족의 예술이나 인종의 예술 같은 건 없다고 주장합니다. 그저 어떤 시기의 예술만이 존재할 뿐이라고 말합니다."[26] 그리고 이들의 예술은 일반 대중에게 아무런 의미가 없는 엘리트주의라고 비난했다. "대다수 인민의 즉각적이고도 가슴에서 우러나온 동의가 없는 예술, 한줌 비평가들의 지지에만 기대는 예술을 더 이상 참을 수는 없습니다."[27]

개인적 취향이나 인종주의를 차치한다면 히틀러는 진실을 말했다. 자신이 아는 것보다 더 많은 진실을 말했다. 문화적인 위기의 시대에 모더니즘이 차지하는 위치를 정확히 분석했기 때문이다. 모더니스트들은 각기 다른 예술적 의도를 품고 있었다. 아방가르드 화가들은 음악이나 문학, 건축 분야의 모더니스트들과 항상 같은 방향으로 작업하지는 않았다. 대체로 모더니스트들은 그들이 기소된 바대로 유죄였다. 검사 측 논고가 과장되었고 왜곡되기는 했지만 말이다.

모더니스트들은 사실 혁명가였다. 그들은 예술이 민족의 역사에 뿌리를 두어야 한다는 생각을 거부했다. 의도적으로 변화와 실험을 추구했다. '모든 시대는 자신의 예술을 가진다.'[28]라는 것이 1897년 빈 분리파의 설립 원칙이었다. 예술은 '추'할 수도 있어야 하며, '원시주의'의 거친 에너지를 흉내 낼 수도 있어야 한다고 보았다. 미와 확실성보다는 진실과 회의를 추구했다. 대답보다는 질문에 관심을 가졌다. 시각적인 실재의 묘사보다는 감정—히틀러의 표현을 빌자면 '내적 경험'—의 소통을 열망했다. 질서를 열망하는 독일인들의 면전에서 모더니스트들은 무질서와 불확실성을 찬양했다. 엘리트주의라는 멸칭을 피하기보다는 오히려 그것을 높은 원칙으로 삼아 예술가가 사회로부터 독립된 존재이며 문화는 독자적인 영역을 갖는다고 주장했다. 모더니스트와 대중 사이에 놓인 심연이 그들의 잘못은 아니었다. 미적인 감각을 상실하고 자기만의 길을 가버린 건 바로 대중이었다. 사회에 대한 의무만큼 모더니스트들에게 낯선 관념은 없었다. 민족적 자부심을 심어준다거나 대중에게 안도, 아름다움, 기쁨을 제공한다거나 더욱이 자질구레한 삶으로부터 도피처를 제공한다는 건 그들이 염두에 두었던 사안이 아니다.

모더니스트 예술 형식을 말살하는 과정에서 히틀러는 노골적으로 자신의 개인적 취향을 강요했다. 그가 찬양하는 미술은 19세기 독일 화파의 솔직한 사실주의였다. 그는 이것이야말로 시각예술에서 가치 있는 모든 것들의 정점에 선다고 보았다. 그가 그렸던 그림은 그 가운데서도 가장 단순한 양식을 택한 것이었다. 히틀러 자신이 이해할 수 있고 대중들도 파악할 수 있는 양식 말이다. 그런데 왜 히틀러는 모더니스트 작품의 '추함'이 불편했던 걸까? 재기 넘치는 색채의 유희가 그렇게 불편했던 이유는 무엇일까? 왜 원시주의 미술이 가진 날것의 힘에 심사가 뒤틀렸을까? 아이러니를 역겹다고 느낀 이유는 무엇일까? 질문을 던져보면 아방가르드에 대해 그가 느낀 혐오의 핵심에 이를 수 있다. 그에게 모더니즘이 참을 수 없었던 이유는 그것이 사유를 자극하기 때문이다. 전통에서 벗어나고, 편안하지 않고, 충격적이고, 추상적이며, 비관적이고, 왜곡되고, 냉소적이며, 수수께끼와도 같고, 무질서하고, 기형적이었기 때문이다. 만일 당신 스스로가—또는 민족이—안도, 전통적인 아름다움, 순응, 단순성, 확신의 세계로 도피하고 싶다면 그것[모더니즘]은 절대 당신이 원하는 바가 될 수 없다. 히틀러가 이런 식으로 표현하지는 않았다. 그는 "독일인은 분명해야 한다(Deutsch sein heißt klar sein)."[29]라고 했다. 이는 하나의 경구로서, "주제뿐만 아니라 감정을 표현할 때에도 명확해야 한다."라는 말이다. 역설적이게도 그를 견딜 수 없게 만든 건 바로 모더니즘의 사실주의적 측면이었다. 히틀러가 선호했던 19세기 미술이 아니라 바로 이 모더니즘이 근대적 삶의 불편함과 공포를 은유적으로 표현하고 있었다. 그는 현실의 고통을 직면하기보다는 그로부터 달아날 탈출구를 예술에서 원했다. 그러니 문제는 예술적인 취향에 있지 않았다. 문제는 모더니즘이 종말론적인 관점에서 사회를 바라본다는 데 있었다. 히틀러로서는 모더니즘에 반대하는 정치적 입장을 취할 수밖에 없었다. 플라톤도 알고 있었듯이 히틀러도 알았다. 예술과 사회는 동일한 힘에 의해 움직이며 사회적 격변을 반영할 뿐 아니라 조장하기도 한다는 점을 말이다.

유감스럽지만, 모더니즘 회화에 대한 적대감을 히틀러만 가졌던 것은 아니다. 여러 시대와 사회에서 그러한 적대감이 나타났다. 히틀러가 사용했던 거친 비난의 표현들은 널리 통용되고 있었다. 런던에서 열린 로저 프라이의 후기 인상주의 전시회를 두고 영국 비평가들은 다양한 비유적 표현을 사용해 비난했다. '또 다른 폭탄 음모', '예술 제도 아래에 폭탄을 설치하려는 시도', '유럽 회화를 망가뜨리려는 광범위하게 퍼진 계략',[30] '정치계에서 벌어지는 무정부주의와 똑같은 움직임', '또 다른 형태의 광기'. 「더 타임스」의 비평가들은 이 전시회에 명시적으로 '퇴폐적degenerate'이라는 딱지를 붙였다. 하지만 정치와 문화가 불가분의 관계를 맺어온 역사를 가진 독일에서 모더니즘은 단지 몇몇 비평가만이 아니라 정부 인사들에게서도 비난받았다. 1901년 다수의 모더니즘 회화 구입에 대한 책임을 물어 베를린 국립미술관 관장을 해임하도록 명령한 제2제국의 수장 빌헬름 2세가 했던 말은 제3제국 지도자인 히틀러의 말과 놀랍도록 유사하다. "내가 세운 법과 금지 명령을 위반한 예술은 예술이 아니다. '자유'라는 말은 흔히 오용되어 방종과 주제넘은 태도를 낳고는 한다. 단순히 비참함을 그리는 예술은 독일인에게 저지른 범죄와 다를 바 없다…."[31]

황제와 총통이 모더니즘에게 가한 공격은 매우 아이러니한 측면이 있다. 이런 공격이 촉발된 이유는 바로 독일이야말로 모더니즘의 선두에 서 있던 나라였기 때문이다. 독일에는 다른 어느 나라보다도 주목할 만한 모더니스트 화가들이 많았다. 그뿐만 아니라 아방가르드 작품을 수집하는 미술관들도 많았다. 1897년 베를린 국립미술관은 세잔 작품을 최초로 구매한 미술관이었다.[32] 에센 지방의 폴크방 미술관은 고갱과 반 고흐를 일찌감치 널리 알린 미술관 중 하나다. 약 50개의 다른 미술관들도 이들의 선례를 따랐다. 전간기 내내 영국과 프랑스의 미술관들은 모더니스트 작품을 거부했다. 심지어 무상으로 기부하겠다는 제안조차 거부했다. 테이트 박물관 관장 말에 따르면, 그런 작품들은 "젊은 화가들에게 불온하고 해로운 영향을 끼칠 수 있다."라는 이유로 거부되었다.[33] 반면 독일 미술관들은 꾸준하게 모더니즘 소장품 목록을 확장해 왔다.[34] 그 결과 소장품 규모가 세계에서 가장 컸다. 여기에 매우 중요한 개인 소장품들도 다수 더해졌다. 독일에서 모더니스트 작품 수는 1만 8,000점에 달했던 것으로 추산된다.

모더니즘에 지배당함으로써 예술이 대중에 대한 호소력을 잃고, 문화가 극소수를 제외한 대다수의 경험과 유리되는 사태에 이르렀다는 히틀러의 주장은 사실이다. 아방가르드 미술에 대한 반응은 무관심이나 몰이해에서부터 적대감까지 아주 다양하다. 독일 화가와 조각가 대부분은 전통주의자들이어서 그들에게 모더니즘은 그 명칭부터가 아주 낯설기만 했다. 뮌헨의 유리 궁전에서 열린 연례 여름 전시회에서 엿볼 수 있듯이, 이런 경향은 남부 독일에서 더욱 심했다. 1930년 전시회에 거의 1,000명 가까운 화가가 출품했지만, 그중 열두 명 정도만이 모더니스트라 할 수 있는 정도였다.[35]

하지만 모더니즘에 대한 히틀러의 적대감에는 두 가지 독특한 측면이 있다. 하나는 여기에 반유대주의가 중심을 차지하고 있다는 점이다. 사실 모더니즘과 유대인 간의 관련성은 없다. 샤갈을 제외한다면 유대인 가운데 주목할 만한 모더니즘 화가는 없다. 대여섯 명의 유명하지 않은 화가들이 있기는 하다. 음악계의 아르놀트 쇤베르크나 건축계의 에리히 멘델손Erich Mendelsohn과 같은 인물이 회화계에는 없었다. 히틀러도 이 사실을 알고는 있었다. 그의 연설은 유대인 화가가 아니라 회화에 미치는 유대인의 영향을 비난했다.[36] 그는 이러한 영향력이 유대인이 지배하는 언론의 예술 평론을 통해 행사된다고 주장했다. 그는 크리스타 슈뢰더에게 자신이 추구하는 바를 설명한 적이 있다.[37] 그는 유대인들도 모더니즘 회화가 쓸모없고 퇴폐적이라는 사실을 잘 알고 있으면서 그것을 구매해 엄청난 소란을 피운다고 했다. 그 결과 그림값이 폭등하고 그 그림을 판 유대인들이 거대한 이익을 챙긴다는 것이었다. 그리고 그렇게 얻은 이익으로 정작 자신들은 오래된 거장의 작품을 손에 넣는다고 했다. 히틀러는 1930년대 말 유대인 미술 소장품들이 압수되기 시작하면서 이러한 진실이 만천하에 공개되었다고 믿었다. 그는 괴벨스에게 "주목할 만한 건 유대인들이—현재 유대인 재산 몰수를 통해 드러나고 있는 중이지만—사람들에게 [모더니스트] 키치를 가지고 사기를 쳐서 번 돈 모두를 아주 훌륭하고 가치 있는 작품 구입에 썼다는 점일세."[38]라고 했다.

모더니즘에 대한 히틀러의 적대감에서 엿볼 수 있는 또 다른 독특한 점은 바로 그가 품은 증오의 깊이와 그것을 없애버리겠다는 결의의 강함이다. 스탈린도 자신이 싫어하는 예술을 금지하거나 불태우기는 했어도 개인적으로는 초연한 상태를 유지했고 아주 드물게만 그것에 대해 언급했다. 히틀러는 쉬지 않고 모더니즘을 욕했다. 그는 1935년 당대회에서 "이런 허섭스레기를 만들어내는 자들은 무자격자, 사기꾼 그리고 미친놈들입니다."[39]라고 하더니 이어서 "제3제국에서 우리는 결코 그들이 사람들 사이에 활개 치며 돌아다니지 못하도록 하겠습니다."라고 했다. 이들의 작품활동은 범죄나 다름없으니 그들은 정신병원이나 감옥에 가두어야 한다고 했다. 2년 후에 독일미술관 개관식 축하 연설에서 그는 투옥과는 다른 차원의 위협, 즉 절멸sterilization을 암시하는 듯한 태도를 보였다.

> 독일 인민의 이름을 걸고, 시각 장애에 시달리고 있는 이런 가련하고 불행한 자들이 사람들을 속이지 못하도록 막는 것이 저의 의무입니다. 그들은 자신들의 잘못된 관찰이야말로 실재를 제대로 보여주는 '예술'이라 주장하고 있습니다. [여기에는] 두 가지 가능성만이 있습니다. 소위 '예술가'라는 자들이 실제로 이런 식으로 사물을 보고 있으며 자기가 그린 것을 믿고 있을 가능성이 하나입니다. 이런 경우라면 그러한 시각 장애가 왜 발생하게 되었는지를 물어야 합니다. 이것이 만약 유전의 결과라면 그것이 영구히 지속되지 못하도록 내무 장관이 어떤 조치를 취해야 합니다. 또 다른 한편으로는 사물이 실상은 그런 식으로 보이지 않는다는 것을 알면서도 그런 식으로 보인다며 자신들의 생각을 강요할 가능성도 있습니다. 그렇다면 이는 사기이니 그들을 형사 법원에 보내야 합니다.[40]

당시 베를린 국립미술관 관장이었던 파울 라베Paul Rave에 따르면, 이 연설을 하면서 "히틀러의 말투는 점점 더 흥분되어 갔다.[41] 정치적 연설 때에도 듣지 못한 정도의 흥분이었다. 진심으로 분노에 가득 차서 입에 거품을 물고 연설했다. 수행원들이 놀라 두려움에 떨며 그를 바라볼 정도였다."

당황스러운 점은 히틀러가 화산과 같이 분노를 터뜨리고는 막상 모더니즘에 대해 아무런 조치를 취하지 않았다는 점이다. 어떤 조치를 취했을 때도 대개는 다른 이들의 재촉을 받은 경우였다. 올림픽 대회로 방문했던 외국인들이 돌아간 1936년 10월이 되기 전까지는 왕세자궁의 모더니즘 미술관을 폐쇄하자는 루스트의 제안에도 동의하지 않았다.[42] 마침내 국가적 수준의 조치를 취하게 된 것도 이듬해 중반이 되어서였다. 그리고 그때에도 그는 괴벨스를 따르는 모양새를 취했다. 자신의 본색을 숨긴 모더니스트 괴벨스가 총통으로 하여금 조치를 내리도록 부추긴 셈이었다. 그리고 이는 냉소적인 기회주의자조차 한 수 접게 만드는 놀라운 반전이다. 괴벨스의 태도가 변한 이유는 불명확하다. 괴벨스의 전기 작가 누구도 이에 관한 설명을 내놓고 있지 않다. 하지만 루스트의 공격을 두려워해서 모더니즘에 관한 태도를 바꾸었다는 게 중론이다.[43] 결국 그는 모더니스트 예술을 단순히 금지만 할 것이 아니라 오히려 대대적으로 대중 앞에 노출시켜 구경거리로 만들자는 제안을 들고 히틀러에게 갔다. 그는 6월 5일자 일기에 이렇게 썼다. "예술 볼셰비즘의 끔찍한 사례들이 나의 주의를 끌었다. 이제 난 조치를 취하고자 한다. … 퇴폐 시대를 주제로 한 예술 전시회를 베를린에서 열었으면 한다. 그러면 사람들이 직접 보고 그것들의 정체를 알게 될 것이다." 이전까지 못마땅한 예술 전시회가 전국 단위에서 기획된 적은 없었다. 미술관 관계자들이 기획해서 지역 단위에서 열린 적은 있다. 그런데 이제는 장관이 전국의 모든 미술관에서 모더니즘 작품을 끌어내려고 대중 앞에 전시하고 정부의 허가 아래서 마음껏 조롱하자는 제안을 하는 상황에 이르렀다.

히틀러는 항상 악명 높은 퇴폐미술전 뒤에 숨은 사악한 천재로 간주되었는데, [사실이] 그렇다면 그는 수동적인 인물이 되고 만다. 실제로 그는 괴벨스의 제안에 조심스러운 반응을 보였다. 몇 주 동안은 적극적인 동의를 표하지도 않았다. 그러다 문득 어떤 아이디어가 그의 머릿속에 떠올랐다. 베를린이 아니라 뮌헨에서 전시회를 여는 것이었다.[44] 오래전부터 계획했던 독일미술관에서의 대독일미술전을 퇴폐미술전과 동시에 열면 상충하는 두 예술 양식이 보여주는 뚜렷한 대비 효과를 극대화할 수 있을 거라는 생각이었다. 그는 이런 생각에 바탕을 두고 괴벨스의 제안을 승인했다. 6월 30일에는 독일 전역의 공공 미술관에 소장된 '1910년 이후의 독일 퇴폐미술, 회화와 조각 모두'에 관한 처분 권한을 괴벨스에게 부여하는 포고령에 서명했다.[45] 이때 퇴폐미술이란 '독일인의 감정을 모욕한 작품, 자연스러운 형태를 파괴하거나 혼란에 빠트리는 작품, 합당한 솜씨 및 예술적 기량을 결여한 작품'으로 규정되었다.[46] 포고령은 아주 히틀러다운 문구들로 이루어졌다고 할 수 있다. 1910년 이후 작품이라 못 박은 데서 히틀러가 평소 이 시기를 아주 중요한 예술적 전환기로 간주한 사실을 떠올리지 않을 수 없고, 퇴폐미술을 규정한 내용에서도 역시 히틀러가 대중 앞에서 했던 비난을 떠올리지 않을 수 없다. 압수 임무는 아돌프 치글러에게 일임되었다. 그는 새로 임명된 제국문화회의소 시각예술분과 대표이자 늘씬하면서도 성 정체성이 모호한 여성 누드를 즐겨 그린 화가였다. 치글러와 그의 보좌관들은—역사학자들이 '다섯 명의 무지한 광신도들'[47]이라 이름 붙인— 대단한 열의를 가지고 이 임무에 착수했다. 때로는 열의가 지나쳐서 명령과 달리 1910년 이전 작품이나 피카소, 마티스와 같은 비독일인 작가의 작품도 압수했다.

괴벨스는 자신의 프로젝트가 광범위한 반대에 부딪혀 놀랐다. 처

1937년 7월 17일 뮌헨에서 열린 '퇴폐미술전'에서 기분이 좋아진 괴벨스가 무표정한 히틀러를 안내하고 있다. 조직위원들 사이에서도 이 전시회는 마지막 순간까지 논쟁의 대상이었다. 특히 어떤 작품들을 포함할 것인지에 관해 격렬한 논쟁이 벌어졌다. 그리고 그 논쟁은 전시회가 시작한 후에도 계속되었다.

음에는 도움을 약속했던 슈페어조차 그에게 등을 돌렸다. 괴벨스의 참모 몇몇도 마찬가지였다. 선전부 장관은 "전방위적으로 반대 여론이 들끓고 있다."[48]라고 인정했다. 그러나 그는 "나를 향한 이런 적의에도 불구하고 총통께서 내 뒤를 굳건히 지키고 있다."[49]라고 적기도 했다. 사실 히틀러는 흔들리고 있었다.[50] 전시회 진행을 허락해야 할지 마지막 결정의 순간까지 그는 고민했다. 전시 준비 과정에서 주도면밀한 계획 따위는 없었고 그저 광적인 열기만이 지배했다. 불과 두 주 동안 600에서 700점가량의 작품이 독일 전역에서 압수되어 뮌헨으로 보내졌고 벽에 걸렸다.[51] 1937년 7월 19일에 전시회가 오픈했다.[52] 32개 미술관에서 압수한 112명 '말더듬이stutterer 예술가'의 작품 650점으로 시작했다. 이 작품들은 표현주의, 진실주의Verism, 추상주의, 바우하우스, 다다이즘, 신즉물주의와 같은 독일 회화와 조각의 주요 사조들과 주요 작가들을 모두 망라했다. 히틀러는 사전에 전시 작품들을 미리 보았다. 그리고 전시회가 오픈한 뒤로는 대중 앞에서 관람하는 모습을 일체 공개하지 않았다. 하지만 오픈 전날 격앙된 연설을 통해 전시회 시작을 알렸다. 그는 "…독일 미술에서의 광기의 종말이, 문화적 파괴의 종말이 시작되었다. 이 순간부터 우리는 문화적 파괴의 잔재들에 대한 무자비한 전쟁을 수행할 것이다."[53]라고 선언했다. 그러면서 '수다쟁이 비평가, 딜레탕트, 예술 사기꾼들'을 게거품을 물며 매도했다.

마치 사자의 먹잇감으로 던져진 콜로세움의 죄수들처럼, 제물이 된 작품들은 소각되기 전에 먼저 대중의 조롱거리로 던져졌다. 이 전시회의 기획 의도는 모더니스트 미술이 단지 추하고 상스럽고 비정상적일 뿐 아니라 모성과 군사적 영웅, 종교 등 건전하고 깨끗하며 순결한 모든 것을 멸시함으로써 전통적인 도덕관념을 공격하고 있다는 점을 보여주는 데 있었다. 샤갈과 알렉세이 폰 야블렌스키Alexej von Jawlensky와 같은 귀화 독일인, 몬드리안과 뭉크와 같은 비독일인 작품까지 포함할 정도로 기준이 느슨하게 적용된 적은 있지만, 1910년 이후의 독일 작품이라는 히틀러의 기준은 대체로 잘 지켜졌다. 뭉크와 같이 훌륭한 북유럽 작가의 작품이 포함되었다는 사실을 이데올로기적으로 받아들이기는 어려웠던 탓에, 전시 시작 며칠 후에 뭉크 작품이 걸려 있던 전시실은 폐쇄되었다. 조롱의 대상이라고는 하지만 그림들을 벽에 대충 아무렇게나 걸지는 않았다. 그랬다 하더라도 이는 이 전시가 갑작스럽게 준비된 탓일 가능성이 높다. 이 그림들의 부당성에 어떤 의문의 여지도 남기지 않기 위해, 각각의 작품에는 '광기가 하나의 체계를 이루다', '병든 마음으로 바라본 자연', '독일 여성들에 대한 모욕'과 같은 선전 구호들을 꼬리표처럼 붙였다.[54] 작품의 부당성에 관해 조그만 의혹도 품지 못하게 하기 위해 배우들을 전시회에 보내 작품들을 요란하게 조롱하도록 했다

① 1938년 1월 13일 베를린의 쾨페니커 슈트라세 창고 부지에서 압수된 '퇴폐' 미술들을 돌아보는 히틀러. 왼쪽부터 괴벨스의 보좌관인 프란츠 호프만, 괴벨스, 히틀러 그리고 하인리히 호프만이다. 좌측 전경에는 빌헬름 렘브루크의 조각상인 「모자상」이 보인다.

② 1939년 초 쾨페니커 슈트라세 창고는 곡물 창고 부지로 바뀌었다. 남아있던 작품들은 원소유주나 미술관에 반환되거나 팔리거나 소각되거나 아니면 베를린 외곽의 니더쇤하우젠에 있는 성으로 옮겨졌다. 1943년 나머지 작품들이 선전부 건물 지하로 옮겨졌다가 결국엔 사라졌다.

는 이야기도 있다.

이 전시는 전례가 없는 최대의 블록버스터 전시가 되었다. 히틀러는 입장료를 무료로 해서 많은 대중이 참여할 수 있게 하라고 명령했다. 실제로 많은 대중이 참여했다. 뮌헨에서 처음 6주 동안 100만 명의 인파가 다녀갔다.[55] 6개월 동안 다녀간 인원은 200만 명 이상이었다. 1938년 2월부터 1941년 4월 사이에 12개의 다른 도시 순회전에서는 100만 명이 또 전시를 관람했다.[56] 물론 작품을 비난하기 위해 간 거지 칭송하러 간 것은 아니었다. 누군가 나중에 "대부분의 사람들이 혐오감을 가지고 전시를 보러 온다는 사실이 점점 명확하게 느껴졌습니다."[57] 라고 했다. 나치당원도 아니고 독일인도 아니지만 이 전시에 박수갈채를 보낸 사람도 있었다. 한 보스턴 예술평론가는 이렇게 논평했다. "아마도 보스턴의 예술 애호가 가운데서는 이러한 정화 운동과 관련해 히틀러의 편을 드는 사람이 상당히 많을 것이다."[58] 사람들의 호응에 총통도 아주 기뻐했다.[59] 모더니즘이란 엘리트 현상이며 절대다수의 대중에게는 아무 의미가 없다는 히틀러의 지적을 증명하는 듯 보였다. 나아가 '민중이야말로 예술의 정당한 심판관'이라는 그의 믿음을 뒷받침하는 것처럼 보였다. 전시 결과에 너무나 만족스러웠던 그는 작품의 삽화를 실은 팸플릿을 찍어 널리 유포하도록 했다.[60] 삽화에는 일일이 악의적인 논평을 함께 달도록 했다. 그는 자신의 목적을 달성했다. 이 행사는 그가 반대하는 것이라면 무엇이든 깨부술 힘을 가지고 있음을 멋지게 과시하는 계기가 되었다. 그리고 그렇게 하는 과정에서 그는 근대 독일 역사에서 가장 흥미로운 회화와 조각의 유파들을 끝장내 버리고 말았다.

히틀러는 전시가 열리기 전에 미리 작품이 진열된 고고학회 전시실을 거닐다가 자신이 본 것에 분노를 느낀다고 했다. 이때까지 히틀러는 모더니스트 그림 전반에 관해서나, 독일 미술관들의 모더니스트 작품 보유 정도에 관해 잘 알지 못했던 것 같다. 치글러가 압수 절차를 성급하고 엉성하게 진행한 탓에 아직 모더니스트 작품을 잔뜩 보유하고 있는 몇몇 미술관들이 남아있었다. 대중들도 그들 작품에 역겨움을 드러낸 마당에 히틀러로서는 그런 정서를 이용해 일을 끝내야겠다고 결론을 내렸음이 틀림없다. 며칠 후에 그는 이렇게 선언했다. "이번 순회 전시를 통해 나는 정치적 혼란 문제와 마찬가지로 이 문제에 관해서도 물러설 수 없는 결의를 다지게 되었습니다. 독일의 예술계에서 일체의 허튼소리를 몰아내겠다는 결의를 다졌습니다."[61] 그 주 내로 그는 독일의 모든 미술관에서 '퇴폐 시대의 모든 유산들'을 몰아내는 임무를 치글러에게 일임한다는 명령을 괴벨스를 통해 발표했다.[62]

그 결과 어떤 미술사가는 이렇게 적었다. "1937년 8월과 9월 사이에 독일 미술관들은 대부분의 현대 미술 소장품을 약탈당했다."[63] 자신의 임무가 종료될 때까지 압수 위원회는 5,000점의 회화와 1만 2,000점의 드로잉, 판화, 조각을 압수했다.[64] 여기에는 바를라흐, 베커만, 캄펜동크, 코린트, 딕스, 파이닝어, 그로스, 헤켈, 호퍼, 칸딘스키, 키르히너, 클레, 코코슈카, 콜비츠, 쿠빈, 렘브루크, 마르크, 마르크스, 놀데, 페히슈타인, 롤프스, 슈미트로틀루프 그리고 오스트리아 작가인 클림트와 실레의 작품도 포함되어 있었다. 대부분의 미술관들이 소장했던 모더니스트 작품 일체를 잃었다. 1938년 3월에는 압수 위원회가 독일 미술관들의 정화 작업이 완료되었다고 선언할 수 있었다. 개인 소장품의 경우에는 지방의 나치 관료들이 뒤집어엎기는 했지만, 유대인 소유를 제외하면 대체로 무사했다.

외국의 몇몇 미술관장이나 비평가들이 이 사태를 실의에 빠져 무기력하게 주시하기는 했으나 대체로 외부 세계는 이 문화적 재앙에 그다지 주의를 기울이지 않았다. 히틀러를 격노하게 만든 반응이 하나 있기는 했다. 1938년 여름 허버트 리드와 몇몇 비평가들이 런던의 뉴벌링턴 미술관에서 독일에서 금지된 작가들의 작품 270점을 가지고 전시회를 연 것이다.[65] '20세기 독일 미술'이라는 제하의 이 전시는 피카소나 르 코르뷔지에와 같은 후원자들을 두었고 아우구스투스 존에 의해 시작되었다. 개회식을 기념하여 막스 베크만이 '나의 회화 이론'이라는 제목의 유명한 연설을 했다. 그는 제3제국에서 제작되는 회화를 은근히 조롱하면서 독일 아방가르드를 변호했다. 이 행사 소식은 독일 대사를 통해 베를린에도 전달되었고 히틀러를 격노하게 만들었다. 그는 어찌나 화가 났는지 이에 관해 두 번이나 언급했다. 한번은 그로부터 얼마 지나지 않아 열린 제2차 대독일미술전 개회식에서였다. 이때 히틀러는 이 추방된 '다다이스트 부족과 큐비스트 부족'의 작품들을 실컷 비웃었다. 그는 독일에는 '네안데르탈인 미술'이 설 자리가 없다고 했다. 또 한번은 그로부터 몇 주 후에 열린 뉘른베르크 연례 당대회에서였다.[66] 런던의 전시회에 참가했던 비평가 그룹에게 '유대인, 맑스주의자, 민주당, 국제주의자 서클'이라는 꼬리표를 붙이는 조금 다른 방식으로 [비난]했다.

> 우리의 문화적 성취에 대해 외국인들이 어떤 태도를 취하든 그것은 중요하지 않습니다. 우리와 관련이 없는 개인이나 인종은 결코 우리의 창의적인 문화를 이해할 수도, 감상할 수도 없다는 사실을 확신하기 때문입니다. 따라서 우리는 국제주의를 표방하는 유대인들의 취향에 독일의 예술과 문화를 맞추려 하지 않습니다.[67]

도전적인 말투와 달리 사실 히틀러는 상처받았다. 사실은 그조차 제3제국이 세계의 문화적 모델이 되고 있다고 믿지 않았다.

당연하게도 압수한 작품들을 어떻게 처리할 것인지에 관한 문제가 대두되었다. 작품들은 베를린의 쾨페니커 슈트라세 창고에 보관 중이었다. 1938년 1월 히틀러는 괴벨스와 그의 보좌관 프란츠 호프만Franz Hofmann을 대동한 채 그 작품들을 시찰하며 두 시간을 보냈다. 괴벨스의 기록에 따르면 "결과는 충격적이다. 단 한 작품도 마음에 드는 게 없다. 총통 역시 보상 없는 압수를 원한다. 우리는 그중 일부를 국외에서 괜찮은 옛 거장들 작품과 교환하기를 원한다."[68] 히틀러의 지시에 따라 선전부 장관의 감독하에 작품 처리를 담당하는 위원회가 설립되었다. 그러자 곧 괴링의 머리에 이런 아이디어가 떠올랐다. 작품을 맞교환할 것이 아니라 처리 대상인 작품들을 국외에 판매하고 그 수익금으로 옛 거장의 작품들을 구매하자는 것이었다. 정확히 히틀러가 유대인 미술상들이 꾸민 짓거리라며 비난했던 그런 행태를 괴링이 제안한 셈이다. 독일로서는 외화가 절실히 필요한 상황이었기 때문에, 히틀러도 직접 판매를 승인할 수밖에 없었다. 괴벨스는 일기에 이렇게 적었다. "이 쓰레기들로 돈을 좀 벌었으면 한다."[69] 히틀러는 지체하지 않고 코린트나 리버만과 같은 이들의 작품을 이탈리아 작품들과 교환했다. 나중에 그는 "옛 거장들의 작품을 그렇게 저렴하게 구입할 수 있게 되어서 아주 기쁘다."[70]라고 했다. 괴링은 자신이 직접 손에 넣었던 작품들—반 고흐, 뭉크, 마르크, 세잔, 고갱, 시냐크의 작품—을 팔아 이익을 챙겼다.[71] 그는 자신이 원하지 않는 다른 작품들을 팔거나 교환하기 위해 자신의 국제적인 연줄을 활용하기도 했다.

외화벌이가 그림 판매의 주된 동기이기는 했지만, 어떤 작품은 거의 헐값에 처분되기도 했다,[72] 순전히 추방이 목적이었기 때문이다. 베크만의 유화 한 점이 20달러, 다른 작품은 1스위스프랑에 팔려나가기도 했다. 같은 취지에서 히틀러는 가장 나은 회화 작품 중 일부의 경매를 허가해 주었다. 1939년 6월 루체른에서 그중 125점이 통째로 팔려나갔다. 피셔 갤러리가 주관한 악명 높은 판매를 통해서였다. 역시나 어처구니없는 가격에 팔렸다. 마티스 작품 한 점은 9,100스위스프랑에, 반 고흐의 자화상은 17만 5,000스위스프랑에 팔렸다. 괴벨스는 나중에 그 그림의 구매자는 사실 작품이 그다지 마음에 들지 않는데도 오로지 히틀러를 짜증 나게 만들 목적으로 그림을 샀다고 주장했다. 그는 미국에서는 이런 그림들이 "무게로 달아 판매되고 있으며 1킬로에 10센트밖에 안 한다."[73]라고 주장했다. 사실 외국인 수집가들은 경매 참여를 주저했다. 이런 경매에 참여하는 것 자체가 예술을 대단히 모독하는 행위라고 여겼기 때문이다.

나머지 1,004점의 회화와 조각, 3,825점의 수채화, 드로잉, 판화는 1939년 3월 베를린의 중앙소방국의 안뜰에서 소각되었다고 한다.[74] 괴벨스는 7월 4일 히틀러에게 올린 최종 보고서에서 1만 6,000점의 압수된 작품들이 파괴, 보관, 교환, 판매되었고, 판매액은 1만 파운드, 4만 5,000달러 그리고 8만 스위스프랑이며, 13만 마르크 이상의 가치가 있는 옛 거장들 작품과의 교환이 이루어졌다고 했다.[75] 그는 흡족해하면서 "퇴폐미술로 상당한 외화를 벌어들였다. 수익금은 당장은 전쟁 비용으로 쓰겠지만 전쟁이 끝나는 대로 예술 작품 구매에만 쓰겠다."[76]라고 했다. 1941년 중반까지도 판매와 교환이 이루어져서 판매 총액은 100만 마르크에 달했다.[77] 그리고 모든 것이 끝났을 때는 5,000점의 작품이 사라지고 없었다.

국가사회주의 리얼리즘의 실패

퇴폐미술전이 열리던 시각, 불과 100미터 떨어진 길 건너편의 독일미술관에서는 100년은 뒤처진 대독일미술전이 열리고 있었다. 퇴폐미술전의 맞상대로서 대독일미술전은 제3제국 회화와 조각 중 가장 훌륭한 작품들을 선보일 작정이었다. 그리하여 가증스러운 모더니스트 작품을 상대로 진정한 독일 미술이 거둔 승리를 과시하고자 했다. 전시 오픈을 기념하는 공식 연설에서 히틀러는 이렇게 말했다. "몇 년 전에 우리가 이 건물의 초석을 다지는 행사를 축하했을 때, 우리는 모두 새로운 건물만이 아니라 새롭고 진정한 독일 미술의 초석을 마련할 필요가 있음을 알고 있었습니다."[1]

1937년 7월의 두 전시는 히틀러 문화 프로그램의 정점을 찍을 의도로 마련되었다. 물리적으로나 시간적으로나 이 두 전시가 정확히 대비를 이루도록 병치한 까닭은 히틀러의 교훈적 의도를 완벽히 드러내기 위해서였다. 독일과 전 세계가 훌륭한 예술과 나쁜 예술을 직접 보고 비교하도록 하며 히틀러의 미적 판단을 받아들이게 할 의도였다. 연례 공식 전시는 히틀러가 찬양하는 회화와 조각들을 방문객들도 찬양하도록 가르치게 될 것이었다. 히틀러는 오픈 행사에서 이렇게 말했다. "이 갤러리들을 관람하면서 사람들은 내가 바로 그들의 대변인이자 변호인임을 발견하게 될 것입니다. 그들은 이러한 예술 정화 사업을 보며 안도의 한숨을 쉬게 될 것이며 기쁨에 찬 동의를 표현할 것입니다."[2] 이런 말들을 들으면, 또 이 전시를 히틀러가 보란 듯이 선전했던 사실을 참고하면, 자연스럽게 두 가지 생각을 떠올리게 된다. 하나는 그때부터 현재까지도 흔히 공유되는 생각인데, 제3제국의 미술이 '나치 미술'이었다는 생각이고 또 하나는 히틀러가 그런 미술을 좋아했다는 생각이다. 그런데 실상은 둘 다 진실이 아니다. 처음부터 히틀러는 이 전시가 대실패라고 생각했다.

원래 히틀러는 독일미술관이 천년의 미술을 전시하게 만들 생각이었다. 전시 제목도 '독일 회화와 조각의 천년'이라고 할 생각이었다. 하지만 1937년 그는 그 미술관을 다른 곳에 설립하기로 결정했다. 또 뮌헨 전시는 현대 작품만을 다루기로 결정했다. 그의 목표는 단순히 작품 전시에 그치는 것이 아니라 중산층들이 그 작품을 구매할 수 있게 하려는 것이었다. 그렇게 하면 화가들을 풍족하게 만들어주는 한편, 예술적 아름다움에 관한 그의 이상을 평범한 독일 가정에 보급할 수 있겠다고 생각했다. 총통의 긴급 지시에 따라 독일 국적을 가진 작가라면 누구나, 독일인 조상을 둔 국외 거주 작가들까지 작품 기부를 요청받았다. 반응은 폭발적이었다.[3] 1만 5,000점 이상이 쏟아져 들어왔다. 심사는 아돌프 치글러, 게르디 트루스트와 같은 사이비 전문가들이 맡았다. 기부된 작품 중 900여 점을 전시 작품으로 선별했고, 총통을 초청해 시사회를 열었다. 총통은 갔다. 보았다. 그리고 격노했다. 이 장면을 묘사한 것 가운데 괴벨스의 증언이 그래도 가장 담담하면서 간결하다.[4]

히틀러와 하인리히 호프만이 대독일미술전을 위한 그림들을 선별하고 있는 중이다. 독일미술관 관장 카를 콜브가 이 광경을 바라보고 있다.

> 조각은 그래도 괜찮았다. 하지만 어떤 그림들은 완전히 재앙이었다. 사람을 오그라들게 만드는 그림 쪼가리들이 걸려 있었다. … 총통은 격노해서 제정신이 아니었다. 트루스트 교수가 사자와 같은 용기를 가지고 분투했지만 총통에게는 아무 소용이 없었다.[5]

몇 년 후에 게르디 트루스트는 선별된 작품 목록이 히틀러를 화나게 한 이유가 다소 모더니스트풍이 느껴지는 작품들을 포함했기 때문만은 아니고 그가 좋아하는 작품들을 모두 배제했기 때문이라고 주장했다. 히틀러가 낙선작 가운데서 몇몇 마음에 드는 작품들을 뽑았지만, 사자처럼 용감했던 트루스트 교수는 그런 히틀러의 의견에 전혀 아랑곳하지 않았다. 그녀는 히틀러에게 "이 그림들은 너무 밋밋해요. 우리 할머니들이라도 이런 그림을 고르지는 않았을 거에요."[6]라고 말했다. 히틀러가 이의를 제기하자 그녀는 대답했다 "그건 불가능합니다. 우리 전시에 포함시키기에는 너무 달달해요." 결코 자신의 판단을 굽힐 의사가 없던 그녀는 계속해서 이렇게 말했다. "우리의 심사 결과가 마음에 들지

독일미술관을 두고 히틀러는 '새로운 제국에서 가장 아름다운 건물', '진정하고 영원한 독일 미술의 전당'이라 했다. 1933년 이 건물의 구조를 디자인할 때부터 그는 건물 지하에 방공호를 만듦으로써 이미 전쟁 계획을 염두에 두고 있었음을 드러내 보였다. 지역민들은 이 건물을 두고 불손하게도 '아테나 기차역', '소시지 가판대'라는 별명을 붙였다.

않으시고 다른 의견이 있으시다면, 저는 바로 이 자리에서 심사위원직을 사임하겠습니다."

하지만 히틀러를 분노하게 만든 더 심층적인 원인은 따로 있었다. 단지 그의 의견이 받아들여지거나 거부되는 것만이 문제가 아니었다. 그가 자신에 차서 예상했던 것과 달리, 국가사회주의가 위대한 회화 창작을 고취하지 못할 거라는 사실이 이제는 너무나 분명해졌기 때문이었다. 그는 대단히 실망했고 굴욕감을 느꼈다. 그래서 이 전시를 취소하는 것 외의 다른 대안은 없다고 생각했다.[7] 그는 발끈하여 이렇게 말했다. "이 그림들은 멋진 건물에 걸릴 만한 가치를 지닌 작품을 그려낼 작가가 우리 독일에는 없다는 사실을 보여주고 있군."[8] 하지만 그의 오랜 벗인 하인리히 호프만이 끼어들어 출품작 중에는 괜찮은 작품들도 꽤 많을 거라고 하자, 히틀러는 기분을 누그러뜨리고 그러면 한번 괜찮은 전시를 꾸려보라고 허락했다. "하지만 난 어디가 위고 어디가 아래인지 분간하기도 어려운 엉성한 그림들은 싫소."[9]라는 단서를 달았다. 그 후로 히틀러는 심사위원단을 해산시키고 호프만을 책임자로 임명한 다음, 자신은 베르그호프로 무거운 발걸음을 옮겼다. 호프만이 선택을 하면 히틀러가 검토했고 낙선작 중에서 몇몇을 구제해 전시 목록에 포함시켰다.[10] 80여 점의 다른 작품에 대해서는 '불같이 화를 내며' 퇴짜를 놓았다. 그리고 자신은 '마무리도 되지 않은 그림들'은 절대 용납할 수 없다면서 불쾌감을 드러냈다. 우연이기는 하겠지만, 이 말은 사실 한 세기 전에 파리에서 최초의 인상주의 작품들에 가해졌던 비난과 정확히 똑같은 표현이다. 평범한 배관공보다도 회화에 대해 아는 바가 없는 천치이자 알콜중독자인 호프만의 임명에 예술계는 아연실색했다. 하지만 호프만은 자신을 변호하면서 이렇게 말했다. "나는 히틀러가 무엇을 원하는지, 무엇에 끌리는지 안다.[11]" 괴벨스에 따르면 호프만이 고른 작품 목록을 보고 게르디 트루스트는 "눈물을 쏟았다."[12]

이런 상황이었기에—미술관은 이미 지어졌고 전시회도 화려한 오픈이 예정되어 있었다—히틀러는 이를 갈며 전시의 진행을 허락할 수밖에 없었다. 하지만 그의 실망감은 여전했다.[13] 오토 디트리히에 따르면 히틀러는 그런 사실을 친한 사람들에게조차 어쩔 수 없는 경우에만 인정했다. "대중들의 귀에는 절대 그런 사실이 들어가지 않도록 했다." 하지만 이듬해가 되면 더 이상 참을 수가 없었던지 개회식 행사 때 공개적으로 자신의 심경을 고백했다.[14] 지난해의 작품들을 보고 충격을 받아서 해마다 전시회를 여는 계획을 완전히 포기할까도 생각했다고 말했다. "많은 그림의 경우, 작가가 자신이 출품하는 전시회가 1937년 대독일미술전인지 퇴폐미술전인지 헷갈리는 것 같군."[15] 그는 그해 전시에서 가장 뛰어나다는 작품을 보고도 다음과 같이 미적지근한 칭찬밖에 하지 않았다. "일반적인 수준은 확보한 듯하네." 화가의 경우에는 '영속적 가치를 지닌 천재성'을 보여주는 작가가 없음을 인정했다.[16] 어찌나 실망했던지 그는 러시아와의 전쟁에 골몰해야만 할 시기인 1942년 3월에도 여전히 자신의 참모들에게 이 문제를 두고 질책을 했다.[17]

이후의 전시들은 별문제 없이 개최되었다. 히틀러는 대중 공개 전에 선정작을 미리 보겠다고 항상 챙기기는 했다. 출품작은 우선 호프만이 심사했다. 그는 아무렇게나 대충 보고 총통에게 보여줄 만하다고 여겨지는 것들을 가려냈다. 작가의 정치적 입장이나 당원 여부도 고려하지 않았다. 그러고 나면 히틀러가 시찰할 수 있도록 그 그림들을 갤러리 벽에 임시로 걸어두었다. 디트리히는 이 장면을 이렇게 묘사했다. "… 히틀러는 작품 하나하나마다 자신의 의견을 말하면서 몇 시간씩 돌아다녔다.[18] 그러면서 작가의 운명을 결정했다. … 그는 사실상 자신을 예술의 교황으로 임명했다. 그가 좋아하는 것만이 전시될 것이다. 그가 퇴짜 놓는 작품은 이류가 된다. 그리고 [그 그림을 그린] 작가도 이류가 된다. 히틀러에게 선보이지 못한 작품은 아예 논의 가치도 없게 된다." 정리하자면, 이 전시는 엄격히 말해 나치당의 행사가 아니라 히틀러의 행사였다. 히틀러는 작품에 관해 결정을 내리는 과정에서 당 지도부가 전혀 관여하지 못하게 했다. 괴링, 괴벨스, 루스트, 로젠베르크, 라이와 같은 이들은 이 전시에서 아무런 역할도 하지 못했다. 그저 개회식에 얼굴을 비출 뿐이었다. 히틀러는 그들의 칭송에 대해 경멸적인 태도로 일관했다.

그들이 감히 비판적인 언급을 했더라도 경멸하기는 마찬가지였을 것이다.

비록 실망하기는 했지만, 히틀러는 이 행사를 대단한 스펙터클로 만들었다. 진정한 문화 사육제로 만들었으며, 자신의 사적인 문화기금에서 자유롭게 비용을 충당하게 했다. 그는 해마다 '독일 미술의 날'의 시작을 알렸고 그때마다 꼭 예술을 주제로 연설을 했다.[19] 그러고 나서는 제3제국에서 정점에 도달한 '독일 문화의 2000년'이라는 주제로 한, 거창한 가장행렬을 시작했다. 6,000명 이상이 행진을 했고, 그중 절반은 북유럽 스타일의 복장을 했다. 이들은 26개의 거대한 수레를 끌거나 따라 걸었다. 수레들은 대개 북유럽의 전통을 상징하는 조각상을 싣고 있었다. 500여 마리의 '북유럽' 동물들—말, 개, 매—도 행진에 참여했다. 끝으로 관람객들에게 문화만이 아니라 무력 또한 나치 독일의 자랑임을 상기시키기 위한 군대의 분열행진이 있었다.

이 전시는 베를린이나 다른 여러 도시에서도 순회 개최되었지만, 뮌헨에서 열릴 때가 하이라이트였다. 1944년까지 매년 여름에 열렸고, 1937년에는 60만 명이나 관람객이 몰렸다.[20] 그 뒤로 관람객 수가 줄었다가 전쟁 중에 다시 증가해서 1942년에는 84만 7,000명에 달했다. 히틀러는 적어도 프리뷰 행사에는 참석했고 해마다 그림을 사들였다.[21] 1937년에 202점, 1938년에 372점, 1939년에 264점, 1940년에 202점, 1941년에 121점, 1943년에 48점을 사들였다. 1942년과 1944년에 사들인 작품 수는 확인되지 않는다. 보통 그는 국가사회주의를 찬양하는 작품들을 무시했다.[22] 오히려 단순한 풍경화 또는 슈페어의 말에 따르면 '전통적인 아름다움을 지닌' 작품들을 선호했다. 해마다 히틀러의 초상화도 150점이나 출품되었다. 거의 다 사진을 보고 그린 초상화였다. 딱 하나 예외인 작품이 있었다. 하인리히 크니르Heinrich Knirr가 그린,

1940년 게르디 트루스트가 대독일미술전의 고문으로 복귀했다. 그녀와 히틀러, 콜브가 여름 전시회 준비에 관해 논의하고 있다. 1937년 884점의 작품이 전시되었고 이후에는 평균 1,200점이 전시되었다. 가격이 적당해서 대부분 팔려나갔다. 유화가 250마르크밖에 안 했고, 드로잉은 그 절반 가격이었다.

군복을 입은 히틀러 그림이었다. 히틀러는 해마다 이 중에서 하나씩만 골라 전시하게 했다. 후베르트 란칭어Hubert Lanzinger가 그린, 갑옷을 입은 모습의 유명한 히틀러 초상화—「기갑 히틀러Armoured Adolf」라는 불경한 이름으로 불린다—도 1938년에 히틀러가 직접 고른 작품이다. 그림 구입비로 그가 쓴 돈의 액수는 엄청나다. 1937년에 거의 60만 마르크를 썼고 1943년에는 100만 마르크 이상을 썼다. 재정적으로나 다른 측면으로나, 그는 제3제국 미술의 최대 후원자였다. 하지만 그는 여전히 싫어하는 것들도 많았다. 크리스타 슈뢰더의 말을 들어보자. "그는 현대 독일 작가들에 그다지 관심이 없었습니다. 그들을 좋아하지는 않았지만, 그럼에도 그들의 많은 작품을 사주었죠. 오로지 그들의 창작을 장려하기 위해서였습니다. 그는 '오늘날의 우리 독일 작가들은 위대한 예술 시대를 살았던 화가들만큼의 관심이나 인내를 보여주지 않아.'라고 했습니다."[23] 그렇다면 뭐가 잘못된 걸까?

히틀러가 희생자들을 박해할 때에는 이런 믿음을 가졌었다. 자신이 세운 신질서는 '모더니스트, 볼셰비키, 유대인들의 영향력'을 분쇄함으로써 위대한 예술이 출현할 수 있는 환경을 만들어낼 거라고 믿었다. "나는 국가와 민족이 국가사회주의의 영도하에 놓이게 되면 독일인들은 수년 이내에 유대인들이 지배했던 최근 몇십 년 동안의 성취보다 훨씬 위대한 작품들을 내놓게 될 거라고 확신합니다."[24] 그는 1935년 뉘른베르크 당대회에서 그렇게 확언했다. 하지만 창의성이란 그런 식으로 발현될 수 없는 법이다. 셰익스피어의 구절을 인용하자면, '권력에 혀가 묶인 예술'은 결코 번성할 수 없다. 예술의 정수라 할 수 있는 자발적이고 창의적이며 탐색하는 영혼—키츠가 말한, 타고난 마술 손—이 전체주의 국가의 예술가에게는 금지되어 있기 때문이다. 다른 독재자들과 마찬가지로 히틀러도 이 점을 단지 미학 이론으로서가 아니라 경험적으로 확인하게 되었다.

히틀러는 1938년 전시회에 「원반 던지는 사람」을 내놓으며 청중들에게 "내가 영원한 아름다움과 성취에 대한 이 탁월한 증거를 처음 보았을 때처럼 여러분들도 감동할 것이라 확신합니다."[25]라고 말했다. 하지만 그는 곧 전체주의 권력이라 할지라도 한계가 있다는 점을 배우게 되었다. 권력은 예술을 금지하고 불태울 수 있다. 예술가들을 투옥하고 살해할 수도 있다. 하지만 재능을 양성하지는 못한다. 그의 심복들도 알고 있었다. 괴벨스는 "예술가를 제조해낼 수는 없습니다."[26]라고 했다.

괴링도 "당원들 중에서 위대한 예술가를 키워내기보다는 한 명의 예술가를 어지간한 국가사회주의자로 만드는 것이 더 쉽습니다."[27]라고 했다. 그런데 왜 예술가-히틀러는 이 사실을 가장 먼저 깨달은 사람이 될 수 없었을까? 대답은 그가 창작한 작품에서 찾아볼 수 있다. 객관적인 외양에만 충실한 그의 그림들은 창조성과 거리가 멀다. 회화적 영감의 흔적이란 전혀 찾아보기가 어렵다. 그러니 그는 예술이 재능보다는 철의 의지로부터 생겨난다고 믿었을지 모른다.

히틀러는 자신이 생각하는 나쁜 예술을 가려내는 데 어려움을 겪지 않았다. 하지만 좋다고 생각하는 작품이 어떤 것인지 설명하는 데는 성공하지 못했다. 『나의 투쟁』에서 그는 위대한 예술은 아리안적이어야 한다고 선언했고 모리츠 폰 슈빈트와 아르놀트 뵈클린의 작품을 사례로 들었다. 하지만 뉘른베르크 당대회 연설에서도 더 이상 자세하게 예를 들지는 못했다. 1934년 그는 합당한 예술의 특질을 규정했다. 모더니즘 경향을 띠어서도 안 되지만, 독일의 먼 과거로 돌아가려는 회고적인 태도를 지녀서도 안 되었다. 그는 "국가사회주의 국가는 국가사회주의 혁명을 자기만의 낭만적 시선으로 날조한 꿈나라 '튜턴 예술'에 결부시키려는 퇴영적인 인간들로부터 보호해야 한다."[28]라고 경고했다. 다른 연설에서 그는 훌륭한 회화의 특징을 규정하려 했다. '사회적 목적 달성에 기여할 것', '삶을 진실하게 그릴 것', '양식과 주제의 측면에서 분명하고 단순할 것', '건전하고 아름다울 것', '견고하고 단정할 것', '국제적이기보다는 독일적일 것'. 또다시 독일 낭만주의가 모델로서 거론되었다.

그 결과 본질적으로 과거 양식을 변주한 모방적인 성격의 작품들이 출현했다. 이 작품들은 과거의 양식을 재활용해서 결국 새롭고도 낡은 작품이 되어버렸다. 제3제국에서 주목받은 화가들의 대략 80퍼센트는 19세기 말에서 20세기 초에 이르는 시기에 보수적인 뮌헨에서 활동한 중산층 화가 또는 아카데미 화가들이었다.[29] 전통적인 작품을 상업적 목적으로 제작했던 그들은 이미 1933년 전부터 줄곧 전통적인 주제—풍경, 꽃, 동물, 가족, 초상—를 나름의 방식으로 묘사하여 전시회에 내놓았다. 사실 전시된 작품 중 어떤 것은 히틀러가 집권하기 훨씬 이전에 그려졌다. 몇몇은 이전 세기에 그려진 것도 있었다. 그런데 작품 대부분은 다른 나라의 전통적인 작품들과도 별반 다를 게 없었다. 영국의 왕립미술원이나 미국인 작가 전시에서도 흔히 볼 수 있는 그림들이었다. 이전에 그려졌거나 이후에 그려진 작품들과도 별로 다를 게 없었다. 대부분 화가는 '나치 스타일'을 개발할 만한 상상력조차 갖지 못했다. 기껏 한다는 게 작품에 이데올로기적인 제목을 다는 것이 전부였다. 베르너 파이너Werner Peiner는 농부가 밭을 가는 장면을 그려놓고 「독일의 대지」라 이름 붙였다. 아마도 '러시아의 대지'나 '캔자스의 대지'라 이름 붙였어도 이상하지 않았을 것이다. 실제로 이 작품은 그랜트 우드의 「가을 쟁기질」과 별로 달라 보이지 않는다. 때로는 나치를 상징하는 도상이 추가되기도 했다. 파울 마티아스 파도바Paul Mathias Padua의 「총통께서 말씀하시다」에는 당에서 장려한 '국민 라디오'를 통해 흘러나오는 히틀러 연설에 귀를 기울이고 있는 가족의 모습이 등장한다. 라디오와 벽에 걸린 히틀러 그림만 제거한다면 영락없는 사실주의 회화일 뿐이어서 이 그림에서 어떤 정치적인 낌새도 알아차리지 못할 것이다. 나치당을 직접 묘사하거나 명시적으로 이데올로기를 드러낸 작품—히틀러는 정치적인 예술을 경멸했다—은 별로 없다. 그리고 반유대주의를 다룬 작품도 거의 없었다. 제1회 전시에 걸린 작품 가운데 40퍼센트는 풍경화였고, 15퍼센트는 인물화 그리고 10퍼센트가 동물화였다.[30] 시간이 흐름에 따라 정치적인 뉘앙스를 띠는 작품 비율이 약간 늘어나기는 했다. 새로운 장르화가 개발된 1939년 이후에 특히 그랬다. 새로운 장르화란 바로 전쟁화를 말하는데, 전투를 찬미하고 영웅주의를 묘사했으며 희생을 이상화했다. 그렇다 하더라도 여전히 풍경이나 평화적 주제가 지배적이었다. 1943년에는 전쟁화도 거의 자취를 감추었다. 전시회의 전반적인 분위기는 확실히 현실도피적이었다. 아무도 전쟁을 떠올리고 싶어 하지 않았다. 전쟁을 낳은 정치도 떠올리고 싶어 하지 않았다.

국가사회주의의 고유한 양식이라는 건 없었다. 나치를 주제로 했다고 볼 만한 작품도 거의 없었다. 가장 두드러진 주제 하나를 고른다면, 그것은 삶의 암울함이었다. 어떤 질문도 하지 않고 어떤 생각도 불러일으키지 않는, 약에 취한 듯 몽롱한 예술이 여기 있었다. 일이 이렇게 된 데에는 호프만의 잘못이 컸다. 그는 좀 더 실험적인 북부 독일 화가보다는 남부 독일 화가들의 작품을 선정했다. 히틀러가 아르노 브레커에게 제국문화회의소 시각예술분과 대표직을 주었을 때, 그는 마음껏 '뮌헨 무리를 몰아내고'[31], 그들의 예쁘장한 엽서 그림 같은 회화마저 제거해도 된다는 뜻으로 자리를 받아들였다. 그렇게 하려면 하인리히 호프만과 독일미술관 관장인 카를 콜브Karl Kolb도 축출해야 했다. 그런데 히틀러가 반대했다. 결과적으로 대독일미술전은 계속해서 괴벨스가 '뮌헨파 키치'[32]라고 딱지 붙인 것들에 의해 지배되었다.

전시에 실망한 히틀러는 전시의 최우선 목적을 변경했다. 독일 미술을 과시하려는 목적에서 화가들이 독일 미술을 창조하게끔 교육하는 목적으로 바뀐 것이다. [이 교육에서] 낙제한 이들에게는 화가 있을지어다! 히틀러 다음과 같이 경고했다.

> 자신을 화가라 생각하면서도 쓰레기 같은 작품을 제출하는 자는 사기꾼이거나, 어릿광대이거나, 정신 상태가 혼란스러운 자일 것이다. 사기꾼이라면 감옥에 보내야 하고, 어릿광대라면 정신병원에 보내야

하고, 정신이 혼란스러운 자라면 강제수용소에 보내 재교육을 받게 해야 할 것이다. 이 전시회는 그러한 원칙 위에 굳건히 서 있기에, 무능한 자들에게 진실로 공포의 대상이 될 것이다.[33]

히틀러는 그러한 점잖은 교육 방법들을 사용할 때도 있었지만, 사례금, 종신 연금, 세금 감면 및 기타 다양한 수당의 형태로 예술가들을 교묘히 구슬리기도 했다. 그는 뮌헨의 예술가 클럽 시설 보수에 거의 200만 마르크의 지출을 승인했다. 청년 화가들의 숙식 지원에도 한 달에 1만 마르크씩 지급을 승인했다. 나중에 베를린에도 비슷한 시설을 지었다. 1939년 4월만 해도 유망한 청년 예술가들에게 8만 마르크나 수당 지급을 승인했다. 1940년에는 뉘른베르크의 알브레히트 뒤러 재단에 장학기금을 기부했다. 한 독일 학자가 계산한 바에 따르면, 이런 액수는 남아있는 기록을 토대로 추산한 히틀러의 자선사업 중에서 아주 작은 부분에 해당한다.[34] 그가 뿌린 선물은 돈만이 아니었다. 1939년 이후 그는 유명한 리스트를 발행했다. 이른바 '불사신' 리스트는 어떤 형태의 군 복무도 면제받을 수 있는 예술가임을 확인해 주었다. 히틀러가 특별히 선호하는 작가들의 이름이 여기에 올라가 있었다. 헤르만 그래들Hermann Gradl, 아르투어 캄프Arthur Kampf, 빌리 크리겔, 베르너 파이너가 그들이다. 대개는 풍경이나 다른 평화로운 주제들을 그린 작가들로 알려져 있는데, 흥미롭게도 유혈 장면을 즐겨 그린 엘크 에버Elk Eber 같은 화가들이나, 클라우스 베르겐Claus Bergen과 같은 전쟁화가들, 시각예술분과 대표인 아돌프 치글러—그는 총통이 가장 좋아하는 화가라고 잘못 알려져 있다—는 이 리스트에 포함되지 못했다.

대독일미술전이 하이라이트였을 수는 있다. 하지만 그것이 독일 미술의 전부는 아니었다. 1938년에만 170개의 미술대회가 열려서 상당한 액수의 상금을 지급했다.[35] 전쟁 사상자 수가 점점 늘어나던 1941년 말에도 1,000개가 넘는 미술 전시회가 열렸다. 하지만 어떤 화가들은 뮌헨 전시회의 종잡을 수 없는 선정 방식에 모욕감을 느끼고는 보이콧을 선언하면서 자신들의 작품을 개인적으로 전시해 히틀러를 화나게 만들었다. 다른 작가들은 회화와 조각품을 창작하기는 해도 일체 전시하지 않았다. 사실은 미술 지하운동 같은 것들이 꽤 활발히 전개되고 있었던바, 이것이 수면 위로 오른 사건이 1943년 1월의 '제3제국 청년미술전'이었다. 이 사건으로 인해 시라흐는 거의 직장을 잃을 뻔했다. 제국 각지에서 모인 173명의 작가들이 그때까지는 당국이 두려워 숨기고 있었던 작품들을 전시에 출품했다. 이 가운데 혁명적인 작품은 하나도 없었지만—바를라흐나 놀데 작품만큼의 대담함도 보여주지 못했다—이 전시는 뮌헨 전시회에 걸린 평범한 작품들의 숨 막히는 진부함과 날카로운 대조를 이루었다. 하지만 우연히 개회식에 참석했던 아르노 브레커는 이들의 그림을 퇴폐미술이라 여겨 곧장 히틀러에게 전시회 폐쇄 명령을 내려달라고 호소했다.[36] 나중에 함께 슈판다우에 수감되었을 때, 슈페어는 시라흐에게 그 당시 베를린에서 있었던 일을 들려주었다.

> 총리실에서 저녁 식사를 하던 자리였습니다만, 괴벨스가 전시 카탈로그를 손에 들고 다가오더군요. 그는 의기양양해서 "이것이 제국과 당의 후원을 받은 퇴폐미술입니다."라고 말했습니다. … 히틀러가 카탈로그를 넘겨 보더니 한층 짜증 난 목소리로 "제목이 완전히 틀려먹었어. '청년 미술이라니!' 아직도 이런 식으로 그리고 있는 케케묵은 늙은 멍청이들이 청년 미술가라니!"라고 고함을 질렀지요.[37]

직접 사태를 파악하기 위해 벤노 폰 아렌트가 빈으로 급파되었다.

그가 전시된 작품들은 하나같이 '싸구려 자유주의liberalistische Schweinerei'[38]더라고 보고하자, 히틀러는 폐쇄 명령을 내렸다. 그리고 시라흐를 베르그호프로 소환했다. 히틀러가 시라흐의 예술적 사보타주를 질책하고 빈 사람들에 대한 반감을 길게 늘어놓았던 것이 바로 이때였다. 하지만 그로부터 한 달 후에 열린 더욱 위험한 전시회, '세기 전환기의 독일 드로잉전Deutsche Zeichnungen der Jahrhundertwende'은 예술계의 혼란을 가장 크게 드러낸 사건이다. 콜비츠와 실레의 작품도 포함한 이 전시는 알베르티나에서 멀리 떨어지지 않은 곳에서 열렸다. 그로부터 얼마 지나지 않아, 아마도 탄압받은 '제3제국 청년미술전' 대신이었을 수도 있지만, 전무후무한 규모의 클림트 회고전이 열렸다.

결국 히틀러는 포기했다. 예술가들을 선도하기 위한 풍족한 보상금, 거친 협박 그리고 해마다 개최된 미술쇼는 결국 히틀러를 낙담하게 만드는 그림들만을 낳았을 뿐이다. 그런 그림들 대부분은 국가나 당 간부들이 구매해 사무실에 걸어두었다.[39] 히틀러 자신도 전시가 지속되게 만들고 청년 작가들을 격려하며 그들에게 복지 차원에서의 금전적 도움을 주려는 의도로 그림을 구매했다. 운명의 신은 제3제국에 단 한 명의 위대한 화가도 허락하지 않았다. 제3제국은 과거의 문화적 성취에 기댈 수밖에 없었다. 당의 동지들에게 말했듯 히틀러는 다음과 같은 생각으로 자기 위안을 삼을 수밖에 없었다. "이 나라는 예술 분야에서 영속적인 가치를 지닌 작품들을 많이 가지고 있습니다. 하지만 오늘날은 거장의 영혼을 찾아보기 어렵다는 것이 사실입니다. 그래도 당분간은 예술 분야에서 이미 소유한 것으로 충분히 만족할 수 있습니다."[40] 이는 씁쓸하게 패배를 인정하는 말이었다.

히틀러는 이런 그림들을 곁에 두는 것조차 참기 힘들어했다. 베르그호프에도, 뮌헨의 프린츠레겐텐플라츠 아파트에도 그림을 걸지 않았다. 총통청사라고 불리는 뮌헨 본부에는 아돌프 치글러의 「4원소」가 응접실의 벽난로 위에 걸려 있었다. 새 제국총리실에도 그와 비슷한 풍경화 6점이 걸려 있었지만 사실상 벽지나 다름없었다.[41] 히틀러가 이 작품들을 헤르만 그래들에게 의뢰할 때만 해도 원래는 그랜드 다이닝룸에 걸려는 생각이었다. 히틀러가 린츠 미술관을 위해 수집한 회화 5,000여 점 가운데 기껏해야 20여 작품만이 현대 독일 작가의 것이었다.[42] 그리고 이 작품들은, 한 독일 학자가 연방기록보관소에 보관된 자료를 토대로 추론해보았을 때, 히틀러에게 사적인 의미를 갖는 그림들뿐이었다.[43] 예를 들면, 맥주홀 폭동 사건에서 살해된 16인의 동지들의 초상화나 파울 루트비히 트루스트의 그림 몇 점 같은 것들뿐이었다. 반면에 그는 자신이 좋아하는 19세기 독일 화가들의 작품들은 항상 곁에 두었다.*

시간이 흐름에 따라 히틀러의 관심은 차츰 조각으로 옮겨갔다. 뮌헨 전시회에서 히틀러가 가장 흥미롭다고 여긴 것이 조각이라는 사실은 이미 공공연한 비밀이었다. 통계가 이를 말해준다. 1939년 전시에 200명의 조각가가 참가했고, 이듬해에는 400명이 참가했다. 그리스와 로마의 걸작을 이상으로 삼았기 때문에, 그러한 이상과 멀리 동떨어진 양식

---

* 대독일미술전에 전시되었던 700점의 회화와 조각들—대개 히틀러가 구매했다—은 소실되지 않아서, 1998년부터 베를린에 있는 독일 역사박물관에 보관 중이다. 나치의 색채가 느껴지는 전쟁 미술 9,000여 점은 1945년과 1950년 사이에 미군에게 압수당해 워싱턴에 보관 중이다. 여전히 미군이 보관 중인 작품도 450점 정도 되지만, 1950년과 1986년 사이에 나머지 대부분은 독일 당국에 반환되었다. 여기에는 나치 지도자들의 초상화, 프로파간다적인 성격의 작품들 그리고 본래 하인리히 호프만의 소유였던 히틀러의 수채화 4점도 포함되어 있었다. 이 작품들은 대부분 잉골슈타트에 있는 바이에른 육군박물관에 있다. 히틀러의 개인 소장품이었던 그뤼츠너, 슈피츠베그와 같은 작가들의 작품이 어떻게 되었는지는 밝혀진 바 없다.

총통청사에 있는 응접실에서 지배적인 위치를 차지하고 있는 작품은 아돌프 치글러의 「4원소」였다. 프랑스 대사는 '4감각'이라 불렀어야 했다고 말했다. 취향이 결여되어 있기 때문이었다. 1943년 아돌프 치글러가 강화 협약을 제안해 망신을 당하고 난 뒤, 그의 그림은 제거되었다.

1940년 뮌헨 전시회에서 히틀러의 관심은 특히 조각에 있었음이 분명하다. 고전 양식은 제3제국 조각의 전형적인 특징이었으며 히틀러의 새로운 독일에서 모델이 되었다. 히틀러는 이것이 '형식이나 상태의 측면에서 지난 천년의 세월 동안 보지도, 꿈꾸지도 못했던' 조각이라 주장했다.

을 그는 참을 수 없었다. 에른스트 바를라흐, 게르하르트 마르크스Gerhard Marcks, 케테 콜비츠, 빌헬름 렘브루크, 루돌프 벨링Rudolf Belling의 표현주의 조각들은 건물과 광장에서 철거되었고 대부분 파괴되었다. 그러한 조각들을 다룬 서적마저 압수되었다. 리멘슈나이더 이후로 가장 힘이 넘치는 독일 조각가 가운데 한 명인 바를라흐는 자신의 당당한 사실주의가 북유럽의 전통을 계승한다고 믿었다(놀데는 자기 그림의 쨍한 색채 대비가 북유럽의 전통을 계승한다고 믿었다). 놀데와 마찬가지로 바를라흐도 나치가 집권한 직후에 킬과 마그데부르크에 있는 자신의 작품들과 귀스트로 성당에 있는 유명한 「공중에 떠 있는 천사」가 왜 파괴되어야 하는지 이해할 수 없었다.

히틀러는 [모더니스트] 회화와 마찬가지로 모더니스트 조각에도 응수했다. 1937년 한창 예술 정화가 진행될 때에는 렘브루크 조각 116점, 바를라흐 조각 381점, 마르크스 조각 86점이 압수되었고 그중 몇몇은 퇴폐미술전에 전시되었다.[44] 벨링의 경우에는 특이하게도 그의 두 작품이 퇴폐미술전에서 조롱받는 한편, 다른 작품인 권투선수 막스 슈멜링Max Schmeling의 흉상은 대독일미술전에서 칭송받는 상황에 처했다. 모더니스트 조각가는 사적인 전시도 금지당했다. 마르크스는 작품의 스타일 때문에도 그랬지만, 자신의 유대인 동료가 1935년 이탈리아로 도주하는 것을 도왔다는 이유로 강단에서 쫓겨났다. 바를라흐는 완전히 망가진 상태로 1938년 사망했다. 또 다른 이들은 아예 미술을 포기했다.

화가들과 다르게 바이마르 시대부터 활동한 꽤 많은 유명 조각가들이 있었다. 게오르크 콜베, 프리츠 클림슈Fritz Klimsch, 리하르트 샤이베Richard Scheibe와 같은 이들이 그들인데, 이들의 신고전주의적이고 사실주의적인 작품의 수준에 토를 다는 사람은 거의 없었다. 이들은 신질서를 받아들였고, 신질서는 이들을 받아들였다. 히틀러는 이들이 간섭받지 않고 작업할 수 있게 해주었고 종종 그들에게 중요한 작업을 의뢰하기도 했다. 어떤 이들은 예전과 같이 조각을 했고, 어떤 이들은 당대의 기념비주의를 받아들였다. 샤이베는 계속해서 사실주의 양식의 누드 조각을 제작했다. 어떤 경우에는 조각에 이데올로기적인 함의를 담았고 또 어떤 경우에는 그러지 않기도 했다. 콜베는 나치 이상을 표현하는 데 가장 소극적이었는데, 그러다 보니 점점 눈 밖에 나게 되었다. 반면에 히틀러는 클림슈를 '최고로 위대하고 중요한'[45] 작가라고 칭찬했다. 그러자 곧 거의 모든 독일 마을이 그의 누드 조각 하나씩은 갖게 되었다. 전체적으로 보았을 때 제3제국 조각은 회화보다 확실히 한 단계 높은 수준을 보여주었다.

게다가 상당한 기량을 갖추었으며 그것을 국가사회주의를 위해 사용한 젊은 조각가들도 여럿 있었다. 히틀러가 좋아하는 조각가 중 한 명인 요제프 바케를레Joseph Wackerle는 올림픽 스타디움과 공공건물

① 두 남자가 게르만 전사의 상징인 검을 들고 있다. 하지만 슈트랄준트에 놓인 콜베의 전쟁 기념비(1935)는 통상적인 제3제국 조각들과 달리 영웅적이고 공격적으로 인물을 표현하지 않았다. 그리하여 당시 독일 미술의 모호성을 보여주는 기념비가 되었다.

② 1937년 무솔리니의 독일 방문 기간에 히틀러는 최근에 완성된 요제프 토락의 「동지애(Comradeship」를 보여주기 위해 자신의 동지 무솔리니를 데려갔다. 1937년 파리 만국박람회에 출품하기 위해 제작된 이 작품은 전후에 행방을 알 수 없게 되었다.

제3제국 미술의 전형을 보여주는 브레커의 「준비태세」는 1939년 대독일미술전에 전시되었다. 뉘른베르크 당대회 부지에 설치할 목적으로 제작되었다.

을 위한 기념비적인 작품만 아니라 베르그호프 공관을 위한 작은 조각도 제작했다. 쿠르트 슈미트에멘Kurt Schmid-Ehmen은 베를린, 뮌헨, 뉘른베르크의 주요 건물을 장식한 나치의 표지, 독수리와 스바스티카의 디자이너로 주목받았다. 그는 나치의 가치를 상징하는 네 인물상, 「충성」, 「전투」, 「희생」, 「승리」를 체펠린필드에 세웠다. 카를 알비커Karl Albiker는 올림픽 스타디움에 놓을 여러 거대한 작품들을 작업했다. 아돌프 밤퍼는 당 건물을 위해 「이카루스」, 「승리의 천재」와 같은 거대하고 영웅적인 조각상을 만들었다. 베른하르트 블리커Bernhard Bleeker는 나치 권력자들의 흉상 제작자로 알려져 있다. 빌리 멜러Willy Meller는 올림픽 스타디움과 포겔상에 있는 당 교육시설인 오르덴스부르크

Ordensburg의 영웅적인 인물상 제작을 도왔다. 히틀러의 영웅적이고 호전적인 이상을 표현하기 위해서는 남성 인물상이 활용되었지만 여성 인물상 역시 국가사회주의 원리를 전달하기 위해 활용되었다. "도상의 주제는 항상 똑같다. 여성상은 남성에 의해, 남성을 위해 표현되어야 하며, 여성의 생물학적인 기능을 드러내야 한다."[46]라는 것이다.

히틀러가 가장 좋아하는 작가를 꼽으라면 단연코 요제프 토락과 아르노 브레커 둘을 꼽을 수 있다. 둘 다 배우 뛰어난 기량을 갖춘 조각가였다. 그리고 둘 다 새로운 이데올로기를 선전하기 위한 거대한 작품 디자인을 어렵지 않게 해냈다. 그들의 조각으로 장식하게 될 슈페어나 기슬러의 건물만큼이나 나치의 취지를 잘 담아냈다. 총통의 시선을 먼저 끌었던 이는 토락이었다. 그는 바이마르 시대에서 인상주의 양식의 조각을 선도하는 이였는데, 유대인 후원자들이 많았다. 그가 조각한 늠름하고 근육질인 남성상에 히틀러는 대단히 매료되었다. 이 사실을 모를 리 없었던 올림픽 위원회로서는 1935년 토락을 초청해 도와달라고 하지 않을 수 없었고, 이를 거절할 수 없었던 토락은 거대한 남자 운동선수상 여럿을 제작했다. 이듬해 그는 파리 만국박람회 독일관을 위한 거대 조각상 「가족과 동지애」를 제작했다. 1937년 2월 괴벨스는 "토락은 우리가 가진 가장 훌륭한 조각적 재능이다. 그에게 제작 의뢰를 맡겨야 한다."[47]라고 했다. 히틀러는 그에게 작업실을 제공했다. 세계에서 가장 큰 작업실이라고 이야기되는 이곳에서 토락은 거대한 작품들을 제작했다. 여기에는 새 총리공관의 정원 입구를 장식할 매머드급 말 조각상 2개도 포함된다.

브레커가 히틀러의 이목을 끌게 된 건 「10종 경기선수」와 「승리자」 둘로 올림픽 위원회에서 은상을 수상한 후였다. 총통의 선호 작가로 빠르게 부상한 그는 베를린, 뉘른베르크 그리고 바이마르에서 추진

되는 히틀러의 건축 프로젝트에서 가장 중요한 조각상 제작을 의뢰받았다. 베를린에 설치된 조각 중에는 히틀러 권력을 떠받치는 두 기둥을 찬양하는 거대 동상 「당」과 「군대」도 포함되었는데, 새 총리공관의 쿠르도뇌르(서양의 궁전이나 저택에서 건물이나 안뜰 중 가장 격식이 높은 것. 통상 쿠르 드 로지와 정문 사이에 있다. -옮긴이)에 세워졌다. 히틀러는 그의 작품이 '독일에서 만들어진 가장 아름다운'[48] 조각에 속한다고 했다. 그의 다른 작품 「준비태세」(1939), 「횃불을 든 사람과 동지」(1940)는 대독일미술전의 하이라이트였다. 1940년 2월 괴벨스는 "총통은 브레커의 최근작들은 매우 칭찬했다. 그를 우리 시대의 가장 위대한 조각가로 여긴다. 반면 토락에 대한 관심은 시들해졌다."[49]라는 기록을 남겼다. 브레커는 또 히틀러나 슈페어와 같은 제3제국의 유명 인물의 흉상도 제작했다. 리하르트 바그너의 흉상도 제작해서 베르그호프의 응접실 중앙을 장식했다. 브레커가 제작한 바그너상은 오만하고 차갑고 남을 깔보는 듯한 인상을 주었다. 그는 나치당원으로서의 바그너, 히틀러 추종자로서의 바그너상을 창조했다. 이러한 특징은 다른 작품에서도 엿보인다. 젊은 시절에 브레커는 토락처럼 아리스티드 마욜의 절제된 신고전주의 양식의 영향을 받았었다. 하지만 토락처럼 히틀러의 부름을 받았고 여기에 응답했다.

히틀러는 미론의 「원반 던지는 사람」이 남자 운동선수의 플라톤적 이데아, 궁극의 올림픽 선수 조각상, 제3제국에서 출현한 '신인류'라고 생각했다. 브레커의 출발점도 똑같이 그리스 나체 조각상이었다.[50] 그는 자신의 모델로 유명한 독일 운동선수들을 기용했다. 하지만 그리스 조각가들이 신체를 이상화하고 스포츠를 찬미한 반면, 브레커는 아리안 남성을 이상화하고 국가사회주의 이념을 찬미했다. 파워풀한 작가였던 만큼 그는 자신의 이미지를 아주 강렬하게 전달할 수 있었다. 「원반 던지는 사람」과 「준비태세」를 비교해보자면, 전자는 자연스럽고 인간적인 데 반해 후자는 과장되었고 짐승 같다. 다음은 브레커의 나체 조각상을 보고 누군가 남긴 기록이다. “근육 하나하나, 힘줄 하나하나가 힘과 에너지를 표현해야 한다. 이 조각상들의 잘 단련된 강철 같은 육체는 잘 단련된 강철 같은 민족을 상징한다.”[51] 이런 식으로 브레커의 조각은 운동선수와 전사 사이에는 간발의 차이만 있을 뿐이라는 총통의 믿음을 완벽히 반영했다. 그리고 동지애, 규율, 영웅주의, 전투 의지, 기꺼이 죽을 각오와 같은 이념들을 표현했다. 「동지애」, 「복수자」, 「승리자」, 「준비태세」, 「지배」, 「희생」, 「파괴」, 「부상자」와 같은 제목들을 붙인 것을 보면 분명히 알 수 있다.

브레커는 조각의 고전주의적 이상을 비틀어 정력의 캐리커처로 만들어 버렸다. 절제된 구성, 단순한 표현, 균형 잡힌 아름다움이라는 그리스 조각 원리를 무시하고 모든 것을 과장하고 크기를 키우는 식으로 작품을 제작했다. 어깨는 너무 벌어졌고, 엉덩이는 너무 좁고, 근육은 너무 울룩불룩하고, 자세는 부자연스러웠다. 음울하고 오만하며 무자비한 얼굴을 위에 얹은 토르소들은 잔인함의 아이콘이었다. 어쩌면 성적 판타지의 아이콘이었을 수도 있다. 사도마조히즘까지는 아니라도 작품에 확연히 드러나는 동성애적인 성격은 동지애, 영웅주의, 규율과 복종이라는 나치 이념의 저변에 흐르는 잠재적 충동을 의심하게 만든다. 국가사회주의 조각은 자신도 모르게 훨씬 더 많은 것을 시사했을 수 있다. 브레커의 조각이 오늘날 미국 아리안 그룹의 이데올로기적 상징으로 활용되는 반면, 토락의 「동지애」는 이제 독일 게이 그룹 사이에서 우애의 아이콘이 되었다는 사실 또한 이들 작품의 성격에 관해 시사하는 바가 있다.

예술품 수집가

파우스트는 메피스토펠레스에게 자신의 영혼을 팔아넘겼다. 그런데 파우스트보다 훨씬 더 기꺼이 자신의 영혼을 팔아넘긴 자가 있다. 한스 포세다. 1939년 6월 20일 히틀러는 유명한 드레스덴 회화 갤러리의 관장인 한스 포세를 베르그호프로 불러들였다. 그리고 그에게 역사상 가장 큰 규모의 예술품 수집 프로젝트의 책임자 자리를 제안했다. 포세가 작성한 일기에는 히틀러가 자신의 고향인 린츠에 미술관을 설립하려 한다는 기록이 남아있다.[1] '선사시대 미술부터 … 19세기 미술 그리고 최신 미술까지 모든 시대를 망라해 가장 훌륭한 것들만'으로 미술관을 채우려 한다는 것이었다. 컬렉션을 채우기 위해서는 단지 구매 활동만이 아니라, 압수도 하게 될 것이라고 솔직히 털어놓았다. 린츠를 문화적 중심으로 만드는 동시에 빈이 '모든 것을 독식했던' 과거를 바로잡는 것이 목적이라고 했다. 마침내 그는 "당신에게 필요한 모든 법적 서류와 권한을 주겠소."라고 했다. "당신은 오직 나하고만 상의하면 되오. 어차피 모든 결정은 내가 내릴 테니." 이 만남으로부터 6일 후에 히틀러는 포세에게 '린츠시를 위한 새로운 미술관 건립'의 권한을 부여하는 공식 포고령을 발표했다.[2] 그리고 당과 정부의 모든 당국자들에게 성심껏 그를 도우라고 명령했다.

이 특별 프로젝트의 기원은 히틀러의 청년 시절까지 거슬러 올라간다. 그의 1925년 스케치북에는 그가 '베를린의 독일 국립미술관을 위한 스케치'라고 제목을 붙인, 세심하게 그린 설계 도안이 포함되어 있었다. 설계된 건물의 독특한 형태를 보면, 1917년 그가 군 휴가 중에 베를린을 방문해 보았던 카이저 프리드리히 박물관에서 영감을 받았음을 알 수 있다. 도안에 따르면 미술관은 28개의 방과 30개의 방을 가진 두 개의 섹션으로 나누어져 있다. 그중 한 섹션에는 히틀러가 그 당시 좋아했던 화가들의 작품만 배치했다. 히틀러는 도안의 여백에 좋아하는 화가들의 이름을 적고 이들의 작품을 어디에 전시할지 명기했다. 선과 화살표로 관람객들의 동선을 표시하기도 했다. 1931년 6월 뮌헨의 옛 유리 궁전이 화재로 파괴되자 그의 아이디어는 좀 더 발전된 양상을 띠었다. 시청 공무원들이 파괴된 유리 궁전을 대체할 건물을 짓기 전에 집권한 그는 독일미술관의 건립을 우선적으로 명령했다. 이곳을 르네상스 초기부터 20세기에 이르는 시기의 독일 회화로 채울 생각이었다.

하지만 1937년 오스트리아 합병이 눈앞의 현실로 다가오자 그는 생각을 바꾸었다. 그는 독일미술관 전시는 현대 독일 회화와 조각에만 한정해야겠다고 생각하게 되었다. 본래 꿈꾸었던 장대한 미술관은 다른 곳에 지을 생각이었다. 베를린이나 뮌헨, 빈은 아니었다. 이런 곳에 지으면 기존의 다른 시설에 가려질 수도 있기 때문이었다. 꿈의 미술관은 다른 건물들과 경쟁하지 않는 독자적인 환경 속에 건립되어야 하며 히틀러가 직접 고른 컬렉션만을 소장해야 했다. 즉 히틀러 미술관이 되어야 했다. 그러므로 가장 적당한 건립 장소는 그의 고향이 될 수밖에 없었다. 오스트리아 합병으로부터 몇 주 지나지 않은 4월 8일에 히틀러는 청년 시절부터 알던 린츠의 지역 미술관을 방문해 이곳 관장인 테오도어 케르슈너Theodor Kerschner를 만났다. 어떤 논의를 했는지에 관한 기록은 없지만, 히틀러가 자신의 계획을 대략적으로 이야기했을 것으로 추정된다.

린츠 프로젝트가 최종적인 형태를 띠게 된 것은 바로 이탈리아 방문 이듬해였다. 히틀러가 레몬이 주렁주렁 열리는 이 땅과 사랑에 빠진 최초의 독일인은 아니었다. 하지만 이탈리아 방문을 통해 자신의 협소했던 미적 지평을 그렇게 갑작스럽게 넓힌 사람은 그리 많지 않았다. 히틀러는 로마의 보르게세 미술관과 피렌체의 우피치 미술관 방문을 통해 미적 지평을 넓힐 수 있었다. 크리스타 슈뢰더에 따르면 그 후 몇 년 동안 "그는 로마와 피렌체 방문을 통해 사진으로밖에 볼 수 없었던 불멸의 명작들을 직접 보고 찬미할 수 있었던 기쁨에 대해 마르고 닳도록 이야기했다."[3] 우피치 미술관의 티치아노 작품을 히틀러가 어찌나 칭송하던지, 미술관 가이드 한 명은 한순간 무솔리니가 그 그림을 벽에서 떼어 선물로 주어버리지는 않을까 하는 오싹한 생각이 들었다는 이야기가 있다.[4] 이 방문으로 히틀러는 독일에도 비슷한 미술관을 건립하겠다는 결심을 굳히게 되었다. 자신의 개인적 취향을 반영하는 동시에 자신을 기리는 미술관으로 만들겠다고 생각했다. 이상이 처음에 독일 19세기 미술관을 지으려 했던 계획이 20세기 작품까지 포함하여 유럽 미술의 주요 사조를 아우르는 명작들을 갖춘 미술관 건립 계획으로 바뀐 경위다. 유일무이한 최고의 미술관까지는 아니라도 세계 최고 수준의 미술관으로 만들 계획이었다. 그리고 히틀러는 그러한 계획의 완수를 한스 포세에게 맡겼다.

1910년 31세라는 젊은 나이에 드레스덴 미술관의 관장으로 임명된 포세는 저명한 미술사가 빌헬름 폰 보데Wilhelm von Bode의 애제자였다. 그의 저작 가운데는 카이저 프리드리히 박물관과 드레스덴 미술관의 컬렉션에 관한 연구뿐 아니라 루카스 크라나흐, 17세기 로마 화가인 안드레아 사키Andrea Sacchi, 2세대—그리고 2류—독일 인상주의 화가 로베르트 슈테를Robert Sterl에 관한 연구도 포함되어 있었다. 1919년 초부터 포세는 미술관 컬렉션에 독일 인상주의 화가들의 작품을 꾸준히 포함하기 시작했는데, 이 때문에 보수주의자들의 성난 반대에 부딪혀야만 했다.[5] 그럼에도 자기 입장을 고집하던 그는 히틀러가 집권하자 곧바로 그 입장을 철회했다. 미술관의 모더니스트 컬렉션을 폐지하고 그로부터 거리를 두기 시작했다.[6] 미술관이 소장한 2,850점의 작품 중에서 자기 임기 내에 취득한 작품은 310점밖에 안 되고, 이 중에서도 1910년 이후 작품은 33점뿐이며, 그마저도 기증이나 대여 형식으로 소장된 작품이라고 주장했다. 그는 그 작품을 취득한 이유가 지역의 예술가들을 장려하기 위해서였다고 주장했다. 1933년 5월에 그는 나치당원 가입을 신청했다.[7] 그의 아내는 이미 전년도에 가입한 상태였다. 1934년 6월에 어떤 이유에서였는지 기록은 남지 않았지만, 그의 가입 신청은 거부되었다. 게다가 상황이 더욱 꼬여버린 것이, 발터 가쉬Walther Gasch라는 웬 환쟁이 하나가 포세의 자리를 노리고 그에게 퇴폐미술을 조장한 혐의와 부분적으로 유대인의 혈통을 갖는다는 혐의를 뒤집어씌우는 일이 발생했다. 1938년 3월 사임을 종용받았으나 포세는 굳건히 버텼다. 대신 자리를 비우며 휴가를 떠났다. 면직을 코앞에 둔 상황이었다.

그런데 갑자기 히틀러의 말 한마디로 그의 복권이 결정된 것이다. 이렇게 된 원인으로 여러 가지 설명이 있지만, 그중에서도 포세와 베를린 미술상인 카를 하버스탁Karl Haberstock 간의 공모에서 원인을 찾는

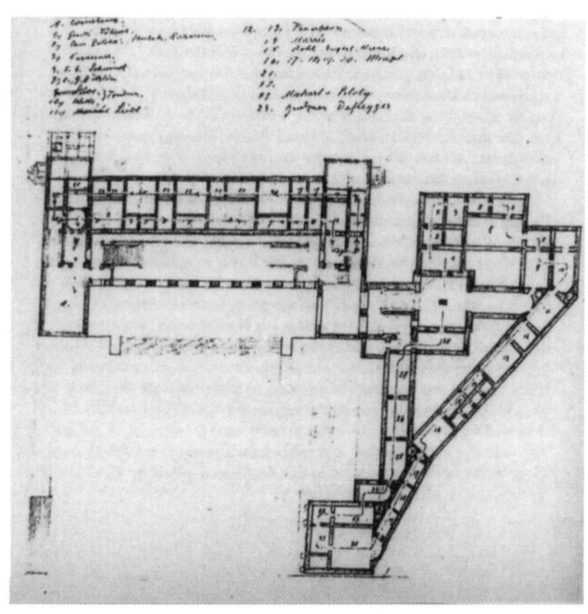

히틀러의 1925년 스케치북에는 독일 국립미술관의 설계 도안이 들어있다. 여백에는 그가 좋아하는 작가들의 이름과 그들의 작품이 걸릴 전시실의 번호가 적혀 있다. 방문객들의 관람 동선을 지시하는 선도 보인다.

설명이 가장 설득력 있다. 카를 하버스탁은 수년 동안 히틀러의 개인 컬렉션과 포세의 드레스덴 미술관을 위한 작품 판매를 맡아왔다. 포세는 일기에 당시 하버스탁과 나눈 전화 통화 내용을 거의 매일 기록해 두었다. 1945년 미군 점령국 관리에게 한 증언에서 포세 부인은 그들이 나눈 대화 주제에 관해 언급하지는 않았지만, 다음과 같은 말을 남겼다. “그를 통해서 내 남편은 총통의 관심을 끌 수 있었습니다.”[8] 그러므로 히틀러가 6월 18일에 드레스덴을 방문한 목적은 겉으로는 독일과 네덜란드 회화 전시회 참석이었지만 사실은 포세를 키워주기 위함이었다고 추론해 볼 수 있다. 이때 히틀러는 해임된 전 관장 포세를 불렀다. 포세의 일기에 그들이 나눈 대화가 남아있다.

① 1938년 5월 이탈리아 국빈 방문 시, 히틀러는 틈날 때마다 미술관을 비롯한 여러 문화 명소들을 방문했다. 사진에는 카노바의 작품인 폴린 보르게세 보나파르트 대리석상을 관람하는 히틀러의 모습이 보인다. (왼쪽부터) 하인리히 호프만, 무솔리니, 비앙키 반디넬리의 모습도 보인다.

② 1938년 6월 18일 드레스덴 미술관을 방문한 히틀러. 그의 오른쪽 끝에 한스 포세, 왼쪽에는 마르틴 보어만의 모습이 보인다.

히틀러: 왜 사임한 거요?

포세: 그러는 게 좋을 것 같았습니다. 주지사의 요구가 있었다는 이야기도 들리고 말입니다. 어쩔 수 없다고 생각했지요.

히틀러: (혼잣말로) 그렇게 끔찍한 그림들을 구매한 사람이 당신이라고 하더군.

다시 포세 부인의 말을 인용하면 나중에 "그는 [구매에 관련한 남편의] 모든 자료를 보자고 요청했으며, 자료 검토 후에 내 남편의 복권을 결정했다."라고 한다. 이렇게 해서 이듬해에 히틀러는 린츠의 사업을 포세에게 맡기게 되었다.

그건 누이 좋고 매부 좋은 일이었다. 과거 잘못을 눈감아 줌으로써 히틀러는 그가 찾던 종류의 협력자를 만날 수가 있었다. 절대적인 충성심을 지니고서 시키는 대로 할 준비가 되어있는 전문가 말이다. 한때 수집했던 모더니스트 회화를 비난까지는 하지 않더라도 그에 대한 지지를 철회할 준비가 되어있던 기회주의자 포세는 어떤 미술관 관장도 얻지 못했던 기회에 뛸 듯이 기뻐했다. 그는 원하는 무엇이든 구매하거나 압수할 수 있는 무제한의 권한과 기금을 손에 넣었다. 그리고 하버스탁에게는 이제 두 명의 통 큰 후원자가 생겼다. 그는 그들에게 걸작들을 판매하고 그로써 상당한 이익과 영예를 얻을 수 있게 되었다. 이후 그는 포세가 선호하는 미술상이 되어, 린츠에 100여 점의 작품을 판매할 수 있었다.[9]

포세는 아주 헌신적으로 일했다. 그래서 1942년 12월 암으로 사망했을 때, 히틀러는 그를 위해 국장을 치러주었고 장례식에 독일의 모든 미술관 관장들을 초대했다. 그리고 괴벨스로 하여금 헌사를 낭독하게 했다. 히틀러의 관심은 이제 포세의 후임자인 헤르만 보스Hermann

Voss에게 향했다. 그의 임명은 상당히 의외의 결정이었는데, 학자와 큐레이터로서 상당한 명성을 떨쳤다고는 하지만 반나치주의자로 알려졌기 때문이다. 그는 히틀러 집권 직후에 "국제주의자 그리고 [사회]민주주의자로서의 성향이 엿보이며 많은 유대인 동료들과 친분이 있다."[10] 라는 혐의로 카이저 프리드리히 박물관 관장직을 상실했었다. 영국으로 망명을 시도했으나 실패했고 1935년 비스바덴의 작은 나소 주립미술관 관장직에 안착하고 있었다. 그는 자주 독일 바깥을 여행하고 다녔다. 런던에 있는 쿠르톨드 예술학교에서 강의했고 자주 파리를 방문했으며 미국에서 다방면에 걸쳐 순회 강연을 했다. 그렇다면 왜 이런 인물을 임명한 걸까? 누군가는 하버스탁을 몰아내기 위한 호프만의 계략 때문이었다고 말한다. 보스는 하버스탁을 싫어하는 것으로 알려져 있는데, 실제로 하버스탁으로부터 아무것도 구매한 적이 없다. 포세 부인이 나중에 보스에게 말한 바에 따르면 포세가 그를 추천했다고 한다. 포세가 한번은 보스를 자신의 후임자로 슬쩍 언급한 적이 있다는 보어만의 메모가 전후에 발견되기도 했다.[11] 이어서 이 자료는 보스가 초기 독일 회화의 전문가인 동시에 이탈리아 르네상스와 바로크 미술의 전문가인 점도 무시할 수 없다고 했다.

보스가 쓴 글 중에는 『다뉴브 양식의 기원Der Ursprung des Donaustiles』과 『알브레히트 알트도르퍼와 볼프 후버Albrecht Altdorfer und Wolf Huber』와 같은 글도 있었지만 『로마와 피렌체의 후기 르네상스 회화Die Malerei der Spätrenaissance in Rom und Florenz』, 『로마의 바로크 회화Die Malerei des Barock in Rom』와 같은 글도 있었다. 양쪽 다 국제적인 주목을 받았다. 히틀러가 그에게 관심을 가진 이유는 그가 이탈리아 회화의 전문가였기 때문이기도 하지만 독일, 특히 남부 독일을 확고한 배경으로 하고 있기 때문이기도 하다. 그의 정치적 성향은 다소 유감스럽기는 했지만 거의 문제가 되지 않았다. 히틀러는 그를 만나면서 만족했고, 새로운 미술관에 관해 한 시간가량 혼자 떠들더니 그를 드레스덴 미술관과 린츠 미술관의 책임자로 임명했다.

사업을 체계화하기 위해 히틀러는 린츠 특별위원회라는 이름의 작은 부서를 만들어 직접 감독했다. 부서장은 보어만이 맡았고, 재정은 제국총리실의 수장인 한스 라머스Hans Lammers가 맡았다. 운영 실무는 보어만의 보좌관인 쿠르트발터 한센Kurt-Walter Hanssen의 손에 맡겨졌다가 나중에는 한 미국 관리의 표현에 따르면 '특히 사악한 나치'[12]인 헬무트 폰 훔멜Helmut von Hummel의 손에 맡겨졌다. 다른 이들은 카탈로그 제작, 복원과 보관 작업을 맡았는데 총 20명쯤 된다. 그리고 이들의 중심에 포세가 있었다. 그의 직함은 드레스덴 회화관의 관장과 총통 특별위원회 위원장이었다. 그를 도와 서적과 육필 원고들을 정리할 큐레이터로 프리드리히 볼프하르트Friedrich Wolffhardt를 두었다. 나중에는 갑옷 큐레이터 레오폴트 루프레히트Leopold Rupprecht와 화폐 큐레이터 프리츠 드보르샤크Fritz Dworschak도 두었다. 히틀러에게 하는 포세의 보고는 보어만을 통할 수밖에 없기는 했지만, 그의 서한은 신속히 전달되었고 즉각적인 관심을 받았다. 총통은 포세에게 전폭적인 신뢰를 보냈다. 전반적인 지침을 내리기는 했어도, 입수 작품과 관련해 포세의 자율권을 인정했고 원하는 만큼 돈도 갖다 쓰게 했다. 그를 높이 평가한다는 뜻을 보여주기 위해 히틀러는 1940년 4월 포세에게 교수 직함을 부여하기도 했다.

반면에 보스는 그만한 신뢰를 히틀러로부터 얻지 못했다. 서적이나 갑옷, 화폐 컬렉션과 관련해서도 그만한 권한을 부여받지 못했다. 보스는 히틀러와 서너 번밖에 만나지 못했다. 훗날 보스는 다른 사람들에게 "그는 생각했던 것보다 별로였다."[13]라고 불평했다는 소문이 있다.

1943년 말에 관계가 너무 악화되자, 보스는 총통의 생일을 기회로 그에게 괜찮은 선물을 보내는 게 좋겠다고 생각했다. 선물은 그리스식 황금 머리띠, 그리스식 황금잎으로 장식된 은관, 실레노스 머리로 장식된 황금 메달이었는데 모두 기원전 5세기 물건들이었다. 이것들과 함께 자신이 취임한 후 5년간 입수한 목록들도 보냈다. 보스로서는 이를 이전의 실적과 비교하지 않을 수 없었다.[14] 포세의 임기 말년에는 겨우 122점의 회화만을 추가 입수했을 뿐이지만 자신은 881점이나 입수했다는 점을 강조해 보고했다. 보스는 전임자처럼 출장을 많이 가지는 않았다. 하지만 직원들을 보내 회화를 찾게 했고 미술상들더러는 물건을 그에게 가지고 오게 했다. 전쟁이 막바지에 이르러서 보어만과 라머스가 급격히 예산을 줄이기 전까지 보스는 포세보다 더 자유롭게 구매할 수 있었다. 전후에 미국의 당국자들에게 조사받으면서, 그는 세 배 분량의 회화 작품을 입수했다고 주장했다.[15]

몇몇 미술관장들이 눈치채기는 했어도 대중은 린츠 프로젝트의 존재에 관해 알지 못했다. 작품들은 감춰졌다. 두 작품을 제외하면 전시된 적도 없다. 히틀러는 나라 전체가 전쟁에 막대한 희생을 치르고 있는 마당에 개인적 취향을 위한 문화사업에 그렇게 큰돈을 쓰고 있다는 사실이 알려지면 인기를 잃게 될 거라고 생각한 것 같다. 그래서 린츠 문화 시설 전체를 국가에 공식 기부한다는 1942년 10월의 포고령도 대중에게 발표하지 않았다. 포세의 성대한 장례식에서조차 이 프로젝트를 언급하지 않았다. 성대한 장례식을 연 이유가 이 프로젝트에 대한 그의 공헌을 기리기 위함이었는데도 말이다. 비밀의 장막이 걷힌 것은 1943년 4월 히틀러의 생일을 기해 호프만의 미술 잡지 「쿤스트 뎀 포크Kunst dem Volk」가 출간되면서였다.[16] 총통이 직접 세심하게 점검한 잡지 기사는 분명하게 선전 의도를 지니고 있었다. 이때가 바로 독일국방군이 퇴각 중이었고 독일의 도시들이 심하게 폭격당하고 있던 시기였기 때문이다. 기사는 총통이 전후에 국가를 아름답게 만들기 위한 계획을 구상 중이며 특히 린츠에 근사한 미술관을 지을 계획을 가지고 있다고 했다. 이어서 작품을 '개인 컬렉션'으로부터 '입수'—히틀러의 지시에 따라 압수에 관해서는 철저히 함구했다—하는 작업은 수 세기가 걸릴 수도 있었지만, 총통이 불과 몇 달 만에 완수했다고 했다. 그리고 주요 작가들의 이름을 거론했다. 렘브란트의 「헨드리키어 스토펄스」, 레오나르도 다빈치의 「레다」, 브뤼헐의 「건초 수확」, 마카르트의 「피렌체의 페스트」 그리고 히틀러가 좋아하는 독일인 그림을 포함한 11점을 컬러 도판으로 실었다. 페르메이르의 「작업실의 화가」가 표지를 빛냈다. 기사는 히틀러가 독일인들에게 영원히 기억될 선물을 주었으며 이러한 '총통의 은혜'는 결코 갚지 못할 것이라고 했다. 기사 내용을 해석하면, 이 순간의 고통 속에서도 위대한 지도자는 국가의 문화적 발전을 위해 이타적으로 헌신했다는 이야기다.

「쿤스트 뎀 포크」의 기사는 또 다른 측면에서 흥미로운 점을 시사한다. 시간이 흐름에 따라 히틀러의 취향이 달라졌음을 넌지시 드러내고 있기 때문이다. 초창기 그의 취향은 1925년 국립미술관 설계 도안에 명확히 드러나 있다. 상상의 미술관을 설계할 때 그는 오직 19세기 독일 화가들 작품만을 염두에 두고 있었다. 멘첼에게 다섯 개의 전시실을, 슈빈트와 뵈클린에게 세 개의 전시실을, 코르넬리우스, 제넬리, 퓌리히, 라이블, 포이어바흐, 마레 그리고 이른바 나사렛파에 전시실 하나씩을 할당했다. 우데와 트뤼브너, 마카르트와 필로티, 그뤼츠너와 데프레거에게는 공동전시실 하나씩이 할당되었다. 로트만, 엥게르트, 베르너에게도 공동전시실 하나가 할당되었다. 이들의 작품은 『나의 투쟁』으로 인세를 벌어들이면서 그가 수집한 것들이었다. 호프만을 대리인으로 두고서 그는 프리드리히 슈탈Friedrich Stahl의 작품 20점, 카를 라이폴트의 작품 10여 점 그리고 그의 주장에 따르면 세계 최고의 슈피츠베그 컬렉션을 모으기 시작했다.[17] 괴벨스는 자신의 일기에 "그는 … 많은 회화 작품을 입수할 수 있게 된 것을 큰 기쁨으로 여겼다."[18]라고 적었다. 이 작품 가운데 몇몇은 부드럽고 편안한 비더마이어풍 장르화(슈피츠베그)였고, 몇몇은 유머러스하고 감상적(그뤼츠너)이었으며, 몇몇은 기묘하고 우의적(폰 슈툭)이었고, 몇몇은 화려하고 컬러풀(마카르트)했다.

수집 작품들이 양식과 주제, 분위기 측면에서 너무나 다양했기 때문에, 정작 뭐가 그의 마음에 들었는지 알기 어렵다. 아마도 이런 작품들이 그의 성격의 다양한 측면을 건드린 것 같다. 어찌 됐든 그는 이런 작품들을 주위에 두고 자랑하기를 좋아했다. 뮌헨의 아파트에도 포이어바흐의 「공원 풍경」, 슈툭의 「죄」, 렌바흐의 비스마르크 초상화 그리고 하인리히 취겔Heinrich Zügel의 작품 하나를 비롯한 많은 작품이 걸려 있었다.[19] 뮌헨의 총통청사 사무실에는 힘러에게 선물 받은 멘첼의 「프리드리히 대왕의 위대한 여정」과 1937년 프라하에서 구매한 슈피츠베그의 「세레나데」가 걸려 있었다. 훗날 베르그호프에 걸려 있던 그림에 관해서는 오토 디트리히가 남긴 기록이 있다.

> 사방에서 독일과 이탈리아 거장들이 그린 고전적 회화의 풍성한 색채가 빛을 뿜어내고 있었다. 거대한 벽난로 선반 위에는 작가 미상의 이탈리아인이 그린 성모상이 일행을 굽어보고 있었다. 왼쪽에는 포이어바흐의 「나나」와 헨리 왕 초상화 … 오른쪽에는 보티첼리의 여성 누드화와 바다 요정이 묘사된 뵈클린의 「파도의 유희」가 걸려 있었다.[20]

베르그호프의 응접실이 따뜻하게 환영하는 분위기나 아늑한 분위기는 전혀 아니었다. 그렇다고 위엄 있거나 당당하지도, 균형 잡혀 있지도 않았다. 격천정, 오리엔탈풍의 카펫, 태피스트리 그리고 회화 작품으로 꾸며진 실내가 히틀러의 취향을 오롯이 보여주고 있다. 가구와 실내 장식은 게르디 트루스트가 맡았다.

슈페어의 증언에 따르면 다른 작가들의 작품도 걸려 있었다. 그중에는 보르도네 작품 하나, 티치아노 작품 하나, 파니니 작품 한두 점도 포함되어 있었다.

국가 시설의 실내 장식에도 이와 비슷한 히틀러의 취향이 반영되었다. 옛 제국총리실의 다이닝룸에는 카울바흐의 「태양신의 등장」과 슈빈트의 「바커스 축제」를 걸어두었다.[21] 새 제국총리실에는 18세기 후반과 19세기 회화 여러 점을 걸었다. 퓌거 작품 하나, 렌바흐의 비스마르크 초상화 그리고 평소 그가 과소평가되었다고 여겼던 화가인 안젤리카 카우프만의 작품 하나도 여기에 포함되었다. 접견실, 각료실, 새 제국총리 사무실에는 빈과 베를린 미술관에서 대여한 16, 17, 18세기 회화를 걸었다.[22] 19세기 후반 독일 장르화에 대한 선호를 포기한 것은 아니었지만, 그는 한편으로는 크라나흐를 좋아하면서 또 한편으로는 낭만주의 회화를 좋아하기도 했다. 괴벨스는 "총통은 낭만주의 풍경화를 대단히 높이 평가했다. 특히 카스파르 다비트 프리드리히의 그림을 칭송했다."[23]라고 했다. 때로 그는 충동적으로 자신에게 아주 낯선 작가의 작품을 선호하기도 했다. 다시 괴벨스의 말을 인용하자면, "그는 문득 블레헨의 풍경화가 마음에 들더라고 내게 말했다. 이제 막 구매한 그림 하나를 별생각 없이 쓱 보는데 그렇더라고 했다."라고 했다.

히틀러는 19세기 독일 화가들을 사랑했지만 다른 사람들은 그렇지 않았다. 괴링은 이들 작가에게서 아무런 매력도 발견하지 못했다. 괴벨스도 이들의 작품을 싫어했다. 1929년 일기에 그는 "어제 아침에 국립미술관에서 뵈클린, 포이어바흐, 코르넬리우스를 봤는데 우리 시대에는 정말 맞지 않는다고 느꼈다. 이 화가들은 작품에 분위기나 정조를 전혀 불어넣지 못하고 있다. 오늘날 우리는 이들과 전혀 다른 방식으로 사물을 바라본다. … 19세기 회화 전시실은 마치 망자들의 방처럼 느껴진다."[24] 게르디 트루스트와 로젠베르크조차 당혹스러움을 감추지 못했다.[25]

비록 회화에 대한 히틀러의 지식이, 경박하면서도 유쾌한 그뤼츠너부터 꿈꾸는 듯 신비로운 프리드리히까지 아우를 정도로 확대되는 과정에 있기는 했지만, 그의 지식과 취향에 드라마틱한 변화를 준 것은 바로 외부적인 영향이었다. 무엇보다 그는 보르게세 미술관과 우피치 미술관 방문을 통해 이탈리아 전성기 르네상스에 대해 경외심을 품게 되었다. 그리고 이러한 영향은 포세로 인해 강화되었다. 1939년 포세를 임명할 즈음에 슈페어가 목격한 바에 따르면, 포세는 히틀러의 미적 판단력을 높이고 린츠 미술관 수집품 목록에 가이드라인을 주고자 노력했다. 슈페어는 "히틀러는 평소처럼 자기가 좋아하는 그림들을 고집하려

했다. 하지만 포세는 히틀러의 지위에도 히틀러의 상냥한 매력에도 압도되지 않으려 했다."[26]라고 적었다. 총통이 가장 좋아하는 작품 일부를 본 포세는 이렇게 논평했다고 한다. "거의 쓸모없음." 또는 "내가 보기에는 미술관의 수준에 맞지 않음." 히틀러는 이런 비판을 묵묵히 받아들였다. 히틀러에게 영향을 끼친 또 다른 원천은 역설적이게도 압수한 유대인 컬렉션이었다. 특히 로스차일드Rothschild의 컬렉션이 영향을 끼쳤다. 이 컬렉션에 익숙해지면서 히틀러는 점차 이탈리아, 스페인, 네덜란드, 플랑드르, 프랑스 회화만이 아니라 가구, 갑옷, 화폐, 서적에도 관심을 가지게 되었다.

경험 많은 미술관장인 포세는 돈으로 많은 것을 살 수는 있어도 전부를 살 수는 없다는 사실을 잘 알았다. 그리고 19세기까지 유럽 회화만을 입수하라는 히틀러의 지침을 지키면서 한쪽으로 편중되지 않은 컬렉션을 형성하는 일은 상당히 어려울 거라는 사실도 알았다. 정상적인 시대였더라면 이 임무는 많은 시간이 소요되는 힘든 작업이었을 것이다. 하지만 이때는 정상적인 시대가 아니었다. 뜻밖의 행운이 마구 굴러들어 왔다. 그가 임무에 착수할 무렵, 오스트리아가 병합되었고 체코슬로바키아 침공이 감행되었다. 몇 달 후에는 독일국방군이 전 유럽을 휩쓸었다. 동유럽에서는 모든 것을 압수할 수 있었다. 포세는 그저 원하는 것을 고르기만 하면 되었다. 서유럽에서는 공공 컬렉션을 건드리지는 않았다. 하지만 개인 컬렉션이라면 완전히 얘기가 달랐다.

귀중한 미술품들의 소재를 현재까지도 파악하기 어렵게 만든 주된 원인은 국가적 적의 소유물staatsfeindliches Vermögen이라고 분류된 재산의 대대적인 몰수에 있다. 이는 단지 유대인들의 재산을 의미하지 않는다. 나치를 피해 망명했거나 나치가 불쾌하게 여기는 사람의 재산도 여기에 해당한다. 그런 사람들이 소유했던 미술품 컬렉션은 강탈의 대상, 더 자주는 노골적이고 가차 없는 도둑질의 대상이 되었다. 1907년 헤이그 회담은 전시 상황에서 사적 소유를 보호하고자 이러한 행위들을 위법으로 규정한 바 있다. 법적 소유권에 관해 잘 알고 있던 나치 당국자들은 그러한 규정을 무시하지 않았다. 대신 유대인, 프리메이슨 그리고 망명자들에 관해서는 그 규정이 유효하지 않다고 선언했다. 그들은 또한 법 해석의 미묘한 차이를 이용하기 위해 완곡어법을 썼다. 미술품은 압수된 것이 아니다. '보호된' 것이다. 협박을 가해 강제로 팔게 만드는 것도 그들이 사용한 수법 중 하나였다. 일설에 따르면 대략 22만 점의 예술품을 그렇게 강탈했다.[27] 이들 작품 가운데 절반은 여전히 소재 파악이 안 되거나 논란의 대상이 되고 있다.

이는 섬뜩하고도 가슴 아픈 이야기다. 그리고 이 이야기는 빈에서 시작되었다. 1938년 독일국방군이 빈으로 진군해 들어오면서 약탈이 시작되었다. 부자나 빈자 할 것 없이 유대인이라면 거의 모두가 독일국방군의 광포한 약탈을 피할 수 없었다. 어떤 점에서 이는 411년 고트족에 의한 로마 약탈을 닮았다. 에드워드 기번Edward Gibbon이 『로마제국 쇠망사The Decline and Fall of the Roman Empire』 3권에서 로마 약탈을 기술한 내용과 유사한 대목을, 유대계 빈 사람들의 재산 약탈에 관한 윌리엄 L. 샤이러의 보고에서도 찾아볼 수 있다. 샤이러는 프린츠 오이겐 슈트라세에 있는 대실업가 루이스 로스차일드Louis Rothschild의 저택 정원에 들어서며 목격한 장면을 이렇게 보고했다. "들어가면서 우리는 친위대 장교 몇몇과 맞닥뜨렸다. 그들은 은식기류와 다른 약탈품들을 지하실에서 실어 나르고 있었다. 한 사람은 금으로 테두리를 두른 그림을 팔에 끼고 있었다. 또 한 사람은 지휘관이었는데, 은으로 된 나이프랑 포크를 잔뜩 안고 있었지만 전혀 당황스러워하지 않았다."[28]

이러한 보고에 외부 세계는 별로 동요하지 않았다. 이후 몇 개월 동안 게슈타포는 1만여 점의 미술품을 강탈했다.[29] 주로 루이스 로스차일드, 알퐁스 로스차일드Alphonse Rothschild 그리고 루돌프 구트만Rudolf Gutmann에게서 강탈했지만, 토르쉬Thorsch, 골드만Goldmann, 하스Haas, 코른펠트Kornfeld를 비롯한 다른 유대인 가문의 컬렉션도 강탈했다. 처음에는 이 약탈품을 어떻게 처리할지 아는 사람이 아무도 없었다. 빈 미술관 관계자들이나 외국인 미술상—런던의 두빈과 루체른의 피셔—이 보물급 미술품들에 눈독을 들이고 있었다. 하지만 11월 전까지는 압수가 합법화되지 않았다. 로스차일드 가문과의 분쟁 조정은 1939년 5월이 되어서야 이루어졌다. 빈의 주지사가 감히 작품 몇 개를 갖고 싶다는 의사를 비치자, 보어만은 모든 작품의 우선 선택권이 히틀러에게 있다고 즉각 알려주었다. 이 규칙은 모든 곳에 적용되었고, '총통 우선권'이라고 알려졌다.

린츠 미술관 건립을 위한 구체적인 단계에 돌입하게 된 건 1939년 7월 히틀러가 포세에게 빈으로 가서 전리품을 조사하라고 지시하면서부터였다. 10월의 추가 방문 이후에 포세는 270점의 괜찮은 작품들을 발견했으며 이것들을 단일 컬렉션으로 다룰 필요가 있다고 제안했다.[30] 그중에서 제일 나은 것들만 린츠 미술관에 소장하고 나머지는 오스트리아의 다른 주요 미술관에 보내기로 했다. 가장 '훌륭한 작품들'—대부분이 로스차일드 가문 소유였다—이 122점 정도였고 추가로 60점을 나중에 포함시킬 수 있게 비축해두었다. 린츠 미술관에 할당된 작품 중에는 뛰어난 명작들이 많았다. 홀바인의 「한 남자의 초상」, 크라나흐의 「멜란히톤의 초상」, 반 다이크의 「볼링브로크 가족과 검을 든 남자의 초상」, 렘브란트의 「안소니아 쿠팔의 초상」, 할스의 「한 남자와 한 여인의 초상」, 반 루이스달, 스테인, 코이프, 반 오스타더, 호베마, 테르보르흐, 메춰, 틴토레토의 작품, 과르디의 「산 마르코 광장과 베니스의 화재」, 티에폴로, 프라고나르, 부셰의 작품, 롬니의 「레이디 포브스의 초상」이 여기에 속했다. 포세는 빈에 대한 히틀러의 반감을 알지 못했기에 빈 미술사 박물관에 남은 44점의 작품도 소장해야 한다고 추가 제안을 했다. 여기에는 부셰가 그린 마담 드 퐁파두르의 유명한 등신대 크기 초상화도 포함되어 있었다. 히틀러는 부셰의 초상화만 제외한 나머지 작품들의 소장을 차갑게 거절했다. "빈에는 이미 작품들이 많아요. 이 컬렉션은 전혀 확장할 필요가 없소."[31]라고 했다.

포세는 빈에서 아주 중요한 작품들을 구매함으로써—비록 자주 협박 수단을 동원했지만—입수하기도 했다. 큰 소득은 개인이 소장했던 진짜 페르메이르 작품 35점 중 하나인 「작업실의 화가」 입수였다. 이것은 본래 체르닌Czernin 가문의 소유였다. 수년간 여러 차례에 입찰 제안이 들어왔지만—그중에서도 앤드류 멜론이 제시한 액수가 상당했다—작품의 국외 유출 금지로 거래 자체가 성사될 수 없는 상황이었다. 오랜 교섭 끝에 체르닌 형제는 1940년 10월 히틀러가 제시한 액수 162만 5,000마르크에 거래하기로 합의했다. 또 다른 작품 가운데는 티치아노의 「비너스의 단장Toilet of Venus」과 카노바의 「폴리힘니아Polyhymnia」 그리고 렘브란트 작품 두 점이 있었다. 하버스탁을 통해 포세는 렘브란트 작품 두 점, 후기 자화상과 「헨드리키어 스토펄스」*를 추가로 입수할 수 있었다.[32] 1941년 12월, 루벤스, 과르디, 드가, 마네의 작품 하나씩과 함께 이 작품들을 경매에 내놓은 사람은 '이탈리아에 거주하는 아리안의 피가 섞인 여인'이었다고 당시 기사가 말하고 있다.[33] 그녀는 사실 로마에 거주하는 줄리에타 고디지암-멘델스존Giuletta Gordigiam-Men-

* 이 그림은 줄곧 렘브란트 제작소의 산물이라며 저평가되어 왔다.

delssohn이었다. 처음에 그녀는 초상화에 50만 마르크, 다른 작품에 60만 마르크를 불렀다. 포세에게 이것들의 소유권이 넘어가기 전까지, 그녀는 자신이 거래하는 미술상의 조언에 따라 「헨드리키어 스토펄스」의 가격을 두 배로 올렸다. 자화상의 가격도 85만 마르크까지 올렸다. 희한하게도 히틀러는 후자의 가격을 75만 마르크로 하고, 전자의 가격을 85만 마르크로 하는 데 합의했다. 멘델스존이 부른 최초 가격보다 인상된 가격을 지불하는 데 합의한 것이다. 이 작품을 유대인 재산으로 몰아 압수할 수 있었는데도 그는 왜 굳이 돈을 지불한 걸까? 이 그림의 실질적인 소유자는 누구였을까? 이 그림이 1941년 말에 빈으로 가게 된 경위는 무엇일까?

이상한 점은 또 있다. 독일 내 컬렉션에서 린츠 미술관으로 보내진 작품이 없는 듯하다는 점이다. 1935년에 벌써 유대인이든 아니든 이민을 가려는 사람은 자신의 소유물을 포기해야 했거나 푼돈에 팔아야 했다. 아니면 경매 낙찰가를 무조건 받아들여야만 했다. 예를 들어, 라인란트의 실업가인 프리츠 티센Fritz Thyssen이 망명할 때 그가 소유했던 미술품들은 압수되어 지역의 미술관들에 분산 보관되었다. 나치 당국자들은 오스트리아의 유대인 컬렉션을 약탈하고도 국제적인 여론에 부딪히지 않자 이번에는 독일에 눈길을 돌렸다. 악명 높은 수정의 밤 이후에 유대인 재산의 체계적인 압수가 시작되었다. 포세의 일기는 린츠 미술관을 위해 어떤 작품들이 압수되었는지 전혀 언급하지 않는다. 히틀러의 지시에 따라 압수품은 모두 지역 미술관에 보내진 것 같다. 하지만 포세는 제3제국 초기에 유대인 수집가들이 스위스로 옮기는 데 성공한 작품 200점가량을 구매했다.

체코인들에 대한 히틀러의 혐오는 빈에서 보낸 그의 청년 시절까지 거슬러 올라간다. 1939년 체코를 점령한 그는 자신의 혐오 감정을 마음껏 분출했다. 유대인의 것이든 아니든, 공공 컬렉션이든 개인 컬렉션이든 상관없이 모든 예술품을 압수할 수 있게 만들었다. 약탈이 어찌나 심했던지 어떤 독일 관리는 "약탈 원정대 때문에 프라하가 독일의 작은 마을로 전락하게 생겼다."[34]라며 불평할 정도였다. 히틀러는 체코를 너무나 경멸한 나머지 1939년 3월 프라하의 성에서 밤을 보낸 다음 날 아침 귀중한 태피스트리 여러 벌을 아무렇지도 않게 가지고 나가서 말더니 차 뒤편에 슬쩍 던져두었다는 기록이 있다.[35] 마치 체크아웃 전에 호텔 수건을 은밀히 챙기는 투숙객처럼 말이다. 포세의 행동 역시 뻔뻔한 절도에 해당하기는 마찬가지였다. 그의 가장 중요한 포획물 중 하나는 유명한 로브코비츠Lobkovic 컬렉션이었다.[36] 그가 히틀러에게 보고한 바에 따르면 여기에는 "…갑옷과 소품 그리고 귀중한 독일, 이탈리아, 프랑스, 네덜란드 회화(브뤼헐의 「건초 수확」을 포함한)들이 들어있었다." 심지어 종교 시설도 약탈을 피할 수 없었다. 체코슬로바키아에서 포세가 획득한 가장 중요한 압수물은 호엔푸르트 수도원의, 값으로 따질 수 없는 제단화였다. 그는 히틀러에게 이 작품이 '호엔푸르트 거장이 제작한 아홉 쪽 패널화이며, 14세기 독일 패널화 중에서도 가장 오래되고 가장 뛰어난 작품'[37]이라고 설명했다.

그렇다고 하더라도 체코슬로바키아가 겪은 피해는 폴란드가 당한 것과 비교하면 아무것도 아니었다. 1939년 11월 말에 바르샤바에 도착한 포세는 독일 관리들이 야만인처럼 행동하고 있는 모습을 발견했다. 그들은 왕궁을 마구 해체하더니 거기에 있던 가구와 실내 장식들을 새로운 수도 크라쿠프로 보내고 있었다. 그는 히틀러에게 자신이 보았던 작품들은 라파엘로의 「신사의 초상」, 레오나르도 다빈치의 「흰 담비를 안은 귀부인」, 렘브란트의 「선한 사마리아인이 있는 풍경」을 제외하면 린츠 미술관에 소장할 만한 수준이 되지 못한다고 보고했다. 그럼에도

521점의 예술품—태피스트리, 갑옷, 가구, 화폐 그리고 희귀본 원고—이 수집되었고, 히틀러는 이 중에서 마음에 드는 것들을 골랐다.[38] 그는 세 거장의 작품을 골랐지만, 결국 폴란드 총독이었던 한스 프랑크가 남부 바이에른에 있는 자신의 사저로 빼돌렸다. 1945년 5월 미군이 이곳을 찾았을 때 라파엘로의 작품은 영원히 사라지고 없었다. 폴란드의 보물급 예술품 중에서 뒤러 드로잉화 30점만이 히틀러의 손에 들어왔다. 이를 받은 히틀러는 대단히 기뻐하면서 자신의 사령관실에 두었다.[39] 아마 최후를 맞이한 벙커에도 두었을 것이다.

1940년 이른 봄, 포세에게 생각지도 못했던 놀라운 일이 벌어졌다. 기차에 탑승해 히틀러를 바로 눈앞에서 마주하게 된 것이다. 4월 9일에 총리실에 불려 간 그는 독일국방군이 서유럽에서 군사작전을 개시했다는 사실을 알게 되었다. 이 작전은 몇 달 후 완전한 성공을 거두었다. 이날 포세는 일기에 이렇게 적었다. "보어만이 동석한 가운데 총통과 만남을 가졌다. 요한 게오르크[선제후]의 [유명한 드로잉] 컬렉션에 관해 논의하기 위해서였다. 대단한 심각한 역사적 사건이 벌어지고 있는 중이었지만 분위기는 아주 좋았다. [히틀러는] 정부 관리나 군 관계자들과 토의를 이어가면서도 이런 문화적 사안에 관해 날카로운 관심을 보여주었다."[40] 군대가 진격하자마자 게슈타포와 친위대는 국가문서기록소 그리고 미술품을 비롯한 유대인 소유물 전부를 약탈하기 위해 움직였다.

기번이 "재물의 획득은 야만인들의 탐욕을 자극할 뿐이었다. 그들은 위협과 구타 그리고 고문을 가하면서, 보물을 어디에 숨겼는지 실토하라고 포로들에게 강요했다."[41]라고 묘사했던 로마의 약탈과 같은 상황이 또 벌어졌다. 이번에는 네덜란드에서 벌어진 일이라는 점만이 다를 뿐이었다. 네덜란드군은 5월 15일 항복했다. 독일 당국자들은 유대인 재산 몰수 책임을 암스테르담 은행과 리프만 로젠탈 은행Lippmann, Rosenthal & Co에 맡겼다. 다량의 약탈물 가운데 예술품만을 골라내기 위한 부서도 설립되었다. 이 부서의 책임자는 카예탄 뮐만Kajetan Mühlmann이라는 친위대 대령이었는데, 폴란드에서의 약탈 총책을 맡기도 했었다. 하지만 무엇을 찾고 어디서 찾을 것인가? 뮐만은 물론이고 나라 전역에 퍼져있는, 미술상이라고는 하지만 실상은 예술품 사냥꾼인 독일인들도 알 수 없었다. 결국 이상한 상황이 벌어졌다. 약탈꾼들은 네덜란드 미술상과 전문가들의 도움을 구해야했다. 그중 가장 중요한 인물들은 유대인이었다.

항상 협박과 구타와 고문이 필요하지는 않았다. 그런 것이 없어도 판매할 그림을 가진 네덜란드 미술상이나 그 외 모든 이들이 자진하여 기꺼이 야만인의 탐욕을 달래고자 했다. 저명한 미술상인 피테르 더 부르Pieter de Boer—그는 유대인 아내를 두었다—는 300점 이상을 팔아 상당한 수익을 벌었다.[42] 독일 침공 직전에 네덜란드 수집가 D. G. 반 뵈닝겐D. G. van Beuningen이 100만 길더에 사들였던 유명한 프란츠 쾨니히Franz Koenigs의 드로잉 컬렉션은 500만 남짓 되는 액수에 포세에게 넘겨졌다. 포세의 가장 중요한 네덜란드 미술상인 나탄 카츠Nathan Katz는 포세의 일을 돕는 조건으로 자신과 25명 대가족의 망명 허가를 요청했다.[43] 종종 유대인들은 그림을 넘기는 대신 중립국으로의 안전한 피신을 보장받아 목숨을 부지했다. 브뤼헐의 작품 하나도 이런 경위를 통해 린츠 미술관으로 가게 되었다. 여러 유대인들이 독일 미술상을 위해 고문 역할을 했다. 포세의 주임 대리인이었던 에르하르트 괴펠Erhard Göpel은 헤이그의 유대계 러시아인 미술상인 비탈 블로흐Vitale Bloch를 채용했다. 여러 제안에도 블로흐가 협력을 거부하자, 괴펠은 그가 반유대주의 규제로부터 면제받을 수 있도록 조치해주었다. 칠순의 베를린 예술사가 막스 프리들랜더Max Friedländer도 괴링과 그 외 다른 이들의 대리인들을 위한 컨설턴트로 일하는 조건으로 강제수용소에서 풀려났다. 물론 유대인이 아닌 컨설턴트도 있었다. 그중 한 명이 베를린의 전문가인 에두아르드 플리체Edouard Plietzsch였다. 전문 고문일 뿐 아니라 전문 탐정이기도 했던 그는 침략자들이 오기 전 탈출에 성공한 베를린의 유대인 수집가 알폰스 야페Alfons Jaffe 소유의 그림들을 추적해 찾았다. 그것들은 라이덴 미술관에 숨겨져 있고, 그러한 컬렉션들은 통상적으로 압수되었다.

독일국방군이 서유럽에서 승리하자마자, 독일인 미술상들은 2차 침략에 나서 미술품들을 미친 듯이 사들였다. 이는 전후에 '미술품 거래 역사상 가장 공들인 구매 원정'[44]이라 묘사되었다. 그들은 현금을 싸 들고 갔으며, 판매자들은 급격한 가격 상승을 이용하고자 혈안이 되었다. 미술 시장은 전에 없는 호황을 누렸다. 독일인 미술상들은 토착 미술상들과 자유롭게 어울렸다. 토착 미술상들로서도 "적으로부터 막대한 이익을 얻어낼 기회를 포기할 이유가 없었다."[45]라는 이야기가 전해진다. 이는『캐치-22Catch-22』에서 벌어졌던 상황이다. 이 소설에서는 구매자와 판매자, 친구와 적, 모두가 서로 거래한다. 그리고 모두가 이익을 얻는 것으로 보인다.

6월 말에 도착한 포세는 손에 쥘 수 있는 모든 것을 가지고 떠나는 독일인 미술상들의 모습에 깜짝 놀랐다. 그는 히틀러에게 가격이 치솟고 있으며 이러한 국면에서 궁극적으로 이익을 보는 자들은 '거대 유대 미술상들'[46]이라고 보고했다. 하지만 그가 1941년 2월에 하인리히 호프만을 필두로 하는 미술상들의 마구잡이 지출을 금지해달라고 요청했을 때, 히틀러는 거절했다. 하지만 이 모든 것에도 포세는 네덜란드에서 일을 잘 해냈다. 오스트리아와 프랑스의 로스차일드 가문에서 압수한 작품 말고도 더 많은 것들을 네덜란드에서 입수했다. 다른 어떤 지역에서보다 높은 실적을 올렸다. 하지만 그는 지나치게 까다로웠다. 1940년 8월, 네덜란드에서 뮌헨으로 이송될 75점의 그림을 심사한 후에 그는 히틀러에게 오직 두 작품—'아주 아름다운 몸퍼 작품과 뛰어난 테니르스 작품'[47]—만이 구매 가치가 있다고 보고했다. 그는 간신히 도망친 부유한 유대인 미술상, 자크 구드스티커르Jacques Goudstikker의 컬렉션에도 별 감흥을 느끼지 못했다. 괴링은 적어도 600점의 그림을 자기 몫으로 챙겼다. 알로이스 미들Alois Miedl이라는 이름의 미술상이 나머지를 가졌다. 작품 중 일부는 아돌프 바인뮐러Adolf Weinmüller에게로 갔다. 그가 이것들을 뮌헨에서 자신이 운영하는 경매장에 내놓자, 히틀러는 포세에게 가서 확인하라고 지시했다. 포세는 히틀러에게 "대부분 구드스티커르라는 미술상에게서 나온 네덜란드 유명작품이지만 나머지는… 많은 이들이 '네덜란드의 쓰레기'라고 부르는 것들입니다."라고 보고했다. 하지만 포세는 이런 말을 덧붙였다. "저는 최고의 작품들을 입수했습니다. 거금을 들이기는 했지만, 특히 파올로 베로네세가 그린 초상화, 베르스프론크, 파르미자니노, 팔라메데즈, 마스, 게르치노의 작품이 훌륭합니다."[48]

1940년 12월에 포세는 그때까지 입수한 그림들의 사진 앨범 5권을 히틀러에게 보낼 수 있었다. 여기에는 브뤼헐의 「십자가를 지고 가는 그리스도」, 루벤스의 「엘리자베트 드 발루아」와 「그레고리와 도미틸라」, 엥겔브레츠의 「십자가형」, 게릿 도우의 「렘브란트 아버지의 초상」, 얀 호이옌의 「마을 풍경」, 네츠허르의 「음악을 만드는 여인」이 들어있었다.[49] 그럼에도 히틀러는 조급한 기색을 드러냈다. 포세 부인에 따르면, 히틀러는 포세에게 "사시오, 사! 린츠 미술관에 두기가 뭣하면 작은 미술관에 보내면 되지 않소."[50]라고 했다고 한다. 이에 포세는 이렇게 답했다고 한다. "총통이시여, 그럴 수는 없습니다. 지금까지 저는 보석 같은 작품만을 구입했습니다." 히틀러는 만류하는 예술 고문의 전문가적 조언을 외면하고 자신의 미술상들에게 눈을 돌렸다. 자신의 오랜 친구 호프만을 통해 린츠 미술관에 소장할 작품 155점을 입수했다.[51] 호프만이 키우는 인물, 마리아 알마스디트리히를 통해서도 작품을 입수했다.[52] 그녀는 세간의 평에 따르면 자기 후원자인 호프만과 마찬가지로 '회화 작품에 매우 무지'하지만 총통의 취향만큼은 잘 알고 있는 사람이었다. 그녀는 유대인 아버지, 유대인 남편(나중에 이혼했다), 유대 종교(나중에 신앙을 부인했다)를 가지고 있음에도 히틀러의 사랑을 받았다. 에바 브라운Eva Braun이 그녀의 딸과 친구가 되어도 괘념치 않을 정도였다. 히틀러는 포세나 보스와 상의도 없이 그녀를 통해 270점이 넘는 그림을 입수했다.[53] 1938년 히틀러에게 그림을 팔기 시작하면서 그녀의 수입은 4만 7,000마르크에서 48만 3,000마르크로 열 배나 올랐다. 나중에는 훨씬 더 올랐다. 린츠 미술관을 상대로 한 판매만으로도 60만 마르크 넘는 수익을 얻었다. 거래에 있어서는 정직했으나 작품 구매의 안목이 없었던 그녀는 전문적인 지식이 부족해 많은 위작을 구매했다. 그녀는 보어만의 지시로 폰 알트의 수채화 구매 업무를 맡은 적이 있었는데, 히틀러가 보니 영락없는 위작이었다. 그녀는 앞으로는 옛날 그림들을 '아주 신중하게' 살펴보라는 권고를 받았다.[54] 그녀가 구매한 그림 중에 1급인 그림은 거의 없었다.

포세는 주요 네덜란드 컬렉션에서 신중하게 작품을 찾았다. 마지못해 그에게 그림을 내놓아야 했던 사람들 중에 프리츠 루그트Frits Lugt라는 이가 있었다.[55] 그는 미국으로 망명하면서 24점의 그림을 넘겨야 했다. 여기에는 테르보르흐, 브뤼헐, 얀 호이엔, 반 오스타더, 칼프, 라스트만, 스테인, 반 더 벨데 그리고 10여 명 이상의 독일 거장들의 작품이 포함되어 있었다. 프란츠 쾨니히의 옛 거장들 드로잉 컬렉션은 세계 최정상급 컬렉션으로 2,700점의 작품을 포함하고 있었는데, 그중에는 뒤러의 작품 24점과 렘브란트의 작품 40점도 들어있었다.[56] 포세는 이 중에서 가장 좋은 작품 527점을 140만 길더에 구매했다.[57] 그는 히틀러에게 한 이탈리아 르네상스 컬렉션을 구매해 암스테르담 국립미술관에 대여하는 계획을 승인받았다. 회화, 가구, 조각, 소품들을 포함한 이 컬렉션은 작고한 암스테르담 주재 스위스 영사 오토 란츠Otto Lanz의 소유였다. 포세는 D. G. 반 뵈닝겐을 통해 바토의 「경박한 사람」, 고야의 「옷 입은 마야」, 루카스 반 레이덴의 「롯과 그의 딸들」 그리고 그 외 여러 훌륭한 작품들을 입수했다.

가장 큰 소득은, 포세의 표현을 빌리면, '유대 난민 재력가 F. 만하이머'의 컬렉션이었다.[58] 이것은 유럽의 가장 훌륭한 개인 컬렉션 중 하나여서 모두가 갖고 싶어 했다. 네덜란드에 거주한 독일인 은행가, 프리츠 만하이머Fritz Mannheimer는 모스크바와 상트페테르부르크의 개인 컬렉션, 공공 컬렉션에 속한 많은 작품들을 사들이는 데 자신의 막대한 부를 썼다. 하지만 1939년 자살할 때 즈음 그는 사실상 파산 상태였고 그의 컬렉션은 암스테르담 은행에 넘어갔다. 몇 차례 위협과 가격 흥정 끝에 포세는 만하이머 부인이 프랑스에 가지고 간 27점을 포함한 컬렉션 전부를 입수할 수 있었다. 네덜란드 작품 중에는 렘브란트의 「에브라임 보노의 초상」, 스테인의 「마을 결혼식」, 반 루이스달의 「하를렘의 전망」과 「페리가 있는 강 풍경」, 반 데르 헤이덴의 「암스테르담의 카이저스그라흐트」와 반 오스타더의 「겨울 강 풍경」이 들어있었다.[59] 프랑스 작품 중에는 과르디의 「산타 마리아 델라 살루트」, 샤뎅의 「비누 거품」, 프라고나르의 「책 읽은 젊은 여인」과 그 외 다섯 작품, 앵그르의 「여인의 초상」, 반 루이스달의 「나룻배 사공」, 바토와 카날레토의 드로잉, 몰레나르의 「콘서트」와 「젊은 음악가들」이 들어있었다. 그리고 가장 귀중한, 크리벨리의 「마리아 막달레나」도 있었다. 이 작품은 예전에 카이저 프리드리히 미술관이 소유했던 작품이다. 이 작품들은 사진으로 촬영되어 카탈로그로 만들어졌으며 돼지가죽을 댄 두툼한 세 권짜리 앨범으로 히틀러에게 보내져 그를 기쁘게 했다.

포세로서는 벨기에에서 별다른 소득을 얻지 못했지만, 이 나라는 국보급 미술품을 3점을 잃었다. 헨트에서는 얀 판 에이크의 「어린 양에 대한 경배」를, 루뱅에서는 디르크 보우츠의 「최후의 만찬」을, 브뤼헤에서는 미켈란젤로의 초기작 「성모와 아기」를 잃었다. 판 에이크의 제단화 중 두 개 패널은 본래 베를린 국립미술관 소유였다가 베르사유 조약에 따른 배상의 명목으로 1919년에 벨기에에 넘겨졌었다. 1942년 7월 히틀러는 프랑스에서 제단화 전체를 떼어내 독일로 이송하라고 명령했다. 프랑스로서는 제단화를 감추려 했지만 성공하지 못했다. 다른 두 작품도 전쟁 중 파괴의 우려가 있어 가지고 갔다. 히틀러가 이 사실을 알았는지, 이 작품들을 린츠 미술관에 둘 생각이었는지는 알려진 바가 없다.

임무를 맡은 지 1년이 지난 1940년 7월, 포세는 린츠 미술관을 위한 작품 324점의 최종 목록을 히틀러에게 선물했다.[60] 예비로 남겨둔 작품도 150점이었다. 예비 작품 모두와 주요 작품 가운데 3분의 2 정도는 로스차일드가와 압수한 다른 유대인 컬렉션에서 가져온 것들이었다. 나머지 작품은 대개 히틀러가 좋아하는 19세기 독일 화가들의 작품이었다. 포세는 이를 15~16세기 독일 작품(14점), 17~18세기 독일 작품(21점), 19~20세기 독일 작품(114점. 거의 히틀러 자신의 컬렉션에서 가져왔다), 15~16세기 네덜란드 작품(6점), 17세기 네덜란드 작품(98점), 이탈리아 작품(35점), 프랑스 작품(34점)과 영국 작품(2점), 이렇게 8개의 범주로 분류했다. 1년 전에 잠정 확인된 로스차일드 가문의 작품에 더하여, 주된 작품들로 도소 도시, 틴토레토, 로토, 티에폴로, 과르디, 마냐스코, 르 냉, 프라고나르, 부셰, 나티에, 반 더 벨데, 루이스달, 테르보르흐, 할스, 테니르스, 반 다이크, 루벤스의 작품들을 꼽을 수 있다. 이 작품들이 린츠 컬렉션의 핵심을 이루었다.

약삭빠른 포세는 다른 작가들의 작품을 추가해 균형을 맞추는 한이 있더라도 히틀러가 좋아하는 독일 낭만주의 화가들의 작품을 충분히 확보해 비위를 맞출 필요가 있다는 사실을 알았다. 그래도 히틀러는 마음을 놓지 못했다. 그는 자신이 좋아하는 작가들을 빠트리지 말라고 포세에게 경고했다. 1925년 작성했던 국립미술관의 도안을 다시 떠올리게 하면서 그는 이 작품들을 한데 모아 전시하지 말라고 지시했다.[61] 각각의 화가마다 전시실 하나씩을 할당해야 한다고 했다. 그러자 계획했던 미술관은 너무 작다는 사실이 드러났다. 추가로 건물을 지어야 했다. 그는 포세가 자신과 취향이 다르다는 걸 알고 있었지만, '50년 또는 100년 후에는 뮌헨파 화가들이 지금보다 훨씬 높은 평가를 받게 될 것'을 확신한다고 말했다. 세계적인 개인 컬렉션이 히틀러의 수중에 떨어진 것은 1940년 6월의 프랑스 점령과 함께였다. 그런 컬렉션 중 많은 것들이 유대인 소유, 특히 로스차일드 가문—에두아르, 로베르, 모리스—의 소유였다. 법적으로 독일의 통제 밖에서 이루어지는 소유권 이전을 사전에 방지하기 위해, 히틀러는 휴전 협정이 이루어지자마자 다음과 같은 법령을 선포했다.[62] "프랑스의 공공미술뿐 아니라 개인 소유의 미술품이나 골동품들도, 특히 유대인의 소유일 경우에는 더욱 점령군의 보호 감독 아래에 두어야 한다. 이는 미술품을 철거하거나 은닉하려는 시도를 막기 위해서다. 이는 압수가 아니라 보호를 위함이다. 미술품은 평화협정의 담보로 활용될 것이다." 실제로는 곧바로 명백한 예술 파괴 행위가 시작되었다. 파리 주재 독일 대사인 오토 아베츠Otto Abetz는 망명한 유대인들의 재산을 압수하기 위한 전담팀을 꾸렸다. 여기에 새로운 조직인 로젠베르크 제국사령부Einsatzstab Reichsleiter Rosenberg가 합류했다. 1940년 7월에 히틀러의 승인을 받은 이 부대는 로젠베르크가 1년 전에 창설한 유대인 문제 연구소를 발전시킨 형태였다. 당시에도 이 연구소는 유대인, 프리메이슨 그리고 그 밖의 나치의 적들이 소유한 도서관, 문서보관소나 다른 소유를 압수할 권한을 가지고 있었다. 1940년 9월 로젠베르크 제국사령부의 임무는 프랑스와 유럽 북해 연안 국가들의 문화적 자산에 대한 대대적인 약탈로 확대되었다. 히틀러는 로젠베르크에게 가치 있어 보이는 문화재라면 전부 압수해 독일로 보낼 수 있는 권한을 개인적으로 부여했다.[63] 보내진 문화재들을 어떻게 처리할 것인지는 자신이 알아서 결정하겠다고 했다.

로젠베르크 제국사령부, 게슈타포 그리고 여타 기관들은 유대인 또는 적대적인 자라고 여겨지는 모든 이의 가정, 사무실, 은행 금고를 마음대로 약탈했다. 그리고 약탈물들은 오래된 테니스 코트 부지 위에 나폴레옹 3세가 지었던 별관인 죄드폼으로 옮겼다. 다음은 이때 장면에 관한 기록이다.

> 죄드폼의 현관에 화물 트럭이 줄지어 나타나 물건을 내리고 떠났다. 출처를 알 수 없는 경우도 많았다. 은행, 저장 창고, 버려진 아파트에서 실어온 시계, 조각상, 그림, 보석, 가구들이었다. 순식간에 1층 전체가 꽉 차버렸다. 많은 로스차일드가 별장에서 점점 더 많은 물건이 실려왔다. 한 은행에서는 보물들을 담은 22개의 궤짝이 실려 왔다. 그리고 괴링에게 선물로 보내졌다….[64]

이런 식의 이야기가 여러 페이지에 걸쳐 지겹게 이어진다. 로젠베르크 제국사령부는 총 2만 1,903개의 예술품을, 203개의 컬렉션으로부터 압수했다.[65] 그중에서도 가장 큰 비중을 차지하는 5,009개의 예술품이 로스차일드가 것이었다. 2,009개는 데이비드 데이비드웨일David David-Weil, 1,202개는 알퐁스 칸Alphonse Kann의 것이었다. 여기에는 1만 890점의 회화, 판화, 드로잉, 수채화, 미니어처, 583점의 조각, 2,477점의 가구 그리고 태피스트리, 카펫, 도자기, 보석, 화폐, 목각, 상아 그리고 골동품이 포함되어 있었다.

그런데 이 모든 과정에서 포세의 모습이 보이지 않는다. 무제한의 기금과 권한을 부여받았음에도 그는 특이하게 약탈에 참여하기를 주저했다. 괴링이나 로젠베르크에 맞서는 형국을 피하기 위함이었을까? 프랑스 예술에 대한 침탈을 부끄러워한 걸까? 알 수는 없다. 다만 그는 남들이 맨주먹으로 무식하게 저지른 범죄를 장갑 끼고 우아하게 저질렀을 뿐이다. 그는 로젠베르크 제국사령부가 약탈한 예술품이 죄드폼에 쌓이고 있는 동안 한 번도 들여다본 적이 없다. 하지만 이것들이 노이슈반슈타인이나 독일의 다른 창고에 도착했을 때는 선별 작업을 했다. 그는 작품들을 직접 구매하지 않고 독일인 미술상들을 통해 구매했다. 1940년 10월 전까지는 파리에 가보려고도 하지 않았다. 히틀러의 명령으로 그곳에 갔을 때도 단 하루만 묵었다. 그는 하버스탁을 [마치 사냥개처럼] 데리고 다니다가 프랑스 미술 시장에 풀어놓았다. 단지 미술상일 뿐 아니라 꾀 많고 악랄하기로 유명한 수완가인 하버스탁은 82명의 프랑스인 판매원들을 통해 물건을 구매했다. 1942년 그는 두 점의 뛰어난 렘브란트 작품 구매를 중개했다. 하나는 「성이 있는 풍경」, 또 하나는 「티투스의 초상」이었는데, 프랑스의 와인상 에티앙 니콜라Etienne Nicholas에게서 사들였다. 에티앙은 조르주 와일든스타인Georges Wildenstein의 중개를 통해 그것들을 칼루스트 굴벤키안Calouste Gulbenkian으로부터 사들였고, 굴벤키안은 러시아 혁명 이후 에르미타주로부터 그것들을 입수했다. 린츠 미술관을 위한 입수 목록—62점—중에는 로레인, 푸생(「모세의 발견」), 렘브란트, 반 오스타더, 브뤼헐, 파니니, 롱기, 베로네세(「레다와 백조」), 부셰(「누워있는 소녀」), 과르디, 루벤스(「판과 시링크스」), 다수의 네덜란드 작품 그리고 히틀러가 좋아하는 수많은 19세기 독일 작가 작품들이 포함되어 있었다.[66] 하버스탁은 또 빌헬름 독일 황태자로부터 바토의 「춤」을, 올덴부르크 공작으로부터 뵈클린의 「이탈리안 빌라」를, 미술상 고디지암-멘델스존으로부터 두 점의 렘브란트 작품을 입수하기도 했다.[67] 포세는 다른 미술상들에게도 눈길을 돌렸다. 디트리히가 파리에서 구매한 320점 가운데서 포세는 80점을 골랐다.[68] 힐데브란트 구를리트Hildebrand Gurlitt를 통해서는 네 벌의 보베 태피스트리와 로렌초 디 크레디의 주요 작품 한 점, 클로드와 부셰, 푸생의 드로잉을 구매했다.[69] 가장 큰돈을 들인 구매였다.

괴링의 탐욕은 악명 높았지만, 파리에서 히틀러에게 보내진 최상급 작품 다수는 제국 원수 괴링 자신이 고른 것들이었다. 그 앞으로 쌓인 예술품 더미 가운데 600점을 골랐고 그중에서 53점을 린츠에 보냈다.[70] 거의 다 로스차일드 컬렉션에서 나온 것들이었다. 가장 유명한 작품은 페르메이르의 「천문학자」였으나 할스(「한 여인의 초상」), 렘브란트(「한 남자의 초상」), 부셰(「마담 드 퐁파두르의 초상」, 「물의 요정이 있는 샘」, 「양치기 부부」), 프라고나르, 파니니, 고야(「한 소년의 초상」, 「여섯 살 클라라 드 소리아의 초상」), 루벤스(「헬레나 푸르망의 초상」, 「한 가족의 초상」), 게인즈버러(「히버트 부인의 초상」) 그리고 네덜란드 옛 거장 작품들과 18세기 서랍장 6점도 있었다.

연극 무대에 매료되었던 히틀러에게 깜짝 선물을 하기 위한 구매도 있었다.[71] 연극계의 위대한 혁신가 에드워드 고든 크레이그의 개인 아카이브 구매가 그것이었다. 궁핍했던 크레이그는 수년간 자신의 아카이브를 팔고 싶어 했었는데, 파리에 보관되어 있던 아카이브의 존재에 대해 우연히 알게 된 독일인 미술상이 포세에게 그 사실을 알렸다. 포세가 거의 240만 프랑—과르디의 「산타 마리아 델라 살루트」 구매가의 6배, 샤르댕의 「비누 거품」 구매가의 3배가 되는 금액—이나 주고 그것을 구매할 수 있었던 데는 의심할 여지가 없이 히틀러의 지시가 있었을 것이다. 아카이브에는 서한, 서적, 도안, 드로잉, 일기, 거래 기록, 육필 원고, 마리오네트, 마스크, 노트북, 소품, 스크랩북이 들어있었다.[72]

포세의 사망 이후, 1년 넘게 추적해 온 특별한 물품도 히틀러의 수중에 들어왔다.[73] 335점가량의 작품으로 이루어진 컬렉션이었는데, 주로 17세기의 잘 알려지지 않은 네덜란드 화가들의 작품이었다. 대개 프랑스 수집가 아돌프 슐로스Adolphe Schloss의 소유임을 증명하는 서명이 들어있었다. 이것들은 리모주 근방의 한 성에 은닉되어 있었는데, 이를 추적하기 위해 프랑스와 독일의 당국자들은 1943년 4월 슐로스 가족들을 체포해 은닉 장소를 대라고 강요했다. 당국자 간의 협약을 통해 프랑스가 우선 루브르로 보낼 작품 49점을 고를 권리를 행사했고, 나머지 262점이 히틀러에게 보내졌다. 히틀러는 루브르가 최상급 작품을 가져간 사실에 대단히 짜증을 내면서 보스에게 설명을 요구했다. 보스는 첫 해에만 881점이나 되는 그림을 모았음을 보여주는 첫 연례 보고서를 히틀러에게 전달함으로써 실수를 만회하고자 최선을 다했다. 그리고 요점을 명확히 하기 위해 자신이 모은 그림들을 항목별로 분류했다.[74]

옛 독일 거장(1800년까지) 작품 45점

1800년 이후 독일 화가 작품 92점

1800년 이후 독일 화가(오스트리아인) 작품 50점

옛 네덜란드 화가(1600년까지) 작품 30점

플랑드르 화가(17 ~ 18세기) 작품 88점

네덜란드 화가(17 ~ 18세기) 작품 395점

네덜란드 화가(19세기) 작품 54점

이탈리아 화가 작품 72점

프랑스 화가 작품 42점

스페인 화가 작품 5점

영국 화가 작품 5점

스위스 화가 작품 3점

기타 :

드로잉과 수채화 136점

판화(마리우스 바우어와 오토 그라이너 작품 포함) 174점

파스텔화와 미니어처 8점

조각 10점

소품과 가구 39점

린츠 미술관은 총 2,293점의 회화, 판화, 태피스트리, 가구를 프랑스에서 입수했다.[75] 그중 70퍼센트 이상이 유대인 컬렉션에서 압수한 것들이었다.

유럽에서 독일의 유일한 동맹이었던 이탈리아도 예외가 될 수 없었다. 린츠 미술관을 위해 입수한 미술품 중에서도 그에게 가장 의미 있는 작품은 바로 미론의 「원반 던지는 사람」이었다. 이 작품은 그리스의 청동 조각을 원본으로 하여 2세기에 로마에서 대리석으로 만든 복제품이지만, 남아있는 고대 조각 가운데 가장 뛰어난 작품 중 하나였다. 1781년 로마의 란첼로티Lancellotti 가문 소유지에서 발견된 후 계속 란

첼로티 가문의 소유로 남아있었다. 19세기 초에 바이에른의 루트비히 1세가 이를 구매하고자 했으나 실패했다, 1937년 전까지 아예 판매 대상이 아니었기 때문이다. 메트로폴리탄 미술관이 뉴욕시를 대신해 구매하려 했고, 베를린 국립미술관이 베를린을 대신해 구매 의사를 밝혔다. 히틀러를 대신해 헤세주의 필립 공도 이 작품에 눈독을 들이고 있었지만 실패했다. 메트로폴리탄이 기금 마련에 실패하자, 베를린 국립미술관이 당시로서는 큰돈이었던 32만 7,000달러에 작품을 입수할 수 있었다. 그런데 사실 베를린은 돈만 지불하고 작품을 손에 넣지 못했다. 히틀러의 명령으로 이 운동선수 대리석상은 뮌헨에서 하역되어 그곳 조각관인 글리프토테크Glyptothek에 보내졌기 때문이다. 생각지도 못했던 이 횡재에 조각관 관장의 어안이 벙벙해졌다면, 베를린 미술관의 관장은 예상치 못한 손실에 사기당했다는 기분을 지울 수 없었다.

이때 과연 무슨 일이 벌어진 것인지 여러 가지 추측들이 있기는 하다. 하지만 히틀러가 그것을 갖고 싶어 했고 영문도 모르는 국립미술관을 대리인으로 활용했을 뿐 그것을 납치하듯 빼돌리지 않았다는 점만큼은 확실하다. 조각상에 지불한 돈도 정부의 돈이고 틀림없이 히틀러의 재가를 받아야 했을 테니까 말이다. 그는 미술관 관계자들이 거래를 마무리 짓게 만듦으로써, 납세자들의 돈을 예술에 흥청망청 쓰고 있는 자기 모습을 감출 수 있었다. 그리고 이것은 히틀러가 흔히 사용한 수법이다. 한편 국립미술관으로서는 이탈리아의 수출 허가를 확보해야 하는 문제에 직면해야 했다. 히틀러는 이탈리아를 방문한 지 며칠 안 되어 무솔리니와 함께 조각상을 보러 갔다. 아마도 무솔리니에게 그것을 갖게 해달라고 부탁했을 것이다. 2주 후에 외무장관 갈레아초 치아노Galeazzo Ciano가 이탈리아 관계자들에게 '제국 총리가 개인적으로 관심을 보이니' 조각상의 수출을 허가한다고 통보했다.[76]

히틀러는 선전 효과의 극대화를 노리기 위해, 그해 여름 대독일미술전 개회에 맞추어 「원반 던지는 사람」을 조각관 전시회에 공개했다. 외국의 신문사들이 조각상의 구매가를 폭로하는 것까지 막을 수는 없었지만, 독일 언론의 입단속을 할 수는 있었다. 그리고 독일 국민에게는 이 조각상이 로마-베를린 연합을 기념해 무솔리니가 보낸 선물이라고 거짓말을 했다. 조각상을 린츠 미술관에 보내려는 의도를 감추기 위해 그것을 독일 국민에게 기부한다고 선언했다. 전쟁이 끝나고 안전한 장소로 철거되기 전까지 조각상은 쭉 조각관에 있었다.*

이 밖에도 다양한 이탈리아 작품들이 히틀러에게 보내졌다. 무솔리니가 선물로 보낸 파니니의 「폐허」가 베르그호프에 걸렸다. 1943년 그의 생일을 맞아 괴링은 같은 작가의 로마 풍경화 두 점을 선물로 보냈다. 시간이 흐르면서 포세와 그의 대리인들은 고대의 폐허를 그린 파니니의 유화 여러 점을 입수해 히틀러의 로마에 대한 애정과 로마 양식에 대한 애정을 하나로 묶어주었다. 파니니 작품만을 위한 미술 전시관을 따로 마련할 수 있을 정도였다. 「원반 던지는 사람」 이후로 이탈리아에서 확보한 작품 가운데 마카르트의 3.5미터 높이의 세폭화 「피렌체의 페스트」만큼 히틀러의 관심을 받은 작품은 없었다. 오랫동안 히틀러는 이 작품을 가지고 싶어 했다. 이 작품은 파리 로스차일드 가문의 친척인 란다우-피날리Landau-Finaly 가문 소유로 피렌체 근방의 빌라에 걸려 있었다. 포세와 하버스탁의 부탁에도 이 가문은 판매를 거절했다. 특히 구매자가 히틀러라서 더욱 거절했다. 하지만 작품을 구매하겠다는 결심을 굳힌 히틀러는 무솔리니에게 부탁을 했다. 그리고 그 부탁을 고분

---

* 1948년 독일 주재 미국 점령 당국은 이 조각이 합법적으로 구매되고 수출되었음에도 이탈리아 정부로의 반환을 명령했다. 그해 이탈리아 총선거에서 여당인 기독민주당에게 유리한 상황을 조성하려는 목적이 있었다.

고분 받아들인 무솔리니가 그 빌라와 빌라에 속한 전부에 압수 명령을 내렸다. 한 달 후, 히틀러가 피렌체에 머무른 무솔리니를 잠깐 방문했을 때 무솔리니는 기차역 플랫폼에서 그 기묘한 그림을 건넸다.[77] 뮌헨으로 돌아가는 내내 기차 안에서 히틀러는 그 그림을 옆에 끼고 있었다. 같은 해에 이 그림은 두 번 전시 되었고, 그때마다 무솔리니의 선물이라 선전되었다. 사실 어떤 의미에서는 맞는 말이기도 했다. 마카르트의 걸작이 너무나 자랑스러웠던 나머지 히틀러는 린츠 미술관에서 이 작품과 미론의 조각만 대중에게 공개할까도 생각했다.

점령된 유럽 각지에서 보물급 미술품들의 강탈이 진행되는 상황에서도 정작 포세가 이탈리아로 눈을 돌리게 된 것은 1941년의 일이었다. 그는 세 차례의 구매 원정대를 꾸렸다. 헤세주의 필립 공을 가이드로 삼았다. 프로이센 왕실과 관련이 있으면서 빅토리아 여왕까지 이어지는 계보를 가진 필립 공은 1922년부터 이탈리아에 살고 있었다. 그는 무솔리니 지지자이면서 나치당원인 동시에 돌격대원이었다. 1925년 이탈리아 왕의 딸인 마팔다 공주와 결혼함으로써 귀족들의 사교계에 자유롭게 접근할 수 있었다. 포세는 히틀러에게 "저는 로마(두 번), 나폴리, 피렌체(두 번), 토리노, 제노바를 방문했습니다. 그리고 25점의 그림을 구매할 수 있었습니다. 그중에는 티치아노의 잘 알려지지 않았지만 중요한 「한 남자의 초상」, 틴토레토의 기가 막힌 이중 초상화(1562년 작) 그리고 모로니, 살비아티, 필립포 마촐라, 마세리노 달바(커다란 제단화), 폰토르모의 작품과 스트로치, 마라티, 카스틸리오네, 아미고니의 작품 다수, 작곡가 로시니의 아내를 그린 발트뮐러의 초기 등신대 초상화, 실내 장식 일체(1831년경)가 있습니다."[78]라고 보고했다. 포세와 필립 공은 즉각 린츠 미술관을 위한 그림 90여 점을 입수했다.[79] 히틀러에게 보낸 서한에서 언급한 작품 말고도 파르미자니노의 「수염 기른 사람의 초상」, 틴토레토의 「그리스도의 매장」과 초상화 2점, 레오나르도 다빈치의 「레다」, 로토의 초상화 2점, 롱기의 「지오바니 그라시의 초상」과 또 다른 초상화, 카날레토의 풍경화 1점, 티에폴로의 신화를 주제로 한 작품 2점, 베로네세의 「갑옷을 입은 사람의 초상」, 야코포 델라 퀘르차의 여인 흉상, 루벤스의 기마 초상, '라파엘로(혹은 핀투리키오)'의 어트리뷰트(인물을 특정하기 위한 기호적 요소. -옮긴이)가 있는 종교화 2점, 에트루리아 청동상 5점을 추가 입수했다. 때로 필립 공은 독자적으로 행동했다. 코르시니 공으로부터 멤링의 「검은 모자를 쓴 남자의 초상」—아마도 최대의 성과일 것이다—을 사들인 사람도 그였다.

독일인들이 그러한 작품들을 입수했다는 사실은, 자발적인 판매에 따른 거래라고 할지라도, 이탈리아인들의 신경을 건드렸다. 역사적으로 이탈리아인들은 민족주의적 감정은 덜할지라도 자신들의 문화적 전통에 대해서만큼은 자부심이 컸다. 예술계에서는 모든 작품의 상실을 다 아프게 여겼다. 그리고 한 세기 동안 지속되어 온 이 문제는 이제 히틀러의 탐욕스러움과 무솔리니의 묵인이 서로 만남으로 인해서 날카롭게 불거졌다. 예술을 경멸하는 무솔리니의 속물적인 성향은 악명이 높다. 그는 "나는 우리 민족을 신뢰하지 않는다. 유명 종탑이나 지오토의 그림 한 점이라도 폭격으로 잃는 날엔 이탈리아인들은 곧장 패닉상태에 가까운 예술적 감상벽에 빠져 항복하고 말 것이다."[80]라고 했다. 무솔리니의 속물근성은 히틀러도 인정하지 않을 수 없었다. "예술에 관한 한, 그는 멍청이다!"[81] 이탈리아 정부 요원들은 그들의 지도자가 국가 유산을 홍청망청 팔아넘길까 걱정했다. 1941년 7월 치아노와 점심 식사를 한 후에 교육문화장관인 주세페 보타이Giuseppe Bottai는 일기에 이렇게 적었다.[82]

그는 무솔리니의 묵인하에 독일인들—괴링과 히틀러를 지목했다—이 이탈리아에서 벌이고 있는 절도 행각에 관해 말했다. 무솔리니는 '기름을 얻을 수 있다면 그림쯤은 수백 제곱킬로미터라도' 주어버릴 의향이 있다고 말했다. 그동안 몇 번이나 자제하려 노력해 온 나로서도 이번만큼은 혐오의 감정을 감출 수 없었다. 나는 "이런 문서에 서명해야만 한다면 차라리 장관직을 그만두는 편이 낫겠습니다."라고 했다.

갈레아초 [치아노]가 대답했다. "당신 말이 맞아요. 하지만 더 끔찍한 일이 기다리고 있을지도 모르니 마음의 준비를 해야 할 겁니다."

내가 물었다. "뭐라고요?"

"언젠가는 독일인들이 우리에게 알토알디제주를 요구할지도 모르니까요."

사실 히틀러는 알토알디제, 즉 남南티롤의 문화 자산에 대한 소유권을 이미 주장한 상태였다. 이곳은 오스트리아 제국의 일부였는데 1차대전 이후 이탈리아에 할양되었기 때문이다. 이곳은 문화적으로나 언어적으로 독일 색채가 강한 곳이었다. 1939년 히틀러와 무솔리니가 맺은 협약에 따라 독일은 개인 컬렉션이나 공공 컬렉션으로부터 역사적으로 독일 색채를 띤 어떤 그림이나 아카이브, 기념비도 가져갈 권리를 획득했다. 이것들의 수송 책임은 독일유산학술협회인 힘러의 아넨에르베Ahnenerbe에 맡겨졌다. 이 기관은 유럽에서 발견된 독일 색채의 예술품들을 본국으로 송환할 목적으로 설립되었다. 하지만 힘러와 포세도 금방 깨닫게 되었듯이, 이탈리아인들은 매번 원칙상으로만 동의하고 실무적으로는 완고하게 버텼다. 포세는 1941년 3월 히틀러에게 보고하면서, '아넨에르베의 신사와 독일 예술품 송환 현안에 관해 토론'하느라 이

틀이나 볼차노에 머물게 되었다고 했다.[83] "이와 관련해서 이탈리아인들은 엄청난 어려움이 있다고 문제를 제기하고 있습니다."라고도 했다. 결국 이탈리아 측 협상단은 특유의 동의 없는 동의 기술을 발휘하며 아무것도 포기하지 않았다. 독일국방군이 퇴각하던 전쟁 말기에 일부 작품을 약탈당하기는 했지만 말이다.

히틀러는 책을 사랑했다. 그러니 그가 자신의 미술관 부속 건물로 도서관을 짓겠다고 계획한 것도 그리 놀랄 일은 아니다. 히틀러는 소박하게 25만 권 정도를 갖춘 도서관을 계획했다. 아마도 제국총리실에 있는 개인 컬렉션 보관소를 원한 것 같다. 이 컬렉션은 회화, 건축, 음악과 같은 주제에 관한 서적들을 모으면서 시작되었다. 하지만 후에 그의 관심 지평은 더 확장되었다. 이번에도 원인은 유대인이었다. 빈의 로스차일드가와 루돌프 구트만에게서 압수한 장서들에서 깊은 인상을 받은 포세는 이것들을 린츠 도서관과 합칠 것을 제안했다. 예를 들어 구트만 컬렉션은 귀중한 17~18세기 프랑스 서적과 다양한 출처의 '특별 희귀본' 딱지가 붙은 서적들을 포함하고 있었다.[84] 포세의 제안을 승인하면서 히틀러는 도서관을 훨씬 더 포괄적인 성격으로 바꾸었다. 이러한 전개는 무엇이든지 가장 큰 것을 열망하는 경향이 짙어지던 시기와 묘하게 맞아떨어진다. 그는 자신의 도서관을 유럽에서 가장 크게 만들겠다고 결심했다.

도서관 건립은 열성적이면서도 실행력이 있는 나치이자 친위대 장교인 프리드리히 볼프하르트에게 맡겨졌다. 그는 개인 컬렉션을 무자비하게 약탈했다.[85] 전후에 미국의 조사관들은 그의 서한에 '압수를 암시하는 표현들이 빽빽이 들어차' 있으며, 그가 '이런 모든 압수 가능성을 매우 열정적이면서 끈질기게 좇는 사람'이라는 사실에 주목했다. 그는 서적과 고판본뿐 아니라 육필 원고, 정기간행물, 음악 아이템에도 원하는 대로 마음껏 지출할 수 있는 백지수표를 가졌다. 그리고 이것들은 컬렉션에서 가장 중요한 부분을 차지하게 되었다. 그와 그의 직원들은 제국과 피점령국을 휘젓고 다니면서 때로는 도서관 전체를, 고서적상 물건들을, 육필 원고 컬렉션을, 음악 서적과 악기를 사들였다. 히틀러 자신도 빈에 있는 오스트리아 국립도서관에게 여벌의 서적 모두를 제출하라고 명령해서 린츠 도서관 건립을 도왔다. 그리고 이는 제국의 다른 기관들도 따라 하는 선례가 되었다.

시간이 흐름에 따라—아니 압수 과정이 진척됨에 따라—히틀러는 두 개의 추가적인 컬렉션을 조성하기로 결정했다. 하나는 화폐 컬렉션이고 또 하나는 무기와 갑옷 컬렉션이었다. 그가 이런 것들에 관심이 있었는지는 의심스럽다. 하지만 이런 것이 세계 최대 도서관 건립에 도움이 될 거라고 생각했음은 분명하다. 그리고 이 역시 로스차일드 재산 몰수 과정에서 영감을 얻은 사업이다. 로스차일드가의 소유물이었던 무기류를 보자마자 깊은 인상을 받은 포세는 190개로 이루어진 컬렉션에서 170개 물품을 린츠로 보내도록 제안했다.[86] 히틀러는 마지못해 동의했다. 그러자 포세는 예술사박물관의 무기 큐레이터이던 레오폴트 루프레히트를 시켜 이 컬렉션을 키우게 했다. 루프레히트는 아주 맹렬한 기세로 이 일을 수행했다. 체코슬로바키아에 거주하던 여러 귀족 가문들—로브코비츠 공, 슈바르첸베르크 공, 콜로레도 백작, 프란츠 페르디난트 대공—이 주로 희생 제물이 되었다.[87] 그는 즉시 1,294점이나 되는 물품들을 모았다. 이것으로 히틀러는 별도의 무기홀을 짓겠다고 결심했다. 나중에는 다양한 전시와 모형으로 젊은이들에게 감명을 주는 전쟁박물관을 만들기로 계획을 바꿨다.

빈의 루이스 로스차일드와 레오 퓌어스트Leo Fürst 그리고 여러

린츠에 건립될 유럽문화센터의 모형. 오페라 광장이 있고 (오른쪽에) 꽃으로 장식된 아케이드 대로가 있다. 왼쪽에는 정면이 볼록한 오페라하우스가 있다. 미술관이 오른쪽 아래에 자리하고 있다. 그 왼편에 브루크너 콘서트홀이 있다. 미술관 건너편에는 도서관이 있고, 그 왼편에 오페레타하우스가 있다.

폴란드인들에게서 압수한 컬렉션들이 1942년 9월 히틀러가 조성하기로 결심한 화폐와 메달 컬렉션의 기반이었다. 하지만 주된 출처는 13개의 오스트리아 종교 재단 특히 클로스터노이부르크 재단 소유의 컬렉션 절도였다. 린츠 컬렉션의 큐레이터는 프리츠 드보르샤크였다. 그는 예전에 시라흐에 의해서 예술사박물관 관장으로 임명된 적이 있었다. 종전 시기에 물품들이 다양한 지역으로 흩어져 버렸는데 그래도 가장 중요한 화폐 관련 장서와 32개의 화폐 상자들은 온전한 상태로 발견되었다.

이런 식으로 미술관 하나와 도서관을 지으려던 히틀러의 원래 계획은 미술관 여럿과 도서관 하나, 오페라하우스 하나, 오페레타하우스 하나, 영화관 하나, 콘서트홀 하나, 뮤직홀 하나, 극장 하나를 갖춘 예술센터로 확장되었다. 점차 린츠 미술관 프로젝트는 모든 것을 세계 최고로 만들려는 히틀러의 광기에 휘말리게 되었다. 그리고 독일제국의 최

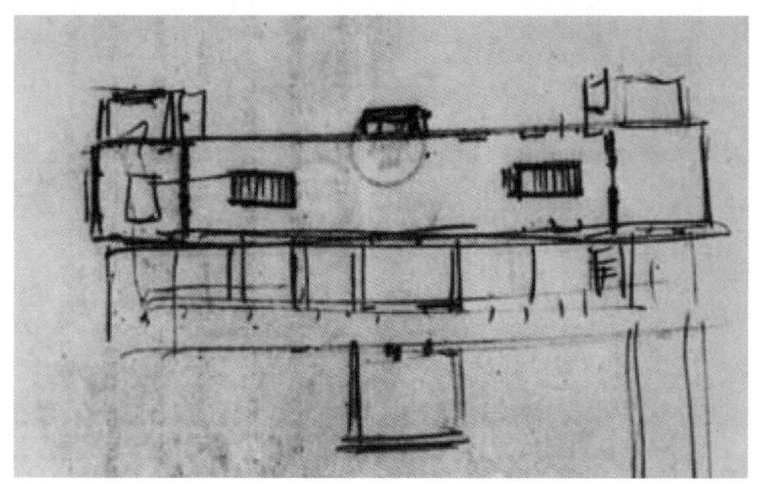

린츠 미술관을 그린 히틀러의 스케치를 보면 150미터폭을 가진, 열주가 늘어선 정면이 눈에 띈다. 특별히 한 지점을 강조하지 않는 점이 독일미술관과 유사하다. 건축가 로데리히 픽은 이 디자인이 적절치 않다고 비판했지만, 히틀러의 뜻을 따르는 수밖에 없다는 말만 들었다.

고가 아니라 세계 최고인 문화센터 건립 계획으로 발전했다. 이제 유럽 문화센터라고 불리게 된 이 복합단지는 도시의 중심에 건립될 예정이었다. 그 결과 철도역을 옮겨야 하는 문제가 생겼지만, 히틀러는 대수롭지 않게 여겼다. 히틀러가 보기에 모든 도시의 중심은 상업이 아니라 예술이 차지해야 했다. 히틀러는 자신이 원하는 종류의 건축물들의 대략적인 윤곽을 직접 그려서 친분 있는 건축가 모임에 제출했다. 오페라하우스 프로젝트는 파울 바움가르텐Paul Baumgarten에게, 도서관은 히틀러의 오랜 친구 레온하르트 갈Leonhard Gall에게, 무기와 갑옷 갤러리는 빌헬름 크라이스Wilhelm Kreis에게 맡겼다. 로데리히 픽Roderich Fick은 메인 미술관 건립의 책임을 맡았다. 일부 주장과 다르게, 슈페어는 린츠에서 어떤 역할도 맡지 않았다. 그 자신은 여기에 참여하려 무던히 애를 썼다.

독일에 대한 공습이 격화되던 1943년 초, 히틀러는 자신의 미술관을 짓는 데 필요한 작품들을 보관한 여러 성과 수도원의 안전이 걱정되었다. 그의 지시에 따라, 크렘스뮌스터 수도원을 농업 단지처럼 위장하려 했지만 그리 성공적이지는 않았다. 그는 노이슈반슈타인 성('새로운 백조의 성'이라는 의미. -옮긴이)이 공습에 속수무책으로 노출된 오리 신세가 되지 않을까 두려워했다. 실제로 미군 장교 한 명은 훗날 이런 기록을 남겼다. "보관된 물건들이 공습의 피해를 받으리라는 사실은 불을 보듯 뻔했다. … 제국총리실의 히스테리가 극에 달했던 1943년 말, 히틀러는 더 안전한 피난처로 보관품 전부를 옮기도록 명령했다."[88] 탐색 끝에 오버외스터라이히주의 알트아우시에 있는 오래된 슈타인베르크 소금 광산이 이상적인 피난처가 될 거라는 데 의견이 모였다. 보관소 마련에 상당한 노력이 들어가야 했기에—벽과 천장을 밀봉했고, 나무 바닥을 깔았으며, 보관 선반과 전기 시설을 설치했다—1944년 1월 초나 되어야 화물을 받을 수 있었다. 하지만 장소 접근이 매우 어려웠다. 두 개의 높은 고갯길을 가로질러 가야 했고, 그마저도 한겨울에는 막혀버렸기 때문이다. 온화한 날씨일 때에도 짐 상자를 끌려면 소와 탱크를 동원해야 했다. 광산은 그 자체가 미로였다. 2미터 높이도 되지 않는 터널 입구가 미로로 연결되는 유일한 출입구였다. 산속 깊이 2킬로미터나 들어가는 수평으로 뻗은 통로가 있었고, 이 통로 끝에 11개의 거대한 갤러리가 있었다. 본래는 수 세기 동안 소금을 캐던 곳이었다. 수천 점이나 되는 예술 작품이 어찌어찌 안전하게 옮겨졌다. 거의 다 린츠 미술관을 위한 작품들이었다. 마지막 수송은 전쟁이 끝나기 불과 몇 주 전에 이루어졌다.

자주 이야기된 내용이지만, 광산에 보관된 작품들은 거의 파괴될 뻔했다. 오버외스터라이히 주지사인 아우구스트 아이그루버August Eigruber가 갤러리를 폭발물로 채워서 연합군이 다가오면 폭파하라고 명

이 1938~1939년 모형은 파울 바움가르텐이 설계한 린츠 미술관과 오페라하우스다. 후에 히틀러는 오페라하우스의 전통적인 형태인 평평한 파사드를 볼록한 형태로 변경했다.

령했기 때문이다. 히틀러가 취소 명령을 내렸지만, 아이그루버는 이를 무시했다. 아이그루버는 자신의 명령에 따르지 않는 경비원들을 처형하겠다고 위협했다. 마지막 순간에야 아이그루버는 도주했고 일꾼들은 폭발물을 터뜨리지 않았다. 뮌헨에 있는 총통청사의 결말은 이처럼 행복하지 않았다. 이곳에는 슐로스 컬렉션에서 가져온 262점의 그림을 포함한 723점의 작품이 여전히 보관 중이었다. 미군이 도시에 입성하기 직전의 혼란 속에서 청사를 습격한 군중들이 대부분 그림을 가지고 달아났다.[89] 남은 그림들은 미군이 챙긴 것으로 보인다. 슐로스 컬렉션에 가져온 22점을 포함한 148점의 그림만 되찾을 수 있었다.

린츠 미술관을 위해 압수하거나 구매한 작품들의 합계가 어떻게 되는지 확실히 알 수는 없다. 총통청사에 있는 기록에 따르면 최고 추정치는 3,922점이다.[90] 이곳의 모든 회화 작품은 카탈로그화가 되어있었다. 하지만 여기에는 1945년 1월 이후에 청사에 도착한 작품들이나 프랑스와 네덜란드에서 바로 다른 보관소로 보내진 작품들이 포함되어 있지 않다. 보관소 책임을 맡았던 카를 지버Karl Sieber가 수기로 쓴 '소금 광산 알트아우시에 보관된 작품 총계에 대해 내가 아는 것'에는 4,353점이 기록되어 있다.[91] 하지만 이 기록에도 다른 곳에 보관된 것들은 포함되어 있지 않은 것이 분명하다.[92] 호엔푸르트에 있는 만하이머 컬렉션, 크렘스뮌스터의 1,732점의 회화와 49점의 조각, 태피스트리, 가구, 베젠슈타인의 쾨니히 컬렉션, 슐로스 컬렉션의 262점 작품, 종전 직전에 뮌헨의 총통청사에 도착한 다른 작품들은 빼고 계산한 숫자다. 그러니 린츠 미술관만을 위해 특별히 입수한 작품은 대략 7,000점가량으로 추정된다. 약탈 미술 조사단The Art Looting Investigation Unit은 발견된 기록에 근거하여 이 숫자를 특정했다. 기록에는 알트아우시에 보관된 6,755점의 회화—이 중에서 5,350점이 린츠 미술관을 위한 것이었다—와 21점의 현대 독일 회화, 230점의 드로잉과 수채화, 1,039점의 판화, 95벌의 태피스트리, 68점의 조각, 34개의 화폐 상자 그리고 화폐 관련 장서, 128점의 무기와 갑옷류, 64점의 골동품 가구, 237질의 서적 그리고 고든 크레이그 연극 아카이브가 포함되어 있었다.

알트아우시에서도 회화 209점이 히틀러가 자신의 사저로 삼고 싶어 했던 포센의 성으로 보내질 계획이었다. 베르그호프로도 534점의 회화, 9벌의 태피스트리, 16점의 조각이 보내질 계획이었다. 베를린 창고에는 소련에서 약탈한 것들이 산처럼 쌓여 있었다. 이른바 퀸스베르크 Künsberg 특별 부대가 30만 5,000점의 작품을 내보냈다. 이 중 많은 것들이 서적, 지도 그리고 다른 인쇄물이었다. 린츠 미술관으로 보내기로 공식 표기된 작품은 회화 한 점뿐이었는데, 프란스 프랑컨Frans Francken의 「아말렉인의 전투」라는 괴상한 작품이었다. 아말렉인을 상대로 이스라엘인이 거둔 승리를 묘사한 작품이었다.[93] 포세는 러시아의 컬렉션들에 관해서는 별로 조사를 하지 않았다. 그나 보스 모두 러시아를 방문하지 않았다. 러시아에 관한 모든 것에 병적인 반감을 보인 히틀러의 영향으로 보인다.

정확한 숫자는 중요하지 않다. 1945년 즈음에 히틀러의 컬렉션은 잠재한다고는 할 수 있었지만 실재한다고는 할 수 없었다. 작품의 숫자가 그때까지 이루어진 약탈의 규모를 가늠하게 해주기는 하지만 린츠 미술관의 규모에 대해서는 전혀 말해주지 않는다. 입수 작업은 전황의 악화로 인해 작품 수집이 어려워진 다음에야 비로소 멈추었다. 그렇다고는 해도 산더미 같은 예술 작품들이 노이슈반슈타인 성에 아직 정리도 되지 않은 채 쌓여 있었다. 동유럽과 제국 전역에서 약탈한 것들은 말할 것도 없었다. 가장 훌륭한 것들은 린츠 미술관에 보냈고 나머지는 제국 전역의 작은 미술관에 주어버렸다. 만일 히틀러가 전쟁에서 이겼더라면 그는 평화 협상의 조건 중 하나로 유럽 공공 미술관의 소유권을 달라고 했을지도 모른다.

이와 비슷하게 히틀러가 자신의 컬렉션을 조성하면서 비용을 얼마나 썼는지 추산하는 건 오늘날 의미가 없다. 게다가 숫자마저 정확하지 않다. 많은 판매가 협박에 의해 어처구니없이 낮은 가격으로 이루어졌다. 게다가 총통 컬렉션을 이루는 수천 점의 작품 대부분이 구매를 통해 획득되었다는 약탈 예술 조사단의 주장은 사실을 오도할 가능성이 크다.[94] 구매 작품과 압수 작품 사이의 엄밀한 구분이 불가능하기 때문이다. 구매 대상이 된 많은 작품은 원래 압수된 것이었다가 미술상이나 경매를 통해 나온 것들이었다. 린츠 미술관을 위해 등록된 작품들은 종종 실제 가격보다 장부상 가격이 훨씬 낮았다. 로스차일드의 페르메이르 작품에 매겨진 가격이 10만 마르크였다. 히틀러는 체르닌 형제에게서 작품을 구매하며 165만 마르크를 지불했다. 이조차 원래 가치보다 훨씬 적게 치러진 액수였다. 로스차일드의 작품은 1999년 런던의 경매장에서 5,400만 달러(3,500만 파운드)에 팔렸다. 히틀러 컬렉션의 금전적 가치는 대략 이를 기준으로 계산해보면 된다.

히틀러는 린츠 컬렉션에 원하는 만큼 돈을 쓸 수 있었다.[95] 그의 개인적인 주요 자금 출처는 독일 산업계의 기부와 그의 사진이 들어간 우표 수익금이었기 때문에, 자기 돈을 써서 예술품을 샀을 리 없다. 하지만 그는 마구잡이로 돈을 쓰지는 않았다. 때로는 가격을 낮추기 위해 흥정도 하고 너무 비싸면 퇴짜를 놓기도 했다. 슈판다우 감옥에서 만나게 되었을 때 시라흐는 슈페어에게 이렇게 말했다. “히틀러는 예술품에 자기 돈 모두를 썼습니다. 한편 괴링은 사치품에 욕심이 많은 사람이라서 그것만을 위해 엄청난 자금을 비축했지요. 개인적으로 … 히틀러는 다소 금욕적인 성향이 있었어요. 하지만 괴링은 쓸데없이 낭비벽이 심한 사람이었습니다.”

그렇다면 1945년까지 히틀러가 조성한 컬렉션은 어떤 종류였을까? 예상대로 19세기 독일-오스트리아 화가들 작품이 주류를 이루었다.[96] 그중에는 렌바흐 작품 75점(이 중에서 적어도 10여 점이 비스마르크 초상화였다), 슈툭 58점, 카울바흐 58점, 발트뮐러 55점, 멘첼 52점, 그뤼츠너 46점, 슈피츠베그 44점이 들어있다. 1925년경에 자신의 국립미술관에 넣겠다고 스케치북에 기록했던 작가들의 작품이었다. 1942년 그는 참모들에게 “19세기 회화를 공부하려는 사람이라면 조만간 린츠 미술관을 찾아가야 할 걸세. 여기가 아니라면 온전한 컬렉션을 발견하기 어려울 테니 말이야.”[97]

그럼에도 히틀러가 수집한 옛 거장 컬렉션은 결코 평범하지 않았다. 적어도 15점의 렘브란트, 23점의 브뤼헐, 2점의 페르메이르, 15점의 카날레토, 15점의 틴토레토, 8점의 티에폴로, 4점의 티치아노, 레오나르도 다빈치의 「흰 담비를 안은 귀부인」, 「레다와 백조」 그리고 보티첼리, 과르니, 파니니, 베로네세가 포함되어 있었다. 할스, 홀바인, 크라나흐, 반 다이크와 루벤스 말고도 네덜란드의 여러 주요 작가들의 뛰어난 작품들도 있었다. 샤르댕, 푸생, 부셰, 프라고나르, 바토, 나티에 작품도 있었다. 하지만 유럽 작가 컬렉션이라기에는 상당한 공백이 있었다. 영국 작품은 10여 점 정도밖에 없었다. 컨스터블 작품 하나를 제외하면 모두 초상화였다. 고야의 작품 몇을 빼면 스페인 작가의 작품은 거의 없었다. 이탈리아 작가 중에서도 코레지오, 카라바조, 만테냐, 시뇨렐리, 벨리니, 지오르지오네 작품이 하나도 없었다. 포세와 그의 후원자에게는 애석하게도 북부 르네상스 작품이 부족했다. 뒤러나, 판 에이크, 히에로니무스 보스, 그뤼네발트 작품이 하나도 없었다. 이러한 공백은 어쩔 수 없는 일이었다. 포세가 히틀러에게 밝힌 바 있듯, 그런 작가들의 작품은 구하기 어려웠기 때문이다. 포세가 호엔푸르트에 있는 수도원의 제단화나 성 플로리안 성당이나 다른 수도원의 알트도르퍼 작품을 훔치는 데 주저함이 없었던 이유도 여기에 있었다. 남티롤의 상황을 예의주시했던 것도 그와 비슷한 초기 작품들을 발견할 수 있으리라는 희망 때문이었다. 같은 이유에서 괴링이 한스 발둥의 「비너스」를 손에 넣었을 때, 히틀러는 그가 그것을 포기하게 만들었다. 이는 그림 하나를 빼앗으려고 제국 원수에게 압력을 넣은 아주 드문 사례이다. 하지만 헤세다름슈타트 대공의 홀바인 작품 「마돈나」는 어떤 수를 써도 뺏을 수 없었다. 줄기차게 「마돈나」를 사겠다고 주장하는 사람들 중 하나인 하버스탁에게 보내는 서한에서 대공의 비서는 이렇게 공언했다. "…다시 한번 알려드립니다만, 우리는 홀바인의 「마돈나」를 결코 팔 생각이 없습니다. 이런 식으로 문의하셔도 소용없습니다. 당신의 구매자에게 그렇게 알려주

시기 바랍니다. 하일 히틀러!"*[98]

히틀러의 컬렉션에서 가장 이상한 점은 적어도 7점의 회화가 유대적 주제를 다루거나 유대적 내용을 언급하고 있다는 점이다. 가장 눈에 띄는 작품이 틴토레토의 「모세의 발견」인데, 히틀러는 이 그림을 제국총리공관의 각료실에 걸어두었다. 린츠 미술관을 위한 작품 중에도 같은 주제를 다룬 푸생의 그림, 프랑컨의 「아말렉인의 전투」, 15세기 독일 작품 「이집트 탈출」과 두 점의 렘브란트 작품 「유대인 의사 에브라임 보노의 초상」, 「털모자를 쓴 유대인」이 있었다. 그리고 페르메이르의 「천문학자」에서 묘사된 방에는 유대주의 창시자의 그림이 걸려 있었다.

히틀러는 자기 그림을 본다 해도 총통청사에서 잠깐씩 보는 게 다였다. 아니면 정기적으로 받아보는 앨범 속의 입수된 사진으로 보는 것이 고작이었다. 그럼에도 크리스타 슈뢰더의 기억에 따르면, "린츠 미술관은 오후 티타임에 나눈 대화 가운데 가장 좋아하는 주제 중 하나였다."[99] 이런 주제로 대화를 나눌 때면, 이 얼치기 예술가 히틀러는 자기 그림들이 어떻게 전시되어야 하는지에 관한 정확한 조건들을 나열하기까지 했다. 그것들은 루브르에서처럼 좁은 간격을 두고 걸려서는 안 되었다. 그렇게 하면 '한 작품이 다른 작품을 압도하게 될 것'이라고 그는 말했다. 그러니 각 작품에 널찍한 공간을 할애할 작정이었다. 이는 독일 미술관에서 그가 작품을 전시한 방식과 유사하다. 그는 작품들을 시대별로 나눈 방에 전시하기를 원했다. 이 방들은 작품 창작의 역사적인 배경과 사회적 분위기를 반영한 가구와 판자, 휘장으로 장식해 작품의 완성도를 높일 생각이었다. 디테일에 관한 그의 관심은 작품에 떨어지는

---

* 총통은 실패했지만 죽음의 신은 결국 성공했다. 독일 르네상스 작품 가운데 가장 중요한 다름슈타트의 「마돈나」는 2002년 헤세의 마가렛 공주의 별세에 따른 상속세 확정 과정에서 팔리고 말았다.

조명에까지 미쳤다.

이런 것들은 그에게 어떤 의미였을까? 역사상의 모든 독재자와 마찬가지로 그 역시 이것들을 권력과 부의 트로피로 여겼다. 그럼에도 그는 화가로서 귀중한 작품들을 감상할 줄 알았다. 보르게세 미술관과 우피치 미술관에서 안내를 맡았고 회의적인 태도를 지닌 이탈리아인 비앙키 반디넬리조차 그에게는 '작품 주제와 화가의 솜씨, 색채 사용, 심리적 요소들을 비록 제대로 이해하지는 못했어도 우러러보는 태도'가 있다고 했다.[100] 독일 장르화와 폰 알트 화파의 도시 풍경화에 대한 집착은 결코 흔들릴 줄 몰랐다. 네덜란드 옛 거장들이나 파니니, 과르디, 카날레토, 샤르댕의 작품들—시골 풍경이나 도시 풍경 또는 로마의 유적들을 있는 그대로 사실적으로 재현한—에 항상 매력을 느꼈다. 초기 이탈리아 회화를 즐기기에 충분한 시간은 갖지 못했지만 점차 티치아노, 틴토레토와 이들 화풍을 따라 그린 작가들의 작품들도 감상하게 되었다.

생애 마지막 순간에 린츠 미술관은 히틀러의 마음속에서 가장 중요한 문제 가운데 하나였다. 자살 직전에 쓴 글에서 그는 "내 컬렉션의 그림들을 사들인 이유는 나 자신을 위해서가 아니라 내 고향 린츠의 미술관 건립을 위해서였다."라고 했다. 사실일 것이다. 비록 그 미술관의 궁극적인 목적이 건립자인 그를 찬양하고 그를 역사상 가장 위대한 예술 후원자로 기억하게 만들기 위한 것이었지만 말이다.

전후에 히틀러의 린츠 컬렉션을 둘러싸고 되도록 많은 것을 차지하려는 정부 당국자들과 미술관 관계자들 사이에 아귀다툼이 벌어졌다. 알트아우시는 오스트리아에 소재하기에 오스트리아인들은 그것들을 전부 차지하고 싶어 했다. 이탈리아인들은 이탈리아 작품 모두에 대한 소유권을 주장했고, 네덜란드인들은 네덜란드 작품 모두의 소유권을 주장했다. 합법적으로 구매된 작품이나, 자발적으로 때로는 터무니없이 비싸게 팔아넘긴 작품에 대해서도 그랬다. 모든 작품을 보관했던 미군은 약탈되었건, 압수되었건, 공정한 시장가로 구매되었건 간에 상관없이 모든 작품을 원래 나라로 되돌려주라는 지시를 받았다. 이후의 처분은 각국의 당국자들에게 맡겨졌다. 따라서 만하이머의 네덜란드 작품들은 네덜란드로 돌아갔다. 독일인들이 압수했다는 신고가 있자 암스테르담 국립미술관에 주거나 팔았다. 컬렉션의 프랑스 작품들은 프랑스로 보내졌고, 몇 작품은 만하이머 부인에게 돌려주었는데, 그녀는 작품들을 되팔았다. 대부분의 소유주들은 자기들의 정부에게서 아무것도 받지 못했다. 쾨니히가에서 구매한 527점의 드로잉은 러시아인들에게 발견되어 배상 차원에서 모스크바로 보내졌다. 몇 작품이 나중에 네덜란드로 보내지기는 했다. 대게르만국에서 구매한 작품 일부―「헨드리키어 스토펄스」를 비롯한 1,000여 점―는 독일 당국자들에게 건네졌다. 체르닌가의 페르메이르 작품을 비롯한 일부는 오스트리아로 보내졌다.

완벽한 바그너 숭배자

이제 저는 압니다. 왜 그 어떤 위대한 독일인보다
바그너와 그의 운명이 젊은 시절 저에게 큰 의미로 다가왔는지.
저 역시 그와 똑같은 시련, 증오, 질시와 몰이해에 맞서
영원히 투쟁해야 했기 때문입니다.

—비니프레트 바그너에게 보내는 편지 중에서

히틀러의 바그너인가?
바그너의 히틀러인가?

1908년 2월에 금세기의 아주 중요한, 그러나 공식적으로 주목받은 적은 없는 사건이 알프레트 롤러에게 벌어졌다.[1] 오늘날 롤러는 과소평가되었다기보다는 알려지지 않은 인물에 가깝다. 적어도 오페라계 바깥에서만큼은 그렇다. 하지만 1908년 당시만 해도 그는 빈 예술계에서 가장 중요한 인물 중 하나였다. 그는 구스타프 클림트와 함께 빈 분리파를 결성한 화가였다. 또한 조형예술 교수였으며 응용예술학교 교장으로 곧 임명될 예정이었다. 하지만 무엇보다도 그는 무대 디자이너로서 대단히 두각을 나타내고 있었다 1903년 바그너 서거 20주년을 기념하여 그와 구스타프 말러는 작곡가 바그너의 작품에 관해 새로운 음악적, 시각적 해석을 시도했다. 이 해의 「트리스탄과 이졸데」는 처음으로 바이로이트 전통과의 결별을 선언했다. 이 작품과 1911년 「장미의 기사」 초연 이후 발표된 작품들로 그는 오페라 창작자들 사이에서 단연 떠오르는 화제의 중심이 되었다.

2월 첫 주에 롤러는 친구로부터 자신의 지인 중에 어떤 젊은이가 그의 대단한 팬이더라는 내용의 편지를 받았다. 이 청년은 화가를 꿈꾸고 있으며 오페라를 사랑한다고 했다. 만약 롤러를 만나서 회화나 무대 디자인 분야에서 그의 직업적 전망에 관하여 의논할 기회를 가질 수만 있다면 뭐든지 하겠다고 했다. 자기 일로 무척 바빴음에도 불구하고 롤러는 친절하게 청년을 만나 그의 작품 일부를 보았고 〔편지로〕 직업상의 조언을 해주었다. 젊은이는 뛸 듯이 기뻐하며 즉시 오페라하우스로 찾아갔다.[2] 한 손에는 롤러의 답장을, 다른 손에는 자신의 작품 포트폴리오를 들고서. 나중에 청년의 말에 따르면 그는 입구에 도착하자마자 발이 얼어붙어서 들어가지 못하고 곧장 돌아갔다. 곧 그는 용기를 내어 다시 돌아갔다. 하지만 으리으리한 계단에 다다르자 다시 겁을 집어먹었다. 세 번의 시도 끝에 겨우 롤러의 사무실에 들어갈 수 있었는데, 오페라하우스 접객원이 그에게 용무를 묻자 그는 돌아서서 영원히 달아나고 말았다. 그는 이 일을 잊지 않고 있다가, 1934년 드디어 롤러를 직접 만나게 되자 그때의 이야기를 들려주었다. 그 젊은이는 이제 독일의 총리가 되어있었다.

만일 롤러와 히틀러가 1908년에 만났더라면! 히틀러가 오페라 작업의 조수로 채용되었거나 응용예술학교 학생으로 등록할 수 있었더라면! 히틀러는 1942년 자신의 개인 참모들에게 이렇게 말했다.

> 추천장 없이는 오스트리아에서 아무것도 할 수가 없었지. 빈에 갔을 때 내겐 롤러에게 들고 갈 추천장이 있었어. 하지만 한 번도 그걸 써먹지 못했지. 그걸 들고 갔더라면 그는 나를 곧장 받아주었을 거야. 하지만 그게 나에게 더 좋은 일이 되었을지는 모르겠네. 확실한 건 모든 게 더 쉬웠을 거라는 거야.[3]

그리고 모든 게 달라졌을 것이다. 히틀러는 롤러에 대한 존경심을 한 번도 버린 적이 없었다. 1933년 비니프레트 바그너가 바이로이트에서 「파르지팔」을 새롭게 각색해 무대에 올리기로 결정했을 때—1933년 오리지널 극 공연 이후로 처음 내려진 결정이었다— 히틀러는 롤러에게 이 작업을 하도록 제안했고, 비니프레트 바그너도 동의했다.[4]

바그너풍 오페라에 대한 히틀러의 사랑은 히틀러가 12세의 나이로 처음 오페라를 접한 1901년 린츠 시절부터 시작되었다. 그 오페라는 「로엔그린」이었다. 후에 그는 『나의 투쟁』에 이렇게 썼다. "나는 단박에 사로잡혔다. 바이로이트의 마스터를 향한 젊은 시절 나의 열정은 끝이 없었다. 몇 번이고 거듭해서 그의 작품에 빠져들었다…."[5] 이때부터 청년 히틀러는 말 그대로 바그너 오페라에 중독되고 말았다. 중부 유럽에서 바그너의 음악적·지적 영향은 이때 정점에 올라 있었다. 그리고 히틀러는 누구보다도 열렬히 바그너 숭배를 받아들였다. 「로엔그린」 공연을 처음 경험하며 황홀감에 젖은 후로 몇 년 동안, 히틀러는 여러 날 밤 린츠 오페라하우스를 찾았다. 또 다른 오페라광 아우구스트 쿠비체크를 만나게 된 것도 그곳에서였다. 히틀러보다 약간 나이가 많았던 아우구스트는 그의 아버지를 따라 실내장식가의 길을 걷도록 훈련받기는 했지만 진지한 아마추어 음악가로서 여러 현악기와 금관악기들을 연주할 줄 알았다. 그는 곧 청년 히틀러의 유일한 친구가 되었다. 그들이 서로 가까워진 이유는 단지 오페라에 관한 관심을 공유했기 때문만은 아니었다. 군림하는 태도를 지닌 히틀러가 자신의 상상을 사로잡는 모든 것에 대해 장광설을 풀어 놓을 때마다 유순한 쿠비체크가 암묵적으로 동의했거나 아니면 동의하지는 않아도 침묵을 지키며 들어주는 태도를 취했기 때문이었다. 물론 이런 태도는 이후에 히틀러 주변의 모든 이에게 필수적으로 요구되었다.

히틀러가 슈페어에게 한 말에 따르면, 두 청년은 린츠의 거리를 어슬렁거리면서 많은 시간을 보냈다. 그리고 이때 그는 음악과 건축 그리고 예술의 중요성에 대해 두서없이 말하고는 했다. 1906년 히틀러가 빈을 처음 방문하고 엽서를 써서 보낸 사람도 쿠비체크였다. 그는 도착하자마자 친구에게 "내일 난 오페라 「트리스탄과 이졸데」를 보러 갈 거야. 모레는 「방황하는 네덜란드인」을 보러 갈 거고…."라고 썼다.[6] 같은 날 그는 두 번째 오페라하우스의 엽서를 부쳤다. 여기에 다음과 같은 과장된 말을 적었다.

> 건물의 실내가 요란하지는 않아. 장엄한 건물 외관이 엄숙한 분위기로 예술적 가치를 더한다면, 실내는 엄숙하다기보다는 감탄을 불러일으키지. 웅장한 소리의 파동이 청중석에 퍼질 때, 바람의 속삭임이 굉장한 울림으로 바뀔 때, 비로소 장엄함을 느끼면서 실내를 감싸고 있는 황금과 벨벳의 물결은 잊게 되네.[7]

이듬해 빈에 자리를 잡게 된 그는 이미 음악학교 입학 허가를 받은 쿠비체크를 설득해 그와 함께하자고 했다. 두 번째 미술 아카데미 도전에 실패한 히틀러가 갑자기 모습을 감추고 사라진 1908년까지 둘은 함께 살았다.

바그너광이었다는 점 말고 히틀러의 청년 시절 활동에 관해 확실하게 알려진 사실은 별로 없다. 그는 성당 합창단에서 노래를 했지만 자기 목소리가 나쁘다는 사실을 알게 된 뒤로는 노래도 포기했다.[8] 학교를 자퇴하고 난 다음에 음악 클럽에 가입했고 1906년 10월부터 이듬해 말까지 요제프 프라브라츠키Josef Prawratsky라는 이름의 남자로부터 피아노 레슨을 받았다.[9] 판에 박힌 연습이 지겨워서였는지, 어머니의 암

치료 비용 문제로 인해 돈이 부족해 그랬는지 그는 곧 레슨 받기를 그만두었다.[10] 하지만 그의 누이 파울라는 그가 '어머니가 선물로 주신 아름다운 하이츠만 그랜드 피아노 앞에 앉아 몇 시간이고 보내던 모습'을 기억한다고 했다.[11] 훗날 그는 가끔 연주했지만—비니프레트 바그너에 따르면 연주 솜씨가 괜찮았다고 한다[12]— 무엇을 연주했는지는 미스테리로 남아있다.

1954년에 발표한 쿠비체크의 『청년 히틀러』의 영향으로, 그리고 여기 담긴 이야기들을 후대 작가들이 재활용함으로써 히틀러의 음악적 경험에 관해 널리 퍼진, 그러나 완전히 잘못된 인상이 만들어졌다.[13] 히틀러가 하이든, 모차르트, 베토벤, 브루크너, 베버, 슈베르트, 멘델스존, 슈만, 그리그만을 즐겨 들었다는 주장이 있다. 또 히틀러가 특히 모차르트를 좋아했고 베토벤의 바이올린과 피아노 협주곡을 좋아했으며 멘델스존의 바이올린 협주곡을, 무엇보다도 슈만의 피아노 협주곡을 좋아했다는 주장이 있다. 이 모두는 아무 근거가 없는 주장이며 사실과 다르다. 그의 음악적 취향에 관한 수행원들의 증언과도 다르다. 히틀러의 바그너주의에 대한 이야기도 황당할 뿐이다. 히틀러와 쿠비체크가 함께 「파르지팔」 공연을 관람했다는 이야기는 사실일 수 없다. 두 사람이 헤어지고 나서도 한참 뒤인 1914년까지도 이 오페라는 빈에서 공연된 적이 없기 때문이다. 히틀러가 바그너의 산문을 읽었다는 주장, 바그너가 쓴 것이건 바그너에 관해 쓰인 것이건 손에 넣을 수 있는 모든 것을 읽었다는 주장은 쿠비체크 자신의 '회고담'뿐 아니라 그가 린츠 기록보관소의 사서인 프란츠 예칭어Franz Jetzinger에게 한 말과도 모순된다.[14] 쿠비체크는 그 당시 히틀러에게 진지한 독서 습관이 전혀 없었다고 말했기 때문이다. 쿠비체크 책에 담긴 현란한 글은 청년 히틀러가 바그너의 음악에 푹 빠져 있는 동안, 이러한 경험을 했다고 주장하기도 했다.

> 히틀러는 바그너 음악이 만들어준 특별한 상태, 즉 황홀경에 빠져들었다. 신비로운 꿈나라를 향해 떠나갔다….
>
> 폭력적인 성향이 사라지고, 그는 고요하고 순종적이며 온순한 인간으로 변모했다….
>
> 도취 되었고 매혹당했다….
>
> 신비로운 세계를 향하는 흐름에 자신을 맡겼다….
>
> 자신의 케케묵은 곰팡내 나는 골방을 벗어나 기쁨에 찬 고대 독일의 세계로 들어갈 수 있었다….[15]

하지만 이는 쿠비체크 자신이 아닌 유령작가가 순전히 제멋대로 지어낸 글이다.

자주 제기되는 또 다른 설에 따르면, 히틀러는 바그너가 착수만 하고 끝내 완성은 하지 못했던 「대장장이 빌란트」라는 제목의 산문 스케치에 기반을 두고 오페라를 썼다고 한다. 책의 한 챕터가 이 이야기만을 다루고 있기도 하다. 그리고 청년 히틀러가 어떻게 라이트모티프, 캐릭터의 성격, 플롯, 드라마 구조, 악보 초안을 만들어냈는지 들려준다. 무려 45년이나 지났는데도 쿠비체크는 모두 옛날 튜턴족에게서 따온 캐릭터 이름들을 기억할 수 있다고 주장했다. 하지만 이 이름들 가운데 아무것도 그의 '회고담'에 등장하지 않는다. 여기서 그는 히틀러가 오페라를 구상한 지 3일 만에 벌써 바그너풍의 서곡을 작곡하더라고 이야기했다. 그리고 완전히 캄캄한 방에서 히틀러가 친구를 위해 그 곡을 연주해 주었다고 했다. "결국 작곡가 아돌프 히틀러의 손에서 뮤직 드라마를 위한 아주 진지한 스케치가 탄생했다."[16] 하지만 이런 이야기도 쿠비체크가 1938년 12월 당 간부들에게 했던 이야기와 일치하지 않는다. 당시에 쿠비체크는 히틀러가 「대장장이 빌란트」라는 희곡을 썼다고 했지, 오페라를 썼다고는 말하지 않았다.[17] 쿠비체크가 지어낸 또 다른 이야기에 따르면 히틀러는 독일의 지방을 순회하면서 무료로 연주하는 '제국 순회 오케스트라'를 꿈꾸었다고 한다.[18] '회고담'에서는 이를 제국 심포니 오케스트라라고 불렀다. 1928년 나치 이념을 선전하기 위한 오케스트라가 창설되었다. 그리고 1931년 히틀러의 승인을 받아 이 오케스트라는 순회공연하는 국가사회주의 심포니 오케스트라가 되었다. 하지만 1940년에 발간된 오케스트라 연감에서 히틀러가 이 오케스트라의 후원자가 되기 전에 연주를 들어보았다는 흔적은 찾을 수 없다.

지금까지 쿠비체크의 이야기 가운데 가장 잘 알려진 것은 정치적 우화다.[19] 린츠에서 공연된 바그너의 「리엔치」를 관람한 히틀러가 프라인베르크 언덕에 올라 도시를 굽어보며 이데올로기적인 각성을 경험했다는 이야기다. 이에 따르면 평범한 남자 히틀러가 「리엔치」에서 영감을 받고 '황홀경과 무아지경'에 빠져들어 자신 역시 민족의 영광을 되찾아 줄 운명을 부여받았다고 선언했다고 한다. 이어서 쿠비체크는 히틀러에게 그들이 1939년 바이로이트에서 만났던 당시의 에피소드를 언급했더니 여전히 그가 기억하고 있더라고 이야기했다. 총통은 아마 '그때부터 시작되었지.'라고 말했을 것이다. 그 자체로도 자극적인 쿠비체크의 이야기는 다짜고짜 바그너를 히틀러의 정치 경력 시작과 연관 짓게 하는 자극제 역할을 했다. 이는 뉘른베르크 당대회가 이 오페라의 서곡에서 가져온 주제곡으로 시작함으로써 강화되었다.

쿠비체크의 회고를 비교적 신뢰하는 전기 작가들조차도 「리엔치」 이야기는 액면 그대로 받아들이기 힘들어한다. 하지만 오히려 이 이야기는 과장된 표현만 제외하면 대체로 사실에 근거를 둔 이야기였다. 하나의 사실은 「리엔치」가 1905년 1월부터 지역의 오페라하우스에서 실제로 공연되었다는 점이다. 또 다른 사실은 이 이야기가 쿠비체크의 책과 '회고담'의 내용이 일치하는 드문 경우라는 점이다.[20] '회고담'은 그저 '어두운 린츠 오페라하우스에서 열린 「리엔치」 공연 이후의 기억할 만한 밤과 춥고 안개 낀 린츠의 거리들'만을 언급했을 뿐이지만 말이다. 이야기를 믿지 못하는 예칭어가 이 대목을 읽고 의문을 제기하자, 쿠비체크는 불같이 화를 내면서 대답했다. "「리엔치」 공연 이후의 일은 실제로 있었던 사건이오." 하지만 이 문제에 관해 가장 잘 말해주는 것은 쿠비체크가 바이로이트에서 이 주제를 거론하고 1년이 지난 1938년에 히틀러가 직접 슈페어에게 했던 증언이다. 그는 당대회를 왜 오페라 서곡으로 시작했는지 설명하면서, 그 음악이 인상적이어서만은 아니고 개인적으로 중요한 의미를 갖기 때문이라고 했다. "청년 시절 린츠의 오페라하우스에서 이 축복받은 음악을 들으며 언젠가는 나도 독일제국을 통일하고 다시 위대한 나라로 만들겠다는 꿈을 갖게 되었지."[21] 오스트리아 합병 직후 그는 「리엔치」를 따로 언급하지는 않았지만 비슷한 감상을 빈의 청중들 앞에서 표현한 적이 있다. "이곳 출신의 한 젊은이를 제국으로 보낸 것은, 그가 성장해 민족의 지도자가 되게 만든 것은, 그리하여 그가 그의 고향을 다시 제국의 품으로 이끌게 한 것은 바로 신의 뜻이라 나는 믿습니다."[22] 어떤 의미에서 「리엔치」의 경험은 그의 정치적 경력이 시작된 원점이라고 할 수 있다. 히틀러가 훗날 벌인 행동들의 배후에는 자신이 운명의 도구라는 깊은 확신이 자리 잡고 있다. 그는 이 오페라가 자신에게 계시를 열어 보였다고 믿게 되었다.

히틀러의 음악 사랑은 열정적인 것을 넘어서 광적이기까지 했다. 하지만 회화에 대한 취향이 그랬듯 그의 음악 취향도 특정한 종류에 국한됐다. 빌헬름 푸르트벵글러는 1933년 8월 총통과 긴 만남을 가지고 나서 이를 충격적일 정도로 실감했다.[23] 히틀러에게는 음악 하면 오페라고, 오페라 하면 바그너와 푸치니였다. 교향곡에 관해서는 거의 관심이 없었고 실내악에 관해서라면 전혀 관심이 없었다. 히틀러가 실내악 콘서트나 가곡 리사이틀 공연을 관람했다는 기록은 전혀 없다. 교향곡 콘서트 관람도 점차 드물어졌다. 총리 때도 의식 행사를 제외하면 모습을 드러내는 경우가 거의 없었다. 대신 그는 기분 내킬 때 바로 들을 수 있는 음악을 원했다. 1933년부터 그는 방대한 축음기 레코드판 컬렉션을 베를린의 총리실, 베르그호프 산장, 자신의 전용 기차에 갖추어 놓았다. 나중에는 동부전선의 군사령부에도 갖추어 놓았다. 여러 증언을 모아보면, 이 컬렉션은 질적으로나 양적으로 아주 대단했다고 한다. 그리고 음향 장치들도 아주 훌륭했다고 한다. 저녁에 그는 짧은 발췌곡과 유명곡 중에서도 드라마틱한 하이라이트만을 즐겨 들었다. 크리스타 슈뢰더에 따르면 "그럴 때면 그는 의자에 몸을 깊숙이 묻고는 했다."라고 한다.[24]

> 그리고 눈을 감은 채 들었다. 항상 똑같은 레코드판을 들어서 손님들도 레코드 번호를 외울 정도였다. 예를 들어 히틀러가 "아이다의 마지막 장면, 나를 가두는 무덤의 문이 닫히고 있네."라고 말하면 손님 중 하나가 집안에서 시중드는 사람에게 카탈로그 번호를 외쳤다. '레코드 번호 백 어쩌고저쩌고.'

슈페어에 따르면 "오래지 않아 레코드판들은 고정된 순서에 따라 걸렸다. 처음에는 바그너풍 오페라의 화려한 선곡을 듣고 싶어 했다. 그리고 곧 오페레타를 들었다."[25] 히틀러는 자주 가수의 이름을 알아맞히기 위해 애쓰다가 "제대로 알아맞히면 대단히 기뻐했다."

히틀러는 베토벤을 진심으로 좋아하지는 않았다. 공식 행사 때가 아니면 베토벤 교향곡 공연에 참석하는 일도 드물어졌다. 이는 좀 이상한 일이다. 전통적으로 독일인들은 베토벤을 괴테, 렘브란트, 셰익스피어와 함께 어깨를 나란히 하는, 근대 서구 문화의 가장 중요한 인물로 간주하기 때문이다. 다른 이들과는 다르게 베토벤은 문화적인 인물일 뿐 아니라, 이데올로기적 상징으로서 여러 정치 운동으로부터 소환된 인물이기도 하다.[26] 나치 광신도인 로젠베르크는 특히 베토벤을 아리안 영웅—예술 총통[27]—으로, 그의 음악을 민족의 부활을 위한 특효약으로 취급했다. 따라서 히틀러도 베토벤에게 제대로 영웅 대접을 해야만 한다고 생각했다. 하지만 베토벤에 대한 그의 칭찬은 그저 형식적인 수준에서 그치고 말았다. 히틀러에게 바그너가 있었다면, 나치당에는 베토벤이 있었다. 히틀러가 국가적 행사를 '주관'할 때는 바그너가 연주되었고, 당이 당 행사를 '주관'할 때는 베토벤이 연주되었다. 결과적으로 바그너는 다른 어떤 작곡가들보다 더 자주 연주되었다.[28] 그의 작품 중에서도 특히 9번 교향곡은 중요 행사의 고정 레퍼토리나 다름없었다.[29] 국빈들에게 깊은 인상을 남기고 싶을 때면 히틀러는 그들을 바그너풍 오페라 갈라 공연에 데리고 갔다. 1938년 체코슬로바키아의 분할을 앞두고 헝가리의 지지가 필요했던 그는 섭정 호르티를 국빈으로 초청했다. 이때 가진 사교 행사 가운데 하이라이트는 바로 「로엔그린」의 멋진 공연이었다. 사실 이는 센스가 부족한 선택이었다. 이 오페라는 헝가리인 침략자들에 맞서 독일을 수호하자는 외침으로 시작하기 때문이다. 다음 해에는 유고슬라비아의 파울 왕자를 베를린에 초대했다. 헝가리 국빈 초청 때와 같은 이유였다. 폴란드의 침공을 앞두고 있었기 때문이다. 파울에게는 좀 더 즐거운 「뉘른베르크의 마이스터징어」를 대접했다. 히틀러는 뛰어난 음악 공연—그의 장대한 건축 작업과 마찬가지로—이 외국 지도자들에게 제3제국의 위대함에 대한 경외심을 심어주고 자신의 정책들

헝가리 섭정 호르티에게 깊은 인상을 남기기 위해 히틀러는 1938년 8월 25일 베를린 국립 오페라하우스에서 「로엔그린」 갈라 공연이 열리도록 했다. 하인츠 티에첸이 베를린과 빈 오페라 합창단의 지원을 받아 장엄한 바이로이트 작품을 지휘했다. (왼쪽부터) 괴링, 마담 호르티, 히틀러, 호르티, 에미 괴링.

을 지지하는 마음을 심어줄 것이라고 믿는 듯했다.

히틀러는 브람스를 좋아하지 않았다.[30] 한스 제베루스 치글러나 푸르트벵글러와 같은 히틀러 찬미자들은 빈에서 벌어지는 브람스와 브루크너 진영 간의 오랜 경쟁에 대해 히틀러가 탐탁지 않아 하고 있음을 눈치챘다. 이들은 히틀러가 그러한 역사는 대충 보아 넘기고 음악에 집중하게 만들기 위해 베를린 필하모닉 콘서트에 참석하도록 설득했다. 이 콘서트에는 브람스의 4번 교향곡이 포함되어 있었다. 하지만 그가 나중에 태평스럽게 "푸르트벵글러는 정말 훌륭한 지휘자야. 그런 사람이 지휘를 하니 브람스조차 감동적일 수 있군."[31]이라고 말했을 때, 그들

1937년 6월 6일 레겐스부르크 발할라에서 프로파간다로서의 볼거리를 연출하며 히틀러는 안톤 브루크너를 나치화했다. 사실 이 당시 히틀러는 브루크너에 관해 그다지 관심이 없었다.

은 패배를 인정했다.

안타깝게도 슈트라우스의 오페라에 대한 히틀러의 견해가 어땠는지 또는 그가 슈트라우스의 어떤 작품을 알았는지 말해줄 기록은 없다. 1906년 5월에 그라츠에서 「살로메」의 오스트리아 초연—당대의 저명한 작곡가 대부분을 끌어들인 행사이기도 했다—을 관람하기 위해 히틀러가 친척에게 돈을 빌려달라고 했다는 이야기[32]는 사실이 아닐 가능성이 크다. 그가 이 도시를 방문하게 된 것은 1938년 오스트리아 합병 이후였기 때문이다. 그는 베르디와 푸치니의 유명한 오페라들을 좋아했다. 1937년 베를린 폭스오퍼에서 「나비 부인」 공연을 아주 즐겁게 관람한 그는 즉석에서 이 오페라단에 매년 10만 마르크씩 기부하기로 결정했다. 하지만 「라 보엠」 공연에 참석하던 중에도 그는 중간 휴게 시간마다 바그너와 바이로이트 이야기만 했다.[33] 그가 꾸준하게 즐긴 작품 중에서 독일인이 아닌 작곡가의 작품은 거의 없었다. 하인리히 호프만에 따르면 그는 특히 스트라빈스키와 프로코피예프를 싫어했다.[34] 호프만의 딸인 헨리에테 폰 시라흐가 히틀러에게 차이콥스키의 6번 교향곡 레코드를 선물하자 그는 퉁명스럽게 듣고 싶지 않다고 했다. 회화에서나 음악에서나 그의 취향은 결코 후기 독일 낭만주의 이후로 넘어가는 진전을 보여주지 않았다. 그는 선율이 아름답고, 음조가 듣기 좋으며, 다가가기 쉬운 음악을 좋아했다.

히틀러의 음악 취향은 여러 가지 변화를 겪었다. 하지만 평생 브루크너에게 끌린 적은 없었다. 히틀러가 좋아하는 작곡가가 누군지 호프만이 꼽아 본 적이 있지만[35], 이때도 브루크너는 굳이 언급될 만한 사람이 아니었다. 슈페어에 따르면 히틀러는 총리가 된 후에도 "자신의 음악적 관심을 표나게 드러내지 않았다."[36] 하지만 브루크너는 그에게 꽤 상징적인 의미를 지녔다. '고향 사람'이었고 빈에서 사랑받는 브람스의 라이벌이라는 점에서 그랬다. 뉘른베르크 당대회에서도 문화활동 세션은 브루크너 교향곡 중 하나로 시작하는 게 고정 레퍼토리였다. 1937년 6월 그가 브루크너에게 경의를 표하는 사진이 유명하다. 사진 속에서 그는 레겐스부르크 근방 '발할라 영예의 전당'에 있는 기념비 앞에서 침묵 속에 경의를 표하며 서 있다. 그리고 이때 지그문트 폰 하우제거 Siegmund von Hausegger와 뮌헨 필하모닉이 7번 교향곡의 아다지오를 연주하고 있었다. 이 의식은 전체주의적 연출의 교묘한 솜씨를 생생하게 보여주는 사례로서 무솔리니의 그로테스크한 가리발디 재매장, 방부 처리되어 붉은 광장에 전시된 레닌—이 경우 국가적 인물이 모종의 숨겨진 목적을 위한 상징으로 활용되었다—에 비견될 만하다. 이 의식이 위선적이었음을 단적으로 보여주는 사실이 있다. 주요 연설을 괴벨스가 맡았다는 점이다. 그는 브루크너를 전혀 높이 평가하지 않았다. 그는 자신의 일기에 이렇게 털어놓았다. "나는 브루크너를 진짜로 좋아하지는 않는다. 그는 위대한 교향곡 작곡가라 할 수 없다."[37] 그리고 이 의식에 관한 그의 논평도 냉소적이기만 했다. "우리는 그를 더욱 추켜올려야 했다."[38] 그런데 이 말처럼 하지도 않았다. 제3제국 시절에 브루크너 교향곡은 바이마르 공화국 시절보다 덜 연주되었다.[39]

히틀러가 왜 이런 행사를 연출했는지는 알려진 바가 없다. 이듬해 벌어진 오스트리아 합병에 대한 문화적 전조로서 의도되었다는 설부터 브루크너가 '소년 성가대였던 아름다운 시절'에 대한 향수를 떠올리게 하기 때문이라는 의견까지 여러 가지 추측들이 난무한다.[40] 히틀러가 개인적으로 브루크너에 친근감을 가진 것은 틀림없어 보인다. 둘 다 오스트리아의 작은 마을 출신이고, 수수한 환경에서 자랐으며, 일찍 아버지를 여의었고, 독학으로 공부했으며, 고난을 이겨내고 자기 길을 개척한 이들이었다. 여러 차례 히틀러는 빈 사람인들이 탐탁지 않아 했던 오스트리아인 가톨릭교도 브루크너와 빈 사람들이 우상화한 북부 독일 개신교도 브람스를 비교했다. 그러다 1940년에 갑자기 그는 브루크너 교향곡에 대한 열정을 키우기 시작했다.[41] 심지어 브루크너를 바그너에 비견할 만한 작곡가로서 언급하기 시작했다. 괴벨스는 일기에 이렇게 적었다. "그는 내게 전쟁이 벌어지고 나니 비로소 브루크너를 좋아하는 법을 배우게 되었다고 말했다."[42] 브루크너를 향한 열의는 점점 커졌다. 1942년 히틀러는 브루크너를 베토벤과 같은 반열에 올렸다.[43] 그리고 그의 7번 교향곡을 '베토벤의 9번 교향곡만큼이나 독일 음악의 창의성을 보여주는 빛나는 걸작 가운데 하나'라고 치켜세웠다. 1942년 1월 그가 군사령본부에서 레코드로 7번 교향곡의 1악장을 듣고 한 말에서 인간 브루크너와 작곡가 브루크너에 대해 히틀러가 느끼는 감정을 가장 잘 엿볼 수 있다.

> [이것들은] 순수하게 오버외스터라이히에서 가져온 멜로디들이네. 내가 어려서부터 알던 렌틀러 곡들에서 통째로는 아니고 조각조각 가져온 멜로디지. 그런 원초적인 소재에서 이런 곡을 만들어내다니! 이런 경우 위대한 마스터를 지원해 준 사람은 당연히 사제일 수밖에 없지. 당대의 가장 뛰어난 오르간 연주자인 브루크너가 오르간을 연주하고 있을 때, 린츠의 주교는 몇 시간이고 혼자 성당에 앉아있고는 했다네. 시골뜨기 작은 소년이 타락한 도시 빈에 갔을 때 어떤 어려움을 겪어야 했을지 상상하게 보게. 최근에 신문에 실린, 브람스에 대해 그가 했다는 말은 더욱 그를 가깝게 느끼게 해. 브람스의 음악이 사랑스럽기는 하지만 브루크너는 자기 음악을 더 좋아한다고 했다지. 이는 겸손하지만 필요할 땐 자신의 주장을 펼칠 줄 아는 농부의 건전한 자신감을 보여주네. 평론가 한슬릭은 빈에서 지옥 같은 생활을 했어. 하지만 더는 무시할 수 없는 존재가 되었을 때 그에게 영예와 상이 주어졌지. 하지만 그것들이 다 뭐란 말인가? 그는 자유롭게 창작할 수만 있다면 그걸로 족하다 여겼네.
>
> 브람스는 살롱의 앞잡이인 유대인들로부터 극찬을 받았네. 흘러내리는 턱수염과 머리카락이며, 건반 위로 치켜든 채 두 손이며, 그는 그야말로 연극적인 인물이라 할 수 있지. 반면에 브루크너는 너무 부끄러움이 많아서 그런 곳에서 아마 연주조차 하지 못했을 거네.[44]

그때부터 히틀러는 브루크너를 장려하기 시작했다. 그리고 빈에 대한 자신의 오랜 원한을 풀기 위해 할 수 있는 모든 것을 했다. 브루크너가 활동을 시작한 성 플로리안 성당을 바이로이트처럼 순례지로 만들고자 했다. 괴벨스는 "그는 이곳을 빈의 대항마로서 균형을 잡아주는 새로운 문화적 중심지로 만들고 싶어 한다. 빈은 점차 뒷전으로 밀려나게 될 것이다. … 그는 사비를 털어 성 플로리안을 수리하고자 했다."[45]라고 적었다. 히틀러는 브루크너 연구 센터에 자금을 지원하고 그 유명한 오르간을 수리했으며 브루크너 라이브러리를 확대했다. 그를 기리는 기념비를 직접 디자인해 린츠에 세우기까지 했다.[46] 세계 최고의 오케스트라로 만들겠다고 결심한 브루크너 오케스트라에 기금을 기부했다. 브루크너의 원본 악보 출판도 사비를 털어 지원했다. 그는 린츠에 브루크너 교향곡의 주제곡이 연주되는 카리용이 있는 종탑을 건설할 꿈을 꾸었다.

히틀러의 음악 취향에서 더욱 놀라운 변화는 그가 오페레타에 점점 빠지게 되었다는 점이다. 특히 프란츠 레하르의 「유쾌한 미망인Die lustige Witwe」에 빠져들었다. 그런데 여기에는 주목할 만한 아이러니가 있다. 히틀러가 현대 작곡가나 그들의 작품을 거론하는 일은 거의 피해 왔지만, 1920년과 1922년 연설에서 「유쾌한 미망인」을 콕 집어 키치 예술의 두드러진 사례로 제시했기 때문이다.[47] 그의 생각이 언제 바뀌었는지는 알 수 없다. 하지만 1930년대 언젠가부터 이 오페라는 그가 가장 좋아하는 작품이 되었다. 그는 이 작품이나 요한 슈트라우스의 「박쥐Fledermaus」가 새롭게 무대에 오를 때마다 빠지지 않고 챙겨 보았다.[48] 그리고 호화로운 새 무대를 위해 사비로 큰돈을 조달했다. 슈페어는 이 작품들이 카를 첼러의 「새장수Der Vogelhändler」와 슈트라우스의 「집시 남작Der Zigeunerbaron」과 함께 독일의 신성한 문화유산이며 바그너의 작품과 같은 반열에 있다고 주장했다.

히틀러는 레하르를 가장 위대한 작곡가 중 하나로 숭배하기에 이르렀다.[49] 그에게 유대인 아내가 있고, 그와 함께 작업한 대본 작가 모두가 유대인이라는 사실은 중요하지 않았다. 1936년 제국문화회의소에서 레하르를 만나면서 얼마나 흥분했던지 히틀러는 며칠이 지나도 그때 이야기를 했다.[50] 생애 마지막 시기에도 레하르의 음악이 그에게 아주 중요했음은 분명하다. 1943년 자신의 생일을 축하하면서도 그는 「유쾌한 미망인」 레코드를 틀었다. 그는 레하르가 진행을 맡은 뮌헨 공연을 들을지, 베를린 공연을 들을지를 놓고 엄청나게 소란을 피우며 기억과 비교의 홍수를 쏟아내더니 결국 뮌헨 공연이 10퍼센트 정도 더 낫다는 결론을 내렸다.[51]

분명히 히틀러는 예민한 귀를 가졌다. 하지만 실제로는 그가 음악에 관해 얼마나 알았을까? 그는 대단한 기억력의 소유자였다. 자신이 관심 있는 분야에 관해서라면—전함, 대포, 건축, 자동차— 종종 거의 전문가 수준의 상세한 지식으로 해당 분야 전문가들을 당황하게 만들고는 했다. 사실 전문가들을 당황하게 만들고 수행원들에게 보란 듯이 과시함으로써 그는 심술궂은 즐거움을 맛보았다. 그의 주변 사람들은 때로 그가 자신의 '엄청난 지식'을 과시하기 위해 특정 주제에 관해 엄청 공부한 다음에 그것을 대화 주제로 올리지는 않는지 의심하기도 했다. 리하르트 슈트라우스의 「평화의 날Friedenstag」 빈 초연을 관람한 후, 히틀러는 예술가들을 위한 리셉션을 열어주었는데 여기서 그가 어떤 행동을 했는지 목격한 사람의 증언이 있다. "그는 음악 지식을 놀라울 정도로 줄줄 읊어댔습니다.[52] 예를 들어 한스 호터에게 그가 10년 전에 무엇을 불렀는지 상기시켜줄 정도였습니다. '「스카르피아」는 당신이 부르기에 너무 높지 않은가요? 2악장의 내림 사조G-flat 말이오.'" 한스 호터Hans

Hotter는 이 이야기가 사실임을 확인해 주었지만 거기서 어떤 결론을 끌어내야 할지 어렵더라고 했다.[53] "히틀러는 정말 뛰어난 기억력을 가지고 있었습니다. 행사의 성격—이 경우에는 음악 행사—에 따라 그는 관련 서적을 미리 읽어 준비한 다음에 내부자만이 알 법한 지식을 뽐내 모두를 놀라게 하고는 했습니다."

히틀러의 음악적 전문성에 관한 이야기들은 대개 바그너풍 오페라에 관한 그의 지식과 관련이 있다. 비니프레트 바그너의 언급이 전형적인데, 그녀의 비서가 기록한 바에 따르면, 그녀는 "히틀러가 얼마나 주의 깊은 음악 감상자인지, 작품에 관해 음악적으로 얼마나 잘 알고 있는지 입이 닳도록 칭찬했다."[54] 같은 맥락에서 하인츠 티에첸도 총통이 바그너 작품을 얼마나 잘 알던지 '깜짝 놀라고' 말았다고 했다.[55] 그는 공연이 끝나고 오보에가 제대로 음을 연주하지 못했다고 히틀러가 지적하더라는 사례를 들었다. 지휘자 티에첸은 "그가 옳았음을 인정할 수밖에 없었다."라고 말했다. 발두어 폰 시라흐의 말은 좀 더 설득력이 있다. 슈판다우에서 20년을 복역한 다음에 글을 썼으니, 그가 굳이 〔히틀러를〕 미화할 이유는 없었을 것이다. 그는 히틀러가 참석했던 1925년 바이마르에서의 「발퀴레」 공연을 기억했다. 시라흐의 아버지는 당시 오페라하우스의 경영 감독이었는데, 공연이 끝나고 아버지와 소개 인사를 나눈 히틀러가 자신이 보고 들은 것에 관해 대단히 상세하게 이야기하더라고 기억했다. 마치 바그너를 개인적으로 잘 아는 것처럼 보였다고 했다. 그때 히틀러는 방금 본 공연을 청년 시절 빈에서 보았던 공연과 비교했다. 그러면서 가수들과 지휘자 이름들도 거명했다. 이에 깊은 감명을 받은 아버지 시라흐는 히틀러를 집으로 초청해 함께 차를 마셨다. 히틀러가 떠나자 아버지 시라흐는 이렇게 말했다고 한다. "내 평생 저렇게 음악에 대해 잘 아는 아마추어는 처음 본다. 특히 바그너에 대해서 말이야."[56]

슈페어도 히틀러가 1939년 50번째 생일에 바그너의 원본 악보를 선물로 받고는 뛸 듯이 기뻐하더라는 이야기를 보탰다. 「신들의 황혼」 악보를 "한 장 한 장 넘겨가며 모인 손님들에게 보여주었고 그러면서 자신이 아는 지식을 자랑했다."[57]

그러면 히틀러가 가장 좋아한 오페라는 무엇이었을까? 빈에서 그는 궁핍한 생활을 이어가는 와중에도 「트리스탄과 이졸데」만 30~40번 관람했다.[58] 아마도 평생 관람했을 것이다. 「뉘른베르크의 마이스터징어」는 100번 정도 관람했을 것이다. 언론 장관 오토 디트리히에 따르면, 히틀러는 「뉘른베르크의 마이스터징어」를 외우고 있어서 모든 주제곡을 콧노래나 휘파람으로 부를 수 있다고 했다.[59] 「로엔그린」은 물론 그의 마음에 특별한 자리를 차지하고 있었다. 페스트에 따르면, 히틀러는 「신들의 황혼」의 마지막 장면을 '모든 오페라의 정점'으로 여겼다고 한다. 그는 슈페어에게서 다음과 같은 말을 들었다고 했다. "바이로이트에서 웅장한 음악이 울려 퍼지는 가운데 신들의 성채가 화염 속에 무너질 때면, 히틀러는 어두운 특별관람석에 앉아 옆에 있던 바그너 부인의 손을 잡고 감동에 젖은 키스를 하곤 했다."[60]

그렇다고는 해도 그에게 가장 의미있는 작품은 「트리스탄과 이졸데」였다. 1942년 어느 저녁에 서곡과 「사랑의 죽음Liebestod」을 레코드로 듣더니 히틀러는 "트리스탄은 바그너의 가장 위대한 작품이야"라고 했다.[61] 크리스타 슈뢰더에 따르면 히틀러는 「사랑의 죽음」에 너무나 큰 감동을 받은 나머지 자기가 죽을 때 이 곡을 들을 수 있으면 좋겠다고 했다 한다.[62] 1924년 란츠베르크 교도소에서 쓴 편지에서 그는 자주 "트리스탄의 꿈을 꾼다."라고 했다.[63] 1938년 바이로이트 공연 때 비니프레트는 "그는 자신이 특별히 사랑하는 아름다운 악절이 나올 때마다 크게 기뻐했다.[64] 그럴 때마다 환한 표정을 지었다."라고 자신의 목격담을 진술했다. 그가 이 곡에 매료된 이유가 성적 흥분 때문인지, 갈망 때문인지, 이성에 대한 관능의 승리—그의 억압되고 충족되지 못한 성 본능과 대조를 이루는—때문인지는 알 수 없다. 밤의 예찬 때문일 수도, 비극적 결말 때문일 수도 있다. 어쩌면 음악 그 자체가 매력적이었는지도 모른다.

히틀러는 「탄호이저」에는 큰 관심을 보이지 않았다. 오랫동안 그는 바그너의 초기 작품, 이른바 드레스덴 버전만을 알았다. 그러다 1930년대 어느 시기에 그는 후기의 파리 버전을 듣더니 여기에 푹 빠져 괴벨스와 괴링에게 파리 버전만 연주를 허가하라고 명령했다.[65] 「파르지팔」은 대단히 의심스럽게 여겼다. 음악이야 어찌 됐든 그것의 줄거리를 좋아할 수 없었다. 그는 성직자 제도를 반대했고 사제와 수도승을 혐오했으며 속죄, 구원, 연민과 같은 관념은 말할 것도 없이 싫어했으므로 「파르지팔」이 마음에 들 리가 없었다. 하지만 줄거리를 바꿀 수는 없기에 이 작품의 공연은 되도록 하지 않기를 바랐고, 하더라도 세속화된 버전으로 공연하게 했다. 롤러를 시켜 이 작품을 바이로이트에서 새롭게 연출하고 싶었던 이유가 여기에 있다. 1936년 라인란트를 통과하는 기차 안에서 히틀러가 카를 무크Karl Muck가 지휘한 오페라 서곡 레코드를 틀어달라더라는 한스 프랑크의 이야기도 이로써 설명된다. 훗날 히틀러는 깊이 명상에 빠졌다가 이렇게 말했다고 한다. "「파르지팔」을 가지고 난 종교를 만들어낼 거야. 신학적인 논쟁이 빠진 그저 엄숙한 형식만을 갖춘 예배를 만들어내겠어."[66] 그는 계속해서 그것—아마도 오페라와 그의 새로운 종교 모두—에서 종교적 색채를 모두 벗겨 내겠다고 했다. 전쟁 발발 이후 빈을 제외하면 이 작품에 대한 공연 허가는 거의 나지 않았다.

심지어는 전쟁 와중에도 히틀러는 이 작품에 담긴 종교적 상징주의가 계속해서 거슬렸다. 1941년 11월 러시아 전선에서 돌아와 잠시 베를린에 머무를 때에도 그는 괴벨스와의 회의 자리에서 이 주제를 꺼내 들었다. 그는 전쟁이 끝나면 「파르지팔」에서 종교를 몰아내든지 아니면 「파르지팔」 자체를 무대에서 몰아내든지 하겠다고 공언했다.[67] 그는 빈 오페라 아카이브에 롤러의 1914년 작품 스케치가 보관되어 있다는 사실을 기억하고는 연출가들에게 이를 모델로 하라고 추천했다. 전쟁의 최종 승리까지 기다릴 것도 없이 괴벨스는 즉각 히틀러의 말을 각료들에게 전달했다. 그리고 모든 오페라하우스에 롤러의 스케치를 사진으로 찍어 배포하라고 지시했다. 매니저들에게는 앞으로 이 작품을 무대에 올리려면 반드시 롤러의 모델을 따라야 한다는 지시를 전달했다.[68] "그 때까지만 해도 일반적이었던 비잔틴풍의 성스러움을 담아 표현하면 안 된다고 했다."

히틀러가 바그너의 작품에 끌린 이유는 그것의 플롯 때문이었다는 가설이 종종 제기되고는 했다. 히틀러는 바그너 작품에 나오는 아웃사이더와 완고한 사회질서 간의 고전적인 갈등, 외로운 영웅과 어두운 악당, 북유럽 신화와 게르만 전설에 끌렸다는 것이다. 하지만 그가 이 작품들을 어떻게 해석했는지, 그것들에서 어떤 이데올로기적 메시지를 발견했는지는 알 길이 없다. 그가 자신을 로엔그린이나 지그문트, 지크프리트, 보탄이나 그 밖의 다른 바그너 작품 캐릭터로 생각했는지는 더욱 알 수 없다. 그를 감동시킨 것은 바로 음악이었다. 그는 "바그너를 듣고 있으면 마치 태곳적 세상의 리듬을 듣는 것처럼 느껴져. 언젠가는 과학이 「라인의 황금Rheingold」 음악의 물리적인 진동비에서 창작의 비결을 찾아낼 수 있지 않을까 상상하고는 해."라고 말했다.[69] 아마 그는 토마스 만이 『파우스트 박사Doktor Faustus』에 쓴 것을 말하려 했던 것 같다. 음악의 요소들은 세계를 이루는 최초의 재료이자 가장 단순한 재료이며 음악과 세계가 하나 되게 만든다는 사실, '모든 만물의 시작에는 음악이 있었다.'라는 사실 말이다. 바그너의 작품을 통해 히틀러는 정신성에 최대한 가까이 접근하는 희열을 맛볼 수 있었던 것 같다. 크리스타 슈뢰더는 그가 "바그너의 음악적 언어는 내 귀에 마치 신의 계시처럼 들리네."라고 말한 것을 기억했다.[70] 이런 어휘들을 사용한 데서 추측하건대, 오페라가 그에게 불러일으킨 감정들은 종교적 믿음의 상실로 인해, 또는 처음부터 진정한 믿음이 부재함으로 인해 생겨난 공허감을 메워줄 수 있었던 것 같다. 초창기 연설 중에서 그는 바그너의 작품들이 고유한 방식으로 신성하며, "모든 불행과 비참함 그리고 세상에 만연한 타락으로부터의 고양과 해방"을 제공하고, 인간을 "순결한 창공으로 들어 올린다."[71]라며 의미심장하게 언급한 적이 있다. 오페라가 제공하는 도피와 정화도 그에게 매력적이었지만, 그것은 또한 압도적인 것, 광대한 것, 낭만적인 것, 오르가슴을 느끼게 하는 것에 끌리는 그의 성향에 맞기도 했다. 그러한 성향은 그가 주관한 군중대회, 퍼레이드, 스펙터클에서도 뚜렷이 나타난다.

바그너처럼 히틀러도 음악은 무대 위에서 시각적 형태를 지닌 다른 예술과 융합될 때 완전히 자신을 실현하게 된다고 믿었다. 바그너처럼 그도 오페라 제작의 모든 방면에 관심을 쏟았다. 무대의 구조와 디자인에까지 관심을 보였다. 그는 무대 장치의 작동을 비롯한 무대 뒤 작업에 매료되었다. 1925년 바이마르 방문 중에 그는 국립극장 무대 뒤에 가보고 싶다고 했다. 당시 그와 함께 있었던 시라흐는 나중에 이렇게 말했다. "그는 온갖 종류의 조명 시스템들을 잘 알고 있었습니다. 어떤 장면에는 어떤 조명을 쓰는 것이 좋은지 아주 자세히 이야기할 수 있었지요."[72] 한스 제베루스 치글러Hans Severus Ziegler는 베르그호프에서 어느 날 밤 히틀러와 산책하며 나눈 대화를 기억했다. 이때 갑자기 달이

히틀러의 1925년 스케치북에는 알프레트 롤러의 1903년 연출에 근거한 「트리스탄과 이졸데」 2막과 3막의 무대 스케치가 들어있다.

구름 뒤에서 나타나 주변의 풀밭을 비추었는데, 히틀러가 멈추어 서더니 「마이스터징어」 2막의 마지막 장면에서처럼 무대 위에서 달빛과 비슷한 효과를 내려면 어떤 색의 빛을 써야 하는지 토론하기 시작하더라고 했다. 그는 흰색을 써야 한다고 주장했다. "자주 녹색이나 파란색을 띤 빛을 쓰고는 하는데 그건 잘못되었지. 그런 건 낭만주의 키치일 따름이야."라고 불평했다.[73]

젊은 시절부터 이미 히틀러는 자신이 상상했거나 실제로 보았던 바그너풍의 무대 세트들을 스케치했다. 검을 치켜든 지크프리트 드로잉은 사실 쿠자우의 위작이기는 했지만, 진본 스케치도 여러 장 남아있다.[74] 그중에는 「로엔그린」의 2막을 그린 것도 있다. 나머지는 히틀러가 빈에서 관람했던, 유명한 1903년 말러-롤러 연출의 「트리스탄과 이졸데」의 2막과 3막을 묘사한 것들이다. 총리가 된 후 무대 디자인에 관한 관심은 더욱 커졌다.[75] 그냥 기다리면 몇 달 걸릴지도 모르는 히틀러와 면담 약속을 잡는 가장 좋은 방법은 오페레타나 오페라, 특히 바그너 오페라의 새로운 무대 사진을 가지고 있다는 정보를 그에게 흘리는 것이라는 게 정설일 정도였다. 그렇게만 하면 히틀러의 초대를 받을 가능성이 아주 높아졌다. 그리고 히틀러는 오랜 시간 그 사진들을 꼼꼼히 살펴보고는 했다. 무엇보다도 그는 벤노 폰 아렌트와의 협업을 아주 좋아했다. 그들은 함께 히틀러가 의뢰했거나 사비로 지원한 여러 작품 연출을 디자인했다. 그중에는 1935년 베를린의 독일 오페라하우스에서 공연된 「로엔그린」, 1939년 베를린의 디트리히 에카르트 야외극장에서 공연된 「리엔치」, 1934년부터 당대회와 연계하여 뉘른베르크 오페라하우스에서 공연된 「뉘른베르크의 마이스터징어」가 있었다. 슈페어는 이렇게 회고했다.

히틀러는 초기 오페라 스케치 가운데 하나로 「로엔그린」의 2막을 그렸다

총리실에서 히틀러는 크레용으로 색칠한 말끔한 무대 디자인을 자신의 침실로 올려보낸 적이 있었다. 「트리스탄과 이졸데」의 모든 막을 위한 무대 디자인이었는데, 여기서 영감을 얻으라고 아렌트에게 주었다. 「니벨룽겐의 반지」의 모든 장면을 위한 일련의 스케치를 아렌트에게 준 적도 있다. 점심 식사 자리에서 그는 대단히 만족스러워하면서 이것들을 작업하느라 3주나 밤을 새웠다고 말했다. 나는 깜짝 놀랐다. 보통 그는 낮 동안에 방문객, 연설, 관광 그리고 다른 공무로 무척 바빴기 때문이다.[76]

당연하게도 아렌트의 작품은 히틀러의 취향을 반영했다. 예를 들어 「트리스탄」의 2막을 위한 그의 무대 세팅은 히틀러가 아주 좋아했던 롤러의 빈 무대를 저속하게 모방한 것에 불과했다.[77] 히틀러-아렌트 스

타일의 주요 특징은, 슈페어의 표현대로라면 '요란함'이었다. 아렌트의 연출은 요란했다. 「로엔그린」과 「리엔치」의 특징은 엄청난 규모의 합창단, 퍼레이드, 엄청한 인원의 보조출연자 동원 그리고 화려한 복장이었다. 하지만 히틀러-아렌트의 걸작은 1934년 그들이 공동 연출한 「뉘른베르크의 마이스터징어」였다. 이 작품은 3막의 초원 장면에서 절정에 도달하는데, 이 장면은 뉘른베르크 당대회와 같은 방식으로 연출되었다. 깃발의 물결과 군사 합창이 동원되었다. 히틀러는 연출의 모든 디테일을 샅샅이 점검했다. 그는 2막의 달빛 장면에 속상해하다가 「뉘른베르크의 마이스터징어」의 마지막 초원 장면에서 자신이 원하던 화려한 색채를 보고는 황홀감을 느꼈다.[78] 한스 작스의 구두 수선 가게 건너편에 작은 맞배지붕 집들이 보이는 낭만적인 풍경에도 황홀감을 느꼈다. 어찌 되었건 히틀러의 오페라 연출은 히틀러의 이데올로기보다는 개인적인 취향의 영향을 받았다. 따라서 연출의 정치성보다는 연출의 저속함이 더 기억할 만하게 되어버렸다. 히틀러는 이를 자랑하고 싶어서 뉘른베르크를 시작으로 1935년에는 베를린의 독일 오페라하우스에서, 1938년에는 단치히에서, 1941년에는 린츠에서 순회공연을 하도록 했다. 이 연출은 심지어 전후에도 부활할 수 있었다. 1951년 당시에는 바이로이트 축제를 위한 무대의상을 자체 제작할 만한 경제적 여유가 없었기에 예전의 무대의상을 재활용할 수밖에 없었다.

히틀러의 작곡가 바그너에 대한 숭배는 금세 인간 바그너에 대한 숭배로 발전한 듯하다. 프리드리히 대왕과 비스마르크를 제외하고 그가 그렇게나 반복적으로 집요하게 칭송한 인물은 없다. "솔직히 말해 리하르트 바그너의 인격은 괴테보다 내게 더 많은 것을 의미한다."[79]라고 말한 적이 있다. 괴벨스도 "총통은 내게 리하르트 바그너에 대해 이야기한다. 그는 바그너를 숭배한다. 그와 같은 사람을 본 적이 없다고 한다."[80]라고 적었다. 그는 심지어 바그너의 이름을 1923년 폭동 사건에까지 끌어들였다. 이 사건을 심리하는 법정에서 그는 말보다 행동을 좋아하는 바그너로부터 부분적인 영향을 받았다고 진술했다.

> 처음으로 바그너의 묘 앞에 섰을 때, 내 가슴은 여기에 영면을 취하고 있는 이 남자에 대한 찬미로 넘쳐흘렀습니다. 그라면 자신의 묘비에 이런 비문을 허락하지 않았을 겁니다. "여기에 추밀원 고문이자 음악 감독, 리하르트 폰 바그너 각하가 잠들다." 나는 이 남자가 독일 역사의 많은 다른 이들처럼 직함이 아닌 그저 이름만을 후대에 남기는 데 만족했다는 점이 자랑스럽습니다.[81]

어떤 작가들은 이 작은 부스러기만 가지고도 성대한 잔칫상을 차리기도 했다. 일찌감치 1930년대 초부터 바그너는 단지 자신의 음악으로 히틀러를 매료시키고 그의 반유대주의와 술책, 정치적 이념에 영감을 주었을 뿐 아니라, 히틀러가 권력을 쥘 수 있는 이데올로기적 상황을 만드는 데 일조했다는 주장이 제기되었다. 에밀 루트비히는 "창의적 재능을 가진 독일인 가운데서도 바그너는 가장 위험한 인물이었으며 오늘날의 혼란을 야기한 장본인이다. 그는 현재 독일의 정신상태를 낳은 친부이다."[82]라고 썼다. 그는 또 히틀러가 바그너주의자인 사실도 우연히 아니라고 했다. 둘은 개인적으로도 '진짜 광신도였으며 유능한 배우라는 점에서' 똑같다고 했다. 또한 바그너는 히틀러처럼 독일의 모험담이라는 재료를 사용해 작업했다고 했다. "여기에 자유나 충절은 없다. 권력과 배신 그리고 섹스만이 있다." 바그너가 독일인들에게 내민 이상이란 그런 것들이었다. 그러나 바그너의 '신비로운 황홀경'을 창조한 것은 그저 이야기와 '음악 사운드의 짙은 안개'만이 아니었다. 복잡하게 비튼 독일어도 그런 분위기를 창조했다. "이에 필적할 만한 것이 있다면, 그것은 히틀러의 산문이 될 것이다."

위험한 도덕, 위험한 음악, 위험한 언어. 이것들은 훗날 토마스 만이 발전시킨 주제들이다. 그는 히틀러 못지않게 바그너에게 반했었다. 그 역시 젊은 시절에 지역의 오페라하우스를 들락거렸고 거장 바그너의 오페라 중에서 가장 처음 관람한 작품이 「로엔그린」이었다. 토마스 만은 바그너를 경험하게 된 것이 자신에게 '가장 크고 강력한 영향을 미친 사건'[83]이었다고 말했다. 시종일관 그는 바그너 음악에 매료되었고 바그너가 건 마법에서 헤어나지 못했다. 그가 쓴 십여 편의 에세이, 수많은 서한 그리고 셀 수 없이 많은 일기의 주제가 바그너였다. 하지만 히틀러가 자신이 아는 바그너의 모든 것을 무비판적으로 숭배했다면, 토마스 만은 이 모든 것들에 대해 양가적인 감정을 가지고 있었다. '의심스러운', '수상한'이라는 형용사를 그는 거듭 사용했다. 어느 대목에서 그는 괴테와 바그너 사이에서 선택을 해야만 한다고 주장하는가 하면, 다른 대목에서 둘의 영혼은 독일 정신에 깊이 새겨져 있다고 주장하기도 했다.[84] 토마스 만의 태도는 양가적이고 모순적일 뿐 아니라 끊임없이 바뀌었다. 훗날 그는 "나는 오늘 그에 대해 이렇게 썼다가 내일이 되면 또 다르게 쓸 수도 있다."[85]라고 고백했다.

바그너에 대한 토마스 만의 가장 중요한 논평은 1933년 2월 뮌헨의 괴테 협회에서 했던 바그너 서거 50주년 기념 연설이었다. 「리하르트 바그너의 고통과 위대함」이라는 제목의 이 연설은 유럽 문화에서 바그너가 차지하는 위치를 깊숙이 탐색하고 날카롭게 분석했다. 수년간에 걸친 연구의 결실인 이 연설은 바그너의 성격적 결함을 간과하지 않으면서도 그를 가장 위대한 예술가 중 하나로 인정했다. 그리고 만일 바그너 작품이 국수주의적 효과를 위해 이용되도록 내버려둔다면 근거 없는 비방에 시달리리라는 경고—히틀러가 생각보다 빨리 정권을 차지하자 삽입한 내용이다—로 연설을 끝맺었다. "현대적인 의미의 기원을 바그너의 민족주의 제스처나 연설에서 찾으려는 시도를 용납할 수 없다. 그렇게 하는 것은 바그너를 왜곡하고 악용하는 것이며 낭만주의적 순수를 더럽히는 행위이다."[86]

바그너를 칭송했고, 그 자리에서는 적절하지 않다고 여겨 바그너의 반유대주의를 다루지 않았음에도 불구하고 토마스 만의 연설은 한스 크나퍼츠부슈의 성난 반응을 불러일으켰다. 이 극보수주의자이자 민족주의자인 지휘자는 토마스 만을 비난하는 연판장을 돌려 리하르트 슈트라우스와 한스 피츠너와 같은 이들의 서명을 받아냈다. 토마스 만은 '심미적 속물'이며 자신의 '얕은 지식'을 가지고 바그너를 '모욕했다'고 했다. 크나퍼츠부슈는 대단한 혐오자였다. 그리고 이 부당한 공격은 브루노 발터와의 관계를 청산하기 위해 그의 친구인 토마스 만을 간접 공격한 것이었을 수도 있다. 아니면 이미 바그너를 새로운 제국의 문화 영웅으로 만든 새 총통의 비위를 맞추기 위한 것이었을 수도 있다. 히틀러가 이 에피소드에 관해 알고 있었는지는 확실치 않다. 히틀러의 친구이자 『나의 투쟁』의 출판인인 막스 아만Max Amann이 문제의 그 연판장에 서명했기는 하다. 어찌 되었건 그 연판장으로 적대적인 분위기가 형성된 이상, 토마스 만은 망명하는 수밖에 없었다.

1930년대 내내, 한 정치적 마법사의 사악한 술수에 최면 걸린 유럽 상황을 목도한 토마스 만은 히틀러의 성격을 면밀하게 탐구하기 시작했다. 그런데 히틀러를 들여다보면 볼수록 그 속에서 보이는 건 바그너였다. 이 때문에 그는 1938년 탁월한 반나치 에세이 「브라더 히틀러」에서 다음과 같은 말을 했다. "히틀러 현상은 비록 왜곡된 형태로 나타나기는 했지만, 바그너적 현상이라 할 수 있다. 이를 오래 주목해 온 사람이라면 안다. 한때 고트프리트 켈러에게 '이발사이자 협잡꾼'이라 불렸던, 예술적 재능을 가진 유럽의 마법사에게 정치적 기적을 노리는 이들이 바치는, 비록 상식적이지는 않지만 나름의 근거가 있는 숭배의 감정이 무엇인지를."

그런데 그의 마음을 점점 불편하게 만드는 건 작곡가보다 그의 음악이었다. 바그너의 음악에는 사람의 마음을 대단히 불안하게 만드는 측면이 있었다. 1901년 히틀러가 처음으로「로엔그린」을 알아가던 바로 그 시기에, 토마스 만은『부덴브로크가의 사람들』에서 오르간 연주자이자 부덴브로크가의 친구인 퓔 씨가 피아노로「트리스탄과 이졸데」몇 소절을 처음 연주하고 보이는 반응을 묘사하고 있었다. "이것은 선동입니다. 신성모독, 정신 이상, 광기입니다! 번개 칠 때 피어나는 향기로운 안개입니다. 예술에 깃들어 있던 모든 순수의 죽음입니다." 그는 이 음악이 한 사람의 영혼을 완전히 타락시킬 것이라고 주장했다. 하지만 결국 퓔 씨는 굴복하고 말았다. "부끄러운 듯 기쁜 표정을 하고 그는 복잡하게 얽힌 라이트모티프의 화성 진행에 빠져들었다." 이 대목은 사실 자전적인 내용이었다. 퓔 씨를 빌어 토마스 만은 생각을 바꾸었을지언정, 바그너의 음악이 매력적이면서 위험하다고 느끼는 감정마저 잊지는 않았다는 점을 보여준다. 사실 바그너의 음악이 위험한 것은 매력적이면서 정신의 비이성적인 측면에 호소하기 때문이다. 1937년 10월 어느 날 토마스 만은 일기에 바그너가 코지마 바그너Cosima Wagner를 위해 쓴 시에서 '놀라운 정도로 히틀러스러운 특징'[87]을 발견하는 그 순간에도「발퀴레」레코드를 '탄복하며' 들었다고 적었다. 한 달 전에 그는 그가 아주 좋아하는「로엔그린」의 방송을 듣고는 일기에 '끔찍한 히틀러주의'라고 적었다.[88]

1940년이 되어서야 그는 자신의 혼란을 공개적으로 고백했다. 뉴욕의 월간지 「커먼 센스Common Sense」에 보낸 서한에 이렇게 적었다.

> 나는 나치즘의 요소가 바그너의 수상한 저술에만 있다고 보지 않습니다. 그의 '음악'에도 나치즘의 요소가 있습니다. 르네상스 이후의 주류 문명과 문화, 사회를 거스르는 그의 음악은 히틀러주의와 똑같은 방식으로 부르주아-인도주의 시대에 등장했습니다. 바그너의 음악의 바갈라바이아(「라인의 황금」에 등장하는 소리. -옮긴이), 그것의 두운, 대지에 박힌 뿌리와 미래를 향한 시선의 혼합, 계급 없는 사회를 호소함, 이 모든 것이 뒤섞인 신화적-반동적 혁명주의를 보면, 이것이 오늘날 세계를 공포에 떨게 만들고 있는 '메타정치적' 운동의 정신적인 선구자였음을 알 수 있습니다.[89]

여기서 토마스 만은 대단히 감정적이고 불명확하다. 그는 장차 독일이 어찌 될지 알아내고자 필사적으로 노력하면서, 행복했던 시절의 문명화된 독일에 관해 고통스러운 철학적 사색을 이어가고 있다. 하지만 상대적으로 평온했던 1949년에 뒤돌아보더라도 여전히 그에게는 바그너와 히틀러 사이의 유사성이 보였다. "바그너 음악에는 허세, 끝없는 들썩임, 오만한 독백 그리고 무엇보다 모든 것에 발언권을 주장하는 태도, 이루 말할 수 없는 거만함이 있다. 그리고 이런 모습은 후대의 히틀러를 통해 다시 반복 등장한다. 확실히 바그너 속에는 '히틀러'가 많이 들어있다…."[90]

하지만 그러한 무서운 결론에 도달하기에 이런 것들은 너무 사소한 특징일 수 있다. 1951년 그는 이 주제에 관해 최종적으로 언급하면서 원점으로 돌아갔다. 히틀러에 의해 훼손된 「뉘른베르크의 마이스터징어」지만 여전히 그는 칭송했다. "이것은 근사한 작품이다. 만일 그러한 것이 있다면, 이것은 축제의 드라마다. 이것은 지혜와 대담함을, 가치 있는 것과 혁명적인 것을, 전통과 미래를 찬란하면서도 고요하게 결합한 시적인 작품으로 삶 그리고 예술에 대한 뿌리 깊은 열정을 불러일으킨다."[91]

테오도어 아도르노의 『바그너에 관한 에세이Versuch über Wagner』와 요아힘 페스트의 치밀한 전기 역시 [바그너를] 기소하기 위한 새로운 논거를 제시했다. 전자는 음악학의 관점에서 바그너를 비판했고, 후자는 좀 더 포괄적인 관점에서 비판했다. 페스트는 다음과 같이 썼다.

> 리하트르 바그너의 음악에 굴복했다.[92] … 감정으로 충만한 그의 음악은 히틀러에게 자기 최면의 수단이 되었다. 호화로운 부르주아풍의 곡조 속에서 그는 현실도피주의자들이 꿈꾸는 환상의 필수 요소를 발견했다….
>
> 사실 히틀러는 훗날 리하르트 바그너를 제외하면 자신의 '선구자'는 없다고 공언했다.[93] 그에게 바그너란 단순히 한 사람의 작곡가가 아니라 하나의 인격, '독일인들이 가져본 가장 예언자적인 인물'을 의미했다. … 두 기질을 한군데 모아놓으면 하나의 가족인 양 서로가 닮았다는 기이한 느낌을 자아낸다. 이런 느낌이 더욱 도드라지는 이유는 젊은 그림엽서 화가 히틀러가 의식적으로 자신의 영웅 바그너를 모델로 자기 모습을 형성했기 때문이다….
>
> [바그너풍의] 오페라 양식이나 리하르트 바그너의 선동적인 예술이 없는 제3제국의 공적 의례 양식은 상상조차 할 수 없다. … [히틀러와 바그너는] 상상력이 풍부한 화려한 사기술의 대가들이다….[94]
>
> 바이로이트의 마스터는 단지 히틀러의 위대한 모범일 뿐 아니라, 젊

은이들의 이데올로기적 멘토이다. 바그너의 정치적인 글들은 히틀러가 가장 좋아하는 독서물이었다. 두서없이 사방으로 뻗어나가는 과장된 그의 스타일은 틀림없이 히틀러의 어법과 구문에 영향을 끼쳤다. 그의 정치적인 글들은 오페라와 함께 히틀러의 이데올로기에 전체적인 윤곽을 형성했다. … 히틀러는 여기서 자신의 세계관을 뒷받침할 '단단한 기반'을 발견했다.[95]

한스-위르겐 지버베르크Hans-Jürgen Syberberg의 1977년 영화 「히틀러」의 오프닝 장면보다 둘 사이의 관련성을 자극적으로 상징화한 것은 없다. 여기서 히틀러는 바그너의 바이로이트 무덤에서 나온다. 마치 무덤을 벗어나는 심령처럼. 1980년대와 1990년대에 일각에서 바그너의 반유대주의를 공격하는 것이 하나의 강박이 되자 히틀러는 거의 하나의 부속물이 될 뻔했다. 히틀러는 사악한 작곡가 바그너가 만들어낸 괴물로 묘사되었다. 어떤 작가의 책 제목처럼, '히틀러의 바그너가 아니라 바그너의 히틀러'[96]였다.

하지만 이는 모두 증거 없는 주장일 뿐이다. 사실은 어땠을까? 히틀러가 바그너에게서 높이 샀던 점은 그의 다른 영웅들에게서도 높이 샀던 점, 즉 용기라는 것만큼은 분명한 사실이다. 1923년 연설에서 그는 인간을 위대하게 만드는 결정적인 특성이 '영웅적 태도'라 정의했다.[97] 그리고 이러한 특성을 가진 사람들로 루터, 프리드리히 대왕, 바그너를 거론했다. 루터는 세계와 홀로 맞설 용기를 가진 개혁가였고, 프리드리히 대왕은 불운한 운명에 처했을 때에도 용기를 잃지 않았던 왕이었고, 바그너는 외로움과 싸울 용기를 지닌 작곡가였기 때문이라고 했다. 이들은 홀로 싸우고 또 싸웠다. '마치 타이탄처럼' 싸웠다. 젊은 시절 절망적으로 외로웠고 친구도 없었던 히틀러는 이들의 투쟁에 자신의 상

1940년 브레커가 히틀러 흉상과 바그너 흉상을 조각했다. 히틀러는 자기 흉상은 싫어했지만, 바그너 흉상은 매우 좋아했다.. 그는 괴벨스에게 그 흉상이 '지나치게 사진과 같은 정확성을 추구하거나 지나치게 환상적인 것을 추구하지 않는' 동시에 '개성적이면서도 항구적인 속성'을 표현함으로써 조각의 이상을 성취했다고 말했다.

황을 투영했다. 따라서 바그너는 자기 운명을 믿으며 그 운명을 방해하는 그 어떤 것도 용납하지 않는 사람의 상징 아니 모델이었다. 그는 바로 이런 식으로 바그너를, 자주 인용되는 표현을 쓰자면, 자신의 유일한 조상으로 이해했다. 하지만 전쟁이 발발하자 그가 눈길을 돌린 것은 바로 프리드리히 대왕이었다. 그가 군사령본부에 그리고 종국에는 베를린 벙커에 들고 갔던 것은 바그너가 아니라 대왕의 초상화였다.

또 다른 사실은 히틀러가 자신의 견해가 바그너의 영향에서 비롯되었음을 한 번도 인정한 적이 없다는 점이다. 『나의 투쟁』에서도, 연설, 기사, 녹음된 사적 대화에서도 그런 적이 없다. 히틀러가 종종 그를 인용하기는 했다. 실러나 괴테, 베토벤을 인용한 것처럼 말이다. 하지만 실질적 내용을 담은 인용은 없었다. 『나의 투쟁』을 읽고 난 다음, 바그너의 글에서 그와 비슷한 우연한 일치를 발견하는 건 쉽다. 하지만 이런 게임은 수많은 다른 인물들을 가지고도 할 수 있다. 언뜻 보기에 둘 사이에 평행관계가 존재하는 듯 보이는 것도 사실이다. 광적인 반유대주의, 헬레니즘, 문화야말로 문명의 최고선이라는 믿음, 예술은 결코 상업과 같은 것의 볼모가 될 수 없다는 생각을 둘 다 가지고 있었다. 하지만 이런 생각은 다른 이들에게서도 얼마든지 쉽게 발견할 수 있다. 확실히 바그너의 소책자 『음악에서의 유대인 기질Das Judenthum in der Musik』은 유대인에게 예술적 창조성이 결여되어 있다는 히틀러의 주장과 공명하는 바가 있다. 하지만 히틀러는 한 번도 자신의 반유대주의가 바그너로부터 비롯되었다고 한 적이 없다는 점에 주목할 필요가 있다. 1920년에 한 연설, 「왜 우리는 반유대주의자들인가?Warum sind wir Antisemiten?」에서도 그렇게 말하지 않았다. 이 연설에서 그는 처음으로 대중 앞에서 자신의 견해를 설명했다.

히틀러가 바그너 전집을 읽었다는 증거도 없다. 바그너의 글이 '그의 가장 좋아하는 독서물'이었다는 증거는 더욱 없다. 이런 근거 없는 믿음은 아마도 쿠비체크의 책에서 비롯된 것으로 보인다. 이 책에서는 청년 히틀러가 바그너에 의해 쓰였거나 바그너에 관해 쓰인 모든 전기, 서한, 에세이, 일기나 신문 스크랩을 닥치는 대로 읽었다고 이야기한다. 하지만 이는 쿠비체크가 자신의 '회고담'에서 한 이야기와 모순된다.[98] 어찌 되었든 히틀러 본인은 전혀 그런 주장을 한 적이 없다. 히틀러가 자신의 생각을 형성하는 데 힌트를 얻은 사람들을 한데 모으려면 커다란 홀이 필요할 것이다. 군중 속에서 코가 크고 턱이 돌출된 키 작은 남자를 아무렇게나 지목한 다음에 그가 유일하고도 가장 중요한 사람이라고 말한다면 이는 지성사에 관한 지식 부족을 드러낼 뿐이다. 즉 히틀러라는 인물이 생겨나게 만든 책임을 바그너에게 묻는 것은, 마르크스에게 레닌과 스탈린의 존재나 쿨라크에서 벌어진 아사 사건과 대숙청의 책임을 묻는 것만큼이나 잘못된 접근이다. 바그너의 히틀러는 존재하지 않는다. '히틀러의 바그너'는 오페라 작곡가였지, 정치적 멘토가 아니었다.

'바이로이트 공화국의 총통'

작곡가 바그너와 인간 바그너에 끌린 히틀러는 필연적으로 바이로이트를 찾을 수밖에 없었다. 그는 바그너의 아들 지크프리트에게 보내는 편지에 이 축제에 참석하는 것은 그가 처음 바그너 오페라를 관람했던 13세 때부터 꿈꾸었던 일이라고 썼다.[1] 하지만 1923년 9월 30일 그가 이곳을 찾게 된 것은 오페라 관람을 위해서도 바그너에게 경의를 표하기 위해서도 아니었다. 국가사회주의 대회에서 연설하기 위해서였다. 연설 후에는 가장 잘 팔리고 있던 인종차별주의 책 『19세기의 기초The Foundations of the Nineteenth Century』의 저자이자 그가 존경하는 남자인 휴스턴 스튜어트 체임벌린을 방문할 기회를 가졌다. 영국인으로서 1914년 독일 시민권을 취득한 체임벌린은 바그너의 열성 팬이었으며 그의 딸인 에바 바그너Eva Wagner와 결혼한 사람이었다. 장애가 있어서 오직 아내를 통해서만 의사소통을 할 수 있었던 체임벌린이지만 그는 히틀러와의 만남이 끝나자마자 방금까지 자신이 독일의 구세주를 눈앞에 마주하고 있었다고 확신했다. 곧바로 그는 이러한 확신을 널리 공개된 서한에서 밝혔다. 그리고 이러한 견해는 히틀러를 처음으로 전국적인 저명인사로서 떠오르게 만들었다. 페스트는 당과 당 지도자들이 어디를 향해 나아가야 할지 모르던 시기였던지라 체임벌린의 말이 '의혹을 불식시킬 답변으로, 바이로이트 마스터가 직접 내린 축복 기도'로 간주되었다고 썼다.[2]

체임벌린과의 만남에 이어 히틀러는 피아노 제조업자인 에트빈 베히슈타인Edwin Bechstein과 그의 아내 헬레네 베히슈타인Helene Bechstein이 주최하는 앤커 호텔 리셉션에 참석했다. 비니프레트 바그너도 참석했는데 바그너에게 강한 애착을 보이는 이 젊은이에게 좋은 인상을 받아 다음날 그를 반프리트Wahnfried로 초청했다. 이곳은 1874년 리하르트 바그너가 직접 지은 저택이었다. 바그너 가문 사람들은 도착한 그가 불안하고 창백하게 질려 있으며 행색이 형편없다는 걸 알게 되었다.[3] 집안을 안내받아 둘러보는 동안 그는 말이 없었고 생각에 잠겨 있었다. 경외심 가득한 그는 집안 구석구석마다 주의를 기울였다. 이곳은 그에게 성지였다. 이때의 감동이 어찌나 컸던지 그는 20년이 지나서도 당시 기억을 떠올리고는 했다.[4] 마침내 거장의 무덤까지 안내받은 그는 침묵 속에 경의를 표하면서 오랜 시간 홀로 그 앞에 서 있었다. 떠날 무렵 그는 소년 시절 「로엔그린」을 처음 듣게 된 이후로, 줄곧 바그너가 독일 역사상 가장 위대한 인물 중 한 명이라고 생각했다고 말했다. 그는 자신이—그가 직접 했던 표현을 인용하자면— '독일의 운명에 영향을 미치는 자리에 오를 수 있다면' 「파르지팔」—1913에 저작권이 말소되었다—은 바이로이트에서만 연주되어야 한다는 바그너의 유지를 받들겠다고 약속했다.[5]

이 방문을 기점으로 하여 히틀러와 바그너 가문 특히 비니프레트 사이의 긴밀한 관계가 시작되었다. 그리고 이 관계는 평생 지속되었다.

이때 맺은 우정의 드라마틱한 증거는 5주 후에 맥주홀 폭동과 관련하여 모습을 드러냈다. 쿠데타 시도 다음 날, 콘서트 계약을 위해 인스부르크에 머물던 지크프리트는 부상당한 헤르만 괴링이 그곳에 피신해 있다는 소식을 듣고는 그가 입원한 병원을 방문해 경의를 표했다. 소문에 따르면 의료비도 대신 지불했다고 한다. 바이로이트에서는 비니프레트가 현재 감옥에 있는 히틀러를 전폭적으로 지지한다는 공개서한을 신문사에 보냈다. 훗날 그녀의 딸인 프리델린트 바그너**Friedelind Wagner**가 꾸며낸 이야기에 따르면, 그녀도 히틀러에게 원고지를 비롯한 선물 꾸러미를 보냈다고 했다.[6] 그리고 이 원고지가 바로 히틀러가 『나의 투쟁』을 집필한 그 원고지라고 했다! 사실 히틀러는 책을 집필하는 과정에서 글을 적지 않았다. 루돌프 헤스나 다른 사람들에게 구술했다. 그리고 이 사람들이 어떤 종이에 적었는지는 알려진 바 없다. 어찌 됐든 프리델린트의 주장은 적절하지 않다. 그건 비니프레트가 원고지를 보내지 않았더라면 히틀러가 『나의 투쟁』을 쓰지 않았을 거라는 황당무계한 소리이기 때문이다.

히틀러에게 진짜 의미 있었던 것은 비니프레트가 이듬해 4월 지방선거에서 그의 당을 위해 벌인 선거 활동이었다. 이에 깊은 감사의 마음을 품은 히틀러는 자신의 정치 운동에 바이로이트가 얼마나 큰 의미를 갖는지를 과장되게 표현한 서한을 지크프리트에게 보내기도 했다. 그는 바이로이트에서의 선거 승리보다 더 기쁜 일은 없다고 썼다.[7] 바이로이트는 바로 '거장이 처음으로, 다음으로는 체임벌린이 뒤를 이어서 오늘날 우리가 들고 싸우게 된 영혼의 검을 벼린 그 장소'이기 때문이라고 했다. 그는 계속해서 이 마을은 '베를린으로 향하는 행군의 길' 위에 있다고 했다. 그는 체임벌린이 써주었던 '대단히 호의적인 서한'에 진작에 감사를 표하고 싶었지만, 정치 활동의 실패로 인해 그럴 수 없었다고 했다. 이어서 그는 지크프리트와 비니프레트가 자신의 운동과 뜻을 함께 해준 점과 '내게 쏟아지는 온갖 증오와 비방에도 불구하고 여전히 보여준 당신의 사랑'에 깊은 감사를 표한다고 했다.

이때부터 점차 바그너가는 독일 정치에서 극우성향을 대표하게 되었다. 지크프리트는 결코 나치당원인 적이 없다. 하지만 나이브했고, 루덴도르프 장군을 우상시해서 1924년 축제의 귀빈으로 그를 환대할 정도로 극보수 성향이었다. 나중에 지크프리트와 비니프레트는 다양한 나치 단체 조직에 자신들의 이름을 빌려주기도 했다. 히틀러는 이들의 충심을 결코 잊지 않았다. 그는 훗날 "모든 상황이 내게 불리하게 돌아갈 때에도 굳건히 내 곁을 지켜준 사람은 바로 지크프리트 바그너였습니다."[8]라고 언급했다. 하지만 그가 출소하면서 비니프레트를 방문하고 싶다고 제안했을 때, 지크프리트는 출소자가 집 근처를 배회하게 둔다는 건 난감하다는 걸 깨닫고 그 제안을 거절했다. 한편 비니프레트는 히틀러의 상처받은 마음을 달래기 위해 뮌헨에 갔다가 처참한 쿠데타 실패 이후 재창당을 위해 나치들이 모인 자리에 우연히 참석하게 되었다. 또 그녀는 작센의 플라우엔에서 열리는 남편의 오페라 공연에 함께 가자고 친구를 설득했다가, 일정을 취소하고 바이로이트의 집에 머무른 적이 있었다. 이날은 히틀러가 반프리트에서 처음으로 묵게 된 날이었다. 그리고 이로써 둘 사이의 관계는 봉합되었다.

다음 해 여름 벡스타인은 히틀러를 축제에 초청했다. 히틀러는 나중에 "난 별로 가고 싶지 않았네. 생각해 보면 지크프리트는 더 그랬을 것 같아. 그는 유대인에게 꽉 잡혀 있었거든."[9]이라고 했다. 하지만 그는 축제에 갔고 매우 기뻐했다. "낮 동안엔 레더호센(무릎까지 내려오는 가죽 바지. –옮긴이)을 입었지만, 축제 때에는 디너 자켓이랑 모닝 코트를 입었지. 공연 중간의 자유 시간도 근사했어. … 에울 〔레스토랑〕에 갈 때면 어렵지 않게 가수들을 만날 수 있었지. 그리고 그땐 내가 그렇게 유명할 때가 아니라서 방해받지 않을 수 있었어." 「니벨룽겐의 반지」 공연은 그에게 상당히 충격적이어서 몇 년 지난 후에도 광분하여 그 이야기를 쏟아낼 정도였다. "유대인 〔프리드리히〕 쇼어가 보탄 역을 맡아 노래했다는 사실에 나는 화가 났어. 내게 그건 인종적인 모욕으로 느껴졌거든." 하지만 이것만 빼면 다 좋았다. "햇빛이 쏟아졌고 … 나는 일곱 번째 천국에 있었지."[10] 그는 시라흐에게 자신은 바이로이트가 너무나 좋으니 말년을 이곳, '리하르트 바그너라는 영혼을 길러낸 문화적으로 월등한 작은 마을'[11]에서 보내도 좋겠다고 말했다.

하지만 폭동을 일으켰으며 반역죄를 선고받았고, 바이에른에서 공적 연설을 금지당했으며, 반유대주의 선동가라는 평판을 가진 남자가 축제를 빛내는 인사가 될 수는 없었다. 히틀러는 자신의 존재가 난감하게 받아들여지고 있다는 사실을 알았다. 그는 후에 이렇게 말했다.

> 몇 년간 나는 축제에 참석하지 않았습니다. 물론 슬펐지요. 나를 무척 걱정했던 바그너 부인은 10여 차례 내게 편지를 썼고 20여 차례 전화를 했습니다. 난 자주 바이로이트를 방문해 그들과 함께 머물고는 했습니다. 바그너 부인은 바이로이트를 국가사회주의와 연결해 주었습니다. 이것이 그녀의 역사적 공헌이지요. 지크프리트도 친구였지만 정치적으로는 소극적이었습니다. 유대인이 그의 목을 비틀 수도 있었거든요. 그로서는 어쩔 수가 없었습니다.[12]

사실 유대인들은 지크프리트의 목을 비틀기는커녕 상당히 많은 인원이 축제에 참가했다. 토마스 만의 처가인 프링스하임Pringsheim 가문과 같은 이들은 주요 후원자였다. 지크프리트를 파멸시킬 뻔했던 존재는 지크프리트 자신이었다. 그의 동성애 건은 히틀러도 이미 알고 있기는 했지만 매우 위험한 사안이어서 평판에 금이 가는 것을 막기 위해 1915년 비니프레트와의 결혼을 서둘러 치러야만 했다. 히틀러는 바그너 일가의 성적 스캔들에 아랑곳하지 않으면서 때로 그것을 가십거리로 이야기하고는 했다.[13] 한번은 저명한 바이로이트 지휘자 카를 무크가 리하르트 바그너의 아들이라는 소문에 관해 이야기 나눈 적도 있다.

총리가 되기 전에 히틀러는 뮌헨과 베를린을 오가는 도중에 바이로이트에 들러 밤중에 몰래 비니프레트를 방문해 그녀와 아이들과 함께 머무르고는 했다. 그는 반프리트를 사랑했다. 이곳이 '삶을 환히 빛나게 한다.'[14]라고 했다. 그리고 '위압적이고 활기가 없는' 괴테하우스보다 이곳을 더 좋아했다. 1933년 이전에도, 이후에도 이곳은 그의 피난처가 되었다. 그는 한 번도 코지마를 보러 가지 않았다. 그녀의 첫 전기 작가가 썼듯이, 그때 당시에 그녀는 눈이 멀었고 '비몽사몽의 상태'로 살아가고 있었다. 하지만 아이들인 빌란트, 프리델린트, 볼프강과 베레나는 그에게 큰 기쁨이었다. 빌란트 바그너Wieland Wagner는 "때로 히틀러의 차가 자정 너머 몰래 집으로 들어가곤 했다. 늦은 시각이었지만 히틀러는 꼭 아이들 방에 들러서 자신이 아는 무서운 이야기들을 해주곤 했다. 우리는 모두 안 자고 베개에 파묻혀서는 반쯤 켠 조명 아래서 그가 들려주는 오싹한 이야기를 들었다…."[15]라고 회상했다. 이 아이들은 그를 '늑대'라는 별명으로 불러도 되는 몇 안 되는 아이들이었다. 그는 비니프레트를 '비니'라 불렀고 아이들은 별명으로 불렀다.

비니프레트와 그녀의 네 아이는 그에게 가족이나 다름없었다. 따뜻하고 가족적인 분위기가 그에게 대단히 중요한 감정적인 의미를 가졌다. 반프리트는 그가 아이 시절 이후로 가져보지 못했던 가정이었다. 그는 비니프레트와 같은 여성과 결혼한 적도, 그녀의 아이들과 같은 자식을 가져본 적도 없었다. 그들이 히틀러에게 사랑받은 이유는 그들이 바그너가라는 점도 있다. 하지만 그들은 다른 누구도 하지 못한 일을 했다. 히틀러가 지닌 성격의 한 측면을 끌어낸 것이다. 1942년 1월 러시아 전선의 사령부에 있을 때에도 그는 그들에 관한 이야기를 신나서 떠들어댔다. "우리는 서로를 친근하게 '당신'이라고 불렀지. 난 이들과 반프리트를 사랑해."[16] 이곳은 이 남자에게도 따뜻한 가슴이 있다는 것이 느껴지는 유일한 장소였다.

그의 인생에 이와 같은 곳은 달리 없었다. 그는 베르그호프보다는 오히려 반프리트에서 공무의 무거운 짐을 내려놓고 그를 둘러싼 깡패 같은 당원들에게서 벗어날 수 있었다. 그의 수행원 모두는 히틀러가 반프리트를 방문할 때 아주 다른 사람이 된다는 걸 알고 있었다. 벨로우는 회상했다. "다른 어떤 가정과도 그가 그렇게 꾸준하게 돈독한 우애를 유지한 적은 없었다."[17] 1930년 지크프리트의 사망 이후에 히틀러는 가부장으로서의 역할에 더욱 빠져들었다.[18] 바이로이트에 있을 때는 가족 구성원 중 한 명이라도 빠지면 식사를 하지 않을 정도였다. 슈페어는 그의 기분을 이렇게 묘사했다.

> 축제 기간에 히틀러는 평소보다 더 느긋해진 모습이었다. 그는 분명 바그너 가족과 함께 할 때 편안함을 느끼는 것 같다. 총리공관 저녁 식사 자리에서와는 달리, 그들과 함께 할 때는 굳이 힘을 드러내 보일 필요를 느끼지 않았다. 그는 명랑했고 아이들에게 아버지처럼 대했으며 비니프레트 바그너에게는 친근하게 대하면서 정성을 기울였다. … 축제의 후원자이자 바그너 가족의 친구로서 히틀러는 분명 그가 젊었을 때는 차마 상상도 못 했을 꿈을 이루었다.[19]

베레나 바그너(왼쪽)와 프리델린트 바그너와 함께 한 히틀러

히틀러 자신도 "바이로이트에서 보낸 열흘이야말로 내 인생에서 가장 즐거운 시간이었다. 그곳을 방문할 때마다 얼마나 행복했는지."[20] 축제가 끝날 때가 되면, "마치 크리스마스트리에서 장식을 거둘 때처럼 슬펐다.'"라고 했다.

총통의 가장 큰 기쁨 중 하나는 해마다 반프리트에서 공연자들을 위해 여는 리셉션 행사였다. 보통 이 행사는 밤새도록 진행되었다. 그는 그때그때 자신의 상상을 사로잡는 모든 것을 쉴 새 없이 떠들어댔고, 나머지 사람들은 감히 끼어들어 한마디 거들지도 못하고 질문할 생각도 못 한 채로 그저 듣기만 했다. 1937년 리셉션 행사에 참석했던 어떤 이류 가수는 존경하는 마음에서 이 행사에 관한 기록을 남겼는데, 히틀러가 무슨 말을 했는지보다는 그의 말하는 방식과 그 유명한 레이저 빔을 쏘는 듯한 눈빛을 자세히 설명했다. 이 솔로 가수는 시를 쓰듯 이렇게 표현했다. "그가 말을 한다기보다는 그의 입에서 말들이 흘러나온다고 해야겠다. 그의 시선은 그의 몸이 아니라, 어떤 물리적 한계도 갖지 않는 그의 존재 전체에서 나온다."[21] 프리델린트 바그너도 이처럼 숭배하는 태도를 보이지는 않았지만 비슷한 취지의 말을 했다. 그녀는 히틀러가 평범한 대화를 5분 이상 참지 못했다고 했다.[22] 어떤 대화든 세계 문제나 예술 문제에 관한 2시간짜리 연설로 바꿔놓고는 했다고 말했다. 그렇게 해서 듣는 이들을 "약에 취한 듯 벌겋게 달아오르게 했다." 하지만 질문이 들어오면 이렇게 대답했다. "그건 말로 설명할 수가 없어요. … 감정으로 전달되는 거니까요."

히틀러와 비니프레트 사이의 관계는 사적인 관계이지 정치적 관계가 아니었다. 그녀는 당에서 어떤 지위도 갖지 않았다. 당의 최고 영예인 황금으로 된 당 배지를 받은 적도 없었다. 히틀러가 서신을 자주 교환하는 편은 아니었지만, 비니프레트에게 보는 서한 7통과 노트가 남아있다. 여기에는 그의 인간관계에서 좀처럼 보기 힘든 진심이 담겨 있다. 1927년 12월 30일 편지에 다음과 같은 내용이 적혀 있다.

> 친애하는 비니에게.
> 내게 보내준 크리스마스 선물에 얼마나 기뻤는지 당신은 모를 겁니다. 당신은 너무 잘해주었어요. 어떻게 해야 이 감사한 마음을 표현할 수 있을지 모르겠습니다.
> 나는 이제 미래를 봅니다. 올해가 끝을 향해 가는 이 무렵 난 행복하게 당신을 떠올립니다. 4년 전에 내가 꿈꾸었던 그곳으로 나를 데리고 간 것이 바로 운명이라고 나는 믿습니다. 비록 지금은 제가 당신에게 아무것도 드리지 못하지만, 저를 자랑스러운 친구로 받아준 당

신이 언젠가는 꼭 보답받는 날이 올 것입니다.

진심을 담아 인사드리며, 다가오는 한 해 또한 멋진 한 해가 되기를 기원합니다.

당신의 늑대로부터.[23]

1931년 12월 30일 자 검은색 테두리의 카드에도 크리스마스 선물에 감사를 표하며 쓸쓸한 마음을 이렇게 적었다.

요 며칠은 아주 쓸쓸했습니다. 나는 이런 외로움을 이겨내야만 해요. 크리스마스에는 차로 베르넥에 갔습니다. 다음날에는 베를린에 가고 싶었는데, 얼음 때문에 뮌헨으로 돌아가야 했지요. 바이로이트를 지나갔지만, 당신을 보러 갈 수 없었습니다. 저 하나의 기쁨을 위해서 다른 사람들의 기쁨을 망칠 수는 없었기 때문입니다….[24]

가장 흥미로운 편지는 그가 총리에 임명되기 3주 전인 1933년 1월 8일 자 편지이다.

몇 주 동안 저는 격무에서 벗어날 수 없었습니다. 산 넘어 산이었지요! 당신께서 더 이상 저를 이해하지 못할 수도 있겠다고 생각합니다…. 지난 2년 동안 저에게 크리스마스는 그저 슬픔의 축제였습니다. 이제 더 이상 과거의 제가 될 수 없습니다…. 저는 언젠가 저의 감사하는 마음을 말이 아닌 행동으로 보여줄 때가 올 거라고 믿습니다. 불행히도 여전히 넘어야 할 산이 있습니다. 이제 저는 압니다. 왜 그 어떤 위대한 독일인보다 바그너와 그의 운명이 젊은 시절 저에게 큰 의미로 다가왔는지. 저 역시 그와 똑같은 시련, 증오, 질시와 몰이해에 맞서 영원히 투쟁해야 했기 때문입니다.* 저 역시 그와 똑같은 것을 걱정하고 있습니다. 어쩌면 운명이 저에게 무언가에 기여할 기회를 줄 수도 있다고 생각합니다.[25]

히틀러와 비니프레트 사이의 우정은 가십거리가 되었다. 둘의 사이가 낭만적 관계로 발전했으며 결혼을 할 수도 있다는 소문마저 떠돌았다. 비니프레트의 감정이 어땠는지 모르지만, 히틀러는 누구와도 결혼할 생각이 없었다.[26] 그들이 결혼할지도 모른다는 이야기를 들으면 웃어넘기고는 했다. 그러다 1940년 프리델린트가 끔찍한 스캔들을 일으키고 난 뒤로 그들의 관계도 차갑게 식어버렸다.[27] 독립적인 성향이 강하고 약간 반항기가 있는 문제아 프리델린트는 반파시스트주의자인 토스카니니를 흠모했다. 그리고 유대인과 결혼한 소프라노 가수 프리다 라이더와 가까운 사이였다. 이런 이들과 사귀다 보니 바이로이트와 독일이 견딜 수 없어진 그녀는 1938년에 파리로, 다음에는 스위스로 갔다. 그녀는 훗날 주장하기를 히틀러가 비니프레트를 보내 자기가 돌아오지 않으면 "망쳐놓거나 박살 내겠다."[28]라고 경고했다고 했다. 비록 그녀의 일기나 그 당시 어머니와 나눈 서신에서 느껴지는 분위기는 그와 달랐지만 말이다.[29] 어찌 되었든 그녀는 1940년 3월에 런던으로 망명해서 유럽을 휩쓴 독일국방군을 가까스로 피할 수 있었다. 런던에서 그녀는 3월 초부터 시작해서 「데일리 스케치Daily Sketch」에 히틀러와 나치 지도부를 조롱하는 연속 기사 12건을 실었다. 그리고 독일 당국은 이 기사들을 즉시 입수해 괴벨스와 히틀러에게 전달했다. 연속 기사가 「진짜 히틀러」, 「이 남자에 관한 진실」, 「베르히테스가덴의 신들에게 전

* 『나의 투쟁』의 원래 제목은 '거짓, 어리석음과 비겁함에 맞서 싸운 4년 반'이었다.

바이로이트에서 히틀러와 빌란트 바그너.

쟁을 선포한 소녀」와 같은 제목으로 선전되자 괴벨스는 일기에 "그 뚱뚱하고 조그만 바그너가 여자애가 런던에서 총통의 비밀을 까밝히고 있다. 짐승 같은 것! 이 일은 좀 곤란한 사태로 번질 수도 있겠다."[30]라고 적었다. 이 기사들은 〔객관적〕 사실을 짧게 다루고 총통이 했다는 말이나 그의 궁정에서 벌어진 일을 길게 폭로하는 데 초점을 맞췄다. 그렇게 해서 히틀러를 '정신 나간 광신도처럼 눈을 부라리고' 걸핏하면 히스테리를 부리는 무능한 바보로 묘사했다. 다른 글에서는 '지금 생각해 보면 그의 눈이 파란 것도 틀림없이 광인이라 그런 것'이라 했다. 그리고 그를 '악마에 들린 사람'으로 보이게 만들었다. 그녀는 영국의 독자들에게 그가 '역사상 최악의 사기꾼'이라고 확언했다.

독일 대중이 이 폭로 기사를 접할 일은 전혀 없었지만, 자신의 이미지에 광적으로 집착하는 히틀러로서는 큰 충격을 받았다. 그전에도 적대적인 기사나 서적이 나오고는 했지만 모두 반나치를 주장하거나 히틀러의 정책을 문제 삼는 것이었지 히틀러의 사생활을 문제 삼는 경우는 없었다. 그런데 내부자 가운데서, 그러니까 그가 특히 신경을 써주었던 자기 딴에는 애정을 보여준 유일한 독일인 다섯 명—나머지는 그녀의 어머니와 그녀의 형제자매들이다—가운데서 폭로성 기사가 나온 것이다. 전시 상황에서 그녀가 적에게 넘어가 배신하고 그에게 상처와 모욕을 주었다는 사실에 그는 큰 타격을 입었다. 아마도 그녀가 폭로한 사실 가운데 일부는 그녀의 어머니 비니프레트—그에 따르면 비니프레트는 히틀러가 인간관계에 서투르다고 생각했음을 알 수 있다—에게서 나왔다는 사실도 분명 그와 그녀의 사이를 소원하게 만든 원인이 되었을 것이다.

폭로 사실이 대체로 무해한 가십과 풍문이었다는 점은 별로 중요하지 않다. 중요한 것은 이것이 친구로부터 흘러나왔다는 사실이다. 계속해서 기사가 실리자 선전부 장관은 점점 신경을 쓰지 않을 수 없게 되었고 급기야 심각한 반역죄로 고발하기에 이르렀다.[31] "총통은 빌란트 바그너에게 그의 누이동생에 관한 이야기를 했다.[32] 이 바보 같은 시골뜨기 소녀가 엄청난 스캔들을 일으키고야 말았다." 히틀러는 이제 가장 커다란 군사적 승리를 거둔 바로 그 시점에 평소 그답지 않게 가까이 지내던 한 어린 여자에 의해 영국 대중 앞에서 웃음거리가 되고 있었다. 괴벨스는 "그는 프리델린트 바그너가 비열하게 조국을 배반한 사실에 큰 충격을 받았다."[33]라고 적었다.

이 사건으로 히틀러가 치욕을 겪기는 했지만, 끝까지 바그너 가족과 축제에 관한 관심을 잃지는 않았다. 축제의 계승자이자 장남인 빌란트는 그가 항상 맹목적인 사랑을 퍼부었던 사람이다. 그는 작곡가 바그너의 생물학적 후손인 이 소년을 떠받들었고 아들처럼 여기며 응석을 받아주었다. 그에게 여러 가지 호의를 베풀었는데, 뮌헨으로 그를 초대해 중등학교 졸업을 축하하며 메르세데스를 선물하기도 했다.[34] 그는 빌란트에게 바이로이트에서의 자신을 사진으로 찍어 판매할 수 있는 독점권을 주기도 했다. 그리고 이 조처로 빌란트는 꽤 짭짤한 수익을 올릴 수 있었다. 1936년 빌란트가 의무 노동 캠프 생활을 육체적으로 너무 힘들어하자, 히틀러는 그를 좀 더 편안한 곳으로 옮겨주었고 때가 되면 자유롭게 축제를 도울 수 있게 지시했다. 전쟁 발발 후에는 군 복무를 면제해 줌으로써 그에게 최대의 친절을 베풀었다. 비슷한 나이의 다른 이들이 집을 떠나 전투를 하는 동안, 빌란트는 전쟁 기간에 대개 뮌헨에 머무르면서 음악과 회화를 공부했다. 히틀러는 관심을 가지고 그가 경력을 쌓아가는 과정을 지켜보았고 괴벨스를 시켜서 그가 알텐부르크라는 작센인 마을에서 오페라 제작을 책임지도록 했다. 그리고 그는 1944년 8월 독일의 모든 극장이 문을 닫을 때까지 이곳에 머물렀다.

히틀러는 총리로 임명된 순간부터 바그너 기념사업을 주장했다. 그는 아르노 브레커에게 "집권 후에 나는 가장 먼저 리하르트 바그너를 기리는 장대한 기념비를 세우는 일부터 하겠다고 생각했네. … 이 기념비는 이 독일 음악의 천재가 얼마나 위대한지를 상징하게 될 것이야."[35] 라고 했다. 이 프로젝트로 인해 새 정부의 첫 작품 공모가 개최되었다. 2주 후에 그는 2월 13일로 50번째를 맞는 리하르트 바그너의 서거 기념일을 화려한 행사를 여는 기회로 삼았다. 그는 바그너의 출생지인 라이프치히로 전 각료와 외교사절단, 지도적인 문화계 인사 그리고 비니프레트와 빌란트를 소집했다. 그리고 그날 저녁 바이마르로 가서 「트리스탄과 이졸데」의 갈라 공연에 참석했다. 한 달 후에는 포츠담에서 제3제국 출범 기념행사를 열면서 행사의 마지막을 베를린 국립 오페라단의 「뉘른베르크의 마이스터징어」로 장식했다. 이 작품은 이때부터 공식적인 국빈 방문이나 연례 당대회 행사 그리고 다른 중요한 행사 때마다 공연되었다. 1934년 3월에는 '리하르트 바그너 국가 기념관'의 초석을 놓았다. 라이프치히에 자리한 이곳을 바그너를 기념하는 거대한 조각 공원으로 만들 예정이었다. 1938년 5월 바그너의 125번째 탄생 축하일에는 바이로이트에 리하르트 바그너 기념 센터를 설립했다. 바그너의 생애와 작품만을 다루는 연구 기관이었다. 히틀러는 이곳을 선전부 장관이 아니라 자신의 직속 기관으로 두었으며 이곳의 첫 번째 과제로 바그너와 그의 아내에게 유대인 선조가 있는지에 관한 논란을 조사하도록 명했다.[36]

히틀러는 루트비히 2세에게 바그너가 선물한 바그너 오페라 원본 악보 컬렉션을 자신의 소유물 가운데 그 무엇보다 귀하게 여겼다. 여기에는 「요정Die Feen」, 「연애금지Das Liebesverbot」, 「리엔치」의 육필 원고, 「라인의 황금」, 「발퀴레」의 깨끗한 복사본, 「지크프리트」 3막의 오케스트라 스케치의 오리지널 사본, 「신들의 황혼」의 오케스트라 스케치의 복사본이 포함되어 있었다. 비니프레트가 비텔스바흐Wittelsbach 가문으로 하여금 80만 마르크에 작품 원고들을 제국경제회의소에 넘기도록 설득—약간은 협박도 하면서—했다.[37] 그리고 제국경제회의소는 이를 1939년 총통에게 50번째 생일 선물로 주었다. 결과는 재앙에 가까웠다. 베를린 공습이 심각한 상황에 이르고 러시아 군대가 수도 가까이 진군해 옴에 따라, 비니프레트는 여러 번 히틀러에게 안전한 보관을 위해 악보를 바이로이트로 보내달라고 요청했다. 하지만 히틀러는 걱정하지 말라면서 완고하게 거절했다. 히틀러는 죽기 직전에 베를린 금고와 베르그호프에 있던 것들을 소각하라고 명령했는데, 이때 이 악보들도 타버렸는지는 알 수 없다. 공습으로 인해 소실되었는지, 다른 물건들과 함께 러시아인들이 가져가 버린 건지도 알 수 없다.

히틀러의 바그너 사랑은 당내에 대단한 분란을 일으켰다.[38] 비니프레트의 말대로라면 당에서 바그너는 '완전히 제정신이 아닌' 사람으로 간주되었다. 비니프레트는 1946년 나치 청산 재판에 제출한 회고록에서 "대부분 국가사회주의 지도자들은 리하르트 바그너와 그의 작품에 적대적이었습니다."[39]라고 썼다. 슈페어, 호프만, 디트리히와 같은 히틀러의 이너서클 멤버들도 이를 확인해 주었다. 하지만 이런 점은 1945년 이후로 줄곧 오해와 왜곡의 대상이 되었다. 그러므로 다음과 같은 하인츠 티에첸의 회고록 내용은 인용할 가치가 있다.

> 실제로 제국 전역의 당 지도부는 바그너에게 적대적이었다. … 최고 당 지도자들은 명령이 있을 때만 바이로이트에 왔다. 오더라도 몇 명만 왔고 두 번 다시 발걸음하지 않았다. … 1년에 한 번 그들은 바그너의 광팬이나 된 것처럼 연기를 할 때가 있었지만 그것도 바이로이트에서가 아니라 축제가 끝난 후 당대회에서 그랬다. 당대회에서 그들은 「마이스터징어」를 좋아하는 척했다. 나는 한 번도 참석한 적이 없지만, 매년 막간 휴식 시간마다 청중들이 점점 사라지니 관람석을 채우기 위해서는 갈색이나 검은색 제복을 입은 남자들을 거리에서 동원해야 한다는 사실을 알고 있었다. 하지만 바이로이트 선전은 그칠 줄 몰랐다. 독일은 존재하지도 않는 '히틀러 바이로이트'를 믿고 또 믿었다. 당은 히틀러의 바그너 사랑을 용인했다. 하지만 당은 나처럼 바그너 작품을 깊이 흠모하는 이들을 적으로 돌렸다. 로젠베르크 무리는 공개적으로, 괴벨스 무리는 은밀하게 그렇게 했다….[40]

연례행사가 되어버린 히틀러의 바이로이트 순례 여행. (왼쪽부터) 빌란트 바그너, 베레나 바그너, 빌헬름 브루크너(부관), 비니프레트 바그너, 칼 브란트(히틀러의 주치의) 그리고 율리우스 쇼브(부관).

티에첸의 지적은 정확했다. 대중이 히틀러와 바그너를 연관지어 생각하게끔 만든 것은 무엇보다 1933년부터 1940년에 이르는 기간에 매년 여름 바이로이트 축제에 히틀러가 참석했다는 사실이었다. 집권하기 전에도 히틀러는 여러 차례 바이로이트 축제에 관여했다. 1930년 그는 그해 여름 지크프리트의 사망으로 인해 바이로이트가 직면한 예술적 문제를 해결하도록 지원했다.[41] 2년 후 빌헬름 푸르트벵글러가 비니프레트와의 불화로 사임했을 때는 히틀러가 중재를 맡기도 했다. 하지만 그의 도움이 결정적인 역할을 하게 된 것은 바로 그가 총리가 되었을 때였다. 그런데 역설적이게도 그의 집권이 바로 문제의 발단이었다. 몇 주가 지나지 않아 비니프레트는 나치 간부들이 바이로이트를 국제주의자 엘리트를 위한 음악적 놀이터로 폄하하고 있다는 끔찍한 사실을 깨달았다. 지역의 당 지도자는 '반프리트에서 국제주의자들을 내쫓으려는'[42] 자신의 의도를 공공연하게 드러냈다.

놀란 비니프레트가 히틀러에게 호소하자, 히틀러는 총리 취임 후 두 달이 지나서 그녀를 총리실 점심 식사 자리에 초대했다.[43] 평소처럼 히틀러는 그녀를 따뜻하게 대하면서 당내에 바그너와 바이로이트에 대해 반감을 가진 이들이 있음을 인정했다. 그리고 자신이 살아있는 한 축제를 지키겠다고 약속했다.[44] 그는 매년 여름 축제에 참석함으로써 당내 적대 세력에 맞서겠다고 했다. 이로써 그녀의 정치적 근심을 해소했지만 그녀가 처한 경제적 어려움을 해결해 주지는 못했다. 국제적인 경제 위기와 국내 정치 상황으로 인해 티켓 판매 실적은 미미했고 축제는 파산에 직면했다. 그녀는 도움을 요청하기 위해 베를린에 돌아왔다. 그리고 히틀러는 지체하지 않고 도움을 약속했다. 그는 당 간부들에게 축제 티켓을 다량 예약하라고 지시했다. 때로는 공연 전체를 예약하도록 했다. 나아가 새로운 작품 연출에 대한 상당한 보조금 지급도 승인했다. 그는 문화적 자선가가 되는 일보다 근사한 것은 없다고 주장한 적이 있었다.[45] 이것이 그가 말한 자선사업의 첫 사례였다. 그는 여기에 아낌없이 자선을 베풀었다. 그해 여름 루트비히 2세의 성에서 열린 바그너 기념행사에서 그는 바그너의 위대한 후원자였던 군주 루트비히 2세가 시작한 사업을 마무리하는 것이 바로 자신의 사명이라고 선언했다. 역사상 최초로 축제의 재정적 지원을 보장하면서 히틀러는 바이로이트가 '국가적 의무'로서 국가의 인정을 받기 원했던 바그너의 꿈을 사실상 실현했다.

그런데 바이로이트에 히틀러가 관여함으로써 생겨나는 손해도 있었다. 당연한 일이지만 외국인들과 유대인들이 이 축제에 관해 흥미를 잃게 된 것이다. 어떤 가수들은 이곳에서 출연을 거부했다. 가장 드라마틱한 사건은 토스카니니가 1933년 지휘를 거부한 일이었다. 그해 봄에 브루노 발터와 같은 지휘자들이 라이프치히나 베를린에서 활동이 금지되는 사태에 놀란 토스카니니가 자신의 계약을 취소해버렸는데, 이는 새 총리에게 공개적인 모욕이나 다름없는 일이라 센세이션을 불러일으켰다. 그리고 축제에도 상당한 타격을 입혔다. 이 축제에서 토스카니니는 청중에게 인기가 있고 비평가들에게도 높은 평가를 받는 지휘자였기 때문이다. 토스카니니는 잘츠부르크 축제에서 브루노 발터와 합류했다. 바이로이트와 잘츠부르크 사이에 있었던 예술적 경쟁은 이때부터 공개적인 정치적 대결로 바뀌었다. 히틀러는 푸르트벵글러와 슈트라우스와 같은 예술가들을 잘츠부르크에서 빼내옴으로써 응수했고—이들은 히틀러의 제안에 고분고분 따랐다— 독일 국경 통과세를 무겁게 부과함으로써 독일 대중의 잘츠부르크 축제 참석을 사실상 불가능하게 만들었다.

히틀러의 후원은 역설적으로 바이로이트 축제를 나치의 통제에 의존하지 않는 제3제국의 유일한 문화 기관으로 만드는 효과를 낳기도 했다. 어떤 당 간부도 감히 간섭할 생각을 하지 못했기 때문에 비니프레트와 그녀의 팀은 자신들이 하던 일을 계속할 수 있었다. 정치적인 이유에서 누군가를 고용하거나 해고하지 않아도 되었다. 그녀는 하인츠 티에첸을 총감독으로, 에밀 프리토리우스Emil Preetorius를 무대 디자이너로 데리고 있을 수 있었다. 사실 그들은 개인적으로나 정치적, 예술적으로 히틀러의 취향에 맞는 이들이 아니었다. 그녀가 보기에 바그너의 오페라에 대해 맹렬한 적대감을 가지고 있는 로젠베르크가 모든 바그너 협회들을 하나로 통합하여 자신의 통제하에 두려고 시도했지만, 그녀는 이런 시도를 가볍게 뭉개버렸다. 그녀는 먹이사슬의 꼭대기에 있는 괴벨스의 공격조차 받아넘길 수 있었다. 바이로이트 축제가 자신의 선전부 통제를 받지 않는 상황 그리고 히틀러가 바그너가와 가깝게 지내는 상황이 견딜 수 없었던 괴벨스는 몇 번이고 비니프레트의 기관을 손에 넣으려 시도했다. 적어도 강제로라도 비니프레트가 제국공연회의소에 합류하게끔 만들려고 했다. 그는 비니프레트도 빌란트도 싫었고 바이로이트 축제를 '가족과 그 도당들의 사업'이라 깔보면서 이것을 그들 손에서 빼어와야겠다고 생각했다.[46] 하지만 이런 시도들—예를 들면 이 축제를 동성애의 온상처럼 묘사한 일—은 히틀러의 마음을 언짢게 만들 뿐 성공하지 못했다. 프로파간다의 마법사인 괴벨스도 자기 일기에 푸념하는 것으로 만족할 수밖에 없었다. "여자가 책임자 자리에 있다니, 측은하구나. 바이로이트여! 총통은 그녀의 최대 보호자이다."[47]

비니프레트는 1935년 6월 슈트라우스에게 보낸 편지에 "…당신도 아시다시피 총통이 주도하지 않으시거나 분명하게 승인해 주지 않으시면 바이로이트에서 아무 일도 진행될 수 없습니다…."[48]라고 썼다. 전후 미국 당국에 제출하는 회고록에는 영어로 "히틀러는 축제에 관련된 어떤 예술적 사안에도 간섭하지 않았습니다. 대신 저의 결정이라면 그것이 당의 강령에 부합하지 않는다고 하더라도 무조건 지지해 주었습니다."[49]라고 적었다. 어느 쪽 진술이 참일까? 비니프레트의 교신—대개는 전화상으로 교신이 이루어졌다—내용 전부가 공개되기 전까지는 확실한 답을 알 수 없다.

바그너에 대한 애정의 크기로 보나 오페라 무대에 푹 빠졌던 성향으로 보나 히틀러는 분명 축제 진행에 영향력을 행사하고 싶은 유혹을 느꼈을 것이다. 총리 임명 직후 롤러에게 「파르지팔」를 완전히 새롭게 연출하라고 지시한 점을 보더라도 그렇다. 그로부터 오래지 않아 리하르트 슈트라우스의 아들은 바그너가의 한 사람에게 이런 내용의 편지

히틀러는 바이로이트의 바그너 오페라 무료 관람이야말로 자신의 전사들을 위한 최고의 대우라고 생각했다. 사진에서는 그들 중 일부가 근처의 변경백 시골 저택, 에레미타지에서 자유로운 아침 시간을 즐기고 있다.

를 썼다. "총통은 내 아버지에게 말하기를 바이로이트를 위한 여러 가지 프로젝트들을 염두에 두고 있기는 하지만 그것들은 여전히 보류 중이라고 했네."[50] 비니프레트도 1975년 텔레비전 인터뷰에서 공연이 끝나고 나면 그녀와 히틀러는 반프리트로 돌아와서 밤늦게 공연에 관한 이야기를 나누고는 했다고 했다. 그때마다 히틀러는 강한 의견을 피력했다고 한다. 하지만 그게 창법에 관한 의견이었는지, 지휘나 무대 연출에 관한 의견이었는지는 명확하지 않다. 프리델린트 바그너에 따르면 히틀러는 종종 무대 연출에 관한 제안을 했다.[51] 히틀러는 롤러가 1903년 빈에서 「트리스탄」의 2막을 연출했던 것과 같은 방식을 좋아했다고 한다. 낭만적인 달과 무수한 별이 떠 있는 무대 배경을 말하는데, 히틀러가 1925

년 스케치북에 그려 넣었던 것과 같다. 프리델린트의 말을 믿는다면, 벌거벗은 파르지팔 주위를 처녀들이 춤추게 하고 노른들(북유럽 신화에 나오는 과거, 현재, 미래를 관장하는 운명의 여신들. -옮긴이)이 세계를 상징하는 구체 꼭대기에 앉아있게 하자는 제안도 했다고 한다.

개인적 친분 때문이든 재정적인 의존 때문이든—정치적 현실은 말할 것도 없고—비니프레트는 히틀러의 의견을 진지하게 받아들이는 수밖에 없었다. 훗날 그녀의 교신 내용으로 판단하건대 그녀는 지휘자와 메인 솔로 가수 선발 문제로 히틀러와 의논했다. 이 문제에 관해 히틀러는 강한 의견을 피력하며 1936년 푸르트벵글러를 천거하기도 했지만, 결국엔 이듬해 그를 해고하겠다는 비니프레트의 결정을 수락할 수밖에 없었다.[52] 결국 비니프레트는 축제 운영을 자신이 원하는 대로 했다. 그녀는 막스 로렌츠와 헤르베르트 얀센과 같은 게이 가수들을 보호했고 프란츠 폰 회슬린이 유대인 아내 문제로 다른 독일 오페라하우스에서 환영받지 못하던 시기에도 그에게 지휘를 맡겼다. 롤러 식의 연출 제안을 제외한다면 히틀러가 무대 디자인이나 연출에 관여했다는 증거도 없다. 확실히 '기가 막힌 효과'를 선호했던 히틀러로서는 바이로이트 연출이 고루하게 느껴졌기 때문에 현란한 기교를 즐겨 쓰는 벤노 폰 아렌트를 영입하자고 비니프레트를 압박했다. 하지만 이 문제가 불거질 때마다 비니프레트는 완고한 입장을 고수했다고 슈페어는 증언했다. "그녀는 히틀러가 무엇을 간절히 바라는지 모르는 척했다."[53] 전후에 하인츠 티에첸은 "히틀러는 어떤 요구나 바람도 표현하지 않았다."[54]라고 딱 잘라 말했다.

하지만 히틀러는 바그너의 대극장을 거대한 새 건물로 교체하자고 제안하는 식으로 상당한 관여를 했다. 그가 생각하는 인상적인 오페라하우스란 파리에 있는 샤를 가르니에의 화려한 건물이나 드레스덴에

무기 공장 노동자들도 바이로이트에서는 '총통의 손님'이었다. 사진에는 1943년 전쟁 기간 중 축제에 「마이스터징어」 공연을 관람하기 위해 일군의 노동자들이 도착하고 있는 모습이 보인다.

있는 고트프리트 젬퍼의 위압적인 건물을 뜻했다. 뛰어난 음향 효과 때문에 바그너의 원래 오디토리움을 보존하는 방향으로 설득당하기는 했지만, 히틀러는 루돌프 에밀 메비스Rudolf Emil Mewis가 디자인한 전형적인 신고전주의 양식의 사방으로 뻗은 건물 안에 그것[오디토리움]을 넣고 싶어했다. 이 괴물 같은 건물 더미의 공사는 히틀러의 최종적인 군사적 승리를 축하는 '평화 축제'에 맞추어 착수할 예정이었다. 1939년 시작된 공사는 그러나 전쟁 발발로 인해 중단되었다.

무대에서 벌어지는 일에 관해 전혀 이데올로기적인 관여를 하지 않았음에도 불구하고, 축제는 대독일미술전만큼 커다란 나치 문화행사가 되었다. 마을은 스바스티카 플래카드에 휩싸였고, 카페와 레스토랑에는 히틀러의 종복과 당직자들로 가득 찼으며 가게에서는 리하르트 바그너가 아니라 아돌프 히틀러 기념품이 판매되었다. 바그너 축제는 히틀러 축제가 되었다. 히틀러가 마치 중세 군주라도 되는 듯이 관리, 종복, 신하, 식객으로 이루어진 대규모의 수행단과 어중이떠중이들이 그 뒤를 따랐다. 때로는 당 최고지도자 여러 명을 초청하여 동행시키기도 했다. 이런 경험이라도 하게 하면 그들을 문명화시킬 수 있을 거라고 기대했기 때문이다. 하지만 그들 대부분은 이를 싫어했다. 페스트슈필하우스Festspielhaus에서 오페라의 한 막을 관람—이때 그들은 옆자리에서 코 골며 조는 동료들을 깨우기 위해 옆구리를 찔러야만 했다—하는 것조차 뜨거운 오븐 속에 들어앉아 있는 것처럼 괴로워하더니 이내 자리를 떠서 근처 시골 저택으로 달아났다.[55]

히틀러와 바이로이트 축제 사이의 관계는 매우 밀접하고도 상징적인 것으로 여겨졌다. 그래서 토마스 만은 바이로이트를 '히틀러의 궁정 극장'이라 불렀다. 베르톨트 브레히트는 조금 더 가볍게 히틀러를 '바이로이트 공화국의 총통'[56]이라 불렀다. 히틀러는 매년 여름 이곳에서 열흘을 보냈고 지크프리트가 낮 동안 자신의 오페라 작업을 하기 위해 물러나 있고는 했던 작은 집에서 생활했다. 바그너와 루트비히 왕이 1896년 「니벨룽겐의 반지」의 오리지널 연출 작품을 관람하던 바로 그 특별석에서 히틀러는 모든 오페라를 한 차례 관람하고는 다시 돌아와 「신들의 황혼」을 한 번 더 관람했다. 가끔은 다른 여러 작품도 추가로 관람했다. 폴란드 침략과 소련과의 불가침 조약에 관한 최종 계획에 골몰하고 있던 1939년 여름에도 그는 공연 관람을 놓치지 않았다. 서부 유럽에서 군사적 승리를 거둔 1940년 프랑스에서 돌아오는 길에는 자신의 전용 기차를 바이로이트로 돌리도록 지시해 그곳에서 「신들의 황혼」을 관람했다. 그리고 이는 그가 참석한 마지막 음악 행사가 되었다.

1914년처럼 전쟁 발발로 인해 축제가 중단되는 일은 없었다. 전쟁 발발은 오히려 바그너 전도사인 히틀러가 자신의 목적을 위해 축제를 활용할 기회를 주었다. 바이로이트의 바그너 오페라 관람처럼 근사한 일을 생각할 수 없었던 히틀러는 군 장병과 군수 산업 노동자들에게 '보상' 차원에서 하루 오페라 무료 관람 기회를 주기로 결정했다. 1940년부터 1944년 여름까지 그는 '전쟁 축제'라는 것을 만들었다. 그리고 공적이 있는 사람들을 그들이 좋든 싫든 상관없이 거기로 보냈다. 다섯 차례의 전쟁 축제 기간에 총 74번의 공연이 열렸고, 14만 2,000명이나 되는 '총통의 손님들'이 거기에 참석했다. 이것이 대단히 자랑스러웠던 히틀러는 1942년 1월 자신의 참모들에게 이렇게 말했다. "나는 경제적 붕괴 위험에 직면한 이런 시기에도 바이로이트[축제]를 지속할 수 있다는 사실이 너무나 기쁘다네. 전쟁 중인 지금 상황에서 나는 바그너가 원했던 바를 이룰 수 있었어. 일반인들과는 다른 특별하게 선택된 이들인 군인과 노동자가 무료로 축제에 참여할 수 있게 하는 것 말일세."[57]

당시 분위기 속에서 바이로이트는 지친 전사들에게 기적과 같은 치유의 힘을 행사하는 것처럼 선전되기도 했다. 이 시기 인기 있었던 영화 중 하나인 「슈투카Stukas」는 동명의 독일 급강하 폭격기 편대의 이야기를 들려준다. 전반부에서 잘생긴 영웅이 폴란드와 프랑스에서 눈에 띄는 모든 것과 모든 사람을 폭격하는 삶을 사는 이야기가 전개된다. 하지만 프랑스가 지고 전투가 중단되자 그는 삶의 재미를 잃고 멍한 상태가 되어 병원에 입원하게 된다. 어떤 약이나 심리 치료로도 그에게 활력을 다시 불어넣을 수 없자, 한 간호사가 최후의 수단으로 그를 바이로이트로 데리고 가서 「신들의 황혼」을 관람하게 한다. 「지크프리트의 라인 여행Siegrieds Rheinfahrt」을 들으면서, 주인공은 폭격과 살인의 스릴과 쾌락을 다시 맛보게 된다. 새롭게 태어난 그는 열의에 가득 차 자신의 부대로 돌아가서 마침 런던 공습에 나서려는 첫 출격 대열에 합류하게 된다는 이야기다.

군사작전이라는 엄청난 부담을 안고서도 히틀러는 전쟁 축제에 관해 강한 관심을 보였다. 비니프레트의 교신 내용을 보면 그녀는 이제 사실상 전쟁 사업이 되어버린 축제에 관한 주요 예술적 사안에 관해 히틀러의 의견을 구했던 것이 틀림없다. 가장 큰 사안은 적당한 레퍼토리를 정하는 일이었다. 전황이 독일에 불리하게 흘러감에 따라 「신들의 황혼」을 대신할 무언가 적절한 작품을 고르는 것이 현명해 보였다. 그녀가 히틀러에게 쓴 것처럼, 「트리스탄과 이졸데」도 배제되어야 했다. 부상당해 죽어가는 트리스탄의 고통과 외로움, 임박한 죽음을 3막에서 길게 다루고 있기 때문이었다. 그녀는 자신이 표현한 것처럼, 이 장면이 부상병들이 감당하기에는 '너무 큰 부담'이 아닐지 걱정했다. 히틀러는 대안으로 「뉘른베르크의 마이스터징어」를 공연하자는 그녀의 제안에 동의했다. 본래 히틀러는 그 작품을 최종 승리를 거둔 후에 '평화 축제'에서 공연할 계획이었다. 「뉘른베르크의 마이스터징어」는 전쟁 축제가 열리던 마지막 두 해 동안 공연된 유일한 작품이었다.

자신의 전쟁 축제에 푹 빠진 히틀러는 전후에도 이 '인민들의 바이로이트'를 지속하기로 결정했다.[58] 지금까지의 축제는 폐지하고 대신 충성스런 당직자와 다른 아끼는 집단들을 위한 대중 축제인 폭스페스트 Volksfest를 열 계획이었다. 이렇게 하면 바이로이트는 국가사회주의자들의 순례지가 되고 나치당과 독일 대중은 '바그너화' 될 터였다.

히틀러의 광적인 바그너 사랑에서 최종적이면서 가장 이상한 측면은 독일국방군이 스탈린그라드에서 뼈저린 패배를 맛본 다음부터 히틀러가 더 이상 오페라를 듣지 않았다는 점이다.[59] 그전까지 히틀러는 옛날의 좋았던 시절에 그랬던 것처럼, 종종 '레코드 듣는 저녁 시간'을 가지고는 했다. 하지만 전황이 악화되고 희망이 사라지자, 우울감에 젖고 꿈은 희미해졌다. 그리고 이상한 일이 벌어졌다. 스탈린그라드 전투 이후 그는 레하르만 듣고 싶어 했다. 히틀러가 작전 현황에 관한 브리핑을 듣고서 깊은 우울감에 빠졌던 순간에 관하여 부관 하인츠 링에Heinz Linge가 적은 내용이 남아있다. 브리핑이 끝나고 히틀러는 하인츠 링에를 돌아보고 물었다. "링에, 어떤 음악 레코드가 있더라?" 어디든 항상 레코드를 가지고 다녔음이 틀림없는 부관이 대답했다. "바그너와 오페레타 몇 장이 있습니다." 히틀러는 즉시 레하르를 선택했다. 군지휘사령부의 히틀러 전속 요리사 마를렌 엑스너Marlene Exner가 기억하기로 히틀러는 이때부터 「유쾌한 미망인」만 들었다. 히틀러의 인생에는 바그너와 브루크너, 레하르가 있었다. 하지만 그에게 가장 위대한 작곡가는 결국 레하르였던 것이다.

음악의 마스터

음악은 국민의 삶을 명백한 기준으로 삼아야 합니다.
듣는 이를 당황케 하는 소리의 혼란이 아니라
소리의 아름다움으로 가슴을 울려야 합니다.
우리의 음악가들은 지성이 아니라
넘치는 음악 정신을 동기로 삼아야 합니다.

—1938년 뉘른베르크 당대회 연설 중에서

에우테르페의 강간

모든 예술 장르 가운데서도 권력 쟁취를 향한 히틀러의 열망을 가장 자극한 예술은 바로 음악이었다. 1920년대 행한 연설 중에 그는 문화적인 퇴락에 관해 여러 번 강조했다. 이때 그가 염두에 두고 있는 음악은 보통 현대 음악이었다. 그에게는 음악이 너무나 큰 의미를 갖기 때문에, 현대 음악의 위태로운 상황이 너무 가슴 아팠다. 그는 현대 음악의 타락이 병든 사회의 징후라고 생각했다. 유대인, 모더니스트, 국제주의자 그리고 돈벌레들이 활개를 치는 바람에 "(실러의) 「마리아 슈투아르트Maria Stuart」와 같은 작품은 사라지고 (레하르의) 「유쾌한 미망인」 같은 작품만이 쏟아지고 있다."[1]라고 했다(물론 이는 그가 오페레타를 쓰레기라고 생각했던 1920년대에 한 말이다). 가장 높은 문화적 수준을 갖추었으며 그가 사랑하는 도시이기도 한 바이마르조차 '검둥이 재즈'—아마도 에른스트 크레네크Ernst Křenek의 인기 재즈 오페라인 「자니가 연주한다!Jonny spielt auf!」를 가리키는 듯하다—로 '독일인들을 문화적으로 독살하려는 이들'[2]에 의해 훼손되었다고 했다. 대중들이 문화와 키치를 구분하지 못할 정도로 상황은 악화되었다. 크레네크와 '그의 친구들'을 진짜 예술가라고 생각하다니 믿어지는가? 히틀러 그 자신은 '모더니스트 작곡가의 쓰레기 같은 작품 전부보다도 한 곡의 독일 군가'[3]가 좋다고 했다. "전자가 토사물보다 나을 게 없다면 후자야말로 진정한 음악이기 때문이다. 이런 오물을 제거하는 것이 우리의 의무다." 이는 1928년 연설에서 나온 경고였다.

히틀러의 불평 이면에는 단명한 바이마르 공화국 시기에 음악에서의 모더니즘을 둘러싸고 벌어진 치열한 문화투쟁이 있었다. 몇 년 동안 투쟁의 열기는 점점 뜨거워지다가 1918년 낡은 정치 질서의 붕괴와 함께 지적인 폭발이 일어나고야 말았다. 오페라계에서는 기존 사회질서에 얽매이지 않는 음악 극장에서 공공연하게 비판적인 내용을 표현하는 일이 가능해졌다. 「보체크Wozzeck」와 같은 원색적인 사회 비판 작품이 나오더니 「장미의 기사Rosenkavalier」와 같은 낭만적인 현실도피 작품이 그 뒤를 이었다. 이즈음의 음악계는 새롭게 쏟아지는 작품 수나 그 작품들의 혁신적인 수준만 보더라도 눈부신 발전을 하고 있었음을 알 수 있다. 하지만 작품들은 점점 정치적인 색채, 특히 좌파적 색채를 더해가고 있었다. 한스 하인츠 슈투켄슈미트Hans Heinz Stuckenschmidt의 표현대로라면 폴리힘니아(아홉 뮤즈 가운데 하나인 성가의 여신. -옮긴이)와 탈리아(아홉 뮤즈 가운데 하나인 희극의 여신. -옮긴이)가 붉은 깃발을 따르고 있었다. 한스 아이슬러Hanns Eisler와 쿠르트 바일과 같은 작곡가들은 음악이 세계를 변화시킬 수 있다고 믿으면서 붉은 깃발을 따랐다. 이는 정확히 보수주의자들이 두려워하는 바였다. 처음에는 그런 음악을 미적인 이유로 거부하던 보수주의자들이 나중에는 정치적인 이유에서도 거부하게 되었다. 히틀러는 두 가지 모두의 이유에서 현대 음악을 비난했다. 이 음악에서 그는 이 나라의 정치적 부패와 평행 관계에 있는 예술적 타락을 보았다. 바일과 아이슬러뿐 아니라 크레네크, 아르놀트 쇤베르크, 알반 베르크의 음악에 대한 반감은 본래 히틀러나 나치당에서 비롯된 것이 아니지만, 곧 이들에 의해 주도되었다. 무조성, 불협화음, 사회적 혼란, 볼셰비즘, 국제주의, 유대인은 독일 문화에 치명적인 독을 퍼뜨리는 사악한 음모의 구성 요인으로 간주되었다.

새로운 오페라나 전통적인 오페라의 무대 디자인 모두, 특히 그것이 바그너 오페라의 무대일 때는 19세기 전통에서 조금이라도 벗어나면 바로 비난의 대상이 되었다. 무대 디자인이나 연출, 연기에 관하여 혁신을 시도한 레오폴드 예스너, 위르겐 펠링Jürgen Fehling, 카스파르 네어, 오스카르 슈트르나드Oskar Strnad, 에발트 뒬베르크Ewald Dülberg는 히틀러를 분노하게 만들었다. 그는 1929년 베를린의 크롤 오페라하우스에서 공연한 파울 힌데미트의 오페라 「오늘의 뉴스Neues vom Tage」에 격노했다고 전해진다. 나체로 보이는 소프라노 가수가 목욕을 하면서 현대적인 수도관의 경이로움에 대해 노래하는 장면이 들어있었다. 같은 해에 이번에도 크롤 오페라하우스에서 공연한 「방황하는 네덜란드인Der Fliegende Holländer」이 정치적인 스캔들로 막을 내리게 되었다. 이 작품은 오토 클렘퍼러가 지휘를, 펠링이 연출을 맡았고, 뒬버그가 신즉물주의라고 알려진 미니멀한 스타일로 무대를 디자인했다.

히틀러가 총리가 되자마자 그런 종류의 '문화적 볼셰비즘'은 탄압을 받게 되었다. 콘서트홀과 오페라하우스에서 모더니즘 음악과 모더니즘 무대 배경을 몰아내기 위해 해고, 협박, 괴롭힘, 테러 수단이 동원되었다. 베를린 국립 오페라극장에서 펠링이 표현주의 방식으로 연출하기로 했던 「탄호이저」와 베를린 시립 오페라극장에서 네어가 연출하기로 했던 「방황하는 네덜란드인」이 히틀러 집권 후 수일이 지나지 않아 취소되었다. 그리고 몇 주가 지나지 않아 쿠르트 바일, 베르톨트 골드슈미트Berthold Goldschmidt, 한스 아이슬러, 에른스트 크레네크, 만프레드 구를리트Manfred Gurlitt, 프란츠 슈레커Franz Schreker 그리고 알렉산더 쳄린스키Alexander Zemlinsky의 공연도 취소되었다. 2월 18일 라이프치히, 에르푸르트와 마그데부르크에서 동시 개봉된 쿠르트 바일의 「은빛 호수Der Silbersee」는 곧 문을 닫아야 했다. 베를린의 도이체 극장에서 하려던 막스 라인하르트의 작품 리허설도 취소되었다. 이후 바일과 라인하르트는 망명했다. 아르놀트 쇤베르크, 알반 베르크, 파울 힌데미트, 안톤 폰 베베른을 비롯한 여러 작곡가의 작품들도 콘서트 프로그램에서 배제되기 시작했다. 나이 든 유대인 작곡가들—멘델스존, 마이어베어, 알레비, 오펜바흐와 말러—의 작품도 점점 사라졌다. 어빙 벌린Irving Berlin과 같은 유대계 외국인 작곡가의 작품도 금지되었다.

쓸려나간 것은 음악만이 아니었다. 음악과 함께 음악인들도 쓸려나갔다. 지휘자, 악기 연주자, 가수, 오페라단장, 무대 디자이너 그리고 연출가들도 인종적·정치적 숙청의 대상이 되었다. 베를린 시립 오페라 극장에서 총감독 자리에 있던 카를 에베르트Carl Ebert가 곧바로 쫓겨났다. 3월 초에는 프리츠 부슈Fritz Busch가 드레스덴 오페라의 수석 지휘자 자리에서 쫓겨났다. 둘 다 유대인은 아니었지만, 이제는 경멸적인 유행어가 되어버린 운트라그바untragbar, 즉 용납될 수 없는 존재라는 딱지가 그들에게 붙어버렸다. 3월 중순에 브루노 발터는 라이프치히와 베를린에서 지휘하는 것이 금지되었다. 몇 주 후에 오토 클렘퍼러는 베를린 국립 오페라극장의 지휘자 자리에서 해임되었다. 둘 다 유대인 출신배경을 가지고 있었다. 비슷한 시기에 쫓겨난 프리츠 슈티드리Fritz Stiedry, 야샤 호렌슈타인Jascha Horenstein, 요제프 로젠스톡Joseph Rosenstock, 빌헬름 슈타인베르크Wilhelm Steinberg와 같은 이들도 마찬가지였다. 이들 모두는 망명길에 올랐다. 뒤이어 아돌프 부슈, 프리츠 슈나벨, 프리츠 크라이슬러, 지몬 골드베르크Simon Goldberg와 같은 많은 가수도 망명길에 올랐다. 자기 자리에서 쫓겨난 이들 중에는 바덴바덴, 빌레펠트, 브레슬라우, 켐니츠, 쾰른, 다름슈타트, 드레스덴, 에르푸르트, 프랑크푸르트, 함부르크, 카를스루에, 카셀, 쾨니히스베르크, 라이프치히, 만하임, 뮌헨, 뮌스터, 슈베린, 슈체친에 있는 오페라하우스의 매니저들 그리고 베를린, 쾰른, 드레스덴, 뒤셀도르프, 프랑크푸르트, 마그데부르크, 만하임을 비롯한 여러 도시의 수석 지휘자들도 있었다.[4]

인종적으로 또는 정치적으로 용납될 수 없는 음악학교와 대학의 교수진 그리고 신문에 기고하는 음악평론가들도 직장을 잃었다.[5] 이들의 추방과 함께 음악학, 음악사 그리고 음악 비평은 점차 나치화되어 갔다. 쇤베르크, 아이슬러, 에른스트 토흐Ernst Toch 그리고 바일은 재빨리 나라 밖으로 추방된 사람들에 속한다. 몇몇 유대인이 아닌 모더니스트들, 특히 힌데미트와 크레네크와 같은 이들도 조만간 떠나게 되었다. 예스너는 망명을 했지만, 다른 대부분의 무대 디자이너와 연출가들은 머무르는 편을 택했고 나치당 간부들의 보수적인 취향에 영합하는 법을 금세 배웠다. 유대인과 결혼했던 몇몇 예술가들은 자기 배우자를 버림으로써 직업적 안정을 추구할 수 있었다. 한스 슈미트이세르슈테트Hans Schmidt-Isserstedt 같은 자들이 그랬다. 아니면 레하르나 프리다 라이더 그리고 프란츠 폰 회슬린처럼 자기 배우자를 나라 밖에 정착하게 만들어야 했다.

초기에 벌어진 광란의 해고 물결은 대개 지역의 나치들이 자발적으로 그리고 독자적으로 일을 벌인 결과였다. 히틀러는 부슈가 쫓겨난 방식에 불만이 있었다. "드레스덴에 예술을 조금이라도 이해할 줄 아는 주지사가 없다는 건 부끄러운 일이야. … 부슈는 가장 뛰어난 독일 지휘자였다고. 하지만 무치만 주지사는 국가사회주의 정신을 불어넣기 위해

당의 오랜 동지를 오케스트라에 넣고 싶었던 게지."[6] 히틀러가 묘사한 상황은 이미 독일 전역에서 벌어지고 있는 상황이었다. 히틀러는 성미 급한 마르틴 무치만Martin Mutschmann과 다르게 음악가의 정치적 배경에 관해서는 덜 교조적인 태도를 보였다. 그리고 그는 재능 있는 음악가들을 불필요하게 잃고 싶지 않았다. 하지만 초창기에 벌어진 지나친 숙청 작업이 히틀러의 장기적인 목적을 위반한 것은 결코 아니었다.

히틀러는 고대 그리스에서처럼 독일에서도 음악이 높은 지위를 갖기 바랐다. 독일에서 예술은 그 자체로 가치 있는 것이 아니라 사회적 목적의 도구가 되어야 했다. 그리고 그 목적은 일반 대중의 미적 감각을 고양하는 것이었다. 따라서 그는 모두가 즐길 수 있는 음악을 창작하는 것이 작곡가의 의무이듯, 모든 국민이 음악을 즐길 수 있는 것이 근대 국가의 의무라고 생각했다. 이러한 유기적 관계가 파탄 나면 음악도 국가도 고통받게 된다고 생각했다. 그는 이러한 사태가 실제로 바이마르 공화국에서 벌어졌었다고 믿었다. 그리고 그 결과는 상업주의가 불러일으키는 타락과 저급화가 될 수밖에 없다고 보았다. 또다시 그는 실러와 레하르의 예를 들었다. 위대한 극작가 실러는 「마리아 슈투아르트」를 쓰고도 346탈러에 만족했지만, 레하르는 그가 '지독하게 형편없는 키치'[7]라고 부른 「유쾌한 미망인」으로 3,200만 마르크나 벌어들였다.

음악을 국가의 통제하에 두려는 시도는 플라톤까지 거슬러 올라가는 전체주의 교의의 표준이다. 그런데 히틀러에게 특이한 면이 있다면 그것은 반유대주의를 주입하려 했다는 점이다. 그는 '음악의 완전한 유대화'[8]가 독일에 독을 퍼뜨리고 있다고 주장했다. 그런가 하면 유대인들은 음악에서 어떤 독창적이거나 창의적인 것을 이룬 적이 없으니 그저 자신들의 유대인 지휘자들이나 자랑하는 수밖에 없다고 했다.[9] 그런데도 이들이 유명해진 건 유대인이 지배하는 언론에 유대인 평론가가 쓴 리뷰를 통해 부풀려졌기 때문이라고 했다.

또 다른 사회 전복 요인으로 지목된 것은 바로 모더니즘이었다. 모더니즘이 무엇인지 항상 명확하게 규정되지는 않았다. 대신 꼭 그런 것은 아니지만, 보통 유대인이나 볼셰비키와의 연관성이 강조되었다. 모더니스트 음악을 그가 얼마나 들었는지는 알 길이 없지만, 이 음악을 용납할 수 없는 음악으로 간주한 만큼, 그런 판단을 하기에 충분할 정도로는 알고 있었다고 여겨진다. 큐비즘이나 표현주의처럼 무조성은 추하고 이해할 수 없었다. 놀데의 녹색 하늘이나 파란색 초원처럼 불협화음은 현실 왜곡에 해당한다고 여겼다. 미술과 음악에 나타나는 이런 특성들은 정치에서의 아나키즘과 같았다. 재즈를 연상시키고 기발한 리듬을 추구하는 모더니스트 음악은 '국제주의자들'의 음악이라 할 수 있었다. 음악은 민족성을 포기하는 순간 키치가 되어버리고 만다고 생각했다. 대중은 이런 새로운 '쓰레기'를 원하지 않으며 그것을 귀에 대한 모독이라고 생각했다.[10] 모더니스트 음악에 반대해야 하는 또 다른 이유는 그것이 엘리트적이라는 점이었다. 극소수를 위한 작곡에 만족하는 모더니스트 작곡가들은 문화란 사회를 하나로 묶어주어야 하며 음악은 모두에게 다가가도록 노력해야 한다는 점을 인정하지 않으려 했다. 어찌 되었든 새로운 음악은 필요 없었다. "모더니스트들이 우리에게 다가와 그들의 불협화음을 쏟아부으면 우리는 말할 것이다. 오래된 음악 중에도 우리가 미처 알지 못하는 것들이 많다고." 히틀러 미학의 토대는 위대한 회화와 마찬가지로 위대한 음악도 세기 전환기 즈음에 마지막으로 꽃을 피웠다는 믿음에 있었다. 하지만 그는 걱정하지 않았다. "우리는 어떤 새로운 예술을 창조할 필요가 없다. 우리가 어떤 위대한 성취를 하지 못하거든 이미 있는 예술, 불멸의 예술에 집중하면 된다." 용납할 수 없는 건 오페라와 콘서트의 훌륭한 옛 음악들이 '가장 형편없는 쓰레기들'로 교체되는 상황이었다.

히틀러가 집권하게 되자, 자연스럽게 그의 정책들도 따라 나오게 되었다. 가장 먼저 음악을 직업으로 삼는 모든 유대인의 공적인 삶이 박탈당했고,, 유대인이 만든 모든 음악 작품이 금지됐다. 나중에는 유대인이 콘서트홀이나 오페라하우스에서 공연을 관람하는 일도 금지됐다. 음악만이 아니라 연출이나 무대 디자인에서도 모더니즘이 제거되어야 했다. 최종적으로 음악은 히틀러의 신질서에 문화적·정치적 진실성을 제공해야 했다. 새로운 정부는 사람들로부터 존경받아야 할 절박한 필요를 느끼고 있었다. 그들이 전체주의 국가를 세우기 위해 사용했던 테러 행위를 사람들의 기억에서 지우기 위해 독일 최대의 문화적 성취인 음악을 활용하려 했다. 사람들에게 풍성한 음악적 삶을 제공하면 독일에서 모든 것이 정상적으로 돌아가고 있으며 제3제국은 테러 국가가 아니라 문화국가라는 인상을 줄 수 있을 것이었다. 따라서 히틀러에게 음악은 정책의 주제가 아니라 정책의 목표였다.

음악에서 정치적 개입은 전방위적으로 행해졌다.[11] 오케스트라(약 180개), 오페라하우스(약 90개), 직업 음악인(약 9만 4,000명), 합창단, 음악학교 그리고 음악 출판사의 수가 대단히 많았는데, 대부분 오케스트라와 오페라단이 국가기관이었던 탓에 가수를 비롯한 음악인들은 대개 공무원 신분일 수밖에 없었다. 그리고 정부 당국의 손아귀 안에 있을 수밖에 없었다. 이들 중 유대인 혈통을 가진 사람들은 즉각적인 희생자가 되었다. 이들은 직업 음악인의 2퍼센트 비중밖에 차지하지 않았지만 다른 예술 분야에서보다 유독 중요한 인물들이 많았다. 지휘자, 솔로 가수, 악기 연주자 그리고 작곡가로서 유명한 이들이 많았다. 이들과 함께 음악도 바이마르 민주주의만큼이나 순식간에 사라졌다. 순식간에 유대인 작곡가나 모더니스트 작곡가의 작품들이 자취를 감추었다. 가장 처리하기 어려웠던 건 멘델스존이었다. 그의 바이올린 협주곡이나 「한 여름 밤의 꿈」의 반주 음악이 큰 인기를 얻고 있었기 때문이다. 하지만 1934년과 1935년에 연주된 후로는 이것들도 사라졌다.*

그 어느 나라보다도 음악적으로 세련되었으며 깊은 음악 전통을 가진 나라에서 히틀러가 얼마나 쉽게 자신의 정책을 관철했는지 보면 놀라울 정도다. 사실 다른 예술 분야에 비해 음악은 억압의 필요가 덜했다. 화가, 건축가, 작가들은 가장 저명한 이들을 비롯해 많은 이가 유대인이 아닌 경우에도 망명을 한 반면, 유대인이 아닌 음악인 가운데 자진해서 망명한 경우는 드물었다. 이는 단지 독일이 음악계에 몸담고 있는 사람이라면 누구나 살고 싶은 나라이기 때문만은 아니었다. 음악인들은 히틀러의 신질서가 자신들을 위한 것이라고 생각했다. 나치당에 공식적으로 소속된 음악인은 별로 없었다. 예를 들어 히틀러 집권으로부터 1년이 지났는데도 베를린 필하모닉의 연주자 110명 가운데 단 8명만이 당증을 가지고 있었다.[12] 베를린 국립 오페라극장 전체 스태프 중에서 17명만이 당원이었다.[13] 비슷하게 주요 지휘자 가운데 소수—막스 폰 실링스Max von Schillings, 한스 슈미트이세르슈테트, 하우제거 그리고 헤르베르트 폰 카라얀—만이 당에 가입했다. 하지만 대부분은 새로운 정부의 약속에 넘어갔다. 사소한 저항도 꽤 있기는 했지만 대체로 정부의 지시 또는 금지 사항을 군말 없이 따랐다. 세계에서 가장 풍요롭던 음악계는 즉시 타락하고 말았다.

이리하여 히틀러는 자신이 사랑하는 역할, 즉 예술 후원자 역할을 수행할 수 있었다.[14] 그는 주요 오페라하우스와 심포니 오케스트라의

---

* 1936년 말 베를린에서 열린 런던 필하모닉 오케스트라 공연 당시, 토마스 비캄 경은 히틀러의 신청곡을 넣기 위해 자신이 양보하여 멘델스존의 3번 교향곡 「스코틀랜드」를 프로그램에서 뺐다.

지휘자를 선발했다. 심지어 음악 교수, 음악 총감독, 악장, 실내악 가수와 같은 이들의 직함을 부여할 수 있는 권한을 혼자서 독차지했다. 음악기관, 오페라하우스, 오페라 프로덕션, 개별 예술가들에게 주는 보조금도 히틀러 개인의 승인을 받아야만 했다. 유대인의 혈통이 일부 섞였거나 유대인 배우자를 둔 예술가들의 경우 공연을 하려면 히틀러라는 최종 심급의 판결을 받아야 했다. 그는 「바덴바일러 행진곡」은 그가 있을 때만 연주될 수 있다든지, 「니벨룽겐 행진곡」은 당의 공식 행사에서만 연주되어야 한다는 법을 제정했다.[15] 「호르스트 베셀의 노래」와 국가인 「독일의 노래Deutschlandlied」의 빠르기를 규정하는 법령도 만들었다.

그 밖의 문제들은 수하들의 손에 맡겼다. 다음과 같은 인물들이 유력한 용의자들이다. 교육 장관인 베른하르트 루스트는 음악학교를 비롯한 각종 음악 교육 기관을 관리했다. 노동 전선의 수장인 로베르트 라이는 음악인 협회를 통제했다. 로젠베르크는 이데올로기적 순수성의 보증인 노릇을 했다. 괴링의 관할구에는 베를린 국립 오페라극장과 비스바덴, 카셀 그리고 하노버의 오페라하우스가 포함되어 있었다. 발두어 폰 시라흐는 빈의 음악적 삶을 지배했다. 선전 장관이자 제국음악회의소 책임자이기도 한 괴벨스는 강력한 관료적 요새를 차지하고 있었다. 제국음악회의소의 대표직에 슈트라우스가 부대표직에 푸르트벵글러가 앉고 난 다음부터 괴벨스의 지위는 더욱 강화되었다.

이들 사이에 있었던 관료적 경쟁과 교리 해석상의 불협화음은 정책의 난맥상을 심화시켰다. 일관된 지시는 없고 이데올로기와 권력 싸움이 혼재된 상태에서 일련의 조처들이 취해졌기에 계속해서 내용이 바뀔 수밖에 없었다. 사태의 정리는 히틀러의 자의적인 결정이 있을 때만 가능했다. 그마저도 그가 관심을 보이는 주제일 때라야 가능했다. 하지만 독재자 히틀러는 자신이 개인적으로 중요하게 여기는 문제가 아닐 때는 정확한 지시를 내리기를 거부했기 때문에, 혼란과 불확실성, 우유부단함, 비일관성이 만연했다. 속기록에 남은 자료에 따르면 괴벨스는 1935년 연설에서 이런 주장을 했다. "우리는 지휘자에게 어떻게 지휘를 해야 할지 명령하지 않습니다. 하지만 우리에겐 무엇을 연주할지(연사는 연단을 반복해 두들겼다), 무엇이 우리 시대 정신에 걸맞은 작품인지(박수 소리) 결정할 권한이 있다고 생각합니다. 그러니 지휘자 한 명이 음악이란 무엇인지를 결정한다고 말할 수 없습니다."[16] 그런데 사실은 당 지도부도 그렇게 할 수 없었다. 그들은 음악이란 독일적이어야 한다고 말하지만 실상 그게 무엇인지 아는 사람은 아무도 없었다. 음악은 폭스페어분든volksverbunden, 즉 민중과 결합한 것이어야 했다. 하지만 그게 무슨 뜻인가? 작곡가들은 도이체 젤러deutsche Seele, 즉 독일 영혼을 표현해야 했다. 이는 독일 정신에 관해 음악적으로 성찰하라는 건가? 아니면 외국인 혐오적 관점에서 독일의 인종적 우수성을 확인하라는 것인가? 그들은 이러저러한 조성이 북유럽적인지, 쇤베르크 음악에 유대적인 특질이 있는지 곰곰이 생각했다. 그들은 단순히 19세기 낭만주의로 돌아가고 싶지도 않았지만, 바이마르 아방가르드의 지속이나 실험적인 시도도 원하지 않았다.

기존의 작품 중에서도 몇몇은 그들을 당황케 만들며 머리를 긁적이게 했다. 오페레타의 경우, 그것의 많은 작곡가나 대본 작가들이 유대인인데, 어떻게 할 것인가? 이를 금지하는 건 어렵지 않았다. 그것은 오펜바흐, 거슈윈, 어빙 벌린의 작품들과 함께 금지되었다. 레하르 같은 경우에 나치 관료들이 겪어야 했던 혼란의 소용돌이는 그 자체로 오페레타의 소재가 될 만했다. 1920년대에 레하르에 대해 내뱉었던 히틀러의 적대적인 언급을 감추는 건 문제가 아니었다. 문제가 되는 건 그의 출신 배경과 작품이었다. 그는 헝가리인, 프랑스인, 독일인의 피가 흐르는 혼혈이었다. 그는 헝가리 시민이었고 그의 아내와 그의 대본 작가 모두는 유대인이었다. 로젠베르크 사무실에서 조사한 결과 그는 프랑스에게 바치는 왈츠곡을 썼고 유대인과의 연락을 유지하고 있었으며 종종 제3제국을 비판했다.[17] 조사자는 그의 음악이 키치이며 어떤 독일적 감성도 가지고 있지 않다는 결론을 내렸다. 어떤 곳에서는 그의 곡이 한동안 레퍼토리에서 빠지기도 했다. 하지만 히틀러가 점점 레하르의 오페레타를 좋아하게 됨에 따라, 레하르의 이 모든 죄는 눈감아 주어야만 했다. 그의 작품은 활발히 연주되었다, 영상기록으로도 남겨졌다. 총통은 「유쾌한 미망인」의 새 연출에 개인적으로 후한 장려금을 선사했다. 1940년 70세 생일을 맞은 레하르에게 괴테상을 수여하기도 했다.

당 관료들은 유대계 혈통이 섞인 요한 슈트라우스 때문에도 비슷한 굴욕을 겪었다. 이번에도 히틀러가 너무나 좋아한다는 이유로 슈트라우스의 작품은 방해받지 않고 연주될 수 있었다. 1938년 이 작곡가의 유대계 조상 문제가 조명되었을 때 이 문제는 스캔들로 번지게 될 조짐이 보였다. 흥분한 괴벨스 무리는 국가사회주의자 인용문 사전에 다음과 같은 구절이 들어가야 한다는 주장을 들었을 때 자신들이 도발당하고 있다는 느낌을 받았다. "나는 이 문제가 대중에게 알려지는 것을 금지한다. 첫째, 이 문제는 증명되지 않았다. 둘째, 나는 독일의 문화유산이 점점 빈곤해지는 것을 바라지 않는다. 결국 비두킨트, 하인리히 사자공, 로젠베르크가 우리 역사에 남을 것이다. 이들만으로는 역사에 남는 이들의 숫자가 너무 적다."[18] 재즈는 또 다른 골칫거리였다. 재즈는 이데올로기적으로나 음악적으로, 인종적으로 오염되었다. 하지만 너무나 인기가 있었기에 그것을 억누르려는 노력은 끝날 줄 몰랐고, 결코 완전한 성공을 얻지도 못했다.

그리고 유대인 로렌초 다 폰테Lorenzo Da Ponte가 쓴 모차르트 오페라 대본, 헤르만 레비Hermann Levi에 의한 그것의 독일어 번역본을 어떻게 다룰 것인지도 문제였다. 유대인의 피가 섞인 후고 폰 호프만스탈이 쓴 리하르트 슈트라우스 오페라 대본도 문제였다. 구약 성경에 기초한 헨델의 오라토리오, 하이네의 시를 기반으로 한 슈베르트의 곡이나 슈만의 곡과 같은 작품은 어찌할 것인가? 「탄식의 나라Tiefland」, 「카르멘」, 「토스카」, 「시골 기사Cavalleria rusticana」, 「파우스트」, 「마탄의 사수Der Freischütz」 심지어 「로엔그린」, 「탄호이저」에서 등장하는 종교적 장면이나 기독교적 레퍼런스들도 문제였다.[19] 프리메이슨 의례를 담고 있는 「마술피리」도 문제의 심각성을 가중시켰다. 어떤 나치 열성분자들은 모차르트의 「레퀴엠」을 새로운 대본으로 공연할 정도였다. 예를 들면 '시온의 하나님'은 '하늘에 계신 하나님'으로, '예루살렘에서'는 '여기 땅 위에서'로 바뀌었다. 작품에 관해서는 확실한 규칙이 없다는 게 유일한 규칙이었다. 베르크, 베베른, 크레네크와 같은 작곡가들의 작품은 금지되었지만, 파울 폰 클레나우Paul von Klenau와 빈프리트 칠리히Winfried Zillig—둘 다 쇤베르크의 제자들이다—가 12음 기법을 활용해 작곡한 오페라 공연은 허가되었다. 때로는 고차원적인 당의 목표가 불확실함으로 인해 또는 그러한 목표에 부응하기 위해서 예외가 생겨나기도 했다. 이로써 작곡가나 지휘자들은 약간의 꼼수를 쓸 수도 있었다. 하지만 콘서트홀과 오페라하우스의 레퍼토리가 대개 과거의 괜찮은 표준적인 작품들에 국한되어 있었고 여기서 벗어나는 작품을 별로 포함하지 않았다는 사실은 변함이 없다.

히틀러는 로젠베르크를 비롯한 음악계의 다른 상퀼로트(프랑스 혁명 당시 급진적인 혁명을 추구한 민중을 일컬음. -옮긴이)들에 비하면 그렇게 완고하지 않았다. 그는 레하르와 요한 슈트라우스뿐 아니라 모차르트, 리하르트 슈트라우스, 유진 달베르트와 같은 이들에 대한 반대자들이 찍소리도 내지 못하게 했다. 「미술피리」가 이데올로기적으로 용납될 수 없는 프리메이슨 주제를 담고 있다고 주장하는 당 간부들에게 짜증난 히틀러는 1937년 뉘른베르크 당대회에서 이 문제를 다루었다. "그의 「마술피리」를 비난하는 사람은 분명 모차르트의 국적을 존중하지 않는 사람이 틀림없습니다. 이 작품의 대본은 모차르트의 생각과 이데올로기적으로 반대되는 방향에서 쓰였을 수 있습니다."[20] 몇 년 후에 다시 그는 괴벨스에게 자신은 「마술피리」의 내용 변경을 원치 않는다고 말했다. 그러면서 「마술피리」가 프리메이슨 의례보다는 동화처럼 공연되는 것을 보고 싶다는 말을 덧붙였다. 사실 그는 이렇게 말했다. "이 작품은 정말 대단한 모차르트식 풍자극이야."[21]

그런데 더 눈길을 끄는 건 기독교적 음악을 금지하려던 당국자들에 대한 히틀러의 분노다. 그는 괴벨스에게 말했다. "이것은 독일의 문화적 자산이야. 우리 국가사회주의자들이 지난 2000년 전통과는 다른 종교적 관점을 지니고 있다고 해서, 2000년 동안 독일이 일구어온 예술적, 문화적 발전을 간단히 지워버릴 수는 없는 법이네."[22] 1943년 몇몇 당 간부들이 「카르멘」, 「토스카」 심지어 「로엔그린」조차 금지하고 특정 대본을 '아리안화'했다는 소식은 들은 히틀러는 그런 행위들이 '그로테스크'하다며 비판하는 회람 각서를 총리실을 통해 내보냈다. "유치한 이데올로기적 경계심에서 비롯한 그런 행위들은 지지받을 수 없다."[23] 덧붙여 말하기를, 이미 이긴 전쟁이기 때문에 대본 수정이 필요하다고 여겨지면 그때 총통이 직접 지시를 내리겠다고 했다.

히틀러의 정책은 문화적 자급자족을 내세웠지만 때로는 외교적인 고려를 위해 그것을 양보하는 경우도 있었다.[24] 이탈리아 오페라는 계속해서 자유롭게 무대에 오를 수 있었다. 페루초 부소니와 같은 현대 이탈리아 작곡가의 작품도 그랬다. 독일-헝가리 간의 관계 형성을 위해 코

다이 졸탄Kodály Zoltán의 작품이 연주되었고 때로는 심지어 반나치 성향인 버르토크 벨러Bartók Béla의 작품도 연주되었다. 볼셰비키 혁명 이전의 러시아인들—차이콥스키, 무소륵스키, 림스키코르사코프—은 초창기 제3제국 레퍼토리에 여전히 포함되어 있었다. 스트라빈스키에 대해서는 호의가 베풀어지다가 다시 거두어졌다. 짧았던 독소동맹 시기에는 스트라빈스키, 프로코피예프, 보로딘 심지어 쇼스타코비치까지도 허가되었다. 외교 정책에 음악 정책이 영향을 받은 또 다른 사례는 시벨리우스의 경우이다. 핀란드를 위대한 국가사회주의 문화 제국에 편입시키고 싶었던 히틀러의 입장에서 시벨리우스는 완벽해 보였다. 북유럽의 아리안족이며 열렬한 독일 숭배자이고 정치적으로 보수적이며 반볼셰비키인 그는 북유럽 예술의 모범 사례이며 소련에 저항한 핀란드인의 전형이었다. 그런데 시벨리우스의 보수적인, 심지어 반동적이기까지한 특성이 히틀러의 구미에 맞았을 것 같기는 하지만, 그의 음악에 히틀러가 어떤 의견을 피력했는지는 알려진 바가 없다. 1934년에 슈트라우스가 그를 작곡가 국제협력상임회의 부대표로 임명했다. 이듬해 히틀러는 그에게 괴테상을 수여했다. 그리고 그의 70세 생일에 축하 서신을 보내기도 했다. 여기서 힌트를 얻은 독일 출판사 브라이트코프운트헤르텔Breitkopf & Härtel이 그의 작품을 홍보함으로써 자기 몫을 했다. 시벨리우스는 독일과의 관계 유지를 원하는 핀란드 정부로서도 유용한 존재였다. 1942년 일기에 괴벨스는 "핀란드인들은 시벨리우스를 위해 더 많은 일을 해달라고 요청하고 있다. 나는 시벨리우스 협회 창립에 찬성한다고 했다."[25]라고 적었다. 이런 상황이었으므로 시벨리우스의 음악이 다른 어떤 외국인 작곡가의 음악보다 더 자주 연주되었다는 사실은 전혀 놀랍지 않다.[26]

이런 혼란을 줄이기 위해 어떤 곡은 장려되고 어떤 곡은 금지되어야 하는지를 명시한 리스트가 작성되었다. 1935년 6월 제국음악회의소의 대표인 슈트라우스는 허용 가능한 오페라의 세 범주 등록을 허가했다. 몇 달 후에는 '절대로 연주되어서는 안 되는' 작품 108개의 리스트가 작성되었다.[27] 이어서 베를린 라디오가 작성한 블랙리스트가 나왔다.[28] 이는 99명의 금지된 작곡가의 이름을 담고 있었다. 뒤이어 나온 많은 명부나 안내 책자들과 마찬가지로, 이 리스트는 커다란 오류와 누락으로 얼룩져 있어서 수정, 보강이 필요했다. 좀 더 일관된 음악 정책의 틀을 짜기 위해서 괴벨스는 제국음악회의소의 권한을 선전부로 이관했다. 그리고 1937년 음악 프로그램, 방송, 레코딩 그리고 출판을 감독하기 위한 제국 음악검열국을 설립했다. 몇 년 동안 이 검열국은 독일인의 귀에 '용납할 수 없는' 작품 목록을 작성하기도 했다. 1938년 한스 제베루스 치글러는 뒤셀도르프에서 히틀러의 퇴폐미술전을 본뜬 퇴폐음악전을 열어 사악한 음악을 가려내는 등 자기 몫을 했다. 사실 이 전시는 '문화적 볼셰비즘과… 거만하고 뻔뻔한 유대인의 의기양양한 모습'을 폭로하기 위한 것이라기보다는 치글러의 치졸한 복수심과 보수적인 음악적 취향을 위한 것이었다.[29] 동시에 대독일미술전을 본뜬 제국음악축제도 거행했다. 그러나 히틀러는 지지하지도, 참여하지도 않았고 전쟁 발발 후 취소 명령을 내렸다.

히틀러는 음악에 대해서 회화나 조각 분야만큼 횡포를 가하지 않았다. 음악을 금지할 수 있어도 파괴할 수는 없기 때문이다. 집권 후에는 좋아하는 음악 이외에 상대적으로 무관심했다. 작곡가들을 강제수용소로 보내겠다고 위협하지도 않았다. 몇몇 예외를 제외하면, 사상이 의심스러운 작곡가들도 작곡과 작품 공연을 할 수 있었다. 물론 히틀러는 여러 작곡가의 경력과 삶, 모더니스트 운동을 억압했다. 하지만 회화와 조각에 끼친 해악에 비할 바는 아니었다.

음악 후원가

히틀러는 독일 음악계에서 유대인과 모더니스트들을 제거함으로써 위대한 새 음악이 탄생할 수밖에 없는 환경이 조성되었다 믿었다. 어떤 의미에서는 그의 믿음이 옳았다. 그가 집권하자마자 신질서를 축하하는, 이데올로기적으로 충만한 곡들이 봇물처럼 쏟아졌다. 이런 곡들이 총리실과 나치당 사무실에 쇄도하기 시작한지 아홉 달이 채 되지 않은 시점에서 괴벨스는 작곡가들에게 그들의 창작물을 바로 음악 출판사로 보내라고 했다. 1933년에만 히틀러의 이름이 들어간 58개의 곡이 제출되었다.[1] 1935년에 총통은 더 이상 자신에게 바치는 곡을 쓰지 말라고 명령해야 했다.[2] 그래도 쇄도의 물결은 그치지 않았다. 애국적인 내용의 행진곡, 나치 투쟁가, 총통 칸타타, 예수가 없는 크리스마스 노래, 자르 지방, 주데텐란트 지방, 폴란드의 독일계 소수민족을 위한 노래 그리고 나중에는 군가와 수백 개의 오페라 곡, 합창곡과 같은 것들이 끝없이 밀어닥쳤다.

좀 더 주목할 만한 제출물 가운데는 프리드리히 융**Friedrich Jung**

의 내림나장조 교향곡이 있었다.[3] '1918년 독일', '영웅 추도', '의회의 죽음의 댄스' 그리고 '1933년 독일'이라는 제목의 악장으로 이루어진 이 교향곡은 히틀러가 집권하기까지의 역사를 뻔뻔하게도 음악적으로 묘사했다. 또 다른 열성분자는 고트프리트 뮐러Gottfried Müller였다. 그는 의식적으로 국가사회주의 정신에 입각하여 작곡을 시도했다. 1933년에 그의 나이는 고작 19세밖에 되지 않았는데 히틀러는 한동안 그를 독일 음악의 희망으로 간주했다. 1934년 그는 「독일 영웅의 레퀴엠Deutsches Heldenrequiem」을 작곡해 이를 총통에게 헌정했다. 3년 후에 필하모닉의 리허설에 참석해 이 곡을 들은 히틀러는 상당한 감명을 받아 이를 노동절에 연주하라고 명령했다.[4] 이 행사는 대성공이었고 히틀러는 계속 가능성을 보았다.[5] 하지만 1936년 뉘른베르크 당대회 행사에서 했던 히틀러의 최종 연설 내용을 주제로 한 합창곡이 마지막 순서로 연주되었던 1944년 결과는 실망스러웠다.[6]

사실 히틀러는 절망한 지 오래였다. 1935년 당대회에서는 '운명'이 어떤 가치 있는 작곡가도 낳지 않았다는 것을 공개적으로 시인했다. 베르너 에크Werner Egk나 오르프 또는 다른 야망 있는 젊은 작곡가들에 대해서는 기대를 접어야 했다. 슈트라우스나 피츠너나 다른 선임자들은 말할 것도 없었다. 하지만 히틀러는 자신이 원하는 종류의 음악에 영감을 줄 지침을 마련하기 위해 최선을 다했다. 정치에서 규율과 질서, 순수성을 요구하는 사람으로서, 회화란 모름지기 '완성도가 높고', '아름다워야' 한다고 주장하는 사람으로서, 그는 당연하게도 음악은 '건전하고', '올바르며', '순수'할 것을 요구했다. 하지만 그는 음악의 생명을 불어넣는 요소가 무엇인지 자신도 모른다는 사실을 인정해야 했기 때문에, 그저 자신이 용납할 수 없는 것이 무엇인지 규정하는 소극적인 조처밖에 취하지 못했다. 그는 자신이 용납할 수 없는 음악이란 '소리의 혼란'을 이용해서 듣는 이를 당황케 하는 것이라 했다. 그는 다른 예술과 마찬가지로 음악도 일반 대중에게 다가갈 수 있는 것이라야 한다고 여러 번 강조했다. 모더니스트 음악은 평범한 사람의 이해 범위 바깥에 있다는 것이 그것에 반대할 때 보통 드는 이유였다. 또 한편으로 그는 정치적 이념을 표현하려는 목적의 작곡도 배제했다. 그런 것은 음악의 기능이 아니며 음악이 할 수 있는 것도 아니라고 했다. 괴벨스는 이렇게 적었다. "총통은 당대회를 위해 새롭게 작곡된 음악을 좋아하지 않는다. 그와 달리 브루크너의 곡은 얼마나 대단하게 여기는지!"[7]

그렇다면 히틀러는 음악의 본질과 기능이 뭐라고 생각했을까? 어찌 되었든 모든 음악에는 서사가 있어야 한다는 것이 그의 기본 주장이었다. 그렇기 때문에 공연을 할 때 훌륭한 교향악 지휘자들도 밑에 깔린 개념을 설명하는 음악 언어가 없으면 안 되었다. 음악이 플롯을 만들어내지는 않지만, 플롯의 일부는 되어야 했다. 음악은 자이트게멜더Zeitgemälde, 즉 시간의 그림이어야 했다. 그러므로 음악은 가시적인 행위를 묘사할 때 가장 효과적일 수 있으며 이 점을 가장 잘 성취한 이가 바로 리하르트 바그너라고 했다. 이런 식으로 에둘러서 히틀러는 자신이 다른 음악보다 오페라를 선호하는 이유와 제3제국이 오페라를 미는 이유를 정당화했다. 그는 1938년 뉘른베르크 당대회 연설에서 자기 생각을 상세히 설명했다. 이는 음악에 관한 자기 생각을 가장 광범위하게 설명한 연설이었다. 약간의 발췌만으로도 핵심을 파악할 수는 있다.

> 절대적인 예술인 음악은 오늘날의 우리에게는 알려지지 않은 법칙을 따릅니다. 우리는 지금 무엇이 아름다운 소리를 낳는지, 무엇이 불협화음의 원인인지 정확히 알지 못합니다. 음악이 마음을 움직이는 느낌과 감성을 그 무엇보다 훌륭하게 불러일으키는 예술임은 분명합니

다. 하지만 지성을 만족시키는 데는 영 소질이 없습니다. … 말로는 표현하기 어려운 느낌과 분위기의 세계가 음악에서는 자신을 드러냅니다. 음악이 순수한 예증을 지향할수록 그것의 기반이 되는 사건을 가시화하는 일이 중요합니다. 예술가의 천재성은 그가 음악을 통해 추가적인 의미를 부여할 수 있게 해줍니다. 이러한 종류의 표현은… 위대한 바이로이트 마스터의 작품에서 정점에 도달했습니다.

…음악에서 지적이거나 정치적인 이념 또는 정치적인 통찰을 표현하거나 강조하는 일은 불가능합니다. 따라서 음악적인 당 역사나 음악적인 이데올로기 같은 것은 없습니다. 철학적인 원리에 관한 음악적 예증이나 해석이 없는 것과 마찬가지입니다. 오로지 언어만이 그렇게 할 수 있습니다. … 그러나 음악은 국민의 삶을 명백한 기준으로 삼아야 합니다. 듣는 이를 당황케 하는 소리의 혼란이 아니라 소리의 아름다움으로 가슴을 울려야 합니다. 우리의 음악가들은 지성이 아니라 넘치는 음악 정신을 동기로 삼아야 합니다….[8]

히틀러는 아직 불확실하긴 하지만 전도유망한 발터 폰 슈톨칭(『마이스터징어』에 등장하는 인물. 노래 시합에서 우승해 에파와 결혼한다 -옮긴이)에게 좋은 음악을 만들려면 어떻게 해야 하는지 설명하는 한스 작스와 자신을 동일시했음이 틀림없다. 사실 그는 작곡가들을 바다에서 표류하는 선원과 다름없는 형편에 처하게 만들었다. 시시각각 변하는 바람을 뚫고 어떻게 하면 목적지에 도착할 수 있는지 모르는 상황에서 말이다. 그나마 그 목적지라는 곳도 맞는 곳인지 아닌지 알 수 없었다. 그러니 자연스럽게 그들은 다양한 방향으로 나아갈 수밖에 없었다. 어떤 이는 지난 몇십 년간의 스타일에 의지하면서 약화된 형태의 모더니즘을 발전시켜 나갔다. 또 어떤 이들은 19세기 낭만주의로 되돌아갔다. 그런가 하면 또 어떤 이들은 다양한 방식들을 결합해서 '제3제국 음악'이라는 고유한 양식을 만들고자 시도했다. 결국 호언장담하던 국가사회주의 음악 혁명은 고작 유대인들 숙청하고, 모더니스트 음악과 비독일인의 음악—이탈리아 오페라를 제외한—을 금지하는 수준에 그치고 말았다. 한편으로는 '과거의 유산'을, 또 한편으로는 가까운 과거의 다소 모더니스트 흔적이 남은 양식을 지지함으로써 음악 혁명은 결국 반혁명이었음이 드러났다.

언젠가는 훌륭한 작품이 나타날 것이라 기대하기도 했지만, 히틀러는 세기 전환기에 음악이 이미 사실상 정점에 도달했다고 믿었다. 그는 이를 별로 유감스럽게 여기지 않았다. 회화에 관한 취향과 마찬가지로 음악에 관한 그의 취향은 대개 19세기 후반 작품에 국한되어 있었기 때문이다. 그는 이런 음악이라면 이미 충분히 많다고 생각했다. 그를 크게 실망하게 만드는 사실은 따로 있었다. 독일 대중이 그에게 동의하지 않는 것이었다. 동의하더라도 완전히 동의하지 않는다는 점이 그를 실망케 했다. 특히 바그너에 대한 그의 열정을 공유하지 않으려 한다는 점이 그랬다. 바그너 오페라 공연 횟수는 꾸준하게 하향 곡선을 그리고 있었다. 이런 추세는 1914년부터 시작되더니 1939~1940년이 되면 가장 많이 연주된 오페라 작곡가의 자리를 베르디가 차지하는 지경에 이르렀다.[9] 음악 프로그램들은 여전히 독일 작품들을 선호했지만, 모차르트조차 베르디와 푸치니에게 입지를 빼앗겨 버렸다. 시간이 흐름에 따라, 특히 전쟁이 지지부진해짐에 따라, 슈트라우스나 오르프의 작품 같은 현실도피적인 주제의 오페라가 인기를 얻었다.[10] 전자의 「아라벨라Arabella」는 열 개의 시즌 동안 848회의 공연을 함으로써 현대 작품 가운데 최고의 자리를 차지했다.

그리하여 위대한 새 음악이 나타날 거라는 기대를 접은 히틀러는 공연 수준을 높이고 기존의 레퍼토리를 개선하는 방향으로 관심을 돌렸다. 그가 좋아하는 것은 오페라였으므로 이것이 그에게는 최선책이었다. 그런데 히틀러는 오늘날 오페라단장들을 성가시게 하는 문제와 똑같은 문제로 골머리를 앓게 되었다. 어떻게 하면 오페라를 최고의 수준까지 끌어올릴 것인가 하는 문제 말이다. 어떻게 적당한 레퍼토리를 구성하고 티켓 가격을 고정하여 많은 관객을 끌어모을지도 문제였다. 오페라를 특권 계층의 전유물로 보는 인식을 깨는 것도, 공동체 사회로 하여금 오페라하우스를 시민적 긍지의 대상으로 여기게 만드는 것도 문제였다.

이 가운데서 히틀러에게 가장 중요한 문제는 마지막 것이었다. 그는 슈페어에 이렇게 말한 적이 있다. "오페라하우스는 한 도시 또는 문명의 수준을 가늠하게 해주네."[11] 이는 1906년 빈에서 쿠비체크에게 보낸 엽서에도 잘 드러나 있듯이 청년 시절부터 그가 품어온 생각이었다. 이듬해인 1907년 그는 용기를 내어 린츠의 새 오페라하우스를 위한 공모전에 뛰어들기로 하면서 몇 달 동안 도안을 고쳐 그리며 씨름한 적이 있었다. 그가 끄적인 투박한 도안 두 점이 남아있다. 하나는 오디토리움—앞 무대가 말발굽 모양으로 생긴 전형적인 바로크 양식의 극장—을 그린 것이고, 다른 하나는 소리의 물결이 흘러나오는 것을 상상하여 그린 조악한 그림이다. 그가 조숙한 전문가였다는 건 아니고 그저 열의를 가진 청년이었다는 게 맞겠지만, 이 도안들은 정식으로 교육받지 못한 학생치고는 크게 부끄럽지 않은 정도로 디자인과 음향 효과의 문제를 해결하려 노력했음을 보여준다.[12] 나중에 그는 건축 공부를 해서 뮌헨의 유명한 건축회사에서 일할 수 있기를 여러 해 동안 꿈꾸었다. 아주 오랜 뒤 그는 이런 이야기를 했다.

…난 나 스스로에게 말했어. 내가 첫 번째 공모전에 뛰어들면 이 친구가 무슨 일을 해낼 수 있는지 사람들이 알게 될 거라고. 실제로 난 그 공모전에 참가했어. 새 베를린 오페라하우스의 설계 디자인이 발표 됐을 때는 가슴이 뛰었지. "내가 디자인한 것보다 훨씬 못하네."라고 말할 수밖에 없었거든. 너도 알다시피 내 전공은 극장 디자인이잖아.[13]

어떤 전기 작가들은 이런 이야기가 억지스런 몽상이자, 히틀러가 현실과 유리되어 있음을 보여주는 또 하나의 증거라고 조롱했다. 하지만 다른 많은 것들과 마찬가지로 이 몽상도 결국엔 현실이 되었다.

그가 느낀 극장 디자인의 매력은 결코 시들지 않았다. 1925년 스케치북에 담긴 여러 드로잉 작품 가운데 4분의 1이 오페라하우스에 관한 것들이었다. 남은 생애 동안에도 그는 계속해서 그런 도안을 그렸다. 총리 임명 직후에 그가 취한 조처 가운데 하나는 뉘른베르크 오페라하우스의 보수를 명령하는 일이었다. 몇 년 동안 히틀러는 오페라하우스 건축에 관한 전문 지식을 쌓았다. 그는 이 주제에 관한 한, 엄청난 독서광이었다. 그가 읽은 책 가운데는 에드윈 삭스Edwin Sachs의 세 권짜리 고전『모던 오페라하우스와 극장Modern Opera Houses and Theatres』이 있었다.[14] 사진에 가까운 기억력 덕분에 그는 세계의 주요 오페라하우스 건축에 정통할 수 있었다.[15] 하인리히 호프만에 따르면 히틀러는 박사 논문을 써도 될 만큼 드레스덴 오페라하우스에 대해 많이 알았다. 한스 제베루스 치글러가 그에게 릴 방문 계획에 관해 말했을 때, 히틀러는 이렇게 말했다. "그곳의 극장이… 건축적으로 참 인상적이더군. 로비가 파리 오페라의 방식대로 지어졌는데 나름 대단해. 가짜인 게 틀림없기는 하지만."[16] 하지만 그는 이 건물에 한 번도 발을 들인 적이 없었다. 비슷하게 뉘른베르크 시장을 만났을 때, 그가 그라츠Graz에서 오페라 공연을 관람하고 오는 길이라고 하자 히틀러는 그곳의 오디토리움에서 무대로 가는 통로가 실패작이라는 말을 했다.[17] 이번에도 히틀러는 직접 이곳을 방문한 적이 없었다. 1945년 9월 히틀러 벙커를 조사한 휴 트레버로퍼Hugh Trevor-Roper는 이곳이 오페라하우스 건축에 관한 화보집으로 가득 차 있는 것을 발견했다.[18] 이것들은 히틀러에게 큰 의미가 있었다. 1945년 초 그가 총리 저택을 떠나면서 들고나온 몇 안 되는 물건 중 하나였기 때문이다.

그가 오페라하우스를 한 도시가 갖는 가장 상징적인 건물로만 여긴 것은 아니었다. 그는 사람들이 얼마를 벌든, 어디에 살든 쉽게 오페라를 접할 수 있기를 바랐다. 그는 힘겨운 삶을 이겨내기 위해 사람들에겐 환상이 필요하다고 여러 번 말했다. 당대회나 다른 연례 행사와 같은 대중 스펙터클이 만들어내는 환상은 그저 지나가고 말 뿐이다. 반면에 오페라는 언제나 쉽게 대중들이 접근할 수 있는 환상을 제공한다. 이런 이유로 그는 오페라하우스 건설이라는 거대 프로그램을 계획했다. 이러한 야망은 그의 오페라 사랑 그리고 건축 사랑과 꼭 맞아떨어졌다. 결국 그 야망은 슈페어와 괴벨스가 '광적인 열정'[19]이라는 꼬리표를 붙일 정도로 발전했다. 그 열정이 어느 정도 광적이었는가 하면, 국내외 문제로 인한 스트레스로 녹초가 되었을 때조차도 항상 짬을 내어 자신의 오페라하우스 프로젝트만큼은 챙길 정도였다. 괴벨스는 히틀러가 1939년 초 체코슬로바키아 점령에 이르는 기간과 폴란드 침공에 이르기까지, '여러 극장 건립 계획, 특히 린츠의 극장 건립'[20]에 관해 이야기하고 싶어 했다는 기록을 남겼다. "오페라하우스는 그에게 최우선 관심사이자 열정을 쏟는 문제 가운데 하나이다." 그는 자꾸만 이 주제로 되돌아갔다.

히틀러 건설 프로그램의 주요 요소들은 그가 생각하는 오페라의

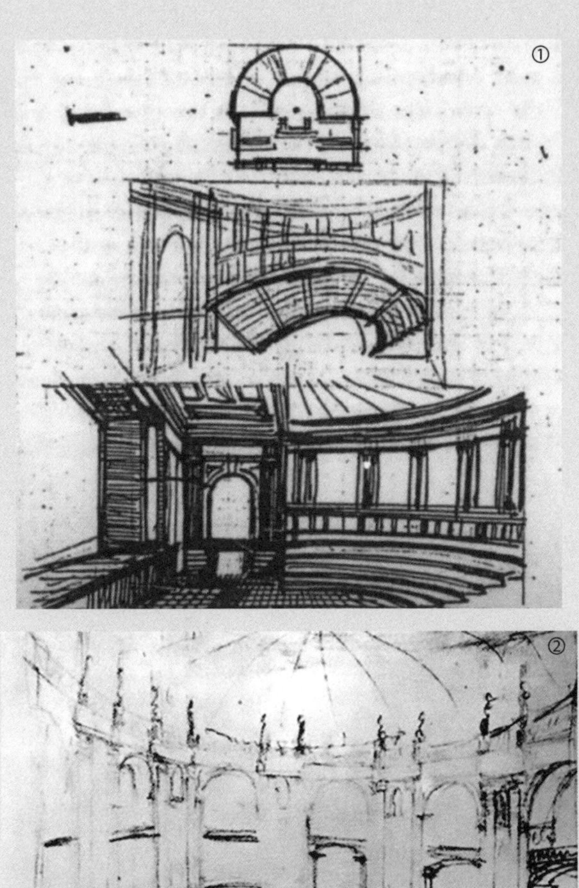

① 히틀러가 젊은 시절에 그린 오페라하우스 도안 중 하나.
② 18세의 나이에 히틀러는 린츠의 새 오페라하우스 디자인 공모에 뛰어들었다. 이것은 예비 도안이다.

역할로부터 나왔다. 그의 오페라하우스는 거대해야 했다. 형식은 기능을 따라야 했고, 기능은 목적의 안내를 받아야 했다. 접근성이 늘 강조되었다. "대중 시설인 만큼 충분히 커야 해. 그래야 오페라가 가졌던 귀족적이고 부르주아적인 성격을 지울 수 있지. 상위 계층이 아니라 국민 전체를 매혹하려면 규모 면에서 훨씬 큰 새로운 장소와 새로운 대본 작가, 새로운 작품이 필요해."[21] 그가 가진 사회 관념이란 이런 것이었다. 자신이 오페라를 좋아하는 만큼 다른 사람들도 모두 오페라를 좋아해야 한다. 무일푼 가난뱅이—틀림없이 자신의 젊은 시절을 떠올리고 하는 말이다—를 포함한 누구든 오페라를 관람할 수 있어야 한다. 따라서 제3제국 초기부터 '기쁨을 통한 힘'이나 히틀러 청소년단과 같은 조직의 구성원들은 거의 공짜나 다름없는 가격에 티켓을 구매할 수 있었다. 어떤 경우에는 당 그룹에 티켓이 뭉치 단위로 주어지기도 했다. 사실 1935년에 이미 오페라 관람객 수는 상당히 증가하고 있었다. 당대 기록에 따르면 많은 이들이 처음으로 공연을 관람했다고 한다. 많은 수의 노동자, 농민들이 열렬한 오페라 팬이 되었다는 건 아주 의심스럽다. 하지만 히틀러가 높은 수준의 대중문화를 만드는 데 성공하지는 못했어도, 그것을 공짜로 즐길 수 있게는 했다.

모든 사람이 쉽게 오페라를 즐길 수 있게 된 만큼, 오페라하우스의 수는 기존의 90개보다 훨씬 더 많아야 한다는 논리가 따라 나왔다. 주요 도시마다 적어도 두 개씩은 있어야 했다. 베를린에는 두 개가 아니라 네다섯 개 정도는 있어야 했다. 뮌헨은 세 개가 아니라 네 개는 있어야 했다. 히틀러는 그가 상찬하는 바이마르나 아우구스부르크의 오래됐지만 훌륭한 여러 오페라하우스들을 보수할 생각이었다. 바이로이트의 거대한 오페라 복합시설뿐 아니라 잘츠부르크의 페스트슈필하우스Festspielhaus도 개축 또는 증축되었다. 쾨니히스베르크, 빌헬름스하펜, 자르브뤼켄, 라이헨베그크, 스트라스부르, 뒤셀도르프, 린츠, 그라츠, 켈, 심지어 프라하에도 새로운 오페라하우스 건립이 계획되었다. 따라서 히틀러가 이런 프로젝트에 쏟아부으려고 마련한 자금도 엄청날 수밖에 없었다.[22] 그는 기존의 오페라하우스는 19세기에 건설되었으며 그동안 도시 인구가 세 배는 넘게 늘어났다고 주장함으로써 자신의 과다 지출을 변호했다. 그는 또 이런 주장을 하기도 했다. "(오페라하우스는) 작은 도시에 지어져야 한다. 그래서 일반 대중을 위한 장소를 제공해야 한다. 오페라는 인민에 속하므로 모든 이들이 쉽게 오페라를 즐길 수 있어야만 한다. 따라서 가격 상승은 억제되어야 한다. 공연은 대중을 위한 '환상'이 되어야 한다. 아무리 보잘것없는 사람이라 할지라도 삶의 어려움은 있기 마련이다. … 청소년들도 오페라를 쉽게 즐길 수 있어야 한다."[23]

새롭게 짓는 오페라하우스 모두를 채울 만큼 충분한 오페라 애호가들이 없을 수도 있지 않느냐는 의문이 제기되었을 때, 히틀러는 아우토반이 처음 건설되었을 당시 회의론자들은 그것을 이용할 만한 차가 너무 없다고 주장했다는 말로 응수했다. 그들의 주장은 틀린 것으로 판명이 났다.[24] 그는 말했다. "오페라하우스도 그럴 겁니다." 그는 많은 수의 오페라하우스를 가지게 되면 가수들을 많이 키워내는 효과도 누리게 된다고 주장했다. 이렇게 키워낸 재능 있는 인재들이 바그너 테너 부족이라는 '재앙적' 사태를 바로잡아 줄 것이라고 했다.

이렇게 히틀러는 제국 전체를 자신의 디자인, 자신의 목적에 따른 오페라하우스들로 뒤덮으려 했다. 파리 오페라하우스는 별도로 하고, 그가 좋아하고 교체하려 하지 않았던 건물은 두 곳—빈과 드레스덴의 오페라하우스—이었다. 프리드리히 대왕 시절에 지어진 베를린 국립 오페라극장도 뮌헨 오페라극장도 뮌헨에 있는 섭정공극장**the Prince Regent's Theatre**도 그에게는 별로 매력이 없었다. 그러므로 베를린에는 가장 훌륭하고 '상상할 수 있는' 가장 아름다운 '제국 오페라하우스'를 지어야 했다.[25] 그리고 뮌헨에는 세계 최대 오페라하우스를 지을 생각이었다.

여러 해 동안 그는 대강의 오페라하우스 평면도를 그리면서 시간을 보내고는 했다. 가끔은 건물 외관을 그리기도 했다. 이 중 꽤 많은 것들이 남아있어서 그의 아이디어가 어떻게 발전했는지 보여준다. 잦은 수정에도 불구하고 기본적인 평면도 자체는 변함없이 유지되었다. 그것은 분명 그리스-로마 양식을 흉내 낸 오디토리움으로 맨 뒤에 한 줄짜리 특별관람석이 배치되어 있었다. 볼록한 파사드를 가진 기본 외관 디자인은 고트프리트 젬퍼의 드레스덴 오페라와 빈의 부르크 극장에서 영향받은 흔적을 보여준다. 히틀러는 젬퍼의 작품을 높이 평가하기는 하지만, 그의 화려한 장식과 잔뜩 힘이 들어간 현관은 철저히 피했고 대신에 수수한 양식을 택했다. 히틀러가 자신의 디자인을 계속해서 바꾸었기 때문에 그의 의뢰를 받은 건축가들이 제시한 계획은 항상 그의 마음에 들지 않을 수밖에 없었다. 첫 프로젝트였던 1933~1934년 파울 슐체나움부르크의 뉘른베르크 오페라하우스 개축 사업은 그를 매우 실망시켰다.[26] 그래서 그는 즉시 건축가를 해고하고 다른 건축가 파울 바움가르텐을 오페라하우스의 수석 건축가 자리에 앉혔다. 하지만 그마저도 마음에 들지 않았던 히틀러는 또다시 다른 사람을 영입했다.

그가 많은 오페라하우스를 위해 대강의 도안을 그려보기는 했지만, 끝까지 완성을 본 프로젝트는 단 하나였다. 바로 뮌헨 오페라하우스를 위한 도안이었다.[27] 그는 이곳이 다른 오페라하우스의 모델이 되게 만들 참이었다. 이곳은 4,000명에서 5,000명에 이르는 관람객을 수용할 수 있는 세계 최대 규모의 오페라하우스가 될 것이었다. 바움가르텐이 1936년 도면을 제출했을 때, 히틀러는 수정을 요구했고 그에게 지

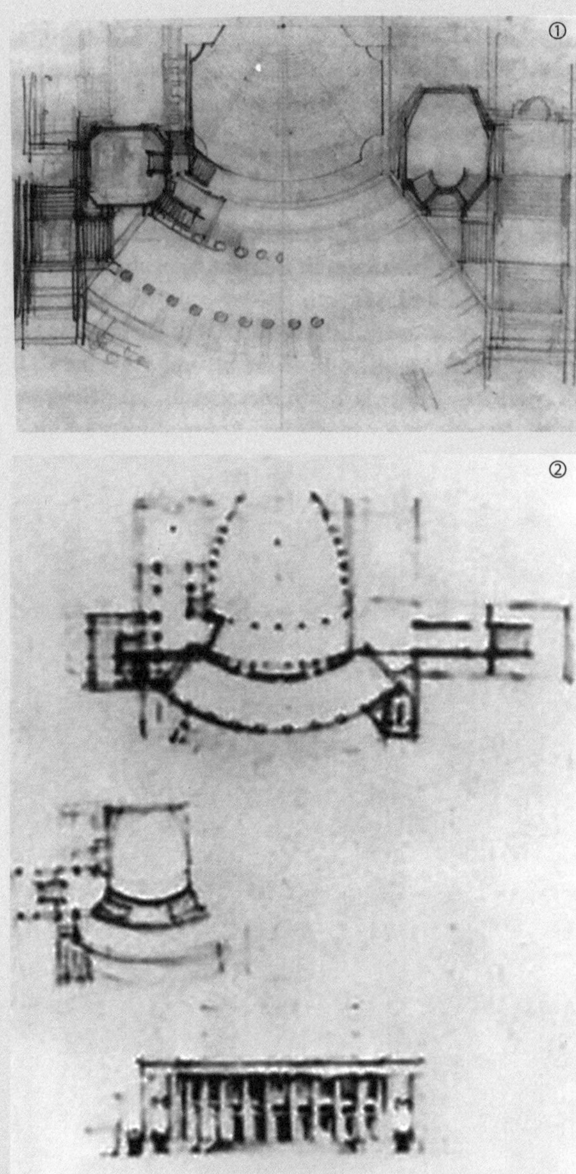

① 히틀러의 1925년 스케치북에는 베를린 국립 오페라극장의 설계 도안이 들어있었다.
② 히틀러의 1925년 스케치북에는 손으로 그린 오페라하우스 드로잉 여러 장이 들어있다.

침을 주기 위한 도안을 직접 그렸다. 괴벨스는 일기에 이렇게 논평했다. "새로운 뮌헨 오페라하우스의 계획은 총통의 아이디어를 따라 검토되고 나니 비로소 타당해지고 꼴도 갖추게 되었다."[28] 하지만 히틀러는 여전히 안절부절못했다. 장소를 변경하고 디자인을 바꾸고 객석 규모를 3,000명으로 줄였다. 결국 그는 이 프로젝트를 볼데마르 브링크만 Woldemar Brinkmann에게 넘겼다. 그리고 그는 1938년 독일 건축쇼에 전시할 모형을 제출했다. 건축 모형은 창문이 없고 매끄러운 구조를 보여주면서 녹색 대리석의 이중 기둥으로 장식된 둥근 정면을 가지고 있었다. 이 구조물은 회랑을 통해 한쪽으로는 레스토랑과 이어지고 다른 한쪽으로는 호텔과 이어지는데, 이는 모두 히틀러의 아이디어였다. 히틀러는 이것에 대단히 매혹되고 기뻐했으나, 정작 모형 제작 단계에서 끝나고 말았다.

그 모든 계획안과 모형에도 불구하고 정작 지어진 새 오페라하우스는 딱 두 곳이었다. 둘 다 정치적인 이유에서 건설되었고 히틀러의 개인 프로젝트는 아니었다. 히틀러가 이 건축물들에 별 관심이 없었다는 사실은 그것들의 독특한 디자인에서 확인할 수 있다. 하나는 바우하우스가 이전했던 곳이기도 한 데사우에 차가운 신고전주의 양식으로 지어진 오페라하우스다. 모더니즘을 상대로 '독일 건축의 기념비주의'가 승리를 거두었음을 보여줄 목적으로 지어졌다. 다른 하나는 자르브뤼켄에 있는데, 자르 지방과 독일의 통합을 결정한 1935년 국민투표를 기념하여 '총통에게 보내는 선물'[29]이란 의미에서 지어졌다. 이 건물은 맞배지붕을 이고 있었는데, 이는 건축적인 관점에서 슐체나움부르크 원리로의 퇴보를 의미했다.

오페라하우스를 향한 히틀러의 열정은 식을 줄을 몰랐다. 전황이 아주 불리할 때조차도 그랬다. 슈페어는 이렇게 기억했다. "오페라하우스 한 곳의 폭격이 그에게는 주거지구 전체의 파괴보다도 더 가슴 아팠다."[30] 이런 일이 일어날 때마다—1941년에는 베를린 국립 오페라극장이, 1943년에는 독일 오페라극장이, 1942년에는 마인츠와 자르브뤼켄에서, 1943년에는 뮌헨에서 오페라극장이 폭격당했다—그는 즉각적인 재건을 명령했다. 괴벨스는 공습으로 인한 주택난이 거의 재앙적인 수준에 이르고 있는 상황에서 이런 조처들을 내리면 국민들이 납득하기 어려울 것이라고 했다. 이에 히틀러는 이렇게 응수했다. "…오페라극장은 단순히 공동의 업적일 뿐 아니라 그 지역사회가 독점하는 유일한 구조물이기도 하네. 이런 점에서 보면 주택을 짓는 것은 오페라하우스나 극장을 재건하는 것만큼의 성과를 내지 못하지. 물론 이 모든 오페라하우스 건설은 많은 전쟁 물자의 손실을 의미하지. 하지만 그렇다 치더라도…."[31]

군수부 장관이 된 후 슈페어도 이 논쟁에 참여하게 되었다. 괴벨스가 목격한 바에 따르면, 뮌헨 건물을 재건하는 문제를 둘러싸고 "치열한 논쟁을 벌였다."[32] 하지만 결국 괴벨스는 이런 기록을 남겨야 했다. "(총통은) 그런 역사적 건물을 폐허로 남겨두는 것을 무책임하다고 생각한다. 나는 재건에 반대하는 여러 이유를 들었지만 총통을 설득하는 데는 실패했다."[33] 얼마 지나지 않아 히틀러는 폭격당한 실러 극장과 베를린의 독일 오페라극장 재건 문제에 관해서도 완고한 태도를 보였다.

스펙터클이라면 사족을 못 쓰는 그의 성향으로 미루어 볼 때 그가 오페라 무대 디자인에도 영향력을 행사하고 싶어 했다는 건 전혀 놀랄 일이 아니다. 바그너 오페라를 위한 벤노 폰 아렌트의 무대 장치에 깊은 감명을 받은 히틀러는 그를 위해 제국 무대 디자이너라는 직위를 만들어냈다. 총통과 함께 작업한 것도 포함해 모델 디자인을 제공함으로써 아렌트는 독일 전역의 오페라단장들에게 신호를 보내야 했다. 따라

히틀러는 새로운 매머드급 뮌헨 오페라하우스의 윤곽을 스케치했다. 그리고 그것을 볼데마르 브링크만에게 주며 완성하라고 했다. 1938년 모형은 상당한 변화를 겪었다. 볼록한 정면이 히틀러의 모든 오페라극장의 특징이 되었다.

서 1938년 그는 『독일 무대 디자인 1933~1936Das deutsche Bühnenbild 1933-1936』을 펴냈다. 제3제국 출범 후 4년 동안 그와 다른 사람들이 제작한 100여 개의 무대와 의상 디자인을 재현한 대형 판형의 책이었다. 알프레트 롤러의 옛 디자인 몇 개도 함께 실었는데, 히틀러에게 잘 보이기 위해서였을 것이다. 머리말에서 아렌트는 국가사회주의 혁명은 독일 무대 디자인의 방향을 새롭게 정했으며 이제 디자인의 목적은 독일 예술이 '총통의 구상'에 부합하도록 자기 몫을 하는 것이 되었다고 말했다. 아렌트의 책에 실린 무대 디자이너 44명의 작품을 보건대 전반적인 결과는 참담할 정도의 진부함으로 요약될 수 있다.

결국 히틀러가 음악에 영향을 미칠 수 있는 가장 즉각적인 방법은 공연의 질을 가능한 한 가장 높은 수준까지 끌어올리는 것이었다. 그러

얼치기 무대 디자이너 히틀러는 연극과 오페라 무대 장치를 시험 삼아 스케치해 보았다. 초기의 덜 거창한 디자인 아이디어 중 몇 개만이 남아있다. 여기 있는 것들은 푸치니의 「투란도트」, 셰익스피어의 「율리우스 카이사르」를 위한 디자인이다.

기 위해 그는 오케스트라, 솔로 가수, 악기 연주자, 오페라 제작자들에게 아낌없는 재정적 지원을 했다. 이로써 그는 역사상 가장 통이 큰 후원자의 반열에 올랐다. 확실히 그는 지휘자의 재능을 알아보는 훌륭한 귀를 가지고 있었다. 부슈, 푸르트벵글러, 클레멘스 크라우스를 당대 최고라 여겼고, 지휘자를 선발할 때는 군대 지휘관을 뽑을 때처럼 관심을 기울였다. 그들의 유치한 허영심을 극도로 싫어하기는 했지만 지휘자를 임명할 때는 보통 사적인 고려나 정치적인 고려를 하지 않았다. 그는 정치적으로 보수적인 크나퍼츠부슈를 싫어했고, 좌파인 프리츠 부슈를 높이 평가했다. 당원도 아니고 나치 조직에도 속하지 않은 크라우스를 칭찬하기도 했다. 그의 관심은 자신이 좋아하는 지휘자들을 그의 흥미를 가장 자극하는 오케스트라나 오페라와 연결하는 데 있었다. 처음 이런 관심을 쏟은 곳은 베를린이었다가 이후에는 드레스덴, 바이로이트, 뮌헨이 되었고, 오스트리아 합병 이후에는 빈이 되었다. 그는 수석 악사의 경력과 오케스트라 연주의 수준도 살펴보았다.[34] 새롭게 발전한 테이프 레코딩을 통해 빈 필하모닉과 베를린 필하모닉의 수준을 지속적으로 비교했다. 그는 성악가의 목소리에 관해서도 훌륭한 판단력을 가졌던 것 같다.[35] 자신의 판단이 정치적인 이슈나 사적인 감정에 휘둘리게 놔두지 않았다. 그는 좋은 친구이자 성실한 나치인 보켈만, 폰 마노바르드, 로데가 전성기를 지났다고 느꼈을 때, 그들에게 퇴임을 요구했다. 동시에 그는 전도유망한 재능을 예리하게 알아보았다. 1942년 그는 당시 32세였던 한스 호터가 '차세대 유망 바리톤'이라고 했다. "언젠가는 그를 바이로이트에 데뷔시켜야 할 거야."[36]라는 말도 덧붙였다.

지휘자와 작곡가들

음악계 인사 중에 개인적으로 히틀러에게 빌헬름 푸르트벵글러만큼 중요한 사람은 없었다. 그가 당대에 최고로 칭송받던 지휘자 가운데 한 사람이기도 했지만, 그보다는 히틀러가 특별히 아끼는 사람이었다는 점이 더 중요하다. 신문에 푸르트벵글러가 바이로이트의 음악 감독을 사임했다는 기사가 실린 다음 해인 1932년 여름에 두 사람은 처음 만났다. 푸르트벵글러는 축제의 예술적 사안에 관한 완전한 권한을 요구했다. 비니프레트 바그너는 최종적인 결정권이 그녀에게 있다고 주장했다. 분명 비니프레트의 입김이 작용했겠지만, 어찌 됐든 히틀러는 둘 사이를 중재하려 노력했다. 히틀러와 만나면서 푸르트벵글러는 처음으로 대화 상대의 듣는 귀가 훌륭하지는 않다는 것을 알게 되었다. 그리고 이후로도 이런 사실을 확인했다. 총리가 되려는 이 남자는 대화를 통해 의견을 교환하지 않았다. 그는 자신이 집권하게 되면 바이로이트 축제의 역할과 푸르트벵글러의 역할이 얼마나 중요해질지 혼자서 장광설을 풀어내기 시작했다.[1] 결국 히틀러는 비니프레트의 편을 들었고, 푸르트벵글러가 물러났다. 하지만 그 뒤로도 이 두 남자가 다툼을 벌이게 될 때는 항상 이런 전면적인 예술적 자율성에 대한 푸르트벵글러의 요구가 문제가 되었다.

둘의 만남 이후 몇 달 지나지 않아 히틀러가 총리로 임명되었다. 그리고 바로 터져 나온 인종적 숙청의 여파로 푸르트벵글러는 베를린 필하모닉에 있는 비非아리아인, 즉 유대인 6명과 유대인 피가 섞인 두 명의 음악인을 해고하라는 압력에 시달렸다.[2] 그는 거부했다. 예술의 기능은 통합하는 것이지 가르는 것이 아니라고 괴벨스에게 썼다. 그리고 자신이 알기로 예술은 그저 좋은 예술과 나쁜 예술이 있을 뿐이라고 했다. 클렘퍼러와 발터와 같은 유대 배경을 지닌 이들에게도 '미래의 독일에서 한 자리 차지할 만한' 충분히 자격이 있다고 했다. 하지만 그가 괴벨스에게 보낸 서한에는 반유대주의의 정당성을 인정한다는 내용—훗날 그의 전기 작가들은 빼먹은—도 들어있었다. "유대인과의 투쟁이 키치를 조장하고 공허한 기교만을 추구하는 근본 없고 파괴적인 이들을 목표로 한다면 이는 전적으로 옳습니다. 그들과 그들이 체현하는 정신에 대항하여 아무리 열심히 그리고 철저하게 투쟁해도 지나치지 않을 것입니다."[3] 즉 좋은 음악가와 나쁜 음악가가 있듯이 좋은 유대인과 나쁜 유대인이 있다는 이야기다. 선전부 장관은 특유의 이중화법으로 회신했다. 만일 그들이 '국가 규범'[4]을 존중한다면, 능력을 갖춘 예술가들을 지원하겠다고 약속했다. 그런데 국가 규범 중 하나가 공적인 삶에서 유대인을 배제하는 것이었다. 그러니 이 회신은 아무것도 양보하지 않은 셈이다.

새로운 제국의 출범 직후 몇 달 동안 문화적으로 좋은 이미지를 갖고 싶었던 마음이 컸던 히틀러는 이 문제를 강하게 밀어붙이지 않았다. 대신 그는 푸르트벵글러를 나치의 세력권 안으로 끌어들였다. 푸르트벵글러는 음악 프로그램을 심의하는 위원회 임명을 받아들였고 제국 음악회의소 부대표직을 수락했으며 국가 고문이라는 직함을 받았다. 히틀러는 정치적으로 고분고분한 지휘자를 원했다.[5] 그리고 푸르트벵글러는 그의 표현대로라면 '독일 음악계의 모든 기준을 제시해야 할 책임을 지닌' 제3제국 최고의 문화계 인사로서 인정받기를 원했다. 그는 총통의 인정을 갈망했으며 여러 차례 면담 요청을 했다. 그런데 그런 요청은 거부되었고 그는 그저 메모나 보내는 신세로 전락했다. 필하모닉을 파산 위기에서 구해달라고 요청했을 때는 히틀러가 즉각 들어주었다. 하지만 '음악계에서 유대인과 싸워 이기는 법'[6]에 관해 푸르트벵글러가 견해—기존의 좋은 유대인, 나쁜 유대인 주장을 되풀이하면서 음악적 재능이 탁월한 유대인은 자리를 보전할 수 있도록 해주어야 한다고 주장했다—를 보냈을 때는 아무런 회답을 얻지 못했다.

8월이 되어서야 드디어 히틀러는 푸르트벵글러에게 면담을 허락했다. 이 면담을 준비하며 푸르트벵글러는 제기하고 싶었던 사항들의 목록을 작성했다.[7] 첫째, 그는 나치당원은 아니지만 나치당을 지지한다. 둘째, 음악계의 유대인 숙청은 지나친 면이 있었다. 재능 있는 사람을 쫓아냈고 독일을 바라보는 외국의 시선을 안 좋게 만들었다. "유대인은 영리한 적이기 때문에 유대인을 상대할 때는 영리한 무기를 써야 합니다. 글로 쓴 지침을 가지고 유대인과 싸울 수 있다고 생각해서는 안 됩니다." 셋째, 베를린 필하모닉은 예외적인 경우로서 유대인 음악가들을 보유하도록 허가받아야 한다. 그는 이렇게 적었다. "(오케스트라는) 여전히 외국의 수요가 있는 유일한 문화 수출 항목으로 독일 정신의 선전 도구 역할을 훌륭하게 수행할 수 있습니다."

히틀러는 유대인을 어떻게 다루어야 하는지 자신에게 설교하는 푸르트벵글러가 건방지다고 생각했음이 틀림없다. 그러니 면담의 결과가 좋을 리 없었다. 푸르트벵글러는 나중에 자신의 비서에게 "2시간 동안 둘 사이에서 고성이 오갔다."[8]라고 말했다. 다음 달에도 그는 계속해서 새 정부에 대한 자신의 충심을 공언했다. 1934년 8월 히틀러가 힌덴부르크 대통령의 국가수반 자리를 계승하는 것을 지지하는 공개서한에 다른 예술가들도 서명하도록 독려하는 한편, 자신의 유대인 음악가들과 자신의 뛰어난 유대인 비서, 베르타 가이스마르Berta Geissmar를 해고하라는 압력에 저항했다. 결국 문제는 저절로 해결되었다. 단원들이 하나둘 오케스트라와 독일을 떠났기 때문이다. 그러는 동안에도 푸르트벵글러는 가장 논란이 되는 작곡가인 파울 힌데미트의 대의를 지지하는 것이 자기 역할이라고 믿었다. 파르지팔이라면 이런 어리석음에서 교훈을 얻을 수도 있었을 것이다.

힌데미트 홍보는 그 자체만으로 도발 행위가 될 수 있었다. 이 젊은 작곡가는 히틀러가 싫어한다고 알려진 유명한 모더니스트였기 때문이다. 그런데도 그는 히틀러와 면담 약속을 잡고 그에게 힌데미트의 새 오페라 「화가 마티스Mathis der Maler」 공연을 승인해달라고 함으로써 선을 넘어버렸다. 상식이 있는 예술 후원자라면 감히 꿈도 꾸지 못할 일이었다. 하지만 그는 히틀러와의 면담 전에 한 베를린 신문사에 기사를 냈다.[9] 기사에서 그는 힌데미트가 훌륭한 아리아인이며, 그의 오페라는 이러한 사실을 반영하고 있다고 했다. 또 만일 힌데미트가 다른 나라로 이주한다면 그것은 큰 불행일 것이라고 했다. 이러한 모욕에 크게 화가 난 히틀러는 면담을 취소했다. 그리고 푸르트벵글러를 본보기로 만들어 모든 독일 예술가들에게 확실한 경고의 메시지를 주기로 했다. 나치의 노선을 따르든지 아니면 벌을 받든지 양자택일하라는 메시지였다. 푸르트벵글러에게는 모든 자리에서 스스로 물러나는 쪽을 택하든가 아니면 즉시 해고되는 쪽을 택하라는 선택지만이 주어졌다. 1934년 그는 제국

음악회의소 부대표, 베를린 필하모닉의 지휘자, 베를린 국립 오페라 지휘자의 자리에서 물러났다. 그의 복귀 가능성을 아예 차단하기 위해 괴링은 그의 자리에 클레멘스 크라우스를 앉히고 10년짜리 계약을 맺었다. 여기서 얻을 수 있는 교훈은 분명하다. 비록 푸르트벵글러를 비롯한 많은 독일 예술가들이 인정하지 않으려고 했지만, 제3제국에서 순수한 예술 행위란 존재할 수 없다는 사실이었다. 모든 것은 궁극적으로 정치적일 수밖에 없었다.

이제 히틀러가 힌데미트의 오페라 공연을 허락할 가능성은 사라졌다. 여러 가지 점에서 이는 역설적이다. 힌데미트의 신작은 예전에 그가 보여준 모더니즘에서 양식적으로 후퇴했음이 분명했기 때문이다. 그리고 이는 푸르트벵글러가 대담하게 그를 변호하겠다고 나선 이유이기도 했다. 게다가 힌데미트는 독일에서 가장 유명한 젊은 아리아인 작곡가이며 늙은 슈트라우스 후임자로서의 후보 자격이 충분하다는 평가를 괴벨스에게 받고 있었다. 이러한 희망은 이제 다 날아가 버렸다. 힌데미트와 그의 당 지인들은 계속해서 사태 조정을 위해 노력했다. 하지만 1938년 그는 제3제국에서는 더 이상 희망이 없다는 결론을 마지못해 내리고는 미국으로 이민했다. 그의 작품이 공식적으로 금지된 적은 없다. 몇몇 악보는 독일에서 계속 출판되기도 했다. 하지만 히틀러 모르게 진행되어야 했다. 힌데미트의 음악은 총통을 화나게 했다. 1943년 6월 신경 써야 할 더 긴급한 문제가 있었던 이때, 히틀러는 린츠의 한 신문에서 힌데미트의 작품을 다룬 비밀 콘서트가 이 도시에서 열렸다는 기사를 우연히 접했다. 보어만은 지역 주지사에게 이렇게 보고했다. "총통은 무엄하게도 자신의 지시를 무시한 사실과 하필이면 자신의 고향에서 힌데미트와 같은 타락한 음악을 연주했다는 사실에 격노했습니다."[10] 이 사태에 책임이 있는 자는 직장을 잃었다. 그리고 거의 강제수용소로 보내질 뻔했다.

푸르트벵글러-힌데미트 일화는 기대했던 효과를 낳았다. 히틀러는 무엇이 용납 가능한 음악인지 오직 자신만이 결정할 수 있다는 사실을 보여주었다. 음악가들은 순응과 이민 중 하나를 택해야 했다. 괴벨스는 푸르트벵글러에게 자유롭게 독일을 떠날 수 있지만 돌아올 수는 없다고 말했다. 푸르트벵글러는 독일에 남겠다고 마음을 정했다고 대답했다. 하지만 순진하게도 정치적 선전 도구로 쓰이고 싶지는 않다고 했다. 결국 둘은 공식 성명을 내기로 합의를 보았다.[11] 푸르트벵글러가 힌데미트 사태에 개입한 일을 사과하고 문화 정책은 오로지 총통과 그의 관료들의 소관임을 인정한다는 내용이 성명에 담겼다. 이 만남은 푸르트벵글러와 제3제국의 관계에서 매우 중요한 순간이었다. 푸르트벵글러는 여전히 괴로워하기는 했지만, 결국에는 나치의 명령에 항복했다. 베르타 가이스마르조차 놀라서 푸르트벵글러의 항복은 국외만 아니라 국내에서도 유감스러운 일로 받아들여지고 있다고 말했다.[12] "수많은 독일인도 많은 이들의 의지처가 되었던 이 남자가… 결국 굴복하고 말았다는 사실에 기겁했다." 그 수많은 독일인 중 한 명이 자유주의 작가 겸 극장 감독인 에리히 에베르마이어Erich Ebermayer였다. 그는 일기에 "나는 이 성공한 명지휘자가 이처럼 물러나는 것을 보며 낙담했다."[13]라고 적었다. 한편 괴벨스는 의기양양하여 "이는 우리의 도덕적 쾌거"[14]라고 했다.

이 일이 있고 난 다음에 지휘자 푸르트벵글러와 총통의 관계는 개선되었다. 비록 독일 내에서 지휘자 일을 다시 해도 좋다는 허락은 없었지만, 푸르트벵글러는 빈, 부다페스트, 파리 그리고 런던에서의 콘서트 계약을 맺을 수 있었다. 그리고 이를 위해서 그는 또다시 비굴한 호소를 해야만 했다. "괴벨스 박사에게 충성을 다짐했던 것처럼, 당신에게 충성할 것을 약속합니다."라면서 1935년 4월 초 그는 히틀러에게 자신의 약속을 지키게 해달라고 요청하는 편지를 썼다. 잠시 후 두 사람이 만났고, 허락이 떨어졌다. 이로부터 얼마 지나지 않아 푸르트벵글러가 1936년 바이로이트 축제에서 지휘를 하게 될 거라는 소식이 발표되었다. 이 해는 올림픽이 예정되어 있었다. 히틀러는 외국 손님들에게 독일이 훌륭한 문화적 삶을 영위하고 있다는 인상을 남기고 싶었다. 당시 비니프레트의 교신 내용이 명료하게 표현했듯이, 그는 푸르트벵글러에게 바이로이트를 강요했고, 바이로이트에는 푸르트벵글러를 강요했다. 푸르트벵글러는 베를린 필하모닉에로의 복귀를 허가받아 4월 24일 콘서트에서 다시 지휘봉을 잡았다. 5월 3일에도 지휘를 맡았는데, 이때는 히틀러, 괴링, 괴벨스도 공연에 참석—널리 출간된 사진에 기록이 남아있다—했다. 이어지는 9월에는 히틀러의 요청에 따라 뉘른베르크 연례 나치당대회 개회식에서 「뉘른베르크의 마이스터징어」의 지휘를 맡았다.

1936년 1월 50세 생일을 맞은 푸르트벵글러에게 히틀러는 자필 서명이 들어간 자기 사진을 보냈고 고위 간부를 시켜서 포츠담에 있는 그의 집에 다른 선물들을 전달하게 했다. 이로써 자신이 완전히 복권되었다고 생각한 푸르트벵글러는 베를린 국립 오페라로의 복귀를 의논하기 위해 히틀러와 만나려 했다. 하지만 이 만남이 성사되기 전에 푸르트벵글러가 뉴욕에서 지휘하기로 합의했다는 기사가 나왔다. 당연히 히틀러는 화를 냈고, 푸르트벵글러는 그에게 한 번 더 비굴한 편지를 보내는 것이 상책이라 생각했다. 히틀러는 4월이 되어서야 겨우 그와의 면담을 허락했다.[15] 히틀러는 그를 한 시간 정도 기다리게 만든 다음에 그에게 현대 음악에 관한 설교를 늘어놓았다. 그는 한 가지 원칙이 지켜져야 한다고 했다. 아무리 매력적인 여자라 하더라도 그녀가 유대인이라면 관계를 끊어야 하는 것처럼, 설령 아무리 아름다워도 그것이 현대 음악이라면 마찬가지로 관계를 끊어야 한다고 했다. 그밖에 또 무슨 말을 했는지는 알 수 없다. 요는 푸르트벵글러가 바이로이트에서 지휘하겠다는 약속을 지키고 당분간 정기적인 지휘자 일을 단념하는 데 동의했다는 점이다. 그는 이제 완전히 길들여졌다. 푸르트벵글러가 1936년 말에 만났던 괴벨스는 자신의 일기에 이 상황을 이렇게 정리했다. "그는 이제 완전히 우리 편이 되었다. 우리의 위대한 성과를 높이 평가하고 있다. 그는 아직 몇 가지 작은 요구를 하고 있기는 하다. 주로 〔언론의〕 비평과 힌데미트에 관한 요구들이다. 다른 모든 점에 관해서는 고분고분 따르고 있다."[16] 고분고분해진 푸르트벵글러는 점점 히틀러의 목적에 헌신하게 되었다.[17] 가령 그는 나치의 자선사업인 겨울 구호 활동Winterhilfswerk을 위한 콘서트에서 지휘를 맡았다. 이 행사에는 나치당의 세 문화적 거두인 히틀러, 괴링, 괴벨스가 참석했다. 그는 '국가사회주의 철학을 행동 원리'로 삼는 독일 예술가 단체에 가입했다. 1937년 4월에는 히틀러의 생일을 기념하여 베토벤의 9번 교향곡을 지휘했고, 같은 해 9월에는 파리에서 열린 독일 문화 주간이라는 선전용 행사에 자신의 오케스트라를 데리고 갔다.

1937년 말 바이로이트 시즌에 푸르트벵글러와 비니프레트 바그너는 한 번 더 반목하게 되었다. 이에 다시 푸르트벵글러는 히틀러에게 이 문제를 제기하려 했지만, 다시 거절당했다. 누군가 총통이 "그는 내가 아는 가장 불쾌한 사람 중에 하나야."[18]라고 말하는 걸 엿들었다고 한다. 푸르트벵글러는 비니프레트와 히틀러가 이미 전화상으로 그 문제에 관해 논의했고 그녀의 비밀스러운 표현에 따르면 그를 '쫓아내기로'[19] 동의했다는 사실을 몰랐다. 그녀는 "그렇게 하면 우리는 적대적이고 골치 아픈 요소를 제거할 수 있을 겁니다."라고 덧붙였다. 푸르트벵글러는 이 건방진 여자의 모욕적 언사에 너무 놀라 격분한 마음을 담은 서한을 보냈다. 그리고 히틀러에게도 이 서한의 사본을 보냈다. 그는 바이로이트를 활용해 바그너 공연의 국제적인 기준을 마련하고 싶었는데 그녀가 이를 가로막았다고 주장했다.[20] 이에 히틀러는 비니프레트에게 전화를 걸어서 자신은 그녀를 전폭적으로 신뢰하니 푸르트벵글러의 격분에 동요하지 말라고 했다.[21] 결국 1년 후 푸르트벵글러가 잘츠부르크에서 바그너를 지휘하고 싶다는 뜻을 밝혔을 때, 히틀러는 그것을 금지했다. 바이로이트의 손실로 잘츠부르크가 이익을 보는 일은 없어야 했다.

비니프레트 일로 기분이 상한 푸르트벵글러는 이어서 티에첸의 일로 격분하게 되었다. 베를린 국립 오페라 감독인 티에첸의 책임 범위가 모든 예술적 권한을 포괄하는 데까지 확장된 것이다. 이로써 푸르트벵글러는 바이로이트에서처럼 베를린에서도 자신이 최고 권위를 가진 예술가가 아니라 단지 한 명의 지휘자에 불과하다는 사실을 깨달았다. 그는 화가 나서 괴링에게 편지를 썼다. 국립 오페라 일을 맡고 싶지 않다고 했다. 이에 제국 원수 괴링은 푸르트벵글러가 가는 곳마다, 하는 일마다 말썽을 일으키고 있으며, '푸르트벵글러가 국립 오페라에서 시계처럼 정확하게 매년 일으키는 문제들'[22] 때문에 화가 난다고 답했다.

이 모든 일에도 불구하고 푸르트벵글러는 충성심을 잃지 않았다. 1938년 2월 그는 히틀러 청소년단을 위한 콘서트에서 베를린 필하모닉을 지휘했다. 몇 주 지난 뒤 그는 잘츠부르크 축제에서 물러났다. "혹여나 나의 이해관계와 총통의 이해관계가 조금이라도 '충돌'하는 일은 아예 피하고 싶다."[23]라는 이유를 댔다. 그는 이후 있었던 국민투표 당시에 오스트리아 합병을 공개적으로 지지했다. 같은 해 히틀러 생일을 축하하며 「뉘른베르크의 마이스터징어」 공연을 지휘했고 뉘른베르크 당대회에서도 지휘했다. 하지만 자신이 가진 불안의 상처를 자꾸만 긁어댔다. 그가 두려워하고 미워하는 이들의 명단이 점점 늘어났다. 티에첸,

비니프레트 바그너, 괴링, 클레멘스 크라우스, 리하르트 슈트라우스, 수많은 정부 관료 그리고 누구보다 짜증 나는 인간이 있었으니 그 건방진 청년의 이름은 헤르베르트 폰 카라얀이었다. 전에 없이 히틀러의 재신임을 갈망했던 그는 여러 번 면담을 요청했다. 하지만 전쟁 준비의 최종 단계에 있던 총통은 그 요청을 거절했다. 사실 이후로 그들은 다시는 만날 일이 없었다.

독일국방군이 전 유럽을 석권함에 따라 푸르트벵글러는 자신과 타인을 괴롭히는 일을 멈추고서 깊은 애국심에 빠져들었다. 괴벨스는 기뻐서 "우리는 그를 이용할 수 있다."[24] "그는 지금 아주 적극적이다."[25]라고 했다. 몇 달 후에 그는 이런 말을 덧붙였다. "그는 나의 프라하 방문 때 자진해서 베를린 필하모닉을 지휘했다. 이는 우리의 화해 노력의 정점이 될 것이다." 이리하여 푸르트벵글러는 1940년 5월뿐 아니라 11월에도 체코슬로바키아 점령을 축하하기 위해 괴벨스가 고른 연주곡 목록을 지휘했다. 그리고 1944년 3월에는 체코 점령 5주년을 기념하기 위해 독일 부상병들을 위한 콘서트를 지휘하러 다시 돌아왔다. 괴벨스는 제국을 위한 푸르트벵글러의 봉사를 몇 번이고 칭찬했다. 그는 자신의 일기에 "또다시 그가 국외에서 멋진 일을 해냈다."[26]라고 적었다. 다른 대목에서는 "우리는 확실히 그를 활용할 수 있다. 그는 아주 적극적이다."[27]라고 했다. 또 다른 대목에서는 히틀러가 "푸르트벵글러의 활동에 특히 기뻐했다."[28]라고 적었다. 프랑스 함락 직후 괴벨스는 "그는 철저한 쇼비니스트가 되었다."[29]라고 논평했다. 1942년 2월 그는 덴마크와 스웨덴에서 베를린 필하모닉을 지휘한 후에 독일로 돌아왔는데, "(이때 그는) 애국적인 열정을 뿜어내고 있었고 어떤 활동이든지 내가 하자는 대로 기꺼이 따랐다."[30] 그는 자신의 오케스트라를 이끌고 노르웨이, 스위스, 헝가리에서 순회공연을 했으며 1942년 히틀러의 생일 축하 콘서트도 지휘했다. 그는 심지어 1943년과 1944년에 바이로이트에서 열린 전쟁 축제에서도 지휘를 맡았다. 분명 이를 악물고 했을 것이다.

괴벨스는 일기에 "푸르트벵글러가 정부와 제국의 일에 이렇게 적극적으로 나서게 만드는 데 성공해 기쁘다."[31]라고 적었다. "많은 노력이 들기는 했지만 결국 그는 우리 편이 되었다. 나는 아무런 문제를 일으키지는 않지만 이민 가서 이탈리아의 적대 세력에게 이용당할 가능성이 있는 토스카니니 같은 사람보다 문제는 일으켜도 제국의 시민인 푸르트벵글러 같은 사람이 좋다." 아주 기분이 좋아진 히틀러는 괴벨스를 시켜 푸르트벵글러에게 그의 충성스런 행동은 '앞으로도 결코 잊지 않을 것'[32]이라고 전하게 했다. 내친김에 괴벨스는 이런 말도 적었다. "총통은 푸르트벵글러를 가장 높이 평가한다. 국가적 사안에 관한 그의 처신은 나무랄 데가 없다. 전쟁이 끝나도 우리는 그를 잊지 않을 것이다."[33] 1946년 나치 청산 재판에서 자신의 행동에 관한 질문을 받은 푸르트벵글러는 자신의 정치적 또는 도덕적 과오를 인정하지 않았고 자신은 독일이 점령한 어떤 나라에서도 지휘하기를 거부했다고 주장했다. 이의가 제기되자 그는 흐릿하게 대답했다. "체코슬로바키아는 사실상 전쟁으로 점령된 나라가 아닙니다."[34] 그리고 덴마크는 '점령'된 것이 아니라 '보호'받은 것이라고 했다.

푸르트벵글러 다음으로 히틀러의 관심을 받은 지휘자는 클레멘스 크라우스다. 1934년 12월 히틀러는 괴링을 시켜 그를 베를린 국립 오페라에서 푸르트벵글러가 있던 자리에 앉혔다. 그리고 이미 그 당시에 뮌헨을 제3제국의 문화 수도로 만드는 것을 도울 사람으로 크라우스를 점찍어 두고 있었다. 1937년 첫 번째 단계로 우선 그는 크나퍼츠부슈를 해임시키고 베를린에서 만족스러운 생활을 하지 못하고 있던 크라우스를 바이에른의 수도로 이동시켰다. 이곳에서 크라우스의 지휘 활동에 히틀러는 그가 독일에서 가장 뛰어난 오페라 지휘자임을 확신했다. 히틀러는 그와 그가 데리고 있는 예술가들의 봉급을 인상했고 그에게 엄청난 예산을 보장했으며 그가 하는 예술 관련 요청이라면 무엇이든 들어주었다.[35] 하지만 크라우스는 고향인 빈으로 돌아가기를 간절히 바랐다. 오스트리아의 제국 편입을 구실 삼아 히틀러에게 자신을 뮌헨 오페라와 빈 오페라의 감독으로 동시 임명해달라고 요청했다. 히틀러는 들은 척도 하지 않았다. 잠시 후 크라우스는 잘츠부르크 축제에 눈독을 들였다. 이번 요청 역시 받아들여지지 않았다.[36] 제3제국이 끝날 때까지 크라우스는 뮌헨에 머물렀다.

이밖에 히틀러가 상찬한 지휘자는 별로 없다. 크나퍼츠부슈는 확실히 싫어했다. 브루노 발터의 자리를 잇기 위해 1922년 뮌헨 국립 오페라에 임명된 크나퍼츠부슈는 보수적인 바이에른 청중에게 인기가 있었다. 구식 민족주의자이자 반유대주의자이면서, 뿌리 깊고도 끈질긴 혐오 감정—이러한 혐오의 대상 가운데는 브루노 발터, 토마스 만, 클레멘스 크라우스도 있었다—을 지닌 사람인 크나퍼츠부슈의 지휘 방식은 히틀러를 대단히 짜증 나게 만들었다. 히틀러는 그것을 '수없이 홱홱 저어대는 손놀림'[37]이라 했다. 히틀러는 이런 자—그를 '군악대 지휘자'라고 불렀다—가 문화 수도 뮌헨에서 지휘를 하게 내버려두고 싶지 않았다.[38] 1935년 히틀러는 아직 47세밖에 되지 않은 그에게 명예퇴직을 명령했다. 그리고 그가 독일에서 지휘하는 것을 일시적으로 금지했다. 크나퍼츠부슈는 빈으로 옮겨갔고 카를 뵘으로 교체되기 전까지 거기서 객원 지휘자 노릇을 했다. 지휘 스타일에 대한 당내 평가도 좋고 또 전형적인 북유럽인 외모를 하고 있었기에 나중에 그는 이 정권에서 잘나가는 지휘자 중 한 명이 되어 당대회, 히틀러 생일 축하 행사, 피점령국에서의 콘서트에서 지휘했다. 하지만 히틀러의 반감은 쉽게 누그러지지

히틀러는 예술가들을 공장에 데리고 가도록 장려했다. 1939년 이후 노동자 콘서트의 목적은 사기를 북돋아 전쟁을 지속할 수 있게 하는 것이 되었다. 이 사진에서는 푸르트벵글러가 1943년 10월 베를린의 군수 공장에서 점심 콘서트를 지휘하고 있다.

않았다. 이는 1944년 괴벨스의 일기를 보더라도 확실히 알 수 있다. "나는 크나퍼츠부슈를 지지하고 나섰다. 총통은 이제 적어도 그를 심포니 지휘자 정도로는 인정하지만 오페라 지휘자로서는 형편없다고 생각한다."[39]

히틀러는 젊고 유명한 지휘자들에게 별반 감흥을 느끼지 못했다.

그는 뵘이 '이류'라고 했다.[40] 그는 1934년 뵘의 함부르크 오페라와의 계약 해지를 승인함으로써 뵘을 드레스덴의 크나퍼츠부슈와 교체할 수 있었다. 드레스덴의 주지사 무치만은 나치 정신에 충실한 음악인을 원했다. 그리고 오스트리아 출신의 젊은이 뵘이 그런 사람이라고 생각했다. 당 지도자들의 환심을 사려고 항상 노력했던 뵘은 뉘른베르크 당대회 행사의 개회식에서 여러 번 「뉘른베르크의 마이스터징어」를 지휘했고, 히틀러의 생일 축하 행사에서도 지휘했다. 나치 정부를 지지하는 선언문에 서명도 했다. 하지만 나치 정신이 그의 예술을 완전히 타락시키지는 않았다. 그는 때로 자신의 콘서트에 현대적인 작품을 넣는 지휘자 몇 명 가운데 한 사람이었다. 6년 후에 드레스덴이 지겨워진 뵘은 좀 더 큰 목표, 즉 빈을 향했다. 그의 이적을 위해 힘써주는 시라흐가 히틀러에게 부탁을 했다. 하지만 총통은 이제 뵘을 마음에 들어 하지 않았다. 뵘의 음악적 취향보다는 지휘 스타일이 문제였다. 특히 오페라에서 지휘 스타일이 문제였다. "크나퍼츠부슈처럼 뵘은 중후한 효과를 얻기 위해서 거대한 오케스트라를 쓰지. 하지만 그 결과 가장 훌륭한 성악을 망쳐 놓았어."[41] 그는 또한 뵘이 가수들을 양성하고 코치하는 데 완전히 실패했다고 생각했다. 1942년 여름이 돼서야 겨우 태도가 누그러진 히틀러는 그가 빈으로 이적하도록 허락했다.

드레스덴에서 그를 대신할 후보자 중 한 명이 헤르베르트 폰 카라얀이었다. 크라우스의 자리를 이으면서 푸르트벵글러의 견제 세력이 되어줄 사람을 찾고 있던 티에첸이 1938년 카라얀을 아헨에서 베를린으로 데려왔다. 젊은 지휘자 카라얀은 「트리스탄과 이졸데」 공연으로 일약 스타가 되어 센세이션을 불러일으켰다. 하지만 이 '젊은 마법사'는 혜성과 같은 등장만큼이나 급격한 몰락을 경험해야 했다. 1939년 6월 그는 유고슬라비아의 파울 왕자가 국빈으로 방문했던 기간에 베를린 국립 오페라의 「뉘른베르크의 마이스터징어」 갈라 공연 지휘를 맡게 되었다. 이는 히틀러에게 정치적으로 중요한 행사였는데, 무언가 문제가 생겼다. 줄거리가 달랐던 것이다. 이 난처한 상황에 짜증이 난 히틀러는 악보를 보지 않고 기억에 의존해서 지휘하는 카라얀을 비난했다. 히틀러는 "그것은 가수뿐 아니라 청중을 조금도 배려하지 않는 처사였어."[42]라고 말했다고 한다. 카라얀은 나중에 전기 작가에게 말하기를 히틀러가 너무 화가 나서 이렇게 다짐했다고 했다. "내(카라얀)가 지휘하는 어떤 공연에도 참석하지 않겠다. 나는 '독일 지휘자'를 진정으로 대표할 자격이 없다."[43] 실제로 히틀러는 이 사건을 결코 잊지 않았다. 괴벨스는 1년 후에 "그는 카라얀과 그의 지휘 스타일을 아주 낮게 평가했다."[44]라고 적었다. 하지만 카라얀은 아직 완전히 축출된 것은 아니었다. 베를린에서 가끔 지휘 활동을 이어갔고 린츠의 브루크너 오케스트라에서 객원 지휘자 활동을 했다. 총통은 그가 국외에서 선전용 순회 공연을 할 때 지휘를 맡기를 바랐던 것 같다. 하지만 드레스덴 지휘자를 선발할 때는 카라얀 대신에 베를린 국립 오페라의 수석 지휘자인 카를 엘멘도르프Karl Elmendorff를 택했다.

푸르트벵글러와 함께 리하르트 슈트라우스는 독일 음악계에서 가장 중요한 인물이었다. 히틀러는 어떻게 해서든 그의 명성을 이용하려고 했다. 한편 그가 쓴 곡들만큼이나 정치적 견해가 19세기 후반에 머물러 있던 슈트라우스로서는 제3제국의 도래를 환영하지 않을 이유가 없었다. 1928년 6월 14일 해리 케슬러Harry Kessler 백작은 일기에 후고 폰 호프만스탈이 연 오찬 자리에서 슈트라우스가 반동에 가까운 정치적 견해를 드러내면서 독재가 필요하다고 주장해 스스로를 웃음거리로 만들었다고 적었다. 민주주의와 바이마르를 향한 귀족적인 경멸을 품

1939년 히틀러는 유고슬라비아의 파울 왕자를을 위해 베를린 국립 오페라의 「뉘른베르크의 마이스터징어」 갈라 공연을 마련했다. 떠오르는 젊은 스타 헤르베르트 폰 카라얀이 지휘를 맡았다. (왼쪽부터) 외무장관 리벤트로프, 올가 공주, 괴링, 아넬리스 리벤트로프. 평소처럼 괴벨스는 제일 오른쪽, 눈에 안 띄는 자리에 있다.

은 그는 나치의 억압에는 별 신경을 쓰지 않았으며 히틀러의 신질서가 독일의 음악적 삶을 향상시킬 거라고 믿었다. 히틀러의 집권 직후에 브루노 발터는 나치로부터 라이프치히와 베를린에서 지휘를 그만두도록 위협을 받았다. 그리고 이 사건을 계기로 아르투로 토스카니니는 바이로이트를 떠나기로 마음먹었다. 동기가 무엇이었든 슈트라우스는 그들의 자리를 떠맡게 되었고 그렇게 함으로써 히틀러의 비위를 맞추었다. 1933년 4월 그는 토마스 만의 바그너 강의를 비난하는 악명 높은 서한에 서명했다.

이듬해 11월 제국음악회의소가 설립되자 슈트라우스는 대표직을 제안받았다. 아마 슈트라우스 쪽에서 청했을 것이다. 그와 푸르트벵글러는 독일에 남은 가장 저명한 문화계 인사였다. 그리고 이 둘을 나치 정부와 연결시키는 일은 대성공을 거두었다. 이에 독일 내 반나치 세력은 큰 충격을 받았다. 에리히 에베르마이어는 이렇게 썼다. "슈트라우스에게는 안 됐지만, 「살로메」, 「엘렉트라Elektra」, 「낙소스 섬의 아리아드네Ariadne auf Naxos」, 「장미의 기사」로 사랑받는 위대한 거장이, 자신의 음악으로 불멸의 존재가 된 이가 정말 이럴 필요가 있다고 생각한 걸까? 과연 무엇 때문에 그는 자신의 위대한 불멸의 명성을 그들에게 빌려주었는가?"[45] 슈트라우스 자신은 매우 열광적이었다. 이듬해 2월 회의소 대표 취임 연설에서 그는 독일의 음악적 삶을 재조직하고 '음악을 통해 독일 민족을' 그 어느 때보다 긴밀하게 통합한 히틀러와 괴벨스의 공로에 '독일 음악계 전체'를 대표하여 '따뜻한 감사의 말씀'을 드린다고 했다.[46] 그는 히틀러의 집권으로 인해 정치적으로나 문화적으로 많은 변화가 있기도 했지만, 새로운 정부가 더 이상 음악이 쇠락하도록 놔두지 않을 것이며 '음악에 새로운 활력을 불어넣을 것'임을 증명했다고 말했다. 이 위대한 사건을 기리기 위해 그는 「시냇물Das Bächlein」이라는 노래를 작곡하기도 했다. 이 작품은 괴벨스에게 헌정한 노래이지만 가사의 마지막—"…바로 나의 총통, 나의 총통, 나의 총통이 될 것이네."—은 다른 사람에게 아부한 내용으로 대개 받아들여지고 있다.[47] 비록 그의 열정도 나중에는 식어버렸지만, 몇 년 동안 그는 히틀러의 정치적인 업적과 예술 장려책을 공개적으로 칭송했다.

음악회의소 연설로부터 며칠 지난 다음에 슈트라우스는 독일 음악인 회의를 소집해 나치 정부와 이 정부가 독일 음악을 위해 했던 일에 관해 그 어느 때보다 열렬히 칭송했다. 그는 바이마르 공화국 정치인들의 무관심한 태도와 '아돌프 히틀러의 목적의식적 정치 활동'을 대비했다.[48] 슈트라우스는 콘서트와 오페라 프로그램을 재조직하겠다는 계획을 발표함으로써 자기 몫을 했다. 우선 그는 외국인 작곡가의 음악 공연을 제한할 것을 제안했다. 원칙상 오페라 레퍼토리의 3분의 1까지만 비독일인 작곡가의 작품으로 구성할 수 있었다. 둘째, 스파 오케스트라를 엄중 단속하기로 했다. 이곳의 프로그램은 '깜짝 놀랄 정도의 쓰레기'로 이루어져 있었기 때문이었다. '꽤 괜찮은' 오락 음악들도 단속 대상이 되었다. 오페라 레퍼토리의 3분의 2는 독일이나 오스트리아 음악으로 하겠지만, '빈 오페레타 쓰레기'는 배제되었다. 포푸리 향수 냄새 풍기는 음악들은 완전히 금지되었다. 「신들의 황혼」의 '장송 행진곡'과 같은 대작을 작은 악단에서 연주하는 일도 금지되었다. 스파 오케스트라에는 연주해도 되는 곡들의 목록을 작성해 보냈다. 셋째, 음악인들은 심사 분류의 대상이 되어야 했다. 기준에 부합하지 못한 이들은 음악인으로서의 직업을 포기해야 했다. 슈트라우스는 특별 '문화세' 제도도 옹호했는데, 이 제도가 보급됨에 따라 오페라하우스의 역할에도 엄중한 경고가 수반될 것이라고 했다. 한마디로 수준을 향상하고 오페레타를 추방하라는 것이었다. 외국곡 레퍼토리는 3분의 1까지로 제한될 것이며 현대 음악은 장려될 것이라고 했다. 그리고 일부 소규모 오페라단은 아예 문 닫게 될 것이라고 했다.

이런 계획은 독재자 히틀러가 꿈꾸었던 것보다 훨씬 더 전체주의적이었다. 푸르트벵글러가 음악 공연의 총통이 되고자 했다면, 슈트라우스는 공연되는 음악의 총통이 되고 싶어 했다. 히틀러처럼 그도 독일 대중에게 자신의 기준과 취향을 강요하려는 것처럼 보였다. 그는 '현대 작품'은 늘리고 오페레타나 베르디, 푸치니의 작품 공연은 줄이도록 요구했는데, 이는 명백히 타인의 작품을 희생양으로 삼아 자신의 곡을 장려하려는 시도로 보인다. 그리고 그는 국외 공연에서 바그너 작품만 너무 많이 다루고 살아있는 독일 작곡가의 작품은 너무 적게 다룬다고 불평했는데, 이 역시 외국 청중에게 자신의 작품을 강요하려는 속셈인 것

1933년 반프리트에서 히틀러와 함께한 리하르트 슈트라우스와 그의 아들 프란츠. 바그너가와 슈트라우스 사이의 관계가 오랫동안 편하지는 않았지만, 슈트라우스는 항상 바이로이트에 우호적인 주요 인사였다. 그리고 히틀러와 만나는 자리를 빌어 축제를 도울 방법들을 제안했다.

이 뻔했다. 하지만 히틀러는 이런 불평을 들은 척도 하지 않았다.

슈트라우스와 히틀러의 관계는 대충 말하면, 호의를 베풀고 〔그 대가로〕 호의를 요구하는 관계였다. 1934년 여름은 〔슈트라우스가〕 요구할 차례였다. 바이로이트에서 지휘를 맡고 있던 슈트라우스는 새롭게 완성된 자신의 오페라 「말 없는 여인Die schweigsame Frau」에 관하여 논의하기 위해 히틀러를 만났다. 이 오페라의 대본을 쓴 슈테판 츠바이크가 유대인이었기 때문에 슈트라우스는 히틀러가 이것의 공연을 허가해 줄지 확신할 수 없었다. 슈트라우스는 이미 괴벨스에게 이 문제를 제기한 적이 있었다. 슈트라우스는 자신의 회고록에 이렇게 적었다. "나는 그에게 나의 오페라를 공연함으로써 히틀러와 그(괴벨스)를 당황하게 만들고 싶지 않다고 말했다. 그리고 얼마든지 기꺼이 「말 없는 여인」을 철회하고 국내외 모든 공연도 포기할 수 있다고 했다. 헤어지면서 우리는 작품 대본을 총통에게 제출해서 최종 결정을 부탁하는 것으로 합의했다."[49] 대본을 살펴본 히틀러는 이 작품이 새로운 제국의 법에는 어긋나지만 특별히 예외적으로 공연을 허락한다고 응답했다.

도움을 주는 일도 있었다. 1934년 괴벨스가 이른바 작곡가 국제협력상임회의를 설립했을 때, 슈트라우스는 대표직을 맡겠다고 수락했다. 선전부 장관 괴벨스는 이 조직이 유대인과 모더니스트들이 포함된 오래된 현대 음악 국제협회와 경쟁할 수 있기를 꿈꾸었다. 국제협력 상임회의는 유대인과 무조 음악이론가들을 희생해 가며 국제 음악계에 독일의 영향력을 행사하려는 목적을 가진 친나치 조직이었다. 슈트라우스는 그해 여름 잘츠부르크 축제에 관여한 일이 '오스트리아에 대한 총통의 정책에 위배'[50]된다는 지적을 들었을 때에도 고분고분 따랐다. 그는 축제의 창립자 중 한 명이었음에도, 축제와 거리를 두는 데 동의했다. 오래지나지 않아 그는 힌덴부르크 대통령의 뒤를 이어 히틀러가 국가수반에 오르는 것을 지지하는 예술계 저명인사들의 선언에 서명했다. 이러한 야합 행위에 자극을 받은 토마스 만은 자신의 일기에 이렇게 썼다. "그는 어리석고도 가련하게 자신의 명성을 제국의 손에 맡겼다. 그리고 제국 역시 똑같이 어리석고도 가련한 방식으로 그 명성을 사용했다."[51]

1935년 히틀러는 더 이상 슈트라우스의 명성을 가련한 방식으로 사용하지 않기로 했다. 둘 사이의 관계는 정략결혼에 불과했다. 슈트라우스 쪽에서 보자면 희망차게 시작했으나 결국 눈물로 끝날 수밖에 없는 결혼이었다. 둘의 성격은 그보다 다를 수 없었고, 자기 이익을 강박적으로 추구한다는 점을 빼면 아무 공통점이 없었다. 자기 주인의 말을 충실히 따르는 괴벨스도 자신의 일기에서 슈트라우스에 관해 좋게 평가하는 일이 없었다. 여러 번 그를 '노망'[52]들었다고 언급한 적은 있다. 슈트라우스는 비굴하고 겁이 많았던 만큼이나 악의적이고 공격적이었다.

나치 지도자들에 대한 그의 신랄한 비판은 틀림없이 그들을 겨냥한 것으로 보인다. 그리고 그는 여러 방면으로 유대인과 관련되어 있었다. 그의 며느리, 출판업자, 대본 작가가 유대인이었다. 제국음악회의소의 반유대주의에 대한 그의 저항도 불신을 키웠다. 히틀러는 진지한 음악을 강화하고 재즈나 모더니스트 음악을 억누르자는 슈트라우스의 제안에 공감했을 수도 있다. 하지만 그의 나머지 프로그램, 특히 오페레타에 대한 그의 경멸은 틀림없이 히틀러의 기분을 상하게 했을 것이다. 슈트라우스의 오페라를 그다지 좋아하지 않는 히틀러에게 그것의 장려를 기대할 수는 없었다. 가벼운 오락 음악에 대한 슈트라우스의 증오도 그것을 진흥하려는 괴벨스의 정책과 충돌했다.

1935년 6월 슈테판 츠바이크에게 보낸 서한을 보면 무엇이 슈트라우스의 몰락을 재촉했는지 알 수 있다. 그는 이 서한에서 자신은 음악회의소를 자신의 목적을 위해 활용하고 있다고 했다. 그의 작업은 반유대주의나 정치적 이데올로기와 전혀 관련이 없으며, 무엇보다 자신은 유대인 대본 작가인 그와 계속해서 작업을 이어가고 싶다고 했다. 그런데 누군가 이 서한을 가로채 히틀러에게 보고했고, 히틀러는 슈트라우스의 사임을 요구했다. 괴벨스는 "우리는 조용하게 그 일을 처리할 것이다."[53]라고 했다. 12일 전에 드레스덴에서 초연한 「말 없는 여인」은 네 번의 공연을 끝으로 막을 내렸고 제3제국에서 다시는 공연되지 않았다. 건강상의 이유로 사임한 뒤에 슈트라우스는 히틀러에게 비굴한 편지를 썼다. 츠바이크에게 화가 난 김에 본의 아니게 히틀러의 기분을 상하게 하는 내용을 썼지만, 이는 오해일 뿐이라고 주장했다. '마치 내가 반유대주의나 민족 통일 관념에 대해 공감하지 않는 것처럼, 제국음악회의소 대표라는 나의 지위에 의미 부여를 하지 않는 것처럼'[54] 여겨질 수 있지만, 이는 오해라고 했다. 그러나 히틀러는 결코 슈트라우스를 용서하지

않았고 되도록 그와 마주치지 않으려 했다고 한다.[55]

어떻게 해서든 화해하고 싶었던 슈트라우스는 계속해서 자신의 명성을 정부의 손에 맡겼다. 1936년 3월 말 라인란트로 진군한 독일국 방군을 따라간 그는 슈트라우스 페스티벌을 위해 앤트워프에 머물렀는데, 이때 반독일 정서가 너무 강해서 공연이 거의 취소될 뻔한 일이 있었다. 이 당시에 그는 자신의 아내에게 이렇게 썼다. "…내가 이번 일의 성공을 독일의 성공으로 만들 수 있었던 것은 전적으로 나의 작품, 나의 지휘, 나의 참석이 있었기 때문이오. 신문들이 미친 듯이 악을 쓰고 있소. 이처럼 적대적인 분위기의 외국에서 이와 같은 시기에 내가 했던 것과 같은 일을 해낸 또 다른 독일 예술가가 있다면 그가 누군지 보고 싶소. 사실 난 선전부가 주는 금메달을 받을 자격이 있다고 생각하오."[56] 같은 해 슈트라우스와 히틀러가 다섯 번째로 베를린에서 만나면서 둘의 관계는 개선되었다. 이곳에서 슈트라우스는 이제 막 완성한 자신의 「올림픽 찬가Olympische Hymne」를 지휘했다. 그는 이 곡을 베를린 올림픽 게임을 위해 작곡한 바 있었다. 이때 히틀러는 눈치 없이, 하지만 아마도 고의로 바그너 음악에 관해 떠벌렸다. 이에 슈트라우스는 실로 바그너 음악은 수천 년 음악의 정점에 해당한다고 어설프게 대답할 수밖에 없었다. 1938년에 악명 높은 퇴폐미술전의 음악 버전이라 할 수 있는 제국음악축제가 열렸을 때, 슈트라우스는 거기서 지휘를 했다. 1940년 그는 또 하나의 유사 정치적 작품인 「일본 축제 음악Japanische Festmusik」을 썼다. 이 작품은 마침 독일, 일본, 이탈리아의 3국 동맹 체결일과도 겹치는 일본 제국의 2,600번째 기념일을 축하하는 곡이었다. 그리고 1943년에는 오스트리아 합병 5주년을 축하하기 위해 빈을 위한 「축제 음악Festmusik」을 작곡했다. 정부의 특정 지도자들—괴벨스, 경제장관 발터 풍크, 악명 높은 폴란드 총독 한스 프랑크—에게 잘 보이기 위해 곡을 써서 헌정하기도 했다.

1938년 슈트라우스에 대한 히틀러의 감정은 상당히 호의적인 방향으로 바뀌었다. 히틀러가 그의 최신 작품인 「평화의 날Friedenstag」의 빈 초연에 참석할 정도였다. 공연 뒤 열린 리셉션 행사에서 히틀러는 슈트라우스에 대해 따뜻한 말을 했다고 전해진다. 같은 해 슈트라우스는 유대 혈통이 섞인 자신의 손자가 학교에서 부당한 대우를 받았다는 내용으로 히틀러에게 편지를 써야겠다고 생각했다. 그 결과 그의 손자 두 명은 시민의 의무를 갖는 아리아인으로 간주되어야 한다는 지시가 즉각적으로 하달되었다. 그러나 그의 몰락을 재촉한 떠벌리기 좋아하고 비꼬기 좋아하는 성향으로 인해 1935년 그는 프란츠 레하르의 끊임없는 조롱—어쩌면 질투—에 시달려야 했다. 사실 레하르는 히틀러에게 사랑받는 작품을 썼으며 독일 대중에게도 슈트라우스보다 더 인기 있는 작곡가였다. 결국 1941년 2월에 괴벨스는 슈트라우스를 베를린으로 소환하여 그가 레하르를 '길거리 음악가'라고 언급한 일을 두고 호되게 질책했다.[57] 괴벨스는 이렇게 고성을 질렀다. "레하르에게는 대중이 있지만, 당신은 그렇지 않소. … 내일의 예술은 어제의 예술과 다른 법이오. 당신 슈트라우스 선생은 어제의 세계에 속해 있소."

1943년 슈트라우스가 폭격으로 인해 집을 잃은 여러 피난민들을 자신의 소유지에 들일 수 없다고 강경하게 거절하는 통에 또 한 번의 폭풍우가 몰아쳤다. 히틀러는 분노했고 슈트라우스의 자산은 한스 프랑크가 개입하지 않았더라면 무사하지 못할 뻔했다. 하지만 1944년 1월 초에 슈트라우스가 또다시 피난민 수용을 거절했을 때는 히틀러가 직접 슈트라우스 소유지의 징발을 지시했다. 놀란 슈트라우스는 일을 원만히 해결하기 위해 히틀러에게 좋았던 때를 떠올리게 하는 편지를 썼다. 그는 "작곡가와 지휘자로서 제가 이룬 성취를 총통께서도 아실 겁니다. 특히 바이로이트에 있을 때 저는 「파르지팔」 공연에서 당신을 처음 만나는 영광을 누렸지요."[58] 하지만 별 소용이 없었다. 또다시 괴벨스는 히틀러의 감정을 표현한다는 핑계로 자신의 감정을 터뜨렸다. "기쁘게도 푸르트벵글러는 우리의 상황이 악화될수록 더욱 우리 정부를 지지하는 모습을 보여주고 있다. 반면에 리하르트 슈트라우스는 예전에는 입이 닳도록 헌신을 이야기하더니 오늘날에 와서는 인민재판에 회부될 만한 소리나 하고 앉아있다…."[59] 비록 슈트라우스 오페라를 제한하거나 금지하자는 괴벨스의 제안을 거부하기는 했지만, 히틀러는 주요 당 간부들에게 그와 관계하지 말라고 명령했다. "총통은 리하르트 슈트라우스가 다치는 걸 원하지 않는다. 피난민들을 받아들이는 문제에 관해서 그가 추레하게 행동한 데 화가 났을 뿐이다. 그의 작품은 아무 지장 없이 연주되어야 한다고 했다."[60]

그해 여름 슈트라우스의 80세 생일을 맞이하여 히틀러는 그에 대한 자신의 반감과 그가 독일의 가장 저명한 문화 인사라는 사실 사이에서 고민했다.[61] 결국 그는 되도록 그의 생일 행사를 무시하라는 지시를 내렸다. 이에 관한 주요 언론 기사는 전혀 나오지 않았다. 논해야 할 필요가 있다면 사람보다 작품에 관해 논하도록 했고 관리들은 어떤 축하 행사에도 참여하지 말라는 명령이 떨어졌다. 시라흐 정도가 빈에서 열리는 공연에서 그를 만나도 된다는 허락을 받았다. 전후에 나치 치하 독일에서 사는 데 만족했던 슈트라우스는 미군 점령하의 삶이 너무 힘들다고 느꼈고 결국에는 스위스로 망명하게 되었다.

문화나 정치를 바라보는 관점에서는 한스 피츠너만큼 히틀러와 가까운 저명 예술가가 없었다. 설익은 국가사회주의자였던 그는 정치적으로는 극보수주의적인 외국인 혐오와 반유대주의라는, 예술의 측면에서는 반모더니스트라는 전형적인 특징을 가지고 있었다. 히틀러와 마찬가지로 그도 바이마르 공화국이 독일 민족의 광범위한 정신적 타락의 징후라고 보았다. 히틀러가 이 문제를 언급하기 전부터 이미 그는 싸울 준비를 하고 있었다. 1917년 그는 페루초 부소니를 '음악적 급진주의'라고 고발하면서 그에게 싸움을 걸었다. 3년 후에는 파울 베커Paul Bekker에게 벼락을 내렸다.[62] 저명한 유대인 음악평론가이기도 한 파울 베커는 피츠너가 보기에 '유대-국제주의 정신의 도구'일 뿐인 아방가르드의 벗이었다. 그는 베커가 '러시안-유대 범죄자들'이 정치에서 저지르고 있는 범죄를 문화 영역에서 저지르고 있다고 했다. 피츠너는 또한 1918년 독일의 군사적 패배의 원인이 등에 칼을 꽂는 배신자들에게 있다는 음모론을 신봉하는 사람이기도 했다. 그리고 이러한 논리의 연장선상에서 독일 문화가 내부에서 잠식되는 중이라고 했다. 그는 전통적인 오페라 디자인을 조금이라도 바꾸면 화를 냈다. 1926년에는 무대 디자인의 개선을 금지하는 법을 제안할 정도였다.

바이마르 문화에 대한 피츠너의 증오는 히틀러의 증오와 아주 비슷했다. 그래서 두 사람은 비슷한 생각을 가진 이들로 간주되었다. 이들은 서로의 마음이 맞을 것을 예상하며 1923년 초 만났다. 이들의 조우는 피츠너가 아파서 누워 있던 병원에서 이루어졌다.[63] 그런데 결과는 좋지 않았다. 독일의 정치 상황과 유대인 문제에 관해 대화를 약간 나눈 뒤에 히틀러는 성큼성큼 병실을 나가면서 피츠너가 '그 앞에서 누워 있는 꼴 하며 랍비처럼 수염을 기른 꼴에' 넌더리를 냈다. 하지만 비록 무례한 태도를 보이기는 했어도 피츠너의 존경심은 약해지지 않았다. 히틀러가 집권하자 피츠너는 나치당원은 아니지만 국립 오페라단이나 음악학교와 같은 기관의 수장이 될 것으로 예상했다. 사실 그는 아주 작은 인정을 받았을 뿐이다. 1933년 그는 제국음악회의소의 관리위원회에 임명되었다. 1936년에는 제국문화원로원에 추천되었다. 그런데 안 좋은 상황이 벌어졌다. 1934년 65세 생일을 맞이한 날, 그는 뮌헨 음악 아카데미의 은퇴 명령을 받고 깜짝 놀랐다. 그가 계속해서 가난을 불평하자 푸르트벵글러는 괴벨스에게 호소했고, 괴벨스는 히틀러의 승인을 받아 상당한 월급을 그에게 지급토록 했다. 그런데 그에게 상당한 수입이 있다는 사실이 드러나자, 히틀러는 그가 사기꾼이라는 결론을 내렸다. 피츠너는 피츠너대로 괴링에게 도움을 청하러 갔지만 성공하지 못하자 그에게 모욕적인 전보를 보냈다가 거의 강제수용소에 보내질 뻔했다.

피츠너는 성미가 급하고 자기 연민의 성격이 강한 것으로 악명이 높았다. 친절한 브루노 발터도 "그에게 다정하게 구는 일은 대단히 어렵다."라고 할 정도였다. 하지만 그의 가장 큰 적은 바로 히틀러였다. 히틀러는 피츠너를 경멸했다.[64] 표면적인 이유는 피츠너의 '랍비 같은' 외모로 인해 그를 유대인 혼혈이라고 믿어서라고 했다. 그는 피츠너의 음악도 싫어했다. 그는 "피츠너의 작품 중 가장 훌륭한 것만 연주해야 한다. 그런 것이 있기는 한지 잘 모르겠지만 말이다."[65]라고 했다. 1923년 이후로 둘은 만난 적이 없다. 피츠너는 히틀러의 냉담한 태도를 감지했는지 그를 만나려는 시도도 하지 않았다. 히틀러는 그를 심하게 타박하는 소리를 여러 번 했다.[66] 1934년 그는 피츠너가 뉘른베르크 당대회에서 지휘하는 것을 허락하지 않았다. 심지어는 바이마르 시절에 그가 작곡한 작품 콘서트 다음에 열린 리셉션에서 그를 배제하기까지 했다. 1937년에는 그에게 국민예술과학상을 수여하자는 괴벨스의 제안도 거부했다.[67] 그가 지휘하는 콘서트에 초청을 받아도 히틀러는 항상 퇴짜를 놓았다. 단지 70번째를 맞이한 피츠너의 생일을 조촐하게 기념하도록 허락했을 뿐이다. 괴벨스는 "총통은 피츠너에게 매우 적대적이다. 그를 유대인 혼혈이라 생각하는데, 서류에 따르면 이는 사실이 아니다."[68]라고 적었다. 이러한 냉대에도 불구하고 피츠너는 총통에 대한 존경심을 결코 잃은 적이 없었다. 1943년 전황이 돌이킬 수 없을 정도로 악화되었음에도 그는 여전히 이렇게 말했다. "오늘날 신체와 정신, 영혼의 강인함에서 지난 10년 동안 우리 독일의 총통으로 알려진 그와 어깨를 나란히 할 자는 없다."[69]

제3제국 시절의 저명한 독일 작곡가 가운데 히틀러에게서 가장 혜택을 받은 이는 베르너 에크다. 그의 경력은 국가사회주의 독일의 음악계에서 벌어지는 혼란을 전형적으로 보여준다.[70] 1935년 그의 절충주의적 오페라 「자우베르게주Die Zaubergeige」는 모더니즘의 요소들을 포함하고 있었음에도 나치당 관계자들의 반대에 부딪히지 않았으며 대중의 반응도 괜찮았다. 그래서 그는 다음 작품 「페르 귄트Peer Gynt」로 좀 더 과감한 모험을 시도했다. 어떤 대목은 크레네크, 바일, 슈레커의 음악 양식과 비슷했고 때로는 무조주의에 접근하는 모습도 보였다. 사실 크레네크나 바일이 이 작품의 유령작가라는 소문이 떠돌기도 했다. 게다가 가사는 더 위험할 수 있었다. 가사를 읽자마자 티에첸은 정치적인 말썽을 예견했지만—국가사회주의자들을 나쁘게 그린 것으로 해석될 가능성이 있었다—에크는 베를린 국립 오페라 초연을 감행했다.

1938년 11월에 공연이 열렸다. 괴벨스의 「앙그리프Angriff」와 같은 노골적인 나치 언론들의 평은 좋지 않았다. 설상가상으로 에크가 괴링을 훈장으로 뒤덮인 제복 차림의 뚱뚱한 트롤 장군이라 했다는 소리가 괴링의 귀에 들어가게 되었다. 에크의 공연에 히틀러가 참석하면 좋겠다는 조언을 듣고 있다는 소식을 입수한 괴링은 티에첸에게 전화를 걸어 이렇게 말했다. "총통이 그 거지 같은 공연에 가시게 된다면 나로서는 매우 유감스러운 일이 될 거라고 총통에게 전할 것을 명하네."[71] 이런 조언을 전달받은 히틀러는 분통을 터트리면서 이렇게 말했다. "오페라에 갈지 말지를 내가 괴링한테 묻고 다녀야겠나." 1939년 1월 31일 히틀러는 괴벨스를 대동하고서 공연장에 갔다. 괴벨스가 이때 일을 일기에 적었다. "그곳에 갈 때 우리 둘 모두 걱정이 많았다…."[72] 공연된 작품이 상당히 마음에 들었던 히틀러는 작곡가 에크를 자신의 관람석으로 부른 다음에, "에크, 난 리하르트 바그너를 이을 만한 사람을 알게 되어 기쁘네!"라고 말했다.[73] 바그너 운운한 것은 진심이 아니었음이 틀림없지만, 아무튼 히틀러는 무척 기분이 좋았다. 그래서 괴벨스는 에크를 '굉장하고 독창적인 재능의 소유자', '새로운 발견', '무시할 수 없는 이름'이라 묘사할 수 있었다.[74]

히틀러의 반응은 대단히 많은 이들을 당황스럽게 만들었다. 힌데미트의 「화가 마티스」의 경우와 마찬가지로 에크의 작품에 대한 초기 비판은 음악과는 상관이 없고 당 지도자들 간의 음모와 관련이 있었다.[75] 총통이 에크의 오페라를 좋아한다는 사실이 드러나자, 총통은 작품에 담긴 못마땅한 모더니스트 요소들—재즈, 다조성polytonality—이 트롤의 사악한 세계를 상징하고 줄거리 속의 사악한 트롤이 나치가 아니라 공산주의자 및 유대인들을 가리키는 것으로 보았다고 여겨졌다. 하지만 사실 히틀러는 그것의 줄거리를 좋아하지 않았다. 금세 괴벨스는 이렇게 적었다. "총통은 베르너 에크에 관해 불만을 이야기하기를, 그는 항상 그렇게 이상한 대본을 쓴다고 했다. 훌륭한 작가라면 보통 오페라 대본을 쓰는 데 동의하지 않는다고도 했다."[76]

표면적으로 히틀러가 인정하는 듯한 모습을 보여주자 「페르 귄트」는 북유럽 예술의 모범으로 칭송받게 되었다. 에크 자신은 제3제국 오페라의 희망으로서 환영받았다. 예전에는 그의 작품 공연을 거절했던 오페라단장들이 이제는 너도나도 무대에 올리기 위해 쇄도했다.[77] 괴벨스는 1939년 뒤셀도르프에서 열린 제국음악축제를 위한 작품으로 그것을 골랐다. 그의 작품은 처음 두 시즌에만 여러 도시에서 38번이나 공연되었다. 1941년에는 프라하에서, 1943년에는 파리에서 12번 공연되었다. 에크는 승승장구했다. 그는 1941년 제국음악회의소의 작곡 분과 대표로 임명되어 작곡가 국제협력상임회의에 참석했다. 이제 에크는 상당히 부자가 되었을 뿐 아니라 나치 음악계의 지도적인 인물이 되었다. 그는 국가사회주의 정부가 화염에 휩싸이고 있던 그 순간에도 충성심을 보였다. 1943년 2월 그는 「푈키셔 베오바흐터」에 세계 최고의 문화적 힘을 가진 이 나라의 최종 승리를 믿으며, 현재 진행 중인 '치유 과정'[78]이 끝나면 '이념적인 정치와 사실적인 예술 사이의 결혼'이 도래하리라 기대한다고 썼다.

1947년 뮌헨의 나치 청산 법정은 제3제국에서의 베르너 에크의 행적에 관한 판결을 발표했다. 판결문은 이러한 언급과 함께 결론을 내렸다. "1933년 야만적인 국가사회주의자들이 집권함에 따라 지적인 엘리트들이 여기에 저항하기는커녕 하나둘씩 협력하게 되었다는 사실은 대단히 실망스럽다. … 자신의 재능과 명성을 국가사회주의의 손에 맡긴 사람 모두는 자기 자신에게 죄를 지은 셈이다."[79] 이는 다른 모든 이들에게도 마찬가지로 적용될 수 있는 말이었다.

건축의 마스터

우리의 유일한 경쟁자인 로마를 능가할 수 있게 될 것이다.
그레이트홀은 성 베드로 대성전과 그 앞의 광장을
집어삼킬 정도의 규모가 될 것이다.

—베를린 재건축 계획을 논의하며

건축을 통한 불멸

세계의 지배자. 히틀러는 그런 존재가 되고 싶었다. 그는 정치적·군사적 수단을 통해 그러한 목표를 달성하고자 했다. 그리고 건축을 통해서는 그것을 드러내고자 했다. 1933년 총리로 임명된 그날 저녁에 벌써 그는 제국총리공관 리모델링이 자신의 최우선 과제 가운데 하나임을 선언했다. 몇 년 후 그는 더 큰 비전을 펼쳤다. [비전에 따르면] 그의 영접을 받으러 오는 정치가는 거대한 기차역에 도착해 웅장한 개선문 아래를 지나게 될 것이다. 그리고 장대한 대로를 내려가서는 엄청나게 큰 군인회관을 통과하여 마침내 세계 최대 건물인 그레이트홀에 이르게 될 것이다. 이런 건물만으로도 "그는 숨이 멎을 정도로 놀랄 것이다."[1] 그러고 나서 방문객은 새롭게 지어진 제국총리공관으로 들어가 크고 멋진 방들을 지나쳐 걷게 될 것이다. 그리하여 최종 목적지인 히틀러의 서재에 도착할 때쯤 그는 마치 세계의 지배자 앞에 선 듯한 느낌에 압도될 것이다.

히틀러에게 건축이란 자기만족, 자기 미화, 사회적 세뇌, 민족적인 과시 등 다양한 목적을 위한 수단이었다. 이상적인 사회를 창조하려는—세계를 개조하려는—충동은 모든 건축의 의식적·무의식적 충동임에 틀림없다. 존경과 두려움을 불러일으키는 건물을 짓고 싶다는 바람은 시대를 초월한다. 하지만 모든 건축가나 건축 후원자에게 조금의 히틀러가 들어있다고는 해도, 그들이 히틀러와 같이 세계 지배의 야욕을 가진 독재자였던 것은 아니다. 히틀러의 건축 계획에 영감을 준 것은 그의 외교 정책이나 군사적 모험을 추동한 것과 다르지 않았다. 그러니 1925년 히틀러의 스케치북에 미술관과 극장의 평면도, 공공건물과 무대 디자인을 위한 드로잉만이 아니라 탱크, 대포, 전함, 거대한 개선문의 도안도 포함되어 있었다는 사실은 놀랍지 않다.

히틀러는 독일의 정치, 외교, 군사적 목표를 디자인하는 유일한 사람이기도 했지만 독일 국가 건축의 핵심 동력이기도 했다. 제3제국의 건축이 '슈페어의 작품'이라는 일반적 통념은 대단히 잘못된 생각이다. 그것은 히틀러의 작품이었다. 그런데도 슈페어의 역할이 부풀려진 원인은 슈페어 자신에게 있다. 살아남은 자가 역사를 쓰는 법이다. 그리고 잘못된 통념은 슈페어의 조수들과 특정 건축사가들에 의해 영속화되었다. 사실 슈페어는 히틀러를 위해 일했던 수많은 건축가 중 한 사람일 뿐이다. 그리고 슈페어의 주요 프로젝트 대부분은 히틀러의 도안을 기반으로 하고 있다. 예를 들어 여러 책에서 슈페어는 베를린 개선문을 설계한 건축가로 소개되고 있다. 하지만 개선문의 오리지널 아이디어는 완전히 그리고 전형적으로 히틀러의 것이다. 그것의 디자인이나 위치도 마찬가지다. 슈페어는 본래 도급자에 불과했다. 독일 전역에 있는 다른 국가 건축물의 경우에도 사정은 같았다. 히틀러는 그것들을 구상하고 양식을 결정하고 대략적인 윤곽을 그렸다. 그는 건축 부지와 건축가, 건축 재료, 완공 시기를 결정했다. 최종안을 승인하고 자금 조달 계획을 세웠으며 진행 중인 작업을 지휘했다. 그가 모르거나 승인하지 않은 어떤 일도 행해지지 않았다. 사실 몇몇 주요 국가 건축물들 중에는 건축가들의 손에 자율적으로 맡겨진 것들도 있었다. 뉘른베르크의 체펠린필드 관람석과 새 제국총리공관은 슈페어에게, 손토펜의 오르덴스부르크는 기슬러에게, 템펠호프 공항은 에른스트 자게비엘Ernst Sagebiel에게, 올림픽 스타디움은 베르너 마르흐Werner March에게 그리고 베를린 미술관은 빌헬름 크라이스에게 맡겨졌다. 그렇다 하더라도 뉘른베르크와 베를린에서, 사실상 독일 전역의 도시들에서 가장 중요한 건축물들은 히틀러의 아이디어에 기반을 두고 있었다. 린츠에서는 미술관뿐 아니라 오페라하우스, 천문관, 히틀러 부모의 영묘, 교량 등이 히틀러의 오리지널 디자인을 따랐다.

히틀러는 어렸을 때부터 건축의 매력에 푹 빠져들었다.[2] 수많은 시간 거리를 쏘다니며 린츠의 건물들을 꼼꼼히 살폈다. 그러면서 이 도시를 어떤 식으로 리모델링할 수 있을지 궁리했다. 빈으로 옮겨간 후에도 그는 여러 번 그런 생각들을 적어 쿠비체크에게 보냈다.[3] 이제 그는 건축을 음악과 함께 예술의 여왕이라 생각하게 되었다. 훗날 그는 『나의 투쟁』에 이렇게 썼다. "나는 언젠가 내가 건축가로서 이름을 날리게 될 거라고 굳게 믿네."[4] 틀림없이 이런 믿음이 이 청년으로 하여금 1908년 발표된 린츠의 새 오페라하우스를 위한 디자인 공모전에 참여하겠다는 순진한 결정을 내리게 했을 것이다. 하지만 시 당국이 기존의 구조를 대체하는 것이 아니라 리모델링하는 방향으로 결정을 내리자 히틀러는 분노했다. 그는 자신의 친구에게 이렇게 투덜댔다. "나리들이 극장 건축에 대해 뭘 알겠어. 차라리 하마가 바이올린 연주에 대해 안다고 그러지."[5]

이 시기에 그가 꿈꾸었던 것들을 짐작하게 하는 거라고는 린츠 시절 쿠비체크에게 주었던 두서없이 그린 몇 장의 도안이 전부다. 두 점의 저택 도안, 린츠의 오페라하우스 실내 디자인 안 그리고 푀스틀링베르크 레스토랑을 그린 수채화가 그것들이다. 후에 그는 빈과 뮌헨 시절에 그린 것들에 관해 이런 말을 했다.

> 이 시기 내가 그린 건축 도안들은 가장 소중한 재산이자 나의 지적 산물이다. 회화와 마찬가지로 이것들은 절대 남에게 줄 수 없다. 현재 나의 아이디어, 나의 건축 계획은 모두 그 시절 밤새워 노력해 얻어낸 것들에 뿌리를 두고 있다는 사실을 알아야 한다. 예를 들어 오늘날 내가 극장의 평면도를 별 어려움 없이 그려낼 수 있는 건 무아지경 상태에 있었기 때문이 아니다. 그 시절의 탐구 결과일 뿐이다. 그 때의 도안 대부분이 소실된 건 정말이지 안타까운 일이다.[6]

이제 그는 젊었을 적 꿈을 진지한 계획으로 발전시켰다. 이러는 와중에 히틀러는 정치 경력 또한 쌓았다. 이때부터 그는 자신의 정치적 야망과 건축적 야망을 함께 키워나갔다. 이 둘 사이의 연관은 단지 그의 인생에서만이 아니라 그의 건축 철학, 그의 건축 이론에서 더욱 잘 찾아볼 수 있다. 위대한 건축은 정치적 위대함이 표현된 모습이라는 것이 그의 건축 이론이다. 이는 그의 초창기 연설 주제 가운데 하나이기도 하다.[7] 1920년 8월 그는 뮌헨 호프브로이하우스 연설에서 아테네, 로마, 프리드리히 대왕의 프로이센, 나폴레옹 3세의 프랑스를 자기 이론의 증거로 내세웠다. 이런 생각이 히틀러 자신의 민족주의를 반영한 것인지 아니면 아르투어 모엘러 반 덴 브룩Arthur Moeller van den Bruck의 말을 인용한 것인지는 알 수 없다. 모엘러는 1916년에 쓴 에세이 『프러시안 스타일Der Preußische Stil』에서 카를 프리드리히 싱켈Karl Friedrich Schinkel과 프리드리히 길리Friedrich Gilly의 기념비주의적인 건축을 프

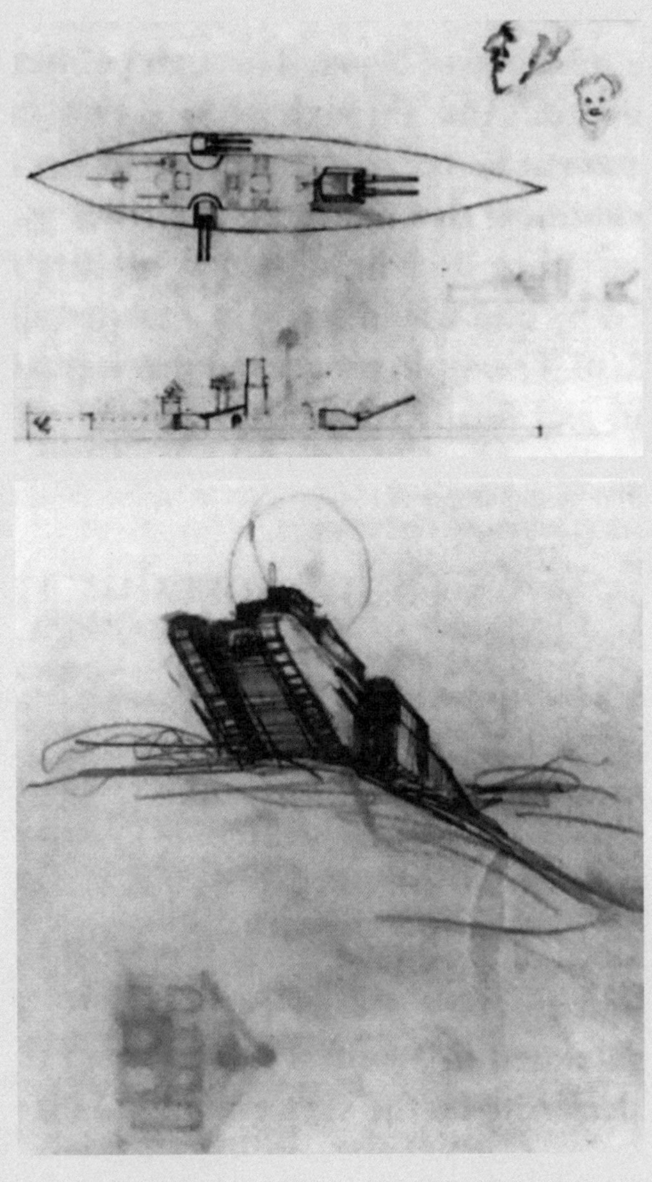

어린 학생의 공책처럼 히틀러의 1925년 건축 스케치북에는 전함과 탱크 도안이 들어있다. 제인스에서 해마다 펴내는 『전함』은 그가 가장 좋아하는 책 중 하나였다.

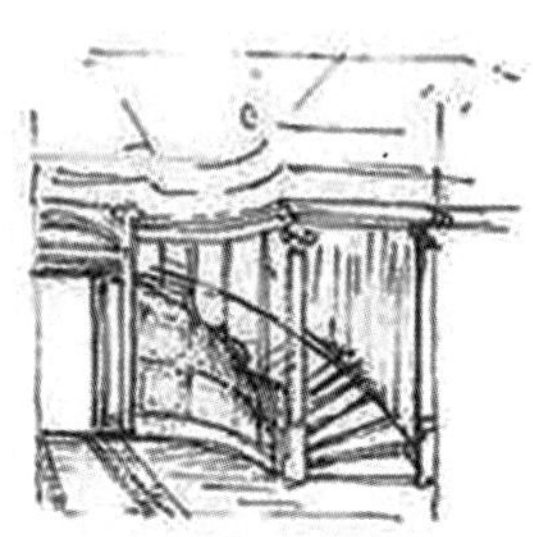

"1906년 8월 3일 18번째 내 생일을 맞아 친구가 자신이 좋아하는 이탈리아 르네상스 양식의 저택 도면을 선물로 주었다. 지층 평면도에는 음악실 주변에 방들을 둘러싼 면밀하고도 쾌적한 배치가 눈에 띄었다. 별도의 도면에는 나선형 층계가… 보였다." (아우구스트 쿠비체크)

로이센의 정치적, 군사적 승리의 표현이라고 해석한 바 있다. 히틀러는 분명 모엘러를 존경했음이 틀림없다. '제3제국'이라는 용어도 모엘러의 1923년 책 제목에서 가져온 것으로 보인다.

'위대한 민족-위대한 건축' 또는 '위대한 건축-위대한 민족'이 그의 전제였기 때문에 히틀러는 이러한 등식에 상업적인 고려는 끼어들 틈이 없다는 결론을 내렸다. 그는『나의 투쟁』에서도 이를 강조했는데, 19세기의 시장 세력이 도시를 문화적인 장소가 아닌 상업적인 이해관계의 지배를 받는 불모지로 만들어버렸다고 비난했다. 고대인들이 이와 관련해서는 훨씬 나았다고 했다. 그는 자신의 특징을 잘 드러낸 구절에서 이렇게 적었다. "고대 세계의 잔해와 파편 가운데서도 높이 솟아 위용을 자랑하며 상찬의 대상이 된 거대 건축물들은 상업 시설이 아니라 신전 또는 공공건물이었다. 즉 공동체에 속한 건물이었다."[8] 이 단순한 생각이 후에 그가 내놓게 될 건축 프로젝트의 요지이자 건축가들과의 대화와 연설에서 여러 번 되풀이해 강조한 점이었다. 단적인 예로 1929년 4월 뮌헨에서의 열정적인 축하 연설을 들 수 있다. 이 연설에서 그는 이 시대의 저속함을 조롱했다. 독일인들은 국가에 맡겨진 문화적 역할에 관한 완전히 새로운 사고방식과 개념을 받아들여야만 했다. 새로운 독일이 들어서게 된다면 그것을 대표하는 것은 백화점이나 공장, 고층 건물, 호텔이 아니라 수 세기 동안 지속될 '예술과 문화의 기록'이어야 했다.[9] 판테온, 콜로세움, 중세 성당이 그러한 예였다. 이러한 건축물들은 수 세기 동안 영감을 주었을 뿐 아니라 정체성과 공동체적 통합의 감각을 낳았다. 그는 이런 사례와 대비되는 〔작금의〕 독일의 현실을 혐오했다. 독일은 몇백 년 지속할 아름다운 건축에는 1,000만에서 1,200만 마르크밖에 쓰지 않으면서 12년밖에 사용하지 못할 전함에는 6,000만에서 8,000만 마르크나 쓰고 있는 형편이라는 것이다. 그는 미래로 나아가기 위해서는 과거를 돌아봐야 한다고 생각했다.

히틀러는 로마를 단지 공동체적 모델로만 본 것이 아니라 건축적인 영감을 주는 도시로도 생각했다. 그는 로마의 고대 건축에 관한 모든 것에 매료되었다. 『나의 투쟁』에서 그는 '신전, 목욕탕, 스타디움, 원형 광장, 수도교, 바실리카 등'의 유적에서 여전히 볼 수 있는 '높이 솟은 거대 건축'의 '위용'과 '후기 로마의 찬란함'을 상찬했다.[10] 1920년대 초 그가 예전에 심취했던 빈의 링슈트라세Ringstraße 양식을 포기했음은 1925년의 스케치북이나 당의 중앙기록보관소에 있는 도안에도 분명히 드러난다.[11] 비록 고트프리트 젬퍼나 테오필 한센Theophil Hansen, 카를 폰 하세나우어Karl von Hasenauer와 같은 건축가들의 작품—이것들이 19세기 후반 빈 건축을 규정지었다—을 여전히 높이 평가하기는 하지만 히틀러가 새롭게 창안한 신고전주의에서는 르네상스 양식의 특징을 반영한 그들 작품의 복잡하고 장식적이며 육중한 파사드가 사라지고 없었다. 그를 로마로 그리고 신고전주의로 이끈 길리, 싱켈, 클렌체와 같은 프로이센 고전주의자들의 영향 때문인지는 알 수 없다. 아마 그는 독일 건축 잡지들의 영향을 받았을지도 모른다. 그런 잡지들에는 장식이 제거된 당대 신고전주의 건축물들의 사진이나 도안이 가득했다. 훗날 그는 이런 양식에 끌린 이유는 그것의 단순성, 힘, 엄격함이 바로 자기 이데올로기의 특징이기 때문이라고 말했다. 모든 행사마다 그는 항상 자신은 새로운 양식을 추구하는 것이 아니라, 인종적으로 유사한 민족들—그리스인과 로마인을 의미한다—이 과거에 발전시킨 것을 응용하려 한다고 주장했다. 그는 새롭지만 나쁜 것을 만들어내는 것보다 좋은 것을 모방하는 편이 낫다고 주장했다.

히틀러는 과거의 다른 양식에 관해서는 별로 매력을 느끼지 못했다. 로마네스크 양식은 아주 싫어했다. 그는 이 양식이 지닌 어두움이 당대의 신비주의 형성에 기여했다고 믿었다. 고딕 양식은 "외래적이고 부자연스럽다"[12]라고 생각했기에 이런 질문을 던졌다. "자연스럽고 아름다운 아치를 느닷없이 부수고 나서, 불필요할뿐더러 완전히 쓸모없는 뾰족한 아치로 만든 이유는 무엇인가? 벽에 둘러싸여 있어서 들어갈 수도 없는, 순전히 장식을 위한 뾰족한 망루와 첨탑들을 세운 이유는 무엇인가?" 그는 무슨 이유인지는 알 수 없지만, 스트라스부르 성당을 예외로 쳤다. 1940년 6월 스트라스부르 성당을 잠시 방문한 그는 고딕 건축 가운데 가장 아름다운 건물이라면서 그곳을 독일의 국가적 기념물, 가능하다면 독일의 무명 병사들을 위한 장소로 바꿀 의향을 밝혔다.[13] 바로크 양식도 그의 취향에는 맞지 않았다.[14] 하지만 그것이 보여주는 반종교개혁 흐름의 전개는 환영했다. 적어도 바로크 양식에서는 고딕 양식을 탈피해 그가 '밝고, 개방적이며, 가벼운' 특징을 지니고 있다고 여

1925년 히틀러는 그가 꿈꾸었던 베를린 대로의 개선문 도안을 그렸다. 개선문은 75점의 저부조로 장식되고, 180만 명의 1차대전 전몰자의 이름을 새기도록 했다. 이것은 높이 118미터, 가로 168미터, 세로 119미터의 크기로, 높이 50미터, 가로 45미터인 파리 개선문을 난쟁이처럼 보이게 만들었고, 높이 20미터, 가로 65미터, 세로 11미터인 근처의 브란덴부르크 문을 미니어처처럼 보이게 만들었다.

긴 양식을 향해 가는 흐름이 보였기 때문이다.

따라서 몇 점밖에 전해지지 않는 히틀러의 건축 도안은 단순한 역사적 호기심의 대상 이상의 의미를 갖는다. 대강의 스케치이기는 하지만 그 도안들은 그가 비록 독창적이지는 않더라도 자신의 특징적인 스타일을 만들어내기 위해 여러 다양한 양식들을 자유롭게 택하거나 거부했음을 보여준다. 그것은 신고전주의 양식, 특히 로마 양식을 취하면서 주랑현관, 돔, 아치들을 채택했고 장식은 되도록 피했다. 비록 그는 인정하지 않았지만, 이 양식은 헬싱키의 의회 건물, 파리의 근대미술관, 런던 대학교의 대학본부, 워싱턴의 고등법원, 국립 기록보관소 그리고 연방준비제도 이사회 건물, 심지어는 에드윈 루티언스Edwin Lutyens가 지은 뉴델리의 총독 관저와 같은 다양한 건축물에 영향을 미친 국제주의 양식과 근본적으로 큰 차이가 없었다. 제3제국의 공공건물은 이 양식의 히틀러 버전이라 할 수 있으며, 초창기에 그가 발전시킨 건축 개념에 뿌리를 두고 있었다.

이 도안들이 흥미로운 이유는 히틀러가 이 건축물들을 마치 자신의 정치적 포부를 바라볼 때와 똑같은 관점에서 바라보고 있음을 보여주기 때문이다. 그는 자신을 운명의 도구라고 여겼다. 따라서 그는 자신이 소수의 추종자만을 가진 별 볼 일 없는 수많은 정치인 중 하나일 때도 언젠가는 반드시 자신의 정치적·건축적 야망을 성취할 것이라고 믿었다. 그는 평범한 건축가라면 기꺼이 맡으려 했을 산업적인 또는 상업적인 건물 도안을 한 번도 그린 적이 없다. 늘 공공건물, 그것도 자신이 나라의 통치자가 되어야만 실현할 수 있는 종류의 건물 디자인만을 그렸다. 따라서 정치와 건축은 그에게 상호 보완 관계에 있었다고 할 수 있다. 1936년 그가 베를린 중심에 건립할 개선문의 도안 두 점을 건네면서 슈페어에게 했던 말이 이를 잘 보여준다. "10년 전에 난 이미 이 도안들을 그렸지만 줄곧 혼자만 간직하고 있었네. 언젠가는 이 두 건물을 짓게 될 거라고 굳게 믿었기 때문이지."[15] 이런 언급은 1926년 괴벨스의 일기에서도 확인된다. 그는 히틀러가 자신에게 '미래 독일에 대한 자신(히틀러)의 건축적인 구상'[16]을 자세히 설명했다고 했다. 권력에 가까이 다가갈수록 그는 이 구상을 구체적 현실로 만들어갔다. 1932년 괴벨스는 일기에 이렇게 적었다. "여가 시간에 총통은 새로운 당사 건물과 제국의 수도 재건 문제에 매달렸다. 그는 자신의 프로젝트 준비를 완벽히 끝마쳤다…."[17] 히틀러의 건축 계획을 보면 그의 정치를 추정할 수 있을 정도였다.

1935년 당대회의 문화 기간 개회사에서 히틀러는 자신의 건축

히틀러는 개선문의 투시 도안을 그렸다. 멀리 희미하게 거대한 돔홀이 보인다.

계획을 지배하는 원리에 관해 자세히 말하며 여덟 가지 사항을 강조했다.[18]

- 독일의 문화적 위대함은 건축적 성과를 통해 증명되어야 한다.
- 독일은 더 이상 '교활한 사기꾼과 불량한 저능아들이 판치는 쓰레기장'이 되어서는 안 된다.
- 민간 건물과 공공건물은 서로 다른 양식을 따라야 한다. 후자의 양식은 특히 기념비적이되, 과장된 것이어서는 안 된다.
- 건축 디자인과 구조는 최소의 수단으로 최대의 효과를 거둔다는 원칙을 따라야 한다.
- 건물 외관은 분명하고 명확해야 하며 자신의 목적과 조화를 이루어야 한다. 예를 들어, 극장은 극장다워야 하지 농장 건물 같아서는 안 된다.

- 현대 건축은 현대적인 수단이 필요할 수 있다. 건축가들은 현대적인 건축 자재 사용을 꺼려서는 안 된다.
- 이데올로기적 탁월함을 보여주기 위해 정부 건물과 당 건물은 어떤 다른 건물보다 장대해야 하고 과거의 위대한 건축보다 더 인상적이어야 한다.
- 정부 건물과 당 건물에서 상업적인 고려를 무시하는 것은 '국가사회주의의 문화적 임무 중 핵심'에 해당한다.

한마디로 형식은 기능을 따라야 한다는 것이다. 그리고 각각의 건축물은 자신만의 적절한 양식과 재료를 가져야 했다. 신고전주의는 그의 공공건물에 적합한 차가운 장대함을 제공했다. 다른 목적을 가진 구조물들은 다른 양식을 따라야 했다. 가령 공공주택, 히틀러 유겐트 호스텔, 여가 시설과 같은 건물들은 지역의 전통을 따르는 것이 허용되었다.[19] 그런 경우, 박공지붕이나 초가지붕이 허용되었다. 이른바 당 광장 안에 떼 지어 몰려있던 당 학교와 건물들은 가장 엄격하면서 차갑고 기능적인 양식으로 지어져야 했다. 공항이나 기차역, 공장, 루프트바페의 건물, 아우토반 서비스 기지, 교량과 같은 현대적 기능이 결합된 구조물들은 기능적인 동시에 현대적이어야 했다. 여기에 파울 슐체나움부르크를 비롯한 '멍청하게 과거를 흉내 내는 자들'이 비집고 들어올 공간은 없었다. 이에 관해 히틀러는 기슬러에게 다음과 같이 말한 바 있다. "예를 들면 현대적인 아우토반 서비스 기지가 반쯤 목조로 지어진 박공지붕의 건물로 풍경의 일부가 된 듯한 인상을 준다고 해보세. 나는 그런 낭만주의적 엉뚱함이나 시대착오적인 양식을 완전히 근절하려 하네. 아우토반 서비스 기지라면 '이곳은 자동차가 기름을 넣는 곳이지, 말에게 물을 마시게 하는 곳이 아니다.'라고 선언할 수 있어야 하네."[20]

음악이나 시각예술에서 보수적인 취향을 가진 히틀러는 공공건물에 관해서는 절충적인 기능주의자였다. 소문과 달리 그는 때로 바우하우스의 아이디어들을 수용하기까지 했다. 아우토반 서비스 기지를 위해 그는 루트비히 미스 반데어로에Ludwig Mies Van Der Rohe의 매끈한 디자인 몇 점을 선택했으며, 린츠 역사의 실내 디자인도 미스의 작업실에서 나왔을 법한 〔디자인〕 안으로 승인했다.[21] 하지만 바우하우스 건축가들의 방식에는 반대했다. 그는 그들이 멋지게 꾸민 말 뒤에 조립식 수레를 달아 놓는 방식으로 작업한다고 주장했다. 물론 근거 없는 주장이었다. 하지만 그는 곧 새로운 양식의 건물을 위해서는 현대 기술과 강철, 유리, 철근 콘크리트의 사용이 필요하다는 사실을 받아들였다. 이에 관해서는 슈페어가 1943년 린츠 외곽에 있는 헤르만 괴링 제작소를 방문하면서 쓴 글이 있다.

> 우리가 거대한 강철 공장을 떠날 때, 히틀러는 현대의 강철과 유리로 지은 건축을 높이 평가하는 발언을 했다. "300미터 이상의 폭을 가진 이 파사드를 보게. 비율이 정말 훌륭하지 않은가? 이곳의 지배 원리는 당 광장의 지배 원리와 다르다네. 그곳에서는 신질서를 표현하기 위해 도리스 양식을 택하지만, 이곳에서는 기술적 솔루션을 택하는 것이 적절하지. 하지만 이들, 이른바 현대 건축가라는 사람들이 와서 주택단지나 타운홀을 공장 스타일로 짓겠다고 한다면, 난 이렇게 말하겠네. 그들은 아무것도 모르고 있다고. 그런 것은 현대적이지도 않고, 몰취미할 뿐이라고…."[22]

비슷한 맥락에서 고층 빌딩을 바라보는 히틀러의 관점은 1930년대를 지나면서 급격히 바뀌었다.[23] 많은 독일 건축가들과 마찬가지로 처음에 히틀러는 미국의 고층 빌딩을 도시 풍경에 드리운 비인간적인 어두운 그림자라며 비난했다. 초창기에 그는 건물은 수평면을 따라가야 한다고 믿으면서 수직으로 치솟은 고층 빌딩은 조화로운 비율을 해치고 '야만적 규모'를 낳는다고 생각했다. 그는 또한 고층 빌딩의 상징적 의미도 싫어했다. 프로이트가 로마 교회의 돔에서 자신이 경멸한 종교의 오만함을 본 것처럼, 그는 뉴욕의 고층 빌딩에서 상업주의를 보았다. 기슬러에 따르면 히틀러는 이런 말을 했다고 한다. "나는 맨해튼이, 콕 집어 말하자면 엉터리 같은 록펠러센터가 도시 발전과 아무 상관이 없다고 생각하네. 그리고 균형도 전혀 잡혀 있지 않다고 생각해. 그 건물은 수익과 지출을 차갑게 계산하는 태도를 상징할 뿐이야. 그저 강철과 콘크리트, 유리로 70층 넘는 구조물을 만들었을 뿐이네." 하지만 1930년대 말이 되면 그는 에펠탑처럼 그런 구조물들이 한 민족의 기술 발전과 과학적 역량의 상징이 될 수 있다고 믿기 시작했다. 따라서 그런 구조물들을 짓는 일은 제3제국이 참여해야만 하는 건축 게임이 될 것이었다. 그는 "미래에 우리는 이런 높은 건물들을 짓게 될 걸세. 하지만 이런 구조물들은 특정한 도시 환경과 감각적으로 통합되어야만 하네."라고 단언했다.

히틀러의 건축에 대한 열정은, 바그너 오페라에 대한 그의 열정과 마찬가지로 당 지도자들을 질색하게 만들었다. 그들은 그것이 공적 자금과 히틀러의 시간을 심각하게 낭비할 뿐이라며 매도했다. 늘 순종적이기만 했던 괴벨스조차 이 문제에 관해서는 불만 섞인 반대 목소리를 내지 않을 수 없었다. 1931년 그는 자신의 일기에 브라운 하우스라고 불리는 뮌헨의 새 당사에 관하여 씁쓸한 어조로 이렇게 적었다. "그는 온통 당사에 관한 생각뿐이다. 바로 이러한 시기에. 나는 그 점이 싫다. … 뭔가 조치를 취해야 한다. 모두가 같은 생각이다. 망할 놈의 당

사라니!"[24] 10년 후에도 괴벨스는 여전히 투덜댔다. "린츠에 어마어마한 돈을 쏟아붓고 있다. 그런데도 총통은 그것을 너무나도 소중히 여긴다."[25] 히틀러는 분명 이런 불만을 잘 알고 있었다. 그래서 자신의 건축가들이 정치적 관료의 어떤 간섭도 받지 않은 채 자유롭게 일할 수 있어야 한다는 점을 개인적인 명령을 통해 분명히 했다. 이 명령을 위반하는 자는 처벌을 내려 제거하겠다고 했다.[26] 아우구스부르크 주지사가 자신의 도시에 히틀러가 쏟아붓겠다는 건설 비용에 깜짝 놀라 자신에게는 재정상의 책임이 없음을 보증하는 문서를 발행해달라는 편지를 쓰자 히틀러는 격노했다. "그래, 뭔가 써주기를 바란다고. 좋아, 그렇게 해주지. 바로 해주겠어. 그를 해고하겠다는 문서를 써주겠어! … 나는 아우구스부르크의 르네상스를 열려 하고 있는데 이 멍청이들은 비용을 따지고 있군."[27] 히틀러는 베를린 시장인 율리우스 리페르트Julius Lippert도 해고했다. 그는 비록 오래도록 활동한 당원이었지만 슈페어와의 관계에서 문제를 일으켰다.

건축은 히틀러에게 미적 충동을 배출하기 위한 주된 통로를 제공했지만, 그것은 또한 중요한 정치적 수단이기도 했다. 역사 속의 다른 지도자들과 마찬가지로 그는 건축을 민족적 자긍심을 높이기 위한 수단으로 활용했다. 건설 노동자들을 대상으로 한 연설에서 이렇게 말했다. "왜 이런 거대한 공공건물들을 짓는가? 나는 모든 독일인들이 자긍심을 되찾게 하기 위해 이 일을 합니다. 100개의 장소에서 나는 독일인 한 명 한 명에게 이런 말을 건네고 싶습니다. 우리는 열등하지 않다. 우리는 다른 어떤 민족과 비교해도 꿀리지 않는다."[28] 이는 그가 여러 연설에서 반복했던 메시지다. 동시에 그는 자신의 건물들이 정치적 위협의 수단이 되기를 원했다. 1937년 당대회에서 그는 이를 공개적으로 선언했다.

> 오늘날 시민들을 향한 국가의 요구가 커질수록 국가의 모습은 더욱 강력해 보여야 합니다. 우리의 적들도 언젠가는 이를 깨닫게 될 것입니다. 그러니 더 많은 우리의 지지자들이 이 사실을 알아야 합니다. 우리의 건물들은 우리의 권위를 강화하기 위해 존재한다는 사실을. … 우리의 눈앞에서 올라가고 있는 이 도시의 건물들, 베를린, 뮌헨, 함부르크와 같은 도시에 이미 지어졌거나 짓는 중이거나 앞으로 지을 계획인 건물들은 그러한 권위를 위한 건물이어야 합니다.[29]

그가 자신의 건축적 창조물들을 '돌에 새겨진 말Wort aus Stein', 즉 건물을 통해 표현된 이데올로기라고 한 것은 바로 이런 의미에서였다.

독일이 자신감에 차서 재무장하고 전투태세에 들어가 있던 1939년 히틀러는 자신의 프로젝트에 훨씬 공격적인 의미를 부여했다. 1939년 2월 국방군 사령관들에게 직설적인 화법으로 건넨 비밀 연설에서 그는 독일인은 '유럽 최강일 뿐 아니라… 어떤 의지와 목적을 갖든 항상 세계 최강의 민족'이라고 선언했다.[30] 그리고 그는 이 사실을 자신의 건설 프로그램과 직접 연관 지었다. 자신의 건축은 과시 욕망을 충족하기 위한 것이 아니라 '가장 차가운 계산'에서 나온 것이라고 했다. 그것은 독일의 자긍심을 복구하기 위한 것이며, "독일이 더 이상 이류 국가가 아니라 미국을 포함한 세계의 어느 나라와도 어깨를 나란히 하는 나라라는 인식을 이 나라 사람들이 하게끔 만들고 있다."라고 했다. 그것이 베를린이 세계 최고의 도시가 되어야 하는 이유이며, 뮌헨이 최고의 문화 중심 도시가 되어야 하고, 린츠가 최고의 예술 중심 도시가 되어야 하며, 함부르크가 최고의 항구도시가 되어야 하는 이유라고 했다. 아우토반에 관해서는 이렇게 말했다. "그것의 건설 이유는 단지 교통에만 있지 않았다. 독일인들에게 잃어버린 자신감을 되찾아 주기 위해 필요하다는 확신이 있었기 때문이다. 8,000만 인구의 나라라면 그런 것을 가질만하고 또 그런 것이 필요하다는 확신이 있었기 때문이다."

히틀러의 건물과 기념비들에는 또 다른, 가장 중요한 목적이 있었다. 그는 그것들을 통해 역사에 자신의 시각적인 흔적을 남기고 싶었다. 로마 황제 이후로 어떤 유럽의 지도자도 그러한 일련의 기념비와 건물, 광장, 교량, 도로, 신도시들로 자신의 영토를 장식하려 하지 않았다. 그는 고대인들의 건축물들처럼 자신의 건축물도 수 세기 동안 지속되도록 만들 작정이었다. 당대회의 문화 세션 연설에서 그의 건축 계획과 관련해 반복된 주제는 '영속적 의미', '영원한 가치', '천년의 유산'이었다.[31] 그는 건축 자재로 화강암을 선택한 이유가 자신의 건물이 '천년 동안 변함없이 서 있도록 하기 위해서!'라고 설명한 적이 있다.[32] 이는 러시아 군사작전 시기에 야전사령부에서 했던 말인데, 핵심을 이해시키기 위해 이런 말을 덧붙였다. "전투 성과는 결국 잊히기 마련이다. 하지만 우리의 건물들은 굳건히 서 있을 것이다. 로마의 콜로세움이 수 세기 동안 지속한 것처럼…."

바로 이런 것이 그가 꿈꾸었던 건축이다. 그는 "나는 독일의 건축이 우리가 그리스나 로마에서처럼 천년을 두고 보는 건물이 되기를 원한다."[33]라고 했다. 한편 슈페어는 자신의 회고록에서 '폐허처럼 보이게 만드는 이론'을 통해 그러한 인상을 창출하는 방법을 고안해 냈다고 주장했다. 사실 이런 발상은 전혀 독창적이라 할 수 없었다. 원래 이런 발상은 긴 역사를 지니고 있으며 유럽 전체에서 유행한 낭만주의 사조와 관련이 있다. 가령 18세기 말, 카셀의 방백이 폐허가 된 성을 새로이 지은 적이 있다. 19세기 초, 영국은행을 디자인하면서 존 소안**John Soane** 경은 은행장에게 그가 계획한 건물 도안을 담은 유화 세 장을 제출했다. 하나는 건물을 새것으로 보이게 한 도안이었고 다른 하나는 건물에 세월의 흔적이 보이게 만든 도안이었으며, 세 번째는 천년 후에 폐허가 된 건물의 도안이었다. 하지만 슈페어는 이런 발상을 스스로 하지는 않았지만 이를 대규모로 채택한 유일한 건축가이기는 하다. 그는 특별한 자재를 사용하고 특정한 정역학 원리를 적용함으로써 천년 후에 대략 로마의 유적을 닮게 될 구조물들을 만들어냈다고 주장했다.

독재자를 불멸의 존재로 만들기 위한 건물은 확실히 웅장해야만 했다. 독일 전역을 세계 최고의 기념비적인 도시 건축으로 뒤덮자는 것이 히틀러의 의도였다. 그리고 이 의도는 지배적인 열정이 되었다. 모든 주요 도시들이 그의 장대한 계획에 포함되었다. 그리고 주요 건물들의 도안은 항상 그가 직접 그렸다. 우선 베를린이 관심의 초점이 되었다. 벽돌의 도시였던 로마를 대리석의 도시로 탈바꿈시킨 아우구스투스처럼 그는 베를린을 세계에서 가장 훌륭한 도시로 만들기로 했다. 그는 "세계의 수도, 베를린에 견줄 수 있는 도시는 오직 고대 이집트, 바빌론 또는 로마가 될 것이다. 런던이나 파리가 비교 대상이나 되겠는가!"[34]라고 떠벌렸다.

로마는 사실 그가 진심으로 상찬한 유일한 도시이다. 넘을 수 없는 벽이라고 느낀 유일한 도시이기도 하다. 사실 히틀러는 외국 여행을 좀처럼 하지 않았다. 1934년 베니스를 잠시 방문한 것, 노르웨이 해안을 따라 크루즈 여행을 한 것, 1939년 프라하에서 하룻밤을 보내고 바르샤바를 휙 돌아본 것, 파리와 스트라스부르에서 몇 시간을 보낸 것, 1940년 6월 프랑스-스페인 국경에서 프랑코와 만난 것, 1942년 육군 원수 만네르헤임을 만나러 핀란드를 잠시 방문한 것, 1940년 무솔리니를 만나기 위해 피렌체에서 몇 시간을 보낸 것이 고작이다. 따라서 1938년 5월 로마를 6일간 방문한 뒤 나폴리와 피렌체를 유람한 일은 그의 유일한 외국 여행이라고 할 만하다. 그리고 이 여행은 국빈 방문이라는 명목하에 이루어졌는데, 이때 무솔리니는 자신의 군사적 능력을 히틀러에게 과시하고 싶어 전전긍긍했지만 대체로 실패했다.[35] 반면에 히틀러에게 그의 미천한 신분을 일깨우고 싶었던 왕과 왕비의 노력은 대체로 성공했다.

히틀러가 무엇보다도 보고 싶었던 것은 바로 베르길리우스가 노래한 영원한 도시였다. 그리고 그것은 그의 기대에 어긋나지 않았다. 그는 그것이 보여주는 로마인 광장과 제국의 광장, 키르쿠스 막시무스(고대 로마제국에서 가장 큰 전차 경기장이자 대중오락 시설. -옮긴이), 세르비아누스 성벽, 콘스탄티누스 개선문, 평화의 제단과 같은 고대의 풍경을 한껏 즐겼다. 그는 종일 쉬지 않고 박물관, 미술관, 기념비들을 방문했다. 박물관이나 미술관을 한 번도 찾아본 적이 없는 것을 자랑삼던 무솔리니가 히틀러 곁을 지키다가 마침내 지루함과 피로함에 지쳐 나가떨어졌다. 히틀러는 아우구스투스의 2,000년을 축하하는 전시회에 푹 빠진 나머지, 우천으로 인해—그의 입장에서 보자면 고맙게도—군대 사열이 취소되자 다시 그 전시회를 보러 갔다가 이어 카피톨리노 박물관 투어에 나섰다. 그는 카라칼라 욕장, 콜로세움, 하드리아누스 무덤을 보며 짜릿한 기분을 느꼈지만, 무엇보다 판테온에 압도되었다. 그는 판테온을 공식 방문하여 사보이아Savoia 가문에 경의를 표하고 그 뒤에 다시 개인적으로 이곳을 찾았다. 그는 혼자서 이곳을 방문하고 싶다고 요청했고 보타이와 비앙키 반디넬리가 그와의 동행을 주장하자 히틀러는 그들에게 말하지 말고 침묵 속에 15분가량 지켜만 볼 것을 명령했다.[36] 그는 나중에 판테온이야말로 지금까지 지어진 가장 완벽한 건축물이라고 했다.

히틀러는 이러한 장소들을 건축가이자 건설자의 눈으로 살피면서 자신의 기념 건축물을 위한 아이디어들을 찾았다. 판테온의 실내장식과

히틀러가 부조에 빠져들게 된 시점은 그리스와 로마의 작품들을 보게 되면서부터이다. 1938년 5월 7일 그는 디오클레티아의 목욕탕을 돌아보았다. 한때 이곳은 유명한, 평화의 제단이 있던 곳으로 히틀러가 방문했을 때 한창 발굴 중이었다. 참석자들은 (왼쪽부터) 신원불명인 남자, 쇼브, 괴벨스, 힘러, 무솔리니, 히틀러 그리고 비앙키 반디넬리이다.

외관은 그의 그레이트홀을 위한 모델이 되었고, 콜로세움은 뉘른베르크에 세울 의회의사당의 모델이 되었다. 부관 프리츠 비데만에 따르면 그는 몇 시간 동안이나 콜로세움을 면밀하게 살폈다고 한다. 그는 이렇게 회상했다. "로마에서 어느 일요일 오후 나는 그곳을 방문하는 히틀러와 동행해야 했다. 그는 모든 건축적 세부를 꼼꼼하게 살폈다. 그리고 그러한 세부가 전체적인 인상에 어떤 효과를 낳는지도 살폈다. 로마에서 돌아오는 길에 그는 의회의사당 디자인의 여러 부분을 변경했다."[37] 말할 필요도 없이 히틀러는 플라비우스 왕조의 황제들을 능가해야만 했다. 그들의 경기장은 관람객 5만 명을 수용하면 되었지만, 히틀러의 건물은 6만 명을 수용해야 했기 때문이다.[38]

1938년 5월 이탈리아 국빈 방문 중에 히틀러는 콜로세움을 여러 번 방문했으며 뉘른베르크 의회의사당을 위한 아이디어를 얻기 위해 그것을 면밀하게 관찰했다. 처음 투어에 나선 그의 모습이 여기 사진에 담겨 있다. 그의 오른쪽 인물이 이탈리아인 예술 가이드인 비앙키 반디넬리다.

어떤 도시도 로마에 비할 수 없었다. 파리도 마찬가지였다. 1940년 군사적 승리를 거둔 뒤에 프랑스의 수도를 너무나도 보고 싶었던 히틀러는 정전협정이 발효되기까지 기다릴 수가 없었다.[39] 장군들이나 당 지도자들이 아닌 자신의 건설 프로젝트에 참여한 세 명의 주요 인물인 슈페어, 기슬러, 브레커의 호위를 받으면서 그는 6월 23일 파리에서 4시간을 보냈다. 동트기 전에 도착한 그는 바로 오페라하우스로 향했다. 그는 마치 여행 가이드라도 된 듯이 작은 집단을 이끌고 샤를 가르니에의 화려한 건물을 통과하며 벨 에포크 장식에 관해 설명하고 균형 잡힌 방청석을 칭찬했다. 브레커는 나중에 이렇게 썼다. "그는 오페라하우스의 평면도를 완벽하게 알고 있었으며, 그것의 정확한 치수 그리고 수천 가지 세부 사항들에 관해 알고 있었다."[40] 그의 열광은 끝이 없었다. 무대 뒤 장치와 무용수 대기실을 방문한 후, 국가수반을 위한 전용 출입구와 접견실을 보고 싶다고 했다. 건물 안내원은 매우 난처해하면서 그런 방은 원래부터 없다고 했다가, 그런 방이 있었다는 사실을 히틀러가 아는 척하자 몇 년 전 보수 작업 당시 없어졌다고 말을 바꾸었다. 슈페어에 따르면 히틀러는 다음과 같이 자랑스럽게 말했다. "그래, 내가 얼마나 잘 아는지 알겠지?"[41] 나가면서 히틀러는 이제는 완전히 날이 밝은 상태에서 건물의 외관을 오래 바라보았다. 그리고 마들렌 사원으로 향했다. 고전적인 파사드를 가지고 있기는 하지만 이 성당은 그에게 냉랭하고 진부해 보였다. 차량 앞 열에 서서 콩코드 광장 주위를 천천히 돌며 그는 모든 방향의 조망을 살피고는 샹젤리제로 나아갔다. 그리고 샹젤리제에서 그는 튈르리 궁전까지 뻗어있는 대로의 조망을 탄복하며 내려다보았다. 개선문과 여기에 새겨진 부조 작품들은 이미 글이나 사진을 통해 잘 알고 있었지만, 주의 깊게 살펴보았다. 브레커에 따르면 그의 열정은 "끝이 없었다."

파리 오페라하우스의 큰 계단에 선 히틀러. 그와 함께 (왼쪽부터) 아르노 베커, 오페라하우스 관리인 그리고 알베르트 슈페어의 모습이 보인다.

히틀러의 파리 투어는 에펠탑이 보이는 트로카데로를 향했다. 이곳은 바로 그가 상찬한 것과 같은 도시적 상징이었다. 히틀러는 아름답지는 않지만 독특한 랜드마크로서, 또 한 시대의 특징을 보여주는 장소로서 이곳이 공학 기술의 새 시대를 구현한다고 말했다. 히틀러 무리는 사관학교를 잠깐 방문한 다음에 앵발리드에 들어섰다.[42] 그리고 이곳에서 다른 어떤 장소에서보다 더 깊은 감명을 받았다. 기슬러는 "그는 머리를 숙인 채 오래 그리고 진지하게 서 있었다. 그리고 미동도 없이 나폴레옹의 석관을 응시했다. 그러다가 내게 넌지시 말했다. 자네는 내 무덤을 만들게 될 걸세. 나중에 이 얘기를 해보세."라고 〔당시 상황을〕 적었다. 무리는 판테온을 향해 다가갔다. 그리고 슈페어의 이야기와 달리 히틀러는 〔파리의〕 판테온을 무척 싫어했다. '대실망'[43]이라고 했다. 기슬러에 따르면 히틀러는 "로마의 판테온에 견주어 볼 때, 맹세코 이 건물은 이름값을 못 한다고 해야겠네. 로마의 판테온은 고전적인 내부 공간과 중앙의 개방된 원형창oculus에서 떨어지는 독특한 아름다운 빛으로 기품과 엄숙함을 함께 결합했는데, 이곳의 판테온은 어둡기만 하군. 찌푸린 날씨보다 더 어둡네. 오늘은 환한 여름날 아닌가."[44]라고 했다. 이곳을 출발한 히틀러 무리는 소르본 대학교, 시테섬, 노트르담 성당을 지나—히틀러는 이 모두에 관해 사진을 통해 잘 알고 있다며 과시했다—루브르 박물관으로 향했다. 히틀러는 이곳의 파사드를 칭찬한 다음에 다시 방돔 광장으로 이동했다. 파리 투어는 몽마르트르에서 끝났다. 그래서 히틀러는 사크레쾨르 대성당이 아니라 방금 시찰을 돌고 온 도시를 조망하게 되었다. 그는 생각에 잠겨서 침묵 속에 자신의 전용 비행기로 돌아왔다. 비행기가 이륙한 후에도 그는 조종사에게 지시하여 파리 상공을 여러 번 선회하게 한 다음에야 비로소 자신의 야전사령부로 향했다. 사령부에 도착하자 그는 브레커를 한쪽으로 데려가 말했다. "오늘 난 자네에게 솔직하게 말하겠네. 만약 운명 때문에 어쩔 수 없이 정치에 몸담게 되는 일만 없었더라면 나도 자네처럼 파리를 공부했을 거야. 1차대전 이전에 나의 유일한 꿈은 화가가 되는 것이었지. 파리는 19세기 이래로 항상 예술가의 도시였다네."[45]

파리 방문의 목적은 여행의 즐거움도 승전 축하도 아니었다. 자신의 도시 계획을 위한 아이디어를 얻기 위함이었다. 그가 보았던 것들의 대부분은 19세기 건축물이었다.[46] 기슬러에게 한 말에 따르면 이것들이 채택한 기법은 그가 보기에 "당대의 양식이나 취향을 고려하더라도 지나치게 장식적이었다." 몽마르트르에서 파리의 중심지를 바라보면서 그는 단조로운 아파트 단지와 상업 건물들이 위대한 건물과 광장을 잠

1940년 6월 23일 아침 6시경 파리, 콩코드 광장을 방문한 히틀러. 브레커가 어딘가를 가리키고 있고, 기슬러는 뒤를 돌아보고 있다. 브레커는 파리에서 여러 해를 지냈다. 그는 프랑스 애호가였지만 그렇다고 해서 히틀러에게 패전한 프랑스를 보여주는 즐거움을 덜 느낀 것은 아니었다.

식하고 있다는 인상을 받았다. 튈르리 궁전에서 개선문, 시테섬, 에펠탑에 이르는 축만이 눈에 띌 뿐이었다. 에펠탑을 제외하면 나폴레옹 3세와 제3공화국의 19세기 건물들은 그가 보기에 전체적인 조망 속에서 별로 눈에 띄지 않는 듯했다. 히틀러는 이러한 인상을 간직하고 있다가 자신의 건설 프로그램에 반영했다.

슈페어에 따르면 히틀러는 여행 후에 "파리 구경을 허락받는 일은 내 평생의 꿈이었다."[47]라고 말했다. 하지만 나중에 그는 파리 방문 당시를 회상하면서 심하게 비판적인 말을 했다. "로마와 파리를 보았지만, 파리는 개선문을 제외하면 별 볼 일 없더라는 말을 해야겠군. 콜로세움이나 산탄젤로 성이나 성 베드로 성당처럼 대단한 건축물이 파리에는 없어…. 대신에 파리의 건물에는 이상한 점이 있더라고. 전체 구조와 어울리지 않는 지붕창을 가지고 있거나 박공이 파사드를 압도하는 식이지. 로마의 오리지널 판테온과 비교할 때 파리의 판테온은 형편없었어. 그리고 그곳의 조각상들이란! 파리에서 본 본 것은 내게 아무 감흥을 주지 않았어. 반면에 로마는 나를 감동시켰지."[48]라고 그는 참모들에게 말했다. 또 한번은 '콩코드-튈르리 축'에서 얻을 수 있는 '대단한 조망'에 깊은 감명을 받았다고 말하기도 했다.[49] 하지만 그는 에펠탑을 제외하면 파리에는 콜로세움처럼 눈에 띄는 건축물이 없다고 불평하기도 했다. '암 종양' 같은 조각들로 장식된 파리 판테온은 '끔찍할 정도로 실망'이었고, 사크레쾨르 대성당은 '불쾌했다'고 말했다.[50] 가르니에의 오페라하우스도 처음에는 높이 평가했지만 이제 와 보니 '지나치다'고 여겨지고 드레스덴과 빈 오페라하우스만큼의 '취향'도 갖추지 못했다고 했다. 기본 구조만큼은 '천재의 작품'임에 틀림없지만, 가르니에의 오페라하우스의 "완성된 모양은 예술적 견지에서 볼 때 상당히 평범하다."라고 했다.[51] 하지만 트집을 잡기는 했어도 그는 파리를 '문화적 기록'[52]으로 간주했다. 그리고 넓은 아량을 지닌 인도주의자라도 된 듯 그는 1940년 전투에서 파리를 파괴하지 않아도 되어 기뻤다고 말했다.

파리 방문 후에 그는 빈에 대해 더 좋은 인상을 갖게 되었다.[53] 파리보다는 빈이 더 '취향에 맞다'고 생각하게 되었다. 하지만 다뉴브강가에서 단연코 아름다운 도시는 부다페스트였다.[54] 그리고 바로 그런 이유 때문에라도 린츠를 키워 헝가리 수도를 능가하게 만들어야 했다. 그래서 독일의 창조적인 정신이 마자르인들을 능가한다는 점을 보여주어야 했다. 그 밖의 다른 도시들에 대해 히틀러는 관심이 없었다. 대단한 경치도, 눈길을 끄는 기념비도 없는 런던에는 매력을 느끼지 못했기에 그는 런던에 관해 아무 언급도 하지 않았다. 다만 웨스트민스터에 있는 건축가 찰스 배리Charles Barry 경의 국회의사당에 관해서는 높이 평가했다. 건축도 건축이지만 역사적 배경을 고려한 노력을 높이 평가했다.

『나의 투쟁』에서 그는 배리 경이 '자신의 엄청난 건물이 가진 1,200개의 벽감, 콘솔, 기둥을 장식'하기 위해 대영제국의 역사를 샅샅이 뒤지면서 노력한 점을 상찬했다.[55] 이렇게 해서 '민족의 명예의 전당'이 된 건축이 탄생하게 되었다고 했다. 반면에 한센의 빈 국회의사당은 오스트리아 역사의 영광을 드높이지 못했다고 했다. 그는 오스트리아-헝가리 제국의 다민족적 성격이 오스트리아의 역사에서 영광스러운 모든 것을 앗아버렸기 때문이라고 했다. 이 건물은 따라서 '서구 민주주의의 오페라하우스'[56] 이상이 될 수 없었다. 히틀러는 이곳을 장식하는 네 마리 말 조각상은 네 개의 서로 다른 방향을 향해 날아가려 함으로써 아이러니하게도 이 건물 내부에서 벌어진 일들을 상징한다고 농담조로 말했다.

정치가이자 건축가인 히틀러는 당대의 다른 모든 정치가와 건축가를 능가하는 데 몰두했다. 무솔리니가 살짝 마음에 걸리기는 했다. 히틀러는 자신의 건축가들에게 공개적으로 기념비주의의 톤을 낮추라는 지시를 내렸다. 다른 한편으로는 괴벨스에게 이런 경고를 하기도 했다. "무솔리니는 반드시 우리를 따라 할 것이네."[57] 하지만 정작 그를 불안하게 만든 건 소련과 미국에서 벌어지는 일들이었다. 그는 스탈린의 소비에트 궁이 베를린 그레이트홀의 돔보다 더 높이 올라갈 수 있다는 전망에 깜짝 놀랐다. 그래서 소련을 공격해서 얻는 이점 가운데는 소비에트 궁을 무너뜨릴 수 있다는 점도 있다고 생각했다. "이로써 그들의 건물은 영원히 끝장나게 될 거야."[58]라고 했다. 몇 년 후에 프리츠 비데만은 미국 방문을 마치고 돌아오면서 미국 건축에 관한 서적 30여 권을 챙겨왔고, 히틀러가 매료되는 모습을 보게 되었다.[59] 이때부터 히틀러는 여러 가지 방면에서 미국을 따라잡으려는 마음을 먹게 되었다. 1939년 2월 국방군의 사기를 돋우기 위해 연설하던 중 히틀러는 최고가 될 필요가 있다면서 자신의 거대 프로젝트를 변호했다.

> 내가 함부르크에 세계 최대 교량을 건설하려는 것은 바로 이런 이유 때문입니다. 누군가는 이렇게 물을지도 모르겠습니다. "왜 당신은 터널 건설은 하지 않습니까?" 글쎄요 나는 그것이 실용적이라고 생각하지 않습니다. 설령 그것이 실용적이라 하더라도 나는 여전히 함부르크에 세계 최대 교량을 건설하겠습니다. 그러면 외국으로 나가거나 외국에서 들어오는 독일인들이 외국과 독일을 비교하면서 이렇게 생각하게 될 겁니다. "미국의 교량들이 어떻다고? 우리도 똑같은 걸 만들 수 있어." 그리고 이것이 바로 내가 가장 높은 미국의 건물만큼이나 높은 고층 건물을 건설하려는 이유입니다.[60]

결국 그는 세계에서 가장 넓은 도로와 교량, 가장 큰 스타디움, 공항, 실내 집회 공간, 가장 크고 가장 빠른 배, 가장 인상적인 고속도로, 가장 크고 가장 빠른 기차와 가장 강력한 라디오 방송국을 만들겠다고 결심했다. 야코프 부르크하르트는 모든 폭군의 공통점이 '거대함에 대한 열정'이라고 말한 바 있다.

정치적 건축

“건설 또 건설하라!”[1] 괴벨스는 거대한 독일 스타디움의 주춧돌이 뉘른베르크에 놓인 후인 1937년 9월 일기에 그렇게 적었다. 이 해는 국내외 문제가 비교적 잠잠했던 한 해였다. 1월에 독일제국의회에서 히틀러가 전세계를 상대로 약속했던 것처럼 ‘놀랄 일이 없는 한 해’였다. 이 해는 또한 국내외에서 자신의 입지가 공고해짐에 따라 자신감을 얻은 히틀러가 두 가지 야망—유럽의 군사적 지배와 독일의 건축 리모델링—의 실현에 착수한 해이기도 하다. 첫 번째 목표는 그해 11월에 군 지도자들에게 공표되었으며, 유명한 호스바흐 각서에도 기록되어 있다. 두 번째 목표도 비슷한 시기에 법으로 명시되었는데, 이는 히틀러에게 어떤 자산도 마음대로 압수할 수 있고 원하는 무엇이든 건설할 수 있는 법적 권한을 공식적으로 부여하는 법이었다.[2] 그리고 이를 통해 그의 도시 프로젝트가 시작되었다. 군사적 팽창과 도시 건설이라는 두 목표는 동시에 추구되었으며 궁극적으로는 비슷한 목적을 위한 것들이었다. 둘 사이의 관계에 관해서는 그해 1월에 이미 히틀러가 자세하게 설명한 바 있었다. 그는 1월에 슈페어를 베를린 건설 프로그램의 책임자로 임명하면서 이렇게 말했다. "우리는 모든 게르만족을 아우르는 거대한 제국을 창건하고자 한다. 우선 노르웨이를 향할 것이고 다음에는 북부 이탈리아로 내려갈 것이다. … 그리고 당신의 베를린 건물들이 화룡정점이 될 것이다."[3]

몇 달 후에 괴벨스는 이 점을 좀 더 솔직하게 밝혔다.

> 총통은 베를린을 정말 사랑한다. 베를린에 관해 더 많이 알게 될수록 그는 점점 더 이 도시에 애착을 갖게 되었다. 우리는 우리의 영토 문제를 잘 마무리 짓기 위해 오스트리아와 체코슬로바키아, 이 두 지역을 가져야만 한다. 그리고 갖게 될 것이다. 이 지역의 시민들이 독일에 오면 그들은 우리의 크기와 힘에 충격을 받을 것이다. 이 작은 나라들은 자기들이 위대하다고 생각하는데, 애처롭기 그지없다. 하지만 그 나라 사람들이 독일에 오면 제국의 크기와 힘에 충격을 받을 것이다. 우리는 이를 더 강조할 필요가 있다. 총통이 거대한 건설 프로젝트를 추진하는 이유가 바로 이것이다.[4]

전쟁 발발 이후, 여러 지역을 자신의 제국으로 흡수 통합한 히틀러는 자신의 건축 프로젝트에 더욱 열광하게 되었다. 노르웨이 함락 직후 그는 괴벨스에게 자신은 이 나라를 위해 '거창한 계획'을 가지고 있다고 말했다.[5] 트론헤임 근처에 '노르드슈테른'이라는 이름의 거대한 게르만 도시를 지을 것이라고 했다. 그리고 이곳에서 오스트리아-이탈리아 국경의 클라겐푸르트까지 이어지는 아우토반, 즉 '독일제국을 가로지르는 도로'를 건설할 계획이라고 했다. 그리고 '곧 이 나라들은 완전히 게르만화될 것'이라고 했다. 슈페어도 인정했듯이, 이러한 프로그램 이면에는 히틀러의 세계 정복 계획이 숨어있었다.[6] 그리고 이것이 히틀러의 건설 프로젝트가 1950년까지 완성되어야 하는 이유였다. 그때쯤이면 그는 자신의 모든 정치적·군사적 목표를 달성했을 테니까. 최종 승리는 건축물에 영원히 새겨질 것이었다. 이제 '게르마니아'로 새롭게 명명된 베를린은 세계의 수도로 출범하게 될 것이었다.

자신의 운명을 믿은 그는 권력을 잡기도 전에 구체적인 건설 계획을 세우기 시작했다. 뮌헨에 있는 거대한 당 본부와 두 개의 당사 건물은 1932년에 이미 완공되었다. 그리고 총리로 임명되자마자 그는 옛 베를린 총리공관을 완전히 새롭게 리모델링하도록 지시했다. 곧이어 뉘른베르크에 당대회를 위한 부지 건설이 시작되었다. 뮌헨에서는 으리으리한 쾨니히스플라츠의 재건을 시작했고 독일미술관의 초석을 놓았다. 건설에 관한 히틀러의 열의는 1933년 11월 괴벨스의 집에서 열린 만찬에서도 드러났다. 손님 중 한 명인 샤움부르크리페의 프리드리히 크리스티안Friedrich Christian 왕자는 자신의 일기에 히틀러가 뮌헨 프로젝트를 위한 모형 사진들을 들고 만찬회에 도착해 주위에 자랑스럽게 보여주며 설명하더라고 적었다.

> 그는 연필 하나를 달라더니 그것에 달려들었다. 몸을 숙이고 크고 대담한 터치로 빠르게 뮌헨의 거리망을 스케치하고 거기에 자신의 건물을 집어넣었다. 조금 더 떨어진 거리에서 스케치의 정확성을 점검하기 위해 이따금 의자에 몸을 파묻기도 했다. 그는 완전히 몰입하고 있었다. 우리의 눈앞에서 차례차례 건물들이 솟아났다. 그런데 서투른 흔적은 보이지 않았다. 건물들의 크기가 정말 정확했다. 그는 자도 없이 그렸다. 오로지 비율만 보았다. 모든 것이 합당한 위치에 놓였다. 완벽 그 자체였다! 스케치를 마무리하고 주위를 돌아볼 때 그의

눈은 순수한 기쁨으로 빛나고 있었다. 그리고 그는 가장 중요한 통계치를 읊었다. 그는 모든 수치를 알고 있었다. 그리고 그러한 수치의 근거를 댔다.[7]

과장된 측면이 있기는 하지만 이 일기는 히틀러가 자신의 건설 계획에 얼마나 빠져 있었는지를 보여준다. 바로 그 순간 그는 민주주의와 시민의 자유를 파괴하고 있었으며, 강제수용소를 만들고, 노동조합을 분쇄하고, 반유대주의 정책을 제도화하고 있었다. 그러는 와중에도 그러한 건설 프로젝트의 아주 사소한 사항들까지 챙기는 데에 시간을 아끼지 않았다. 괴벨스의 만찬회 직후에 그는 쾨니히스플라츠에 조각상을 세우자는 제안을 받았다. 하지만 제출된 안이 별로 마음에 들지 않았던 그는 즉시 새로운 안을 그리더니 지역의 관리에게 지시를 내려 그것을 따르도록 했다.[8] "총통은 양식의 선택과 시공 그리고 실내 디자인에서 결정적인 역할을 했다. 그는 건축 자재와 완공일도 결정했다."[9] 이 시절에는 이런 식의 논평이 흔하게 나오고는 했다. 그리고 이 말은 독일미술관 건설을 감독하는 위원회의 메모에서 발췌한 것이다.

1937년 그는 자신이 꿈꾸어 왔던 방대한 프로그램을 가동하기 시작했다. 이에 따르면 다섯 개의 '총통 도시'인 베를린, 함부르크, 뉘른베르크, 뮌헨 그리고 린츠에서 주요 프로젝트가 벌어질 예정이었다. 그리고 이는 전체 도시 중심의 외관과 성격에 일대 변혁을 가져오게 될 것이었다.[10] 추가로 35개 이상의 도시—추산 방식에 따라서는 50개 도시—에도 좀 더 온건한 형태의 재개발 프로그램이 추진될 예정이었다. 그것으로 끝이 아니었다. 미술관과 오페라하우스, 아우토반, 교량, 광궤철도, 전쟁기념관 그리고 당 교육시설을 위한 프로젝트도 마련되었다. 히틀러의 프로젝트만 해도 이 정도다. 육해공군, 여러 당 기관, 민간기업

히틀러, 슈페어 그리고 루트비히 러프가 뉘른베르크 당대회에서 의회의사당 디자인을 꼼꼼히 살피고 있다. 히틀러 왼편의 러프가 디자인 초안을 작성했고, 히틀러가 나중에 이를 수정했다. 그리고 콜로세움 방문 후에 다시 수정했다. 모형의 일부가 전경에 놓여 있다.

은 또 자기들만의 건설 계획을 가지고 있었다.

건축가-건설자 역할에서 히틀러는 자기 적성을 찾았다. 1939년 재무장관 슈베린 폰 크로지크가 예산 문제를 논의하기 위해 총리공관을 찾았을 때, 그는 히틀러의 서재 바닥이 베를린 재건 계획들로 어지럽혀져 있는 것을 보았다. 총통은 이 도시가 한때 얼마나 아름답게 설계되어 있었는지에 대해 열정적으로 이야기했다. 하지만 통일 이후에 무질서한 도로와 구조물들의 혼합이 옛 도시 디자인을 뒤덮어 버렸다고 했다. 새로운 도시 질서의 창출에 관한 히틀러의 말을 들으면서 크로지크는 바로 자신의 눈앞에서 히틀러의 비전이 구체적인 모습을 드러내는 듯한 인상을 받았다고 했다. "이 모든 것이 그의 존재의 핵심에 놓여 있다는 느낌을 받았다."[11] 슈판다우의 교도소 마당을 걸으면서 슈페어와 잡담을 나누던 시라흐는 히틀러가 자신을 무시했다고 불평하면서 부럽다는 듯이 이런 말을 했다. "그 점에 관해서는 당신이 훨씬 나았소. 그는 건축에 완전히 사로잡혀 있었으니까."[12]

자신의 계획을 발전시키면서 히틀러는 상당히 광범위한 개인적 지식을 활용할 수 있었다. 그는 오랫동안 건축 관련 서적을 닥치는 대로 읽어왔다. 적어도 총리가 된 시점부터 그는 상당한 분량의 건축 서적 컬렉션을 확보했다. 전후에 미국 의회도서관은 히틀러의 개인 도서관에서 나온 3,000권의 서적을 보관 중이다.[13] 이는 아마도 히틀러 도서 컬렉션 전부는 아니고 일부일 것으로 추정된다. 여기에는 그의 베를린 프로젝트 디자인도 포함되어 있다. 자잘한 건축 도안, 청사진 그리고 도시 지도가 있고, 독일미술관 건설에 관한 610장의 사진이 담긴 앨범 두 권이 들어있다. 다양한 유럽 미술관과 극장에 관한 건축 자료 사진 500장과 그의 저택 실내장식에 관한 수백 장의 사진이 들어있다. 크리스타 슈뢰더는 "히틀러의 건축 지식은 놀라웠습니다. 그는 세계의 여러 주요 건물의 크기나 평면도를 외우고 있었습니다."[14]라고 했다. 기슬러는 뮌헨에서 베를린으로 가는 기차 안에서 히틀러와 함께 여행하던 때를 회고했다.[15] 이때 그는 히틀러로부터 뮌헨의 도시 형성 과정부터 시작해 고대 도시 성벽과 성문—미케네의 사자문, 바빌론의 이슈타르문, 아테네 아크로폴리스의 프로필라리아, 카푸아에 있는 프리드리히 2세의 13세기 성문—에 이르는 이야기를 실컷 들었다. 성문 이야기가 끝나자 그는 특정 형상을 재현한 현관—베르니니의 열주, 프랑스 궁전의 앞뜰 그리고 바로크 궁전과 저택의 큰 계단—에 관해 이야기했다. 보어만이 정치적 문제를 들고나와 그의 독백을 끊자 히틀러는 그를 다른 데로 보내버리고 계속해서 뮌헨에 들어가는 입구를 기념비적으로 만들기 위해 그가 어떤 계획을 세우고 있는지 이야기했다.

슈페어도 히틀러의 능력을 아낌없이 칭찬했다.[16] 그는 히틀러가

히틀러는 주요 공공건물의 대략적인 초안을 스케치했다. 그리고 그것들을 자신의 건축가 중 한 명에게 주어 작업하게 했다. 그가 항상 수많은 시간을 들여 다듬은 건축 디자인은 결국 축소 모형으로 만들어졌는데, 그런 모형을 그는 또 서투르게 만지작거리고는 했다. 그의 이데올로기를 반영한, 히틀러 건축의 지배적인 특징은 통일성이었다. 다양성이나 개별성은 용납되지 않았다.

여러 번 디자인에 관한 전문가적인 이해를 보여주었으며 평면도와 렌더링을 조합하여 쉽게 삼차원적 개념을 얻어낼 수 있었다고 했다. 다른 여러 책무에도 불구하고 그는 여러 도시의 15개나 되는 프로젝트 진행 상황을 따라갈 수 있었다. 새롭게 조정된 안이 그에게 제출될 때마다, 비록 수개월 만에 그 안이 새로 제출되더라도, 즉시 그 안에서 자신의 방향성을 찾을 수 있었고 자신이 요청한 수정 사항을 정확히 기억했다. 슈페어는 "히틀러가 자신의 요청이나 제안을 오래전에 잊었겠거니 생각했던 사람들은 곧 그렇지 않다는 걸 알게 되었다."라고 했다. 자신의 건축가들과 함께 작업하면서 히틀러는 거의 항상 자신이 원하는 것을 보여주기 위해 도안을 그렸다. 때로 밤샘 작업을 통해 공들여 도안을 그리기도 했지만, 그보다는 대화 도중에 급하게 휘갈겨 그리는 경우가 더 많았다. 이런 도안들을 통해 그가 그린 개요도, 단면도, 일정 비율로 축소한 렌더링을 보면 건축적인 역학과 비율에 관한 그의 감각이 훌륭했음을 알 수 있다. 슈페어는 대충 그린 도안들도 원근법이 정확했다고 증언했다. "건축가라도 그보다 나을 수는 없었다."[17] 하지만 히틀러는 자신의 것이든 건축가의 것이든 초안에 만족한 적이 없었다. 몇 번이고 그것을 수정했다. 예를 들어 뮌헨의 당 기념관을 위한 도안과 모형들을 보면 자신이 원하는 바를 얻어내기까지 그가 얼마나 그것들을 만지작거렸는지를 알 수 있다. 슈페어는 자신의 회고록에 이렇게 썼다. "오늘만 해도, 실질적으로 진전을 이룬 내용에 나는 놀랐다. 이는 정적인 바닥과 동적인 기둥의 연결을 개선했다."

비록 히틀러 자신은 제3제국을 대표할 것으로 기대할 만한 위대한 작품을 그리거나 작곡하거나 조각할 능력을 갖추지 못했지만, 자신이 원하는 건물을 짓는 데 필요한 최소한의 능력과 최대한의 권력은 가지고 있었다. 그리고 그가 원하는 것은 신고전주의 양식의 기념비적인 공공건물—다르게 표현하자면 그 자체가 기념비인 건물—이었다. 여러 번 그는 자신이 추구하는 건물은 '착상의 탁월함', '계획의 명료함' 그리고 '비율의 조화로움'을 갖추어야 한다고 강조했다. 이는 크게 새로울 것도 없는 원칙들이었다. 하지만 이 원칙들을 부과한 결과—히틀러는 그것을 독일 건축germanische Tektonik이라 불렀다—는 사납고 냉담했다.

그는 기슬러에게 파리는 "아주 장식적이고, 동시대의 분위기와 양식을 따르려고 지나치게 애쓴 흔적이 보인다."[18]라고 말한 적이 있다. 그리고 자신이 원하는 것은 그런 게 아니라는 말을 덧붙였다. "우리는 더욱 강력하고 엄격한 건축을, 꾸밈없는 우리의 사고방식에 어울리는 고전주의를 얻으려고 노력할 것이네." 히틀러의 사고방식에 맞추기 위해 히틀러와 그의 건축가들은 고전주의 건축 언어—정문, 기둥, 박공, 프리즈, 저부조, 격간(천정 또는 볼트를 뒤덮는 정방형, 장방형, 팔각형 형태의 움푹 들어간 패널. -옮긴이)—를 사용했고, 그것을 결국에는 끝없는 열주를 가진 부풀려진 직선형 구조물로 해석했다. 모든 디자인은 히틀러의 양식적 명령을 엄격하게 준수해야 했다. 그 결과 구조물은 냉담함과 통일성, 규모를 얻은 대신 인간다움이나 개성적 감각을 상실하고 말았다. 육중함, 견고함, 움푹 들어간 창문과 절제된 장식을 특징으로 하는 건물들은 국가사회주의의 힘을 날것 그대로 풍기는 요새 같은 인상을 주었다. 건축적인 관점에서만 보았을 때 이것들은 스탈린의 웨딩케이크 같은 건축 쇼에는 없는 힘과 성실성을 가지고 있기는 했다.

히틀러는 자신의 건물들이 단순하고 엄격하기를 원했지만, 그보다는 그것들로 사람들을 깜짝 놀라게 만들고 싶었다. 그리고 그런 효과를 얻기 위해 압도적인 중량감을 활용하려 했다. 거대 구조물로 세상 사람들의 기를 죽이려 한 사람이 그가 처음은 아니었다. 페르세폴리스, 피라미드, 로마 욕장과 바실리카, 고딕 성당, 왕궁, 뉴욕의 고층 빌딩을 떠올려 보라. 히틀러의 정치적, 군사적 성공이 궤도에 오르고 그의 자신감이 전에 없이 부풀어 오름에 따라, 구조물의 크기는 그 자체가 목적이 되었다. 그의 건축은 점점 고대 로마 건축을 모방하면서, 종종 기괴한 비율의 엄청나게 큰 구조물이 되어갔다. 이것이 노린 효과는 히틀러를 크게 보이게 만드는 대신에 인간은 작은 미물, 생명 없는 자동 기계로 만드는 것이었다. 인간은 이제 건축 재료인 돌이나 다름없는 존재가 되어버렸다. 이는 그의 회화와 정치에서도 벌어진 일이었다.

이는 제3제국 건물의 일견 사소해 보이지만 아주 중요한, 사실은 필수적인 특징인 '총통 발코니'에서 분명하게 드러난다. 이것은 결코 단순한 장식이 아니었다. 이것은 총통 히틀러와 독일 민족 사이의 관계를 시각적으로 표현하는 장치였다. 발코니는 히틀러 통치의 상징이 되었다. 발코니에 모습을 드러낸 히틀러는 맹목적인 숭배의 대상이라는 분위기를 풍겼다. 역사상 이렇게나 많은 발코니를 만든 정치 지도자는 없었다. 총통 청사와 뮌헨 당 본부에만 네 개의 발코니가 설치되었다. 집권 후에 히틀러가 처음 했던 행동은 제국총리실에 그러한 연단을 설치하는 일이었다.[19] 그가 직접 디자인했고 슈페어에게 명령을 내려 '대단히 서둘러' 짓게 했다. 이때부터 주요 공공건물을 계획할 때면 으레 이런 구조물을 넣게 되었다. 호텔, 극장, 오페라하우스에 원래부터 있던 장식용 발코니도 히틀러가 독일 전역을 돌아다니는 동안에 그 목적에 맞게 개조되었다. 군중을 내려다보는 위치에 서서 그는 군중의 찬사를 받으며 자신의 총통직을 과시했다. 그가 없을 때에도 여기저기서 보이는 발코니는 히틀러의 지위를 떠올리게 만들었고 그가 어디에나 존재한다는 느낌을 주었다.

시간이 흐름에 따라 히틀러는 조각 또한 자신의 이데올로기를 전달하는 데 효과적인 도구가 될 수 있다는 사실을 알게 되었다. 이러한 사실을 처음으로 깨닫는 동시에 브레커와 토락이 그러한 조각에 재능이 있다는 사실을 알게 된 것이 바로 1936년 올림픽 때였다. 이제 조각은 미술관이나 실내에만 있어야 할 필요가 없어졌다. 거리나 광장 그리고 공공건물 주변에도 조각이 설치될 수 있었다. 올림픽 단지는 그의 조각-건축 이념을 완전하게 보여주는 유일한 사례이면서 앞으로 일어날 일을 넌지시 암시했다.

건물에 상징적 의미를 부여하기 위해 결국 히틀러는 공공건물을 수평면을 따라 짓도록 규정한 초기 입장을 바꾸어야 했다. 1936년 그는 탑이나 높이 쌓은 기념비와 같은 수직적인 구조물들을 사용하기 시작했다. 그와 나치당은 이제 견고한 권력을 가졌고 의기양양해졌다. 이러한 수직적 구조물들은 두 가지 메시지를 발신했다. 당 내부의 권력은 엄격하게 수직적 질서를 따른다. 그리고 당은 다른 어떤 것보다 높은 지위를 차지한다. 히틀러는 이런 원칙들을 슈페어에게 상세히 설명했고, 이 대화 내용을 슈페어는 자신의 옥중 일기에 기록했다. 아우구스부르크의 광장 건설에 관하여 논의하던 히틀러는 갑자기 이 도시의 가장 높은 탑의 높이가 어떻게 되는지 물었다.

> 새로 지을 탑을 20미터 더 높이라고 했다. 그러면서 새로운 탑은 이 도시의 가장 높은 교회 첨탑보다도 높아야 한다고 말했다. 광장 탑의 종은 어떤 다른 종보다 크기도 소리도 커야 한다고 했다. 중세 시대의 성당들이 주민들의 집과 가게들 위에 높이 솟아있었던 것처럼 당 건물은 현대의 사무용 빌딩보다 높아야 했다. … 우리는 새로운 국가를 만들어나갈 사람들이며, 국가는 당의 것이지 은행 소유가 아니기 때문이라고 했다.[20]

히틀러의 특징적인 건축적 무대 장치 중 하나는 바로 총통 발코니다. 히틀러는 집권하는 순간부터 발코니 설치를 주장했다. 이 사진에서 히틀러는 1933년 11월 9일 브라운하우스에서 1923년의 반란을 기념하는 군중의 환호를 받고 있다.

이러한 생각은 히틀러의 가장 특징적인 도시 프로그램인, '당 광장' 건설의 전국적인 붐을 일으켰다. 사실 이것의 발상은 히틀러의 젊은 시절에서 유래했으며 『나의 투쟁』에 처음 언급되었다. 이 책에서 그는 로마제국의 도시들이 자랑스러운 공공건물군으로 정의된다면, 게르만족 마을의 발전은 무계획적이었고 특징적인 공공 기념비도 갖지 못했다고 했다.[21] 이는 여러 왕이나 공작이 의뢰한 훌륭한 도시 건물들을 뻔뻔스럽게 무시한 주장이었다. 총리 임명 직후 그는 여전히 시민들의 회합 장소로 사용되던 종래의 광장을 국가사회주의와 자신을 향한 숭배의 장소로 부활시킬 계획을 고안했다. 주요 도시와 마을들에는 광장이 하나씩 꼭 설치되어야 했고 이 광장들은 본질적으로 모두 같은 모습을 띠어야 했다. 여기에 중심축을 따라 넓은 대로가 깔리고, 바이마르 같은 마을의 경우에는 6만 명, 베를린의 경우에는 50만 명 이상의 인원을 수용할 수 있는 야외 집회 장소가 마련될 예정이었다. 그리고 모든 도시에 1만 5,000명에서 18만 명까지 수용할 수 있는 실내 집회 장소도 세우려 했다. 일반적으로 기존의 도시 중심에서 좀 떨어진 곳에 광장을 건설하려는 이유는 사회의 새로운 방향성을 강조하기 위해서였다. 의도한 대로 이런 광장은 한 도시의 개별적인 특성을 지우는 대신 시각적으로 똑같이 생긴 종교적 숭배의 장소를 제공하는 효과를 낳을 것이었다.

이데올로기는 필연적으로 건축 재료 선택의 지침이 되기도 했다. 공공건물의 외관은 '게르만적'이면서 '자연스러워야' 했다. 그래서 화강암, 트래버틴(석회암의 일종. -옮긴이), 대리석, 석회암과 같은 경질석을 사용해야 했다. 콘크리트, 강철 그리고 유리의 사용은 적어도 공식적으로는 피해야 했다. 사실 콘크리트와 강철은 널리 사용되었다. 하지만 대개의 경우 돌 밑에 감춰졌다. 건축 재료는 단단하고 내구성이 있어야 할 뿐 아니라 단단해서 위협적인 느낌을 줄 수 있어야 했다. 건물 내부에서도 히틀러는 비슷한 효과를 노렸다. 그는 위압적인 현관, 거대한 로비, 커다란 층계, 넓은 복도를 디자인하도록 했다. 대리석과 함께 선호했던 재료는 나무였는데, 특히 독일의 민간전승 속에서 독일스러움의 상징으로 등장하는 독일참나무—로마의 월계수 같은—를 선호했다. 그 결과 심미적이고 장엄하며 화려한 것들이 간소하고 냉담하며 비인간적인 것들과 결합하게 되었다.

히틀러는 실내 디자인과 가구의 영역도 넘보았다. 한편으로 그는 '시대에 맞게 꾸밈이 없고 단순하면서도 품격이 있는 스타일'을 좋아했다. 그래서 자기가 바우하우스의 튜브 의자에 느긋하게 앉은 모습을 사진 찍도록 허락하기도 했다.[22] 남아있는 그의 스케치 중에는 벽난로 선반, 소파, 식기 찬장, 테이블 램프와 램프갓 그리고 정교하게 조각된 다리를 가진 커다란 나무 테이블을 그린 것들이 있었다.[23] 그리고 이들 중 일부는 그의 친구인 게르디 트루스트와 그녀의 조수인 레온하르트 갈에 의해 제작되었다. 다른 한편 히틀러는 과시 욕구의 강박에서 헤어나지 못하기도 했다. 오직 트루스트만이 히틀러의 그러한 성향을 부분적으로나마 제어할 수 있었다. 뮌헨에 있는 그녀의 회사 연합작업장Vereinigte Werkstätten이 히틀러의 저택과 새로운 총리공관에 필요한 가구들을 제공했다.[24] 사진을 보면 이러한 가구들이 트루스트의 전통적인 중부 유럽의 견실한 중산층 스타일과 히틀러의 과장된 스타일을 어떻게 조합했는지 알 수 있다. 그 결과는 오리엔탈풍의 카펫, 회화, 태피스트리와 대리석판, 오크 판넬, 격자 천정이 기괴하게 섞인 모양새가 되었다. 전반적으로 과장되고, 저속하며, 냉담한 키치적 느낌을 풍겼다.

1933년 이후 가장 큰 문제는 히틀러의 대형 프로젝트 수행을 어떤 건축가 또는 어떤 건축 유파에게 맡길 것인지였다. 일반적으로 말하자면 이 분야는 음악, 회화를 비롯한 다른 예술 분야와 마찬가지로 양분되어 있었다. 이들 양분된 세력 사이에 형성된 전선은 낯설지 않은 것이었다. 한편에는 슐체나움부르크, 파울 슈미테너Paul Schmitthenner 그리고 건축 전공의 알프레트 로젠베르크가 이끄는 전통주의자들이 있었고, 다른 한편에는 페터 베렌스Peter Behrens, 한스 푈치히Hans Poelzig와 같은 저명인사 그리고 발터 그로피우스Walter Gropius와 미스 반데어로에와 같은 바우하우스 멤버들이 있어서 이들 간의 싸움이 치열했다. 이들의 차이는 일부 정치적인 측면에 있었다. 대부분의 모더니스트들이 좌익이거나 그렇게 인식되는 사람들이었다면, 대부분의 전통주의

자들은 극우에 가까운 이들이었다. 하지만 주된 대립은 스타일을 둘러싸고 벌어졌다. 가끔은 그저 스타일의 상징을 둘러싸고 대립이 벌어지기도 했다. 모더니스트들은 평평한 지붕과 현대적인 기술, 유리, 금속을 사용했다. 그들은 이런 재료들이 어떤 유형의 건물에도 어울릴 수 있다고 생각했다. 전통주의자들은 '진정한 독일 전통'을 주장하며 박공지붕과 구식 디자인 개념과 재료 사용을 고집했다. 그리고 건물의 기능에 따라 스타일도 달라야 한다고 믿었다. 빌헬름 크라이스나 파울 보나츠Paul Bonatz와 같은 몇몇 저명한 건축가들은 이 두 진영 사이에서 적당한 위치를 찾기도 했다. 또 다른 이들은 이 상황을 완전히 벗어나는 길을 택했다. 1933년 에리히 멘델손을 비롯한 소수의 몇몇 유대인 건축가들은 망명길에 나섰고, 좌파인 브루노 타우트Bruno Taut와 에른스트 마이Ernst May는 일찌감치 소련으로 향했다.

히틀러가 집권하자, 보수주의자들은 자신들의 반反기술주의, 전통주의, 피와 흙Blut und Boden의 게르만주의가 공식 스타일로 채택되리라는 것을 기정사실로 여겼다. 하지만 모더니스트들도 그들의 하이테크 모더니티와 단순성이 혁명적인 신질서 운동에 호소할 수 있다고 기대했다. 미술의 바를라흐나 놀데처럼, 그리고 음악의 힌데미트나 쇤베르크처럼 그로피우스나 미스도 자신들의 스타일이 독일 스타일이라고 믿었고 자기 분야에서 독일의 우월함을 책임졌다. 이들과 이들의 동료—바우하우스 멤버—들도 다른 예술 분야의 비슷한 처지에 있던 이들처럼 새 정부의 비위를 맞추기 위해 최선의 노력을 다했다. 그리고 나치 당국은 기꺼이 이들의 노력을 받아주었다. 이들은 〔나치에게〕 제안받은 계약에 기꺼이 서명했다. 그리고 그런 계약 가운데 다수가 괴링의 공적 또는 사적 프로젝트를 위한 것들이었다. 그로피우스와 미스는 제국문화회의소의 조형예술분과에 일말의 고민도 없이 합류했다. 그리고 나치의 초기 건축 공모에도 참여했다. 비록 이들은 자신들의 건축 원칙을 굽히지는 않았지만, 자신들의 정치 신념은 굽혔다. 이들의 남아있는 공모전 출품작을 보면 스바스티카로 장식된 구조물들이 여러 곳에서 눈에 띈다.[25]

히틀러의 의도가 드러난 첫 번째 실제 징후는 나치 집권 직후에 나타났다. 베를린의 제국은행 건물 증축을 위한 공모전에는 그로피우스, 미스, 푈치히 그리고 27명의 다른 건축가들이 건축 디자인을 제출했다.[26] 그런데 히틀러는 미스의 출품작을 포함한 여섯 수상작을 모두 거부하고 대신에 하인리히 볼프Heinrich Wolff라는 사람의 진부한 기능주의적 작품을 골랐다. 막상 심사위원들은 그의 작품을 거부했었는데도 말이다. 미스의 강력한 모더니스트 디자인은 단순하고 말쑥하기는 했지만, 전통적이고 고전적인 특징을 갖지 않았다. 게다가 석재를 쓰지 않고 유리와 강철을 썼다. 미스의 디자인은 기념비적인 특징을 얻어냈지만, 그렇게 하기 위해 견고한 석재나 기둥 모양의 장식이 아닌 가벼움과 투명함 그리고 공간적인 리듬을 활용했다. 이는 확실히 공공건물을 지으려 할 때 히틀러가 염두에 두었던 것들이 아니었다.

이론적으로는 미스와 히틀러가 서로의 공통점을 찾을 수도 있었다. "건축이란 한 시대의 의지를 공간적으로 해석한 결과이다."라는 미스의 말은 1938년 건축전시회에서 히틀러가 했던 말과 거의 똑같다.[27] 하지만 실천의 문제로 들어가면 그들의 의견은 엇갈렸다. 즉 시대의 의지를 공간적으로 해석하는 방식에 관해 의견이 달랐다. 히틀러는 기능이 양식을 결정한다고 보았고, 미스는 어떤 기능에도 어울리는 양식이 있을 수 있다고 생각했다. 그로피우스처럼 미스는 가망이 없는데도 계속해서 신질서에 받아들여지기를 희망했다. 그래서 공모전에도 참여하고 힌덴부르크의 승계 문제와 관련하여 히틀러를 지지하는 예술가 선언문에도 서명했다. 하지만 이 모두가 허사였다. 1938년 상심한 미스는

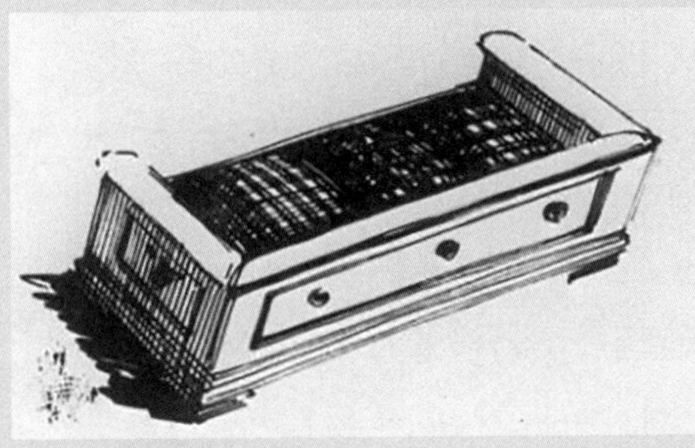

히틀러는 실내 장식가가 될 수도 있었다. 그는 소파, 테이블, 서랍장, 램프 그리고 램프갓뿐 아니라 식기류를 비롯한 생활용품을 디자인했다. 그리고 이 물건들은 게르디 트루스트의 작업장에서 제작되었다.

그로피우스와 몇몇 다른 아방가르드 건축가들을 따라 내키지 않는 망명길에 나섰다. 역설적이게도 전통주의자들의 상황은 더 나빴다. 히틀러는 뉘른베르크 오페라하우스를 개조한 슐체나움부르크의 작업에 실망했을 뿐 아니라, 바이마르의 당 광장 디자인에 경악을 금치 못했다. "이건 시골 마을에 어울리지 않는 너무 큰 시장 같아 보인다."[28]라면서 집어던졌다. 이로써 슐체나움부르크의 공공건축가 경력도 끝났다. 이 뒤로 그는 쓸데없는 상이나 받는 데 만족하면서 쉬어야 했다.

사실 히틀러는 건축가들 사이에서 벌어지는 이론적인 논쟁 따위에 관심이 없었다. 그는 중요한 작업을 크라이스에게 의뢰했고, 1911년 상트페테르부르크의 독일대사관을 모더니즘 양식으로 작업한 페터 베렌스를 높이 평가했다. 그리고 로젠베르크의 반대에도 불구하고 베를린의 새 거리에 짓게 될 건물에 대한 그의 디자인을 승인했다. 1936년 히틀러는 프로이센 아카데미의 건축분과 대표로 베렌스를 임명했고, 1943년에 제국문화회의소 조형예술분과 대표로 크라이스를 임명했다. 보나츠는 아우토반을 위한 초超모던한 교량을 지었으며, 수많은 다른 모더니스트들과 준準모더니스트들도 히틀러의 여러 프로젝트를 진행했다. 자신의 사상적·양식적 데시데라타desiderata(간절히 바라는 것. -옮긴이)를 개발한 히틀러는 자신의 건축가들에게 독창성을 발휘할 여지를 줄 의향이 없었다. 그는 양식적인 측면에서 자신과 의기투합할 수 있고, 자신의 지시를 군말 없이 따를 고분고분한 사람을 원했다. 그는 능력에 바탕을 두지 않고 다소 무작위로 사람을 선택했는데, 이 역시 그의 전형적인 모습이었다. 결국 누가 됐든지는 별로 문제가 아니었다. 어차피 히틀러가 부지에서부터 건축 양식, 건축 규모, 구조적 특징 그리고 외관과 실내장식까지 프로젝트의 모든 기본 사항을 지시했기 때문이다. "사실 히틀러는 건물의 모든 측면, 아주 사소한 디테일까지도 걱정했다. 슈페어는 그저 히틀러의 아이디어를 실행하는 조수나 다름없었다."[29]라고 비데만은 진술했다. 하인츠 링에도 그와 비슷한 말을 했다.[30] 히틀러의 허가 없이는 어떤 주요 프로젝트도 착수할 수 없었다. 그것도 히틀러가 디자인을 꼼꼼히 살피고 수정하고 승인한 다음에라야 가능했다. 기술적 문제에 관해서도 히틀러의 최종 결정은 명령이나 다름없었으며 지체 없이 수행되어야 했다.

히틀러는 결국 한 무리의 건축가들을 고용했다. 어떤 이들은 주요 도시 프로젝트에 집중했고, 다른 이들은 도로와 교량을 디자인했으며, 또 다른 이들은 오페라하우스, 극장 그리고 다양한 특별 프로젝트를 맡았다. 건축가들은 각자 소대 규모의 조수들을 거느렸는데 히틀러에게는 건축가만큼이나 이 조수들도 중요했다. 그가 좋아하거나 신뢰하는 또는 가깝게 여기는 건축가는 거의 없었지만, 자신의 건축가들을 존중하고 그들과 어울리는 자리를 즐겼다.[31] 히틀러는 그들에게 재정적 특권을 비롯한 여러 특권을 주었고, 전쟁 발발 후에는 그들 중 많은 이들에게 병역 면제 혜택을 주었다.[32] 그는 슈페어와 기슬러같이 자신이 좋아하는 이들에게 교수 직함을 주었다. 슈페어에게는 베를린 프로젝트만으로도 700만 마르크라는 엄청난 사례비를 주었다. 1937년 7월 히틀러는 프로이센 미술 아카데미에서 숙청 작업을 단행하여 특히 미스, 하인리히 테세노Heinrich Tessenow, 슐체나움부르크, 하인리히 볼프, 빌헬름 크라이스 그리고 페터 베렌스와 같은 이들을 쫓아냈다. 그리고 그들의 자리에 슈페어, 기슬러, 로데리히 픽, 레온하르트 갈, 에른스트 자게비엘과 같은 총통의 사람들을 앉혔다.

이곳에는 네 명의 총장이 있었다. 첫 번째이자 가장 전형적이지 않았던 총장은 파울 루트비히 트루스트였다. 그는 신고전주의 성향에, 적당히 유능한, 뮌헨의 그저 그런 건축가였다. 1910년 그는 로이드 해운 여객선의 수석 디자이너가 되었다. 그의 주요 작품은 '에우로파'로, 두껍게 덧댄 나무 판넬과 내부 시설의 쾌적함이 히틀러의 취향에 딱 맞았다. 이 둘이 만나게 된 것은 히틀러가 프린츠레겐텐플라츠에 있는 그의 새 뮌헨 아파트에 넣을 가구를 찾기 위해 트루스트의 작업소를 방문한 1929년의 일이었다.[33] 이곳에서 히틀러는 가구와 사람 그 자체의 수수함을 극찬했다. 그리고 우연하게도 그가 초창기 당원이라는 사실도 알게 되었다. 건축에 관한 대화가 이어졌고 트루스트는 히틀러에게 자신의 디자인을 보여줄 기회를 얻었다. 유리 궁전을 대체할 미술관에 관한 디자인이었는데 한 심사위원이 떨어뜨렸다고 했다. 나중에 히틀러는 이렇게 말했다. "내가 그를 처음 만났을 때, 그는 몹시 좌절하고, 억울하고, 삶에 지쳐 있었었지."[34]

트루스트의 심플한 신고전주의 스타일은 히틀러의 취향에 맞았다. 히틀러는 그래서 그에게 본래 뮌헨의 이탈리아 공사관이었던 발로우-팔레Barlow-Palais를 나치당 본부, 이른바 브라운하우스Braunes Haus로 개조하는 작업을 맡겼다. 이 작업이 채 마무리되기도 전에, 히틀러는 두 개의 더 큰 건물, 당 행정본부와 총통청사로 알려진 자신의 사무실 건축에 관해 트루스트와 협업하기 시작했다. 이때 그는 아직 총리는 아니지만 차기 선거에서 집권 가능성이 큰 위치에 있었으며 큰 규모의 사업 자금을 개인 호주머니에 착복할 수 있었고 제국의회에 국가사회주의자들을 진출시킬 수 있었다. 이로써 그는 세상에 자신과 자신의 당의 입지가 확고해졌으며 무시할 수 없는 존재가 되었음을 선언할 수 있었다. 두 건물은 이미 히틀러가 다른 목적을 위해 점찍어 둔 쾨니히스플라츠의 한쪽 끝에 자리 잡았다. 사실 1933년 집권하자마자 그는 트루스트와 함께 이 장소를 나치 운동의 가장 신성한 장소로 바꾸는 작업을 시작하면서 두 개의 '명예의 전당'에 초점을 두었다. 청년 시절 히틀러는 이 광장의 건축물들을 수채화로 그리고는 했다.[35] 그런데 이곳을 자신이 원하는 대로 개조할 수 있는 권력을 갖게 되다니, 이는 꿈이 실현된 것이나 다름없었다.

총리가 된 직후의 들뜬 시기에도 히틀러는 자주 뮌헨을 방문했다. 트루스트를 만나기 위해서였다. 다음은 슈페어의 진술이다.

> 기차에서 그는 '그 교수'가 어떤 도안을 마련했을지 신이 나서 말하곤 했습니다….
> 도착해서… 우리는 몇 년 동안 페인트칠을 하지 않은 음침한 계단을 올라가곤 했지요. 자신의 입지를 의식한 트루스트는 히틀러를 마중하러 계단으로 나오는 일도, 떠나는 그를 배웅하러 계단을 함께 내려오는 일도 없었습니다. 히틀러는 대기실에서 그에게 인사를 하고는 했습니다. "교수님 너무 보고 싶었습니다. 뭐 새로운 것 없습니까? 어디 봅시다!" 그리고 우리는 곧장 일에 달려들었습니다. 히틀러와 내가 작업실에 서 있는 동안, 언제나처럼 침착하고 조용한 트루스트가 자신의 계획안과 도안을 펼쳤습니다.[36]

이 자체로는 근사한 이야기처럼 들린다. 하지만 아쉽게도 게르디 트루스트는 슈페어가 자신의 남편을 만난 적이 없으며 남편이 살아있는 동안 작업실에 발을 들여놓은 적도 없다고 주장했다.[37] 하지만 자신의 건축가에게 히틀러가 평소의 그답지 않게 겸손하게 처신했다는 기본적 사실마저 의심할 이유는 없다고 본다. 기슬러는 히틀러와의 첫 만남에서 그가 대단히 호의적이고 편안하게 대하는 모습에 놀랐다.[38] 마치 서로 오래 알고 지낸 사이처럼 느껴졌다고 했다. 슈페어에 따르면 히틀러가 디자인 수정을 요청할 때마다 상당히 친근하고도 전문가적인 태도로 말했다고 한다. 의견 충돌이 있을 때 히틀러는 가끔 "그래, 당신 말이 맞소. 그게 낫겠어."[39]라면서 져주기도 했다고 슈페어가 말했다.

트루스트의 주된 작업은 독일미술관에 관한 것이었다. 이는 히틀러가 의뢰한 첫 공공건물이자, 전후에도 남아있는 몇 안 되는 완공된 그의 프로젝트 중 하나였다. 유리 궁전 공모전에 제출했던 심심한 공모작에 기반을 둔 트루스트의 미술관 디자인은 전형적인 신고전주의에 모더니스트 리프riff(음악용어로, 일정한 코드 진행을 반복하는 반복구. -옮긴이)를 넣은 것이었다.[40] 이 건물의 완전히 평평한 표면은 절제된 코니스와 기둥들의 페디먼트(삼각형 모양의 박공. -옮긴이)를 제외하면 아무 장식도 달지 않음으로써 더욱 강조되었다. 건물의 지배적인 특징은 바로 146미터 길이의 고전적인 열주였다. 이는 히틀러가 극찬한 싱켈의 베를린 구 박물관에서 영감을 얻은 것으로, 큐비스트 형식인 평평한 표면을 취함으로써 모더니스트 성향을 드러내기도 했다. 건물은 건축적인 흥미를 거의 불러일으키지 못했고 어떤 장점을 갖지도 못했다. 22개의 기둥이 소시지 가판대처럼 보인다는 조롱이 있었을 뿐이다. 흥미로운 점은 이 건물이 히틀러의 초기 건축 이념을 말해준다는 사실이다. 트루스트의 엉성한 오리지널 도안와 실제로 지어진 건물을 비교해 보면 여기에는 트루스트보다 히틀러의 생각이 더 반영되었음을 알 수 있다.

히틀러는 1937년 이 건물이 처음 문을 열었을 때 이를 '새로운 제국이 처음 선보인 아름다운 건물'[41]이라고 하면서 아주 흡족하게 여겼다. 1933년 10월 초석을 놓는 행사를 할 때 손에 들고 있던 해머가 부러지자 그는 불길한 예감에 휩싸인 적이 있었다. 석 달 후에 트루스트는 병을 앓다가 급방 사망하고 말았다. "이제 우리는 왜 그때 해머가 부러졌는지를 알게 되었습니다. 트루스트는 죽을 운명이었던 것입니다."[42] 라고 히틀러는 말했다. 트루스트만큼 히틀러가 신뢰한 건축가는 없었다. 트루스트 사망 이후에 열린 당대회에서 그는 트루스트를 '싱켈 이후 가장 위대한 독일 건축가'라고 칭송했고, 1937년에 국민예술과학상을 추서했다.

트루스트 사망 이후에 히틀러는 뮌헨 재개발 기본 계획을 직접 만들었다. 오랜 망설임 끝에 마침내 그는 36세의 헤르만 기슬러에게 재개발 프로젝트를 맡겼다. 그는 초기에 입당한 신실한 나치당원으로 생을 마칠 때까지 자신의 친애하는 총통을 숭배했다. 1934년 그는 손토펜의 오르덴스부르크를 디자인했다. 2년 뒤에 히틀러는 그에게 바이마르의 당 광장을, 그 다음 해에는 아우구스부르크 광장 건설을 의뢰했다. 같은 해에 그는 킴호湖에 있는 나치당 학교 디자인 공모전에서 수상했고, 슈페어와 마찬가지로 파리만국박람회에서 그랑프리를 수상했다. 1938년에 그는 400년 된 바이마르 여관인 하우스엘레판트Haus Elefant의 재건축을 맡았다. 바흐가 묵었고, 새커리가『허영의 시장Vanity Fair』에서 풍자했으며, 히틀러가 사랑한 곳이었다. 트루스트의 증기선 같은 스타일을 채택한 기슬러의 리모델링 작업에 총통은 대단히 만족했다. 1938년 12월 히틀러는 기슬러에게 뮌헨 재개발을 총괄하도록 했다. 나중에는 베르그호프의 여러 건물 공사도 감독하도록 지시했다. 전쟁 중에 기슬러는 발틱 국가와 러시아 북부의 군사 기지 건설을 맡기도 했다. 하지만 히틀러가 가장 중요하게 느끼는 프로젝트인 린츠 재개발을 그에게 맡긴 것은 1940년의 일이었다.

"당신의 남편은 지난 4,000년 동안 지어진 적 없는 대단한 건물을 세우려 하고 있습니다."[43]라고 히틀러는 1934년 봄, 건축가의 아내인 마르가레테 슈페어Margarete Speer에게 말했다. 저명한 베를린 건축가 하인리히 테세노 밑에서 공부한 알베르트 슈페어는 28세에 나치당에 가입하여 1931년 3월 돌격대원이 되더니 이듬해 친위대가 되었다. 그는 베를린에서 진행된 일련의 작은 당 프로젝트 덕분에 히틀러의 이목을 끌게 되었다. 사실 슈페어는 어쩌다 우연히 건축가의 길에 들어선, 관리의 귀재였다. 그의 능력은 히틀러가 원하는 대로 일을 제때에 끝내는 것이었다. 이 점에서 그의 능력은 특출났다. 둘의 성격이나 성장 배경이 아주 달랐던 점을 감안하면, 히틀러는 분명 처음에 그를 경멸했을 것이다. 사실 몇 해 동안 히틀러는 건축가로서의 슈페어를 어느 정도 신뢰해야 할지 확신하지 못했다. 우선 그는 시험 삼아 슈페어에게 뉘른베르크의 체펠린필드 프로젝트를 맡겨보았다. 하지만 기록에 따르면 1935년 6월까지만 해도 그는 자신의 최대 프로젝트인 베를린 재개발을 누구에게 맡기면 좋을지 결정하지 못하겠다고 말했다.[44] 1936년이 되어서야 그는 마음을 정할 수 있었고 1937년 1월에 겨우 슈페어를 공식 지명했다. 3년이 채 지나지 않아 권력에 목마른 슈페어는 히틀러에게 자신을 '국가사회주의 건축 및 도시계획청장'—일명 독일의 건축 황제—에 임명해 달라고 요청했다. 하지만 히틀러는 거절했고, 슈페어는 자존심에 큰 상처를 입었다.[45] 회고록에 은근하게 언급한 적도 있지만, 그는 보어만에게 "오장육부가 찢겨져 나가는 것 같았다."라고 털어놓았다. 그리고 자신의 모든 당직을 내려놓겠다고 했는데, 총통이 '흔쾌히' 동의하자 슈페어는 더욱 비참해졌다. 곧바로 히틀러가 그에게 드론하임 프로젝트를 맡김으로써 상처 입은 그의 마음을 얼마간 달래주기는 했다.

슈페어는 누군가가 자신과 히틀러 사이를 비집고 들어올까 봐 노심초사했다. 특히 기슬러를 가장 경계했다. 히틀러는 이런 경쟁 구도를 즐겼다. 기슬러에게 많은 임무를 맡기게 되면 슈페어에게도 프로젝트를 맡기는 식으로 균형을 맞추었다. 1938년부터 〔슈페어와 기슬러는〕 최고의 맞수가 되어 **끝나지 않는 팔씨름**(braccio di ferro)을 벌였다. 슈페어의 전기 작가 지타 세레니Gitta Sereny는 "슈페어는 기슬러와의 경쟁을 두려워했다."[46]라고 썼다. "그를 무력화하기 위해 무진장 애를 썼다." 같은 맥락에서 기슬러는 슈페어와 히틀러의 개인적 친분을 질투했다. 이 점에 관해서는 자신이 슈페어의 상대가 되지 못한다고 생각했다. 그의 프로젝트는 슈페어의 프로젝트만큼이나 중요했다. 슈페어도 "1943년부터 사실 그(히틀러)는 나보다 뮌헨의 내 라이벌을 더 좋아한 것 같다."[47]라고 했다. 그럼에도 총통은 때때로 뮌헨과 린츠 프로젝트를 슈페어와 논의함으로써 기슬러를 괴롭히는 악취미를 가지고 있었다.[48] 전후에도 이들의 싸움은 계속되었다. 슈페어는 회고록에서 자기 라이벌의 이름을 거의 언급하지 않았고, 언급할 때에도 항상 철자를 잘못 적었는데 프로이트라면 이런 사실에서 무언가를 읽어냈을 법도 하다. 이와 대조적으로 기슬러는 자기 라이벌의 존재를 무의식적으로 지우려는 노력을 하기는커녕 아예 회고록의 한 챕터를 슈페어에게 할애했다. 다른 수백만의 독일인들처럼 1945년 기슬러는 히틀러의 패배를 무엇보다 유감스럽게 여겼다. 그리고 그는 슈페어를 증오했는데 이유는 슈페어 자신이 한때 충성을 바치고 신뢰를 얻었던 남자를 배신했기 때문이었다. 세레니가 말한 것처럼 기슬러의 회고록은 대체로 증오의 기념물이었다.

히틀러과 슈페어의 끈끈한 관계를 어떻게 설명해야 할까? 세레니는 그것은 에로스가 배제된 사랑이었다고 결론 지었다. 슈페어는 그가 인정하는 것보다 더 많은 특징을 히틀러와 공유했다. 높은 지능, 감정의 폭이 좁다는 점, 무자비함, 자기중심 성향, 저속한 취향, 쇼맨십 그리고 무엇보다도 권력에 대한 그칠 줄 모르는 탐욕. 히틀러에게 진짜 친구가 있었다면, 그것은 바로 자신일 거라는 슈페어의 생각은 아마도 맞을 것이다. 아마 히틀러도 슈페어에 대해 같은 말을 할 수 있었을 것이다. 한 가지는 분명하다. 히틀러는 슈페어를 자신의 이너서클에서 지적으로나 문화적으로나 자신과 수준이 비슷한 유일한 사람이라고 생각했다. 이에 관해 크리스타 슈뢰더는 이렇게 말했다.

> 슈페어에 관해 그는 이런 말을 한 적이 있습니다. "그는 예술가이고 나랑 비슷한 영혼의 소유자야. 난 그에게 아주 따뜻한 인간적 감정을 느끼네. 그를 아주 잘 알기 때문이지. 나처럼 그는 건설자야. 지적이고, 겸손하고, 얼간이 군인들이랑 다르지. 난 그가 자신이 맡은 책무에 정통할 것이라고 믿지 않아. 하지만 그는 조직화하는 재능이 뛰어나지. 언제나 작업의 요구 조건을 맞추었어. 내가 슈페어와 어떤 프로젝트를 추진하고 그에게 과업을 맡기면 그는 잠시 생각하고는 말하지. '네 총통, 확실히 가능합니다.' 아니면 이렇게 말할 수도 있어. '아니오, 그것은 정말 가능하지 않습니다.' 이런 경우 그에게는 확실한 이유가 있어."[49]

기슬러, 브레커 그리고 슈페어의 동료 대부분은 아마도 전후에 슈페어가 낸 책에 깊은 분노를 느꼈을 것이다. 반성하지 않는 나치인 그들은 슈페어가 자신의 주군 히틀러에게 끝까지 충성할 것이라고 생각했었다. 슈페어가 그에게 충실히 봉사했었기 때문이다. 슈페어의 두 책이 히틀러의 만행을 가볍게 넘기고 있고 그가 묘사한 독재자의 초상도 사실 그대로라고 보기는 어렵지만, 그래도 그 두 책은 제3제국에 관한 소중한 연대기다. 그러나 건축 문제로 들어서면 슈페어는 종종 기록을 심각하게 왜곡하고는 했다. 자신의 역할을 과장하고 히틀러의 역할을 축소하려고 했다. 그리고 그는 히틀러의 건축 이념을 완전히 잘못 전달했다. 예를 들면, 히틀러의 스케치북 도안들을 '공공건물을 18, 19세기의 산물인 빈 링슈트라세의 네오바로크 스타일로 만들려는 시도'[50]로 치부했다. 몇 단락 뒤에 그는 히틀러가 '빌헬름 2세가 육성했던 과장된 네오바로크 양식'에 항상 끌렸다고 주장했다. 그리고 이런 주장을 더욱 과장해서 이 양식이 '로마제국의 몰락을 동반한 양식에 비견될 만한 퇴폐적인 네오바로크'라고 정의했다. 단숨에 그는 "트루스트의 영향마저 없었더라면 히틀러의 건축 취향이 어떠했을지 생각만 해도 끔찍하다."라고 선언했다. 그리고 다음 단락에서는 "히틀러에게 끼친 트루스트의 영향은 미미한 수준을 벗어나지 못했다."라고 했다. 요약하면 히틀러의 양식은 '트루스트에게서 전수받은 신고전주의'가 이후에 '증대, 변경, 과장, 때로는 우스꽝스러울 정도로 왜곡'된 결과라는 주장이다.

하지만 정작 증대, 변경, 과장, 왜곡한 사람이 누구였던가? 슈페어 자신이었다. 히틀러가 총리 관저에 대한 트루스트 작업의 '밝고, 투명하고, 수수함'[51]을 칭찬하고 있었을 때, 슈페어는 독자적으로 1933년 베를린의 노동절 축하 행사를 위한 화려한 장식을 고안하고 있었다. 이 야외무대를 위한 스케치를 자신의 스승인 테세노에게 보여주자, 스승은 이런 말을 하면서 묵살했다. "너무 화려하기만 하군."[52] 물론 슈페어는 그 점을 노렸었다. 거대한 플래카드, 깃발, 서치라이트를 활용한 새로운 디스플레이가 총통을 흥분시켰다. 그 후 즉시 히틀러는 대중시위 예술 제작 책임자라는 직책을 만들어 슈페어를 그 자리에 임명했다. 무대 연출가 슈페어가 다음으로 자신의 재능을 펼친 것은 뷔케부르크에서 열린 제1회 국가수확축제 때였다. 그리고 1933년 뉘른베르크 당대회에서는 그 어느 때보다 실력을 발휘하며 대회장을 깃발들의 숲으로 장식했고 '빛의 성당'으로 모두를 깜짝 놀라게 했다. 사실 밤하늘에 대량의 서치라이트 빔을 쏘아 올리는 일은 슈페어의 주장과 달리 독창적인 아이디어가 아니었다. 이는 세계의 축제 마당에서 여러 해 동안 널리 사용되었었다. 하지만 그처럼 엄청난 스케일로 사용한 사람은 없었다.

깃발은 가장 원초적인 부족의 토템으로 외부인('적')에 대항하는 집단의 단결('애국심')을 선언한다. '뭉치면 산다'가 깃발의 메시지다. 이를 인식시키기 위해 제3제국은 깃발로 장식되었다.

슈페어는 바로 이런 소박한 시작에서 출발하여 뉘른베르크와 베를린의 기념비적인 건축물들을 설계하게 되었다. 자신의 보스만큼이나 그는 극장의 남자였다. 게르디 트루스트의 일화가 이를 잘 요약해 준다.[53] 히틀러가 그녀의 남편에게 100미터 건물을 설계하라고 했다면, 그는 그것을 생각해 보고 구조적인 그리고 미적인 이유에서 건물은 96미터가 좋겠다고 대답했을 것이다. 하지만 히틀러가 이와 똑같은 명령을 슈페어에게 했다면, 그는 "총통이여, 200미터는 되어야 합니다!"라고 대답했을 것이다. 그녀는 이 말을 히틀러 앞에서 해서 그를 박장대소하게 만들었다. 비슷한 맥락에서 슈페어의 전기 작가인 요아힘 페스트도 몇

몇 주요 건물의 크기를 부풀린 사람은 히틀러가 아니라 슈페어였으며, 슈페어의 이런 성향을 히틀러가 종종 놀려댔다고 진술했다.[54] 히틀러는 슈페어의 초대형 개선문의 렌더링을 보고는 "이 얼마나 멋진 꼬마 개선문인가!"라고 말했다. 슈페어가 그레이트홀의 높이가 300미터 이상은 되어야 한다고 주장했을 때, 히틀러는 "베르히테스가덴에 있는 오버잘츠베르크의 해발고도와 같네."라고 대답했다. 슈페어가 그레이트홀의 도안을 그에게 보여주고 나서야—슈페어는 이 도안에 정확한 비율로 축소한 사람도 몇 명 그려 넣었다—비로소 히틀러는 크기를 실감할 수 있었다. 처음에는 건물이 무너질 것 같다며 걱정하기도 했다.

감옥에서 석방된 후 슈페어가 했던 인터뷰나 사적인 기록을 보면 자신이 설계한 스펙터클이나 건축의 양식에 어떤 이데올로기적 함의도 들어있지 않다는 것을 입증하려 최대한 노력했음을 알 수 있다. 그는 나치 양식을 창안하려는 것이 아니라 낡은 양식에 현대적 의미를 부여하려 했을 뿐이라고 주장했다. 히틀러가 자신의 건물을 국가와 당을 미화하할 목적으로 사용했고 당 선전 관계자들이 그의 작품을 민족주의적인 관점에서 해석했어도 자기 잘못은 아니라고 했다. 그는 단지 새로운 시대에 신고전주의를 적용하려 했을 뿐이라고 했다. 하지만 슈판다우에서 적은 일기에는 이런 말들을 실토했다. "…그(히틀러)가 나를 나답지 않은 방향으로 이끌었다고 할 수는 없다. 오히려 반대로 나는 그를 통해서 처음으로 고양된 나의 정체성을 발견할 수 있었다."[55] 그리고 보다 확실한 유죄의 증거가 있다. 그가 자신의 회고록에 자기 작품이 '건축을 통해 독일의 정치적·군사적·경제적 힘을 보여주기'를 원했음을 털어놓은 것이다.[56] 그는 지타 세레니에게도 이렇게 말했다. "물론 나는 그가 세계 정복을 꿈꾸고 있다는 사실을 알고 있었습니다. 바로 그것이 내 건물의 요점이었지요. 만일 히틀러가 독일에 가만히 앉아있었더라면, 그 건물

1934년 초, 히틀러는 슈페어에게 뉘른베르크 체펠린필드의 관람석 건설을 맡겼다. 길이 400미터, 높이 24미터의 이 석조 구조물은 제3제국 건축물을 대표하는 상징 가운데 하나였다.

들은 그로테스크해 보였을 겁니다. 오로지 내가 **원한** 것은 이 위대한 남자가 세계를 지배하는 것이었습니다."[57]

슈페어는 자신의 직업적인 역할에 관해서도 두 가지로 설명했다. 한편으로 그는 자기 건물의 '바로크적 영향'과 과장됨의 책임이 히틀러에게 있다고 주장하면서, 다른 한편으로는 히틀러가 자신의 작업에 관여한 적이 없다고 주장하기도 했다. 실제로는 슈페어가 얼마나 독립적으로 자신의 프로젝트를 수행할 수 있었을까? 그는 여러 번 주장하기를 자신이 아이디어를 내어 히틀러에게 보여주면 히틀러가 그것을 꼼꼼히 살피고 나서 받아들이거나 아무 논의 없이 변경하고는 했다고 말했다. 히틀러의 부관인 프리츠 비데만이나 늘 예의주시하던 하인츠 링에 같은 이들의 증언에 따르면, 히틀러는 건물의 시작과 건설의 모든 과정에서 적극적인 역할을 했다고 한다.[58] 슈페어는 분명 히틀러의 건축 프로그램을 단순히 시행하는 역할에만 머무르지는 않았다. 하지만 중요한 결정은 히틀러가 내렸다는 사실 또한 분명하다. 슈페어의 재능은 히틀러의 생각을 이해하고 그것을 멋지게 꾸미는 데 있었다. 그리고 자기 프로젝트의 성공적인 완수를 위해 추진력을 발휘하는 데 있었다. 그의 첫 번째 임무는 뉘른베르크 당대회였다. 이곳에서 그는 1933년 전까지만 해도 히틀러와 함께 작업했던 트루스트로부터 업무를 인계받았다. 히틀러가 슈페어에게 가장 큰 건인 베를린 리모델링을 맡긴 것은 바로 이 업무를 아주 눈치 빠르고 능숙하게 수행했기 때문이었다.

히틀러의 또 다른 건축가는 벨헬름 크라이스다. 1914년 전까지 기념비와 기념물—특히 비스마르크에게 헌정한 500여 개의 기념물—로 유명했던 그는 1920년대에 '고층 건물의 독일화'[59]로 다시 주목을 받게 되었다. 그는 이것이 미국이 도시 개발에서 저지른 실수에 대한 독일의 대답이라고 했다. 또한 아주 다양한 다른 건축물들도 설계하면서, 때로 전통적인 형식을 포기하지 않으면서 모더니스트의 아이디어를 채택하기도 했다. 히틀러가 집권하면서 그는 여러 기관에서 자리를 잃었지만, 1933년 초에 나치당에 가입했고 게르디 트루스트 덕분에 드레스덴 공군본부 공모전에 참가해 수상할 수 있었다.[60] 그리고 이를 통해 제3제국에서 자기 분야의 정상에 오르게 되었다. 1938년 히틀러는 그에게 드레스덴 당 광장 설계를 맡겼다. 같은 시기에 슈페어는 이미 능력이 입증된 사람이 몹시 필요했기 때문에 베를린 프로젝트를 위해 그를 고용했다. 히틀러는 크라이스에게 전쟁 기념비, 군인 묘지, 토텐부르겐, 라인하르트 하이드리히 위령탑 그리고 린츠의 무기와 갑옷 갤러리 건설을 맡겼다. 크라이스는 사실상 죽음의 건축가였다.

제3제국 시절에 크라이스는 스스로를 '독일의 건축가'라고 불렀다. 자신은 동료들보다 몇 수 위라는 뜻이었다. 하지만 그는 총통이 원하는 종류의 건물을 제공할 뿐 아니라, 건축에 관한 총통의 견해를 전문가적으로 옹호했다는 점에서 다른 이들과 다를 바가 없었다. 기고문과 연설을 통해 그는 자기 분야의 '반反게르만 요소와 유대적 요소들'을 비난하고 '게르만 양식'을 칭송했다.[61] 그리고 '게르만-북유럽 예술의 절제된 아름다움'을 '제멋대로 생긴' 모더니즘 건축 또는 '국제주의' 건축의 '형태 없는 니힐리즘'과 대비시켰다. 그리고 그 대가로 재정적 혜택을 비롯한 여러 이점을 얻을 수 있었고 작품 주문, 대회 수상, 작품 선정에서도 좋은 결과를 얻을 수 있었다.

독일 리모델링

1940년 6월 파리에서 자신의 야전사령부인 농가로 돌아온 히틀러는 승리의 기쁨에 흠뻑 취해 부엌의 나무 탁자에 앉아 자신의 건축가들에게 다음과 같은 제안서를 구술했다.

> 우리의 엄청난 승리에 발맞추어 강력한 새 제국의 수도인 베를린은 되도록 빨리 새로운 건축 양식을 받아들여야 합니다. 이는 제국의 가장 중요한 건설 프로젝트입니다. 나는 이것이야말로 우리의 승리를 최종적으로 확정 지을 가장 중요한 사업이라고 생각합니다. 이 프로젝트가 1950년까지는 마무리되기를 기대합니다. 이는 뮌헨, 린츠, 함부르크의 도시 재건, 뉘른베르크 당대회 건물에도 해당합니다.
> 제국의 모든 부서, 주, 도시들 그리고 당 부서는 제국수도건설 총감독(슈페어)이 자신의 책무를 수행하기 위해 필요한 모든 것을 제공해야 합니다.[1]

그는 나중에 육군 원수 귄터 폰 클루게Günther von Kluge에게 이렇게 말했다. "지금은 베를린이 볼품없지만, 언젠가는 파리보다 더 아름다워질 거요."[2]

히틀러는 베를린 프로젝트에 영감을 준 아이디어들을 빈 시절부터 간직해 왔다고 주장했다.[3] 당시에는 자신의 삶이 비참했기 때문에, 호화 저택에서 사는 꿈을 꾸며 베를린을 어떤 식으로 재개발할지를 궁리하며 버틸 수 있었다고 했다. 그가 호화 저택에 사는 꿈을 꾸었을 수는 있다. 하지만 그가 당시에 잘 알지도 못했던 베를린에 관해 무슨 궁리를 했다는 건 받아들이기 어렵다. 하지만 란츠베르크 감옥 수감 당시부터 그가 베를린의 재개발을 구상하기 시작한 건 사실이다. 그는 이 도시를 둘로 갈라놓은 중앙의 낡은 철도망을 두고 신문에서 벌어지는 논쟁의 흐름을 놓치지 않았다. 도시계획자들 사이에서 벌어지는 경쟁에 자극을 받은 그는 지도 한 장을 입수한 다음에 어떻게 하면 두 개의 커다란 기차역을 하나의 역으로 대체해 넓은 개발 공간을 열어갈지 궁리한 안을 그려보았다. 그는 기슬러에게 "나의 베를린 재개발 구상은 벌써 그때부터 시작되었네."[4]라고 말했다.

베를린은 그가 진심으로 좋아했던 도시는 아니었다. 그곳은 프로이센, 개신교, 사회민주당의 도시였기 때문이다. 그리고 실험적인 극장, 오페라, 카바레, 재즈, 유대인 신문, 유대인 백화점의 도시였기 때문이다. 그리고 건축적으로도 칭찬할 만한 구석이 별로 없었다. 전쟁 중에 그는 영국 폭격기에 이 도시가 파괴되더라도 '별로 손실이라 할 만한 것'은 없을 거라 말했다.[5] 당연하게도 그는 이 도시의 실패를 인종 탓으로 돌렸다. 이 지역에는 남부 독일 가톨릭의 예술에 대한 자연스러운 감정이 결여된 색슨족과 프리슬란트 사람들이 정착했다.[6] 19세기 중반에 재위한 프리드리히 빌헬름 4세 이후로 프로이센에는 더 이상 문화적 소양 갖춘 군주가 나타나지 않았다. 그의 황실 후계자와 정치적 후계자들은 가망이 없었다. 비슷하게 한 세기 전에 활동했던 프리드리히 길리와 카를 프리드리히 싱켈 이후로는 훌륭한 건축가도 나오지 않았다.

묘한 이야기지만 슈페어는 히틀러가 위에서 말한 프로이센의 건축가들을 상찬했다는 사실을 극구 부정했다. 여러 번 그는 회고록에서 그와 총통은 싱켈의 대작들을 그냥 지나쳤다고 주장했다. 히틀러가 그 작품들을 알아보지도 못하는 것 같더라고 했다. 그는 또 전쟁 중에 그가 히틀러에게 길리에 관한 책—아마도 알프레트 리에트도르프Alfred Rietdorf가 출판한 책으로 추정된다—을 선물했더니, 히틀러는 그 책을 들여다보기는 했는지 아무 말도 안 하더라고 했다.[7] 사실 히틀러가 길리의 재능을 무시했는지는 알 수 없어도 그의 작품을 잘 알고 있었다는 점은 분명하다. 그의 베를린 개선문은 1794년 길리가 설계한 기념비적인 아치형 문에서 영감을 얻었다.[8] 그리고 싱켈에 관해서는 그야말로 트루스트의 유일한 선배로 생각했다. 그리고 트루스트가 있기 전까지 싱켈을 잇는 후계자는 없었다고 생각했다. 비스마르크 시대의 기념비적인 건축인 파울 발로트Paul Wallot의 제국의회 건물을 그는 경멸—슈페어는 그와 반대되는 주장을 했다—했다.[9] 율리우스 라쉬도르프Julius Raschdorff의 세기전환기 건축인 베를린 성당도 그는 공개적으로 조롱했고, 유대인 백화점이나 부유한 사업가들을 위한 유대인 호텔과 같은 이 도시의 유명 건물들도 경멸했다.

그러니 베를린에는 그가 대대적인 '새 단장'이라 명명한 작업이 필요했다. 이것이 완전 새로운 아이디어는 아니었다. 1871년 국가 통합에 따른 이 도시의 지나치게 빠른 확장이 도시의 질서와 미관을 해치고 있었다. 세기의 전환 이후에 한다하는 많은 건축가가 이 대도시를 재개발하기 위한 밑그림을 그려보았다. 그중에서도 마르틴 메흘러Martin

Mächler의 안(1917~1919)과 후고 헤링Hugo Häring의 안(1927)이 유명한데, 이들의 안은 남북을 축으로 하면서 도심 재개발을 허용하기 위해 철도역을 통합하는 방안을 포함했다.[10] 히틀러는 분명 이러한 안들을 잘 알고 있었을 것이다. 그가 1920년대에 완성했다는 자신의 아이디어들—이 가운데 적어도 하나 이상은 그의 스케치북에 담겨 있다—도 그들과 같은 노선을 따랐다. 집권하기까지의 아주 결정적인 시기에도 그는 시간이 날 때마다 자신의 구상을 다시 다듬었다. 그리고 총리 임명 직후 여름에 그는 불현듯 이 프로젝트에 열의를 보이기 시작했다. "필시 웅장한 프로젝트가 될 것이다."[11]라고 괴벨스는 말했다.

1933년 9월 베르그호프에서 휴가를 보내고 베를린으로 돌아온 히틀러는 앞으로 나아갈 준비가 되어있었다. 그는 매우 주의해야 한다는 사실을 알고 있었다. 취임한 지 얼마 되지 않은 데다가 경제는 깊은 불황의 늪에 빠져 있었다. 국위 선양을 위한 건설 계획은 아주 조금씩만 흘려보내듯이 발표해야 했다. 그리고 실용적인 프로젝트부터 시작해야 했다. 첫 번째 조치로 그는 시와 제국철도Reichsbahn 관계자들을 소집하여 철도망의 미해결 문제들을 맡도록 지시했다. 사실 그는 철도 문제를 해결하기 위해서가 아니라 베를린에 관한 그의 더 큰 계획에 관해 그들에게 힌트를 주기 위해서 그리고 그 계획의 수행 책임자는 그들이 아니라 자신임을 인식시키기 위해서 이 회의를 활용했다. 몇 달 후에 그는 다시 시 당국자들과 만난 자리에서 베일을 좀 더 걷어 냈다. 자신은 1936년 올림픽을 위한 완전히 새로운 스타디움과 새로운 제국은행 건물, 두 개의 공항, 도시를 가로지르는 두 개의 대로를 원한다고 말했다.[12] 그러고 나서 이전이나 이후에도 그랬듯이 그는 베를린을 런던, 파리, 빈과 같은 도시와 건축적, 문화적으로 대등한 도시로 만드는 것이 자신의 임무라 생각한다는 점을 모두에게 확신시켰다.

다음 회의는 1934년 3월에 있었다.[13] 그리고 이때부터 히틀러의 어조가 달라졌다. 더 이상 '총리'가 아니라 '총통'이 된 그의 말은 아주 직설적이었다. 그는 시 당국자들에게 네 가지 주요 프로젝트를 이행하기 바란다고 통보했다. 첫 번째는 폭 100미터 이상 되는 두 개의 축을 건설하는 일이었다. 그중 하나는 50킬로미터 길이의 동서축을 형성하고 또 하나는 38킬로미터 길이의 남북축을 형성하게 만들 계획이었다. 그리고 이 축들은 베를린 도심의 브란덴부르크 문 근방에서 교차하여 뻗어나가, 수도를 둘러싼 순환 고속도로와 만나게 될 것이었다. 그는 남북축을 따라 신공항, 새 육해공군본부, 초대형 개선문과 연결되는 새로운 철도역들을 건설하기를 바랐다. 두 번째 프로젝트에서는 도시의 예술 컬렉션을 개편하고 그것들을 보관할 4개의 새로운 박물관 건설이 예상되었다. 세 번째 프로젝트의 주된 특징은 새로운 대학과 연구 단지들의 건설이었다. 그리고 마지막이자 가장 핵심적인 프로젝트는 청중 25만 명을 수용하게 될 초대형 집회 장소 건설이었다. 이런 대략적이고 불완전한 계획만으로도 히틀러의 건설 프로젝트는 한 세기 전에 싱켈이 구상한 수준을 훨씬 뛰어넘고 있었다. 그리고 그와 맞먹는 규모의 재개발 프로젝트는 1990년대나 되어서야 나올 수 있었다.

하지만 정치적, 경제적 상황으로 인해 그가 취임 전부터 계획했던 제국은행 증축과 올림픽 경기장 부지 건설은 조심스럽게 시작해야만 했다. 처음에 히틀러는 유대인과 흑인도 참여 가능한 올림픽에 반대했었다.[14] 하지만 1932년 말, 집권 가능성이 시야에 들어오자 그는 올림픽의 엄청난 선전 가치를 깨닫고 국제올림픽위원회에 베를린올림픽 유치에 관한 자신의 지지 의사를 밝혔다. 몇 달 후, 이제 총리가 된 그는 기념비적인 스포츠 단지 건설에 착수하여 이곳을 자신이 직접 주문한 나치 상징들로 장식했다. 그는 원래 150만 마르크였던 예산액을 2,800만 마르크로 척척 올렸고, 건설비가 결국 예산의 세 배 이상 초과했을 때에도 동요하지 않았다.[15] 히틀러의 준엄한 감시하에 베르너 마르흐는 매우 인상적인 구내 디자인을 했다. 여기에 10만 명을 수용할 수 있는 스타디움, 실내 및 실외 수영장, 커다란 그리스식 야외극장, 다양한 종목의 스포츠 시설, 25만 명을 수용할 수 있는 연병장과 그루네발트 숲의 올림픽 마을이 포함되었다. 국제올림픽위원회의 지침은 도급자의 완전한 독립을 보장했지만, 히틀러는 계속해서 이 프로젝트의 통제를 고집했다. 슈페어에 따르면 강철과 콘크리트, 유리로 이루어진 스타디움 디자인 제안에 히틀러는 게임을 취소하겠다고 협박할 정도로 아주 난폭하게 반대 의사를 표명했다. 물론 이는 단순한 허풍에 지나지 않았지만, 위원회는 굴복하는 쪽을 택했다. 항상 몸을 사리는 데 능했던 슈페어는 이번에도 교묘하게 유리는 제거하고 전체 건물을 석재로 덮는 방식으로 문제를 해결했다고 주장했다.[16] 구조물들은 대체로 디자인 면에서 기능주의적이면서 모던한 건물이었다. 하지만 노골적인 프로파간다 요소들로 장식되었다. 가장 도발적인 사례는 1914년 랑게마르크 전투에서 싸웠던 의용군을 위한 기념비였다. "사망자를 기리는 추모글이 새겨진 종탑, 랑게마르크 묘지에서 가져온 흙이 담긴 그릇, 히틀러의 연단, 연병장과 스타디움이 스포츠와 군국주의 사이의 명백한 연결고리를 보여준다."[17]라는 지적이 여러 번 있었다.

히틀러는 올림픽 경기를 또 다른 과시적 프로젝트와 연결하려 했다. 베를린 도심에서 그리 멀지 않은 곳에 위치한, 성전기사단의 오래된 마상창시합장에 공항을 건설하는 일이었다. 저명한 유대인 건축가 에리히 멘델손의 잡역부였던 에른스트 자게비엘에게 가서 그는 '세계에서 가장 크고 아름다운 민간 공항'[18]을 지으라는 지시를 내렸다. 당시에 이 공항은 실제로 그런 공항이었을 것이다. 공항에 도착하는 여행자들에게 깊은 인상을 남기려는 의도에서 그는 올림픽 경기 일정에 맞추어 완공하기로 단단히 마음을 먹었다. 심지어 군비를 위해 마련해 두었던 자금을 전용하기까지 했다.[19] 방이 2,000개인 이 공항은 8개월 만에 지어졌고 1935년 개관했다. 건축적으로 차갑고 지루하다는 평을 듣기도 했지만, 격납고만큼은 현대 기술의 모델로서 높이 평가되었다. 좀 더 떨어진 곳에 지은 가토 공항은 더욱 발전된 양상을 보여주었다. 히틀러는 제3제국 초기에 여러 번 회의를 거듭하면서 자신의 거대 프로젝트를 차근차근 준비했다. 어떤 것도 그의 집착을 말릴 수 없었다. 예를 들어 1934년 3월 말, 그는 영국과의 군축 협상 그리고 군과 돌격대 사이의 충돌 위기—이는 석 달 후에 악명 높은 룀 숙청이라는 사태로 이어진다—에 얽혀 있으면서도 시와 정부 관료들과의 긴 회의를 가지면서 다양한 계획들을 구체적으로 비판했고 이것저것 질문을 제기하거나 승인했다. 피의 숙청이 있고 며칠 지난 후에 그는 다시 이 문제들을 거론하면서 모든 관심을 쏟았다. 연말까지 템펠호프 공항과 가토 공항, 올림픽 시설과 제국은행, 항공부 건물, 이른바 조종사의 집과 베를린 라디오 타워의 전시장 공사가 진행되었다.

1936년 여름, 라인란트 재무장이라는 도박에 성공한 히틀러는 좀 더 큰 규모의 계획을 추진할 준비가 되었다. 그는 "내 말하겠네만, 슈페어, 이 건물들은 그 어떤 것보다 중요하네."[20]라고 했다. 이제 이런 프로젝트의 중대성을 완전히 알게 되었고 그 비용에 질려버린 시 관계자들은 앞으로 펼쳐질 일들에 경악을 금치 못했다. 전쟁이 끝나고 그들 중 한 명은 이렇게 말했다. "나는 거대 도시 전체를 재건축한다는 생각에 깜짝 놀라고 말았다. 정부 청사나 상징적인 몇몇 건물 또는 도로나 철도라면 몰라도 도시 전체라니? 내게는 미친 짓처럼 보였다."[21] 히틀러는 히틀러대로 이런 태도가 쩨쩨하기만 하고 상상력이 부족하다고 보고는 화가 나서 자신의 프로그램을 시 관료들이 아닌 슈페어에게 맡겨버렸다. 그는 "베를린[시 당국]은 가망이 없어. 이제부터 자네가 내 계획을 맡게."[22]라고 했다. 시 관료들은 여전히 고집을 피우며 저항했지만, 그는 아예 베를린을 포기하고 북쪽의 메클렌부르크에 새로운 수도를 만들겠다고 협박했다. 물론 이 역시 허풍이었지만 결국에는 먹혀들었다. 저항 의지는 꺾이고 시는 자신의 미래를 결정하는 과정에서 아무런 역할을 하지 못했다. 시가 돈을 내면 설계는 히틀러가 하고 공사는 슈페어가 했다.

그 뒤에 몇 주 또는 몇 달 동안 히틀러는 국외 문제를 비롯한 그 어떤 문제를 신경 쓰더라도 항상 자신의 다양한 건설 계획에 시간을 할애했다. 그가 여기에 얼마나 관심을 쏟았는지는 괴벨스가 남긴 약간의 기록만 보아도 알 수 있다. 사실 그는 이 계획에 전혀 관여하지 않았지만 1937년 초에 이런 기록들을 남겼다.

- 1월 5일. 총통이 슈페어와 함께 건설 계획에 관해 의논했다. … 총통은 내게 베를린 재개발에 관한 자신의 계획을 들려주었다. 실로 장대한 계획이다. 향후 300년은 지속될 만한 규모다. 베를린은 건축 면에서도 세계적인 거대 도시가 될 것이다.
- 1월 9일. 총통과 함께 함부르크 재건 계획에 관하여 논의함. 장대한 교량과 거대한 고층 빌딩 건설.
- 1월 13일. 우리 부서의 새로운 청사 건설에 총통이 동의했다. … 슈페어는 (프로이센 재정부 장관) 포피츠와의 관계에서 어려움을 겪고 있다. 총통은 슈페어에게 전권 주고자 한다.
- 1월 25일. 총통은 자신의 건설 계획의 윤곽을 다시 한번 잡았다. 그는 베를린을 유럽의 수도로 만들고 싶어 한다. 엄청난 프로젝트다.

강한 정치적 함의가 담겨 있다.

- 2월 4일. 점심 식사 자리에서 히틀러가 자신의 건설 계획에 관해 이야기했다.
- 2월 5일. 건설 계획. 츠비카우에 지을 새로운 극장.
- 2월 8일. 정오에 총통에게 갔다. … 그는 베를린과 뮌헨의 건설 계획에 몰두해 있었다. … 그는 정말로 이 계획에 푹 빠져들었다. 건축의 이상주의자.
- 2월 9일. 베를린 재건축을 논의함. 엄청나게 많은 문제들이 일어나므로 하나하나 처리해야 할 필요가 있음.
- 2월 16일. 총통과 함께했다. … 그는 뮌헨과 새로운 건물들에 관해 이야기했다.
- 2월 22일. 총통은 제국의회 건물의 복원 작업에 매달리고 있다. 실행 가능해 보인다. … 그는 실러 극장(의 재건축)에 관해서는 자신의 의도를 감추고자 한다.
- 2월 23일. 제국의회 건물 복원. 그는 그곳에 가보았고 이제는 거의 기대를 접었다. 그곳은 거대한 키치 더미에 불과했다.

이 밖에도 비슷한 기록들이 계속 이어진다.

히틀러에게만 직접 보고가 가능하고, 아무도 필적할 수 없는 권한을 누리며, 베를린 프로젝트 수행을 도울 1,000명의 직원을 거느린 슈페어는 특유의 효율성으로 앞으로 나아갔다. 그는 무소불위의 권위를 누리고 있었지만, 이 모두를 실행할 능력도 시간도 부족하다는 사실을 잘 알고 있었다. 그는 몇몇 주요 건물을 설계하거나 프로그램 전반에 협력하는 정도 이상을 하려 하지 않았다. 다른 프로젝트에는 나이나 경험상으로 자신의 선배 격인 건축가들—보나츠, 크라이스, 베렌스, 게르만 베

그의 도시 프로젝트 모형을 보면 히틀러의 욕망이 무엇인지를 엿볼 수 있다. 전형적인 독재자답게 그는 사람들과 도시를 노리개로 만들었다. 전 세계까지는 아니더라도 독일을 자신의 장난감으로 만들려 했다. 이 모형 안에서 한 건축 보조원이 남북축을 따라 행진하는 군사 대형을 배치하고 있다.

스텔마이어German Bestelmeyer 그리고 그로피우스의 바우하우스 관련자들인 한스 두스트만Hanns Dustmann, 에른스트 노이페르트Ernst Neufert, 헤르베르트 림플Herbert Rimpl—을 보냈다. 하지만 이들에 관한 슈페어의 이야기를 신뢰할 수는 없다. 그는 회고록을 쓰면서 오로지 자신에게만 초점을 맞추었기 때문이다.

슈페어는 히틀러의 비위를 어떻게 맞추는지 잘 알고 있었다. 그는 자기 자신과 직원들을 혹사한 끝에 여섯 달도 안 되어 상세 계획을 내놓았다. 그리고는 소목장이들을 시켜 아주 작은 세부 사항까지 보여주는 거대한 모형을 제작했고 실제로 사용될 자재 느낌이 나게 페인트 칠을 했다. 히틀러는 자신의 장난감에 매료되어서 총리공관 가까운 건물에 설치된 슈페어의 작업실에 자주 들렀다. 모형 위로 허리를 굽혀 바라보면서 그는 1950년에 완공되면 구조물들이 지상에서 어떻게 보일지를 상상하고는 했다. 그는 저녁 식사 자리에 초대한 손님들에게 이 모형을 보여주는 것을 좋아했다. 슈페어는 "우리는 손전등과 열쇠로 무장한 채 준비 상태에 들어갔다. 텅 빈 홀에는 미니어처 복제품에 스포트라이트가 비춰졌다. 히틀러가 눈을 빛내면서 손님들에게 세세한 부분까지 일일이 설명해주었기 때문에 굳이 내가 말할 필요는 없었다."[23]라고 했다. 이 프로젝트에 푹 빠져 있던 히틀러는 괴링에게 자신이 죽더라도 슈페어의 자리를 보전할 것과 그에게 완공을 위해 필요한 지원을 아낌없이 제공할 것을 맹세하도록 했다.

마침내 실질적인 작업을 시작할 날이 도래했다. 괴벨스는 일기에 "베를린의 새로운 건축 프로그램이 (1938년) 6월 14일 16개 장소에서 시작되었다."[24]라고 적었다. 그는 "유례가 없는 장대한 건축 프로그램이다. 총통은 모든 반대를 극복했다. 그는 천재다."라고 덧붙였다. 슈페어가 요약했듯이, 핵심은 모든 이들이 제국의 힘과 위엄에 '압도되거나 깜짝 놀라게'[25] 만드는 일이었다. 히틀러와 슈페어 공동 작업의 주요 특징인 남북축이 중심을 차지했다. 10킬로미터에 이르는 중앙부는 포로 로마노Foro Romano의 주요 도로인 신성한 길, 비아 사크라Via Sacra를 본떠서 승리의 길이라는 의미의 비아 트리움팔리스Via Triumphalis로 만들 예정이었다. 이 중앙부는 세계 최대 공항과 인접한 세계 최대 철도역에서 시작하여 길이 700미터, 폭 270미터의 거대한 광장으로 곧장 이어지게 만들 계획이었으며 적에게서 포획한 화기들을 여기에 일렬로 진열할 생각이었다. 그 끝에는 히틀러가 1920년대에 스케치했던 기념 건축물인 거대한 개선문을 높이 118미터로 지어서 높이 50미터인 파리 개선문을 훨씬 능가하게 만들려고 했다. 독일국방군은 1918년 전장에서 패배한 것이 아니라 정치인들의 '배신'으로 패배했다는 히틀러의 견해에 따라, 이 기념비는 '세계대전에서 패배하지 않은 군대'[26]를 기념하는 구조물이 될 터였다. 그리고 전쟁에서 사망한 180만 명의 독일인들의 이름 하나하나를 돌에 새길 작정이었다.

그런 다음에 당 사무실, 정부 부처, 다양한 산업의 본사는 물론 영화관, 극장, 호텔, 레스토랑, 제국 오페라하우스, 필하모닉 홀, 와인하우스, 비어하우스, 컨벤션홀, 거대한 카라칼라 목욕탕을 모델로 한 로마식 목욕탕과 6,000석 규모의 영화관을 거느린 가장 웅장한 거리를 배치했다. 이 거리의 끝에는 라운드 플라자를 두어서 이곳의 북쪽에 군인회관이 들어서게 했다. 미래의 전쟁 희생자들을 위한 명예의 전당이었다. 끝으로 엄청나게 큰 돔을 가진, 18만 명을 수용할 정도로 큰 회관(그레이트홀)으로 이 모든 구조물들의 화룡정점을 찍으려 했다. 히틀러의 오래된 스케치북에 들어있던 도안에서 비롯한, 거대한 짐승과 같은 이 회관 건물을 세계 최대의 건축물로 만들 계획이었다. 건물의 삼면은 물로 둘러싸고—슈프레 강에서 끌어들인 물로 인공호수를 만들어서—한쪽 면은 100만 명을 수용할 정도로 커다란, 화강암이 깔린 공간과 맞닿게 하려 했다. 건물 입구 양옆에는 히틀러가 아르노 브레커에게 주문 의뢰한 14미터 높이의 조각을 세우려 했다. 왼쪽에는 하늘을 떠받치는 「아틀라스」를, 오른쪽에는 지구를 떠받치는 「텔루스」를 세울 작정이었다.

이 회관 건물 계획에서 로마는 건축 모델이기도 했지만, 역사적 도전 과제로도 인식되었다. 히틀러는 이 건물을 지어야만 "우리의 유일한 경쟁자인 로마를 능가할 수 있게 될 것이다. 그레이트홀은 성 베드로 대성전과 그 앞의 광장을 집어삼킬 정도의 규모가 될 것이다."라고 했다.[27] 이는 전혀 과장이 아니었다.[28] 슈페어에 따르면 이 건물은 로마 대성전이나 워싱턴의 국회의사당 여러 개를 내부에 집어넣을 정도의 크기가 될 것이었다. 이 건물은 크기도 상상을 초월하지만, 목적도 그에 못지않게 환상적이었다. 건축가에 따르면 이 건물의 목적은 총통 숭배를 위한

1940년에 만들어진 이 남북축 모형의 하이라이트는 남부 철도역(전경), 개선문(중앙), 그레이트홀(후경)이다.

공간 제공에 있었다. 스바스티카를 움켜쥔 청동의 거대한 독수리로 꼭대기를 장식할 계획이었다. 하지만 1939년 전쟁을 개시하기 직전에 히틀러는 슈페어에게 이렇게 말했다. "계획을 바꿔야겠어. 독수리가 스바스티카 대신 지구본 위에 올라타게 만들어야겠어."[29] 이는 히틀러가 단지 국가사회주의와 독일의 지도자가 아니라 세계의 군주로서 지위를 가짐을 상징하게 될 터였다.

슈페어가 설계한 남북축의 건물 말고도 히틀러에게 특별히 중요한 두 개의 프로젝트가 더 있었다. 그리고 이는 빌헬름 크라이스에게 맡겨졌다. 이 중 하나는 크라이스의 과거 경력에 어울리는 프로젝트로서 전쟁을 수행하기 위한 육군 최고사령부와 미래의 전사자를 기리기 위한 군인회관, 즉 속세의 발할라를 포함한 단지를 설계하는 일이었다. 그는

히틀러가 그린 그레이트홀의 예상도(위쪽은 1920년대 초반 작품, 아래쪽은 1925년 작품)는 초기 단계부터 그가 모델로 삼은 건물이 판테온임을 분명하게 보여준다. 나중에 제작된 모형을 보면 판테온과의 유사성을 더욱 뚜렷하게 확인할 수 있다.

조금 떨어진 곳에 들어설 무기와 갑옷 박물관 설계도 맡게 되었다. 즉 한편으로는 죽음의 수단을 전시하면서, 조금 떨어진 곳에는 희생자들의 '기념 묘지'를 짓는 일을 맡게 된 셈이었다. 히틀러에게는 거대한 군인회관이 가장 핵심 건물이었다. 1936년 10월에 이미 히틀러가 그린 정면 파사드 도안이 크라이스의 최종 디자인 모델이 되었다. 이 회관은 여러 가지 점에서 괴물과도 같았다. 길이 229미터, 높이 73미터라는 엄청난 규모의 이 건물은 프리드리히 대왕을 포함한 군사적 영웅들의 영면 장소일 뿐 아니라 1918년, 1940년에 프랑스와 정전협정을 맺은 철도 차량과 같은 전리품 박물관으로도 활용될 계획이었다. 바로 옆에는 육군 최고사령부가 들어서게 해서 중앙에 거대한 승리자 동상을 이고 있는 17층짜리 건물을 세우려 했다. 그리고 이를 마주하는 자리에 거대한 독수리가 올라탄 오벨리스크를 높게 올려서 균형을 맞추려 했다.

히틀러가 처음부터 군인회관과 육군사령부를 하나의 단지 안에 연결하려 했다는 사실은 시사하는 바가 있다. 이는 죽은 영웅들을 만들어낼 전쟁을 이때부터 계획하고 있었다는 점을 보여준다. 건축과 정치의 연결고리는 새 베를린 도심에 죽은 이들에게 바쳐진 건축물인 개선문, 군사령부, 군인회관, 무기 박물관 그리고 영묘를 지으려 한 데서도 찾아볼 수 있다. 뮌헨에서 명예의 전당이 총통청사와 인접한 곳에 자리 잡았듯이, 베를린의 이 건물들도 총리실과 히틀러 자신의 멋진 새 주거지 근처에 지어질 계획이었다.

크라이스의 또 다른 베를린 프로젝트는 네 개의 미술관 건물을 설계하는 일이었다. 이 도시의 미술관에 관한 히틀러의 관심은 그가 전선을 떠나 잠시 이곳에 머물렀던 1917년으로 거슬러 올라간다. 미술관에 전시된 작품만큼이나 미술관 건물 자체가 그의 관심을 끌었는데, 그가 특히 주목한 건물은 바로 베를린 중앙의 작은 섬인 박물관섬—이 도시의 주요 미술관들이 위치한—끝자락에 있는 카이저 프리드리히 미술관이었다. 히틀러는 전선에 있는 군대 동료에게 보낸 미술관 그림엽서의 뒷면에 그가 이 건축물을 '꼼꼼히 살펴보았다'라고 썼다.[30] 1925년 스케치북에서 상상 속의 '독일미술관'을 디자인하면서 염두에 두었던 건물이 바로 이곳이다. 이후 몇 년 동안 그는 당시의 네 미술관—구관인 페르가몬 미술관, 신관 미술관, 카이저 프리드리히 미술관, 국립미술관—에 소장되어 있던 이 도시의 주요 컬렉션들에 대해 더 많이 알게 되었다. 이제 히틀러는 이 컬렉션들을 재편성한 다음, 19세기 미술, 게르만 미술, 이집트와 중동 미술을 위한 미술관을 지어 소장할 생각이었다. 그리고 네 번째로 새로운 무기와 갑옷 박물관을 지으려 했다. 한스 두스트만이 설계한 다섯 번째 건물에는 확장된 인종 컬렉션을 넣으려 했다. 슈페어는 이곳을 '새로운 이데올로기 원칙에 부합한 인종 박물관'[31]으로 만들자고 제안했다. 히틀러의 목표는 베를린이 조형예술의 중심지로서 명성을 떨치게 만들고 이곳의 박물관들을 세계 최고 수준으로 끌어올리는 것이었다. 이 건물들의 요새 같은 모습이나 그 위에 우뚝 솟은 탑들—이슈타르 문과 같은 바빌론 건축 양식을 떠올리게 만드는—은 제3제국이 공격적인 문화강국이라는 사실을 의심하지 않게 했을 것이다.

여러 해 동안 히틀러는 이 계획들에 관해 대중 앞에서 함구할 것을 명령했고 몇몇 간부들에게만 공개했다. 1939년 전까지만 해도 전체 사업 계획을 언론에 공개하지 않았다. 공개하더라도 대략적인 사항만을 공개했다. 여론을 의식했던 그는 소비재 품귀 현상이 빚어지고 있던 시기에 과시적인 프로젝트에 재정을 낭비한다는 비난이 있을까 걱정했다. 대중의 사랑을 받는 건물과 도시 지역을 파괴한다는 비난도 걱정했다. 그 프로젝트들을 풍자한 유명 카바레 예술가를 강제수용소에 보내버릴 정도로 그는 여론에 민감하게 반응했다.[32] 슈페어는 여론을 떠보기 위해서 베를린의 유명한 시청사 탑을 철거하자는 제안을 해보았다는 사실을 인정했다. "대중이 성난 반응을 보이는 문제는 일단 보류했다."[33]라고 회고록에 썼다. 하지만 이는 도심에 들이닥칠 파괴에 비하면 아무것도 아니었다. 수많은 사무실 건물, 상점, 산업체, 대사관, 심지어 교회들도 싹 치워버릴 예정이었다.[34] 5만 4,000채의 주택, 남북축에서만 2만 5,000채의 주택을 희생시킬 예정이었다. 이 때문에 히틀러는 스탈린에게 러시아 공군을 보내 베를린을 폭격하도록 부탁하고 싶을지도 모른다는 농담이 생겨나기도 했다.[35] 그러면 조종사는 이미 도시가 폐허 상태이므로 공습이 불필요하다고 보고할 거라는 농담이었다. 첫 번째 희생양은 유대인 소유의 건물들이었다. 슈페어는 이 일을 맡을 특별 부서를 설립했다. 그는 1940년 메모에 "1,000채의 유대인 주택을 정리하는 일은 어떻게 진행되고 있나?"[36]라고 물었다. 슈페어의 조수인 루돌프 볼터스Rudolf Wolters에 따르면, 23,765채의 유대인 주택이 몰수되었고 이곳에 살던 7만 5,000명의 거주민이 강제수용소로 보내졌다.[37] 나중에는 공습으로 이 지역 대부분이 파괴되었다. 1944년 히틀러는 자신의 건축가에게 냉담한 태도로 이렇게 말했다. "우리의 새 건설 프로젝트를 위해서는 베를린에서만 8만 채의 주택을 허물어야 하는데, 아쉽게도 영국이 그 일을 충분히 해내지 못했군. 어쨌거나 시작은 이루어졌네."[38]

이상한 일이지만, 히틀러의 베를린 계획에 포함되었던 주요 건물 중에서 완공된 것은 오직 하나뿐이다. 그의 긍지이자 기쁨인 새 제국총리공관이 그것이었다. 이 건물은 정치적 목적에서 지어졌다. 1937년에서 1938년으로 넘어가는 시기에 그는 오스트리아 문제를 해결하기로 결심하고는 새로운 대독일제국의 수장으로서 좀 더 인상적인 사무실을 요구했다. 이어서 그는 1938년 1월에 슈페어를 불러들여 기존 총리공관이 '비누 회사에나 어울릴'[39] 것이라면서 불평했다. 그런 불평을 할 만도 했던 것이, 이 공관 건물은 18세기 라지빌 궁—1875년에 수상 관저가 되었다—의 부속 건물로서 10년 전에 세워진 작은 기능주의적 구조물이었기 때문이었다. 히틀러는 외교적인 측면을 고려한다면 보다 호화로운 건물, '사람들에게, 특히 고관들에게 좋은 인상을 심어줄 건물'이 필요하다고 설명했다.[40] 이 건물은 반드시 1년 내에 완공되어야만 했다. 그는 임박한 오스트리아 점령을 염두에 두면서 이렇게 말했다. "… 사나흘 내로 한 나라를 제국에 병합하는 일이 가능하다면, 1~2년 내로 건물 하나쯤 세우는 일도 가능해야 한다." 이 건물은 매년 1월에 열리는 외교 리셉션 행사 일정에 맞추어 준비되어야 했다. 그래야 이 행사에서 자신의 지위를 뽐낼 수 있었기 때문이다.

새 총리공관이 예정보다 48시간 일찍 완공되자, 이는 새 제국의 정신이 건축에 대해 거둔 놀라운 승리라고 선전되었다. 하지만 히틀러와 슈페어는 의도적으로 사실을 왜곡했다. 새 공관에 대한 논의는 1934년 3월부터 이미 시작했었고, 사전 작업 역시 1935년부터 벌써 시작했었다.[41] 1936년 3월에 슈페어는 비용 산정을 마쳤고, 1937년 중반에는 모든 계획을 마쳤다. 히틀러가 자신의 임무를 독립적으로 수행하도록 허용했다는 슈페어의 주장도 오해의 소지가 있다. 히틀러는 1935년에 기본적인 특징이 명시된 구조물의 대략적인 계획을 직접 스케치했다.[42] 확실히 최종적인 디자인은 슈페어가 했고, 열두 달 만에 호화로운 실내를 갖춘 대단한 건물을 완공한 점도 놀라운 성취이기는 하다. 대단한 조직 능력을 갖춘 슈페어였기에 그러한 성취를 거둘 수 있었다. 하지만 엄청난 대가를 치러야 했다. 슈페어는 자기 자신과 일꾼들을 무자비하게 몰아붙였다.[43] 두 개 조로 나누어 교대 근무를 시켰는데 근무조일 때는 하루 24시간, 일주일 내내 쉬는 날이 없었다. 스트레스와 장시간 노동으로 인한 심각한 산업재해가 많이 발생했는데, 이 노동자들을 치료해서 가능한 한 빨리 일터로 복귀시키기 위한 전문 병원을 세울 정도였다. 강제 노역을 활용하는 경우, 더욱 심각한 도덕적인 문제가 야기되었다.[44] 플로센뷔르크Flossenbürg, 마우트하우젠Mauthausen 그리고 작센하우젠Sachsenhausen은 강제수용소였는데, 이곳에서 '나치 국가의 적들'은 돌을 캐고, 벽돌을 만들고, 돌을 다듬는 벌을 받았다. 슈페어의 건설 프로젝트에 쓰인 재료들이 이렇게 마련되었다.

히틀러가 원했던 것, 슈페어가 그에게 준 것은 슈페어의 표현을 그대로 인용하자면 '황제의 위엄을 보여주는 건축적 무대 장치'[45]였다. 위협을 가하려는 의도에서 건물 외부를 냉랭하게 만들었다면, 현혹시키려는 의도에서 내부는 호화롭게 꾸몄다. 사생활에서 금욕적인 태도를 유지한 것과 반대로 여기서 히틀러는 비잔틴파의 방탕함을 탐닉했다. 후기 로마 황제들을 능가하고 방문객들을 압도하기 위함이었다. 거대한 청동문을 통과한 방문객들이 브레커의 두 조각상만 지키고 서 있는 명예의 전당, 즉 길고 개방된 안뜰에 이르도록 건물을 설계했다. 방문객들은 접견실을 통과해서 5미터 높이의 쌍여닫이문을 지나 모자이크홀에 들어서게 된다. 이곳은 유리 지붕을 가진 창문 없는 방이다. 이곳은 브레커의 표현에 따르면 '정치권력의 불길이 스며든'[46] 붉은색과 갈색의 모자이크 패널들로 덮여 있었다. 이곳에서부터 방문객들은 다시 돔형의 유리 천정을 가진 둥근 방을 가로질러 길이가 베르사유 거울의 방의 두 배인 거대한 대리석 회랑에 들어서게 된다. 이곳은 다양한 색채와 소재가 어우러진 카펫과 회화, 태피스트리, 모자이크, 다양한 종류의 대리석, 나무 패널, 도금된 촛대 같은 것들로 호화롭게 장식되었다. 그리고 이 방의 가장 끝에 공식적인 리셉션홀이 자리하고 있었다. 슈페어에 따르면 완성된 내부를 처음 본 히틀러가 매우 기뻐하면서 이런 말을 했다고 한다. "입구에서 리셉션홀까지 한참을 걸어 들어오는 이들은 독일제국의 힘과 장대함을 맛보게 될 거야."[47] 슈페어가 매끄러운 대리석 바닥에 카펫을 깔기가 꺼려진다고 말하자, 히틀러는 이렇게 대답했다. "바로 그거야. 외교관들은 미끄러운 바닥 위를 걷는 연습을 해야 해."[48]

히틀러가 자신의 정치적 목적을 선전하기 위해 실내 디자인을 어떻게 활용하는지 가장 분명하게 보여주는 사례가 바로 그의 사무실이다. 여기서 상징의 활용은 정점에 달했다. 입구 양옆에는 세계를 정복한 알렉산더 대왕의 의기양양한 모습이 묘사된 태피스트리가 걸려 있고, 커다란 문 위에는 그의 이니셜이 새겨진 장식 벽판이 걸려 있었다. 어떤 건축사가는 이것이 나폴레옹이나 알브레히트 뒤러의 것과 비슷하다는 사실을 알아차렸다. 의도는 '정치가이자 예술가인 히틀러의 이미지를 만들어내기 위한 것'[49]이었다. 길이가 27미터이고 폭은 그 절반 정도인 사무실 내부에는 짙은 빨강의 림바흐 대리석을 붙였고 스바스티카 디자인으로 장식된 붉은색과 갈색의 카펫을 그 위에 깔았다.[50] 가구와 비품들은 정부와 당의 수장이자 총사령관인 히틀러의 지위뿐 아니라 독일 역사 속에서 그가 갖는 위치를 보여주기 위한 것들로 마련했다. 프리드리히 대왕과 비스마르크의 초상화 그리고 힌덴부르크 흉상이 그의 정치적 적법성을 암시했으며, 선행자인 왕과 철의 수상이 시작한 사업을 그가 완수했다는 히틀러의 주장을 암시했다. 하지만 이 모두를 직접 눈으로 확인할 수 있었던 이는 거의 없었기 때문에, 언론과 화보 잡지가 대중에게 요점을 정리해 제공해야 했다.

언론은 세 가지 요점에 초점을 맞추었다. 사무실 한쪽 끝에는 림바흐 대리석의 커다란 벽난로 선반 앞에 여섯 개의 큰 의자와 폭 4미터의 소파가 배치되어 있었다. 이는 서민적인 부르주아 신사로서의 히틀러를 암시하기 위한 것이었다. 군사령관으로서의 히틀러를 상징하기 위해서는 하나의 대리석 조각을 깎아 만든 거대한 지도 테이블을 방 한가운데에 놓아 키 큰 창문을 바라보게 했다. 다른 한쪽 끝에는 히틀러의 집필용 테이블을 두어서 정부 수장으로서의 그의 지위를 상징하게 했다. 이것이 전달하는 메시지는 위협과 엄포였다. 이 테이블 앞면에는 상감 세공된 세 장의 패널이 붙어있었다. 그중 하나에는 칼집에서 뽑다 만 칼이 묘사되어 있었다. 히틀러는 이를 두고 이렇게 말했다. "좋군, 좋아! 외교관들이 이 테이블에 앉은 나를 마주하면 두려움이 뭔지를 알게 될 거야."[51] 집필용 테이블과 그것의 장식품들은 모두 과시를 위한 것들이었다. 테이블은 쓸데없이 4.6미터나 되도록 커서, 전화기나 테이블 램프가 손에 닿지 않을 정도였다. 그리고 테이블 위에 일과 관련된 것은 아무것도 없었다. 사실 히틀러의 부관 말에 따르면, 그는 여기서 업무를 본 적이 없다고 한다.

공식 개관 직전에 건물 견학의 기회를 가졌던 프랑스 건축가는 "외교 사절의 시대는 갔다. 이제 건축가의 세기가 시작되었다."[52]라는 말을 남겼다. 히틀러에게 건축과 외교는 상호 강화하는 관계였다. 그는 터무니없는 돈 낭비를 변명하기 위해서 "제국 총리이자 독일 민족의 총통으로서 나는 독일이 다른 국가들과 같은, 아니 그 나라들보다 더 나은 이미지로 비치길 바란다."[53]라고 했다. "그들이 크렘린이나 흐라드차니나 성에 거주한다면, 우리는 제국의 대표가 우리 시대의 건물에 있기를 바란다. 어떤 누군가가 독일을 대표하도록 부름을 받는 순간, 그는 왕이나 황제와 동등한 지위에 오르게 될 것이다." 슈페어의 전기 작가인 요아힘 페스트는 새 총리공관에서 '대체로 거대증의 흔적을 찾을 수 없으며' 그것의 크기는 베르사유나 표트르 대제의 궁 정도도 되지 않는다고 썼다. 하지만 이는 요점을 놓친 주장이다. 히틀러가 요구했던 것은 단순한 웅대함이 아니라 그의 취향과 이데올로기를 표현한 구조물이었기 때

① 새 총리공관으로 들어가는 웅장한 입구는 삭막한 잿빛 대리석의 쿠르 도뇌르 쪽으로 열렸다. 커다란 청동문 양편에는 브레커의 청동 조각 「당」과 「군대」가 서 있었다. 이 둘은 히틀러의 제도적 권력을 이루는 두 개 기반을 상징한다.

② 새 총리공관의 정원 파사드는 건물의 다른 곳보다는 덜 차갑고 덜 위협적이었다. 토락이 제작한 거대한 청동 말들이 보인다.

③ 히틀러 건물의 내부는 외관만큼이나 무대 배경과 같은 느낌을 자아냈다. 이는 새 총리공관의 모자이크홀에서 분명히 확인할 수 있다. 전후에 [촬영된] 사진 대부분에서 이 건물은 조각난 하늘빛, 벌거벗은 벽, 잔해로 덮인 바닥의 이미지로 등장하는데, 이 때문에 마치 난파선과 같은 느낌을 자아낸다.

④ 비록 옥좌는 없지만, 이곳은 세계의 군주가 사용하는 사무실이다. 히틀러의 서재는 방문객들에게 다양한 신호들을 내보냈다. 가구들이 '말씀만 하세요.'라고 말한다면, 세 개의 패널—한 패널에는 시선만으로 보는 이를 돌로 만드는 고르곤이, 다른 한 패널에는 검을 든 전쟁의 신 마르스가, 또 다른 한 패널에는 전쟁의 여신인 미네르바가 묘사되어 있었다—을 가진 집필용 탁자는 "수틀리면 언제든 널 부숴주겠어."라고 말한다. 문 위에 걸린 장식 벽판—죽음과 악마의 추격을 받는 히틀러의 얼굴을 가진 기사가 묘사되어 있다—은 용감무쌍함을 상징한다.

문이다. 웅대함이 필요했다면 거리를 따라 내려가 안드레아스 슐뤼테르 Andreas Schlüter의 베를린 궁을 찾아가면 되었을 일이다.

새 제국총리공관은 히틀러가 지하 벙커로 옮겨간 후인 1945년 2월에 공습으로 큰 피해를 보았다.[54] 전쟁 막바지에 폭격이 심했던 기간에도 이 건물은 대체로 멀쩡했지만, 덩치만 큰 지친 괴물과 같은 것이 되어 제3제국의 종말을 상징했다. 처칠은 1945년 7월에 열린 포츠담 회담 직전에 이곳을 방문했다. 엄청난 인파가 그를 기다리고 있었다. 회고록에서 그는 이렇게 회상했다.

> 내가 차에서 내려 그들 사이로 걸어가자 못마땅하다는 듯이 고개를 흔드는 한 노인을 제외하고는 모두가 환호하기 시작했다. 그들의 항복과 함께 나의 증오는 사그라들었다. 그들의 환영도 환영이었지만 그들의 수척한 모습과 누더기 같은 행색에도 짠한 마음이 들었다. 그러고 나서 우리는 총리공관에 들어가서 부서진 회랑과 방들을 지나쳐 한참 걸어갔다.[55]

4년 후에 이 건물은 파괴되었다. 건물의 대리석 일부가 칼 마르크스 광장 지하철 역사와 러시아 전쟁 기념비 건설에 사용되었다.

슈페어가 새 총리공관을 완공하기도 전에 히틀러는 총통 궁이라고 알려진 훨씬 더 엄청난 사무실 겸 거주공간을 조용히 계획하기 시작했다. 체코슬로바키아 점령으로 정점에 도달한 일련의 외교적 승리를 의식한 것이 틀림없었다. 새 총리공관에서 고작 1년 지낸 후에 그는 자신의 답답한 거주 시설에 관해 불만을 표시했다. 충견과도 같은 헌신적인 태도를 지녔던 괴벨스는 이를 딱하게 여겼다. "그는 가난하고 궁벽한 곳에 사는 귀족과 같은 삶을 살고 있다. 하지만 그는 유럽을 통치하고 베를린을 세계의 중심으로 만들 것이다."[56] 성채와도 같은 피렌체 궁에서 영감을 얻은 슈페어는 단순한 거주지가 아니라 요새화된 궁과 같은 구조물을 디자인했다. 크고 화려한, 새로운 '외교관의 길'은 거의 1킬로미터나 이어지게 해서 비교 대상인 악명 높은 네로의 황금 궁전을 능가하게 할 예정이었다.[57] 두 자아도취자 〔히틀러와 네로〕가 시대를 초월하여 서로 손잡는다고 해야 할 것이다. 로마의 황제 역시 소수자를 박해하고, 수도를 재건했으며, 내키는 대로 살인을 저질렀고, 그리스 문화를 숭배했으며, 위대한 예술가가 되려는 야심을 가졌고 결국에는 백성들의 미움을 받게 되었다. 그의 유언은 "세상은 나와 같은 위대한 예술가를 잃는구나!"였다고 한다.

히틀러의 게르마니아에서 세계는 전성기 로마제국 이후 보지 못했던 도시를 목격하게 될 것이었다. 곳곳에 거대한 광장, 엄청난 정부 청사, 커다란 도로, 열주, 탑, 동상, 부조, 아치, 목욕탕, 극장, 포럼, 신전, 기념비, 교량, 궁, 박물관, 스타디움, 영묘, 분수, 미술관, 오벨리스크를 가진 도시를 말이다. 이 모두는 그것들의 창조자를 대변하며 천년간 그를 기리게 될 터였다. 수년간 도면을 그리고 모형을 제작했지만, 이 장대한 프로젝트의 실질적인 건축 공사가 진행된 것은 프랑스 정복과 소련 침공 사이의 몇 달에 불과했다. 남북축의 일부인 샤를로텐부르크 가도를 확장했고 그레이트홀의 기반을 다졌다. 하지만 전후에 남은 것은 슈페어가 새 제국총리공관을 위해 디자인한, 나치 치펜데일Chippendale이란 이름을 붙여도 좋을 만한 양식의 가로등과 의자들뿐이었다. 히틀러는 평소 건축 유적을 원했는데 결국 잔해가 된 도시를 얻었다.

뮌헨에 관한 히틀러의 아이디어는 이미 1920년대부터 시작되었다. 처음에 그가 영감을 얻은 것은 미학이 아니라 정치였다. 그는 『나

새로운 뮌헨의 중심은 나치 운동 기념비에서 거대 철도역사까지 뻗은, 길이 약 10킬로미터, 폭 110미터의 동서축이 될 예정이었다. 대로에 교차로를 설치하지 않는 대신, 교차하는 차량은 지하 통로를 이용하게 할 계획이었다.

의 투쟁』에 이렇게 썼다. "〔국가사회주의〕 운동의 중심지가 갖는 지정학적 의미는 아무리 강조해도 지나치지 않다. 그러한 장소만이, 메카나 로마가 갖는 마법을 발휘하며 결국에는 운동에 내적 통일에 기반을 둔 힘을 부여하고 이 통일을 상징하는 정점을 제공한다."[58] 논리적으로 그의 메카, 로마는 뮌헨이 될 수밖에 없었다. 국가사회주의 운동의 발상지이자 그것의 이데올로기적 중심이기 때문이다. 그는 뮌헨을 당 본부 소재지만이 아니라 가장 성스러운 유적의 소재지이자 당의 '순교자'들을 기리기 위한 연례 행사 장소로 만들었다. 뮌헨은 또한 1938년 5월에 '나치 운동의 수도이자 독일 예술의 수도'로 선포됨으로써 독일 문화의 중심이 되었다.

란츠베르크 수감 시절, 히틀러는 베를린 구상을 곱씹으면서도 뮌헨 재개발 역시 고민했다. 그리고 1927년에 여러 막연한 생각들을 내놓았다. 이 중 하나는 별 모양의 광장에 관한 것이었다.[59] 중심에 커다란 기념비를 두고 그곳으로부터 커다란 대로들이 뻗어나가게 할 생각이었다. 아마도 파리의 에투알Étoile 광장에서 영감을 얻은 듯하다. 또 다른 하나는 당시 공론 중이던 문제에 관한 것이었다. 즉 급속한 차량 증가에 직면하여 도심 내부의 중세적인 성격을 어떻게 유지할 것인가 하는 문제를 고민했다. 그의 제안은 도심에서 떨어진 새로운 기차역 설치와 지하 철도 시스템이었다. 그는 오스트리아를 독일에 합병하게 되면 뮌헨을 통과하는 철도 수송이 엄청나게 증가할 것임을 이미 예견하고 있었다고 기슬러에게 말했다.[60] 여기서도 그의 정치적 열망과 건축적 열망 사이의 명확한 관련성이 보인다.

시작은 비교적 간소했다. 브라운하우스, 총통청사, 당 본부, 명예의 전당 그리고 독일미술관 정도로서, 이 건물들은 히틀러가 감행한 첫 건축적 시도였다. 이 건물들이 형태를 갖춰나가는 모습을 보면서 그는 열광적인 태도를 보였다. 다음과 같은 괴벨스의 말은 본의 아니게 아이러니를 표현한 것이다. "아름다운 쾨니히스플라츠가 몰라보게 달라졌다. 우리는 이 장소의 기념비성에 깊은 감명을 받았다. 여기서 총통은 자신의 의지를 돌에 새겼다."[61] 아직은 골격만 서 있는 당 건물에 관해서도 이렇게 적었다. "우리는 지하에서부터 최고층까지 올라갔다. … 총통은 자랑스러워 했고 아주 만족했다." 두 달 후인 1935년 11월 히틀러는 뮌헨에 돌아와 다시 쾨니히스플라츠로 향했다. "아주 독특하다. 고대 세계를 쏙 빼닮았다. … 우리 손으로 창조한 기념비적 작품들이다. 총통이 너무나 기뻐한다. … 건물에 관한 것이라면 무엇이든 다 만족스러워 했다."[62]

보다 광범위한 뮌헨 재개발 계획은 트루스트 사망 직후인 1934년

① 새로운 뮌헨 중앙역사의 초기 디자인은 보나츠에게 맡겨졌다. 그리고 히틀러와 기슬러의 손으로 거치면서 수없이 수정되었다. 이 도안은 히틀러가 어떤 점을 변경했는지 보여준다.

② 히틀러는 "새로운 중앙역사는 금세기 기술에 대한 기념비적 건물이 될 것이다."라고 공언했다. 그는 이 건물을 동서축의 다른 한쪽 끝에 자리한 당 기념비의 부속 건물로 만들 작정이었다.

초기에 시작되었다. 히틀러는 19세기 초에 루드비히 1세 치하에서 전개된 뮌헨의 기본 디자인을 높이 평가했다.[63] 하지만 여기에는 문제가 있어서, 베를린에서와 같은 방식으로 거대한 동서축을 두어 그 문제를 해결하려 했다. 그는 동서축의 한쪽 끝에 베를린에서처럼 세계 최대 돔을 얹은 엄청난 크기의 철도역사를 두고 싶었다. 이는 성 베드로 대성전과 그 앞 광장의 여섯 배나 되는 공간을 차지하는 구조물이 될 것이었다. 이 역사는 또 다른 측면에서도 놀랄 만하다. 히틀러는 그 건물 디자인을 기능주의적 성격을 지닌 모더니스트인 파울 보나츠에게 맡겼다. 게다가 이 건물을 모더니스트가 즐겨 사용하는 소재인 강철과 유리로 짓는 데 동의했다. 사실 그는 이 건물이 '금세기 기술에 대한 기념비적 건물'[64]이 될 거라는 기대에 들떠 있었다.

동서축의 다른 한쪽 끝에는 당에 바치는 210미터 높이의 기둥을 세울 생각이었다. 히틀러는 이 기둥의 세부를 디자인하고 여러 번 수정했다. 기둥 꼭대기에는 30미터 폭의 날개를 단 독수리를 올리고, 기단부의 벽에는 초창기에 당이 벌였던 투쟁의 모습을 새기려 했다. 말할 필요도 없이, 이 '운동의 기념비'는 뮌헨에서 가장 유명한 랜드마크인 프라우엔 성당의 트윈 타워—높이가 98미터이다—를 난쟁이처럼 보이게 만들었다. 이는 그가 가장 좋아하는 기념비였다. 그것의 모형을 매우 만족스러운 표정으로 바라보는 히틀러의 모습을 담은 사진이 있다. 역사와 기둥을 잇는 넓은 대로를 따라 오페라와 오페레타를 공연하는 새로운 극장, 오페라 호텔과 오페라 카페, 로마식 목욕탕, 커다란 영화관, 고층의 호텔과 당 출판사에 해당하는 건물이 들어서게 할 계획이었다. 이런 건물들의 정점은 그레이트홀이 될 것이었는데, 판테온을 본뜬 이 건물은 히틀러의 영묘와 다리로 연결되게 할 생각이었다. 히틀러는 이런 구조물들의 기본 디자인을 직접 그렸다. 영묘와 오페라하우스 디자인은

① 아마 운동의 기념비만큼 히틀러에게 큰 의미를 지니는 기념비는 없을 것이다. 이것은 국가사회주의 당에 바쳐진 높이 솟은 기둥으로서 당의 역사를 이야기하는 부조를 장식으로 달았다. 트라야누스 기둥에서 영감을 얻은 히틀러는 세부 묘사된 도안을 여러 장 그렸고, 적당하다 싶을 때까지 계속 도안을 수정했다

② 히틀러는 뮌헨 오페라하우스의 디자인과 크기를 계속 수정했다. 1940년 중반에 드디어 그는 자신이 원하는 것을 얻었고, 그것을 다른 오페라하우스들의 모델로 삼고자 했다. 이 사진에서 히틀러는 헤르만 기슬러와 함께 기계실의 추가라는 최종 마무리 작업에 관해 논의하고 있다.

1937년에 그렸다.

전체 계획 가운데서 결정적인 요소는 도심 교통의 근본적인 재편이었다. 히틀러의 해결책은 복합적이고 비용이 많이 들었으며 그의 건축가와 엔지니어들에게 대단한 어려운 과제를 부과했다. 그것들이 해결되자마자—바로 1942년의 일이었다—그는 광궤철도 노선의 아이디어를 구상함으로써 새로운 일련의 문제들을 끌어들였다. 광궤철도 때문에 역사 돔의 지름을 280미터에서 350미터로 넓혀야 했다.[65] 처음에는 거대한 돔을 디자인해야 한다는 과제에 신이 났던 보나츠도 곧 이것이 바보 같은 계획임을 알아차리게 되었다. 그러니 처음 계획보다 훨씬 큰 돔을 올린다는 것은 완전히 미친 짓이라고 생각하게 되었다. 그래서 기본 도안을 제작한 후로는 사임한 뒤, 앙카라에 자리를 잡았다. 그는 자서전에 이렇게 썼다. "국외로 나가야 하는 단 하나의 이유는 바로 이 미친 짓에서 달아나기 위함이었다."[66]

언제나처럼 히틀러는 이러한 프로젝트들의 모든 단계마다 지침을 내렸다. 무모하게도 그에게 이의를 제기하는 사람들은 모두 해고당했다. 베를린의 경우에서처럼 그는 지방 관료들의 태도에 아주 불만족했고 그 결과 1938년 말에 전체 프로그램을 기슬러의 손에 맡겼다. 기슬러가 보여준 능력과 순종적 태도 때문이었을 것이다. 기슬러는 자신의 회고록에 프로젝트가 진행되는 동안 히틀러와 둘이서 나눈 길고도 자세한 대화 내용을 적었다. 기술적이고 공학적인 문제도 많기는 했지만, 기슬러가 가장 걸림돌로 여긴 존재는 바로 슈페어였다. 슈페어는 새로운 뮌헨 역사가 베를린에 지은 자신의 건물보다 큰 규모가 될 것이며 그것의 돔이 그가 그레이트홀에 얹으려고 계획한 돔의 크기를 능가할 것이라는 사실을 알게 되었다. 그러자 그는 자신의 라이벌을 들볶아 크기를 줄이게 만들려고 했다. 그런 시도는 실패했지만, 결국 우위를 점할 수는 있었다. 전쟁이 길어지자 당시 군수장관이었던 슈페어는 필요한 건축 자재를 지원하지 않음으로써 기슬러의 프로젝트를 방해하는 데 성공했다.[67]

북부 독일의 개신교 및 코스모폴리탄의 분위기가 지배하는 국제도시 함부르크는 히틀러가 결코 따뜻한 관심을 보인 곳이 아니다. 하지만 그는 이 도시가 독일이 국외로 진출하기 위한 주요 통로임을 알았다. 그래서 그는 1934년에 벌써 이곳을 방문하는 사람들에게 깊은 인상을 남기기 위한 여러 프로젝트들—엘베강 밑을 지나는 터널과 강 위의 현수교—을 제안했다. 시간이 지남에 따라 그는 독일의 힘을 과시할 수 있는 상징들을 더 많이 원했다. 세계 최고층 빌딩과 세계 최대 교량이 그런 것들이었다. 다른 도시에 지으려 한 구조물들과 달리 이것들은 디자인이나 자재 측면에서 모더니스트적인 것으로 만들 계획이었다. 히틀러는 함부르크 시의회에서 발표한 주목할 만한 성명에서 이런 말을 한 적이 있다. "함부르크에는 미국적인 무언가가 있습니다. 그러니까 브라운하우스와 같은 방식으로 이곳에 건물을 세운다면 완전히 잘못된 일이 될 것입니다. 뮌헨은 새로운 뉘른베르크처럼 독특한 분위기를 유지해야 합니다. 같은 맥락에서 함부르크는 자신만의 고유한 스타일을 개발해야만 합니다."[68]

그는 특히 엘베 다리에 관심을 보였다. 방문할 때마다 그는 시 관계자들에게 계획을 내놓으라고 압박했다. 하지만 1936년에 마침내 제출된 모형은 마음에 들지 않았다. 다음 해에 그는 자신이 염두에 두었던 구조물의 도안을 직접 그렸다.[69] 그가 가장 원했던 바는 그 다리가 금문교Golden Gate Bridge의 크기를 능가하는 것이었다.[70] 하지만 토질의 조건 때문에 길이 측면에서 그런 바람을 충족시키는 것은 불가능했다. 표면적의 측면에서만 그런 바람을 충족시킬 수 있었다. 슈페어는 나중에 이렇게 말했다. "히틀러가 평생 만들고 싶었던 가장 중요한 건축적 기록 중 하나인 이 다리에 중요한 의미를 부여했음이 틀림없다. 그것은 미국을 능가하게 될 것이었다. 함부르크 자체가 미국의 기준을 능가하도록 의도된 것처럼…."[71] 토질 테스트가 이루어지고 시험 교각이 놓였지만, 이 프로젝트는 결코 시공 단계에 들어가지 못했다. 고층 건물 프로젝트는 최종 설계 단계에조차 들어가지 못했다. 히틀러가 디자인을 마음에 들어하지 않았다. 맨해튼과 다르게 함부르크는 바위를 기반으로 하지 않기 때문에 계획된 구조물의 무게를 지탱할 수 없었다. 함부르크에는 다른 총통의 도시들과 같은 상당 규모의 재건축이 계획되지 않았지만, 수백 개의 운하 다리, 순환도로, 아우토반 터널, 미술관, 오페라하우스 그리고 남북축을 포함한 추가적인 프로젝트들이 계획되었다. 남북축에는 5만 명을 수용할 수 있는 집회장, 정부 청사, 연병장 등이 들어서게 할 생각이었다.

1943년 4월 린츠를 방문한 히틀러는 청년 시절 이후로는 처음 오페라하우스를 다시 찾았다. 그와 동행했던 슈페어가 나중에 다음과 같은 내용을 회상했다.

> 그는 벅찬 감정을 감추지 않으면서 우리에게 위층의 값싼 좌석을 보여주었다. 그곳에서 자신은 「로엔그린」, 「리엔치」와 같은 오페라들을 처음 관람했다고 말했다. 그리고 혼자 있고 싶다는 제스처를 살짝 취했다. 한동안 그는 멍한 눈길과 긴장을 푼 모습으로 꿈꾸듯이 실내 공간을 응시했다. 5분이 지나서야 겨우 히틀러는 현실로 돌아왔다.[72]

오페라하우스뿐 아니라 고향의 모든 것들이 히틀러의 심금을 울렸다. 오스트리아 합병 이후로 린츠에 관한 그의 관심은 꾸준히 커져만 갔고, 결국엔 뮌헨에 대한 애정을 넘어서게 되었다. 그는 린츠에 관한 자신의 아이디어를 발전시켰고 그가 상상했던 구조물들—현수교, 당 본부, 호텔, 시청사, 커뮤니티홀, 극장, 오페라하우스, 군사령부, 스타디움, 미술관, 도서관, 무기 박물관, 전시홀, 콘서트홀과 두 개의 타워—에 관한 도안을 하나씩 그려나갔다. 여기에 천문관, 기술대학교 그리고 야금학 연구소를 추가하고 다시 그것들의 기본 도안을 그렸다. 새로운 철도역사도 있어야 했다. 그것은 강철과 유리로만 된 현대식 현관으로 이어지는 위풍당당한 입구를 갖게 될 것이었다. 나중에 알트아우시에서 발견된 그의 개인 도서관에는 이러한 계획들이 어떻게 전개되어 갔는지를 상세하게 보여주는 건축 도면들이 한 다발 포함되어 있었다.[73] 핵심은 거대한 미술관이 떡하니 자리 잡은 커다란 광장을 중심으로 배치된 유럽문화원이었다. 건너편에는 도서관이 설치되고 동쪽에는 오페레타하우스와 브루크너의 이름을 딴 콘서트홀을 양옆으로 끼고 있는 오페라하우스가 자리 잡게 될 예정이었다. 이곳에도 불가피하게 축이 생기게 되는데, 이 경우에는 인 덴 라우벤In den Lauben이라는 이름을 가진 대로가 축이 되어서 문화원에서 새 철도역사까지 뻗어나가게 될 것이었다. 그리고 다뉴브강 제방의 근본적인 재개발로 프로젝트를 마무리할 생각이었다. 기슬러에 따르면 "모든 것들이 철저하게 고려되었고 모든 것들에는 합리적 근거가 있었다. 환경도 고려했다. 심지어 햇빛을 받았을 때의 건물 외관도 고려했다."[74]

히틀러가 괴벨스나 다른 이들에게 했던 말을 들어보면 그는 린츠에 대해 세 가지 목표를 가지고 있었음이 분명하다. 하나는 빈을 대신하는, 오스트리아의 문화 수도로 만드는 것이었다.[75] 린츠를 세계적인 예술 중심지이자 다뉴브강가의 가장 위풍당당한 도시로 만들고자 했다. 그는 린츠를 '다뉴브강가에서 부다페스트를 능가하는 독일 도시'로 만들려 했다. 헤르만 괴링 제작소라는 이름의 철강 공장을 린츠에 세워 이곳을 교역과 산업의 중심으로 만들려는 계획도 세웠다. 이 공장을 루르 지방의 크루프 제작소보다 세 배 큰 곳으로 만들려 했다. 히틀러의 건축가, 시 관계자 그리고 이 지역의 수석 기술전문가인 프리츠 토트조차 예술의 중심이라는 린츠의 컨셉과는 미적으로나 환경적으로 맞지 않는 산업 개발에 강하게 반대했다. 하지만 히틀러로서는 나름의 이유가 있었다. 그는 자신이 살아있는 동안에 린츠의 방대한 문화 시설들을 운영하기 위해 필요한 재정적 도움을 줄 것이다. 하지만 그의 후계자도 그렇게 할까? 그는 자문해 보았다. 철강 공장이라면 린츠에 소득과 조세 수입을 제공할 수 있겠다고 그는 판단했다. 이런 식으로 하면 그의 후계자들도 꼼짝없이 그의 엄청난 문화 시설들에 자금을 대게 만들 수 있다고 여겼다. 그러니 알트아우시에서 발견된 서류 중에 75페이지 분량의 「린츠시의 미래 경제 현황」이 들어있었던 것도 놀랄 일은 아니다.

린츠는 또한 히틀러의 퇴임 후 낙향 예정지이기도 했다. 그는 이곳에서 정원이나 가꾸며 말년을 보내고 싶어 했다. 이는 곧 그가 아끼는 미술관 컬렉션을 돌보는 일을 의미한다. 그의 주택은 기슬러가 디자인했는데, 강과 새로운 도심을 굽어보는 언덕 위에 자리하게 될 것이었다. 이 도시의 지배적인 위치는 한 타워가 차지하게 될 예정이었다. 여러 새로운 도시 광장들도 그런 특징을 갖기는 하지만, 이곳에는 독특한 측면이 있었다. 저층 내부에 팔각형의 교차 볼트를 가진, 그의 부모를 위한 영묘를 설치한 점이 그렇다. 슈페어는 히틀러가 이 타워를 자신의 마지막 안식처로 생각했다고 주장했으나, 기슬러는 이 주장을 단호하게 부정했다.[76] 이 타워는 세계에서 가장 높은 고딕 첨탑인 울름 성당 타워의

과학에는 별 관심이 없었음에도 불구하고 히틀러는 제국의 여러 지역에, 심지어는 린츠에도 기술대학교들을 설립할 계획을 세웠다. 그는 천문관과 관측소 도안을 직접 그렸다.

172미터보다 낮아야 했다. 히틀러는 기슬러에게 그 이유를 설명하기를 "나는 울름시 사람들의 감정을 상하게 만들고 싶지 않네. 그들은 선조들의 업적을 무척 자랑스럽게 여기고 있거든."[77] 그래도 빈의 성 스테판 성당의 타워보다는 높아야 했다.[78] 그가 싫어하는 도시에 대한 또 다른 형태의 복수였다. 그는 기슬러에게 타워를 다뉴브강 풍경과 어울리게 만들고 아침 일출의 첫 햇살과 저녁 일몰의 마지막 햇살을 받도록 디자인하라고 지시했다. "타워 안에 차임벨을 두어서 브루크너의 교향곡 4번 「로맨틱」을 연주하게 했으면 해. 매일은 아니고 특별만 날에만. 묘하게 마음을 움직이는 이 멜로디를 차임벨로 쓰면 괜찮을 거야."[79]

1942년 히틀러의 동부전선 군사령부를 방문한 괴벨스는 총통이 자신의 린츠 프로젝트에 관한 아주 작고 하찮은 뉴스라도 얻으려고 안달하는 모습을 목격했다.[80] 전쟁이 길어지자 히틀러는 때로 기슬러를 자신의 군사령부로 불러들여, 그곳에서 군사 작전회의 중간중간에 린츠 프로젝트를 논의했다. 때로 히틀러는 기슬러의 뮌헨 작업실에 방문해 그동안 만든 커다란 모형을 꼼꼼하게 살펴보았다. 1942년 이 둘은 마지막으로 함께 린츠를 방문했다. 이 방문의 공식 목적은 러시아 작전에서 승리를 거두는 데 결정적인 역할을 할 신형 타이거탱크를 생산하는 니벨룽겐 제작소를 돌아보는 것이었다. 공장 시찰을 마치자마자, 히틀러의 마음은 벌써 자신의 문화 프로젝트를 향했다. 슈페어의 회고에 따르면 "그는 완전히 다른 모습이었다. 전날 저녁에 나와 논의했던 탱크 생산에 관한 걱정은 완전히 사라진 것처럼 보였다."[81]

군사적인 파국이 임박할수록, 그는 더욱 린츠에 대한 꿈에 몰입했다. 뮌헨에 있던 린츠시의 예상 모형은 1945년 2월 8일 총리공관의 지하 벙커로 옮겨졌다.[82] 이것은 대단한 이벤트였다. 기슬러는 이렇게 회고했다. "그에게 모형을 보여주었을 때 그의 모습이 아직도 눈에 선하다. 내가 그에게 마지막 기쁨을 준 것인지, 아니면 안 그래도 독일을 위한 그의 모든 노력과 성취와 희생이 전부 물거품이 되었다고 생각하고 있는데 마음의 상처를 덧나게 만든 것은 아닌지 여전히 잘 모르겠다."[83] 하인츠 링에는 자신의 일기에 히틀러가 첫 주에만 여러 번—9일 오전 4시, 10일 오전 3시 그리고 13일 오후 6시 45분에—모형을 보러 방문했다고 기록했다.[84] 이런 잦은 방문은 이후로 몇 주 동안이나 이어졌다. 이에 관해 기슬러는 이렇게 진술했다. "밤이든 낮이든, 몇 시가 되었든 기회가 있을 때마다 그는 모형 앞에 앉았다. … 내가 무언가 말도 꺼내기도 전에 그는 상관없다는 듯이 손짓으로 나를 내쳤다. 그는 방해받지 않으려 했고 모형에 시선을 고정시켰다."

히틀러가 누군가를 초청해 이 모형을 보여주었다면 이는 그를 특별 대우한다는 의미였다. 2월 13일 게슈타포의 수장인 에른스트 칼텐브루너Ernst Kaltenbrunner가 용기를 내어 히틀러에게 영국, 미국과의 정전협정을 제안하려 했을 때, 그가 안내를 받아 간 곳에는 히틀러가 기슬러, 링에와 함께 서 있었다. 그가 미처 한마디 꺼내기도 전에 히틀러는 린츠를 유럽의 위대한 문화 중심지로 탈바꿈시키겠다는 자신의 계획을 상세하게 늘어놓기 시작했다. 여러 세부 사항들에 관해 자세한 설명을 듣는 동안 칼텐브루너는 모형을 굽어보는 자세 그대로 꼼짝할 수 없었다고 한다. 마침내 히틀러의 장광설이 끝났다. 히틀러는 "칼텐브루너, 난 자네가 무슨 말을 하고 싶은지 아네. 하지만 날 믿어보게. 언젠가 자네와 내가 이 계획에 따라 린츠를 개축할 것이라는 확신이 없다면 난 이 자리에서 내 머리에 총알을 박아 넣을 걸세. 자네는 날 믿기만 해!"[85]라고 말했다. 칼텐브루너는 히틀러가 현실도피적인 꿈나라에 살고 있는 것이 아니라 최종 승리를 확신하고 있다고 믿으면서 그 자리를 떴다.

그의 도시 재건축 프로그램 중에서 실현된 것은 하나도 없지만, 당 광장과 관련하여 모종의 진전은 있었다. 히틀러는 이미 1935년부터 디자인 공모를 시작했으나, 관련 법령이 제정되고 프로젝트가 진행된 것은 1937년 10월부터였다. 그는 어떤 도시를 재건축 대상으로 할지 직접 결정했고 모든 계획은 그의 승인을 받도록 했다. 총통의 승인을 받기 위해서는 그 계획이 총통의 위신을 세워줄 뿐 아니라, 막대한 건설 자금 투입을 통해 상업적인 이익도 창출한다는 논리를 펼 수 있어야 했다. 대체로 관료들은 히틀러를 충분히 만족시키지 못했다. 그러나 시의 역사적인 성격을 지워버리는 일에는 기꺼이 나섰다. 다른 도시들의 경우와 마찬가지로, 이곳의 디자인은 엄격한 대칭의 원리를 따랐다. 이는 히틀러의 신고전주의적 기능주의 취향에 부합하는 양식이었다. 중심축을 따라 늘어선 건물들은 똑같았다. 커다란 행진 구역, 인민회관, 집회장, 주지사청사, 종탑 그리고 도로가 놓였다. 도로를 따라 극장, 오페라하우스, 호텔 그리고 정부청사가 자리 잡았다. 핵심은 타워였다. 타워는 도시에서 가장 높아야 했다. 누구보다 히틀러의 목적을 잘 간파한 이가 괴벨스였다. 그는 자신의 일기에 "커뮤니티홀에는 종탑이 설치되어야 했다. 그것은 미래의 교회가 될 것이다."[86]라고 털어놓았다. 이런 식으로 건축은 새로운 종교인 히틀러 숭배에 기여하는 도구가 될 터였다.

여러 광장의 모형에 관한 사진과 기록들이 남아있다. 하지만 처음으로 형태를 갖추었고 완성에 가까운 광장은 바이마르 광장뿐이었다. 히틀러가 이 도시를 좋아한 지는 오래되었지만, 그는 이 도시의 원래 배치를 싫어했다. "방문객은 높은 기대를 안고 바이마르를 방문한다. 그는 고전주의를 기대하지만, 결국엔 볼품없는 모양새만을 보게 된다."[87] 기슬러가 디자인하고, 히틀러가 이를 여러 번 수정했다. 그는 타워의 위치를 바꾸고, 주지사 사무실로 들어가는 입구를 화려하게 꾸몄으며, 장소에 풍취를 더하기 위해 타워 근처에 분수를 배치했다. 그리고 인민회관 왼편에—괴테의 시에서 영감을 얻어—커다란 프로메테우스 동상을 설치했다. 주지사 사무실이 너무 튀지 않으려면 그것을 광장의 중심축에서 벗어나도록 옮겨야 한다고도 주장했다. 바이마르 계획은 다른 도시들의 범례가 되었다. 나름대로 그것은 로마 도시의 전통적인 광장을 닮았다. 기다란 축의 한쪽 끝에는 의미심장하게 인민회관을 배치했는데, 이는 고대 도시의 신전이 있던 자리에 해당하는 위치다. 이 회관들은 베를린의 그레이트홀에 상응하며, 사실상 총통을 숭배하는 장소였다.

계획만 무성했지 실제로 지어진 것이 별로 없는 히틀러의 개인적 프로젝트와 달리, 개별 나치 기관들의 후원하에 상당히 많은 공사가 진행되었다. 바이마르 시대에 비하면 공공주택 건설이 줄기는 했지만, 그래도 꽤 많은 '히틀러 마을들'과 저소득층을 위한 일련의 작은 집들이 지어졌다. 히틀러는 이런 프로젝트에는 거의 관심을 기울이지 않아서 그런 프로젝트들이 각자 나름의 양식을 따르도록 허용했다. 대체로 기능주의적이면서 유리와 강철을 사용한 산업 시설들과 달리, 히틀러 청소년단 시설, 호스텔과 같은 건물들은 나무 기둥, 노출된 참나무 들보, 세공한 철, 목골 구조, 초가지붕 또는 박공지붕과 같은 고풍스런 특징을 지닌, 오래된 튜턴 양식을 즐겨 채택했다. 일반적으로 디자인은 지역의 양식적 전통을 따라 결정되었다. 남부 지역에서는 스위스 농가 풍을 따랐고 북부 지역에서는 목골 구조, 박공지붕과 초가지붕을 채택했다. 이런 건물들은 기능적이면서 상대적으로 인간미가 느껴졌다.

아돌프 히틀러 학교, 국가사회주의대학, 국립정치교육원 그리고 이른바 오르덴스부르크라는 이름으로 알려진 나치 교육기관 건물들은 인간미와 거리가 멀었고 기사들의 성을 연상시켰다. 이런 기관들이 갖는 상징적인 의미를 고려하여 건물 부지도 신중하게 선택했다. 이 건물들은 산꼭대기와 같은 높은 곳에 자리 잡고 있어서 광대한 풍경을 지배하고 위협하는 것처럼 보였다. 히틀러는 이 기관들의 디자인에 큰 관심을 보였다. 그는 세 곳의 오르덴스부르크—바바리아의 손토펜에 있는 것은 기슬러가 디자인했고, 라인란트의 포겔상과 포메라니아의 팔켄부르크에 있는 것은 클레멘스 클로츠Clemens Klotz가 디자인했다—가 보여주는 '공간 활용의 꾸밈없는 단호함'[88]을 칭찬했다. 이 건물들은 중세 요새를 흉내 내어 석재와 목재로 지어졌고 단호하고 거친 느낌을 주는 양식을 택했다. 이는 남성적인 힘과 영웅주의라는 나치의 이념을 상징하기 위해서였다. 나치 교육기관 건축의 그로테스크함은 킴호에 있는 기슬러의 아카데미에서 정점에 달했다. 상세한 나무 모형이 건물 단지의 모습을 미리 보여주었다. 순전히 무자비한 느낌을 주려는 목적이라면 그보다 더 적절한 건물이 없었다. 어떤 건축사가는 이 건물들이 "나치 체제의 공공건물 가운데 가장 미적인 성공을 거두었다."[89]라고 했지만, 이것들은 규모 면에서 억압적이고, 차갑고, 비인간적이며, 감옥처럼

1940년 이후 뮌헨에 관한 히틀러의 관심이 식어감에 따라, 린츠를 세계적인 예술의 중심이자 다뉴브강 유역에서 가장 멋진 도시로 만들려는 그의 결심은 더욱 굳어졌다. 사진 속의 이 모형에서 강 저편에 시청사, 종탑 그리고 그의 부모를 안장한 영묘, 마을회관과 공원이 보인다. 반대편 제방에는 기쁨을 통한 힘 호텔, 헤르만 괴링 제작소와 기술대학교의 사무실이 자리 잡고 있다.

보인다. 이 건물들은 이렇게 선언하고 있다. 이곳에서 인간 존재는 훌륭한 국가사회주의자로 세뇌, 개조될 것이다. 피터 게이Peter Gay의 표현에 따르면 '그들은 피로써 생각하고, 카리스마적인 지도자를 숭배하며, 살인을 찬양하고, 삶의 얼굴을 한 죽음의 취한 포옹 속에서 영원히 이성을 쫓아내기를 희망하는'[90] 인간이 될 것이다.

베를린 벙커에 있는 히틀러, 기슬러, 린츠 토박이인 칼텐브루너, 하인츠 링에.

서부전선에서 거둔 승리에 한껏 도취된 히틀러는 당장에라도 자신의 건설 프로젝트를 진행하고 싶어 안달이 났다. 슈페어는 나중에 지타 세레니에게 이렇게 말했다. "그 놀랍도록 뜨거웠던 여름에도 그는 오로지 그 문제에만 몰두하고 있는 것처럼 보일 때가 있었답니다."[91] 만일 히틀러가 소련을 상대로 전쟁을 확대하지 않았다면, 그가 설정한 10년이라는 기간 동안 그림판에 걸린 그의 건설 계획만큼 중요한 문제는 없었을 것이다. 그의 건설 프로젝트들은 모두 합치면 역사상 가장 큰 건설 프로그램이 될 터였다.[92] 이것이 불러일으킬 실질적이고 재정적인 문제 때문에 그의 건축가, 정부 관료, 당 지도자 그리고 시장들은 겁을 집어먹었다. 히틀러는 이런 문제들로 관료들과 씨름하기를 거부했다. 괴벨스의 일기나 슈페어의 회고록에는 그가 자신을 방해하는 어떤 것도 용납하지 않으려 했다는 언급들이 수없이 담겨 있다.

기슬러가 디자인한 바이마르 당 광장의 모형. 아돌프 히틀러 광장(중앙) 주변으로 바우하우스 양식의 납작한 지붕을 가진 인민회관(왼쪽), 당 사무실 그리고 가장 중요한 종탑이 배치되어 있다. 1936년부터 시작된 공사는 전쟁이 끝날 때까지 이어졌다. 현재는 커뮤니티 센터로 사용되고 있다.

가장 다루기 힘든 문제 중 하나는 바로 자금이었다. 총액을 말해 볼 수는 있다. 하지만 총액 계산이 가능하다 하더라도 별 의미가 없는 것이 화폐 가치가 엄청나게 달라졌기 때문이다. 군비 지출 규모가 엄청났던 1938~1939년의 제국 전체 예산이 380억 마르크였던 것에 비해, 히틀러의 도시 건설 프로젝트 비용만 1,500억 마르크 정도로 추산된다는 사실에서 대략 파악할 수는 있다. 이 수치는 모두를 겁에 질리게 했다. 단, 히틀러만은 제외하고. 프로젝트가 진행되기 전에도 그는 돈 문제를 생각하지 않으려 했다. 괴벨스에 따르면 "총통은 돈에 관하여 이야기하고 싶어 하지 않는다. 어떻게든 비용은 치러질 것이다. 프리드리히 대왕도 상수시를 지을 때 돈에 관해 걱정하지 않았다."[93]라고 한다. 그가 슈페어에게 말했듯, 전함보다 건물이 중요했다. 평생토록 히틀러는 문화적인 가치를 지닌 어떤 것에 가격을 매긴다는 발상을 경멸했다. 『나의 투쟁』에서 그는 정부보다 대기업이 건물에 더 많은 돈을 쓴다는 사실에 분개했다. 그는 권좌에 오르기까지 돈이 자신의 앞길을 방해하도록 놔두지 않았다. 그리고 집권 이후로도 그러지 않았다.

재무장관 슈베린 폰 크로지크는 자신의 자서전에서 히틀러가 초창기의 회의 때부터 자신은 돈에 관한 모든 것을 극도로 혐오한다는 사실을 분명히 밝혔다고 했다.[94] 한번은 그가 공적 자금을 낭비해서는 안 된다는 사실을 이해하는 듯한 태도를 보여주었다. 하지만 이때조차 그는 자신의 프로그램이 자금 부족으로 실패해서는 안 된다는 점을 명확히 했다. 시간이 지남에 따라 자금 문제는 점점 더 심각해졌다. 재무장관과 만날 때마다 히틀러는 장광설을 쏟아내기 시작해 단 한마디 이의를 제기할 틈도 주지 않았다. 한번은 자신의 건설 계획에 관해 이야기하면서 장관의 생각을 떠보려 했다. 그러나 장관이 이의를 제기하기도 전에 그는 이렇게 말했다. "기껏해야 한 세대 지나면 폐기될 어정쩡한 해결책을 받아들이기보다는 근본적이고 지속적인 무엇을 창조하는 것이 항상 더 경제적이고 실용적인 법이오. 재건축된 베를린은 수많은 외국인을 매료시킬 것이니 이 여행객들이 독일에 가져다줄 돈으로 부채를 갚을 수 있소."[95] 이것으로 회의는 끝났다.

히틀러는 슈페어와 같은 주장을 펼쳤다. "50년 내로 내 건물들이 얼마나 커다란 국가 수입원이 될 것인지를 재무장관이 안다면! 루트비히 2세 시대에 있었던 일을 기억하시오. 궁전에 들인 비용 때문에 다들 그를 미쳤다고 했지만, 오늘날에는 어떻던가? 오버바이에른을 여행하는 사람들은 다 그 궁전을 볼 요량으로 거기에 가지 않소. 이미 오래전에 입장료만으로 그 건물에 들인 비용을 충당했지."[96] 슈페어도 돈에 대한 히틀러의 고고한 태도를 공유하게 되었다. 슈베린 폰 크로지크는 슈

알게우알프스의 손토펜 근방에 있는 오르덴스부르크는 기슬러가 디자인했다. 이곳은 선택된 소수가 '힘든 이데올로기적, 신체적 훈련'을 받고 나서 당과 국가를 위해 복무하게 될 곳이었다. 1934년부터 공사를 시작해 1937년에 개관한 이 건물은 끝내 완공되지 못했다.

페어도 상대하기 어렵다는 사실을 알게 되었다. 히틀러처럼 슈페어는 재무장관을 속물로 치부했다.

그럼에도 돈은 독일 납세자들의 호주머니에서 나오는 것이므로 히틀러는 건설 비용을 감추기 위해 극단적인 방법을 사용했다. 대중들에게 이를 비밀로 하도록 명령하는 한편, 정부 내에서 비용 산정을 금지하기까지 했다.[97] 대신에 그가 독일 국민을 상대로 계속해서 이야기한 것은 위대한 문화 작품들은—그는 판테온의 사례를 들었다—천년의 성취를 위한 한 번의 희생이라는 점이었다. 1938년에 군비 지출이 커짐에 따라, 히틀러는 건설 프로젝트 자금 모금을 위한 특별 계획을 준비했다. 사실상 정부 부처나 다른 기관들에게서 돈을 뜯어내려는 계획이었다. 모은 자금은 하나의 계좌에 넣어서—1942년에 3억 마르크에 달했다—

슈페어의 관리하에 건설 비용 충당에 쓰도록 했다.[98] 결국 총통의 도시들을 제외하고는 지방자치단체들이 대부분의 고통을 감수해야 했다. 예를 들어 아우구스부르크 광장 건설을 위한 자금은 모든 공공주택 건설을 중지함으로써 모을 수 있었다.[99]

필요한 인력과 건설 자재를 구해야 하는 실질적인 문제도 있었다. 1950년까지 프로젝트를 마무리하겠다는 히틀러의 계획은 현실성이 없었다. 슈페어는 건축가들이 총통의 도시 계획을 수립하는 데에도 10년은 걸릴 것이라고 내다보았다.[100] 어마어마한 군사 시설 건설 프로그램을 포함한 다른 분야의 요구와도 경쟁해야 했기 때문에, 인부와 숙련공을 충분히 확보하기란 거의 불가능했다. 뮌헨과 함부르크 프로젝트만 해도 10년 동안 10만 명의 인부를 필요로 했을 것이다.[101] 전쟁이 발발하기 전에도 뉘른베르크의 노동 사정은 불안정했다.[102] 쉬는 날도 없이 당대회 건물 건설에 이례적으로 긴 노동 시간을 강제한 결과였다. 1937년에 벌써 친위대는 강제수용소 수감자들을 관리하기 위한 부서를 만들었다.[103] 이 부서는 나중에 이들을 돌 캐는 작업에 노예로 부렸다. 히틀러의 프로젝트는 너무나 방대해서 히틀러가 설정한 10년의 기간 동안 동유럽과 소련 출신 300만 명에게 강제 노역을 시켜야만 했을 것으로 추산된다.[104] 외국인 노동자들을 잡아들이는 일을 맡은 프리츠 자우켈Fritz Sauckel은 나중에 이 범죄로 교수형을 당했다. 그들을 데려다 썼던 슈페어도 20년 형을 선고받았다.

건설 자재의 충분한 공급도 문제였다. 수 세기 동안 대부분의 유럽 지역에서 귀했던 목재는 1937년부터 배급제가 시행되어야 할 정도로 수요가 많았다.[105] 히틀러가 고집한 화강암과 같은 단단한 돌도 쉽게 구할 수 없었다. 뮌헨과 뉘른베르크 프로젝트에서만 덴마크, 프랑스, 이탈리아, 스웨덴 모두의 1년 생산량 4배가 되는 화강암이 쓰였다.[106] 노르웨이 점령으로 공급원이 하나 더 늘기는 했지만, 스칸디나비아 채석장으로부터의 운송을 위한 항구와 선박을 만들어야 하는 문제가 있었다. 대리석 확보 역시 비슷한 어려움을 겪었다. 히틀러는 소련 침공을 통해 이 문제를 해결할 수 있을 거라고 생각했다. 그는 슈페어에게 이렇게 말했다. "우리는 그곳에서 우리가 원하는 만큼의 화강암과 대리석을 얻을 수 있을 거야."[107]

폴란드 침공 이후 대부분 프로젝트가 보류되었지만, 서부전선에서 손쉽게 승리를 거둔 다음 히틀러는 공사 재개를 명령했다. 하지만 전쟁을 이어가기로 한 영국의 결정은 격분과 혼란을 낳았다. 그는 놀라운 건축 계획에 할애할 수 있었던 시간을 처칠 때문에 3분의 1이나 빼앗겼다고 불평했다.[108] 독일국방군이 동부전선에서 보낸 끔찍한 첫 겨울 이후에—이때 수송 체계는 거의 붕괴 상태에 빠져 있었다—슈페어는 히틀러에게 총통 도시 건설에 투여되었던 인력 6만 5,000명 중 절반을 철도망 수리 쪽으로 보내달라고 간청했다. 히틀러는 이와 같은 간청을 직접 거절했다. 1942년 중반이 되어서야 그는 이런 요청이 불가피함을 받아들였다. 괴벨스는 "무거운 마음으로 자신의 건설 프로젝트에서 손을 뗐다. 더 이상 그런 프로젝트에서 기쁨을 얻지 못했다…."[109]라고 했다. 스탈린그라드에서 겪은 재앙 이후에 그는 마침내 작업 중지를 허락했다. 그런 와중에도 폭격당한 오페라하우스의 재건과 총통 도시들에서 몇몇 작업은 이따금 멈추기는 했어도 끝까지 계속되었다. 1943년부터는 건설이 아닌 재건을 위한 수요만 있었다.

1940년 이후에 히틀러는 좀처럼 대중 앞에 모습을 드러내지 않았다. 괴벨스의 요청이 있었지만 폭격당한 도시 어느 곳도 방문하지 않았다. 언제나처럼 냉담한 태도를 유지한 그는 독일 도시들의 끔찍한 파괴에 무관심했다. 무관심할 뿐 아니라 사실상 반기는 태도를 보였다. 오래된 도심이 파괴되면 자신의 재건축 프로그램을 가동할 기회가 생기기 때문이었다. 1942년 쾰른의 대공습이 있고 난 뒤, 괴벨스는 히틀러가 폭격된 지역을 표시한 이 도시의 지도를 꼼꼼히 살피고 있는 모습을 목격했다. "그는 영국이 특정 도시를 공격한 것이 비록 끔찍하기는 하지만 잘 된 측면도 있다고 굳게 믿었다. 철거되어야만 했으며 철거하려면 지역민들의 상당한 심리적 저항을 각오해야 했던 거리들이 파괴되었기 때문이었다. 이 점에서 적들은 우리에게 도움을 주었다."[110] 꼭 1년 만에 루르 지방에도 대대적인 공습이 있었다.[111] 뒤셀도르프, 도르트문트, 부퍼탈과 같은 도시들이 날아가고, 바르멘과 같은 마을이 지구상에서 흔적도 없이 사라질 지경에 놓이게 되자 그는 이런 곳들이 "미적인 측면에서 매력적이지는 않았다."라고 하면서 전후의 교통량 증가를 예상한다면 어쨌든 이곳들은 재건될 필요가 있었다고 말했다.

항상 건축가-건설가임을 자처했던 그는 이제 대대적인 전후 도시 재건사업을 염두에 두고 있었다. 그의 아이디어 중 일부는 꽤 그럴 듯했다. 그는 베를린의 도심부 아파트 단지와 주택을 재건축하는 대신 녹지로 바꾸기로 했다. 많은 주택이 주변부로 이전되었고 확장된 지하 교통망을 통해 도심과 연결되었다. 하지만 그럼에도 여전히 그의 프로젝트들은 비정하고 인간미가 없었다. 사실 그는 1944년 전선에서 돌아오며 베를린 상공을 비행기로 날아가기 전까지는 파괴의 확산 정도를 시찰하지 않았다. 하지만 그때 그가 목격한 장면만큼은 무척 충격적이었다.[112] 그래서 그는 도시 전체가 재건축되어야 한다는 사실을 깨달았다. 그리고 재건축이 족히 20년은 걸릴 것이라고 말했다.

미학과 교통

히틀러의 아우토반은 대체로 혁신적이고 성공적이며 진보적인 성취로서 칭찬을 받아왔다. 건설 중일 때에도 이 총통의 길Straßen des Führers 또는 히틀러의 길Straßen Adolf Hitlers은 히틀러의 천재성, 국가사회주의의 활력, 독일 기술의 월등함을 보여준다고 선전되었다. 분리된 도로, 넉넉한 폭, 뛰어난 공학, 환경적 감수성, 시골 풍경과의 조화, 멋진 조경, 네잎클로버 모양의 입체교차로, 날렵한 교량과 고가도로, 모던한 휴게소, 식당을 갖춘 아우토반은 세계에서 가장 앞선 도로 체계로서 세계적인 모델이 되었다. 이를 상찬했던 수많은 외국인 중에는 데이비드 로이드-조지도 있었다. 전 수상인 그는 1936년 9월 베르그호프를 방문해 히틀러에게 경의를 표하고 그가 특히 관심 있게 살펴보았던 고속도로에 관해 이야기를 나누게 되었다.[1] 그는 자신이 보았던 것들에 깊은 감명을 받았고 본국으로 돌아와 자신을 초청했던 히틀러를 '대단한 사람'이라고 칭찬했다.

그렇지만 히틀러가 이 고속도로들을 무엇보다 미적인 기념물로 여겼다는 점은 널리 인식되지 못했다. 역사상 처음으로 도로가 단순히 교통을 위한 실용적인 수단만이 아닌 영속적인 가치를 지닌 예술 작품으로 간주되었다. 히틀러는 이것을 피라미드에 비견될 만한 것으로 만들고자 했다. 시각적인 요소는 처음부터 핵심적인 위치를 차지했다. 그는 본과 쾰른 사이에 놓인 고속도로가 얼마나 따분한지 언급한 적이 있다. "하지만 베를린에서 출발해 뮌헨으로 갈 때는 아름다운 풍경이 연이어 나타났지."[2] 아우토반은 차량의 지점 간 이동을 원활하게 하기보다는 이 나라의 자연적, 건축적 아름다움을 자랑하려는 의도에서 지어졌다. 언덕, 계곡, 숲과의 조화를 깨트리지 않으면서 매력적인 지역을 통과할 수 있는 경로가 선택되었다. 여행자들이 멈춰 서서 경관을 감상할 수 있도록 대기 공간도 만들어졌다. 어떤 경우에는 특별히 인상적인 풍경을 제공하기 위해 추가적인 비용을 감수하면서 우회로를 선택할 때도 있었다. 공사가 환경에 미치는 피해를 최소화하기 위해서도 상당한 노력을 기울였다. 경관 설계자들이 계획을 검토하게 했고, 방향 표시를 신중하게 달았으며, 휴게소는 되도록 눈에 띄지 않게 했다. 교량과 고가도로들도 풍경과 어울릴 뿐 아니라 그 자체가 건축적인 성과로서 의미를 갖도록 디자인되었다. 이것들은 아름다우면서도 맵시가 있어야 했다. 도로는 교차로 없이 시골을 시원하게 달릴 수 있어야 했다. 이는 히틀러의 1925년 스케치북 도안에서 이미 확인할 수 있었다.

하지만 이러한 미적 수단으로 이루려는 목표는 과대망상적 자기 탐닉의 또 한 사례를 보여준다. 히틀러는 도로에 매료되었다.[3] 그가 도로에 관해 지닌 호기심은 란츠베르크 시절까지 거슬러 올라간다. 여기저기에서 벌어지는 집회에 연달아 참석하기 위해 끊임없이 이동해야 했던 '정치 투쟁'의 시절에 그는 차량으로 독일 전역을 종횡무진 돌아다녔다고 했다.[4] 그게 어느 정도인가 하면 '독일 전역의 도로를 누빈 그의 이동 경로를 다 합치면 지구 둘레의 12배에서 15배 정도에 해당'한다고 했다. 그러니 그가 독일 도로망에 관해 '놀라운' 지식을 가지고 새로운 도로망 배후의 주역이 되었다는 사실이 놀랄 일은 아니다. 그런데 아직 말하지 않은 것이 있다. 국민 전체로 보면 철도가, 상업 및 산업을 위해서는 운하가 더 중요하다는 사실도 히틀러에게는 별로 문제 되지 않았다는 점이다. 그는 기차 여행이 지루하다고 생각했다. 처음 탑승할 때 불쾌한 경험을 한 뒤로는 항공편도 싫어했다. 그는 "내가 좋아하는 건 자동차야. 차를 타고 가며 사람들, 시골 풍경, 기념물들을 보는 건 내 평생 가장 즐거운 경험이었다고 말해야겠네."[5]라고 했다. 사회가 차량 증가를 목전에 두고 있다는 선견지명보다 이런 감상이 고속도로 건설의 진짜 동기였다.

고속도로라는 개념은 히틀러가 처음 생각한 것이 결코 아니었다. 독일에서 그 시작은 1911년까지 거슬러 올라간다. 1921년에 이미 짧은 코스의 고속도로가 베를린에 건설되기도 했다. 하지만 1년 후에 고속도로의 원형이라 할 만한 것을 짓고 1924년 도로 통행을 개시한 곳은 북부 이탈리아였다. 그 후 독일의 민간도로협회가 그와 비슷한 도로의 제안서를 내놓았다. 함부르크에서 출발하여 프랑크푸르트를 경유해 바젤에 이르는 도로였다. 이미 기술적, 재정적 세부 사항들에 관한 밑그림을 그려놓았기 때문에 1932년에는 모든 준비가 완료되었다고 할 수 있었다.[6] 하지만 이 계획은 여러 가지 이유로 실현 단계에 돌입하지 못했다. 공산주의자들과 국가사회주의자들, 제국의회의 강한 반대도 그 이유 중 하나였다. 이들은 바이마르 공화국을 무너뜨리고 싶었고, 제대로 작동하기를 원하지 않았다.

총리로 임명된 지 2주 만에 히틀러는 두 차례—첫 내각 회의와 베를린국제자동차쇼에서—대규모 도로 건설 프로그램에 관해 언급했다.

그는 말과 수레도 다니는 길이 있고, 기차도 다니는 철로가 있는 것처럼, 현대적인 교통수단 역시 현대적인 도로를 가질 필요가 있다고 말했다. "과거에는 한 나라의 생활 수준을 가늠하는 기준이 철도 시스템의 질에 있었습니다. 미래에 그 기준은 고속도로의 질에 있게 될 것입니다."[7] 히틀러가 1933년 1월 당의 교통 고문인 프리츠 토트로부터 받은 보고서의 영향을 받았다고 추정하는 것이 일반적이다. 이 보고서는 8,000킬로미터에서 1만 킬로미터에 이르는 도로 건설을 제안하면서, 이것으로 60만 개의 일자리를 창출하고 상업 운송을 촉진하며 전시에 군대를 빠르게 파견할 수 있다고 했다. 함부르크-바젤 고속도로 계획에서 고려되었던 기존의 기술적 토대와 결부된 이 보고서는 당장에라도 실행에 옮길 수 있는, 눈길을 끄는 프로젝트를 히틀러에게 제안했다. 이는 대중, 건설업계, 실업자들에게 매력적인 제안이기도 했지만, 꾸물거리는 바이마르 정권과 다르게 나치 정부는 단호하고 역동적이며 현대적이라는 인상을 심어줄 수 있을 것이었다.

'인상을 심어준다.' 이는 히틀러의 계산에서 가장 중요한 요소였다. 당시 상황에서 모던한 도로망은 실용적이지 않았다. 독일에는 기껏해야 50만 대의 승용차와 16만 대의 화물차밖에 없었기 때문이다.[8] 엄청나게 복잡하고 돈이 많이 드는 고속도로 건설은 여기서 이익을 볼 사람이 거의 없는 낭비였다. 라인-마인-다뉴브 운하와 같은 꼭 필요한 내륙 수로나 철도에 자원을 집중하는 것이 논리적으로 합당했다. 나치당의 고위급 간부들 사이에서도 강한 반대 의견이 나왔지만, 히틀러는 이를 모두 일축해 버렸다. 그는 자신의 고속도로를 가지고야 말 생각이었다. 어쨌거나 이것은 자신의 천재성에 바치는 또 하나의 기념물이었기 때문이다. 대대적인 선전 캠페인을 벌이면 사람들의 의혹 따위는 극복할 수 있을 것이었다. 곧 도로는 차량으로 붐비게 될 것이라고 반대자들을 설득했다. 그리고 이를 위한 비책을 꺼내들었다.

아주 단호하게 밀어붙인 끝에 1933년 6월 드디어 히틀러는 아우토반 건설을 승인하는 법을 공표할 수 있었다. 그리고 이를 실행에 옮기기 위해 그는 주요 도로건설사의 최고경영자이자 확신에 찬 국가사회주의자인 토트를 주목했다. 슈페어처럼 그는 대단히 유능했으며, 예술적 감각을 지녔을 뿐 아니라 히틀러가 원하는 바를 간파할 줄 알았고, 무척 능숙하게 그것을 실천적인 형태에 담았다. 그와 히틀러는 함께 도로 폭, 노선 배치와 같은 필요한 사항들에 관한 지침을 마련하고 7월에 발표했다. 토트는 아마도 다른 고위 간부들에게서도 칭찬받는 유일한 고위 간부였을 것이다.[9] 그는 자신을 내세우기보다는 일에 헌신하는 올곧은 사람이었다. 하지만 그는 독실한 나치였다. 아우토반에 관해서라면 히틀러보다 더한 이데올로그였다. 여느 훌륭한 독일인처럼 그는 도로를 물리적 대상인 동시에 철학적 개념으로 바라보았다. 그리고 여느 충실한 나치들처럼 그 개념을 인종주의 관점에서 규정지었다. 그는 「북유럽인과 여행」이라는 제목의 연설에서 아우토반의 기능은 북유럽 인종의 피에 흐르는 충동인 모험 정신을 발산하게 하는 데 있다고 했다.[10] 또 다른 연설에서는 북유럽인이 여행하게 될 도로는 독일의 풍경과 '독일 정신'이 지닌 특징을 반영한 독일적인 도로가 되어야 한다고 주장했다.[11] 그 도로들의 건설에 관해서는 이런 말을 했다. "콘크리트와 강철은 물질적인 요소들이다. … 국가사회주의의 기술로 인해 그것들의 사용은 이데올로기적인 내용을 갖게 된다." 다행히도 이런 허튼소리가 실천에 옮겨진 결과는 꽤 양호했다. 이는 결국 미적인 원리가 지배 원리가 될 수밖에 없었음을 의미한다. 토트는 알빈 자이페르트Alwin Seifert라는 일류 조경건축가를 채용해서 그에게 조경을 맡기고 독일 도로교통 총감독의 제국조경대변인이라는 기괴하고 요란한 직함을 부여하기도 했다.

히틀러의 1925년 스케치북에 담긴 도안을 보면 그의 도시 재건축 안은 교차도로를 들어 올리거나 아래로 지나가게 해서 주도로의 교통 흐름을 원활하게 하는 방식을 예견하고 있음을 알 수 있다. 히틀러는 나중에 그의 모든 주요 도시 프로젝트가 이런 특징을 지니고 있다고 주장했다.

총리 취임 후 불과 여덟 달 만인 9월 23일에 히틀러는 함부르크-바젤 아우토반 건설의 첫 삽을 떴다. 작업은 군사작전을 방불케 할 정도로 빠르고 능률적으로 진행되었다. 1935년 5월 프랑크푸르트에서 다름슈타트에 이르는 첫 구간은 2년도 안 되어 개통했다. 지붕 없는 벤츠에 탑승한 채 고속도로를 질주하는 히틀러의 모습이 언론과 뉴스 영화로 공개되었다. 길 양편에서는 환호하는 군중들이 그에게 인사하며 개통을 축하하고 있었다. 금세 세계의 이목이 아우토반에 집중되었다.

사실상 그것은 히틀러에게 횡재와도 같은 최고의 선전 도구 중 하나로 빠르게 발전했다. 독일 언론은 이때다 싶어 이것이 '중국의 만리장성보다 위대하고', '피라미드보다 인상적이며', '아크로폴리스보다 위풍당당하고', '이전 시대의 성당보다 화려한', '시대와 장소를 막론하고 가장 위대한 걸작', '세계의 여섯 번째 불가사의'라면서 아우토반을 띄우기에 여념이 없었다. 말할 필요도 없이 그것은 국가사회주의 체제가 민주정부보다 우월하다는 증거로 선전되었다.

토트의 말에 따르면 히틀러는 '작업이 자기 뜻대로 진행되고 있는지 확인하기 위해' 진척 상황을 아주 세심하게 살폈다. 때로는 경로 선정에 개입하기도 하고 다리 공모전에서 최종 선발을 맡기도 했다.[12] 아우토반에 관해서라면 히틀러는 모더니스트였다. 그의 고속도로는 최신 디자인과 기술의 탁월한 사례였다. 그는 휴게소 디자인을 고르겠다고 고집하기도 했다. 초기의 휴게소 디자인은 기능주의적이고 단순하며 평평한 지붕을 가지고 있어서, 마치 바우하우스에서 바로 나온 것 같았다. 실제로 휴게소 두 군데는 바우하우스 디자인을 따랐다.[13] 미스 반데어로에가 직접 제출한 디자인 안이 발견되기도 했다. 그러다가 1938년에 디자인 컨셉이 바뀌었다. 더 이상 아우토반 휴게소는 단순히 기름을 채우기 위해 들르는 곳이 아니게 되었다. 이제는 레스토랑과 레크리에이션 구역을 갖춘 휴게 공간이 되었다. 휴게소는 자연의 아름다움을 만끽할 수 있는 장소 또는 역사적이거나 중요한 의미를 갖는 장소 근방에 자리를 잡게 되었다. 따라서 휴게소 건물의 양식도 지역의 건축 전통과 조화를 이루어야 했다. 미적 효과가 기능의 자리를 대신하게 되었다.

다리와 고가도로가 기술과 목가적인 환경을 조화시키는 문제를 가지고 씨름해야 했던 것은 주로 미적인 이유에 있었다. 이는 히틀러를 매료시킨 난제였다. 전후에 하인리히 호프만은 이렇게 말했다. "교량 건설의 이론과 실제에 관해 그가 늘어놓는 장광설을 얼마나 많이 들었는지 모른다."[14] 하지만 처음으로 지은 몇몇 다리가 실망스러웠던 히틀러와 토트는 교량 디자인을 기술자가 아닌 상상력과 미적 감각을 지닌 건축가에게 맡기기로 결정했다. 따라서 토트는 프리드리히 탐스Friedrich

1935년 5월 19일 히틀러는 프랑크푸르트에서 다름슈타트에 이르는 아우토반의 첫 구간을 개통했다. 단순한 고속도로가 아닌 아우토반은 세계를 향해 독재가 민주주의보다 효율적이며, 나치 독일이 기술과 미학, 기계와 자연, 과거와 미래를 조화시켰음을 선언했다.

Tamms와 파울 보나츠를 불러 작업을 감독했다. 히틀러는 이들이 전에 설계한 다리들을 상찬한 바 있었다. 보나츠는 나중에 여러 다리를 디자인했다. 특히 림부르크의 돌다리와 쾰른-로덴키르헨 현수교 둘은 모더니스트 작품이었다. 기슬러의 증언에 따르면 히틀러는 후자에 관해 이런 말을 했다고 한다. "그것은 고전미를 갖추고 있어. 우리의 모든 건물도 그럴 수 있게 노력해야 해. 그리고 그것은 오래도록 지속할 유효성을 갖추고 있어."[15] 1938년 말이 되면 히틀러의 다른 건설 프로젝트 때문에 돌을 구하기가 어려워져 다른 자재를 찾아야만 했다. 디자인은 점차 기념비주의—프리드리히 탐스의 후기 프로젝트에서 이런 경향이 뚜렷이 나타난다—의 희생물이 되었고, 이는 기술이 자연을 앞지르는 결과를 낳았다. 1933년과 1941년 사이에 총 9,000개의 다리와 고가도로가 건설되었다.[16] 이것들은 대체로 아우토반의 가장 주목할 만한 성공이자 아

라인란트팔츠의 아이젠베르크 근방에 지어진 돌다리와 뮌츠하임 근방의 벽돌다리는 맵시가 있었다. 모더니스트적인 아우토반 고가도로의 예라고도 할 수 있었다. 환경과 조화를 이루도록 지어진 이 구조물들은 이제 평평한 시골을 뒤로하고 언덕이 많은 시골에 진입하게 되었음을 알려주는 역할도 했다.

우토반 신화의 핵심 요소로 평가되고 있다.

히틀러는 자신이 아끼는 회화와 오페라에 관한 선호를 대중들도 공유하기 바랐던 것처럼, 여행자들이 자신처럼 아우토반을 미적인 모험으로 즐기기를 원했다. 이를 위해 미디어는 여행자들이 어찌해야 할지를 알려주었다. 나치당이 펴낸 자동차 잡지 「디 슈트라세Die Straße」는 여행자들에게 한 장소에서 다른 장소로 서둘러 이동하기 위한 목적이 아닌, 시골의 아름다운 풍경을 '경험'하기 위한 목적으로 도로를 이용하라고 했다.[17] 그러면 도로 여행은 공간과 운동, 높이와 깊이, 좁은 통로,

다리는 아우토반 신화의 핵심 요소였다. 미국의 교량 건설업자들이 종종 좀 더 힘겨운 기술적 문제에 도전했지만, 독일인들은 미적인 성취 면에서 타의 추종을 불허했다. 파울 보나츠가 이 방면의 대가였다. 그가 림부르크의 란강에 놓은 다리와 슈투트가르트-울름 아우토반을 따라 계곡 위에 놓은 다리는 기념비주의, 환경에 대한 배려 그리고 기술 사이의 조화로운 균형을 통해 멋진 건축 작품을 만들어낸 사례들이다.

광활하게 열린 공간에 관한 인식을 제공할 것이라고 약속했다. 하지만 차가 없는 절대다수는 그런 것들을 영화나 사진을 통해 간접 경험할 수밖에 없었다. 그러나 여전히 아우토반은 그 자체만으로 가치를 인정받았다. 거의 반세기가 지나 한 독일 건축사가는 이렇게 썼다. "그것은 의심할 여지 없이 히틀러의 가장 인기 있는 건설 프로젝트였다. 광장이나 리모델링된 도시들보다 더 대중에게 매력적으로 다가왔다."[18] 어떤 의미에서는 지나치게 인기가 있었다. 종전 직후에 "적어도 아우토반만큼은…."[19]이란 말은 히틀러에 관해 무언가 좋은 이야기를 하고 싶어 하는 완고한 나치들의 단골 레퍼토리가 되어버렸다.

히틀러의 관심이 전쟁을 향하고 토트의 관심이 서부전선의 방어시설 강화를 향하게 됨에 따라, 아우토반 건설은 1938년부터 축소되기 시작했다. 그해 여름에 3,000킬로미터의 도로가 완공되고 약 3,500킬로미터의 도로가 추가적으로 건설 중이었는데, 그중에서 500킬로미터 정도가 완공되었다.[20] 토트는 본래 고속도로가 전쟁에 유용하다고 주장한 바 있지만, 히틀러는 이런 생각을 전혀 가져본 적이 없다. 사실 고속도로 경로는 최전선과 직접 이어지지 않았고 고속도로 포장은 탱크를 지탱할 만큼 두텁지 않았다. 이 도로는 독일국방군에게 유용하기는 커녕, 하얗게 빛나는 표면 때문에 적 비행기에게 쉽게 방향을 알려주는 역할을 해서 페인트로 위장해야만 했다. 이는 히틀러에게 큰 타격을 주었다.[21] 그는 '그에게 큰 기쁨이었던, 희고 아름다운 널찍한 도로를 드라이브하는 일이 어렵게 된 점'이 너무나 아쉽다면서 불평했다. 히틀러의 고집으로 어떤 건설 작업은 계속되다가 러시아 전투에 진력해야 했던 1941년 보류 상태에 들어갔다. 처음 이 프로젝트에 영감을 주었던 함부르크-프랑크푸르트-바젤 아우토반은 1962년이 되어서야 완공되었다.

아우토반 위로는 반드시 새로운 유형의 차가 달려야만 했는데, 이

① 나중에 폭스바겐이 될 차량 모델을 히틀러가 그렸다고 하는 그림들이 많은데, 그중에서도 이 그림은 비록 제작 일자가 명시되어 있지 않지만 진본이다.

② 새롭게 명명된 볼프스부르크라는 곳에서 폭스바겐 공장의 주춧돌을 놓는 행사를 마치고, 기뻐하는 히틀러와 자부심이 가득한 발명가가 드라이브를 하기 위해 모델 차량에 타고 있다.

③ 1939년 2월 17일 히틀러는 베를린국제자동차쇼 개회식에서 자신의 차를 세계에 소개했다.

포르셰와 히틀러가 기쁨을 통한 힘 차량(일명 폭스바겐) 정비사들과 대화를 나누고 있다. 폭스바겐의 시작품은 1936년에 마련되었고 이듬해에 테스트를 받았다.

때에도 히틀러는 결정적인 역할을 했다. 차는 부자들의 사치품이 아닌 대중들도 이용할 수 있는 것이라야 했다. 허버트 후버Herbert Hoover가 '모든 그릇에 닭 한 마리씩, 모든 차고에 차 한 대씩을'이라는 선거 슬로건을 고안하고 몇 년 뒤에, 히틀러는 그것과 똑같은 '모두에게 차 한 대와 자기 소유의 집을(ein Volksauto und ein Volkseigenheim für Jedermann)'[22]이라는 독일식 슬로건을 생각해 냈다. 이 아이디어는 1920년대 초반까지 거슬러 올라간다.[23] 그때 란츠베르크에 수감되어 있으면서 그는 '독일의 자동차화'라는 제목의 기사를 읽었다. 그 기사는 헨리 포드와 같은 방식으로 작고 값싼 승용차를 제작할 가능성을 제기했다. 그 후로 정치 집회에 참석하기 위해 차를 타고 다니는 와중에 그는 자동차에 더욱 매력을 느끼게 되었다. 『나의 투쟁』의 인세를 모아서 그는 지붕 없는 6인승 벤츠를 구입했다. 나중에 그는 그와 비슷한 벤츠 차량에 탑승한 사진을 많이 남겼다. 그를 매료시킨 것은 단지 자동차 기술만이 아니라 산업 디자인의 미학이기도 했다. 1930년대 초 자동차 출판물에 등장했던 유선형 자동차의 스케치와 모델을 꼼꼼히 살피다가 그는 체코의 타트라Tatra에 매료되었다. 1932년 그는 다임러-벤츠Daimler-Benz의 임원인 야코프 벌린Jakob Werlin을 만나 자신이 그린, 타트라와 비슷하게 생긴 차량의 대략적인 스케치를 보여주었다고 한다.[24] 그는 그런 값싼 소형차 생산을 진작하고 싶어 했다. 그런 차라면 독일 대중이 자신이 그랬던 것처럼 시골 드라이브를 즐길 수 있을 것이며, 노동 계급의 불만을 잠재울 수도 있을 것이었다.

독일 자동차 산업계는 대량생산에 대체로 회의적인 입장이었지만, 경주용 차를 제작하면서 이름을 날린 한 기술자, 페르디난트 포르셰Ferdinand Porsche는 소형차에 관한 생각을 놓지 않고 있었다. 히틀러는 1926년 한 자동차 경주에서 포르셰를 소개받았다.[25] 히틀러가 집권하고 두 달 후에 둘은 다시 만났다. 포르셰는 그에게 한 소형차 디자인을 보여주고 차량 제작에 협력할 의사가 있음을 밝혔다. 그해 여름이 끝날 무렵, 히틀러는 자신이 원하는 것이 무엇인지를 정리한 다음에 그것의 기준을 정했다.[26] 아이가 둘이나 셋 있는 독일인 가족을 위한 단순한 차량일 것, 차량 유지나 수리에 큰돈이 들지 않을 것, 1,000마르크 정도로 구입 가능할 것이 그 기준이었다. 너무 낮은 가격에 기가 막히기는 했지만, 포르셰는 이 도전을 받아들였다. 프로젝트는 일전에 노동조합운동으로부터 빼앗은 자금으로 진행되었다. 노동자들도 임금의 일부를 떼어 프로젝트 자금에 기부하도록 권유받았다. 기부한 사람은 차량 바우처를 받았다. 사업이라기보다는 즐거움을 위한 것이라는 프로젝트의 의도를 분명히 하기 위해 히틀러는 바우처 발급을 당의 여가부에 맡기도록 지시했다. 1938년 그는 이 차의 공식 명칭을 '국민차Volkswagen'가 아닌 '기쁨을 통한 힘 차Kraft durch Freude-Wagen'로 정했다. 차 이름을 '히틀러'라고 했더라도 무리는 아니었을 것이다. 어떤 민주주의 정치가라도 프로젝트를 그런 식으로 강행하지 못했을 것이기 때문이다. 게다가 그를 제외한 어떤 나치 간부도 이 아이디어에 관심을 보이지 않았다.

1937년 말 히틀러가 태어날 아이를 기다리는 아버지처럼 매 순간 초조하게 기다리며 지켜보는 가운데, 포르셰는 차량 개발을 끝마치고 시작품을 테스트했다. 히틀러는 더할 나위 없이 기뻐했고 갓 출시된 첫 차를 1939년 2월 생일을 맞은 에바 브라운에게 선물했다. 그는 나중에 "이 차들이 오버잘츠베르크까지 들리도록 부릉대는 소리, 벤츠를 추월하면서 벌처럼 부릉대는 소리는 정말 기가 막힌다."[27]라고 했다. 그는 그것을 '미래의 차'라고 선언했다. 이번만큼은 참으로 옳은 소리를 했다. 그는 한 해 생산 100만 대를 요구했다.[28] 하지만 대량 생산 체제에 돌입하기도 전에 전쟁이 시작되었다. 그리고 공장은 군사적 목적에 맞는 다양한 차량을 생산하는 제조 시설로 바뀌었다. 전후에 이것은 '세기의 차'로 발전했지만, 여전히 그 뿌리를 거슬러 올라가면 히틀러의 콘셉트가 있다. 그리고 그것은 히틀러의 결단과 독재자로서의 권위를 통해 결실을 맺을 수 있었다.

1941년 7월 히틀러는 아우토반과 기쁨을 통한 힘 차에 관해 참모들에게 다음과 같은 말을 남겼다. 기록된 것으로는 이것이 그와 관련한 마지막 발언이다.

> 사람들을 서로 연결해주기로는 기차보다 자동차가 제격이야. 기차는 좀 비인간적인 면이 있거든. 이로써 새로운 유럽을 향해 한 발자국 나아간 거야! 아우토반이 독일 내부의 경계들을 무너뜨린 것처럼, 자동차는 유럽 국가들 사이의 경계를 뛰어넘게 될 걸세.[29]

맺음말

자동차 대량 보급과 정교한 고속도로망이 유럽의 성격과 유럽인들의 생활 방식을 바꾸리라는 히틀러의 예언적인 말에서 때때로 정치, 외교 그리고 전쟁 분야에서 그를 가공할 만한 존재로 만들어준 상상력의 도약을 엿볼 수 있다. 하지만 그 말은 진짜 목적을 감추고 있다는 점에서 히틀러 말의 전형을 보여준다. 아우토반과 폭스바겐 프로젝트의 사례에서 히틀러가 어떻게 미학, 기술, 사회공학, 정치적 비전을 자신의 흔적을 세계에 과시하려는 결의와 결합하는지 똑똑히 볼 수 있다. 고속도로와 자동차를 그가 죽은 뒤에도 오래 지속될 물질적 유산으로 만들려는 것이 그의 궁극적인 의도였다. 그는 시간이 흐름에 따라 더욱 열렬하게 기념물을 통해 불멸의 존재가 되고자 했다.

사고를 통제하고, 존경을 얻으며, 자신의 권력을 과시하고, 자신을 기념하게 하려고 예술을 활용하는 것은 시대를 막론하고 과대망상에 빠진 모든 권력자가 보여주는 공통된 특징이다. 자신이 가진 권력이 절대적일수록 통치자는 이런 목표를 더욱 철저히 추구한다. 그리고 그가 남긴 예술적 기념물들은 더욱 과장된 모습을 띠게 된다. 피라미드는 별개로 하더라도, 초기 인류 역사의 아직 남아있는 사례 중에는 다리우스 대왕의 페르세폴리스가 있다. 이것에 관해 조지 커즌George Curzon 경이 1880년 이곳을 방문한 뒤에 쓴 글이 있다. "모든 것들이 뻔뻔한 반복 속에서 단 하나의 상징적인 목적에만 헌신하고 있다. 즉 황제를 최고로 위엄 있는 모습으로 묘사하는 데만, 대왕이라는 자를 화려하게 꾸미는 데만 몰두하고 있다."[1] 다리우스건, 아우구스투스건, 루이 14세건, 스탈린이건, 히틀러건 모든 절대 권력자들은 똑같이 생각하고 똑같이 행동한다. 그들은 예술을 조작하고 거대한 건물을 지어 압도하려고 한다. 그들은 자기주장과 자기 숭배를 동기로 삼는다. 그들은 자신의 낭비에 어떤 제약이 걸리는 것도 용납하지 않는다. 그런데 히틀러는 다른 이들과 차원이 다르다. 권력을 쟁취하고 유지하는 데 미학을 활용한 사람은 그가 유일하다. 문화적인 관점에서 자신의 지배를 규정하고 정당화한 사람도 그가 유일하다.

예술에 관한 그의 관심은 사적이고 또 진짜다. 예술을 위한 예술을 매도했음에도 불구하고 문화 그 자체를 최고의 가치로 여겼기 때문에 그는 플라톤처럼 예술을 통제하려 들 수밖에 없었다. 그리고 여기에 비극이 있다. 차라리 그가 무솔리니처럼 예술에 아무 관심도 없고 무지한 속물이었더라면, 그는 덜 파괴적이었을 것이다. 더 큰 역설은 히틀러가 자신의 목적을 위해 문화를 그렇게 마음껏 사용할 수 있었던 이유가 바로 독일인들의 삶에서 문화가 특별한 의미를 갖기 때문이라는 점이다. 그는 기본적으로 국가와 사회의 기둥들은 손대지 않은 채 그대로 두었다. 행정은 구 프로이센 공무원들의 손에, 산업은 구 자본주의 실업가들에게, 농업은 융커들에게, 군대는 전통적인 프로이센 귀족들에게 맡겼다. 그토록 자랑했던 국가사회주의 혁명은 그러니까 사회적 혁명이라기보다는 문화적 혁명의 성격이 강했다. 아니 반혁명이라는 게 옳겠다. 이런 의미에서 문화적 연속성이 비뚤어진 방식으로 나타난 것을 다룬 이 이야기는 커다란 비극을 이루는 또 하나의 작은 이야기일 뿐이다. 히틀러는 현재를 말살하고 과거로 돌아가려 했다. 그러나 세상일이라는 게 그렇듯, 과거를 부활시키는 일은 불가능했다. 결과적으로 히틀러는 거꾸로 된 미다스 왕이 되어버렸다. 그는 건드리는 것마다 파괴하는 사람이 되었다. 그뿐만 아니라 파괴된 것들을 대신할 수단도 내놓지 못했다. 이런 식으로 그는 예술을 장려한다고 믿으면서 사실은 예술을 망쳐 놓았다. 아름다운 세상을 만들고 있다고 생각하면서 사실은 야만스러운 짓들을 벌였다. 그는 문화와 야만이 함께 공존할 수 있다는 사실을 증명했다. 그보다 먼저 이와 똑같은 사실을 증명한 발터 베냐민의 묘비에는 "야만의 기록이 아니었던 문화란 존재하지 않는다."[2]라는 문구가 새겨져 있다. 이는 히틀러의 문화유산에 새길 묘비명으로도 딱 어울린다.

동시에 이 기록은 히틀러가 예술을 파괴하고 타락시킬 수 있었던 데에는 로젠베르크나 괴벨스와 같은 나치당 관계자만이 아니라 포세, 보스, 하버스탁, 브레커, 두 명의 치글러, 푸르트벵글러, 슈트라우스 그리고 에크, 슈페어, 기슬러, 토트와 같은 예술가들의 적극적인 협력이 있었다는 점을 보여준다. 그들은 그들이 나중에 주장한 것처럼 정치적으로 결백하지 않다. 1933년 그들에게도 눈과 귀가 있었고 제3제국이 반유대주의적 전체주의 국가라는 사실을 알고 있었다. 수천 명의 다른 사람들처럼 그들도 바로 그러한 상황을 이용해 자신의 개인적 이익을 추구했다. 히틀러가 그들을 타락시킨 것이 아니다. 그들은 도덕적인 결론이 어떻게 날지 아랑곳하지 않으면서 히틀러의 문화 계획을 적극적으로 지원했다. 그리고 이들의 활동이야말로 히틀러가 국내외에서 신망을 얻게 만들고 잔학 행위가 판을 치는 사회에 문명적 아우라를 덧씌우는 역할을 했다. 이들은 알베르 카뮈의 일화에 등장하는 관리인을 떠올리게 한다. 점령기 파리에서 게슈타포에게 고문을 받는 두 명의 레지스탕스에 관한 이 일화에서 어질러진 고문 장소를 청소하러 관리인이 들어오자, 둘은 그녀에게 도움을 요청했다. 하지만 그녀의 대답은 "저는 거주민들의 일에 관여하지 않아요."였다.

히틀러는 예술에 이데올로기를 주입하지 않았다. 이데올로기는 항상 거기에 있었다. 플라톤 이래로 철학자들이 주장한 것처럼, 이데올로기는 항상 그리고 필연적으로 거기에 있었다. 이것이 오늘날 민주 사회에서도 자유로운 예술적 표현에 끊임없이 위협이 가해지는 이유이다. 그리고 그 위협은 그런 표현들이 대중을 타락시킨다는, 히틀러와 똑같은 논리에 의해 정당화된다. 하지만 이런 위협에는 아주 역설적인 측면이 있다. 그것은 히틀러에 대한 두려움 그리고 그가 공적인 삶에 미학을 활용한 방식 역시 이런〔표현의 자유에 대한〕위협을 낳고 있다는 점이다. 히틀러의 권위는 억압과 폭력, 테러에만 의지하지 않았다. 1988년 독일 연방의회 의장인 필립 예닝어**Philipp Jenninger**는 비록 방법은 서툴렀지만 이 문제를〔진지하게〕다루고자 했다. 독일인들은 왜 그렇게 히틀러에게 매혹되었는가. 그의 말은 일대 스캔들을 일으켰다. 그리고 그는 사임해야만 했다. 창작된 예술품을 감추거나 어쩌다 전시하더라도 대중 앞에서 그것을 조롱하려는 의도에서만 전시하는 행태—1937년 있었던 퇴폐미술전과 형태만 약간 다른, 사실상 똑같은 반복—는 제3제국 시절과 똑같이 지금도 벌어지고 있다. 이러니 히틀러 그림 전시회는 생각조차 해볼 수 없다. 히틀러의 그림과 처칠의 그림을 동시에 전시하면 두 정치가의 성격 차이를 생생하게 들여다볼 수 있을 텐데 말이다. 2001년 워싱턴에 있는 연방항소법원에 제출된 논고에서 미국 법무부는 히틀러 수채화의 붓놀림은 사람들을 선동하는 힘을 가지고 있기에, 엄선된 전문가들을 제외한 모든 이의 시선에 노출되지 않도록 해야 한다고 주장했다.[3] 비슷하게 독일이나 다른 많은 나라의 정부도 국민이 『나의 투쟁』을 읽지 못하도록 막았고, 그것을 금서로 규정했다. 누가 아돌프 히틀러를 두려워하는가? 모두가 두려워한다.

예술가들은 무로부터 자신만의 세계를 창조한다. 히틀러는 기존의 세계를 자신의 것으로 만들려 했다. 그의 꿈은 자기가 좋아하는 음악을 독일인들이 듣고, 자신이 사랑하는 오페라를 독일인들이 관람하며, 그가 수집한 회화와 조각을 보고, 그가 건설한 건물들을 상찬하는 문화국가를 만드는 것이었다. 그런 나라를 자신의 유산으로 남기려 했다. 그는 자신을, 예술을 위해서라면 통치도 포기할 수 있으며, 문화에 헌신하기 위해 군주의 지위도 포기할 수 있는 프로스페로Prospero라고 생각했다. 그리고 자신을 전능한 운명의 도구로 여겼다. 강물이 거꾸로 흐르게 만들거나 계절 변화를 뒤집지는 못해도 인간의 본성을 바꾸고, 유럽의 얼굴과 역사의 경로를 바꿀 수는 있다고 생각했다. 히틀러는 20세기를 지금의 모습으로 만들고 오늘날 우리가 사는 세상의 대략적인 모습을 만들어내는 데 누구보다 큰 영향을 미친 사람이다. 사실 자살하는 순간까지도 그는 구세계를 파괴하고 신세계를 만들어내고 있었다. 영국은 이미 최강국의 지위를 상실했고, 미국과 소련이 세계를 지배하는 초강대국이 되었다. 그는 핵폭탄, 탈식민 그리고 냉전 시대로 우리를 안내했다. 그는 유럽이 문화적으로나 정치적으로나 더 이상 서구적 삶의 중심이 아니게 만들었다. 그는 전세계적으로 6,000만 명의 목숨을 빼앗았다. 여러 분야의 수많은 예술가의 목숨도 여기에 포함되어 있다. 그가 리엔치를 자신의 모델이라고 주장한 것은 아주 적절했다. 리엔치는 사회질서를 확립하고 제국을 복구하고자 했다. 하지만 결국 그는 자기 세상에 파괴를 가져왔고 캄피돌리오 언덕의 폐허에서 일어난 불길에 휩싸이고 말았다. 이 오페라는 사실상 히틀러의 운명을 예고했다.

그렇다면 그는 대체 누구였는가? 살인광인가? 점잖은 예술가인가? 야만스러운 예술가인가? 폭군인가? 유약한 독재자인가? 로마 황제를 꿈꾼 자인가? 예술가-정치인인가? 주연 배우인가? 혁명가인가? 반동인가? 그는 이 모두였다. 게다가 그는 하나의 재앙이었다. 하지만 그렇다고 해서, 토마스 만의 말처럼, 하나의 캐릭터로서, 하나의 사건으로서 그가 흥미롭지 않을 이유는 없다.

감사의 말

이 책이 나오기까지 없어서는 안 될 도움을 준 분들과 기관에 감사의 인사를 드릴 수 있게 되어 기쁘다. 특히 내가 작업을 하기에 안성맞춤인 학문적 환경을 마련해주신 캘리포니아 대학교 버클리의 국제학 연구소의 상임이사 해리 크라이슬러에게 많은 신세를 졌다. 내게 아주 소중한 도움을 준 큐레이터, 사서, 기록보관인 중에서도 특히 다음 분들에게 감사를 드리고 싶다. 게르하트르 막코트(린츠의 오버외스터라이히 국가기록보관소), 안드리안-베르부르크(뉘른베르크의 독일 국립박물관), 가브리엘레 슈트라우스(가미슈의 리하르트 슈트라우스 기록보관소), 후펠란트 부인(베를린의 연방기록보관소), 프리툼(빈 국립오페라), 막스 오펠(뮌헨의 비텔스바흐 부담조정기금), 라이문트 뷘셰(뮌헨의 국가골동품컬렉션), E, 반 데 베테링(암스테르담의 예술사연구소), 마거릿 셰리(프린스턴대 도서관), 제임스 스포러와 캐서린 웨인(버클리 캘리포니아대 도서관), 엘레나 다니엘슨, 아네스 페터슨과 린다 휠러(후버 연구소), 아티 비히넨(라티의 시벨리우스홀), 트리시 헤이스(BBC 기록보관소), 안네로르 코흘러(독일 정보서비스), 제인 칼리르(뉴욕의 세인트 에티엔느 갤러리), 프리드리히 메이호퍼(린츠시 기록보관소), 우르셀 버거(베를린의 콜베 미술관).

특별한 도움과 자료들을 제공해주신 다음 분들과 기관에도 감사를 드린다. 뮌헨의 현대사연구소, 빈의 현대사연구소, 그라츠에 있는 스토커 출판사의 일제 드보락 스토커, 워싱턴의 국립기록보관소, 의회도서관, 미군 군사박물관, 베를린의 카렌 티스와 아네트 사마라스, 울슈타인 빌트, 뮌헨의 바이에른 중앙기록보관소, 뮌헨의 안젤리카 오버마이어, 바이에른 국립도서관, 린츠시 기록보관소, 뮌헨의 주립 중앙기록보관소, 린츠의 오버외스터라이히 주립 기록보관소, 베를린에 있는 프로이센 문화자산 영상기록보관소의 노르베르트 루트비히, 베를린 주립 기록보관소의 B. 샤헤, 베를린의 독일 역사박물관, 뉴욕의 괴테 연구소와 뉴욕의 오스트리아 문화원. 히틀러의 건축 스케치북 사진본, 리젤로테 슈미트의 속기 기록과 서한, 빌헬름 푸르트벵글러의 반나치 재판을 비롯한 기록물들은 익명을 요구한 어떤 분이 제공했다.

아래 나열된 페이지의 이미지들을 싣도록 허락해 준 기관에 감사드린다.

- 뮌헨의 바이에른 국립도서관(129쪽, 141쪽, 147쪽, 149쪽 하단, 174쪽, 178쪽, 265쪽, 273쪽, 287쪽, 291쪽, 513쪽, 515쪽, 520쪽, 596쪽)
- 베를린의 프로이센 문화자산 영상기록보관소(100쪽, 101쪽, 111쪽, 538쪽)
- 빈의 현대사연구소(359쪽, 464쪽)
- 바이로이트의 리하르트 바그너 박물관(149쪽 상단, 151쪽, 392쪽, 396쪽)

- 베를린의 주립기록보관소(553쪽)
- 뮌헨의 시립기록보관소(195쪽, 566쪽)
- 가미슈의 리하르트 슈트라우스 기록보관소(467쪽)
- 베를린의 울슈타인 영상자료실(58쪽, 254쪽, 263쪽, 360쪽, 536쪽, 600쪽 하단 사진 둘, 601쪽)
- 뉘른베르크의 독일 국립박물관(300쪽 하단)
- 린츠의 시립기록보관소(335쪽, 338쪽, 581쪽 상단)
- 뮌헨의 바이에른 중앙국립기록보관소(336쪽, 568쪽 상단)

자신의 아버지 발터 프렌츠가 찍은 사진들의 게재를 허락해 준 한스-페터 프렌츠에게도 감사드린다(14쪽, 162쪽, 278쪽, 288쪽, 568쪽 하단, 570쪽, 580쪽 하단, 582쪽).

그리고 초고를 읽어준 라인홀트 브링크만, 엘리자베스 호니히, 케틀린 제임스, 윌리엄 샤퍼, 헤르만 바이스, 테오도르 비저 그리고 필립 올프슨에게 감사드린다. 질문에 답해주거나 그 밖의 도움을 준, 배리 밀링턴, 한스 호터, 피터 셀츠, 클라우스 하프레히트, 필립 리헨탈러, 불라 모리스-카터, 게신 샤퍼, 고든 그랜트, 린제이 뉴먼, 로저 카디날, 앙리-루이 드 라 그랑주, 안톤 요아킴스탈러, 파울 프리드리히, 파울 야스코트, 만프레드 바그너와 이나 쿠퍼에게도 감사드린다.

위에서 언급한 도움 외에도 나의 에이전트 앤시아 모튼-새너와 그리고 누구보다도 허친슨사 편집자의 도움이 없었더라면 이 책은 나오지 못했을 것이다. 미국에서의 출판은 오버룩 프레스의 출판인 피터 마이어의 신세를 졌다. 이들 모두에게 진심 어린 감사의 인사를 드린다.

주

1장 보헤미안 예술 애호가

1 'Like it or not...' Thomas Mann in *Bruder Hitler, Gesammelte Werke,* Band XII, 845ff.; *Thomas Mann Essays:* vol.4, 305ff.

2 'not a fanatic...' Letter of 7 October 1923 in Hartmut Zelinsky, *Richard Wagner: Ein deutsches Thema,* 169.

3 Indeed, Hitler's most perceptive... Joachim Fest, *Hitler,* 86 and *passim.*

4 As the joy of a child... Letter of 17 October 1923 from Josef Stolzing-Cerny to Eva Chamberlain in Winfried Schüler, *Der Bayreuther Kreis,* 126-7.

5 'of rigid mind...' John W. Wheeler-Bennett, *The Nemesis of Power,* 449.

6 'that bohemian corporal' Fest, *Hitler,* 781.

7 According to his sister Paula... Interview with Paula Wolf, 5 June 1946, 2.

8 'For hours I could stand...' Adolf Hitler, *Mein Kampf,* 19.

9 the exterior and floor plan... August Kubizek, *Adolf Hitler, Mein Jugendfreund,* 45-6; Billy F. Price, *Adolf Hitler: The Unknown Artist,* figs 28, 29, 100.

10 an ink drawing... Kubizek, after 176; Price, fig. 59, 107; restaurant in Price, fig.27, 100; opera house in Kubizek, after 176 and 192; Price figs 57, 58, 107.

11 'This was the saddest period...' *Mein Kampf,* 21.

12 'kills all pity' *Mein Kampf,* 23.

13 At times he had to barter... Price, figs. 276, 152, 364, 172(examples).

14 'art history, cultural history...' Letter of 29 November 1921 in Jäckel/Kuhn, eds, *Hitler: Sämtliche Aufzeichnungen, 1905-1924,* 525.

15 'I had but one pleasure...' *Mein Kampf,* 22.

16 Long afterwards his secretary... Christa Schroeder, Erwar mein Chef, 75.

17 'the granite foundation...' *Mein Kampf,* 22.

18 'Babylon of races' *Mein Kampf,* 126.

19 'inner revulsion for the Habsburg state' Franz Jetzinger, *Hitler's Youth,* 157.

20 'This period before the war...' *Mein Kampf,* 126.

21 'I am more attached to this city...' *Mein Kampf,* 127.

22 'a release' *Mein Kampf,* 161.

23 'I, nameless as I was...' *Mein Kampf,* 207.

24 'by far the most difficult decision' Fest, *Hitler: Eine Biographie,* 124.

25 'I became a politician...' Werner Jochmann, ed., *Adolf Hitler: Monologe im Führerhauptquartier 1941-1944,* 235 (title hereafter referred to as *Monologe*).

26 'Oh, how I wish...' Carl J. Burckhardt, *Meine Danziger Mission,* 344.

27 'Among the various points...' Sir Nevile Henderson to Viscount Halifax, 25 August 1939 in Great Britain. Foreign Office: *Documents concerning German-Polish Relations* (Cmd. 6106), 123; also Otto Dietrich, Hitler, 72.

28 'How I would like to stay here...' *Architecture of Doom* (film).

29 'All I wished then...' *Monologe,* 21-2 July 1941, 44.

30 'When he spoke this way...' Ranuccio Bianchi Bandinelli: *Dal diario di un borghese e altri scritti,* 184.

31 Over the years Hitler... Schroeder, 219; Elke Frölich, ed., *Die Tagebücher von Joseph Goebbels,* 23 January 1943, 10 May 1943 (title hereafter referred to as Goebbels diaries).

32 Speer said he had... Albert Speer, *Inside the Third Reich,* 80.

33 Sitting in his cell... Albert Speer, *Spandau: The Secret Diaries,* 399.

34 Hitler was, he said... Harold Nicholson, *Diaries and Letters 1939-1945,* 39.

35 All totalitarian leaders... David Elliott, 'The Battle for Art' in Dawn Ades et al., *Art and Power,* 33.

36 'The process within a nation...' Speech of 18 January 1928 at Neustadt, in Hitler, *Reden, in Hitler, Reden, Schriften, Anordnungen: Februar 1925 bis Januar 1933,* Band II, Teil 2, 627 (title hereafter referred to as Hitler, Reden)

37 whose five-volume collected works *Monologe,* 19 May 1944, 411.

38 'the sinister artist...' quoted in H. G. Schenk, *The Mind of the Romantics,* xvii.

39 Christa Schroeder noted that... Schroeder, 226 and *passim.*

40 'I cannot enumerate...' Goebbels diaries, 10 August 1943.

41 'The intensity of the Führer's longing...' Goebbels diaries, 20 January 1942.

42 Four months later... Goebbels diaries, 30 May 1942.

43 'despite the gravity of the situation...' Goebbels diaries, 23 January 1943.

44 'a variety of cultural...' Goebbels diaries, 11 May 1943.

45 'complete failures in the field...' Goebbels diaries, 10 May 1943.

46 'He looks forward...' Goebbels diaries, 10 May 1943.

47 A scarcely less remarkable... Goebbels diaries, 23 September 1943.

48 'We talked about problems of the theatre...' Goebbels diaries, 6 June 1944.

49 'Cultural life of course...' Goebbels diaries, 2 December 1944.

50 Ever since he had launched... *Monologe,* 14 October 1941, 81.

51 'I am glad you seek me out...' Schroeder, 107.

52 'an escape...' Norman H. Baynes, ed., *The Speeches of Adolf Hitler,* 573.

53 'the eternal, magic...' Baynes, 593.

54 Thinking back on those years... Schwerin von Krosigk, *Es geschah in Deutschland,* 200.

2장 문화 철학

1 'he was a genius of dilettantism' Speer, *Spandau,* 347.

2 Significantly, Hitler's theories on race... 'Warum sind wir Antisemiten?', 13 August 1920, Jäckel/Kuhn, 184-204.

3 'All great art is national' Jäckel/Kuhn, 779.

4 A 'moral plague'... *Mein Kampf,* 254.

5 'into the arms of...' *Mein Kampf,* 259.

6 'lunatics or criminals' *Mein Kampf,* 262.

7 'Theatre, art, literature...' *Mein Kampf,* 255.

8 A further symptom of... *Mein Kampf,* 263.

9 'If the fate of Rome...' *Mein Kampf,* 265.

10 'artistic state of mind' *Mein Kampf,* 279.

11 'All mingling of Aryan blood...' *Mein Kampf,* 286.

12 'All human culture...' *Mein Kampf,* 290.

13 'the basis on which...' *Mein Kampf,* 302.

14 'the Jewish people...' *Mein Kampf,* 302.

15 'What they do accomplish' *Mein Kampf,* 303.

16 'the Jew... is always...' *Mein Kampf,* 304.

17 '...he contaminates art...' *Mein Kampf,* 326.

18 'nine-tenths of all...' *Mein Kampf,* 58.

19 One of these... 'Nationalsozialismus und Kunstpolitik', 26 January 1928 in Hitler, *Reden,* Band II, Teil 2, 652ff.

20 'major oratorical flights' Albert Speer, *Inside the Third Reich,* 60.

21 What he saw in their culture... *Mein Kampf,* 423.

22 'What makes the Greek concept...' *Mein Kampf,*408.

23 'May you all then realize...' Max Domarus, ed., *Hitler: Speeches and Proclamations,* vol.2, 1127.

24 'the excellence of their...' *Monologe,* 25-6 January 1942, 232.

25 'We would not be in any danger...' *Monologe,* 11 November 1941, 135.

26 'You need only look at...' *Monologe,* 25-6 January 1942, 232; also, Goebbels diaries, 8 April 1941.

27 'Perhaps there is still...' Goebbels diaries, 8 April 1941.

28 'sad that he considered it at all necessary...' Goebbels diaries, 30 April 1941.

29 He admired their 'grandeur'... Speech of 6 September 1938, Baynes, 596.

30 The age of Augustus... Goebbels diaries, 8 April 1941.

31 'Ancient Rome was...' *Monologe,* 7 January 1942, 184.

32 'Rome moved me.' *Monologe,* 21-2 July 1941, 44.

33 'Rome was broken...' *Monologe,* 27 January 1942, 236.

34 'Rarely has the Jewish...' Henry Picker, ed., *Hitlers Tischgespräche,* 5 July 1942, 422.

35 'Why do we...' Speer, inside, 94; also Domarus, vol. 2, 1145; Mosse, *The Na-*

tionalization of the Masses, 117, 118.

36 'one eternal art...' Hitler to Otto Strasser, 21 May 1930 in Baynes, 567.

37 'The Teuton must go...' *Monologe,* 4 February 1942, 263-4.

38 'He expressed, in a crude...' Henry Grosshans, *Hitler and the Artists,* 122.

39 'anti-social vermin' George Hersey, *The Evolution of Allure,* 144.

40 'A life-and-death struggle...' Bertold Hinz, *Art in the Third Reich,* 45.

41 'When a conductor...' *Weltbühne,* 21 April 1931, in Eckhard John, *Musikbolschewismus,* 108.

42 Hitler spelled this out... 'Art and Politics' in *Liberty, Art, Nationhood: Three Addresses Delivered at the Seventh National Socialist Congress,* Nuremberg, 1935; also, Baynes, 569ff.

3장 거대한 역설

1 'For me politics...' *Monologe,* 25-6 January 1942, 234.

2 'I am convinced...' *Mein Kampf,* 387.

3 The old Reich... Speech at opening of House of German Art, July 1939, in Baynes, 606ff.

4 'Wilhlem I had no taste...' *Monologe,* 21-2 October 1941, 101.

5 When his friend... Heinrich Hoffmann, *Hitler Was My Friend,* 184.

6 'The world will come...' Speech of 14 June 1938 in Baynes, 610.

7 'the armament of a nation...' Baynes, 594.

8 'That is less than two battleships...' Speer, Inside, 68.

9 'It is a pity that...' Picker, 21 March 1942, 128.

10 'By the time of the War...' *Monologe,* 21-2 October 1941, 101-2.

11 The intention had been... *Mein Kampf,* 255.

12 'Simultaneously with the...' Baynes, 568.

13 'All important posts...' Goebbels diaries, 17 May 1933.

14 Around 250 notable writers... Fest, *Hitler: Eine Biographie,* 583.

15 Already by the end of... Erik Levi, *Music in the Third Reich,* 175.

16 By December 1933 more than... Fest, *Hitler,* 424.

17 'Ridding Jews from the Chamber...' Goebbels diaries, 5 May 1937.

18 'Führer decrees: nothing.' Goebbels diaries, 27 July 1938.

19 Roughly 3000... Berguslaw Drewniak, *Das Theater im NSStaat,* 163.

20 He railed against it... Jäckel/Kuhn, 126, 178, 197; also speech of 26 January 1928 in Hitler, Reden, 655; speech at opening of 1939 Great German Art Exhibition in *Die Kunst im Dritten Reich,* August 1939, 240ff.

21 'The filthy Jews labelled...' Monologe, 3 September 1942, 386.

22 'Only reporting is permissible.' Goebbels diaries, 22 October 1936.

23 including the 40,000 works of art... Wolfgang Michal, 'Der Fall Bernsteinzimmer' in *Geo,* 1996.

24 Hitler himself chose the specific site... *Monologe,* 15-16 January 1942, 201; also 456-7.

25 His intention was to deprive it... Walter Thomas, *Bis der Vorhang fiel,* 200-1; Speer, Spandau, 96.

26 Schirach affected an American accent... Goebbels diaries, 9 May 1943; 8 August 1943 and *passim.*

27 The barbs of course... Speer, Inside, 261, 276; Goebbels diaries, 2 April 1943 and *passim.*

28 Entries in Goebbels's diaries show... Goebbels diaries, 13 and 19 March, 6 April, 17 May, 22 November 1941; 23, 24, 30, 31 May 1942 and passim.

29 The animosity eventually became... Goebbels diaries, 6 April, 16 December 1941; 24, 30, 31 May, 23 June 1942.

30 On a visit to the Berghof... William L. Shirer, *The Rise and Fall of the Third Reich,* 348.

31 On taking over... Oliver Rathkolp, *Führertreu und Gottbegnadet,* 69 ff.

32 A large part of the attraction... Thomas, 202-3, 213 ff.

33 This was one reason why... Norman del Mar, *Richard Strauss,* vol.3, 242 and 400.

34 Goebbels recorded a meeting... Goebbels diaries, 30 May 1942.

35 As soon as Hitler heard of it... Goebbels diaries, 15 October 1941.

36 Despite a dressing down... Rathkolb, 73f.

37 An outraged Hitler... Baldur von Schirach, *Ich glaubte an Hitler,* 288-94.

38 'I am certainly not prejudiced...' *Monologe,* 25 June 1943, 403-6.

39 Hitler never really forgave... Goebbels diaries, 9, 10 May, 25 June, 10, 21 Au-

gust 1943.

40 Hitler responded that... Fest, *Hitler,* 56-7.

41 'his last message...' Henriette von Schirach, *Der Preis der Heerlichkeit,* 17.

42 'racially completely worthless' Henriette von Schirach, 227.

43 'I remember Strength through Joy weekends...' Alfred Rosenberg, *Memoirs of Alfred Rosenberg,* 158.

44 'The artist does not create for...' Baynes, 591.

45 It was to be expected... Baynes, 607.

46 In part Hitler feared... Goebbels diaries, 27 July 1941.

47 In addition he wanted ... Goebbels diaries, 16 January 1942, 19 May 1942, 3 June 1942; Klaus Backes, *Hitler und die bildenden Künste,* 82-3.

48 'It must be our principle...' 26 November 1941.

49 'It was heartbreaking...' Howard K. Smith, *Last Train from Berlin,* 38.

50 'Cultural life is an effective way...' Goebbels diaries, 26 November 1941.

51 The worse the military situation... Goebbels diaries, 29 May 1943.

52 'under all circumstances...' Goebbels diaries, 27 April 1942.

53 'He is of the opinion...' Goebbels diaries, 7 July 1944.

54 '[Bormann] calls for a total...' Goebbels diaries, 24 August 1944.

55 'I can easily foresee...' Goebbels diaries, 2 December 1944.

4장 정치가인 예술가

1 'His creativity is that of...' Fest, *Hitler,* 446.

2 Political leadership, he said... Jäckel/Kuhn, 1190.

3 'You cannot educate for politics...' 'Volksrepublik oder Judenstaat', 17 Feburary 1922 in Jäckel/Kuhn, 574.

4 General Ludendorff had botched... Rosenberg, 252

5 'the greatest actor in Europe' Schwerin von Krosigk, *Es geschah,* 220.

6 'agitators led by demagogues' *Mein Kampf,* 475.

7 As George Orwell... Sonia Orwell and Ian Angus, T*he Collected Essays,* vol.2, 29.

8 'psychological masterpieces in the art...' *Mein Kampf,* 476-7.

9 'hate-fomenting oratorical activity' *Mein Kampf,* 475.

10 'I spoke for thirty minutes...' *Mein Kampf,* 355.

11 'That was what drew me...' John Toland, *Adolf Hitler,* 102.

12 'My critical faculty...' Kurt G.W. Ludecke, *I Knew Hitler,* 13-14.

13 And on hearing him... Leni Riefenstahl, *Leni Riefenstahl: A Memoir,* 101.

14 'gift of a rare magnetic power...' Schroeder, 283.

15 After seeing him in action... André François-Poncet, *Souvenire d'une ambassade à Berlin,* 354.

16 Ernst Hanfstaengl, one of his... Toland, 129.

17 According to Goebbels, he rehearsed... Karlheinz Schmeer, *Die Regie des Öffentlichen* Lebens im Dritten Reich, 123.

18 'All these histrionic elements...' Fest, *Hitler,* 150.

19 'Hitler was not an emotional...' William Sheridan Allen, ed., *The Memoirs of Ex-Gauleiter Albert Krebs 1923-1933,* 152.

20 'He spoke very proudly of...' Goebbels diaries, 27 April 1944.

21 For all his occasional shrillness... Domarus, vol.1, 65.

22 'Not a single one...' Dietrich, 141.

23 'Like the woman whose psychic state...' Quinn, 163.

24 'They reminded me...' Shirer, *Berlin Diary,* 15.

25 'What he learned from Wagner...' Günter Scholdt *Autoren über Hitler,* 291.

26 Colour, an art critic... John Russell, *The Meanings of Modern Art,* 43.

27 'In red we see...' *Mein Kampf,* 496-7.

28 'An uncanny power...'; 'psychological magic' Konrad Heiden, *Der Führer,* 144; Fest, *Hitler,* 128.

29 'had the effect...' *Mein Kampf,* 496.

30 Such was the importance... Fest, *Hitler,* 128.

31 He then asked a jeweller... Schmeer, 14; Price fig. 486, 201; fig. 495, 202 (Related sketches in Price are forgeries.).

32 not only supremely violent... Susan Sontag, 'Fascinating Fascism' in Brandon Taylor and Wilfried van der Will, *The Nazification of Art,* 215.

33 He personally rehearsed it... Schmeer, 14-5.

34 'The same lecture...' *Mein Kampf,* 474.

35 'the quintessentially Romantic glorification...' 'Leiden und Größe Richard Wag-

ners' in Erika Mann, ed., *Wagner und unsere Zeit,* 96.

36 'Never before,' it has... Sontag, 218.

37 'the marriage has been consummated...' John W. Wheeler-Bennett, *Wooden Titan,* 445.

38 'Dead warlord...' Fest, *Hitler,* 176; Domarus, 447f.

39 'I went to the ceremony...' Shirer, *Rise and Fall,* 284.

40 'Hitler was one of the first great...' Scholdt, 339.

41 Even those who despised him... Scholdt, 348 ff.

42 *'Politik des Bluffs...'* Scholdt, 350-1.

43 '... his virtuoso use of lighting...' Scholdt, 348-9.

44 'all this fulfilled the German...' Scholdt, 350.

45 the 'mysterious magic'... *Mein Kampf,* 474.

46 His intent, he declared... *Mein Kampf,* 474-5.

47 In planning his mass meetings... Schmeer, 127f.

48 'The same purpose, after all...' *Mein Kampf,* 475.

49 'I'm beginning to comprehend...' Shirer, *Berlin Diary,* 15, 19.

50 'With its boundless mystical magic...' Goebbels diaries, 13 September 1937.

51 'an eclectic conglomeration of ideas...' Karl Dietrich Bracher, *Die deutsche Diktatur,* 48.

52 On examining one of Hitler's... J. P. Stern, *Hitler,* 90; Scholdt, 126.

53 Hitler himself once remarked... Schmeer, 115.

54 'all these formations, processions...' Speer, *Spandau,* 262.

55 'from artist to "God-man"' Domarus, vol. 1, 24.

56 Some 500 trains... Hamilton T. Burden, *The Nuremberg Party Rallies,* 115.

57 a surviving sketch in his own hand... Weihsmann, *Bauen unterm Hakenkreuz,* 697.

58 'the most German of all German cities...' Yvonne Karow, *Deutsches Opfer,* 22.

59 He regarded it, he said... Speech of 2 August 1929, in Hitler, *Reden,* Band 3, Teil 2, 334.

60 'more than half a millennium...' Domarus, vol.2, 1160.

61 'It is as though the Third Reich...' Karow, 213.

62 'magical half-darkness' Karow, 21.

63 'sealed their loyalty to the Führer...' Karow, 215.

64 'The German people know...' Karow, 216.

65 These occasions were of such importance... Price, figs 608-10, 227; Speer, *Inside,* 69.

66 'The fulfilment of duty...' Burden, 125.

67 After sundown 110,000 men... Schmeer, 111-2; Karow, 25; Burden, 127-8.

68 More vividly, the British ambassador... Nevile Henderson, *Failure of a Mission,* 72.

69 'a great tide of crimson...' 12 September 1936, quoted in Stern, 89.

70 'I had spent six years in St Petersburg...' Henderson, 66-7.

71 'I swear by God this sacred oath...' Karow, 250ff.

72 'With a raised right hand...' Karow, 265.

73 Older military officers are said... Wiedemann, *Der Mann der Feldherr werden wollte,* 106.

74 By the end of each rally... Monologe, 225.

75 'many returned home seduced...' François-Poncet, 268.

76 'Like the *Ring [des Nibelungen]*...' Franz Schulze, *Philip Johnson,* 133-4.

77 Hitler oversaw each aspect... Speer, *Der Spiegel* 46 (1966), 54; Karow, 73ff.

78 'The eye-to-eye position...' Peter Adam, *Art of the Third Reich,* 242.

79 The complex, covering more than... Speer, *Inside,* 67; Hildegard Brenner, *Die Kunstpolitik des Nationalsozialismus,* 121.

80 'by far the largest such site...' Karow, 56.

81 Each of the major structures... Jost Dülffer, Jochen Thies and Josef Henke, *Hitlers Städte: Baupolitik im Dritten Reich,* 212-13.

82 'the power and greatness of...' Karow, 51.

83 Hitler had begun thinking... Burden, 56 ff.

84 Hitler's initial rough sketches... Price, figs 608-10, 227; figs 626-9, 231.

85 'a monumental backdrop' Speer, *Inside,* 62.

86 Hitler used a good deal of legerdemain... Karow, 73; *Speer, Inside,* 68.

87 'I can still see him in Nuremberg...' Wiedemann, 87-8.

5장 예술가인 정치가

1 'He talks about the future...' Goebbels diaries, 25 July 1926.

2 And the year after that... Goebbels diaries, 3 February 1932.

3 'He was deeply excited and agitated...' Walter Görlitz and A. H. Quint, *Adolf Hitler,* 367; Fest, *Hitler,* 369.

4 Upon its completion in 1937... Speech of 19 July 1937 in Domarus, vol.2, 913.

5 'stuff nobody can understand' Speer, *Inside,* 96.

6 'the narrow-minded Balt' Speer, *Inside,* 96.

7 'He sharply criticizes Rosenberg...' Goebbels diaries, 28 July 1933.

8 Rosenberg himself described... Rosenberg, 165.

9 But he had, as one of... Viktor Reimann, *Dr Joseph Goebbels,* 185.

10 'Goebbels never spoke a single...' Rosenberg, 167.

11 'Hitler knew very well...' Rosenberg, 165.

12 'Cultural leadership clearly lies...' Goebbels diaries, 17 November 1935.

13 By 1939 even Goebbels was moved... Goebbels diaries, 9 December 1939.

14 'I have few friends in the party...' Goebbels diaries, 10 June 1931.

15 'Despite the large number of...' Heinz Boberach, ed., *Meldungen aus dem Reich,* vol.2, 80.

16 'nothing more than to be...' Brenner, 54.

17 'During the early months...' Fest, *Hitler,* 426.

18 Painters volunteered a statement... Brenner, 172.

19 'The artists and musicians of the...' Adam, 116.

20 'If German artists knew what I intend...' Joseph Wulf, ed., *Musik im Dritten Reich,* 127.

21 'My artists should live...' Arno Breker, *Im Stahlungsfeld der Ereignisse,* 100.

22 And like princes... Backes, 83-8.

23 Conductors like Furtwängler... Drewniak, 149-55.

24 In 1938 Hitler approved... Rathkolb, 166ff; Drewniak, 149-55; Goebbels diaries, 15 December 1937.

25 Hitler further arranged... Picker, 222.

26 Gerdy Troost, the widow... Backes, 83-8.

27 'The Führer gives me an explicit...' Goebbels diaries, 30 May 1942.

28 As late as the end of 1944... Rathkolp, 75.

29 'No royal patron was ever...' Goebbels diaries, 19 November 1936; Backes, 71.

30 It also gave Hitler pleasure... Drewniak, 155f.

31 'a bandage for a wound...' Goebbels diaries, 3 September 1937.

32 In practice, a Cultural Senator's... Drewniak, 158.

33 'excess of unrestrained spending' Goebbels diaries, 8 February 1939.

34 1.5 to 2 million marks annually... Wulf C. Schwarzwäller, *Hitlers Geld,* 160, 194.

35 Hitler earmarked these monies... Backes, 89.

36 no less than 75 million marks... Backes, 89.

37 Estimates of this ever-replenished... Backes, 89; Schwarzwäller, 197-8.

38 These monies largely went... Backes, 89.

39 'Only at times like this...' Hans-Jürgen Eitner, *Der Führer,* 94.

40 'he felt, with his whole heart...' Albert Zoller (pseud. Christa Schroeder), *Hitler Privat,* 138.

41 'undoubtedly the most light-hearted...' Wiedemann, 203.

42 'beautiful and gifted artists...' Rosenberg, 165.

43 The esteemed bass died... Dietrich, 148–9, 211, 217.

44 'He spoke favourably of such...' Goebbels diaries, 22 December 1940.

45 'The man is an artist...' Wiedemann, 75.

46 Convinced that it was rampant... Goebbels diaries, 19 August 1941.

47 'Churchill will live comfortably...' Henriette von Schirach, 238.

48 According to Speer... Speer, *Inside,* 167.

49 Those on list A were... Reimann, 215-18.

50 In all, there were at least 20,000... Goebbels diaries, 24 March 1942; 24 June 1942.

51 an additional 800,000 men... B. H. Liddell Hart, *History of the Second World War,* 243.

52 'If we gradually wind down...' Goebbels diaries, 20 January 1942.

53 'What is served by sending...' *Monologe,* 24 February 1942, 295.

54 'Instead he took the position...' Goebbels diaries, 8 February 1943; also, 11, 12 February 1943; 21 March 1943.

55 Three months later he forbade... Goebbels diaries, 10 May 1943.

56 ‘a list of the so-called “divin”...’ Goebbels diaries, 26 August 1944.

57 It was near the end that... Joachim Fest, *Speer: Eine Biographie,* 355.

58 Similarly, on learning that... Goebbels diaries, 10 May 1943.

59 In revenge Hitler revoked... Helmut and Beatrice Heiber, *Die Rückseite des Hakenkreuzes,* 260-1; Goebbels diaries, 25 June 1943; Otto Thomae, *Die Propaganda-Maschinerie,* 256-7.

60 ‘too unsettled, too independent...’ Hoffmann, *Hitler wie ich ihn sah,* 65.

61 ‘He regarded them one and...’ Speer, *Spandau,* 261.

62 ‘I have no intention of forcing...’ *Monologe,* 2 August 1941, 53.

63 ‘Oh, you know I don’t...’ Speer, *Spandau,* 261.

64 Convinced by the summer... Hoffmann, *Hitler wie ich,* 218-19.

65 ‘Ziegler is not only a...’ Goebbels diaries, 21 August 1943.

66 artists are ‘like children’... Backes, 85-6.

67 Göring’s ‘concept of painting’... Goebbels diaries, 23 September 1943.

68 gauleiters were ‘complete failures...’ Goebbels diaries, 10 May 1943.

69 To arrange a tête-à-tête... Speer, *Inside,* 128.

70 ‘My entourage is certainly...’ Pierre Galante and Eugene Silianoff, *Voices from the Bunker,* 72.

71 ‘from this moment on...’ Nicolaus von Below, *Als Hitlers Adjutant,* 23.

72 ‘criticism, especially of a man’s...’ Speer, *Inside,* 137.

73 After seeing Hess’s newly... Dietrich, 189.

74 ‘totally inartistic’ and swore ‘never...’ Speer, *Inside,* 137; Dietrich, 89.

75 Considering Göring unreliable and... Speer, *Inside,* 276; Fest, *Hitler,* 382, 744 and *passim.*

76 ‘He is an artist; we are...’ Schroeder, 132.

77 ‘If something happens to me...’ Schroeder, 209.

78 ‘The Führer has no guarantee...’ Goebbels diaries, 23 June 1942.

79 By June of 1942 Hitler decided... Goebbels diaries, 23 June 1942.

80 ‘Hitler himself works too little...’ Goebbels diaries, 29 January 1930.

81 A year later... Goebbels diaries, 29 February 1931.

82 ‘That was the end of...’ Dietrich, 237.

83 He might spend days... Fest, *Hitler,* 535.

84 'the greatest confusion that...' Dietrich, 113.

85 On occasion his staff found... Wiedemann, 68ff.

86 And always there was time to see... Speer, *Spandau,* 102f; Rathkolb, 112; Dietrich, 138, 145.

87 'In the bohemian manner...' Speer, *Inside,* 88.

88 'Act! Not look and...' Goebbels diaries, 26 February 1931.

89 'The genius has a right...' Goebbels diaries, 22 November 1929.

90 'By nature Hitler was...' Dietrich, 136

91 Even the uncritical Below... Below, 76.

92 'problems resolve themselves' Wiedemann, 68-9.

93 'The surer Hitler felt...' Fest, *Hitler,* 445.

94 'recall statistical data about...' Schwerin von Krosigk, *Es geschah,* 199.

95 'an ice-cold realist...' François-Poncet, 354.

96 In such a world, he... Dietrich, 104, 108.

97 The amazing blitzkrieg... Liddell Hart, 66 and 68.

98 'His ability to gauge the...' Alan Clark, *Barbarossa,* 99.

6장 새로운 독일, 새로운 독일인

1 By 1936 Goebbels could claim... Backes, 71.

2 'to convince the nation of...' 'Art and Politics' in *Liberty, Art, Nationhood;* also, Baynes, 575.

3 24,000 square feet of... Adam, 233.

4 'uniformly designed so that ...' Albert Speer, *Neue Deutsche Baukunst,* 13.

5 'It is precisely these buildings...' Baynes, 594.

6 'Perhaps future leaders of the...' Speer, *Spandau,* 262.

7 'the unity of the people based...' Schmeer, 72.

8 'Gearmans and foreigners with the...' François-Poncet, 113.

9 The principal event took place... Goebbels diaries, 4 October 1937.

10 Even the opera houses were... Thomas Mathieu, *Kunstauffassung und Kulturpolitik,* 79-80.

11 Obeisance reached its zenith... *Völkischer Beobachter,* 21 April 1939; Below, 160-1; Schroeder, 92-4; Arno Breker, *Paris, Hitler et moi,* 83.

12 'pretty much a collection of kitsch' Speer, *Inside,* 149.

13 The model and the other gifts... Anton Joachimsthaler, *The Last Days of Hitler,* 108-9.

14 A 'Bureau for 8-9 November'... Schmeer, 101 ff.

15 'What a great moment!' Goebbels diaries, 9 November 1935.

16 'An overpowering display...' Goebbels diaries, 10 November 1936.

17 'I am in Stalingrad...' Dietrich, 95.

18 The vocabulary of the speeches... Schmeer, 104; Speer, *Spandau,* 262.

19 'People are no longer a mass of...' Werner Hager, 'Bauwerke im Dritten Reich' in *Das innere Reich,* 1937, vol.1, 7.

20 'We therefore have no cultic...' Domarus, vol.2, 1145-6.

21 It was the 'brutality' of... *Mein Kampf,* 144.

22 'Nonetheless', as he hastened... *Monologe,* 7 January 1942, 184.

23 'upsurging American continent' *Mein Kampf,* 638.

24 'The German Reich has 270...' *Monologe,* 1 August 1942, 321.

25 Unable to 'see beyond the waves...' *Monologe,* 13 June 1943, 398.

26 'To the Japanese we have no...' *Monologe,* 7 January 1942, 184.

27 'forcing the white man into...' Goebbels diaries, 20 March 1942.

28 'is more than a religion...' Fest, 533.

29 'slender and supple, swift...' Domarus, vol.2, 701.

30 'the sanctity of beauty' Picker, 260.

31 'We see a new type of man...' Adam, 177.

32 After that, as leader of... Jochen Thies, *Architekt der Weltherrschaft,* 91.

33 When it was pointed out... Speer, *Inside,* 70.

34 The formal invitation to... George Mosse, *The Fascist Revolution,* xvi.

35 'It is surprising', a writer on... Adam, 179.

36 'If he emphasized the contrast...' George Mosse, 'Beauty without Sensuality' in Stephanie Barron, ed., *Degenerate Art,* 30.

37 'His private life does not interest...' Hoffmann, *Hitler wie ich,* 70.

38 'purely in the private sphere' Ian Kershaw, *Hitler,* 348; Fest, *Hitler,* 294.

39 'Hitler pays too little attention...' Goebbels diaries, 27 February 1931.

40 'There is a virile male voluptuousness...' Mosse, 178.

41 illustrations 'of Nordic racial types'... Wilfried van der Will, 'The Body and the Body Politic...' in Taylor and van der Will, 42-3.

42 By 1942 homosexual acts in the SS... Goebbels diary, 25 February 1942.

7장 죽음의 정화

1 'purificatory in intention...' James George Frazer, *Golden Bough,* 642.

2 On one occasion, as his... Hans Frank, *Im Angesicht des Galgens,* 211-12.

3 would unhesitatingly say that... Speer, *Spandau,* 80.

4 'Above all he was deeply impressed...' Goebbels diaries, 4 December 1940.

5 'skyscrapers being turned into...' Speer, *Spandau,* 80.

6 'baptismal water...' Schmeer, 104.

7 'Looks like a great deal of blood...' Speer, *Inside,* 162.

8 'The hero says, what is...' Speech of 4 August 1929 in Hitler, *Reden,* Band II, Teil 2, 350.

9 The music he wished to hear... Schroeder, 189-90.

10 Orwell saw it as... Orwell and Angus, 29.

11 To adapt a phrase of Walter Benjamin... Walter Benjamin, *Illuminations,* 244.

12 'Each palazzo in Florence...' *Monologe,* 21-2 July 1941, 44.

13 'Florence is too beautiful a...' David Tutaev, *The Consul of Florence,* 94.

14 'I can imagine that some people...' *Monologe,* 25-6 September 1941, 71.

15 'To save the old city of culture...' *Monologe,* 17-18 October 1941, 93.

16 '...Mankind has a natural...' *Monologe,* 1-2 December 1941, 149.

17 'Really outstanding geniuses'... *Mein Kampf,* 449.

18 'If a million children were born...' Hitler, *Reden,* Band III, 2, 348-9, 354.

19 'Wars come and go...' *Monologe,* 15-16 January 1942, 201; 25-6 January 1942, 234.

20 *'wahre Gesicht'*... Schroeder, 9.

21 *'Es gibt ein Reich...' Ariadne auf Naxos.*

8장 악전고투하는 수채화가

1 'How it happened...' *Mein Kampf,* 9.

2 'I wanted to become a...' *Mein Kampf,* 17.

3 a 'sound thrashing...' Interview with Paula Wolf, 2.

4 'He spent his days doing...' 'Hitler in Urfahr', Hauptarchiv der NSDAP, Reel 1, folder 17a.

5 went to Munich for several months... Konrad Heiden, *Der Führer,* 51.

6 'I set out with a pile of...' *Mein Kampf,* 19.

7 To prepare himself he... Letter of4 February 1908 from Magdalena Hanisch to Johanna Motloch, Institut für Zeitgeschichte, Munich.

8 In this time a candidate was... Werner Maser, *Hitler,* 78; sketches in Price, figs 40-5, 103 are forgeries.

9 The examiners found... Document reproduced in Price, 8.

10 'I was so convinced that I...' Mein Kampf, 20; drawings in Price, figs 60-2, 107 are forgeries.

11 Then he maintained that he had... *Mein Kampf,* 20.

12 'The professor asked me what...' Picker, 31 October 1941.

13 'Makart and Rubens also worked their...' 'Hitler in Urfahr' in Hauptarchiv der NSDAP, Reel 1, folder 17a.

14 not as 'artist' but as 'student' Bradley F. Smith, *Adolf Hitler,* 122.

15 'the sons of poor parents...' Zoller, 54.

16 'I owe it to that period that...' *Mein Kampf,* 21.

17 'I paint what people want.' Price, 9.

18 Some of these paintings can be... Schütz in *Kunst dem Volk,* January/February 1944; von Alt in Price, figs 210, 210a, 139.

19 'As a rule he did one painting...' 'Wie ich im Jahre 1913 Adolf Hitler kennen lernte', dated 31 May 1939, Hauptarchiv der NSDAP, Reel I, folder 17.

20 Years later Hitler estimated... Price, 15.

21 Some scenes he painted so often... Maser, *Hitler,* 100.

22 'These were the cheapest things...' Hamann, 236.

23 a series of landscapes... Price, figs 98-110, 115-17.

24 more than three or four krone... Bradley F. Smith, 141 ff.

25 It is said he sometimes bartered... Price, fig. 276, 152; fig. 564, 172 (examples).

26 But claims that he was reduced to... Price, figs 318-320, 161(examples of alleged graphics).

27 In testimony to the Vienna police... Report of interview of Otto Kallir by Vienna Police, 23 and 24 November 1936, Hauptarchiv der NSDAP, Reel 86, file 1741.

28 'I had the impression that he...' Statement to police by Jakob Altenberg on 19 November 1936 in Hauptarchiv der NSDAP, Reel 86, file 1741.

29 Hitler went to the police, claiming he... Police report of 5 August 1910 in Jäckel/Kuhn, 52.

30 'Morgenstern was the first person...' Hamann, 507.

31 'Morgenstern's shop was at that time...' Price, 15.

32 Following the *Anschluß,* Feingold... Hamann, 508-12, 606, 628.

33 Indeed, his sister Paula... Interview with Paula Wolf, 7; Kubizek, 'Reminiscences', 23; *Mein Kampf,* 57-9.

34 'Hitler's works had an architectural...' Memorandum of police interview with Karl Leidenroth of 20 November 1936 in Hauptarchiv der NSDAP, Reel 86, file 1741.

35 'I believe that Hitler was...' 'Wie ich im Jahre 1913 Adolf Hitler kennen lernte', 31 May 1939, Hauptarchiv der NSDAP, Reel 1, file 17.

36 According to people who knew... Joachimsthaler, *Adolf Hitler,* 78, 82.

37 'Around eight o'clock I noticed...' Hans Schirmer, Niederschrift in Hauptarchiv der NSDAP, Reel 2, file 30.

38 *Evening* Price, fig. 342, 166.

39 two further small oils... Price, figs 343 and 344, 167.

40 an oil painting for the dining room... Price, fig. 311, 67, 159.

41 odd jobs to earn a little money... Joachimsthaler, *Adolf Hitler,* 81.

42 'The fact is I earn my living...' *Jetzinger, Hitlers Jugend,* 262-4.

43 Some considered the works... Testimonies in Hauptarchiv der NSDAP, Reel 2, file 40.

44 'I liked the picture' Josef Attenberger, Hauptarchiv der NSDAP, Reel 2, file 40.

45 'I just wanted to help the young man...' Joachimsthaler, *Adolf Hitler,* 89.

46 One customer, a jeweller... Alfred Detig, report of 10 November 1937, Hauptarchiv der NSDAP, Reel 2, file 31.

47 Gradually he found... Hauptarchiv der NSDAP, Reel 2, files 24 and 40.

48 'I looked at two of his paintings...' Josef Würbser, Hauptarchiv der NSDAP, Reel 2, file 40; Price, fig. 382, 177(Old Residenz) and fig. 392, 179 (City Hall and Marienplatz).

49 he could do it in his sleep... Price, figs 393-6, 180.

50 To Hoffmann's daughter... Price, caption to fig.380, 177.

51 Even if he sold only ten... Josef Würbser, Hauptarchiv der NSDAP, Reel 2, file 40; Joachimsthaler, *Adolf Hitler,* 85-90.

52 he was painting to live... *Mein Kampf,* 126.

53 a battlefield scene survives Price, fig. 411, 184.

54 a number of works... Price, figs 421-7, 187–8.

55 In all, at least a dozen watercolours... Price, figs 411 and 412, 184; figs 413-15, 185; figs 421-9, 188; fig. 433, 189; figs 438-42, 191; figs 446 and 447, 192; figs 449, 451 and 452, 193; figs 457-9, 195; fig. 464, 196; figs 466-470, 197; figs 478 and 479, 199 appear genuine; Joachimsthaler, *Adolf Hitler,* 136-40.

56 'On calm days at the front...' Hauptarchiv der NSDAP, Reel 2, folder 47.

57 On the two occasions when... Monologe, 21-2 October 1941, 100.

58 'At last I have an opportunity...' Postcard of Kaiser Friedrich Museum to Ernst Schmidt in Hauptarchiv der NSDAP, Reel 1, folder 17a; text in Jäckel/Kuhn, 82.

59 After the armistice... Maser, *Hitler,* 110.

60 his watercolour sketchbook... Ada Petrova and Peter Watson, *The Death of Hitler.*

61 Works such as Weissenkirchen... Price, figs 151, 41; 172, 43; 353, 76; 458, 86; 459, 87.

62 Alfred Rosenberg... acknowledged finding... Rosenberg, 249.

63 A packet of twenty paintings... Hermann Weiß, 'Gli acquerelli attribuiti a Hitler dell'eredità Siviero'; *Corriere della Sera,* 25 October 1993.

64 Christa Schroeder walked off with... Schroeder, 134.

65 Zoller returned only fifty... Schroeder, 20, 134.

9장 위작 화가들과 수집가들

1 'a total failure' Heiden, *Der Führer,* 54.

2 'crude little pictures' Shirer, *The Rise,* 19.

3 'modest postcard copyist' Fest, *Hitler,* 59.

4 'drawings' Alan Bullock, *Hitler,* 34.

5 'by now half forgotten' Heiden, *Der Führer,* 46.

6 'that phenomenon of early rigidity' Fest, *Hitler,* 529.

7 'empty and pompous theatricality' Adam, 109.

8 the watercolour sketchbook ofhis youth Petrova and Watson, 150-1.

9 When, as chancellor, he wished... Speer, *Inside,* 115.

10 'kleiner Maler' *Mein Kampf,* 21.

11 After becoming chancellor... Thomae, 160-1.

12 When Martin Bormann informed Hitler... Memorandum of 29 March 1939 in Hauptarchiv der NSDAP, Reel 2, folder 24.

13 Altenberg still held two... St Ruprecht's in Price, fig. 264, 150; Ober St Veit may be Price, fig. 219, 140.

14 Hanisch therefore took the direct... Report of 29 November 1936 by Bundes-Polizeidirektion in Vienna, Hauptarchiv der NSDAP, Reel 89, folder 1741.

15 Dubious about the work's authenticity... Joachimstahler, *Adolf Hitler,* 65-6.

16 Although police files... Composite Report of29 November 1936 by the Bundes-Polizeidirektion in Vienna, Hauptarchiv der NSDAP, Reel 86, folder 1741.

17 'pursued him with implacable hatred' Vienna Criminal Police document of 1 December 1936, 48/5, Hauptarchiv der NSDAP, Reel 86, folder 1741.

18 They were also the basis of... Vienna Criminal Police document of 1 December 1936, 48/5, Hauptarchiv der NSDAP, Reel 86, folder 1741.

19 'I Was Hitler's Buddy' New Republic, 5 April, 239-42; 12 April, 270-2; 19 April, 297-300.

20 With the help of a middleman... Report by Bundes-Polizeidirektion in Wien of 29 November 1936, Hauptarchiv der NSDAP, Reel 86, folder 1741.

21 'Hitler's fear ofappearing foolish' Schroeder, 363; also, Hoffmann, *Hitler wie ich,* 196-8.

22 'were made confidentially aware'... Undated memorandum of Bundes-Polizeidi-

rektion in Wien, Hauptarchiv der NSDAP, Reel 86, folder 1741.

23 declared 'with absolute certainty' Police memorandum of 19 November 1936, Hauptarchiv der NSDAP, Reel 86, folder 1741.

24 He testified that Hanisch... Testimony of Otto Kallir, in police memoranda of 23 and 24 November and 11 December 1936 in Hauptarchiv der NSDAP, Reel 86, folder 1741.

25 'suddenly died in...' Document SB 17105/36, Hauptarchiv der NSDAP, Reel 86, folder 1741.

26 Hitler 'had Hanisch tracked down...' Fest, *Hitler,* 46.

27 However, the case against... Bradley F. Smith, *Adolf Hitler,* 164.

28 'Hanisch hanged himself...' Memorandum dated 22 February 1944, Hauptarchiv der NSDAP, Reel 3, folder 64.

29 Before 1938 it was a responsibility... Hauptarchiv der NSDAP, Reel 86, folder 1741.

30 Within days of the Anschluß... Reports of 19 and 20 March 1938 by the Kriminalbeamtenreferat of Bundes-Polizeidirektion in Vienna; Report of 23 March 1938 by the Bundes-Polizeidirektion in Vienna, Hauptarchiv der NSDAP, Reel 86, folder 1741.

31 'As a member of the party...' Testimony of Paul Kerber, cited in Joachimsthaler, *Adolf Hitler,* 87, 273.

32 Eventually the Hauptarchiv had to pay... *'Aquarelle des Führers',* undated report, Hauptarchiv der NSDAP, Reel 2, folder 37.

33 'These things should not go for...' Memorandum of 12 March 1944, in Schroeder, 133-4.

34 fewer than fifty paintings... Hauptarchiv der NSDAP, Reel 2, folders 22-43.

35 But up to the end ofthe Third Reich... Amtsbestätigung of 19 July 1939, Hauptarchiv der NSDAP, Reel 86, folder 1741.

36 As late as 1942... Hauptarchiv der NSDAP, Reel 2, folder 36.

37 But the chief culprit was... Günther Picker, *Der Fall Kujau;* Charles Hamilton, *The Hitler Diaries,* 7ff; Jäckel/Kuhn, 'Neue Erkenntnisse zur Fälschung von Hitler-Dokumenten' in *Vierteljahreshefte für Zeitgeschichte,* January 1984; Joachimsthaler, *Hitler,* 62.

38 For Hitler-the-struggling... Price, 184-99 passim.

39 'I was often a guest here...' Price, fig. 599, 224.

40 To add interest to the exhibit... Price, figs 551, 552, 214.

41 'I extend my best wishes...' Price, fig. 552, 214.

10장 모더니스트라는 적

1 It was the era, as he said... Speech opening the Great German Art Exhibition in 1937, quoted in Backes, 90-1; also, Domarus, vol.2, 911; Below, 168; Speer, Inside 44.

2 'Up to 1910 we displayed an...' Picker, 146.

3 'In or about December...' 'Mrs Bennet and Mrs Brown' in Andrew McNeillie, ed., *Virginia Woolf Essays,* vol.3, 421.

4 'stands in inverse relation to the length...' *Völkischer Beobachter,* 3 January 1921 in Jäckel/Kuhn, 286.

5 'the products of spiritual degenerates...' *Mein Kampf,* 258, 262.

6 twenty in 1933 alone... Paul Ortwin Rave, *Kunstdiktatur,* 24 ff; Brenner, 40; Barron, 9.

7 Yet, attesting to the muddle... Marion-Andreas von Lüttichau, 'Entartete Kunst, Munich 1937: A Reconstruction' in Barron, 63; Andreas Hüneke, 'On the Trail of Missing Masterpieces' in Barron, 122.

8 Noted dealers in various cities... Brenner, 77.

9 'Europe's last great artistic...' Brenner, 74.

10 An entry in August 1924... Goebbels diaries, 29 August 1924.

11 His taste for the latter... Hoffmann, *Hitler wie ich,* 149.

12 'The pictures have to go at once' Speer, *Inside,* 27.

13 'We must not permit...' Lüttichau, in Barron, 53.

14 The party, he said, faced... Brenner, 82-3; Hinz, 10, 35; Rave, 44.

15 'So, today, they propose railway stations...' Brenner, 83; also, Heiber, 224-5.

16 Hitler was suitably outraged... Rave, 32; Annegrat Janda in Barron, 107, 116; Brenner, 255.

17 Schardt made his choices... Rave, 33-4; Brenner, 71-2.

18 Still adamant, museum officials... Rave, 40; Franz Roh, *'Entartete' Kunst,* 91-2.

19 He winced but said nothing. Rave, 41.

20 'cleaning out all that rubbish' Goebbels diaries, 15 December 1935.

21 'It is not the function of art...' Baynes, 579.

22 'There really are men who...' Baynes, 590.

23 'It is either impudent effrontery...' Baynes, 589-90.

24 'Theirs is a small art...' Baynes, 586.

25 'Just as in fashions one must...' Baynes, 585-6.

26 '...Art was said to be "an...' Baynes, 585.

27 'An art which cannot count...' Baynes, 591-2.

28 'To every age, its own art' Russell, 331.

29 *'Deutsch sein heißt klar sein'*... Brenner, 84; Domarus, 910-11.

30 'another Gunpowder Plot...' Malcolm Bull, 'Cézanne and the housemaid', *Times Literary Supplement,* 5 April 1996.

31 'Art is not art if it transgresses...' Russell, 80.

32 In 1897 Berlin's National Gallery... Barron, 15.

33 the director of the Tate said... 'The Tate celebrates its centenary', *Financial Times,* May 1997.

34 German museums were steadily... Rave, 9-11.

35 Of nearly a thousand painters... Hinz, 14; Rave, 11.

36 His speeches condemned not Jewish... Baynes, 585.

37 He once explained... Schroeder, 217.

38 'What is so remarkable' Picker, 27 March 1942, 146.

39 'manufacturers of this nuisance' Baynes, 578.

40 'In the name of the German people...' Baynes, 590-1.

41 In delivering this speech... Rave, 55-6.

42 So it was not until October... Rave, 50; Janda in Barron, 107ff.

43 Goebbels feared being outflanked... Backes, 73-4; Ralf Georg Reuth, *Goebbels,* 366-7.

44 By holding the exhibition in... Backes, 73; Goebbels diaries, 19 and 30 June 1937.

45 'German degenerate art since 1910...' Hinz, 38.

46 Degenerate art was defined... Barron, 19.

47 'five ignorant fanatics' Hinz, 39.

48 'Opposition on all sides' Goebbels diaries, 5 and 12 June 1937.

49 'In the face of all the animosity...' Goebbels diaries, 24 July 1937.

50 Actually, the Führer wavered... Goebbels diaries, 15 July 1937.

51 In a mere two weeks... Barron, 45, 87; Rave, 63; list of confiscated works, 82-3.

52 The show opened on 19 July... Stuttgart, Bildzyklen and Backes, 73 (730 works); Barron, 112 and Adam, 32 (more than 650); Rave, 67 (730).

53 '...The end of madness in German art...' Brenner, 203; Domarus, 915.

54 Ensuring that no one could have... Christoph Zuschlag, 'An "Educational Exhibition"' in Barron, 89.

55 One million people went... Goebbels diaries, 1 September 1937.

56 Another million or so... Zuschlag in Barron, 90.

57 'It became increasingly obvious...' Peter Guenther, 'Three Days in Munich' in Barron, 38.

58 A Boston art critic... Lynn Nicholas, *The Rape of Europa,* 7.

59 The Führer was enormously pleased... Goebbels diaries, I August 1937.

60 a pamphlet with illustrations... *Entartete Kunst: Ausstellungsführer,* Goebbels diaries, 1 August 1937.

61 'In this hour I affirm...' Barron, 382; Domarus, 914.

62 Within the week he issued... Führer's order of 27 July in Barron, 124.

63 'between the months of August...' Hüneke, 'On the Trail of Missing Masterpieces', Barron, 124; Lüttichau in Barron, 47.

64 By the time the confiscation committees... Rave, 82-90; Hüneke in Barron, 124; Hinz, 39-40.

65 In the summer of 1938 Herbert Read... Rave, 61-2.

66 A few weeks afterwards at the annual... Karow, 221.

67 'Naturally it is not important...' Baynes, 598.

68 'The result is devastating.' Goebbels diaries, 14 January 1938.

69 'We hope to be able to earn...' Goebbels diaries, 29 July 1938.

70 'was royally pleased to have...' Picker, 12 April 1942, 222.

71 Göring grabbed... Hüneke in Barron, 125; Jonathan Petropoulos, *Art as Politics,* 79.

72 Even though earning foreign... Nicholas, 25.

73 paintings 'were being sold by the kilo...' Goebbels diaries, 5 May 1944.

74 Much of the total residue... Rave, 68; Roh, 53.

75 In his final report to Hitler... Backes, 77.

76 'Degenerate art has brought us...' Goebbels diaries, 4 November 1939.

77 Some sales and trades... Petropoulos, 80.

11장 국가사회주의 리얼리즘의 실패

1 'When we celebrated the laying...' Hinz, 2.

2 'When people pass through...' Baynes, 591.

3 The response was staggering... Hinz, 9.

4 Of the many descriptions... Hoffmann, *Hitler wie ich,* 143ff; Rave, 54f.

5 'The sculptures are all right...' Goebbels diaries, 6 June 1937.

6 'These are grey.' Toland, 415.

7 So disappointed and humiliated... Goebbels diaries, 7 June 1937.

8 'These paintings demonstrate' Hoffmann, Hitler wie ich, 143.

9 'But I don't like any sloppy...' Hoffmann, 144.

10 Hoffmann made his choices... Rave, 55.

11 'But...I knew Hitler's wishes...' Hoffmann, *Hitler wie ich,* 144.

12 left Gerdy Troost 'in tears' Goebbels diaries, 19 July 1937.

13 But his disillusionment was so great... Dietrich, 190.

14 By the time of the following year's... Baynes, 605.

15 'In the case of many pictures...' Hinz, 10.

16 As for painters... Baynes, 605.

17 His disappointment was such... Picker, 147.

18 'Hitler, going the rounds...' Dietrich, 190-1.

19 'Day of German Art' Robert S. Wistrich, *Weekend in Munich,* 70ff; *Good Morning Mr Hitler!* (documentary film).

20 It was held every summer... Hinz, 1-2; Backes, 82.

21 and every year he bought... Backes, 82; Architecture of Doom(documentary film).

22 He usually ignored paintings glorifying... Rolf Bothe and Thomas Föhl, *Auf-*

stieg und Fall der Moderne, 406-7; Speer, *Spandau,* 400.

23 'He did not really care for...' Schroeder, 217.

24 'I am convinced that...' 'Art and Politics' in *Liberty, Art, Nationhood,* 44.

25 'I have no doubt you will be moved...' Domarus, vol.2, 1127.

26 'You cannot manufacture an artist' Goebbels diaries, 16 June 1936.

27 'It is always easier...' Brenner, 42.

28 'The National Socialist state must...' Brenner, 83.

29 Roughly eighty per cent... Bothe and Föhl, 312.

30 At the first exhibition... Hinz, 17.

31 'clean out the Munich crowd' Goebbels diaries, 25 August 1943.

32 'Munich-school kitsch' Goebbels diaries, 21 September 1943.

33 'By standing foursquare...' Picker, 479f.

34 These figures, a German scholar... Backes, 84.

35 In 1938 alone there were... Taylor and van der Will, 12.

36 Arno Breker, who happened to attend... Goebbels diaries, 20, 23, 25 February 1943; 18, 21 March 1943.

37 'I remembered the dinner...' Speer, *Spandau,* 312.

38 *'liberalistische Schweinerei'* Thomas, 217.

39 Most works were purchased by state... Angele Schönberger, *Die neue Reichskanzlei,* 43.

40 'This nation has works...' 'Art and Politics' in Liberty, Art, Nationhood, 48.

41 six landscapes... Reproductions in *Die Kunst im Dritten Reich,* July 1939, 219ff.

42 Of the 5000 or so... S. Lane Faison, Consolidated Interrogation Report No.4, 78.

43 And these, a German scholar... Backes, 92.

44 When the art purges... Rave, 79-90.

45 'ever greater and more significant' Picker, 30 May 1942, 341.

46 'The iconography was always...' Adam, 188.

47 'Thorak is our strongest...' Goebbels diaries, 11 February, 1937.

48 'among the most beautiful...' Backes, 97.

49 'The Führer highly praises...' Goebbels diaries, 23 February 1940.

50 Breker's starting point was... Volker G. Probst, *Der Bildhauer Arno Breker,* 28f,

33.

51 'Each muscle, each tendon...' Adam, 179.

12장 예술품 수집가

1 He explained, as Posse recorded... Posse diaries, entry of 21 June 1939.

2 Six days after this meeting... Text in Faison, Consolidated Interrogation Report No.4, attachment 1; reproduction oftext in Günther Haase, *Kunstraub und Kunstschutz;* also, Posse diaries, 28 June 1939.

3 'He never stopped expressing...' Schroeder, 217.

4 So deeply, in fact, did he... Tutaev, 12.

5 As early as 1919 Posse... Birgit Schwarz, 'Hans Posse, Hitlers Sonderbeauftragter für Linz' in *Frankfurter Allgemeine,* 19 May 2000; Anja Heuss, *Kunst- und Kulturgutraub,* 47-9.

6 He promptly closed the museum's... Ruth and Max Seydewitz, Das Dresdener Galeriebuch, 109.

7 In May 1933 he applied... NSDAP Zentralkartei-Karte, Federal Archive, Berlin.

8 'Through him, my husband...' Ernst Kubin, *Sonderauftrag Linz,* 17.

9 he was Posse's preferred agent... Faison, 47.

10 Charged with 'cosmopolitan...' Faison, DIR No.12, Hermann Voss.

11 a memorandum was found... Memorandum of 17 February 1943 to Lammers in Faison, Attachment 83.

12 'a particularly vicious Nazi' James S. Plaut, 'Hitler's Capital', *Atlantic Monthly,* October 1946.

13 'He's even worse than...' Faison, DIR No.12, Hermann Voss.

14 Voss could not forbear... Faison, attachment 19.

15 When interrogated by American... Faison, CIR, 18; Faison, Detailed Report No.12; Hermann Voss, 10.

16 Not until April 1943... 'Kunstwerke für die neue Galerie in Linz' in *Kunst dem Volk,* Sonderheft zum 20 April 1943.

17 With Hoffmann as his agent... Werner Maser, *Adolf Hitler,* 107; *Monologe,* September 1942, 387.

18 'He… takes great pleasure…' Goebbels diaries, 5 August 1940.

19 Many hung in his… Hoffmann, *Hitler wie ich ihn,* 152, 169; Friedelind Wagner, 128; Backes, 90; Faison, 66.

20 'The walls around the room…' Dietrich, 215.

21 In the dining room of… Backes, 90; Hoffmann, *Hitler was My Friend,* 198.

22 In the reception room… Schönberger, 142.

23 'The Führer is a great admirer…' Goebbels diaries, 25 June 1943.

24 'Yesterday morning at the National…' Goebbels diaries, 14 January 1929.

25 Even Troost and Rosenberg… Rosenberg, *Memoirs,* 249, 250.

26 'Hitler went on about his favourite…' Speer, *Inside,* 179.

27 This is the saga of… *Financial Times,* 20 November 1999.

28 'As we entered we almost…' William L. Shirer, *Berlin Diary,* 189.

29 the Gestapo went on to seize some 10,000… Faison, attachment 72; Kubin, 21.

30 After a further visit in October… Faison, CIR No.4, 15 December 1945, attachment 72.

31 'Vienna already has enough works…' Letter of 16 May 1940 in Faison, attachment 4.

32 Through Haberstock, Posse also obtained… Bredius, *Rembrandt Paintings, Self-portrait,* No.44; *Portrait of Hendrickje Stoffels,* No.115.

33 They had been put up… Faison, attachment 74; Kubin, 53.

34 'plundering expeditions that are reducing…' Faison, 76.

35 Hitler's contempt went so far… David Roxan and Ken Wanstall, *The Jackdaw of Linz,* 37.

36 One of his most important bags… Faison, attachment 68.

37 'nine panels of the Hohenfurth…' Faison, attachment 70.

38 Nonetheless a catalogue… Brenner, 157.

39 These gave him such pleasure… Faison, 6.

40 'Meeting with the Führer…' diary entry of 9 April 1940.

41 'The acquisition of riches…' Gibbon, vol.3, 136.

42 Pieter de Boer… Nicholas, 108.

43 Nathan Katz… Nicholas, 109.

44 'the most elaborate purchasing expedition …' Faison, Art Looting Investigation

Unit, Detailed Interrogation Report No.12, 15 September 1945: Hermann Voss, 21.

45 'no reason to forgo the enormous profits...' Nicholas, 101.

46 'the big Jewish art dealers' telegram, 7 August 1940 in Faison, attachment 10a.

47 'a very beautiful Momper...' Kubin, 39.

48 'I took the best...' Faison, attachment 59a.

49 These included Brueghel's Carrying... Faison, CIR No.4, attachment 58, part I.

50 'Buy! Buy!' Kubin, 60.

51 From his old crony Hoffmann... Faison, CIR, No.44.

52 Another source was... Faison, 44.

53 obtained no fewer than 270 paintings... Faison, 49.

54 She was admonished... Faison, attachment 52.

55 One unwilling donor... Faison, CIR, attachment 58, part II.

56 Franz Koenigs's collection of Old Master drawings... Nicholas, 110; Faison, attachment 60.

57 Posse took 527... Nicolas, 111; Faison, 63 and attachment 60.

58 The biggest prize... Nicholas, 113.

59 The Dutch portion... Faison, attachment 35b.

60 In July 1940, one year after... Faison, attachment 73.

61 In a striking resurrection... Faison, attachment 2.

62 To forestall any transfer... quoted in Kubin, 26.

63 Hitler gave Rosenberg... Faison, attachment 6.

64 'Truckload after truckload...' Nicholas, 133.

65 In toto the Einsatzstab... Kubin, 37; Roxan and Wanstall, 56-7, 175.

66 A partial list of his acquisitions... Faison, attachment 57.

67 Haberstock also procured Watteau's... Faison, supplement, 8; attachments 74 and 76.

68 Out of a total of 320 works... Haase, 51.

69 Through Hildebrandt Gurlitt... Faison, Supplement, 9.

70 fifty-three masterpieces for Linz... Faison, attachment 56(parts I and II).

71 A serendipitous purchase... Edward Craig, *Gordon Craig*, 346.

72 The archive included... L. M. Newman, *Gordon Craig, Archives*, 60.

73 A significant acquisition... Faison, CIR No.4, 29; Nicholas, 172; Hector Feliciano, *The Lost Museum,* 96.

74 To drive the point home... Faison, attachment 19.

75 In all, the Linz museum acquired... Heuss, 63-4.

76 Two weeks after that Foreign Minister... Mario Ursino, ed., *L'arte e il Nazismo,* 20.

77 A month later, when Hitler... Tutaev, 22.

78 '...I was in Rome(twice)...' Letter of 23 March 1941 in Faison, attachment 67.

79 In no time Posse and Prince Philipp... Faison, attachment 65.

80 'I have little faith...' Hugh Gibson, ed., *The Ciano Diaries,* 374.

81 'Where art is concerned...' Hoffmann, *Hitler Was My Friend,* 88.

82 Following lunch with Ciano... Giordano Bruno Guerri, ed., *Diario,* 274.

83 Reporting to Hitler in March 1941... Posse to Bormann, 23 March 1942 in Faison CIR No.4, attachment 67.

84 The Guttmann collection Faison, 74.

85 He was a ruthless despoiler... Faison, 74.

86 On first seeing the holdings... Faison, CIR, 20.

87 His main victims were... Faison, CIR, 20.

88 'Not by the widest stretch...' James S. Plaut, 'Hitler's Capital' in *Atlantic Monthly,* October 1946.

89 In the chaos just before... Faison, CIR, 23.

90 The highest accession number... Faison, CIR, 18.

91 'Summary of deposits...' Kubin, 68.

92 Obviously this inventory also excluded... Kubin, 30.

93 Only one painting was... Heuss, 68.

94 Moreover, the claim... Faison, CIR No.4, 26.

95 'Hitler had spent all his money...' Speer, Spandau, 105.

96 The most striking feature... Faison, 70; Kubin 68.

97 'Anyone who wants to study...' Picker, 12 April 1942, 221.

98 '...We must once again...' Faison, CIR, attachment 46.

99 'The Linz museum was one...' Schroeder, 218.

100 'admiring, even if he did not...' Bianchi Bandinelli, 183.

13장 히틀러의 바그너인가? 바그너의 히틀러인가?

1 In that first week of February... Johanna Motloch to Alfred Roller, 5 February 1908; Roller to Motloch, 6 February 1908, F 19/19, Institut für Zeitgeschichte, Munich.

2 The young man was overjoyed... Alfred E. Frauenfeld, Der *Weg zur Bühne,* 290; also, Toland, 31, 929; Heiber, 43.

3 'Without a recommendation...' *Monologe,* 15-16 January 1942, 200.

4 When Winifred Wagner decided in 1933... Winifred Wagner, television interview with Hans Jürgen Syberberg; Manfred Wagner, *Alfred Roller in seiner Zeit,* 308.

5 'I was captivated at once' *Mein Kampf,* 17.

6 'Tomorrow I am going...' Postcard, 7 May 1906, Jäckel/Kuhn, 44; reproduction in Kubizek, facing 193.

7 'The interior of the edifice...' Postcard, 7 May 1906, Jäckel/Kuhn, 44; reproduction in Kubizek, facing 193.

8 He sang in a church choir... Percy E. Schramm, *Hitler,* 68.

9 On leaving school... *'Der Klavierlehrer des Führers',* undated document in Hauptarchiv der NSDAP, Reel 1, folder 17a; other spellings of the name include Prewatsky (document of 8 December 1938 in Hauptarchiv der NSDAP, Reel 1, folder 17a); Prewratzky (Kubizek); Prevratski (Jetzinger).

10 He soon quit... Bradley F. Smith, 105.

11 However, his sister Paula... Interview, 3.

12 In later years... Winifred Wagner interview with David Irving, 13 March 1971, ZS 2242, Institut für Zeitgeschichte, Munich.

13 Kubizek's 1954 book... Kubizek, 251-2.

14 The assertion that Hitler read Wagner's prose... Jetzinger, 120.

15 'transported into that extraordinary...' Kubizek, 143.

16 'Eventually there was produced...' Kubizek, 'Reminiscences', 44, 46.

17 At that time Kubizek said... Hauptarchiv der NSDAP, Notizen für Kartei, dated 8 December 1938; 'Bericht über meinen Besuch bei Herrn Kubizek', undated, Reel 1, folder 17a.

18 'Mobile Reichs Orchestra' Kubizek, 203ff; 'Reminiscences', 34-9.

19 By far the best known... Kubizek, 98-101.

20 is a rare case... Kubizek, 'Reminiscenses', 39; letter to Jetzinger, 19 June 1949.

21 'Listening to this blessed music...' Speer, Spandau, 88.

22 'I believe it was God's will...' Shirer, *Rise and Fall,* 349.

23 Wilhelm Furtwängler learned this... Curt Riess, *Furtwängler,* 163-4.

24 'He would then sit back...' Schroeder, 130

25 'Before long...' Speer, *Inside,* 91.

26 Unlike the others, however... David B. Dennis, *Beethoven in German Politics, passim.*

27 an 'artistic Führer' Dennis, 150.

28 And played he was... Dennis, 161-2, 236-7.

29 His works, above all... Dennis, 162-3, 167-9.

30 Brahms he did not like... Goebbels diaries, 27 February 1940.

31 'Well, Furtwängler is *such*...' Ziegler, 71-2.

32 The story that Hitler begged money... Schramm, 59; Schramm in *Der Spiegel,* 6/1964, 49; Kurt Wilhelm, *Richard Strauss,* 102; Maser, 101.

33 Even so, when once attending... Below, 22.

34 According to Heinrich Hoffmann... Hoffmann, *Hitler wie ich ihn,* 162.

35 Hoffmann did not so much as mention... Hoffmann, *Hitler was my Friend,* 189-90.

36 Even after becoming chancellor... Speer, *Inside,* 130.

37 'I do not really like...' Goebbels diaries, 20 November 1944.

38 'We should promote him...' Goebbels diaries, 7 June 1937.

39 Even then he did not take... Levi, 217.

40 Speculation has ranged... Picker, 336; Brian Gilliam, *Musical Quarterly,* 78, 1994.

41 But suddenly in 1940... Goebbels diaries, 23 January, 27 February, 6 April 1940.

42 'He told me...' Goebbels diaries, 23 January 1940.

43 By 1942 he placed Bruckner... Goebbels diaries, 20 August 1942.

44 [Those are] pure popular melodies...' *Monologe,* 13-14 January 1942, 198.

45 'He wants to establish...' Goebbels diaries, 13 March 1941.

46 He even designed a monument... Price, figs 721, 722.

47 he singled out *The Merry Widow*... 'Warum sind wir Antisemiten?' 31 August 1920; 'Positiver Antisemitimus', 4 November 1922 in Jäckel/Kuhn, 197, 718.

48 He never missed a new production... Speer, *Inside,* 130.

49 Eventually Hitler came to revere... Stefan Frey, *Franz Lehár oder das schlechte Gewissen der leichten Musik,* 138; Wulf, Musik, 62.

50 So thrilled was he... Speer, *Spandau,* 106; Frey, 142.

51 Making a tremendous to-do... Speer, *Spandau,* 59.

52 'He showed an astonishing array...' Wilhelm, 242.

53 While confirming the story... Hotter, letter of 25 September 1996.

54 'could not stop raving...' Lieslotte Schmidt, letter of 27 July 1938.

55 In the same vein... Michael Karbaum, *Studien zur Geschichte der Bayreuther Festspiele,* part 2, 111-12.

56 'In all my life...' Schirach, 28.

57 'showed sheet after sheet...' Speer, *Spandau,* 105.

58 Despite the poverty of his Vienna years... *Monologe,* 22-3 February 1942, 294; Fest, 520, 712.

59 he knew *Die Meistersinger*... Dietrich, 151.

60 'In Bayreuth, whenever the citadel...' Fest, *Hitler: Eine Biographie,* 712.

61 'Well, Tristan was his greatest...' *Monologe,* 24-5 January 1942, 224.

62 According to Christa Schroeder... Schroeder, 189.

63 'dreamed of *Tristan*' Letter of 10 January 1924 to Vogel, Jäckel/Kuhn, 1060.

64 'He is overjoyed at each...' Liselotte Schmidt, 27 July 1938.

65 At some point in the 1930s... Ziegler, 176.

66 'Out of *Parsifal* I shall...' Frank, 213.

67 After the war he declared... Goebbels diaries, 22 November 1941.

68 Managers were informed that... Thomas Mathieu, *Kunstauffassungen und Kulturpolitik,* 79-80.

69 'When I hear Wagner it seems...' *Monologe,* 25-26 January 1942, 234.

70 'Wagner's musical language sounded...' Schroeder, 189-90.

71 'exaltation and liberation from all...' 'Warum sind wir Antisemiten?' 31 August 1920 in Jäckel/Kuhn, 197.

72 'He was familiar with...' Schirach, 26ff; Speer, *Spandau,* 102.

73 He was insistent that... Ziegler, 64.

74 Although a drawing of Siegfried... Price, figs 539-42, 212.

75 This interest in stage design... Speer, *Inside,* 128.

76 'At the chancellery Hitler...' Speer, *Spandau,* 103; Ziegler, op.cit., 70.

77 His setting for the second act... *Die Kunst im Dritten Reich,* February 1939.

78 went into ecstasies... Speer, *Spandau,* 103.

79 'I must be frank to say...' Ziegler, 125.

80 'The Führer page 240 talks to me...' Goebbels diaries 27 July 1937; Backes 44.

81 'When I stood at Wagner's grave...' Jäckel/Kuhn, 1210.

82 'Of all German creative figures...' Scholdt, 291.

83 'stärkstes, bestimmendes Erlebnis' Erika Mann, 7.

84 At one point he insisted that... Letter of 14 September 1911 to Julius Bab, in Erika Mann, 30; 'Richard Wagner und *Der Ring des Nibelungen*', in Erika Mann, 131.

85 'I can write about him today...' Letter of 18 February 1942 to Agnes Meyer, Erika Mann, 161.

86 'Wagnerian, albeit in a perverted way...' *Bruder Hitler* in *Thomas Mann Essays,* Band 4, 307.

87 'elements of a frighteningly Hitleresque...' entry of 13 October in *Thomas Mann: Diaries 1918-1939.*

88 *'furchtbare Hitlerei'* diary entry of4 September 1937; Scholdt, 293.

89 'I find an element of Nazism...' *Common Sense,* January 1940.

90 'There is, in Wagner's bragging...' Letter to Emil Preetorius, 6 December 1949, Erika Mann, 167ff.

91 'a splendid work, a festival drama...' Letter of 25 August 1951 to Friedrich Schramm in Erika Mann, 181-2.

92 'succumbed to the music...' Fest, *Hitler,* 22.

93 'Hitler himself in fact later...' Fest, *Hitler,* 49.

94 'The style of public ceremonies...' Fest, *Hitler,* 50.

95 'For the Master of Bayreuth...' Fest, *Hitler,* 56.

96 It was 'Wagner's Hitler' Joachim Köhler, *Wagners Hitler.*

97 In a speech in 1923... Speech of 14 October 1923, Jäckel/Kuhn, 1032, 1034.

98 But Kubizek himself contradicted... Kubizek, *Adolf Hitler,* 101.

14장 '바이로이트 공화국의 총통'

1 To attend the Festival... Letter of 5 May 1924 in Jäckel/Kuhn, 1233; Kubizek letter to Hitler, 21 July 1939 in Heiber, 72.

2 'as the answer to his doubts...' Fest, Hitler, 259.

3 On his arrival the Wagners... Ebermayer, *Magisches Bayreuth,* 174.

4 twenty years later he was still... Monologe, 24-5 January 1942, 224.

5 He promised that if he ever... Ebermayer, *Magisches,* 174.

6 According to a story... Friedelind Wagner and Page Cooper, *Heritage of Fire,* 16-17.

7 Nothing could have given him... Letter of 5 May 1924 in Jäckel/Kuhn, 1231-3.

8 'It was not just the others...' *Monologe,* 24-5 January 1942, 224.

9 'I did not really want to go...' *Monologe,* 28 February-1 March 1942, 307f.

10 'It was a sunny time...' *Monologe,* 3-4 February 1942, 259.

11 'culturally pre-eminent little town...' Speer, *Spandau,* 104.

12 'Then for years...' *Monologe,* 28 February-1 March 1942, 308.

13 Hitler was entirely untroubled... Goebbels diaries, 30 May 1942.

14 it 'radiates life' *Monologe,* 17 February 1942, 281.

15 'Sometimes Hitler's car...' Friedelind Wagner, 31.

16 'We used the familiar...' *Monologe,* 24-5 January 1941, 225.

17 'With no other family...' Below, 23.

18 Hitler revelled in his role... Below, 23; Dietrich, 151; Schroeder, 276; Hoffmann, *Hitler wie ich,* 139-40.

19 'On these festival days...' Speer, *Inside,* 149-50.

20 'The ten Bayreuth days...' *Monologe,* 24-5 January 1942, 225.

21 'He did not so much speak...' Heiber, *Die Rückseite,* 42-3.

22 Hitler, she said, could... Friedelind Wagner, 101-2.

23 'My dear Wini...' Hitler, *Reden,* Band II, 587.

24 'These have been very sad days...' Wolfgang Wagner, ed., *Das Festspielbuch 1997,* 24.

25 'For weeks I have been bogged...' Wolfgang Wagner, 24.

26 Whatever her feelings... Hoffmann, *Hitler wie ich,* 139; Friedelind Wagner, 70-1.

27 The relationship cooled... Ebermayer, *Magisches,* 216-17.

28 'destroyed and exterminated' Friedelind Wagner, 224.

29 notations in her diary... Letters of 14 January and 29 February 1940; diary entries of 9, 10, 11 February 1940 in Wolfgang Wagner, *Bayreuther Festspiele 1997,* 25-6.

30 'The fat, little Wagner...' Goebbels diaries, 4 May 1940; also, 10 May 1940.

31 high treason Goebbels diaries, 12 May 1940.

32 'The Führer has told Wieland...' Goebbels diaries, 5 May 1940.

33 'He is deeply shaken by...' Goebbels diaries, 6 June 1940.

34 He showered him with favours... Geoffrey Skelton, *Wieland Wagner,* 46; Berndt Wessling, *Wieland Wagner,* 114.

35 'After coming to power....' Breker, Paris, 123.

36 Hitler placed the institution... Drewniak, 287.

37 At Winifred Wagner's instigation... Hans Jürgen Syberberg in *Zeit Magazin,* 30 April 1976; Köhler, 422.

38 Hitler's passion for Wagner... Ziegler, 132.

39 'Most leading National Socialist figures...' Karbaum, 2/115.

40 'In reality leading party officials...' Karbaum, 2/112-13; Ebermayer, *Magisches,* 188.

41 In 1930 he had offered... Karbaum, 2/111.

42 'smoke out that international...' Ebermayer, *Magisches,* 197.

43 A frightened Winifred... Ebermayer, *Magisches,* 197.

44 He said he could best... Ebermayer, *Magisches,* 196–8; Karbaum, 2/77-8.

45 He had once maintained he could imagine... *Monologe,* 20-1 February 1942, 287-8.

46 He came to detest Winifred... Goebbels diaries 23 October 1937; also, 26 July 1937; 26 July 1938.

47 'With a woman in charge...' Goebbels diaries, 3 November 1937.

48 '...You know that nothing happens...' Letter of 9 June 1935, Richard Strauss Ar-

chive, Garmisch.

49 'Hitler never interfered...' Undated memorandum, supplementing oral testimony given on 31 August 1945, Richard Wagner Museum.

50 'The Führer told my dad...' Letter of 16 December 1933 from Franz Strauss to Daniela Thode, in Karbaum, 2/96.

51 According to Friedelind Wagner... Friedelind Wagner, 143, 144.

52 But while he more or less imposed... Liselotte Schmidt, 8 October 1937.

53 'she pretended not to know...' Speer, *Spandau,* 103.

54 'Hitler himself never expressed...' Karbaum, 2/112.

55 After enduring one act... Hoffmann, *Hitler wie ich,* 139-40.

56 'Führer of the Bayreuth Republic' Scholdt, 275.

57 'I consider it a particular joy...' *Monologe,* 24-5 January 1942, 225.

58 So enamoured was Hitler... Schroeder, 190.

59 The final and most curious... Schroeder, 130.

15장 에우테르페의 강간

1 'the result is not...' Speech of 2 November 1922 in Jäckel/Kuhn, 718.

2 'cultural poisoners...' Speech of 27 November 1927 in Weimar, in Hitler, *Reden,* 560.

3 'a single German military march...' Speech of 26 January 1928 in Munich, in Hitler, *Reden,* 654.

4 Others who were removed... Prieberg, *Musik,* 44-5; Levi, 171; Rothkalb, 15; Geissmar, 66ff.

5 Racially or politically unacceptable... Juan Allende-Blin, ed., *Musiktradition im Exil,* 24; Levi, 44-5.

6 'It really is a shame...' *Monologe,* 19-20 February 1942, 285.

7 'the most appalling kitsch' 'Warum sind wir Antisemiten?' in Jäckel/Kuhn, 197.

8 'the complete judification of music' Speech on 3 May 1921, 'Erzberger und Genossen' in Jäckel/Kuhn, 374.

9 unable to accomplish anything original... 'Warum sind wir Antisemiten?' in Jäckel/Kuhn, 189.

10 The public did not want... Speech of 26 January 1928 in Munich in Hitler, *Reden,* 652-4.

11 The scope for political intervention... Levi, 175, 195; Michael Meyer, *The Politics of Music,* 13.

12 Of 110 players... Prieberg, *Musik,* 74.

13 of the entire staff of the Berlin... Rathkolb, 90.

14 Hitler could therefore pursue... Prieberg, *Musik,* 19, 264-72; Levi, 35.

15 Occasionally he laid down the law... Levi, 35; Karow, 214; Heiber, op.cit., 207.

16 'We do not intend to tell a conductor...' Heiber, ed., Goebbels-Reden, 227-8.

17 An investigation by Rosenberg's office... Frey, 138; Wulf, 360, 437f.

18 'I forbid that this should come...' Goebbels diaries, 5 June 1938.

19 Also troublesome were... Heiber, *Die Rückseite,* 258; Goebbels diaries, 26 June 1942.

20 'Only a person lacking respect...' Drewniak, 284.

21 'It is a great Mozart revue' Goebbels diaries, 22 November 1941; also, 22 March 1943.

22 'This belongs...' Goebbels diaries, 22 March 1943.

23 'They arise from a primitive...' Heiber, *Die Rückseite,* 258.

24 Foreign policy considerations... Prieberg, *Musik,* 372-4.

25 'The Finns ask us to...' Goebbels diaries, 12 March 1942.

26 Under the circumstances... Levi, 218.

27 Several months later a list... Michael Walter, *Hitler in der Oper,* 232-3.

28 That was followed by a blacklist... Rathkolb, 25ff.

29 In reality the show was less... Levi, 96.

16장 음악 후원가

1 In 1933 alone, fifty-eight works... Levi, 256.

2 by 1935 the Führer... Kater, *The Twisted Muse,* 13.

3 Among the more notable... Prieberg, *Musik,* 174; Heister-Klein, 120-1.

4 Three years later Hitler... Goebbels diaries, 17 April 1937; Prieberg, *Musik,* 236.

5 The occasion was... Goebbels diaries, 2 May 1937.

6 But a choral work... Goebbels diaries, 27 April 1944; 4 May 1944.

7 'The Führer does not like...' Goebbels diaries, 26 July 1937; Speer, *Spandau,* 88.

8 'Music as an absolute art...' Walter, 155-7.

9 Verdi replaced him... Levi, 192.

10 As time passed... Walter, 233; Levi, 216ff.

11 'An opera house is...' Speer, *Spandau,* 92.

12 the drawings show that he was... Kubizek, sketches between 126 and 127.

13 '....I would enter...' *Monologe,* 29 October 1941, 115.

14 Edwin Sachs's classic... Joachimsthaler, *Adolf Hitler,* 263.

15 he was familiar with... Speer, *Inside* and *Spandau, passim;* Dietrich, 174; Schroeder, 218-19.

16 'The theatre there...' Ziegler, 89.

17 Similarly, on once encountering... Percy Schramm, *Hitler: The Man and the Military,* 59.

18 When Hugh Trevor-Roper... Hugh Trevor-Roper, *The Last Days of Hitler,* 104.

19 'a maniacal passion' Speer, *Spandau,* 92, 95; Goebbels diaries, 3 February 1939.

20 'various theatre construction plans...' Goebbels diaries, 3 February 1939.

21 'Big enough for a mass public...' Goebbels diaries, 6 December 1936.

22 The funds Hitler was prepared... Backes, 184–5.

23 opera houses 'must also be...' Backes, 181; Speer, *Spandau,* 95.

24 They had been proved wrong...' Speer, *Spandau,* 95.

25 'the best and most beautiful imaginable' Goebbels diaries, 31 August 1940.

26 The very first project... Goebbels diaries, 19 August 1935; Backes, 184.

27 Although he sketched rough plans... Ziegler, 188; Backes, 184.

28 'Examined plans for new Munich...' Goebbels diaries, 8 March 1937.

29 'a gift of the Führer' Joachim Petsch, *Baukunst und Stadtplannung im Dritten Reich,* 119.

30 'The bombing of an opera house...' Speer, *Spandau,* 104.

31 '...the theatre is not merely...' Goebbels diaries, 4 October 1942.

32 'fought tooth and nail' Goebbels diaries, 20 October 1943.

33 However, Goebbels had to record... Goebbels diaries, 27 October 1943.

34 He undoubtedly had an excellent ear... *Monologe,* 19-20 February 1942, 285;

Speer, *Spandau,* 104.

35 He also watched over... Goebbels diaries, 30 May 1942.

36 'We'll probably have to get him...' Goebbels diaries, 30 May 1942.

17장 지휘자와 작곡가들

1 Instead of an exchange... Prieberg, *Trial of Strength,* 32.

2 Furtwängler found himselfunder pressure... Prieberg, *Trial,* 106.

3 'If the battle against Jews...' Wulf, *Musik,* 86–7.

4 'norms ofthe state' Wulf, *Musik,* 88-9.

5 a politically compliant conductor... Thomas, 124-30; Prieberg, *Trial,* 225.

6 The conductor's views... Prieberg, *Trial,* 100f.

7 Furtwängler set down a list... Prieberg, *Trial,* 106.

8 'shouted at each other...' Berta Geissmar, *The Baton and the Jackboot,* 103.

9 Prior to the meeting... Levi, 113; Kater, *Composers of the Nazi Era,* 38.

10 'The Führer is furious...' Prieberg, *Musik,* 393f.

11 The two agreed on a ... Prieberg, *Trial,* 172–3.

12 Even Berta Geissmar... Geissmar, 158

13 'I feel despondent...' Ebermayer, *Denn heute gehört uns Deutschland,* 505.

14 'A great moral success...' Goebbels diaries, 2 March 1935.

15 Not until April did Hitler... Wiedemann, 206-7.

16 'He is now entirely on our side...' Goebbels diaries, 11 December 1936; also, 27 July 1936.

17 And being in line... Prieberg, *Trial,* 210.

18 'He is one of the...' Wulf, *Musik,* 86.

19 'be booted out' Lieselotte Schmidt, 8 October 1937.

20 He had wanted to use Bayreuth... Prieberg, *Trial,* 221.

21 To this, Hitler responded... Lieselotte Schmidt, 25 November 1937.

22 'the clockwork regularity...' Prieberg, *Trial,* 225.

23 'to avoid even the shadow...' Prieberg, *Trial,* 230.

24 'We can use him...' Goebbels diaries, 9 January 1940.

25 'He is very willing...' Goebbels diaries, 5 October 1940.

26 'Once again he has done...' Goebbels diaries, 22 November 1941.

27 'We can certainly use him...' Goebbels diaries, 9 January 1940.

28 Hitler was 'particularly pleased...' Goebbels diaries, 21 March 1940.

29 'He has become an out-and-out...' Goebbels diaries, 20 June 1940.

30 'practically bursting with...' Goebbels diaries, 28 February 1942.

31 'I am pleased that I succeeded...' Goebbels diaries, 28 November 1941.

32 'would never be forgotten...' Goebbels diaries, 25 January 1944.

33 'The Führer has the highest...' Goebbels diaries, 4 March 1944.

34 'Czechoslovakia was not actually...' Berlin Denazification Board for Artists: Second day of hearing of the case of Wilhelm Furtwängler, 17 December 1946, 103-4.

35 He gave him and his artists... Goebbels diaries, 23 September 1943; Rathkolb, 108-12.

36 Again the answer... Thomas, 132-4.

37 'any number of jerky...' Ziegler, 169.

38 The dictator certainly did not... Speer, *Spandau,* 104.

39 'I try to break a lance...' Goebbels diaries, 27 April 1944.

40 Böhm he termed... Thomas, 131.

41 'Exactly like Knappertsbusch...' Goebbels diaries, 22 November 1941.

42 'That was extremely inconsiderate...' Speer, *Spandau,* 104.

43 Karajan himself later told... Rathkolb, 215.

44 'He has a very derogatory...' Goebbels diaries, 2 November 1940; also Ziegler, 178.

45 'Too bad about Strauss...' Ebermayer, *Denn heute,* 205.

46 In his inaugural address... Wulf, *Musik,* 194-5.

47 The piece was dedicated... Norman Del Mar, *Richard Strauss,* vol.3, 396.

48 He contrasted the indifference... Gerhard Splitt, *Richard Strauss 1933-1935,* 120ff; Wilhelm, 220-3.

49 'I told him that I did not wish...' Wilhelm, 226.

50 'contrary to the Führer's policy...' Splitt, 63.

51 'He is stupid and miserable enough...' *Thomas Mann Diaries,* 2 May 1934.

52 spoke of him as being 'senile'. Goebbels diaries, 23 and 24 July 1933 and *passim.*

53 'We'll do it without...' Goebbels diaries, 5 July 1935.

54 'As if I had little sympathy for...' Wulf, *Musik,* 198-9.

55 Hitler, it is said... Thomas, 260; Kater, *Composers,* 248.

56 'I have made this success...' Wilhelm, 239.

57 Goebbels summoned Strauss... Wilhelm, 255.

58 'My accomplishments as...' Splitt, 244.

59 'To my pleasure I find...' Goebbels diaries, 13 January 1944.

60 'The Führer does not want...' Goebbels diaries, 4 March 1944.

61 On the occasion of... Drewniak, 297; Rathkolb, 19off; Thomas, 262.

62 He hurled his next thunderbolt... John, 58ff.

63 The encounter took place... Johann Peter Vogel, *Hans Pfitzner,* 106; Kater, *Composers,* 150-1.

64 He despised the composer... Goebbels diaries, 10 June 1943.

65 'Only his best pieces...' Drewniak, 300.

66 And Hitler snubbed... Vogel, 106-7; Kater, 218.

67 In 1937 Hitler rejected... Goebbels diaries, 24 June 1937.

68 'The Führer is in general...' Goebbels diaries, 9 June 1943.

69 'Today there is no one besides him...' Kater, 219.

70 His career typified... Prieberg, Musik, 320ff; Walter, 178ff.

71 'I order you to inform the Führer...' Walter, 175; Prieberg, *Musik,* 320.

72 'We both go with strong...' Goebbels diaries, 1 February 1939.

73 In the event Hitler... Prieberg, *Musik,* 320; Kater, Composers, 10.

74 'a tremendous, original talent' Goebbels diaries, 1 February 1939.

75 It was argued that... Walter, 189, 198ff.

76 'The Führer complains...' Goebbels diaries, 22 February 1940.

77 Opera managers who had earlier... Prieberg, *Musik,* 321.

78 'the healing process' Prieberg, *Musik,* 324.

79 'As National Socialist barbarism...' Prieberg, *Musik,* 25.

18장 건축을 통한 불멸

1 'would take his breath away' *Monologe,* 21-2 October 1941, 101.

2 Hitler's fascination... Speer, *Spandau,* 173.

3 he wrote several times... Jäckel/Kuhn, 49–51.

4 ‘I was firmly convinced...’ *Mein Kampf,* 35.

5 ‘Their excellencies...’ Letter of 17 August 1908 in Jäckel/Kuhn, 50-1.

6 ‘The architectural sketches...’ Schroeder, 134.

7 ‘This was a theme of one...’ ‘Warum sind wir Antisemiten?’ 13 August 1920 in Jäckel/Kuhn, 184-204.

8 ‘The few still towering...’ *Mein Kampf,* 265.

9 If there were to be a new... Speech of 9 April 1929 in Hitler, *Reden,* 192.

10 ‘the overpowering sweep and force’ *Mein Kampf,* 265.

11 By the early 1920s... Hauptarchiv der NSDAP, Reel 3, folder 64; also, Price, fig. 491, 202; figs 525-8, 209; figs 531-4, 210; Backes, 29, 32, 39.

12 ‘foreign and unnatural’ Schroeder, 95; also Goebbels diaries, 8 April 1941.

13 After a brief visit there... Goebbels diaries, 7 August 1940.

14 Baroque was also not to his taste... Speer, *Spandau,* 15; Monologe, 21-2 July 1941, 42; Goebbels diaries, 8 April 1941.

15 ‘I made these drawings...’ Speer, *Inside,* 74.

16 ‘his architectural picture...’ Goebbels diaries, 25 July 1926.

17 ‘In his free time the Führer occupies...’ Goebbels diaries, 3 February 1932.

18 In an address at the cultural session... ‘Art and Politics’ in *Liberty, Art, Nationhood: Three Addresses Delivered at the Seventh National Socialist Congress,* Nuremberg, 1935.

19 Social housing, Hitler Youth... Hermann Giesler, *Ein anderer Hitler,* 202.

20 ‘I will have nothing to do...’ Giesler, 210.

21 He selected a few of Mies... Gudrun Brockhaus, *Schauder und Idylle,* 95; Weihsmann, 962.

22 ‘When we left the big...’ Speer, *Spandau,* 174–5.

23 Similarly, Hitler’s views on skyscrapers... Giesler, 202–3.

24 ‘All he thinks about...’ Goebbels diaries, 26 February 1931; also, 25 March 1931.

25 ‘Linz is costing us a pile...’ Goebbels diaries, 17 May 1941.

26 Infringement of this rule... Decree of 25 June 1940 in Dülffer, Thies, Henke, 36.

27 ‘So he wants something in writing...’ Speer, *Spandau,* 96.

28 'Why put up these huge public buildings?' Speer, *Inside,* 69.

29 'The greater the demands...' Baynes, 592.

30 In a secret speech... Thies, 79-80.

31 'the timeless significance' Baynes, 584.

32 He had chosen granite... *Monologe,* 21-2 October 1941, 101-2.

33 'I want German buildings to be viewed...' Ziegler, 123.

34 'As capital of the world...' *Monologe,* 11-12 March 1942, 318.

35 Mussolini was anxious to impress... Wiedmann, 34-44; also Below, 100.

36 He asked to visit it alone... Bianchi Bandinelli, 181; Schramm, 62.

37 'One Sunday afternoon in Rome...' Wiedemann, 87-8.

38 his was to seat 60,000. Dülffer, Thies, Hencke, 212.

39 So anxious had been... *Monologe,* 29 October 1941, 115-16; Giesler, 386-96; Speer, *Inside,* 171-3; Breker, *Paris,* 99-113

40 'He knew the ground plan...' Breker, *Paris,* 100.

41 'There you see...' Speer, *Inside,* 171.

42 After a brief visit to the École Militaire... Giesler, 390; Hoffmann, *Hitler Was My Friend,* 123.

43 'a huge disappointment'... *Monologe,* 29 October 1941, 116.

44 'By God,' Giesler quotes him... Giesler, 391.

45 'Today I must tell you frankly...' Breker, *Paris,* 112.

46 Most of what he had seen... Giesler, 391.

47 'It was the dream ofmy life...' Speer, *Inside,* 172

48 'I have seen Rome and Paris...' *Monologe,* 21-2 July 1941, 44; also Goeabbels diagries, 3 Juley 1940.

49 At another time he said... *Monologe,* 25-6 September 1941, 75.

50 The Panthéon, with its sculptures... *Monologe,* 29 October 1941, 115.

51 Even Garnier's opera... *Monologe,* 13 June 1943, 400.

52 a 'cultural document'... *Monologe,* 29 October 1941, 115.

53 After his Paris visit he even... *Monologe,* 29 October 1941, 115.

54 But far and away the most beautiful city... Picker, 26 April 1942, 245; Goebbels diaries, 22 November 1941.

55 'decorations of the twelve hundred niches...' *Mein Kampf,* 75.

56 an 'opera house of Western democracy' *Mein Kampf,* 75.

57 'Mussolini will certainly imitate us.' Goebbels diaries, 15 June 1938.

58 'Now this will be the end...' Speer, *Inside,* 155

59 thirty or so books on American architecture... Wiedemann, 220-1.

60 'It is for this reason...' Thies, 79–80.

19장 정치적 건축

1 *'Bauen, bauen!'* Goebbels diaries, 10 September 1937.

2 The latter was enshrined... Backes, 117.

3 'We are going to create...' Gitta Sereny, *Albert Speer,* 185.

4 'The Führer really loves Berlin...' Goebbels diaries, 14 March 1937.

5 Upon the fall of Norway... Goebbels diaries, 9 July 1940.

6 Implicit in all these programmes... Speer, *Inside,* 69.

7 'he asks for a pencil...' Friedrich Christian Prinz zu Schaumburg-Lippe, *Als die goldene Abendsonne,* 30.

8 They did not appeal to him... Backes, 152.

9 'The Führer played a decisive role...' Backes, 153.

10 In addition a more modest... Backes, 120; Thies, 99.

11 'One had the feeling that all this...' Schwerin von Krosigk, *Es geschah,* 200.

12 'You were better off in that respect.' Speer, *Spandau,* 312.

13 Since the war the Library of Congress... Library of Congress, Washington, item 347, Hitler Collection.

14 'Hitler's architectural knowledge was amazing.' Schroeder, 219.

15 Giesler recalled travelling with Hitler... Giesler, 182ff.

16 Speer was no less stinting... Speer, *Inside,* 79; Sereny, 138.

17 'An architect could not have done better.' Speer, *Inside,* 143.

18 He once remarked to Giesler... Giesler, 391.

19 One of Hitler's first acts... Speer, *Inside* 34; Price, fig. 613, 228.

20 '... added twenty metres, saying...' Speer, *Spandau,* 93-94.

21 There he argued that while cities... *Mein Kampf,* 263-5.

22 sitting contentedly in a Bauhaus tube chair. Winfried Nerdinger, ed., *Bauhaus-Moderne im Nationalsozialismus,* 20, 86.

23 Among his surviving sketches... Price, fig. 606, 226; fig. 611, 228; fig. 672, 240; figs 633-6, 232; figs N633.1, N633.2 and N634.1, 257.

24 Her firm, the Vereinigte Werkstätten... Schönberger, 116-19.

25 A number of sketches survive... Nerdinger, *Bauhaus-Moderne,* 155-7.

26 In a competition for an extension... Philip Johnson, Mies van der Rohe, 96; Wolfgang Schäche, '1933-1945: Bauen im Nationalsozialismus', in Josef Paul Kleihues, ed., *750 Jahre Architektur,* 187.

27 Mies's remark that 'Architecture...' Johnson, 186; Barbara Miller Lane, *Architecture and Politics in Germany,* 189.

28 'It looks like an oversized marketplace...' Speer, *Inside,* 64.

29 'The fact is that Hitler worried...' Wiedemann, 204.

30 Heinz Linge said much the same. Linge, 46.

31 While there were few, if any, generals... Wiedemann, 202.

32 He gave them financial and other privileges... Backes, 84.

33 The two men met in 1929... Schroeder, 176-7; Picker, 128; Schönberger, 126.

34 'When I encountered him the first time...' *Monologe,* 13-14 January 1942, 198.

35 In his youth Hitler had done watercolours... Price, fig. 383, 177.

36 'In the train he would usually talk animatedly...' Speer, *Inside,* 39.

37 Alas, Gerdy Troost insisted... Toland, 414.

38 Giesler was amazed at how amiable... Giesler, 122.

39 'Yes, you're right, that's better.' Speer, *Inside,* 79.

40 Based on Troost's insipid entry... Entry design reproduced in *Die Kunst im Dritten Reich,* July 1937.

41 'the first beautiful building ofthe new Reich' Die Kunst im Dritten Reich, August 1937.

42 'Now we know why the hammer broke.' Speer, *Inside,* 49.

43 'Your husband is going to erect...' Speer, *Inside,* 58.

44 But as late as June of 1935... Thies, 85.

45 The snub was a calamitous blow... Fest, *Speer,* 122.

46 'Speer was afraid of Giesler's competition...' Sereny, 236.

47 'From 1943 on he probably did actually prefer...' Speer, *Spandau,* 140.

48 Even so, the Führer took malicious pleasure... Picker, 245.

49 'Of Speer, he once said...' Schroeder, 132.

50 'attempts at public buildings in the neo-baroque...' Speer, *Inside,* 41-2.

51 'bright, clear and simple' Speer, *Inside,* 37.

52 'It's showy, that's all.' Speer, *Inside,* 27.

53 An anecdote of Gerdy Troost's... Toland, 414-15.

54 Similarly, Speer's biographer... Fest, *Speer,* 489-90.

55 Yet in his Spandau diaries... Speer, *Spandau,* 141-2.

56 More damning still... Speer, *Inside,* 138.

57 'Of course I was perfectly aware...' Sereny, 186.

58 According to other testimony... Thies, 76; Linge, 46.

59 'Germanization of the skyscraper' 'Wilhelm Kreis-Repräsentant der deutschen Architektur des 20 Jahnrhunderts' in Nerdinger/Mai, *Wilhelm Kreis: Architekt,* 17.

60 Although he lost several institutional positions... Nerdinger/Mai, 25-6.

61 In articles and speeches he condemned... Nerdinger/Mai, 15.

20장 독일 리모델링

1 'In consonance with our stupendous victory...' Dülffer, 36.

2 'At present Berlin is miserable...' *Monologe,* 29 October 1941, 115.

3 Hitler claimed that the original inspiration... *Monologe,* 27-8 September 1941, 72.

4 'Thus my ideas for a reorganization...' Giesler, 153, 203–4.

5 it would be 'no loss' were it destroyed... *Monologe,* 21 July 1941, 44.

6 The area had been settled by Saxons... *Monologe,* 21-2 October 1941, 100–1.

7 He also said that during the war... Speer, Spandau, 112; Alfred Rietdorf: *Gilly: Wiedergeburt der Architektur.*

8 In fact, his great Berlin Arch of Triumph... Rietdorf, 36, 60.

9 For the great monument of the Bismarck era... *Mein Kampf,* 266; *Monologe,* 13 June 1943, 400; Speer, Inside, 151; Goebbels diaries, 22 February 1937.

10 Key elements of their proposals... E. M. Hajo and L. Zahn: B*erliner Architektur der Nachkriegszeit,* vii-xiii; Wolters, *Stadtmitte Berlin,* 203.

11 'They will be grandiose' Goebbels diaries, 23 August 1933.

12 He said he wanted an entirely new stadium... Dülffer, Thies, Henke, 94-5.

13 The next big meeting occurred in March... Dülffer, Thies, Henke, 86, 97-100.

14 Although Hitler initially had been opposed... Peter Reichel, *Der schöne Schein des Dritten Reiches,* 263-4.

15 He summarily increased the budget... Picker, 216-17.

16 With his usual self-effacement... Speer, *Inside,* 80.

17 'The rhetoric of this ensemble...' Dawn Ades, et al., eds., *Art and Power,* 265.

18 'the biggest and most beautiful civil airport...' Dülffer, Thies, Henke, 109.

19 he even shifted funds earmarked... Backes, 125.

20 'I tell you, Speer, these buildings are...' Speer, *Spandau,* 16.

21 'I was appalled at the idea...' Sereny, 156.

22 'Berlin [authorities] are hopeless' Speer, *Inside,* 74.

23 'We would set out armed with flashlights...' Speer, *Inside,* 132.

24 'Berlin's new construction programme...' Goebbels diaries, 4 June 1938.

25 'overwhelmed or, rather, stunned' Speer, *Inside,* 134-5.

26 the 'undefeated army of the World War' Memorandum of 29 March 1934 in Dülffer, 97.

27 Only with the construction of this building... *Monologe,* 21-2 October 1941, 101.

28 This was no exaggeration... Speer, *Inside,* 74, 154.

29 'That has to be changed.' Speer, *Inside,* 160; also *Spandau,* 164.

30 On the back side of a picture... Postcard to Ernst Schmidt in Hauptarchiv der NSDAP, Reel 1 File, 17a; text in Jäckel/Kuhn, 82.

31 'a type of race museum...' Karl Arndt, 'Großaufträge in Berlin...', in Nerdlinger/Mai, 176.

32 So touchy was he that a noted cabaret artist... Speer, *Inside,* 139.

33 'When angry protests from the populace...' Speer, Inside, 139.

34 Countless office buildings... Schäche, '1933-1945: Bauen...' in Kleihues, 197.

35 This gave rise to a joke that Hitler... Wiedemann, 201.

36 'How is the clearing of the 1000...' Schäche, '1933-1945:...' in Kleihues, 202.

37 23,765 Jewish residences were... Schmidt, *Albert Speer,* 20; Sereny, 225.

38 'For our new construction project...' Schäche, 211.

39 only 'fit for a soap company' Speer, *Inside,* 102.

40 As Hitler explained... Speer, *Inside,* 107.

41 Discussions about the new building... Schönberger, 37-44.

42 The dictator himself had in 1935... Schönberger, plan 24: *Grundrißskizze* (no page number).

43 He drove himself and his workers... Schönberger, 60, 63.

44 Morally far worse... Paul B. Jascot, *The Architecture of Oppression, passim.*

45 'an architectural stage set...' Speer, *Inside,* 102.

46 'permeated with the fire of political power' Alex Scobie, *Hitler's State Architecture,* 103.

47 'On the long walk from the entrance...' Speer, *Inside,* 103.

48 'That's exactly right; diplomats should...' Speer, *Inside,* 113.

49 'to establish a clear link...' Schönberger, 112.

50 The room itself... Schönberger, 104-5.

51 'When the diplomats...' Speer, *Inside,* 113-14.

52 'The time of ambassadors is over...' Georg Krawietz, *Peter Behrens im Dritten Reich,* 68.

53 'As Reich chancellor and Führer...' Schönberger, 111.

54 The new Reich chancellery was... Anton Joachimsthaler, *The Last Days of Hitler,* 81-2.

55 'When I got out of the car...' Winston Churchill, *Triumph and Tragedy,* 630-1.

56 'He lives like an impoverished...' Goebbels diaries, 6 August 1940.

57 In splendour and size... Scobie, 98, 107.

58 'The geopolitical significance...' *Mein Kampf,* 347.

59 One of these envisaged a star-shaped plaza.. Backes, 146.

60 Already then, he told Giesler, he anticipated... Giesler, 153.

61 'Beautiful Königsplatz...' Goebbels diaries, 19 August 1935.

62 'Absolutely unique. The very picture...' Goebbels diaries, 3 and 5 November 1935.

63 Hitler admired Munich's basic design... *Mein Kampf,* 264, 576; *Monologe,* 25 September 1941, 69; 15-16 January 1942, 201; 13 June 1943, 400.

64 'a monument to the technology of our century' Giesler, 169.

65 This required widening the diameter... Paul Bonatz, *Leben und Bauen,* 179-80.

66 'If I had one single reason...' Bonatz, 180.

67 As the war dragged on... Sereny, 236.

68 'There is something American...' Heinrich Breloer and Horst Königstein: *Blutgeld,* 116.

69 he himself sketched the sort of structure... Helmut and Beatrice Heiber: *Die Rückseite des Hackenkreuzes,* 83; Price, figs 621-4, 230.

70 His supreme desideratum was that... Breloer, Königstein, 116; Backes, 140.

71 'There can be no doubt,' Speer later said... Breloer, 116.

72 'With visible emotion he showed us...' Speer, *Spandau,* 173.

73 His personal library, found at Alt Aussee... Dülffer, 253-4, 258-62; Backes, 143-5; Faison, Consolidated Interrogation Report No.4, 1.

74 'Everything was well thought through...' Giesler, 213.

75 Linz was to replace Vienna... Goebbels diaries, 13 March, 5 April, 17 May 1941; 29 March, 24 April, 30 May 1942; 10 May 1943.

76 Speer's claim that Hitler once... Speer, *Spandau,* 172; Giesler, 216.

77 'I do not want to hurt the feeling...' Giesler, 216.

78 Yet it had to be higher than that of St Stephen's... Speer, *Spandau,* 171-2.

79 'In the tower I want a carillon...' Giesler, 216.

80 When Goebbels visited... Goebbels diaries, 20 March 1942.

81 'He was a different Hitler' Speer, *Spandau,* 170.

82 The large model of the Linz-to-be... Joachimsthaler, *The Last Days of Hitler,* 37.

83 'I still see him before my eyes...' Giesler, 96.

84 Heinz Linge recorded... Heinz Linge, 'Hitlers Terminkalender vom 14.10.1944-28.2.1945', Institut für Zeitgeschichte, Munich.

85 'I know, Kaltenbrunner, what you want' Peter R. Black, Ernst Kaltenbrunner, 238; Giesler, 21-2; Schwerin von Krosigk, *Es geschah,* 221.

86 'The [community] halls are to have...' Goebbels diaries, 17 April 1937.

87 'The visitor comes to Weimar...' Giesler, 121.

88 the 'austere rigour in the use of space' Giesler, 117.

89 Although one architectural historian... Miller Lane, 197.

90 'thought with their blood, worshipped...' Peter Gay, *Weimar Culture,* 82.

91 'During that wonderful hot summer...' Sereny, 217.

92 the cost of the projects... Dülffer, 18.

93 'The Führer does not want to talk...' Goebbels diaries, 10 September 1937.

94 In his autobiography, Finance Minister... Schwerin von Krosigk, *Staatsbankrott,* 189-91.

95 'It was always more economical...' Schwerin von Krosigk, *Staatsbankrott,* 200-1.

96 'If only the Finance Minister could realize...' Speer, *Inside,* 140-1.

97 He not only forbade any mention to the public... Thies, 100.

98 Each was assessed a certain sum... Schwerin von Krosigk, *Staatsbankrott,* 346.

99 Money for the Augsburg forum... Speer, *Spandau,* 97.

100 Speer reckoned that architects... Dülffer, 16.

101 The projects in Munich and Hamburg alone... Dülffer, 17.

102 Even before the war there was labour... Thies, 100.

103 As early as 1937 the SS set up... Thies, 101.

104 3 million forced labourers... Scobie, 130.

105 Wood, scarce in much of Europe... Schönberger, 134.

106 Granite required just for Munich... Dülffer, 17.

107 'We'll be getting our granite...' Speer, *Inside,* 180.

108 'Churchill was robbing him...' Fest, *Speer,* 495.

109 'With a heavy heart...' Goebbels diaries, 31 May 1942.

110 'In strict confidence he maintained...' Goebbels diaries, 20 August 1942.

111 Nearly a year later... Goebbels diaries 25 June 1943; also 14 March 1944.

112 What he then witnessed was... Goebbels diaries, 27 April 1944.

21장 미학과 교통

1 The former prime minister... Picker, 442.

2 'But when I go from Berlin to Munich...' *Monologe,* 9-10 January 1942, 192.

3 Hitler was fascinated by roads... Fritz Todt, 'Adolf Hitler and his Roads' in Goebbels, et al., *Adolf Hitler: Pictures from the Life of the Führer,* 88; Giesler, 203-4; Hoffmann, *Hitler wie ich,* 214; Hans Kallenbach, *Mit Adolf Hitler auf Festung Landsberg,* 61-2.

4 During the subsequent Kampfzeit... Todt, 'Adolf Hitler and his Roads' in

Goebbels, et al., *Adolf Hitler: Pictures,* 89.

5 'It is the automobile I love...' *Monologe,* 9-10 January 1942, 192.

6 A private German road association... Martin Kornrumpf, *HAFRABA e. V.: Deutsche Autobahn Planung,* 22ff; Stommer, ed., *Reichsautobahn,* 24-5.

7 'In the past a nation's standard of living...' Speech of 11 February 1933 in Todt, 89; Domarus, 250-2.

8 In all, there were then merely 500,000... Karl Ludvigsen, Battle for the Beetle, 18; Weihsmann, *Bauen unterm Hakenkreuz,* 126.

9 Todt was probably the only... Schwerin von Krosigk, *Es geschah,* 296-300; Speer, *Inside,* 193.

10 The function of the autobahns was... Angela Schumacher, 'Vor uns die endlosen Straßen, vor uns die lockende, erredende Ferne...' in Stommer, ed., 77.

11 The roads on which the Nordic... Angela Schumacher, 77; Claudia Gabriele Philipp, 'Die schöne Straße im Bau und unter Verkehr' in Stommer, ed., 112.

12 As with his buildings, Hitler... Todt, 93.

13 In fact, two of them did. Gudrun Brockhaus, *Schauder und Idylle,* 95; Hochmann, 210, 228.

14 'I don't know how many times...' Hoffmann, *Hitler Was My Friend,* 188.

15 '...It possesses a classicism...' Giesler, 206.

16 In all, 9000 bridges... Stommer, 'Triumph der Technik' in Stommer, ed., 75-6.

17 The party's automobile journal... Weihsmann, 132.

18 'It was without a doubt the dictatorship's...' Wolfgang Pehnt, quoted in Weihsmann, 124.

19 'but at least the autobahn...' Brockhaus, 68.

20 By that summer 3000 kilometres... Stommer, 'Geschichte der Reichsautobahn' in Stommer, ed., 30-1.

21 This was a terrible blow to Hitler... Picker, 18 July 1942, 443.

22 *'ein Volksauto und ein Volkseigenheim für Jedermann'* Picker, 49.

23 The idea went back to... Hans Mommsen and Manfred Grieger, *Das Volkswagenwerk,* 59.

24 purportedly showed him his own... *Die Welt,* 2 May 1981.

25 Hitler had been introduced to Porsche... Karl Ludvigsen, *Battle for the Beetle,* 8.

26 By the end ofthat summer... Mommsen, Grieger, 76–80.

27 'The way these cars buzz up...' Picker, 22 June 1942, 374.

28 He wanted a million... Speer, *Spandau,* 157.

29 More than the railway... *Monologe,* 5-6 July 1941, 39.

맺음말

1 Of this, Lord Curzon wrote... George N. Curzon, *Persia and the Persian Question,* 195.

2 'There is never a moment...' Benjamin, 258.

3 In an argument submitted... *New York Times,* 8 May 2001.

참고한 도서

Adam, Peter: *Art of the Third Reich* (1992).

Ades, Dawn et al.: *Art and Power: Europe under the Dictators 1930-45* (1995).

Alford, Kenneth D.: *The Spoils ofWorld War II: The American Military's Role in the Stealing of Europe's Treasures* (1994).

Allen, William Sheridan, ed.: *The Memoirs of Ex-Gauleiter Albert Krebs 1923-1933* (1976).

Allende-Blin, Juan, ed.: *Musiktradition im Exil* (1993).

Arent, Benno von: *Das deutsche Bühnenbild 1933-1936* (1938).

Backes, Klaus: *Hitler und die bildenden Künste: Kulturverständnis und Kunstpolitik im Dritten Reich* (1988).

Baird, J. W.: *To Die for Germany: Heroes in the Nazi Pantheon* (1990).

Barron, Stephanie, ed.: *Degenerate Art; The Fate of the Avant-Garde in Nazi Germany* (1991).

Bartetzko, Dieter: *Illusionen in Stein: Stimmungsarchitektur im deutschen Faschismus* (1985).

Baynes, Norman H.: *The Speeches of Adolf Hitler April 1922-August 1939* (1942).

Below, Nicolaus von: *Als Hitlers Adjutant* 1937-45 (1980).

Benjamin, Walter: *Illuminations: Essays and Reflections* (1970).

Bianchi Bandinelli, Ranuccio: *Dal diario di un borghese e altri scritti* (1948).

Bielefelder Kunstverein: *Totalitäre Kunst - Kunst im Totalitarismus? Beispiele aus dem NS-Staat und der DDR* (1997).

Birken, Lawrence: *Hitler as Philosophe: Remnants of the Enlightenment in National Socialism* (1995).

Black, Peter R.: *Ernst Kaltenbrunner: Ideological Soldier of the Third Reich* (1984).

Boberach, Heinz, ed.: *Meldungen aus dem Reich. Die geheimen Lageberichte des Sicherheitsdienstes der SS 1938-1945, 17 vols* (1984).

Bollmus, Reinhard: *Das Amt Rosenberg und seine Gegner: Zum Machtkampf im nationalsozialistischen Herrschaftssystem* (1970).

Bonatz, Paul: *Leben und Bauen* (1950).

Bothe, Rolf and Thomas Föhl: *Aufstieg und Fall der Moderne* (1999).

Bracher, Karl Dietrich: *Die deutsche Diktatur: Entstehung, Struktur, Folgen des Nationalsozialismus.*

Bredius, A.: *Rembrandt Paintings* (1937).

Breker, Arno: *Paris, Hitler et moi* (1970).

—: *Im Stahlungsfeld der Ereignisse* (1972).

Breloer, Heinrich and Horst Königstein: *Blutgeld: Materialen zu einer deutschen Geschichte* (1982).

Brenner, Helmut: *Musik als Waffe?* (1992).

Brenner, Hildegard: *Die Kunstpolitik des Nationalsozialismus* (1963).

Brockhaus, Gudrun: *Schauder und Idylle: Faschismus als Erlebnisangebot* (1997).

Bullock, Alan: Hitler, *A Study in Tyranny* (1962).

Burckhardt, Carl J.: *Meine Danziger Mission 1937-1939* (1960).

Burden, Hamilton T.: *The Nuremberg Party Rallies: 1923-39* (1967).

Carr, William: Hitler: *A Study in Personality and Politics* (1978).

Cecil, Robert: *The Myth of the Master Race: Alfred Rosenberg and Nazi Ideology* (1972).

Chamberlin, Russell: *Loot: The Heritage of Plunder* (1983).

Churchill, Winston S.: *Triumph and Tragedy* (1953).

Clark, Alan: Barbossa: *The Russian-German Conflict 1941-45* (1965).

Craig, Edward: *Gordon Craig: The Story of his Life* (1969).

Curzon, George N.: *Persia and the Persian Question* (1892).

Dambacher, Eva: *Literatur- und Kulturpreise 1859-1949: Eine Dokumentation* (1996).

De Felice, Renzo and Luigi Goglia: *Storia fotografica del fascismo* (1981).

Del Mar, Norman: *Richard Strauss,* vol.3 (1986).

Dennis, David B.: *Beethoven in German Politics: 1870-1989* (1996).

Dietrich, Otto: *Hitler* (1955).

Drewniak, Berguslaw: *Das Theater im NS-Staat: Szenarium deutscher Zeitgeschichte 1933-1945* (1983).

Dülffer, Jost, Jochen Thies and Josef Henke: *Hitlers Städte: Baupolitik im Dritten Reich: Eine Dokumentation* (1978).

Du Moulin Eckart, Richard: *Cosima Wagner: Ein Lebens- und Charakterbild* (2 vols 1929 and 1931).

Ebermayer, Erich: *Magisches Bayreuth: Legende und Wirklichkeit* (1951).

—:*Denn heute gehört uns Deutschland: Persönliches und politisches Tagebuch* (1959).

Eitner, Hans-Jürgen: *'Der Führer': Hitlers Persönlichkeit und Charakter* (1981).

Feliciano, Hector: *The Lost Museum: The Nazi Conspiracy to Steal the World's Greatest Works of Art* (1997).

Fest, Joachim: *Hitler: Eine Biographie* (1973).

—: *Hitler* (1975).

—: *Speer: Eine Biographie* (1999).

François-Poncet, André: *Souvenire d'une ambassade à Berlin, Septembre 1931-Octobre 1938* (1946).

Frank, Hans: *Im Angesicht des Galgens* (1953).

Frauenfeld, A. E.: *Der Weg zur Bühne* (4th ed., 1943).

Frazer, James George: *The Golden Bough: A Study in Comparative Religion* (1922).

Frey, Stefan: *Franz Lehár oder das schlechte Gewissen der leichten Musik* (1995).

Galante, Pierre and Eugene Silianoff: *Voices from the Bunker* (1989).

Gay, Peter: *Weimar Culture: The Outsider as Insider* (1968).

Geissmar, Berta: *The Baton and the Jackboot* (1944).

Gibson, Hugh, ed.: *The Ciano Diaries 1939-1943* (1945).

Giesler, Hermann: *Ein anderer Hitler: Bericht seines Architekten* (1978).

Goebbels, Joseph: *Goebbels-Reden,* Helmut Heiber, ed., 2 vols (1971).

—: *Die Tagebücher: Sämtliche Fragmente,* Elke Frölich, ed., 19 vols (1987-1996).

Goebbels, Joseph et al.: *Adolf Hitler: Pictures from the Life ofthe Führer* (1978).

Görlitz, Walter and H. A. Quint: *Adolf Hitler: Eine Biographie* (1952).

Golomstock, Igor: *Totalitarian Art in the Soviet Union, the Third Reich, Fascist Italy and the People's Republic of China* (1990).

Great Britain. Foreign Office: *Documents Concerning German-Polish Relations* (Cmd. 6106) (1939).

Gregor-Dellin, Martin and Michael von Soden: *Richard Wagner: Leben, Werk, Wirkung* (1983).

Grosshans, Henry: *Hitler and the Artists* (1983).

Guerri, Giordano Bruno, ed.: *Diario, 1935-1944: Giuseppe Bottai* (1982).

Haase, Günther: *Kunstraub und Kunstschutz: Eine Dokumentation* (1991).

Hajo, H. M. and L. Zahn: *Berliner Architektur der Nachkriegszeit* (1928).

Hamann, Brigitte: Hitlers Wien: *Lehrjahre eines Diktators* (1996).

Hamilton, Charles: *The Hitler Diaries* (1991).

Harpprecht, Klaus: *Thomas Mann: Eine Biographie* (1995).

Hartung, Ulrike: *Raubzüge in der Sowjetunion: Das Sonderkommando Künsberg 1941-1943* (1997).

Heiber, Helmut, ed.: *Goebbels-Reden* (1971).

Heiber, Helmut and Beatrice: *Die Rückseite des Hakenkreuzes: Absonderliches aus den Akten des Dritten Reiches* (1993).

Heiden, Konrad: Hitler: *A Biography* (1936).

—: *Der Führer* (1944).

Heister, Hanns-Werner and Hans-Günter Klein: *Musik und Musikpolitik im faschistischen Deutschland* (1984).

Henderson, Nevile: *Failure of a Mission: Berlin 1937-1939* (1940).

Hersey, George: *The Evolution of Allure* (1996).

Heuss, Anja: *Kunst- und Kulturgutraub* (2000).

Hinz, Berthold: *Art in the Third Reich* (1979).

Hitler, Adolf: *Mein Kampf*, trans. Ralph Manheim (1971).

—: *Monologe im Führerhauptquartier 1941-1944,* Werner Jochmann ed. (1980).

—: *Tischgespräche im Führerhauptquartier,* ed. Henry Picker (1976).

—: *Sämtliche Aufzeichnungen 1905-1924,* Eberhard Jäckel and Axel Kuhn, eds (1980).

—: *Reden Schriften Anordnungen:. Februar 1925 bisJanuar 1933,* 5 vols (1992-1998).
—: *Liberty, Art, Nationhood: Three Addresses Delivered at the Seventh National Socialist Congress, Nuremberg, 1935* (1935).
—: *The Speeches of Adolf Hitler April 1922-August 1939,* Norman H. Baynes, ed., 2 vols (1969).
—: *Speeches and Proclamations 1932-1945,* Max Domarus, ed., 3 vols (1962)
—: *Gli acquerelli di Hitler: L'opera ritrovata: Omaggio a Rodolfo Siviero* (1984).
Hobsbawm, E. J. and Terence Ranger: *The Invention of Tradition* (1983).
Hochmann, Elaine S.: *Architects of Fortune: Mies van der Rohe and the Third Reich* (1989).
Hoffmann, Heinrich: *Hitler wie ich ihn sah: Aufzeichnungen seines Leibfotografen* (1974).
—: *Hitler Was My Friend* (1955).
Jäckel, Eberhard and Axel Kuhn: *Hitler: Sämtliche Aufzeichnungen, 1905-1924* (1980).
Jascot, Paul B.: *The Architecture of Oppression: The SS, Forced Labour and the Nazi Monumental Building Economy* (2000).
Jay, Martin: *The Dialectical Imagination: A History of the Frankfurt School and the Institute of Social Research, 1923-1950* (1973).
Jetzinger, Franz: *Hitlers Jugend: Phantasien, Lügen - und die Wahrheit* (1956).
—: *Hitler's Youth* (1958).
Joachimsthaler, Anton: *The Last Days of Hitler: The Legends, the Evidence, the Truth* (1996).
—: *Adolf Hitler 1908-1920: Korrektur einer Biographie* (1989).
Jochmann, Werner, ed.: *Adolf Hitler: Monologe im Führer Hauptquartier 1941-1944: Die Aufzeichnungen Heinrich Heims* (1980).
John, Eckhard: *Musikbolschewismus: Die Politisierung der Musik in Deutschland 1918-1938* (1994).
Johnson, Philip: *Mies van der Rohe* (1978).
Kallenbach, Hans: *Mit Adolf Hitler au fFestung Landsberg* (1939).
Karbaum, Michael: *Studien zur Geschichte der Bayreuther Festspiele* (1976)
Karow, Yvonne: *Deutsches Opfer: Kultische Selbstauslöschung auf den Reichparteitagen*

der NSDAP (1997).

Kater, Michael H.: *The Twisted Muse: Musicians and their Music in the Third Reich* (1997).

—: *Composers of the Nazi Era* (2000).

Kershaw, Ian: *Hitler 1889-1936* (1998).

Kleihues, Josef Paul, ed.: *750 Jahre Architektur und Städtebau in Berlin: Die Internationale Bauaustellung im Kontext der Baugeschichte Berlins* (1988).

Köhler, Joachim: *Wagners Hitler: Der Prophet und sein Vollstrecker* (1997).

Kornrumpf, Martin: *HAFRABA e. V.: Deutsche Autobahn Planung 1926-1934* (1990).

Krosigk, Lutz Graf Schwerin von: *Es geschah in Deutschland* (1952).

—: *Staatsbankrott: Die Geschichte der Finanzpolitik des Deutschen Reiches von 1920 bis 1945* (1974).

Kubin, Ernst: *Sonderauftrag Linz: Die Kunstsammlung Adolf Hitler. Aufbau, Vernichtungsplan, Rettung* (1989).

Kubizek, August: *Adolf Hitler Mein Jugendfreund* (1953).

—: *Young Hitler: The Story ofOur Friendship* (1955).

Kurz, Jakob: *Kunstraub in Europa 1938-1945* (1989).

Levi, Erik: *Music in the Third Reich* (1994).

Liddell Hart, B. H.: *History of the Second World War* (1970).

Linge, Heinz: *Bis zum Untergang: Als Chef des persönlichen Dienstes bei Hitler* (1980).

Ludecke [Lüdecke] Kurt G.W.: *I Knew Hitler* (1937).

Lutvigsen, Karl: *Battle for the Beetle* (1999).

Mann, Erika, ed.: *Thomas Mann: Wagner und unsere Zeit: Aufsätze, Betrachtungen, Briefe* (1983).

Mann, Thomas: *Gesammelte Werke,* 20 vols (1980-1986).

—: *Essays,* 6 vols.

—: *Letters of Thomas Mann,* 1942-1955, 2 vols (1970).

—: *Diaries 1918-1939* (1982).

Maser, Werner: *Adolf Hitler: Legende, Mythos, Wirklichkeit* (1971).

Mathieu, Thomas: *Kunstauffassungen und Kulturpolitik im Nationalsozialismus. Studien zu Adolf Hitler - Joseph Goebbels - Alfred Rosenberg-Baldur von Schirach - Heinrich Himmler - Albert Speer - Wilhelm Frick* (1997).

Merker, Reinhard: *Die bildenden Künste im Nationalsozialismus: Kulturideologie, Kulturpolitik, Kulturproduktion* (1983).

Meyer, Michael: *The Politics ofMusic in the Third Reich* (1991).

Miller Lane, Barbara: *Architecture and Politics in Germany 1918-1945* (1968).

Mommsen, Hans: *Der Nationalsozialismus und die deutsche Gesellschaft* (1991).

Mommsen, Hans and Manfred Grieger: *Das Volkswagenwerk und seine Arbeiter im Dritten Reich* (1997).

Mosse, George L.: *The Nationalization of the Masses* (1975).

—: *Nazi Culture: Intellectual, Cultural and Social Life in the Third Reich* (1966).

Müllern-Schönhausen, Johannes von: Die Lösung des Rätsels Adolf Hitler: Der Versuch einer Deutung der geheimnisvollsten Erscheinung der Weltgeschichte (1959).

Nerdinger, Winfried, ed.: Bauen im Nationalsozialismus: Bayern 1933-1945 (1993).

—, ed.: *Bauhaus-Moderne im Nationalsozialismus: Zwischen Anbiederung und Verfolgung* (1993).

Nerdinger, Winfried and Ekkehard Mai, eds: *Wilhelm Kreis: Architekt zwischen Kaiserreich und Demokratie, 1873-1955* (1994).

Newman, L. M.: *Gordon Craig Archives* (1976).

Nicholas, Lynn H.: *The Rape of Europa: The Fate of Europe's Treasures in the Third Reich and the Second World War* (1995).

Nicolson, Harold: *Diaries and Letters 1939-1945* (1967).

Noakes, Jeremy and Geoffrey Pridham: *Documents on Nazism, 1919-1945* (1974).

Olden, Rudolf: *Hitler the Pawn* (1936).

Orwell, Sonia and Ian Angus: *The Collected Essays, Journalism and Letters of George Orwell*, vol.2 (1970).

Petropoulos, Jonathan: *Art as Politics in the Third Reich* (1996).

—: *The Faustian Bargain: The Art World in Nazi Germany* (2000).

Petrova, Ada and Peter Watson: *The Death of Hitler: The Full Story with New Evidence from Secret Russian Archives* (1995).

Petsch, Joachim: *Baukunst und Stadtplannung im Dritten Reich* (1976).

Picker, Günther: *Der Fall Kujau: Chronik eines Fälschungsskandals* (1992).

Price, Billy F.: *Adolf Hitler als Maler und Zeichner* (1983).

—: *Adolf Hitler: The Unknown Artist* (1984).

Prieberg, Fred K.: *Musik im NS-Staat* (1982).

—: *Trial of Strength: Wilhelm Furtwängler and the Third Reich* (1991).

Probst, Volker G.: *Der Bildhauer Arno Breker: Eine Untersuchung* (1978).

Raith, Frank-Bertolt: *Der heroische Stil: Studien zur Architektur am Ende der Weimarer Republik* (1997).

Rasp, Hans-Peter: *Eine Stadt für tausend Jahre: München - Bauten und Projekte für die Hauptstadt der Bewegung* (1981).

Rathkolb, Oliver: *Führertreu und Gottbegnadet: Künstlereliten im Dritten Reich* (1991).

Rave, Paul Ortwin: *Kunstdiktatur im Dritten Reich* (1949).

Reich, Simon: *The Fruits of Fascism* (1990).

Reichel, Peter: *Der schöne Schein des Dritten Reiches: Faszination und Gewalt des Faschismus* (1991).

Reichhardt, Hans J. and Wolfgang Schäche: *Von Berlin nach Germania* (1984).

Reif, Adalbert: *Albert Speer: Kontroversen um ein deutsches Phänomen* (1978).

Reimann, Viktor: *Dr Joseph Goebbels* (1971).

Reuth, Ralf Georg: *Goebbels* (1990).

Riess, Curt: *Furtwängler: Musik und Politik* (1953).

Rietdorf, Alfred: *Gilly: Wiedergeburt der Architektur* (1940).

Roh, Franz: *'Entartete' Kunst: Kunstbarbarei im Dritten Reich* (1962).

Rosenberg, Alfred: *Memoirs of Alfred Rosenberg* (1949).

Roxan, David and Ken Wanstall: *the Jackdaw of Linz: The Story of Hitler's Art Thefts* (1964).

Russell, John: *The Meanings ofModern Art* (1981).

Schaumburg-Lippe, Friedrich Christian Prinz zu: *Als die goldne Abendsonne: Aus meinen Tagebüchern der Jahre 1933-1937* (1971).

Schirach, Baldur von: *Ich glaubte an Hitler* (1967).

Schirach, Henriette von: *Der Preis der Heerlichkeit* (1956).

Schmeer, Karlheinz: *Die Regie des öffentlichen Lebens im Dritten Reich* (1956).

Schmidt, Matthias: *Albert Speer: The End of a Myth* (1984).

Schneede, Uwe M., ed.: *Paul Ortwin Rave: Kunstdikatur im Dritten Reich* (1987).

Schönberger, Angele: *Die neue Reichskanzlei von Albert Speer: Zum Zusammenhang von nationalsozialistischer Ideologie und Architektur* (1981).

Scholdt, Günter: *Autoren über Hitler: Deutschsprachige Schriftsteller 1919-1945 und ihr Bild vom 'Führer'* (1993).
Schramm, Percy E: *Hitler: The Man and the Military Leader* (1971).
Schroeder, Christa: *Er war mein Chef: Aus dem Nachlaß der Sekretärin von Adolf Hitler* (1985).
Schuh, Willi: *Richard Strauss-Stefan Zweig: Briefwechsel* (1957).
Schüler, Winfried: *Der Bayreuther Kreis von seiner Entstehung bis zum Ausgang der wilhelminischen Ära: Wagnerkult und Kultusreform im Geiste völkischer Weltanschauung* (1971).
Schulze, Franz: *Philip Johnson: Life and Work* (1994).
Schenk, H. G.: *The Mind of the Romantics: An Essay in Cultural History* (1966).
Schwarzwäller, Wulf C.: Hitlers Geld: *vom armen Kunstmaler zum millionschweren Führer* (1998).
Scobie, Alex: *Hitler's State Architecture: The Impact of Classical Antiquity* (1990).
Sereny, Gitta: *Albert Speer: His Battle with Truth* (1995).
Seydewitz, Ruth and Max: *Das Dresdener Galeriebuch: VierhundertJahre Jahre Dresdener Gemäldegalerie* (1964).
Shirer, William L.: *The Rise and Fall of the Third Reich* (1959).
—: *Berlin Diary 1934-1941* (1941).
Skelton, Geoffrey: *Wieland Wagner: The Positive Sceptic* (1971).
Smith, Bradley F.: *Adolf Hitler: His Family, Childhood and Youth* (1967).
Smith, Howard K.: *Last Train from Berlin* (1942).
Speer, Albert: *Inside the Third Reich* (1970).
—: *Spandau: the Secret Diaries* (1976).
—: *Neue deutsche Baukunst* (1943).
Splitt, Gerhard: *Richard Strauss 1933-1935: Ästhetik und Musikpolitik zu Beginn der nationalsozialischen Herrschaft* (1987).
Stommer, Rainer, ed.: *Reichsautobahn: Pyramiden des Dritten Reiches* (1982).
Stuttgart: Staatsgalerie Stuttgart. *Bildzyklen: Zeugnisse verfemter Kunst in Deutschland 1933-1945* (1987).
Taylor, Brandon and Wilfried van der Will, eds: *The Nazification of Art: Art, Design, Music, Architecture and Film in the Third Reich* (1990).

Taylor, Robert R.: *The Word in Stone* (1974).

Thies, Jochen: *Architekt der Weltherrschaft: Die 'Endziele' Hitlers* (1976).

Thomae, Otto: *Die Propaganda-Maschinerie: Bildende Kunst und Öffentlichkeitsarbeit im Dritten Reich* (1978).

Thomas, Walter (alias W. Th. Anderman): *Bis der Vorhang fiel* (1947).

Toland, John: *Adolf Hitler* (1976).

Trevor-Roper, Hugh: *The Last Days of Hitler* (1947).

Troost, Gerdy: *Das Bauen im neuen Reich,* 2 vols (1942).

Tutaev, David: *The Consul of Florence* (1966).

Ursino, Mario (ed.): *Rodolfo Siviero: L'arte e il Nazismo: Esodo e ritorno delle opere d'arte italiane 1938-1963* (1984).

Vogel, Johann Peter: *Hans Pfitzner: Leben, Werke, Dokumente* (1999).

Voss, Hermann: *Der Ursprung des Donaustils* (1907).

—: *Albrech Altdorfer und Wolf Huber* (1910).

—: *Die Malerei der Spätrenaissance in Rom und Florenz* (1920).

—: *Die Malerei des Barock in Rom* (1926).

Wagner, Friedelind: *Heritage ofFire: The Story of Richard Wagner's Granddaughter* (1945).

Wagner, Manfred: *Alfred Roller in seiner Zeit* (1996).

Wagner, Wolfgang, ed.: *Das Festspielbuch 1997* (1997).

—: *Acts: The Autobiography of Wolfgang Wagner* (1994).

Walter, Michael: *Hitler in der Oper: Deutsches Musikleben 1919-1945* (1995).

Warlimont, Walter: *Im Hauptquartier der Wehrmacht 1939-1945* (1964).

Weihsmann, Helmut: *Bauen unterm Hakenkreuz: Architektur des Untergangs* (1998).

Wessling, Berndt: *Wieland Wagner: Der Enkel* (1997).

Wheeler-Bennett, John W.: *The Nemesis of Power: The German Army in Politics 1918-1945* (1961).

—: *Wooden Titan: Hindenburg in Twenty Years of German History 1914-1934* (1936).

Wiedemann, Fritz: *Der Mann der Feldherr werden wollte* (1964).

Wilhelm, Kurt: *Richard Strauss: An Intimate Portrait* (1989).

Windsor, Alan: *Peter Behrens: Architect and Designer* (1981).

Wistrich, Robert S.: *Weekend in Munich: Art, Propaganda and Terror in the Third*

Reich (1995).

Wolters, Rudolf: *Stadtmitte Berlin: Stadtbauliche Entwicklungsphasen von den Anfängen bis zur Gegenwart* (1978).

Wulf, Joseph, ed.: *Musik im Dritten Reich: Eine Dokumentation* (1963).

Zavrel, B. John: *Arno Breker: His Art and Life* (1985).

Zelinsky, Hartmut: *Richard Wagner: Ein deutsches Thema: Eine Dokumentation zur Wirkungsgeschichte Richard Wagners 1876-1976* (1983).

Ziegler, Hans Severus: *Hitler aus dem Leben dargestellt* (1964).

Zoller, Albert (pseudonym: Christa Schroeder): *Hitler Privat: Erlebnisbericht seiner Geheimsekretärin* (1949).

찾아보기

히틀러와 미학의 힘

대중을 현혹한 파괴의 예술가

1판 1쇄 펴냄 | 2024년 5월 31일

지은이 | 프레더릭 스팟츠
옮긴이 | 윤채영
편　집 | 김남혁
디자인 | 백소연
마케팅 | 차현지 이수빈
발행처 | 생각의힘

등록 | 2011. 10. 27. 제406-2011-000127호
주소 | 서울시 마포구 독막로6길 11, 우대빌딩 2, 3층
전화 | 02-6925-4185(편집), 02-6925-4187(영업)
팩스 | 02-6925-4182
전자우편 | tpbook1@tpbook.co.kr
홈페이지 | www.tpbook.co.kr

ISBN 979-11-93166-53-6 93920